本書受全國高校古籍整理研究工作委員會資助指導

古籍研究

《古籍研究》編輯委員會　編

總第**76**輯

CSSCI來源集刊

2022年下

鳳凰出版社

圖書在版編目（ＣＩＰ）數據

古籍研究. 總第76輯 /《古籍研究》編輯委員會編
. -- 南京 : 鳳凰出版社，2022.12
ISBN 978-7-5506-3831-0

Ⅰ. ①古… Ⅱ. ①古… Ⅲ. ①古籍－研究－中國
Ⅳ. ①G256

中國版本圖書館CIP數據核字(2022)第225867號

書　　　名	古籍研究(總第76輯)
編　　　者	《古籍研究》編輯委員會
責 任 編 輯	陳曉清
裝 幀 設 計	徐　慧
出 版 發 行	鳳凰出版社(原江蘇古籍出版社)
	發行部電話025-83223462
出版社地址	江苏省南京市中央路165號，郵編:210009
照　　　排	南京凱建文化發展有限公司
印　　　刷	安徽省天長市千秋印務有限公司
	安徽省天長市鄭集鎮向陽社區邱莊隊真武南路168號
開　　　本	787毫米×1092毫米　1/16
印　　　張	25
字　　　數	547千字
版　　　次	2022年12月第1版
印　　　次	2022年12月第1次印刷
標 準 書 號	ISBN 978-7-5506-3831-0
定　　　價	125.00圓

(本書凡印裝錯誤可向承印廠調換，電話:0550-7964049)

《古籍研究》主辦單位

安徽大學文學院

安徽大學古籍整理研究所

安徽省古籍整理出版辦公室

淮北師範大學古籍整理研究所

安慶師範大學文學院

安徽師範大學中國詩學研究中心

目　録

■文史專論

南朝蕭梁藩邸文士與文學考論*

李　偉

摘　要: 南朝蕭梁時期,藩邸現象頗爲引人注目,這對當時文學風氣的形成具有直接影響。出鎮藩邸的藩王大多是喜好文學之士,因而有數量衆多的文士相追隨,這就造成了藩邸文學集團在蕭梁時期的繁榮局面。其中以荆襄地區的藩邸文學集團更具代表性,原因在於蕭秀、蕭綱和蕭繹等先後出鎮於此,隨之入藩的文士皆爲一時之選,尤以蕭繹出鎮時形成的西府文學集團影響最著,其創作風氣與京師文風遥相呼應,成爲蕭梁時期地域性文學集團的代表。因此,深入剖析蕭梁時期藩邸文士的文化情態,不僅可以爲深刻認識南朝後期地域文學的創作態勢提供樣本,瞭解當時入藩文士的創作環境,而且對追溯宮體詩風傳播與荆襄地域的歷史淵源具有重要作用。

關鍵詞: 蕭梁;藩邸;荆襄地區

南朝時期,爲保障整體國勢和關鍵地域的穩定,派出宗室嫡親到各戰略要地任職的制度得以形成和鞏固。這種類似於"出藩"的政治行爲,在齊梁時期最爲頻繁,派駐之人基本都是宗室兄弟或子侄。魯力先生在《藩王僚佐與南朝政治》一文中曾指出,南朝在位較久的皇帝多是藩王和異姓上臺,而這與他們的出鎮經歷有關:"藩王和異姓多有出鎮的經歷,太子多没有出鎮的經歷,顯而易見,方鎮勢力與皇位的穩定有密切的關係。……方鎮勢力包括兵力和僚佐。"①這些出鎮藩王所集結的僚佐大多是當時的著名文士,引領着時代創作的風氣。這種現象一方面是出於藩王籠絡士人的心態,另一方面則是藩王也有處理行政文書的實際需要。大量文士聚集於藩邸,這對當地文學集團的形成具有重要作用。此外,這些藩王出鎮的地域都是長江流域中南北對峙的要衝,如江州、荆州、益州和揚州等地,這些被後世概稱爲"中間地帶"的區域,既是齊梁兩朝的皇族發迹之地,也是當時南北文化交流較爲頻繁的地域②。上述因

---

* 作者簡介:李偉,山東師範大學文學院教授、博士生導師,主要從事儒學與漢唐文學史研究。

基金項目:山東省泰山學者青年專家計劃(TSQN20171207);山東省青創團隊建設經費資助(2020RWC005)。

① 魯力:《藩王僚佐與南朝政治》,《武漢大學學報》(人文社科版)2010 年第 4 期,第 483—489 頁。

② 有關"中間地帶"的論述,可參閱陳金鳳《魏晉南北朝中間地帶研究》(天津古籍出版社,2005 年)中的相關內容。周一良先生在《魏晉南北朝史劄記》中有"南朝東南内地之位置"的條目,指出"封建統治階級内部矛盾爆發時,據有荆襄郢江上游地區之勢力東下,每成揚州朝廷之威脅。……對建康形成威脅之另一地區爲淮南一帶。宋泰始三年失淮北,於淮陰立兖州。蕭道成之代宋,即以淮陰爲根據。其在淮陰所援引要結者,多爲來自北方聚於其地之荒傖,後乃成爲建立齊朝政權之武力支柱。……蕭衍之代齊,則以襄陽爲根據,亦非起(接下頁)

素聚合在一起,使"藩邸文學"在齊梁時代頗爲引人注目①。本文在結合南朝史料的基礎上,從文化地理學的視角,對蕭梁時期有代表性的藩邸文學集團及其文士構成做一詳細考辨,并分析其歷史意義。

一、蕭梁時期的藩王與藩邸

南朝時期設置子弟出鎮制度,最初是基於穩定政治、强化統治的現實需要,正如姚思廉在《梁書》中所言:"自昔王者創業,廣植親親,割裂州國,封建子弟。是以大旂少帛,崇於魯、衛,磐石凝脂,樹斯梁、楚。高祖遠遵前軌,藩屏懿親。"②可見,淵源於周漢時代的封建制是南朝出鎮制度所效法的範本,梁武帝蕭衍登基之初就希望借此穩固新朝統治。

然而南朝梁代的蕭氏家族崇尚文學,原本爲政治而設的出鎮制度與這一特徵相配合,促成了藩邸文學集團大盛於梁代的局面。蕭衍及其三個兒子蕭統、蕭綱和蕭繹并稱爲"四蕭"。作爲南朝在位時間最長的君主,蕭衍統治時期,社會相對安定。再加上他在文化、文學上具有較高造詣,这使得蕭梁成爲政局保持較長時間穩定、皇族提倡而文學成就凸顯的時代。這不僅體現在影響深遠的文學總集《文選》和文論名著《文心雕龍》《詩品》的纂成上,一些具有文學才華的藩王也在此時集中湧現,成爲著名文士輻輳跟隨的對象。這些因素聚合在一起,造成了梁代藩邸文學繁榮的歷史景象。

據史料記載,蕭梁時期以右文著稱的藩王達十餘位之多,以下幾位是其中翹楚:

安成康王蕭秀,梁武帝蕭衍之弟,"美風儀,性方静",南齊時曾擔任著作佐郎和太子舍人。梁武帝登基後,出爲"都督江州諸軍事、平南將軍、江州刺史",後轉任"都督荆湘雍益寧南北梁南北秦州九州諸軍事、平西將軍、荆州刺史"。在荆州刺史任上,蕭秀大力扶持當地文教事業,"立學校,招隱逸",并爲此下教令以招徠地方文學、隱逸和孝友之士。蕭秀本人"精意學術,搜集經記,招學士平原劉孝標,使撰《類苑》"。在其藩邸之内,除了劉孝標外,史稱"當世高才遊王門者"還有夏侯亶、王僧孺、陸倕、劉孝綽、裴子野等著名文士③。《南史》本傳載"時諸王并下士,建安、安成二王尤好人物,世以二安重士,方之'四豪'"④。

在蕭秀之後,其世子蕭機襲封安成郡王。史稱其"美姿容,善吐納。家既多書,博

(接上頁)於東南。"(中華書局,1985 年,第 231—232 頁,下條同)之所以構成此種政治軍事態勢,主要由於"雍州、淮南等地鄰近北方,戰争頻繁。而其地之統治階級又不少自北方流亡而來,土斷成爲當地士族,往往不得不憑武功謀取功名,從而形成强悍風氣"。可見,雍州代表的荆襄地域和淮南地域是南朝時期頗具地方特色的"中間地帶",很多武力强宗出於此地,且對當時的政治走嚮具有關鍵性作用。因此,南朝重要藩邸多設置於這些地域也就不足爲奇了。

①　以南朝"藩邸"或"藩府"作爲文學研究對象的成果,以喬龍龍的碩士論文《南朝藩府文學研究》(廣西師範大學,2020)較具代表性。其内容涉及整個南朝的藩府文學,關於蕭梁的部分集中於蕭綱、蕭繹和蕭偉的藩府中。這篇論文側重於文學研究,對史料勾稽還不全面,特别是對藩府文士的研究失之籠統。

②　(唐)姚思廉:《梁書》卷二十二《太祖五王》,北京:中華書局,1973 年,第 355 頁。

③　以上引文出自《梁書》卷二十二《太祖五王·安成王秀》,第 342—345 頁。

④　(唐)李延壽:《南史》卷五十二《梁宗室下》,北京:中華書局,1975 年,第 1289 頁。

學强記……所著詩賦數千言,世祖集而序之"①。

據蕭繹《金樓子·著書篇》載,《安成煬王集》一秩四卷。《梁書》蕭機本傳載其謚號爲"煬",該書應爲蕭繹集纂其遺作而成。

南平元襄王蕭偉,自幼清警好學,蕭衍取得政權後,蕭偉被封爲建安王,曾先後擔任揚州刺史、江州刺史、都督江州諸軍事等藩邸要職。直到暮年身染重病,纔"不復出藩"②。蕭偉"篤誠通恕,趨賢重士,常如不及。由是四方遊士,當世知名者,莫不畢至"③。他曾把南齊的青溪宫改爲芳林苑,在苑中廣植奇花異草,極繁麗之能事,從事中郎蕭子範曾爲此創作一篇記文,贊譽"梁藩邸之盛無過焉"④。蕭偉晚年崇信佛教和玄學,著有《二旨義》《性情》《幾神》等論文,"僧寵及周捨、殷鈞、陸倕并名精解,而不能屈"⑤。其孫蕭静,號稱宗室後進。"有文才,而篤志好學,既内足於財,多聚經史,散書滿席,手自讎校。"⑥

鄱陽忠烈王蕭恢,七歲"能通《孝經》《論語》義,發摘無遺。及長,美風儀,涉獵史籍"⑦。曾先後出任南徐州刺史、郢州刺史、荆州刺史、益州刺史。蕭恢品格高越,史稱其"輕財好施,凡歷四州,所得俸禄隨而散之"⑧。其世子蕭範,"愛奇翫古,招集文才,率意題章,亦時有奇致"⑨。

始興忠武王蕭憺,"性好謙,降意接士,常與賓客連榻坐,時論稱之"⑩。曾先後擔任荆州刺史、南兖州刺史、益州刺史。特別是在益州刺史任上,蕭憺"開立學校,勸課就業,遣子映親受經焉,由是多向方者"⑪。

上述諸王皆爲梁武帝蕭衍兄弟之輩,其所封藩邸以荆州、益州、江州、揚州等地爲主,所到之處大興文教事業,對於當地民間文化的提升和普及皆有貢獻。就個性而言,他們都是愛好文學創作之人,身邊聚集了當時著名的文士,這對在藩邸形成文學集團是極爲有利的條件。更值得注意的是,這種對文學和文化的鍾愛,不僅體現於上述藩王身上,而且深刻影響了他們的子孫,顯示了蕭梁時期崇文之風在皇族和上流文士群體中日益普及、發展的總體趨勢。

相比於蕭衍兄弟輩,蕭衍之子蕭綱、蕭繹的藩邸規模有過之而無不及。蕭綱和蕭繹後來雖貴爲皇帝,但在年輕時期,由於兄長蕭統很早被立爲太子,因而他們曾經歷了長期的出藩過程。天監五年(506),五歲的蕭綱被封爲晉安郡王。六歲時,蕭綱即顯示出過人的文學才華,史稱其"幼而敏睿,識悟過人,六歲便屬文,高祖驚其早就,弗

---

①　《梁書》卷二十二,第 345 頁。

②　《梁書》卷二十二,第 347 頁。

③⑤　《梁書》卷二十二,第 348 頁。

④　《南史》卷五十二,第 1291 頁。

⑥　《梁書》卷二十二,第 350 頁。

⑦　《南史》卷五十二,第 1294—1295 頁。

⑧⑨　《梁書》卷二十二,第 352 頁。

⑩　《南史》卷五十二,第 1302 頁。

⑪　《梁書》卷二十二,第 355 頁。

之信也。乃於御前面試,辭采甚美"①。蕭衍因而視蕭綱爲曹植式的人物②。天監十三年(514),年僅十二歲的蕭綱出爲使持節、荆州刺史,與此同時,蕭繹被封爲湘東王,蕭綸被封爲邵陵王,蕭紀被封爲武陵王。此後,蕭綱陸續擔任江州刺史、益州刺史、南徐州刺史、雍州刺史等職,至中大通三年(531),身爲太子的蕭統去世,二十九歲的蕭綱被立爲太子。《梁書·簡文帝本紀》稱蕭綱:"九流百氏,經目必記;篇章辭賦,操筆立成。博綜儒書,善言玄理。自年十一,便能親庶務,歷試藩政,所在有稱。……及居監撫,多所弘宥,文案簿領,纖毫不可欺。引納文學之士,賞接無倦,恒討論篇籍,繼以文章。"③蕭綱藩邸文學集團最鼎盛時出現了"高齋學士"群體。《南史·庾肩吾傳》載:"初爲晉安王國常侍,王每徙鎮,肩吾常隨府。在雍州被命與劉孝威、江伯搖、孔敬通、申子悦、徐防、徐摛、王囿、孔鑠、鮑至等十人抄撰衆籍,豐其果饌,號高齋學士。"④

蕭繹則是在十五歲時開始《金樓子》的寫作,普通七年(526)擔任荆州刺史,即爲出藩之始。在荆州十餘年後,蕭繹奉詔回京,任安右將軍和護軍將軍,不久又繼續出藩,擔任江州刺史,都督江州諸軍事。太清元年(547),蕭續去世,蕭繹再次擔任荆州刺史,隨後侯景之亂爆發,蕭梁安定的政局不復存在。蕭繹藩邸文學集團後被稱爲"西府文學",與當時蕭綱的"高齋學士"和蕭統的"東宫學士"兩大群體旗鼓相當,成爲蕭梁中後期主導文學創作的三大文人集團。

兩相對比可見,蕭綱的出藩經歷相對複雜。他前後出藩近二十年,在五地做過藩王,但其藩邸存續時間最長的地方是荆州和雍州。蕭繹出藩歷時雖然也接近二十餘年,但封地主要爲荆州和江州,其首次出鎮荆州,就長达十餘年。

武陵王蕭紀,蕭衍第二子,"少勤學,有文才,屬辭不好輕華,甚有骨氣。……出爲宣惠將軍、江州刺史。徵爲使持節、宣惠將軍、都督揚、南徐二州諸軍事、揚州刺史。尋改授持節、都督益梁等十三州諸軍事、安西將軍、益州刺史"⑤。

邵陵王蕭綸,蕭衍第六子,"少聰穎,博學善屬文,尤工尺牘。天監十三年,封邵陵郡王"⑥。先後出爲會稽太守、江州刺史、揚州刺史、郢州刺史等。

以上諸位都是蕭梁時期具有文學才華的藩王,其中蕭綱後來因蕭統去世而被立爲太子,侯景之亂中成爲簡文帝;蕭繹則因平定侯景之亂而登上皇位,成爲梁元帝。如此衆多的宗室藩王擅長文章創作,與蕭衍所在的蘭陵蕭氏家族的文學傳統密不可分⑦。藩邸文學集團的形成首先離不開這些藩王喜好文學的個性,否則在他們身邊也難以聚集起數量可觀的文士,藩鎮的活動也需要他們的不斷推動。文士們被聚集在一起,藩王自然也就成爲藩邸文學活動的中心,他們的政治地位天然決定了其在文學集團中的核心位置。更值得注意的是,他們出鎮的地域都是長江流域沿岸的要衝,

① 《梁書》卷四《簡文帝本紀》,第 109 頁。
② 《梁書》卷四載,梁武帝曾感歎蕭綱的文采富艷,爲"吾家之東阿"。第 109 頁。
③ 《梁書》卷四,第 109 頁。
④ 《南史》卷五十,第 1246 頁。
⑤ 《梁書》卷五十五,第 825—826 頁。
⑥ 《梁書》卷二十九,第 431 頁。
⑦ 參曹道衡《蘭陵蕭氏與南朝文學》下編《梁武帝及其文學活動》,北京:中華書局,2004 年。

歷史上被稱爲"中間地帶",政治、軍事意義非凡,特別是荆州和江州爲主的"西府",更是當時南北方政權争奪的焦點,也是南北士人流徙中轉的主要地域,後來形成了西府文學集團①。因此,這些因素與出鎮的藩王在此鎮守、形成文學集團是相輔相成、互爲因果的關係:一方面,藩邸文學集團的形成依賴於上述因素;另一方面,文學集團的形成又鞏固和强化了這些地域的重要意義。

二、蕭梁藩邸文學集團的文士構成

蕭梁時期的藩王基本都是宗室兄弟或子侄,他們在政治上占據天然優勢,加之藩邸所處之地的緊要性,促使大批文士聚集於其麾下,形成頗具規模的文學集團。史料之中對這些文士多有記載,但缺乏系統性、條理性和完整性,顯得較爲混亂。因此下文綜合《梁書》《南史》等基本史料,按藩邸和藩王的順序,勾稽其文士成員的大體情形,以期對南朝蕭梁時代的藩邸文學狀況進行更爲清晰地呈現。

安成康王蕭秀的藩邸文士名列如下:

卞華　《梁書·卞華傳》:"天監初,遷臨川王參軍事,兼國子助教,轉安成王功曹參軍,兼五經博士,聚徒教授。"②

何遜　《梁書·何遜傳》:"天監中,起家奉朝請,遷中衛建安王水曹行參軍,兼記室。王愛文學之士,日與遊宴,及遷江州,遜猶掌書記。遷爲安西安成王參軍事,兼尚書水部郎,母憂去職。服闋,除仁威廬陵王記室,復隨府江州。"③

庾仲容　《梁書·庾仲容傳》:"遷安成王主簿。時平原劉孝標亦爲府佐,并以强學爲王所禮接。……遷安西武陵王諮議參軍。"④

謝徵　《梁書·謝徵傳》:"初爲安西安成王法曹,遷尚書金部三公二曹郎。"⑤

何思澄　《梁書·何思澄傳》:"起家爲南康王侍郎,累遷安成王左常侍,兼太學博士,平南安成王行參軍,兼記室。隨府江州,爲《遊廬山詩》,沈約見之,大相稱賞。"⑥

傅昭、傅映　《梁書·傅昭傳》:"(天監)六年,徙爲左民尚書,未拜,出爲建威將軍、平南安成王長史、尋陽太守。……昭所蒞官,常以清静爲政,不尚嚴肅。居朝廷,無所請謁,不畜私門生,不交私利。終日端居,以書記爲樂,雖老不衰。博極古今,尤善人物,魏晋以來,官宦簿伐,姻通内外,舉而論之,無所遺失。"⑦傅映,傅昭弟。"泛

①　(南朝梁)蕭繹《金樓子·著書篇》:"余中年承乏,攝牧神州。戚里英賢,南冠髦俊,車如流水,俱踵許掾之門;人同聯璧,咸登樂尹之館。"(許逸民校箋:《金樓子校箋》,中華書局,2011 年,第 1037 頁。)顏之推《顏氏家訓·文章》:"吾家世文章,甚爲典正,不從流俗。梁孝元在藩邸時撰《西府新文》十一卷,訖無一篇見録者,亦以不偶於世,無鄭、衛之音故也。"(張靄堂譯注:《顏之推全集譯注》,齊魯書社,2004 年,第 139 頁。)錢大昕《隋書考異》指出:"梁元帝在藩時撰《西府新文紀》,《志》云蕭淑者,當是元帝幕僚奉命撰集者。"(方詩銘、周殿傑校點:《廿二史考異》,上海古籍出版社,2004 年,第 560 頁。)

②　《梁書》卷四十八,第 676 頁。

③　《梁書》卷四十九,第 693 頁。

④　《梁書》卷五十,第 723—724 頁。

⑤　《梁書》卷五十,第 718 頁。

⑥　《梁書》卷五十,第 713—714 頁。

⑦　《梁書》卷二十六,第 393—394 頁。

涉記傳，有文才，而不以篇什自命。……天監初，除征虜鄱陽王參軍，建安王中權録事參軍，領軍長史，烏程令。……復爲臨川王録事參軍，南臺治書，安成王録事。"①

王峻　《梁書·王峻傳》："天監初，還除中書侍郎。……轉征虜安成王長史，又爲太子中庶子、遊擊將軍。出爲宣城太守。"②

劉峻　《梁書·劉峻傳》："安成王秀好峻學，及遷荆州，引爲户曹參軍，給其書籍，使抄録事類，名曰《類苑》，未及成，復以疾去。"③

臧未甄　《梁書·臧盾傳》："出爲安成王長史、江夏太守。"④

劉孝綽　《梁書·劉孝綽傳》："尋有敕知青、北徐、南徐三州事，出爲平南安成王記室，隨府之鎮。……尋復除秘書丞，出爲鎮南安成王諮議。……起爲西中郎湘東王諮議。……後爲太子僕，母憂去職。服闋，除安西湘東王諮議參軍。"⑤

王僧孺　《梁書·王僧孺傳》："天監初，除臨川王後軍記室參軍，待詔文德省。……出爲仁威南康王長史，行府、州、國事。……久之，起爲安西安成王參軍，累遷鎮右始興王中記室，北中郎南康王諮議參軍。"⑥

陸杲　《梁書·陸杲傳》："少好學，工書畫，舅張融有高名，杲風韻舉動，頗類於融。……尋遷黄門侍郎，右軍安成王長史。"⑦

南平王蕭偉的藩邸文士名列如下：

孔翁歸、江避　《梁書·孔翁歸傳》："會稽孔翁歸、濟陽江避，并爲南平王大司馬府記室。翁歸亦工爲詩。避博學有思理，更注《論語》《孝經》。二人并有文集。"⑧

吳均　《梁書·吳均傳》："建安王偉爲揚州，引兼記室，掌文翰。王遷江州，補國侍郎，兼府城局。"⑨

王份長子王琳　《梁書·王琳傳》："字孝璋，釋褐征虜建安王法曹，司徒東閤祭酒，南平王文學。"⑩

蕭子範　《梁書·蕭子範傳》："出爲建安太守，還除大司馬南平王户曹屬，從事中郎。王愛文學士，子範偏被恩遇，嘗曰：'此宗室奇才也。'使製《千字文》，其辭甚美，王命記室蔡薳注釋之。自是府中文筆，皆使草之。王薨，子範遷宣惠諮議參軍，護軍臨賀王正德長史。……歷官十餘年，不出藩府，常以自慨。"⑪

始興忠武王蕭憺的藩邸文士名列如下：

王志　《梁書·王志傳》："天監六年，出爲雲麾將軍、安西始興王長史、南郡太守。

①　《梁書》卷二十六，第 395 頁。
②　《梁書》卷二十一，第 321 頁。
③　《梁書》卷五十，第 702 頁。
④　《梁書》卷四十二，第 599—600 頁。
⑤　《梁書》卷三十三，第 480—483 頁。
⑥　《梁書》卷三十三，第 470—474 頁。
⑦　《梁書》卷二十六，第 398 頁。
⑧　《梁書》卷四十三，第 693 頁。
⑨　《梁書》卷四十九，第 698 頁。
⑩　《梁書》卷二十一，第 325 頁。
⑪　《梁書》卷三十五，第 510 頁。

明年,遷軍師將軍、平西鄱陽郡王長史、江夏太守。……志善草隸,當時以爲楷法。"①

劉潛　《梁書·劉潛傳》:"起家鎮右始興王法曹行參軍,隨府益州,兼記室。王入爲中撫軍,轉主簿。遷尚書殿中郎。敕令製《雍州平等寺金像碑》,文甚宏麗。晉安王綱出鎮襄陽,引爲安北功曹史。"②

夏侯亶　《梁書·夏侯亶傳》:"(天監)六年,出爲平西始興王長史、南郡太守。……亶爲人美風儀,寬厚有器量,涉獵文史,辯給能專對。……(弟夏侯夔)普通元年,爲邵陵王信威長史,行府國事。"③

席闡文　《南史·席闡文傳》:"孤貧,涉獵書史。……時始興王憺留鎮雍部,乃與西朝群臣迎憺總州事,故賴以寧輯。"④

江蒨　《梁書·江蒨傳》:"幼聰警,讀書過目便能諷誦。選爲國子生,通《尚書》,舉高第。……累遷臨川王友……轉中權始興王長史。"⑤

晉安王蕭綱的藩邸文士名列如下:

陸罩　《南史·陸杲附陸罩傳》載:"初,簡文在雍州,撰《法寶聯璧》,罩與群賢并抄掇區分者數歲。中大通六年(534)而書成,命湘東王爲序。其作者有侍中國子祭酒南蘭陵蕭子顯等三十人,以比王象、劉邵之《皇覽》焉。"⑥

庾於陵　《梁書·庾於陵傳》:"累遷中書黃門侍郎,舍人、中正并如故。出爲宣毅晉安王長史、廣陵太守,行州府事。"⑦

庾肩吾　《梁書·庾肩吾傳》:"八歲能賦詩,特爲兄於陵所友愛。初爲晉安王國常侍,仍遷王宣惠府行參軍,自是每王徙鎮,肩吾常隨府。……初,太宗在藩,雅好文章士,時肩吾與東海徐摛,吳郡陸杲,彭城劉遵、劉孝儀,儀弟孝威,同被賞接。"⑧

鍾嶸　《梁書·鍾嶸傳》:"遷中軍臨川王行參軍。衡陽王元簡出守會稽,引爲寧朔記室,專掌文翰。時居士何胤築室若邪山,山發洪水,漂拔樹石,此室獨存,元簡命嶸作《瑞室頌》以旌表之,辭甚典麗。選西中郎晉安王記室。"⑨

樂法才　《梁書·樂藹傳》:"子法才,字元備,幼與弟法藏俱有美名。少遊京師,造沈約,約見而稱之。……晉安王爲荊州,重除別駕從事史。"⑩

陸倕　《梁書·陸倕傳》:"遷太子庶子、國子博士,母憂去職。服闋,爲中書侍郎,給事黃門侍郎,揚州別駕從事史,以疾陳解,遷鴻臚卿,入爲吏部郎,參選事。出爲雲麾晉安王長史、尋陽太守、行江州府州事。"⑪

---

①　《梁書》卷二十一,第319—320頁。
②　《梁書》卷四十一,第594頁。
③　《梁書》卷二十八,第418—420頁。
④　《南史》卷五十五,第1358頁。
⑤　《梁書》卷二十一,第334頁。
⑥　《南史》卷四十八,第1205頁。
⑦　《梁書》卷四十九,第689頁。
⑧　《梁書》卷四十九,第690頁。
⑨　《梁書》卷四十九,第694頁。
⑩　《梁書》卷十九,第303頁。
⑪　《梁書》卷二十七,第403頁。

韋粲　《梁書·韋粲傳》：“初爲雲麾晉安王行參軍，俄署法曹，遷外兵參軍，兼中兵。時潁川庾仲容、吴郡張率，前輩知名，與粲同府，并忘年交好。及王遷鎮雍州，隨轉記室，兼中兵如故。……除安西湘東王諮議。”①

到洽　《梁書·到洽傳》：“（普通）七年，出爲貞威將軍、雲麾長史、尋陽太守。”②

王規　《梁書·王規傳》：“晉安王綱出爲南徐州，高選僚屬，引爲雲麾諮議參軍。久之，出爲新安太守。……中大通二年，出爲貞威將軍驃騎晉安王長史。”③

劉孺　《梁書·劉孺傳》：“出爲宣惠晉安王長史，領丹陽尹丞，遷太子中庶子，尚書吏部郎。出爲輕車湘東王長史，領會稽郡丞，公事免。頃之，起爲王府記室。”④

蕭子雲　《梁書·蕭子雲傳》：“累遷北中郎外兵參軍，晉安王文學，司徒主簿，丹陽尹丞。時湘東王爲京尹，深相賞好，如布衣之交。”⑤

徐摛　《梁書·徐摛傳》：“會晉安王綱出戍石頭，高祖謂周捨曰：‘爲我求一人，文學俱長兼有行者，欲令與晉安遊處。’捨曰：‘臣外弟徐摛，形質陋小，若不勝衣，而堪此選。’高祖曰：‘必有仲宣之才，亦不簡其容貌。’以摛爲侍讀。後王出鎮江州，仍補雲麾府記室參軍，又轉平西府中記室。王移鎮京口，復隨府轉爲安北中録事參軍，帶郯令。……普通四年王出鎮襄陽，摛固求隨府西上，遷晉安王諮議參軍。”⑥

張率　《梁書·張率傳》：“（天監）七年，敕召出，除中權建安王中記室參軍。……八年，晉安王戍石頭，以率爲雲麾中記室。王遷南兖州，轉宣毅諮議參軍，并兼記室。……十三年，王爲荆州，復以率爲宣惠諮議，領江陵令。府遷江州，以諮議領記室，出監豫章、臨川郡。率在府十年，恩禮甚篤。……率雖歷居職務，未嘗留心簿領，及爲別駕奏事，高祖覽牒問之，并無對，但奉答云‘事在牒中’。高祖不悦。俄遷太子家令，與中庶子陸倕、僕劉孝綽對掌東宫管記。”⑦

劉遵　《梁書·劉遵傳》：“累遷晉安王宣惠、雲麾二府記室，甚見賓禮，轉南徐州治中。王後爲雍州，復引爲安北諮議參軍、帶邔縣令。中大通二年，王立爲皇太子，仍除中庶子。遵自隨藩及在東宫，以舊恩，偏蒙寵遇，同時莫及。”⑧

劉孝威　劉遵第六弟，《梁書·劉孝威傳》：“初爲安北晉安王法曹，轉主簿。”⑨

孔休源　《梁書·孔休源傳》載：“除給事黄門侍郎，遷長兼御史中丞，正色直繩，無所回避，百僚莫不憚之。除少府卿，又兼行丹陽尹事。出爲宣惠晉安王府長史、南郡太守、行荆州府州事。高祖謂之曰：‘荆州總上流衝要，義高分陝，今以十歲兒委卿，善匡翼之，勿憚周昌之舉也。’……尋而始興王憺代鎮荆州，復爲憺府長史，南郡太守、行府州事如故。在州累政，甚有治績，平心決斷，請託不行。高祖深嘉之。除通直散

① 《梁書》卷四十三，第 605 頁。
② 《梁書》卷二十一，第 404 頁。
③ 《梁書》卷四十一，第 581—582 頁。
④ 《梁書》卷四十一，第 591 頁。
⑤ 《梁書》卷三十五，第 513—514 頁。
⑥ 《梁書》卷三十，第 446—447 頁。
⑦ 《梁書》卷三十三，第 478 頁。
⑧ 《梁書》卷四十一，第 593 頁。
⑨ 《梁書》卷四十一，第 595 頁。

騎常侍,領羽林監,轉秘書監,遷明威將軍,復爲晉安王府長史、南蘭陵太守,別敕專行南徐州事。休源累佐名藩,甚得民譽,王深相倚仗,軍民機務,動止詢謀。"①

湘東王蕭繹的藩邸文士名列如下:

賀革 《梁書·賀革傳》:"起家晉安王國侍郎、兼太學博士,侍湘東王讀。敕於永福省爲邵陵、湘東、武陵三王講禮。稍遷湘東王府行參軍,轉尚書儀曹郎。……出爲西中郎湘東王諮議參軍,帶江陵令。王初於府置學,以革領儒林祭酒,講《三禮》,荊楚衣冠聽者甚衆。"②

劉緩 《梁書·劉昭傳》:"少知名。歷官安西湘東王記室,時西府盛集文學,緩居其首。除通直郎,俄遷鎮南湘東王中録事,復隨府江州。"③

顔協 《梁書·顔協傳》:"釋褐湘東王國常侍,又兼府記室。世祖出鎮荊州,轉正記室。時吳郡顧協亦在藩邸,與協同名,才學相亞,府中稱爲'二協'。舅陳郡謝暕卒,協以有鞠養恩,居喪如伯叔之禮,議者重焉。又感家門事義,不求顯達,恒辭徵辟,遊於蕃府而已。"④

臧嚴 《梁書·臧嚴傳》:"初爲安成王侍郎,轉常侍。……遷冠軍行參軍、侍湘東王讀,累遷王宣惠輕車府參軍,兼記室。嚴於學多所諳記,尤精《漢書》,諷誦略皆上口。王嘗自執四部書目以試之,嚴自甲至丁卷中,各對一事,并作者姓名,遂無遺失,其博洽如此。王遷荊州,隨府轉西中郎安西録事參軍。……王遷江州,爲鎮南諮議參軍。"⑤

王籍 《梁書·王籍傳》:"天監初,除安成王主簿,尚書三公郎,廷尉正。……久之,除輕車湘東王諮議參軍,隨府會稽。郡境有雲門、天柱山,籍嘗遊之,或累月不反。至若邪溪賦詩,其略云:'蟬噪林逾静,鳥鳴山更幽。'當時以爲文外獨絶。……湘東王爲荊州,引爲安西府諮議參軍,帶作塘令。"⑥

徐悱 《梁書·徐勉傳》:徐勉第二子徐悱,"字敬業,幼聰敏,能屬文。……以足疾出爲湘東王友,遷晉安内史。"⑦

張嵊 《梁書·張嵊傳》:"還除中軍宣城王司馬、散騎常侍。又出爲鎮南湘東王長史、尋陽太守。"⑧

顧協 《梁書·顧協傳》:"遷安成王國左常侍,兼廷尉正。太尉臨川王聞其名,召掌書記。……遷輕車湘東王參軍事,兼記室。"⑨

蕭介 《梁書·蕭介傳》:"湘東王聞介名,思共遊處,表請之。普通三年,乃以介爲湘東王諮議參軍。……大同二年,武陵王爲揚州刺史,以介爲府長史,在職清白,爲

① 《梁書》卷三十六,第 520—521 頁。
② 《梁書》卷四十八,第 673 頁。
③ 《梁書》卷四十九,第 692 頁。
④ 《梁書》卷五十,第 727 頁。
⑤ 《梁書》卷五十,第 719 頁。
⑥ 《梁書》卷五十,第 713 頁。
⑦ 《梁書》卷二十五,第 388 頁。
⑧ 《梁書》卷四十三,第 609 頁。
⑨ 《梁書》卷三十,第 445 頁。

朝廷所稱。"①

　　宗懍　《梁書·宗懍傳》："普通中，爲湘東王府兼記室，轉刑獄，仍掌書記。歷臨汝、建成、廣晉等令，後又爲世祖荆州别駕。"②

　　劉毅　《梁書·劉毅傳》："稍遷湘東王記室參軍，又轉中記室。太清中，侯景亂，世祖承制上流，書檄多委毅焉。"③

　　鮑機、鮑泉　《梁書·鮑泉傳》："父機，湘東王諮議參軍。泉博涉史傳，兼有文筆。少事元帝，早見擢任。"④

　　王筠　《梁書·王筠傳》："起家中軍臨川王行參軍……俄兼寧遠湘東王長史，行府、國、郡事。"⑤

　　張纘　《南史·張纘傳》："湘東王時鎮江陵，與纘有舊。……初，纘之往雍州，資産悉留江陵。性既貪婪，南中貨賄填積。及死，湘東王皆使收之，書二萬卷并捷還齋，珍寶財物悉付庫。"⑥可見，蕭繹藏書的一部分是來自張纘的舊藏。

　　邵陵王蕭綸的藩邸文士名列如下：

　　太史叔明　《梁書·太史叔明傳》："邵陵王綸好其學，及出爲江州，携叔明之鎮。王遷郢州，又隨府，所至輒講授，江外人士皆傳其學焉。"⑦

　　皇侃　《梁書·皇侃傳》："平西邵陵王欽其學，厚禮迎之。"⑧

　　伏挺　《梁書·伏挺傳》："會邵陵王爲江州，携挺之鎮，王好文義，深被恩禮，挺因此還俗。復隨王遷鎮郢州。"⑨

　　王承　《梁書·王承傳》："歷太子舍人，南康王文學，邵陵王友，太子中舍人。"⑩

　　劉孝勝　劉遵第五弟，《梁書》本傳載其"歷官邵陵王法曹、湘東王安西主簿記室，尚書左丞。……久之，復爲尚書右丞，兼散騎常侍。聘魏還，爲安西武陵王紀長史、蜀郡太守"⑪。

　　吳規　《南史·張纘傳》："吳興吳規頗有才學，邵陵王綸引爲賓客，深相禮遇。"⑫

　　韋鼎　《南史·韋鼎傳》："字超盛，少通曉，博涉經史，明陰陽逆刺，尤善相術。"⑬先是擔任湘東王法曹參軍，因父去世，去職服喪。此後擔任邵陵王主簿。

　　許亨　《南史·許亨傳》："少傳家業，孤介有節行。博通群書，多識前代舊事，甚爲南陽劉之遴所重。……侯景之亂，避地郢州。會梁邵陵王自東至，引爲諮議

①　《梁書》卷四十一，第 587 頁。
②③　《梁書》卷四十一，第 584 頁。
④　《梁書》卷三十，第 448 頁。
⑤　《梁書》卷三十三，第 484—486 頁。
⑥　《南史》卷五十六，第 1387—1388 頁。
⑦　《梁書》卷四十八，第 679 頁。
⑧　《梁書》卷四十八，第 680—681 頁。
⑨　《梁書》卷五十，第 722—723 頁。
⑩　《梁書》卷四十一，第 585 頁。
⑪　《梁書》卷四十一，第 595 頁。
⑫　《南史》卷五十六，第 1387 頁。
⑬　《南史》卷五十八，第 1435 頁。

參軍。”①

武陵王蕭紀的藩邸文士名列如下：

盧廣　《梁書·盧廣傳》：“廣少明經，有儒術。天監中歸國。……出爲信武桂陽嗣王長史、尋陽太守。又爲武陵王長史，太守如故。”②

陸雲　《梁書·陸雲傳》：“累遷宣惠武陵王、平西湘東王行參軍。”③

江革　《梁書·江革傳》：“建安王爲雍州刺史，表求管記，以革爲征北記室參軍，帶中廬令。……革時在雍，爲府王所禮，款若布衣。王被徵爲丹陽尹，以革爲記室。……復出爲雲麾晉安王長史、尋陽太守、行江州府事。……俄遷左光祿大夫、南平王長史、御史中丞。……時武陵王在東州，頗自驕縱，上召革面敕曰：‘武陵王年少，臧盾性弱，不能匡正，欲以卿代爲行事。非卿不可，不得有辭。’乃除折衝將軍、東中郎武陵王長史、會稽郡丞、行府州事。……府王憚之，遂雅相欽重。每至侍宴，言論必以《詩》《書》，王因此耽學好文。……武陵王出鎮江州，乃曰：‘我得江革，文華清麗，豈能一日忘之，當與其同飽。’乃表革同行。又除明威將軍、南中郎長史、尋陽太守。徵入爲度支尚書。好獎進閭閻，爲後生延譽，由是衣冠士子，翕然歸之。……革歷官八府長史，四王行事，三爲兩千石。”④

蕭子雲之弟蕭子暉　《梁書·蕭子暉傳》：“遷安西武陵王諮議，帶新繁令，隨府轉儀同從事。”⑤

劉孝先　劉遵第七弟，《梁書·劉孝先傳》：“曾任武陵王法曹、主簿，王遷益州，隨府轉安西記室。……兄弟并善五言詩，見重於世。”⑥

上述人物是蕭梁藩邸文學集團中的代表性文士，比如蕭繹出鎮荊襄而形成的西府文學集團，據史料顯示，人數最多時達七十餘人。限於史料闕疑，很多人物已無從考證，但即使如此，通過這些代表性文士我們也可以看出，當時很多知名文士都曾在藩邸中擔任過職務。他們進入藩邸的方式，大致有以下三種：一是被皇帝特別指定而輔佐藩王，如孔休源和江革；二是通過某種特殊的選拔進入藩府，如王規進入蕭綱藩邸；三是藩王與文士之間互相欣賞，備禮延聘。此種方式更爲普遍，也成爲此時藩邸文學集團得以形成并逐漸壯大的關鍵性要素。這一點在蕭綱和蕭繹藩邸最爲突出。作爲蕭衍子嗣中文學才華的傑出代表，蕭綱和蕭繹在出藩過程中都有爲數衆多的文士隨行。庾肩吾父子和徐摛父子進入蕭綱的藩邸，以及劉緩、蕭介和鮑泉進入蕭繹的藩邸，都是這種情況。而且這些文士追隨同一藩王的時間都很長，即使他們從一地換到另外一地，這些文士都傾心跟從。在這些人的身上，我們可以看出藩王與文士的互相欣賞，以及對文學創作的共同愛好，這構成了蕭梁時期藩邸文學集團的形成基礎。正是由於這些因素的推動，纔促使更多的文士聚集輻輳於藩邸，産生深遠、積極的影

①　《南史》卷六十，第 1487 頁。

②　《梁書》卷四十八，第 678 頁。

③　《梁書》卷五十，第 724 頁。

④　《梁書》卷三十六，第 523—526 頁。

⑤　《梁書》卷三十五，第 516 頁。

⑥　《梁書》卷四十一，第 595 頁。

響。蕭繹在荆州所形成的西府文學集團，最鼎盛時達七十餘人，且其中多爲與蕭繹文學上聲氣相通之輩，顔協、顧協、劉緩、劉毅等人可謂其中代表。

雖然一些文士與藩王之間保持着深厚的交往而隨之一起遷轉，但也有相當數量的文士曾不止在一個藩邸中任職，其中最具代表性的是江革。他“歷官八府長史，四王行事，三爲兩千石”①，其中的“四王”就包括建安王、廬陵王、南平王和武陵王。此外，孔休源也有類似的經歷。身爲齊梁名士，他學問淵博，早年曾跟隨吳興沈驎士致力於經學，入齊竟陵王幕府爲西邸學士。蕭衍建立政權後，孔休源在司法裁決、禮儀建設和朝政管理上顯示出高超的才幹，這促使梁武帝選擇孔休源輔佐十餘歲的蕭綱出藩荆州。而且孔休源即使在州事輔佐之餘也依然堅持不斷學習，史稱其“在州晝決辭訟，夜覽墳籍”②。他不僅輔佐蕭綱出藩荆州，而且也對始興王蕭憺在荆州的施政有所幫助，因而博得“累佐名藩”③的美譽。

這些文士身處藩邸，其重要的身份特點是藩王的文學侍從，他們所從事的多爲文學和學術活動。其中編書、學術探討與詩文唱和最爲普遍，如劉峻在蕭秀藩邸編輯《類苑》、陸罩等衆人在蕭綱的藩邸編撰《法寶聯璧》，以及蕭繹藩邸中的書籍編撰，均説明編書是文士在藩邸的一項重要工作，也顯示了藩王對文學和學術的喜好。此外，藩邸中的學術探討多偏向於儒學内容，如賀革在蕭繹的荆襄藩邸中講授《三禮》、卞華在蕭秀藩邸以經學見長、江蒨在蕭憺藩邸通《尚書》之學、江避在蕭偉藩邸注釋《論語》《孝經》、盧廣在蕭紀藩邸通曉儒術以及先後就職於蕭繹與蕭綸藩邸的韋鼎博涉經史等，可見藩邸文士的儒學修養較爲突出，這應當與梁武帝時期重視儒學復興的文化趨勢是一致的④。

除了這種人事因素之外，就官職而言，這些藩邸文士也有值得關注之處。他們所擔任的職務多爲長史、記室和諮議參軍等，這些基本都是藩府中的緊要文職。如“長史”一職，據嚴耕望先生考證：“有兩事最值得注意。一爲常帶首郡太守，一爲代府主行州府事。”⑤可見“長史”是藩邸僚佐系統中最爲緊要的職位，大多承擔着輔佐藩王的重任。“諮議參軍”并不常設，但“位亞於上佐”，在藩邸中是僅次於“長史”的重要官職。嚴耕望先生指出：“大抵諮議參軍無一定職掌，而位甚尊，故常兼領録事之任。”⑥這些文士進入藩邸，能夠擔任“長史”“記室”和“諮議參軍”等重要的僚屬官職，可見藩王對文士群體是非常重視的。

就藩邸文士的數量而言，晉安王蕭綱和湘東王蕭繹麾下的文士人數更多，本文所列僅爲其中代表，他們在《梁書》和《南史》中有本傳列出，并非全部人員。但即使如此，蕭綱和蕭繹藩邸的文士數量遠過於其他藩邸，這也説明他們對文學的愛好對文士聚集具有强大的號召力。另外，他們在荆襄地區出鎮藩邸的時間最爲持久，這對當地

---

① 《梁書》卷三十六，第 526 頁。
②③ 《梁書》卷三十六，第 521 頁。
④ 蕭衍重視儒學研究的問題，可參閲莊輝明《蕭衍評傳》（上海古籍出版社，2018 年）第三章“治國方略”之《大力弘揚儒學》與第五章“博學多才”之《儒學的深厚造詣》等内容。
⑤ 嚴耕望：《魏晉南北朝地方行政制度》，上海：上海古籍出版社，2007 年，第 184 頁。
⑥ 《魏晉南北朝地方行政制度》，第 192 頁。

文風的影響是不言而喻的。因此,荆襄地區的文學創作與以建康爲中心的京師文風遥相呼應,可謂是長江中游文風具有顯著特色的地域。

三、餘論:蕭梁時期藩邸的文學活動

藩王與著名文士的互動推動了南朝藩邸文學創作的開展,"藩邸"這一特定的場合,更便於他們聲氣相通,形成頗具規模的文學集群,甚至引導當時文學創作的潮流。這方面以蕭綱和蕭繹的藩邸最突出。

劉遵作爲蕭綱藩邸中的代表文士,其去世後,蕭綱致書其從兄陽羨令劉孝儀,回憶當年遊處情景:

> 吾昔在漢南,連翩書記,及忝朱方,從容坐首。良辰美景,清風月夜,鹢舟乍動,朱鷺徐鳴,未嘗一日而不追隨,一時而不會遇。酒闌耳熱,言志賦詩,校覆忠賢,摧揚文史,益者三友,此實其人。①

這段深情的追懷頗有曹丕《與吳質書》中描寫鄴下南皮文學交遊的風采,可以想見蕭綱與劉遵等文士的交流有意淡化主從之間的身份差異,而更傾向於具有相同文學愛好的朋友關係。作爲荆襄地區藩邸的主持者,蕭繹在《與蕭挹書》中也有對藩邸文學盛况的回憶性描繪:"想同僚多士,方架連曹,雅步蘭宫,容與自玩,士衡已後,唯在兹日。惟昆與季,文藻相暉,二陸三張,豈獨擅美?"②另外,蕭秀與何遜的關係也能體現出這種和諧的文學氛圍:"王愛文學之士,日與遊宴。"③在這樣的文學氛圍下,詩文創作成爲藩邸文學的主流。劉潛在始興王蕭憺藩邸曾奉命作《雍州平等寺金像碑》。何思澄隨安成王蕭秀出鎮江州,到達當地後作《遊廬山詩》,受到文壇領袖沈約的好評,可惜該詩没有流傳下來。劉孝先兄弟擅長五言詩創作,這是他們受到蕭紀賞識并進入藩邸的主要原因,可以想見,當時藩邸中的詩文唱和活動應該很多。

由於文士聚集於藩邸,以藩王爲中心,編撰類書和大型圖書的風氣彌漫於藩邸。安成王蕭秀曾命劉峻編纂大型類書《類苑》,蕭綱撰《法寶聯璧》,命陸罩等人分類抄撰,"罩與群賢并抄掇區分者數歲"④。而在《金樓子·著書》中,蕭繹記録了其藩邸文士編書的詳細情形。如《研神記》一秩一卷,由劉毅纂次。《晉仙傳》一秩五卷,蕭繹請顏協編撰。《繁華傳》一秩三卷,蕭繹請劉緩編撰。劉緩即蕭繹藩邸中的文士翹楚,《梁書·劉昭傳》載:"歷官安西湘東王記室,時西府盛集文學,緩居其首。"⑤另有《玉子訣》一秩三卷,也是劉緩奉蕭繹之命而作。《食要》一秩十卷,爲蕭繹命虞預編纂。《長州苑記》一秩三卷,爲蕭繹與劉之亨等人一起編纂。《補闕子》一秩十卷,爲蕭繹命

---

① (清)嚴可均輯:《全上古三代秦漢三國六朝文》之《全梁文》卷九,北京:中華書局,1958年,第2999頁。
② 《全上古三代秦漢三國六朝文》,《全梁文》卷十七,第3047頁。
③ 《梁書》卷四十九,第693頁。
④ 《南史》卷四十八,第1205頁。
⑤ 《梁書》卷四十九,第692頁。

鮑泉、東里編纂,"東里"疑爲任昉之第四子任東里。①《譜》一秩十卷,爲蕭繹命王競撰。《夢書》一秩十卷,爲蕭繹命丁覘撰。《奇字》二秩二十卷、《碑集》十秩百卷,爲蕭繹命蕭賁撰。《詩英》一秩十卷,爲蕭繹命王孝祀撰。除了命藩邸文士編纂圖書外,藩王親自編書也是常見之事,如蕭繹在藩邸就曾編書多部:《玉韜》一秩十卷,作於他第二次出牧荆州江陵時;《貢職圖》一秩一卷,作於梁武帝大同七年(541),當時蕭繹在荆州刺史任上。總體而言,蕭梁時期藩邸編書風氣盛行,遍及經史子集四部類,胡寶國先生稱譽"知識至上的南朝學風"②,此其類也。

由於蕭綱做晉安王出鎮江州和雍州刺史,蕭繹做湘東王出鎮荆州刺史,尤其是蕭繹在荆州刺史任上十餘年,在他們身邊聚集了爲數衆多的文士,這使得荆襄地域的文學創作在蕭梁藩邸文學集團中最具代表性。蕭綱和蕭繹是梁陳時期"宮體詩風"的宣導者,而這一風氣的起始即淵源自蕭綱和蕭繹出鎮荆襄地域的時期。他們身邊圍繞着庾肩吾父子和徐摛父子,這是"宮體詩風"最初形成的主要文人。蕭綱在出鎮江州和雍州時曾作《與湘東王書》:"比見京師文體,懦鈍殊常,競學浮疏,爭爲闡緩。玄冬脩夜,思所不得,既殊比興,正背《風》《騷》。"③在本文中,蕭綱不僅指摘當時京城文風的"闡緩"之弊,而且將矛頭直接指嚮謝靈運和裴子野的文學影響。裴子野的文學觀念趨於復古保守,文風質樸,蕭綱的評論與其文風一致。而謝靈運作爲曾經的山水詩大家,開詩風變革的先聲,到了蕭綱這裏也成爲被批評的對象,説明相對於謝靈運,蕭綱的文學觀念和诗歌风格更加趨新,這也符合蕭統在《文選序》中踵事增華的新變文學主張。蕭綱急切地想推廣江州和雍州所逐漸形成的新詩風,他選擇了自己的弟弟蕭繹作爲文壇上的呼應者,這也深刻影響了蕭繹此後在荆州出鎮時的文風方嚮。兄弟二人在文學觀念上彼此影響,又均在荆州出鎮時間較長,在此聚集了大量可以將新變文學觀付諸創作實踐的文士群體,勢必對荆襄地域文風品格的延續和鞏固産生深遠影響。

就藩邸文學的創作傳統而言,荆襄地域的文風與以建康爲中心的京師文風一直存在着較爲明顯的差異,南朝樂府中"西曲"和"吳歌"的對比就是明顯例證。創作傳統的延續與蕭梁時期藩王文學集團的持續影響,如安成王蕭秀、晉安王蕭綱和湘東王蕭繹等,他們不僅在政治上深受梁武帝信任,而且具有相當的文學才華。這些因素最終促使荆襄地域的文風大異於京師文體,在文學創作和理念上的集體效應,使得以荆襄爲中心的長江中游地域在文風上一直具有深厚的文化傳統。因此,蕭綱和蕭繹能够依託以藩邸爲中心的文學集團逐漸播揚宮體詩風并非偶然,此時荆襄藩邸文學集團不斷新變的創作風氣及其與京師文風的對照,所呈現出的正是南朝後期地域文化不斷演變的動態表徵。

---

① (南朝梁)蕭繹撰,陳志平、熊清元疏證校注:《金樓子疏證校注》,上海:上海古籍出版社,2014 年,第 817 頁。

② 參胡寶國論文《知識至上的南朝學風》與《南朝學風與社會》,載《將無同——中古史研究論文集》,中華書局,2020 年。

③ 《梁書》卷四十九,第 690 頁。

李白融會古詩體與樂府體的嘗試[*]

張一南

摘　要:在李白的創作中,存在着融會古詩體與樂府體的現象,其主要表現爲:借鑒樂府體的形象表現古詩體的精神,借用樂府體的形式承擔古詩體的功能。與此相關,李白弘揚或開創了很多重要的創作方法,進一步增强了擬樂府的詠懷特質,使七絶和歌行脱去樂府色彩,成爲士人酬贈言懷的詩體,并使成熟於齊梁近體詩系統的歌行變成復古詩學最有生命力的體裁,將樂府歌行個人化、現實化、散文化。李白的嘗試,更新了唐詩系統的形態,是整合前代文學資源的成功經驗。

關鍵詞:古詩體;樂府體;復古詩學

盛唐詩人從前代繼承了豐富多樣的文學資源。除了直接繼承自齊梁的近體詩外,還有漢樂府、吴聲西曲等民間樂府,有精英士人的古體詩創作傳統,更有士人參與、擬作樂府的傳統。這些傳統各有特點,如何處理不同傳統,成爲盛唐詩人需要面對的重大問題。作爲盛唐最具創造力的詩人之一,李白爲融會唐前不同詩歌傳統作出了卓越的努力,給後人以巨大的啓發。

一、古詩體與樂府體的對立與交匯

李白所面對的前代文學傳統是紛繁複雜的,其中一個不可忽視的現象是,古詩體早已從樂府體中分離出來,形成了相對獨立的發展脉絡。王世貞在《藝苑卮言》中指出:"樂《選》律絶,句字復殊,聲韻各協。"[①]將近體律絶之外的詩體,分爲"樂""選"兩類,即樂府體和《文選》體,這種提法是引人深思的。

"樂"與"選",實際上可視爲唐前詩歌的兩個傳統。"樂"即樂府體,以民間樂府爲本色,精英文士的個人創作不同程度地保留了民間樂府的特點。民間樂府可以是原生的自發歌唱,文人樂府則呈現出一定的傳承性。由於文獻保存的原因,我們今天能看到的中古樂府,仍然大多爲文人的個人創作。"選"即古詩,以《文選》詩爲典型,在風格上有别於樂府,有着獨立於樂府的發展脉絡。

需要解釋的是,《文選》中也存在"樂府"類目。"樂府"之前的"軍戎""郊廟",之後

---

* **作者簡介**:張一南,北京大學中文系助理教授,文學博士,主要從事中國古代文體學、魏晉南北朝隋唐文學研究。

①　(明)王世貞:《藝苑卮言》,南京:鳳凰出版社,2009 年,第 15 頁。

的"挽歌""雜歌"，也屬於廣義的樂府。然而，《文選》中的樂府，遠非樂府系統的整體，而衹是一類特殊的樂府。即由精英士人創作的、借樂府形式吟詠個人懷抱的作品。不可否認，這些作品或許還與音樂存在聯繫，也存在原創的成分，但這些作品大致已呈現出不依賴音樂、模擬古辭的傾向。除了三首無名氏之作，以及班婕妤、石崇的作品，昭示了民間樂府與詠懷詩作之間的聯繫外，其他作品都來自可以代表當時文學最高成就的精英士人，包括三曹父子、陸機、謝靈運、鮑照、謝朓等。其中，陸機入選作品最多，高達 17 首。這樣的作者結構迥異於我們今天對樂府史的理解。可見，《文選》"樂府"類建構的并非樂府史，而是唐前精英士人擬樂府以詠懷的歷史。

鍾嶸稱郭璞遊仙詩"乃是坎壈詠懷，非列仙之趣也"[①]。其實，《文選》中的樂府體，也同樣是"坎壈詠懷"，實際上可視爲詠懷詩的變體。這些文人詠懷樂府，不妨看作樂府體與《文選》體的交集。今天可以看到的唐代古體樂府，大多爲文人詠懷之作，同樣落在了這一交集中。

與"樂"相對的"選"體，可追溯到《古詩十九首》，故又可稱爲"古詩體"。正如陸時雍指出的：

> 十九首近於賦而遠於風，故其情可陳，而其事可舉也。……夫微而能通、婉而可諷者，風之爲道美也。[②]

可見，古詩體與樂府體有着不同的寫作範式。精英士人往往同時參與古詩體與樂府體的創作，但詩樂二體在唐前仍可視爲不同的文體，分屬不同的傳統。其中原理，或可類比宋詩與宋詞：一個人可以詩詞兼善，但同一作者在作詩與填詞時的心態是不同的，參照的傳統規則也是不同的，精英文士的詞即使已非本色，但仍與其本人的詩在語體上存在明顯差異。而當時世遷易，一個時代的文學系統變成另一個時代的"復古"對象時，新時代的人往往會遺忘和忽略不同文體之間的差異，就像今天的一般讀者已不會像宋人那樣在意"詩"與"詞"之間的區別。唐人在復古時，同樣會面臨這樣的問題，即如何處理古詩體與樂府體的不同傳統。

錢志熙先生指出：

> 李白的復古詩學，如果尋找它内部的體系，最核心的是古風與古樂府。古風又派生出的一般的五言古詩；其中的一些山水紀遊之作，源於陶淵明與大、小謝，也部分地帶有復古的色彩。古樂府的系統又派生一般的七言與雜言的歌行體，可以說是樂府體的一個擴大。除此之外，李白日常吟詠情性、流連風物的五律體、五七言絶句等近體詩，也在風格上程度不同地受到上述古體、古樂府體的影響。雖然從李白自身的認識來看，五言尊於七言，古風尊於古樂府。但以他實際的創作成就來說，是七言高於五言，古樂府高於古風。[③]

與六朝詩一樣，李白的復古之作，也可分爲樂府體和非樂府體，非樂府體即"古

① （南朝梁）鍾嶸撰，曹旭集注：《詩品集注》，上海：上海古籍出版社，2011 年，第 319 頁。
② （明）陸時雍：《詩鏡總論》，載《詩鏡》，保定：河北大學出版社，2010 年，第 3 頁。
③ 錢志熙：《論李白樂府詩的創作思想、體制與方法》，《文學遺產》，2012 年第 3 期，第 47—48 頁。

風"或稱"古詩體"。樂府是李白實際成就最高的文體，與此同時，李白對古詩體也傾注了大量的努力。此外，李白的律詩與絕句同樣可以繼承古詩體與樂府體的傳統。

李白的古體詩創作中，存在古詩體與樂府體互滲的現象；其近體詩創作，也體現出融合兩個傳統的傾向。李白的經典之作，往往并非如人們印象中那樣，單純繼承樂府傳統，而是詩樂二體融匯的結果。在《文選》爲古詩體劃定的體系下，李白採用各種方法，不同程度地引入樂府元素，從而改進了古詩體，爲古、近體詩的發展創造了更多的可能性。

李白融會古詩體與樂府體的嘗試，可以從功能和形式兩個角度來討論。從功能上看，李白一方面將古詩體樂府化，借用樂府的形象豐富古詩體；一方面將樂府古詩化，在充分借鑒鮑照的基礎上，將樂府寫成詠懷詩；與此相關，李白還會將現實樂府化，借樂府舊題來書寫現實。從形式上看，李白一方面改造了絕句，廣泛將古詩體的功能引入絕句；一方面改造了歌行，讓歌行承擔古詩體的功能；與此相關，李白還會將樂府散文化，使雜言樂府吸收古文的某些特點。李白在功能和形式方面的努力是互爲表裏的，這使其創作呈現出豐富多彩的特徵。

二、功能的融合

古詩與樂府既有各自獨立的傳統，也有互相融會的先例。既有體制未備、詩樂未分的時代，也有文人借樂府詠懷的嘗試。李白進一步打破文體間的壁壘，爲古詩帶來了樂府式的豐富表達，也強化了借樂府詠懷的傳統。

1. 形象的豐富化

六朝古詩大多意象清冷，李白詩則取象富麗，這令人經常忽視李白在意旨上繼承古詩的事實。李白詩的富麗意象，往往并非直接取材於盛唐的現實生活，而是充分借鑒了漢樂府。如其《擬古十二首·其三》：

> 長繩難繫日，自古共悲辛。黃金高北斗，不惜買陽春。石火無留光，還如世中人。即事已如夢，後來我誰身？提壺莫辭貧，取酒會四鄰。仙人殊恍惚，未若醉中真。（第 699 頁）①

這首詩實際是模擬《古詩十九首》中的"驅車上東門"。祇不過，李白借用"長繩繫日""黃金""北斗""仙人"等上古神話、漢樂府中的意象，改造了古詩的面貌。詩的主旨與古詩原作相似，認爲人壽有限。詩中寫到，人生短暫如石火，虛幻如夢，這樣的悲辛自古皆然，時光可貴却無從挽留。因此，詩人提議的策略是，不如及時行樂，不必尋求仙道。這是一種理性的生命觀，并非真像上古神話、漢樂府中表現出的非理性生命觀，認爲人的生命可以在時空中無限延展。至於像"黃金高北斗"這樣奇肆的想象，不過是爲了襯托"陽春"的可貴。李白在擬寫被奉爲《選》詩開端的《古詩十九首》時，敏銳地注意到了其與樂府之間的淵源，因而大膽借用樂府中可能出現的形象，將樂府詩

---

① 安旗主編：《李白全集編年箋注》，北京：中華書局，2017 年。本文所引李白詩文皆出自此書，其頁碼直接標注在正文中的引文後。

的表現力嫁接給了古詩。在李白的古體詩中，這樣的寫法頗爲常見。

在叙述非常個人化的經驗時，李白也會在形象層面將其樂府化，如《寄東魯二稚子》：

> 吴地桑葉綠，吴蠶已三眠。我家寄東魯，誰種龜陰田。春事已不及，江行復茫然。南風吹歸心，飛墮酒樓前。樓東一株桃，枝葉拂青煙。此樹我所種，別來向三年。桃今與樓齊，我行尚未旋。嬌女字平陽，折花倚桃邊。折花不見我，涙下如流泉。小兒名伯禽，與姊亦齊肩。雙行桃樹下，撫背復誰憐？念此失次第，肝腸日憂煎。裂素寫遠意，因之汶陽川。（第 829—830 頁）

李白思念自己留在東魯的兩個孩子，寫詩寄與他們，這是典型的個人經驗。李白將孩子的所在地、名字寫得十分明確，而這些信息在典型的樂府中是要被抹去的。描寫自己孩子的情態，在六朝古詩中是有傳統的，潘岳的《思子詩》、左思的《嬌女詩》和陶淵明的《責子詩》都屬於這一序列。這些作品，都是精英士人對自己個人經驗的吟詠，流露出士人階層的生活情趣。李白此詩，也是對這一序列的接續，從他對孩子的深情描述和殷殷叮囑中，同樣可以見出士人的身份和情調。因此，這首詩仍然是古詩傳統的發展，其中很多詩句并不能爲真正的樂府傳統所容納。

但是，這首詩仍然帶有濃鬱的樂府色彩。李白用樂府的語體和形象，裝點了自己的個人經驗。開頭二句在形式上模擬吴聲歌，但它們實際想傳達的信息是，"我在春日經行吴地"，這是非常個人的文士經驗，與江南民間歌手在歌唱蠶桑時傳達出的信息絶不相同。"我家"四句，是文質彬彬的古詩聲調。從"南風"開始，李白突然宕開一筆，發揮了樂府式的奇肆想象。

"南風"二句，化用自南朝樂府《西洲曲》中的"南風知我意，吹夢到西洲"之句。李白想象，自己的一顆歸心，可以被南風吹回北方的家中，無形的歸思在風中幻化出形體和質感，竟可以實實在在地墜落在酒樓之前。這樣的想象，是樂府特有的大膽和執著。順着歸心的墜落之所，李白提到了故鄉的桃樹。"此樹我所種"，這是一棵現實中存在的桃樹，承載着李白的私人記憶，但這株桃樹在李白筆下的形象，是"枝葉拂青煙"，又宛如樂府想象的瑶池仙桃。"南風"四句，頗具神異色彩，讓有些沉重的古詩，帶上了幾分樂府的趣味。

"此樹"以下，詩作又回歸了現實而真摯的古詩傳統，細膩地描述詩人的回憶和揣測。詩人不斷地提到"我"，甚至寫到孩子們的身高。這樣的內容，又是不宜作爲民間樂府傳唱的。李白無意於把這首詩寫成樂府，但這不妨礙他用樂府語體豐富這首詩的形象。

古詩體較之樂府體，更容易有形象單調、抒情淡漠的弊病，當含蓄的古詩體不足以表情達意時，李白採取了引入樂府形象的策略。李白的這類作品，往往被當成擬樂府，但這些作品并非憑空類比樂府，而是仍在書寫典型的士人經驗，注入了作者真實的情感，是一種成功的嘗試。

2. 擬樂府的詠懷化

站在樂府的角度看，又可以認爲，李白經常把擬樂府寫成詠懷詩。不同時期的樂府在雅化的過程中,總是與詠懷詩存在着不解之緣。一方面,漢樂府中的很多文學資源,爲古詩系統中的詠懷詩所繼承;另一方面,文人借樂府體詠懷,也已形成了自己的小傳統,成爲了"《文選》體"的一部分。文人樂府有着自己的特點。它們無可避免地加入了文人的用語習慣,引入了文人的個人經驗,因而比真正的民間樂府要傾向於個體詩學。樂府體用於文人詠懷,又有着自己的優勢。與公宴詩、遊覽詩不同,文人在創作樂府時,无需與具體活動關聯,更有可能表現內心深處飄忽、幽微的思緒。從這個意義上說,文人樂府是一種私人書寫,承載了其他詩體無法承載的功能。正因爲樂府體擅長表現內心思緒,所以在被文人文學傳統吸納之後,一旦不再承擔群體詩學的功能,就反而更適合承擔文人詠懷的功能。

葛曉音先生指出,在唐代,"把樂府當古風來創作,主要還是李白的功勞"①。在後續研究中,她又進一步指出了李白的這一貢獻得力於鮑照之處:

> 鮑照繼曹、陸之後,在代樂府體中融入了更多的屬於他個人的遭遇和不平……使樂府的功能進一步古詩化了。這一變化對於盛唐尤其是李白樂府的影響最大。②

鮑照的擬樂府,并非僅僅滿足於類比音樂文學的語體,而是表達了士人的個人情志,詠懷化的傾向已十分明顯。鮑照的擬樂府,在取題與內容上,與陸機、謝靈運的擬樂府有着千絲萬縷的聯繫,其詠懷化的傾向在陸、謝的創作中已有所顯現。鮑照與陸、謝并非截然二途,李白繼承鮑照,有意無意間也要繼承陸、謝的傳統。

李白繼承鮑照,最明顯的證據是《擬行路難》。《行路難》目前可見最早的作者就是鮑照,其抒寫個人懷抱的傾向已十分明显,李白《擬行路難》繼承了這一傾向。鮑照《行路難》共存 18 首,内容十分豐富。李白的《擬行路難》僅可見 3 首,而這 3 首詩,内容相對集中,似是脫化於鮑照的同一首作品:

> 對案不能食,拔劍擊柱長歎息。丈夫生世會幾時,安能蹀躞垂羽翼。棄檄罷官去,還家自休息。朝出與親辭,暮還在親側。弄兒床前戲,看婦機中織。自古聖賢盡貧賤,何况我輩孤且直。③

在李白所擬的三首中:第一首(金樽清酒斗十千)脫化於"對案"至"垂羽翼",特別是襲用了"不能食""會幾時"等語,敷演志士的激憤之態,以及對世路坎坷的感慨;第二首(大道如青天)脫化於"棄置"至"機中織",寫自己棄官歸隱,將鮑詩中自家的稚子替換爲"長安社中兒",敷演辭官後的生活;第三首(有耳莫洗潁川水)脫化於末二句,歷數"自古聖賢"的不幸遭遇。李白將鮑照的一首詩敷演爲三首,提供了更豐富的形象,而幾乎没有改動鮑照的意旨。

李白放棄了《行路難》中的其他 17 首,專心敷演其中的 1 首;放棄了豐富的宮廷、

① 葛曉音:《論李白樂府的復與變》,《文學評論》,1995 年第 2 期,第 9 頁。
② 葛曉音:《鮑照"代"樂府體探析——兼論漢魏樂府創作傳統的特徵》,《上海大學學報》(社會科學版),2009 年第 2 期,第 30 頁。
③ (宋)郭茂倩編:《樂府詩集》,北京:中華書局,1979 年,第 998 頁。

閨怨形象,而選擇了純爲男性士人口吻的言志之作。這或許反映了李白對《行路難》的理解,及其對鮑作最感興趣的地方。李白敏鋭地感到,將樂府體寫成詠懷詩,是鮑照最有價值的創造。

值得注意的是,鮑照此詩的主要情節,爲短暫任職之後棄官歸隱。李白在擬作時,有意淡化了這一情節,但該詩還是令人不禁聯想起李白短暫任職長安的個人經歷。這是李白人生中一段極度榮耀而又極度失落的經歷,可以想象,告別長安後,李白回憶起鮑照的這首詩,會産生特殊的共鳴,從而激發創作衝動。李白將自己與鮑作契合的個人經歷隱藏起來,與其説是樂府藝術規範的需要,毋寧説是基於士人審美的、極度個人化的藝術處理,甚或是在刻意回避不願觸碰的心結。在以樂府爲詠懷的方向上,李白比鮑照又有所推進。

李白同樣會借鑒鮑照以前的樂府資源。如其《野田黄雀行》:

　　游莫逐炎洲翠,棲莫近吴宫燕。吴宫火起焚巢窠,炎洲逐翠遭網羅。蕭條兩翅蓬蒿下,縱有鷹鸇奈爾何!(第 802 頁)

《野田黄雀行》是曹植寫過的樂府舊題,但此詩并未模仿曹詩的寫法,僅僅借用了"黄雀"的意象。從句式上看,開頭兩句是借用了陸機擬作過的《猛虎行》。而告誡普通鳥雀不要與高貴鳥類同飛,又借鑒了阮籍《詠懷·其八》的構思:

　　寧與燕雀翔,不隨黄鵠飛。黄鵠游四海,中路將安歸?①

借用樂府新奇的句式,重寫了阮籍詠懷詩中的主題。再如其《長相思·其三》:

　　長相思,在長安,絡緯秋啼金井闌。微霜凄凄簟色寒,孤燈不明思欲絶,卷帷望月空長歎。美人如花隔雲端,上有青冥之高天,下有渌水之波瀾。天長路遠魂飛苦,夢魂不到關山難。長相思,摧心肝。(第 116 頁)

《長相思》這一題目始自齊梁,多爲七言歌行,且多用"三三七"句式。李白此詩在形式上繼承了梁陳《長相思》最有特點的元素,而密集的韻腳造成的捭闔之感,又是借鑒鮑照而對梁陳歌行做出的改造。此詩與其説是一首描寫男女之情的本色樂府,毋寧説是繼承美人香草傳統的詠懷之作。李白所思念的,恐怕不僅是長安某位具體的女子,而是長安所象徵的一切理想抱負。"絡緯秋啼""微霜凄凄""孤燈不明""卷帷望月"的意境,令人聯想起阮籍的詠懷詩。"美人如花隔雲端"一句,提示了此詩可能不是在寫凡塵中的愛情,而是在以象徵的手法寫理想。此句以下,詩的節奏變得急促,形式上從梁陳宫體般的舒緩唯美,轉入鮑照式的促柱繁弦;内容上則從阮籍式的沉吟,過渡到屈原式的飛動。寫美人未必有興寄,但在詠懷時借用樂府形式,遥承楚辭傳統,變清寂爲壯麗,則是很實用的創作手法。李白的這一嘗試,對中晚唐的李賀、李商隱等人大有啓發。

同樣,李白也嘗試將五言樂府寫成詠懷詩,如《秋浦歌·其十五》:

　　白髮三千丈,緣愁似個長。不知明鏡裏,何處得秋霜?(第 1122 頁)

---

① 黄節:《曹子建詩注·阮步兵詠懷詩注》,北京:中華書局,2008 年,第 326 頁。

　　首句誇張的形象給人留下深刻印象，這是在古詩中很難出現的形象。加之作者在題目中明示其在模仿民間歌謠，全詩使用口語，使得讀者很容易把這首詩當作吳聲西曲的繼承者，不再思考其與古詩的關係。

　　事實上，應該看到，這首詩是在嗟歎自己的衰老、憂愁，對時間的流逝感到不甘，是在感歎生命的有限，而非歌頌生命的無限。製作樂府的伶工，或傳唱樂府的市人，實際上很難有這樣的思考。這樣的主題，更常見於十九首以下的古詩體。詩作的形象誇張，但在思理層面却并未沉溺於幻想。詩中主人公是一位年邁的男性士人，這樣的形象，也是樂府很少歌詠的。李白吸收了民間樂府的大膽表達，但仍然保留了士人詩深沉的思想内核。

　　又如《短歌行》：

　　　　白日何短短，百年苦易滿。蒼穹浩茫茫，萬劫太極長。麻姑垂兩鬢，一半已成霜。天公見玉女，大笑億千場。吾欲攬六龍，回車挂扶桑。北斗酌美酒，勸龍各一觴。富貴非所願，爲人駐頹光。（第 289 頁）

　　詩以樂府舊題爲題，豐富的想象令人驚歎，乍看仿佛是先秦兩漢非理性生命觀的複刻。然而，在浪漫的形象之下，詩人秉持的是理性生命觀，表達的是對生命有限的惋惜，而非對生命無限的歌頌①。“萬劫太極長”已顯露出民間樂工很難具備的宇宙觀。麻姑之鬢亦可成霜，是與神聖信仰相悖的，是在先民想象的基礎上進一步大膽想象，在承認神話設定的前提下，將神話拉回了現實，在這首詩中，則體現爲將永恒的生命變回了有限的生命。神仙“大笑億千場”的永恒生命，是令詩人羡慕的，詩人在想象中“攬六龍”、“挂扶桑”、勸龍飲酒的壯舉，都是對留住羲和之車、制止日光流逝這一行爲的敷演，亦即讓有限的生命變得無限。詩人如此想象，并不説明他真的相信這樣的事情可能發生，祇是爲了表達“駐頹光”的强烈意願。“駐頹光”的意願，又源於開頭對白晝短暫、百年易逝的覺悟。詩人延續的，仍然是《文選》中精英士人基於理性生命觀的感歎，是珍惜生命、渴望在有限的生命中有所作爲的士人的感慨。一切浪漫的想象，都祇是情緒的渲染，是詩人在自己不相信的地方大作鋪陳。在這鋪陳之中，拉住駕車的馬、把車繫在樹上、把馬灌醉以制止馬車的行進，又無不遵從現實的邏輯。正是這種現實的邏輯，纔讓奇幻的神話變得更加奇幻，大大拓展了想象的空間。這是一種士人的浪漫，基於理性的浪漫。隨後的杜甫、中唐的李賀，乃至後世衆多的傑出作家，都繼承和發展了這種基於理性的浪漫。

　　葛曉音先生指出，中唐以後神仙想象的變異，首先體現爲“神仙世界的落實及其與凡俗生活情景的互融”②。李白詩中表現出的浪漫題材現實化的傾向，與中唐以後神仙世界的凡俗化尚不相同，但在方向上很可能爲中唐以後的詩人打開了思路。李白相當一部分擬樂府，都有詠懷的動機，這既是陸、謝、鮑代表的古詩擬樂府傳統的延

————————

①　關於理性生命觀與非理性生命觀的區别及典型例證，參見錢志熙《唐前生命觀和文學生命主題》第一章、第二章。北京：東方出版社，1997 年，第 1—36 頁。
②　葛曉音：《神仙想象的變異——中唐前期古詩的一種奇思》，《北京大學學報》，2018 年第 2 期，第100 頁。

續,也是詠懷傳統的新生,是盛唐復古運動高揚主體情志的表現之一。

3. 現實的樂府化

李白還會用樂府的筆體,寫自己的現實生活,將樂府的意境引入自己的個人經驗。除了上文提到的例子外,還有一些更值得注意的表現。如《自代内贈》中,李白將自己的妻子寫成了傳奇中的女主人公:

> 寶刀裁流水,無有斷絶時。妾意逐君行,纏綿亦如之。別來門前草,秋巷春轉碧。掃盡更還生,萋萋滿行迹。鳴鳳始相得,雄驚雌各飛。游雲落何山,一往不見歸。估客發大樓,知君在秋浦。梁苑空錦衾,陽臺夢行雨。妾家三作相,失勢去西秦。猶有舊歌管,淒清聞四鄰。曲度入紫雲,啼無眼中人。妾似井底桃,開花向誰笑。君如天上月,不肯一回照。窺鏡不自識,别多憔悴深。安得秦吉了,爲人道寸心。(第 1194—1195 頁)

"妾家三作相"是宗氏夫人的真實經歷,但如果隱去作者和詩題,我們很容易認爲這是一首產生於群體詩學環境中的樂府。尖新的造語,甚至令人懷疑叙述人與女主人公并沒有現實中的關係。李白借用樂府的常用表達,把自己的現實生活浪漫化了。

又如《魯中都東樓醉起作》:

> 昨日東樓醉,還應倒接䍦。阿誰扶上馬,不省下樓時。(第 720 頁)

題目標明了非常具體的個人經歷,全詩却模仿樂府歌謠的語體,活潑風趣。李白以此來表達對頹唐生活中醉態的自嘲。類似的還有《橫江詞六首·其一》:

> 人道橫江好,儂道橫江惡。一風三日吹倒山,白浪高於瓦官閣。(第 1008 頁)

語體頗似民間歌謠,形象誇張,朗朗上口。但李白所寫的,却是自己遊歷至橫江時的所見所感。按《文選》的分類,這首詩應歸爲行旅詩,完全可以寫成典型的士族古詩,但在這裏,李白拋棄了士族山水詩的審美套路,力求回歸本色,以底層客商遊子的眼睛來觀照山水。

再如《戰城南》:

> 去年戰桑乾源,今年戰葱河道。洗兵條支海上波,放馬天山雪中草。萬里長征戰,三軍盡衰老。匈奴以殺戮爲耕作,古來唯見白骨黄沙田。秦家築城備胡處,漢家還有烽火然。……(第 846 頁)

《戰城南》爲鐃歌舊題,取之爲題,看起來似有接續齊梁賦題傳統之意,詩中造語取境,也逼似漢樂府。但李白所寫的,却是真實發生着的唐蕃戰爭,與杜甫《兵車行》遙相呼應[1]。杜甫多以擬樂府式詩題而直録現實,或亦受到李白的影響。李白與杜甫都在努力從漢代意象與現實意象中尋求重叠之處,在古與今中間尋找平衡,這也是復古詩學必須面對的問題。衹不過杜甫找到的平衡點更偏向於"今",李白找到的平衡點尚傾向於"古"。

---

① 此詩當爲天寶六載唐蕃戰爭而作,説見詹鍈:《李白全集校注集釋匯評》,天津:百花文藝出版社,1996年,第 349 頁。

類似地,還有李白作於晚年的《門有車馬客行》:

　　門有車馬客,金鞍曜朱輪。謂從丹霄落,乃是故鄉親。呼兒掃中堂,坐客論悲辛。對酒兩不飲,停觴淚盈巾。歎我萬里遊,飄颻三十春。空談霸王略,紫綬不挂身。雄劍藏玉匣,陰符生素塵。廓落無所合,流離湘水濱。借問宗黨間,多爲泉下人。生苦百戰役,死托萬鬼鄰。北風揚胡沙,埋翳周與秦。大運且如此,蒼穹寧匪仁。惻愴竟何道,存亡任大鈞。(第 1455—1456 頁)

"門有車馬客"也是漢魏六朝文人不斷擬寫的樂府舊題,世代相承的主題是,有遠方的客人從門前經過,主人向其打聽故鄉之事,抒發人生的感慨。李白在晚年,也遇到了類似的情境,難免對前人的作品有所聯想。這是李白樂府中少見的樸實之作,沒有奇詭的想象,完全是對現實場景的再現。直叙其事已足以傳達濃重的悲凉,不再需要誇張的鋪叙。結尾四句,也是古詩人經常討論的話題。

現實的樂府化,也是李白的重要貢獻。李白用源於群體詩學的詩體承擔個體詩學的功能,實際上是拓展了個體詩學的表現形式,爲杜甫、白居易等人提供了重要的啓示,推動了文人擬樂府發展方向的轉變。從功能的角度看,李白融會詩樂二體的努力,主要表現爲將樂府的形式與古詩的意旨相結合,實際效果是拓展了古詩的表現形式,充分吸收樂府的優點,變清寂爲壯麗。李白從古詩中發掘出的以樂府爲詠懷的傳統,及其開創出的將樂府體現實化的做法,對後世有着深遠的影響。

三、體式的變革

從體式的角度看,李白對樂府多有變革,將本已參差多變的樂府,與士族文學傳統結合,創造出了更爲豐富、更具表現力的多種文學體裁,同樣對後世影響深遠。

1. 七絶的典雅化

絶句與歌行有着密切的關係。一首絶句可以視爲一首小型的歌行,歌行中的一絶可以獨立爲一首絶句。律化的七言歌行與律化的七言絶句都蓬勃發展於齊梁,在初唐形成相對固定的體式。直至盛唐,七絶還是樂府聲詩的重要組成部分,大多存留着明顯的樂府特徵。王昌齡的大部分七絶都與齊梁歌行一樣,以閨中麗人或邊塞傳奇爲題材,便於傳唱,帶有群體詩學的特徵。這種樂府體的七絶,在王維和李白的作品中仍然十分常見。然而,也正是在李白這一代人手中,七絶出現了典雅化的傾向,開始脫離樂府特徵,用於表現士人的個體經驗。典雅化的七絶,在李白的作品中已占有可觀的比例,承擔着古詩的種種功能。

李白會用七絶表現行旅經驗,如《峨眉山月歌》:

　　峨眉山月半輪秋,影入平羌江水流。夜發清溪向三峽,思君不見下渝州。(第 22 頁)

連用地名,表現出西曲般的風趣。但應考慮到,這裏的行程是李白實際經歷的,仍是一種個體經驗的表現。更典型的表現行旅經驗者如《春夜洛城聞笛》:

　　　　　誰家玉笛暗飛聲,散入春風滿洛城。此夜曲中聞折柳,何人不起故園情。
(第 231 頁)

　　在大都市尋求功名的遊子,深夜思念故鄉,這實際上是《古詩十九首》與陸機偏愛的意境。再如《早發白帝城》:

　　　　　朝辭白帝彩雲間,千里江陵一日還。兩岸猿聲啼不盡,輕舟已過萬重山。
(第 1389 頁)

　　流放遇赦的經驗,非普通人所能有。這樣的行旅經驗,在以往是用五言古詩傳達的。這首詩已脱去了樂府色彩,更像後世士人七絶的寫法。
　　李白以七絶爲祖餞者,如《送賀賓客歸越》:

　　　　　鏡湖流水漾清波,狂客歸舟逸興多。山陰道士如相見,應寫《黃庭》換白鵝。
(第 573 頁)

　　全無齊梁風氣,儼然後世宋調的先聲。值得注意的是,賀知章本人歸越所作《回鄉偶書》二首,也是這樣脱略齊梁風氣,表現士人經驗。李作與賀作之間,或有一定酬唱關係,因而採用了相似的風格。
　　又如《黃鶴樓送孟浩然之廣陵》:

　　　　　故人西辭黃鶴樓,煙花三月下揚州。孤帆遠影碧空盡,唯見長江天際流。
(第 93 頁)

　　著名的"孤帆"二句,實際上很可能化用自謝朓的名句"天際識歸舟,雲中辨江樹"。這首七絶名作,吸收了古詩祖餞詩的精華。考慮到"揚州"本爲六朝繁華之地,謝朓也曾往來於荆揚之間,李白這首看似不着故實的小詩,可能藴涵着對六朝風流的深深追慕之情。
　　李白以七絶爲酬贈者,如《山中與幽人對酌》:

　　　　　兩人對酌山花開,一杯一杯復一杯。我醉欲眠卿且去,明朝有意抱琴來。
(第 243 頁)

　　"一杯"句的句法風流不羈,頗具樂府本色的節奏感。而"我醉"句化用自陶淵明的語典,看似隨意,實則表現出對六朝人物的追慕,不失古詩風度。此詩本爲酬贈之作,本色的樂府也不承擔這樣的功能。
　　又如《贈汪倫》:

　　　　　李白乘舟將欲行,忽聞岸上踏歌聲。桃花潭水深千尺,不及汪倫送我情。
(第 1154 頁)

　　雖然流暢活潑,像是在模擬樂府體,實則嵌入了李白、汪倫二人的姓名,很難傳唱,足見此詩并非群體詩學的寫法,而是私人酬贈。
　　李白甚至用七絶來寫遊覽詩,如《望廬山瀑布水二首·其二》:

　　　　　日照香爐生紫煙,遥看瀑布挂前川。飛流直下三千尺,疑是銀河落九天。

（第 45 頁）

對山水的熱情是古詩的重要特徵之一，民間樂府則很難對山水發生興趣，在李白之前，幾乎無人用七言歌行或七言絕句來專注地描寫山水。廬山的山水，是“《文選》體”山水詩代表人物謝靈運曾經摹寫過的。李白以七絕寫廬山山水，飛動飄逸，簡潔鮮明，帶來了與“《文選》體”山水詩不同的審美體驗。同時也應注意到，李白這一創作行爲背後的古詩傳統。

與遊覽相關，李白也有七絕懷古詩，如《越中覽古》：

　　越王句踐破吳歸，義士還家盡錦衣。宮女如花滿春殿，祇今惟有鷓鴣飛。
（第 773 頁）

這首詩作爲懷古詩是不規範的，除了很不典型的“鷓鴣飛”外，幾乎没有寫到眼前之景，基本上祇能算是詠史詩。四句詩中，有三句都在想象古代宫廷的情景，具有濃鬱的浪漫氣息，尚未脱略齊梁歌行習氣。但需要指出的是，在李白之前，唐人很少寫作懷古詩。《文選》中没有“懷古”的分類，祇是在“遊覽”的類目下，收録了一些登臨之作。在這個意義上，不妨把懷古詩看作遊覽詩的一個高度發達的分支。直到李白的時代，懷古詩的常規章法還没有建立起來，而就在此時，李白已經在嘗試寫作懷古七絕了。

李白的七絕，也不乏直抒胸臆的詠懷之作，如《山中問答》：

　　問余何意棲碧山，笑而不答心自閑。桃花流水窅然去，别有天地非人間。
（第 83 頁）

青碧的山水，棲逸的情懷，在古詩中司空見慣，在七絕中却似乎是首次呈現。淡泊傲岸的士人形象，與此前大多數七絕主人公輾轉紅塵的形象形成了鮮明對比。

七絕本是較爲晚出的樂府體，却被李白拿來，廣泛運用於行旅、祖餞、酬贈、遊覽、懷古、詠懷等傳統古詩功能。李白在這方面的嘗試是極爲成功的，盛唐以後，七絕成爲了一種典型的士人詩體，其作爲樂府的前身則逐漸被人們遺忘。

2. 歌行的古詩化

與七絕類似，長篇七言歌行也被李白用於酬贈、祖餞、詠懷等傳統古詩功能。長篇歌行由於體量較大、變化較多，因而能容納更多的藝術創造，更徹底地脱去了樂府色彩，蜕變爲士人抒情言志的嚴肅文體。李白喜歡在二三知己面前以長篇歌行傾吐自己的懷抱。這種在後世被援爲慣例的做法，在李白之前極爲少見。這些歌行，有不少都與宴會相聯繫。宴會既與樂府密不可分，也是早期古詩喜愛的場景。李白言志歌行中的宴會場景，既可以看作樂府色彩的殘留，也可以看作歌行由樂府功能轉向古詩功能的通道。

例如，《將進酒》以宴會爲主要場景，兼涉《文選》中的多個經典元素，同時涉及詠歎生命、嚮往功業、追思古人等內容。《將進酒》有較强的模擬漢樂府的動機，同時也表現出强烈的個體情志，多作驚人之論。特别是“岑夫子，丹丘生”的呼號，與《贈汪倫》一樣，直接將友人的名號寫入詩作，意味着此詩已與群體詩學拉開了距離。另如其名作《襄陽歌》《南陵別兒童入京》,也都表現出鮮明的個體詩學特點。

又如《夢遊天姥吟留別》,是一首歌行體留別詩。留別詩可視爲祖餞詩的變體,僅僅是轉換了寫詩人的立場。《文選》中的祖餞詩往往含有言志詠懷的元素,李白在用長篇歌行祖餞留別詩,也往往揮灑着自己的情志。

詩作從想象中的天台風景寫起,復現了《文選》詩中的多個主題。天台山是東晉孫綽曾爲之作賦的地方,是《文選》中出現過的山水勝地。李白盡情鋪叙天台山的風景,復現了《文選》詩賦共有的遊覽主題。由此,李白又引出了同樣曾前往浙東的、《選》體遊覽詩的代表人物謝靈運,在遊覽主題中帶上了追思前賢的意味。接下來,李白又由前賢聯想到了仙人,由現實中的山水聯想到了遊仙詩中的仙境山水,因而又轉向了遊仙主題,這也是對《文選》中郭璞等人遊仙主題的復現。經由游仙,詩人將詩作的結尾推嚮了"坎壈詠懷":首先表達了對"世間行樂"的虛無之感,復現了漢魏古詩的感世主題,完成了從遊仙到詠懷的過渡;之後表示要"且放白鹿青崖間",以浪漫化的筆法,復現了遠承屈原、近承陶淵明的歸隱主題,在行動上則更傾嚮於繼承謝靈運的縱情山水;最後,發出了"安能摧眉折腰事權貴,使我不得開心顏"的著名宣言,展現了士人人格的核心境界。寥寥數韻,幾乎是《選》詩系統詠懷言志主題的總結。

李白用歌行來承擔古詩的傳統功能,獲得了極大成功。他的歌行,可以承擔詠懷言志、祖餞留別等功能,往往在一首之中同時涉及多種古詩元素。樂府形式的引入,大大增強了作品的表現力;將歌行體拓展到古詩體的傳統領域,實際上創造出了一種新的文體,爲後世歌行樹立了不同於傳統樂府的文體規範。李白的經典歌行,有很多出於這樣的創作方法,其中的豪放氣息,來源於歌行體式與古詩精神的結合,其生成原理,與宋詞在雅化過程中產生的蘇辛詞頗可類比。歌行體在李白手中獲得了新生,徹底融入了士人詩學體系。

3. 樂府的散文化

李白還利用樂府歌行中固有的雜言體式,引入了散文化的表達,使之更適應士人的詩學體系。李白樂府的散文化,具體主要表現爲四六言句與超長句的使用。原始民間樂府的雜言形態,就有使用四六言的現象。四六言的使用,往往帶來散文化的效果。如《戰城南》古辭:

> 戰城南,死郭北。野死不葬烏可食。爲我謂烏,且爲客豪。野死諒不葬,腐肉安能去子逃。水深激激,蒲葦冥冥。梟騎戰鬥死,駑馬裴回鳴。……思子良臣,良臣誠可思。朝行出攻,暮不夜歸。①

四言句共出現了三次。第一次出現,是死者的魂靈與烏鴉對話,帶有明顯的口語化色彩。第二次出現,是環境描寫,雖爲四言,卻不同於温柔敦厚的《詩經》體,而是營造出激越險怪的效果。第三次出現,則有較强的議論性質。與流動拍的三五七言相比,樂府中的四言天然帶有更明顯的散文特性,在歌行中承擔了非韻文的功能,這或許是與早期樂府的表演形態密切相關的。

---

① 《樂府詩集》,第 228 頁。

　　漢魏以降,樂府雜言以三五七言爲主,四六言漸漸絶迹。齊梁以後的歌行,更是以七言爲主,偶爾雜有三言、五言。李白在歌行中使用四六言,實際上是在漢樂府的啓發下,抛棄了自歌行成形以來的傳統,改進了歌行的體式。他常常將四言句與超長句聯合使用,典型例子如《鳴皋歌送岑徵君》,雖以"歌"爲名,却完全不像齊梁歌行或漢代歌謠的體式,而是介乎古文與辭賦之間,兼具騷體、駢文、散文的句式,讀來有一種韻文中少見的厚重之感。前人對這篇作品的體裁是楚辭還是七古多有爭議,恰恰説明了其體式有不同於一般七古之處。

　　首先,詩中使用了引人注目的超長句,"洪河凌兢不可以徑度","若使巢由栖栝於軒冕兮,亦奚異乎蘷龍蟄蠖於風塵","吾誠不能學二子沽名矯節以耀世兮,固將棄天地而遺身",都是無法進一步切分爲短句、很難爲音樂文學所容納的奇句。這些超長句在聲情上迥異於一般的韻文,讀起來更像是古體散文,表現出士人的骨鯁之氣。

　　其次,詩中大量使用"兮"字,模仿楚辭的句法。在唐代,楚辭體早已成爲一種古雅的詩體,能够寫作楚辭體的詩人,往往與復古詩學關係密切。模仿楚辭體,也給人高古的感覺。

　　再次,詩中多處使用四言句。這裏的四言句,不是温柔敦厚的《詩經》體,大多用於險怪奇僻的環境描寫。這樣的四言句,更多得力於六朝駢文,因此也在詩中造成了散文化的效果。

　　最後,與此相似,詩中多處使用六言句。詩中的六言句,有脱化於楚辭體的痕迹,也同樣得力於六朝駢文。四言句和六言句,帶來了以往歌行中少見的聲情,讓這首作品的很大一部分看起來更像是駢文。李白的很多著名歌行中都出現了四六雜言,造成一個明顯的頓挫,在聲情上更爲散文化。

　　樂府體的散文化,是前所未有的創舉,是李白復古詩學的重要成果,帶來了新奇的審美效果,對中晚唐的怪奇詩派大有啓發。從體式的角度看,李白融會詩樂二體的努力,主要表現爲將七絶與歌行應用於古詩體的傳統功能,這既可以看作古詩體表現形式的豐富,也可以看作樂府體功能的新變。七絶成爲一種典雅的文人詩體,歌行成爲酬贈言志之作,雜言樂府出現散文化的一體,都可以追溯到李白的創造。

　　李白融會樂府體與古詩體的努力,體現在功能與體式兩個層面,綜合來看,主要是借鑒樂府的形象與形式,表現古詩的精神,承擔古詩的功能,從而實現豐富的表現與深邃的思想之結合,兼具浪漫與高遠的藝術效果,從而給人難以企及的崇高之感。李白的努力,讓傳統的古詩體在詩歌類型上獲得了更豐富的表現,也讓興起於南朝的七言歌行獲得了更多的功能,徹底融入了士人詩歌系統,讓原本屬於近體詩系統的歌行成爲了復古詩學最有生命力的體裁,從而開創出了很多通行於後世的詩歌寫法。李白融會詩樂二體的嘗試,是其復古詩學的重要内容,也是唐詩新變的契機,是唐人重新組合前代文學資源的成功經驗。

論《詩經》的議論傳統

——從《滄浪詩話》"以議論爲詩"談起 *

程　維

摘　要:嚴羽《滄浪詩話》直言《楚辭》而不及《詩經》,與《詩經》多理語有關。然而《詩》中理語有它自己的特質,與嚴羽所謂"以議論爲詩"者不同:情事理相纏,使無乾枯之病;顯豁豪宕的表達,使議論有了感情的濕度和豐富的表情;就事務實,故不空泛虛浮、爲理所縛。就修辭而論,則以賦體爲議論時,特重善惡之對比,故能彰其喜惡;以比興爲議論時,也不求含蓄,大多强烈而鮮明。這些特質組成了《詩經》的議論傳統。而這個議論傳統的核心,一言以蔽之,曰"本於性情",不事造作。

關鍵詞:《詩經》;理語;特質;議論傳統

　　《詩經》奠定了中國詩歌的抒情傳統,這已爲學界所論定。《詩經》中的叙事傳統,也有不少學者進行了探討[1]。然而《詩》中是否有議論傳統呢?清張謙宜《絸齋詩談》云:"詩中談理,肇自三《頌》。"[2]姚際恒《詩經通論》評《大雅·烝民》曰"《三百篇》説理始此"[3]。可見《詩經》是議論入詩的肇端,因而《詩》中的議論,頗有可討論的空間和必要。

一、《滄浪詩話》與《詩經》議論語

　　南宋嚴羽《滄浪詩話》中對於詩中議論的批評常爲人所津津樂道:

　　　　詩有別趣,非關理也。……以文字爲詩,以才學爲詩,以議論爲詩。夫豈不工,終非古人之詩也。[4]

"以議論爲詩"在他看來,即便工緻,也終非"古人之詩"。而他所謂的"古人之詩"指的是哪些詩歌呢?《滄浪詩話》云:

　　* 作者簡介:程維,安徽師範大學文學院中國詩學研究中心副教授,文學博士,主要從事先秦兩漢文學研究。
　　基金項目:安徽省哲學社會科學規劃後期資助項目"先唐詩歌的議論傳統"(AHSKHQ2020D09)。

　　① 參見傅修延《先秦叙事研究——關於中國叙事傳統的形成》第四章《聲音與音樂:口舌傳事的流行》,上海:東方出版社,1999 年;董乃斌《中國文學叙事傳統論稿》第二章《中國詩歌的叙事性手法》,上海:東方出版中心,2017 年。
　　② (清)張謙宜:《絸齋詩談》卷一,《清詩話續編》,上海:上海古籍出版社,1983 年,第 792 頁。
　　③ (清)姚際恒:《詩經通論》,北京:中華書局,1958 年,第 311 頁。
　　④ 郭紹虞:《滄浪詩話校釋》,北京:人民文學出版社,1983 年,第 26 頁。

夫學詩者以識爲主：入門須正，立志須高；以漢魏晉盛唐爲師，不作開元天寶以下人物。……工夫須從上做下，不可從下做上。先須熟讀《楚詞》，朝夕諷詠以爲之本；及讀《古詩十九首》，樂府四篇，李陵蘇武漢魏五言皆須熟讀①

可見他所説"古人之詩"是楚辭及漢魏盛唐詩——不包括《詩經》。

嚴羽論詩，直言《楚辭》，而不論《詩經》，是一件頗爲怪異之事。學者已注意到此事，郭紹虞《滄浪詩話校釋》云：

滄浪只言熟讀《楚詞》，不及《三百篇》，足知其論詩宗旨，雖主師古，而與儒家詩言志之説已有出入。……蓋滄浪論詩，只從藝術上着眼，並不顧及内容，故只吸取時人學古之説，而與儒家論詩宗旨顯有不同。②

然而宋人論學古人之詩，多是先言《三百篇》，再言《楚辭》。"蘇軾謂：'熟讀《毛詩·國風》《離騷》，曲折盡在是矣。'呂居仁謂：'學詩須以《三百篇》《楚辭》及漢魏間人詩爲主，方見古人好處。'而黄庭堅《大雅堂記》更舉出'廣之以《國風》《雅》《頌》，深之以《離騷》《九歌》'。此皆重在學古，但以《三百篇》與《楚辭》並舉而言，又與滄浪不同。"③時人皆如此，何以唯獨嚴滄浪不提《詩三百》呢？是否《詩三百》有不符合嚴羽的詩學理論之處呢？試看古人對於嚴羽的批評：

評詩者有曰"宋人以議論爲詩而詩亡"，非也。《三百篇》具在，豈盡觸景暢懷、天籟自動？若二《雅》三《頌》，則朝廷郊廟之樂歌也；變風變雅，則幽人志士之激談也。此孰非議論？何獨宋人然哉？④

《小宛》抑不僅此，情相若，理尤居勝也。王敬美謂"詩有妙悟，非關理也"，非理抑將何悟？⑤

人謂詩主性情，不主議論。似也，而亦不盡然。試思二《雅》中，何處無議論？⑥

或云："詩無理語。"予謂不然。《大雅》："於緝熙敬止"；"不聞亦式，不諫亦入"；何嘗非理語？何等古妙？⑦

古代詩家反駁嚴滄浪"議論爲詩"之説時，所引材料常常爲《詩經》，因爲《詩經》中便有諸多議論之語，或稱爲"理語"。《三百篇》之中，《雅》《頌》與議論最爲相關。孔子論詩云：

《訟》，坪德也，多言後。其樂安而屖，其歌紳而荡，其思深而遠，至矣。《大夏》盛德也……多言難而悁退者也，衰矣少矣。⑧

---

① 《滄浪詩話校釋》，第1頁。

②③ 《滄浪詩話校釋》，第4頁。

④ （明）伍袁萃：《林居漫録》卷四，明萬曆刻本。

⑤ （清）王夫之：《船山全書》，長沙：岳麓書社，1996年，第15冊，第813頁。

⑥ （清）沈德潛著，王宏林箋注：《説詩晬語箋注》，北京：人民文學出版社，2013年，第383頁。

⑦ （清）袁枚：《隨園詩話》卷三，北京：人民文學出版社，1982年，第94頁。

⑧ 《孔子詩論》，《上海博物館藏戰國楚竹書》（一），上海：上海古籍出版社，2001年，第127—129頁。

其論《雅》《頌》多言"德"，如"坏德""盛德"，又言"思深""悁退"，皆與議論相關涉。張謙宜《絸齋詩談》稱"理無不包，語無不韻者，《三百篇》之《雅》《頌》是也"①。杭世駿《沈沃田詩序》曰：

> 《三百篇》之中有詩人之詩，有學人之詩。何謂學人？其在於商則正考父，其在於周則周公、召康公、尹吉甫，其在於魯則史克、公子奚斯。之二聖四賢者，豈嘗以詩自見哉？學裕於己，運逢其會，雍容揄揚而《雅》《頌》以作，經緯萬端，和會邦國，如此其嚴且重也。後人漸昧斯義。②

學人之詩多爲《雅》《頌》之篇。杭氏所舉正考父等人，《國語·魯語》載"正考父校商之名頌十二篇于周太師"，《毛詩序》載"季孫行父請命于周，而史克作是頌"；又《小雅·六月》曰"文武吉甫，萬邦爲憲"，《大雅·烝民》"吉甫作誦，穆如清風"，《魯頌·閟宮》曰"奚斯所作，孔曼且碩，萬民是若"，概爲《雅》《頌》之作者。從筆者的實際調查來看，《三百篇》中，也是《雅》最多涉及議論，次則《頌》與《國風》。

朱熹《詩集傳序》稱："此《詩》之爲經，所以人事浹於下，天道備於上，而無一理之不具也。"③南宋陸九淵常以《詩經》爲師，並借以闡釋他的心學思想④。古代士人常藉《詩》以闡論，清劉開《讀詩説下》曰："夫古聖賢立言，未有不取資於《詩》者也。道德之精微，天人之相與，彝倫之所以昭，性情之所以著，顯而爲政事，幽而爲鬼神，於《詩》無不可證，故論學論治，蓋莫能外焉。……何者？理無盡藏，非觸類旁通則無以見。"⑤試觀春秋時的賦詩言志之例：

> 子展賦《草蟲》。趙孟曰："善哉！民之主也！抑武也不足以當之。"伯有賦《鶉之賁賁》。趙孟曰："床笫之言不逾閾，況在野乎！非使臣之所得聞也。"……印段賦《蟋蟀》。趙孟曰："善哉！保家之主也！吾有望矣。"（《春秋左傳·襄公二十七年》）

> 公父文伯之母欲室文伯，饗其宗老，而爲賦《綠衣》之三章。老請守龜卜室之族。師亥聞之曰："善哉！男女之饗，不及宗臣；宗室之謀，不過宗人。謀而不犯，微而昭矣。詩所以合意，歌所以詠詩也。今詩以合室，歌以詠之，度於法矣！"（《國語·魯語下》）

賦詩者皆能以《詩》表達其美、刺之意，而聞聽者亦能於其中明其是非利害，清人程廷祚謂"漢儒言詩，不過美、刺二端"⑥，美、刺是政論。

古人論詩，概以《三百篇》爲尊。若《三百篇》不避理語，則"詩無理語""議論而詩亡"之論便不攻自屈。劉仕義《知新錄》批評嚴羽"別趣"之説云："杜子美詩所以爲唐詩冠冕者以理勝也。彼以風容色澤、放蕩情懷爲高，而吟寫性靈爲流連光景之詞者，

---

① 《絸齋詩談》卷一，第 792 頁。
② （清）杭世駿：《道古堂全集》"文集"卷十，清乾隆四十一年刻光緒十四年汪曾唯修本。
③ （宋）朱熹：《詩集傳》，北京：中華書局，1958 年，第 2 頁。
④ 葉文舉：《"但以古詩爲師，一意於道"——陸九淵的〈詩經〉研究》，《中國詩學研究》，2020 年第 1 期。
⑤ （清）劉開：《劉孟塗集》"文集"卷一，清道光六年姚氏檗山草堂刻本。
⑥ 程廷祚著：《清溪集》卷二《詩論十三·再論刺詩》，合肥：黃山書社，2004 年版，第 38 頁。

豈足以語《三百篇》之旨哉!"①嚴羽所高舉的"詩有別趣,非關理也"之說,顯然與《詩經》的實際狀況是有所鉏鋙的。這便是嚴羽論學"古人之詩"而避開《詩經》的一個重要原因。

二、《詩》中理語的特質

在嚴羽看來,"議論爲詩"之所以非古人之詩者,是因其涉於理路。這主要針對以蘇、黃後學爲代表的才學詩和以程、邵爲代表的理學詩。才學詩就學問而生議論,故其議論空泛而根柢虛浮;理學詩專於性理而忽於情感,故其議論乾枯而缺乏情韻;所謂"蓋於一唱三歎之音有所歉焉"。然則《詩經》中的理語是否也有此種種弊病呢?

總繹《詩》中理語以覘之,則其議論有如下特點值得關注:

其一,情理相纏。葉燮《己畦文集》卷十三曰:"盈天地間萬有不齊之物之數,總不出理、事、情三者。"②其論詩亦本此三事。然而在先秦詩學中,情理渾然未分。《尚書·堯典》云:"詩言志。"《說文》釋"志"爲"意",又釋"意"爲"志",謂"從心察言而知意也"。《毛詩序》曰"詩者,志之所之也。在心爲志,發言爲詩。情動于中而形於言",又稱"發乎情,止乎禮義",可知"志"相容情、理二義。

《詩經》的議論往往與敘述、抒情融滲於一體。其中尤以與敘述相交纏爲常見,王夫之《詩廣傳》云:"《清廟》之詩,盛德無所揚詡,至敬無所申警,壹人之志,平人之氣,納之於靈承,而函德之量備矣。故以微函顯,不若以顯而函微也;以理函事,不若以事而函理也。"③所謂函德者,《清廟》云:"不顯不承,無射於人斯!""不"與"丕"通,《書》云:"丕顯哉,文王謨! 丕承哉,武王烈!"是頌論文、武王之德烈。詩中所寫雍雍肅肅之貌、駿奔於廟之狀是事,而理在其中。又如《邶風·谷風》云"黽勉同心,不宜有怒",《毛傳》曰:"言黽勉者,思與君子同心也。"《鄭箋》云:"所以黽勉者,以爲見遣怒者,非夫婦之宜。"《毛傳》敘事,《鄭箋》議論,都是從"黽勉"句衍伸而出。"不宜"是斷定之詞,芮長恤《匏瓜錄》云:"《谷風》之理直,故其詩明白詳盡而無愧詞。"④又比如政治諷刺詩《小雅·巧言》云:"君子屢盟,亂是用長。君子信盜,亂是用暴。盜言孔甘,亂是用餤。"君子若是與小人合流,社會便成一片污濁之地了。馬國翰《目耕帖》卷十七云:

> 《禮記·表記》:"故君子之接如水,小人之接如醴。君子淡以成,小人甘以壞。《小雅》曰:'盜言孔甘,亂是用餤。'"《記》引《詩》以證"甘以壞",只從有枝葉見之。周世樟云:"孔甘者,盜言也,若美味然,能動人之嗜。如簧者,巧言也,若好音然,能悅人之聽。皆小人之工於讒諂也。"⑤

"亂是用長""亂是用暴""亂是用餤",以三組類比句表達完全相同的批判態度,顯然有

① 《滄浪詩話校釋》,第37頁。

② (清)葉燮:《己畦文集》卷十三《與友人論文書》,民國七年夢篆樓刊本。

③ 《船山全書》,第3冊,第481頁。

④ (清)芮長恤:《匏瓜錄》卷三,清光緒十年懷永堂惲氏刻本。

⑤ (清)馬國翰:《目耕帖》卷十七,《玉函山房輯佚書》本。

很强的議論性。然而此數句中又包涵了不少敘述性因素，例如"長""暴""啖"等動態的詞彙、句間承接的語氣以及三組句子的遞進式關係等。所以蘇轍在解釋在這句詩時用了敘事性的表述："春秋之際君臣相疑，則盟饞人，構其君臣利，在不究其實，君遂從之，而徒以盟誓相要，此亂之所以日長也。盜者伏而得之之謂也。饞人之誣君子曰：'吾能得其隱，衆莫知也，而君遂信之，此小人之所以恣行也。'"①

與此類似，議論與抒情融織於一句的情況也不少見。試觀《召南·小星》："肅肅宵征，夙夜在公。寔命不同！"《毛詩序》謂《小星》，惠及下也。夫人無妬忌之行，惠及賤妾，進御於君，知其命有貴賤，能盡其心矣"，《韓詩外傳》謂"家貧親老不擇官而仕"②。現代學者一般認爲是小臣行役之作。不論本事如何，其"寔命不同"一句怨意皆相類。不但是對自己命運的一種判斷，同時也是一種感歎，包含着無奈、傷感和悲憤，是抒情性重於議論性。而同樣包含議論和抒情的《小雅·小旻》，則是議論性重於抒情性：

> 旻天疾威，敷於下土。謀猶回遹，何日斯沮？謀臧不從，不臧覆用。我視謀
> 猶，亦孔之邛。潝潝訿訿，亦孔之哀。

其中"我"的出現、"亦孔之哀"的誇飾性的結構、反問語氣和表達感情的"哀"字，都傳達了抒情的氣息。陸次雲《事文標異》卷五云"《小旻》曰'潝潝訿訿'，蓋言邪謀所自始也，先抱臨深履薄之憂矣"，點出其中憂懼之情。然而此句更爲重要的表達是議論，試看孔穎達對這句的疏證：

> 王既爲天所疾，政教當順天爲之。今王謀爲政之道，又多邪辟，不循旻天之
> 德已甚矣。何日王之此惡可散壞乎？言王無悛心，惡未可壞。故有謀之善者，王
> 不從之。其不善者，王反用之。是惡不壞也。王惡如是，我視王謀爲政之道。是
> 亦甚病我天下之民矣。

孔穎達的這段解釋幾乎只是翻譯，結果形成這一段議論性極强的文字，批評了諸侯王正邪不分，評價了當今的政策的錯誤性，希望改變邪曲，回歸正道。《列女傳》引"旻天疾威，敷於下土"句而釋曰"言天道好生，疾威虐之行於下土也"，可見這幾句詩是典型的政論詩句。又比如《鄭風·將仲子》的末句"人之多言亦可畏也"，顯然就是當今俗語"人言可畏"的雛形。"人言可畏"在現代多表達一種對輿論理性的判斷，多少帶着一點警惕和畏懼；而《將仲子》的這句詩則更多的是與前面的"父母之言亦可畏也""諸兄之言亦可畏也"一起交織表達一種緊張、擔心、敬畏和抱歉的心情。明邵寶《簡端錄》云"《將仲子》其在理、欲之間乎？當是時，女子有爲是言也者，故詩人從而歌之刺之，而猶幸其知恥焉"，又稱"《將仲子》猶有愧心焉"③，直接道出它情理交織之義。

其二，顯豁豪宕。孔子稱《關雎》"樂而不淫，哀而不傷"，又謂"溫柔敦厚，《詩》教

① （宋）蘇轍：《詩集傳》卷十二，宋淳熙七年蘇詡筠州公使庫刻本。
② 許維遹：《韓詩外傳集釋》，北京：中華書局，1980 年，第 247 頁。
③ （明）邵寶：《簡端錄》卷六，影印《文淵閣四庫全書》，上海：上海古籍出版社，1987 年，第 184 册，第 604 頁。

也",這是儒家的詩教傳統,却不是《詩三百》本身的議論傳統。《詩三百》的議論語大多不講究修飾,不避反復,不避粗鄙,感情色彩極爲鮮明昭彰。詩人所讚揚的、所批評的、所擔心的、所驚恐的、所悲傷的、所高興的,一股腦兒都潑在議論裏面,毫不保留,只是一腔真情往外吐。他所敬佩的,讚美他"百夫之特"(《秦風·黄鳥》),"言百夫之德莫及此人,此人在百夫之中乃孤特秀立"(孔《疏》);他所厭惡的,直罵"貪人敗類"(《大雅·桑柔》),"有性貪人,有此惡行,敗於善道"(孔《疏》);被情人背叛,就大喊"之子無良,二三其德"(《小雅·白華》);爲讒言所構,就疾呼"讒人罔極,交亂四國"(《小雅·青蠅》);聽不慣的,直叫"言之醜也"(《鄘風·牆有茨》);看不慣的,敢説"顔之厚矣"(《小雅·巧言》)。這些都是議論之語,却又情感沛然。再如《鄘風·相鼠》一詩:

相鼠有皮,人而無儀! 人而無儀,不死何爲?
相鼠有齒,人而無止! 人而無止,不死何俟?
相鼠有體,人而無禮! 人而無禮! 胡不遄死?

作者幾乎全篇議論,對在位者做出"無儀""無止""無禮"的激烈評價,從外在禮儀到内在品質再到立身根本作出徹底而全面的指斥。後面的"不死何爲""不死何俟""胡不遄死",清鄒漢勳《讀書偶識》云:"《白虎通義》:'《相鼠》,妻諫夫之詩也。'諫雖切直,欲其夫死,非温厚之旨。"①陳子展説"惡之欲其死,反復言之,見其惡之深也"②,一句比一句激切,一句比一句憤慨,一句比一句熱辣,無怪乎王世貞批評它"太粗",這與嚴羽所批評的"叫噪怒張,殊乖忠厚之風,殆以罵詈爲詩"可相參照。

《詩》中理語還常使用反詰的手法,以表達强烈的語氣。如《召南·行露》:"誰謂雀無角? 何以穿我屋? 誰謂女無家? 何以速我獄?"《鄘風·相鼠》:"人而無儀,不死何爲?"《小雅·何草不黄》:"何草不黄? 何日不行? 何人不將? 經營四方。"《小雅·十月之交》:"抑此皇父,豈曰不時? 胡爲我作,不即我謀?"《小雅·沔水》:"莫肯念亂,誰無父母?"這些反詰句無一例外地都帶有否定詞"無""不"等,表達堅定的意思和激烈的感情。實際上在議論的表情上有很大的補益作用。

其三,就事務實。"就事"是指具有針對性,"務實"與"務虛"相對,指具有實用性,這是《詩經》議論的又一大特點。《詩經》的議論大多針對一人一事,而較少涉及廣義的世界或人生,不討論普泛價值和道理,有很强的實用性。"讒人罔極,交亂四國"(《小雅·青蠅》)、"大無信也,不知命也"(《鄘風·蝃蝀》)是人物評論,前者是針對讒佞之人的,後者是針對"淫奔之人"的。"下民之孽,匪降自天。噂沓背憎,職競由人"(《小雅·十月之交》),"今兹之正,胡然厲矣? 燎之方揚,寧或滅之? 赫赫宗周,褒姒滅之!"(《小雅·正月》)是政治評論,前者是針對用人政策,後者是針對暴虐政治。"其詩孔碩,其風肆好"是文學評論,針對吉甫的詩。不論是人物評論、政治評論或者文學評論,都是實用性很强的議論,它們都有特定的語境,都存在於前後文的關係當中,單獨拿出往往失去意義,變得不可理解。所以即便是意思相近的議論,也只能在語境中才能準確顯示其意義。元代朱倬的《詩經疑問》提出了一個這樣的問題:"國風

---

①　(清)鄒漢勳:《讀書偶識》卷四,清光緒年間左宗棠刻本。
②　陳子展:《詩經直解》,上海:復旦大學出版社,1983年,第158頁。

言命者二：《鄘風·蝃蝀》篇曰：'大無信也，不知命也。'《鄭風·羔裘篇》曰：'彼其之子，捨命不渝。'《文王》篇曰'其命維新'，又曰'命之不已，至於文王受命'、'維天之命'、'命之不易'。《雅》《頌》言命者不一，其旨同乎？亦有不同乎？"①如果要考察原始的意義，這幾個"命"的意義一定有所不同：《蝃蝀》篇講的是父母之命，鄭玄箋曰"又不知婚姻當待父母之命"；《羔裘》篇講的是血肉的生命，鄭玄箋曰"是子處命不變，謂守死善道，見危授命之等"；《文王》篇指的是天命，鄭箋云"大王聿來胥宇而國于周，王迹起矣，而未有天命，至文王而受命"。這些"命"都不是哲學意義上的概念，與宋代所謂的"天命流行"完全不相關，後來宋代理學家們不斷賦予這些詞以宏大的哲學意義，其理論雖頗有精切宏深處，使人折服，但實在與詩歌的本意無關。由此也可以說明《詩經》議論的針對性和實用性。

綜此三點而言：一、情事理相纏，使得《詩》中理語絕無乾枯、乏情韻之病。或以理函事，或以事函理，或情理相雜，往往彼此相互融契。二、顯豁豪宕的表達方式，使得詩中的議論不會以非常理性的、受控的方式進行，因而摻雜了非常多的罵聲、哭聲或笑聲，使得《詩經》的議論有了豐富的表情，有了感情的濕度。三、就事而論，故不空泛；務實而談，故不虛浮。不專意言理，所以不爲理所縛。《詩》中議論的這三點特質，使讀者不覺其理性和跳脱，與全詩渾然一體。

三、以賦、比、興爲議論

《詩經》有賦、比、興，是爲"三用"，其中唯"興"較少與議論相重疊，"賦"和"比"都與議論不相衝突。而依漢代鄭玄的説法，"賦者，鋪也，直鋪陳今之政教善惡"，"比，見今之失，不敢斥言，取比類以言之"，"興，見今之美，嫌於媚諛，取善事以喻勸之"，則賦、比、興都不過是政論之一體罷了。不同的是，賦是鋪陳善惡爲議論；比、興是以"比體"爲議論，其中興偏於"美"、比偏於"刺"而已。試分述之。

首先，以賦爲議論。即鋪陳善惡，以爲議論。詩人常常通過善惡的並舉，表達自己强烈的情緒，此中多爲憤慨之情："無罪無辜，讒口囂囂。下民之孽，匪降自天。噂沓背憎，職競由人。"（《小雅·十月之交》）"無罪無辜"和"讒口囂囂"是一組對比，《漢書·劉向傳》曾引此二句云："君子獨處守正，不橈衆枉，勉彊以從王事則反見憎毒讒愬。"②"噂沓"與"背憎"又是一組對比，孔穎達解釋"噂沓背憎"説："噂噂沓沓相對談語，背去則相憎疾。"聚則相歡，離則相憎，即杜甫所謂"當面輸心背面笑"。這兩組對比寫盡對奸佞小人的憎恨。"舍彼有罪，既伏其辜。若此無罪，淪胥以鋪。"（《小雅·雨無正》）"伏其辜"一句古人都做"伏罪"講，所以往往解釋得牽强而不順暢，並且力度不强。而王引之把"伏"解釋爲"隱"③，前後兩聯立即形成强烈對比，文氣一下子貫通並且飛動起來：有罪之人，隱伏罪狀，無辜之人，反受荼毒，作者的憤怒就從這對比的

---

①　（元）朱倬《詩經疑問》，影印《文淵閣四庫全書》，上海：上海古籍出版社，1987 年，第 77 册，第 541 頁。
②　（漢）班固《漢書》，北京：中華書局，1962 年，第 1935 頁。
③　（清）王引之《經義述聞》，臺北：世界書局，1975 年，第 159 頁。

裂痕中噴湧出來。"驕人好好,勞人草草。蒼天蒼天,視彼驕人,矜此勞人。"(《小雅·
巷伯》)"驕人好好"與"勞人草草"是一組對比,"驕人"與"好好"、"勞人"與"草草"又分
別是一組對比,每一組對比都存在巨大的理性反差,給讀者以劇烈的刺激,使讀者强
烈地感受到作者的無奈和不滿之情。再比如:

> 或燕燕居息,或盡瘁事國;或息偃在床,或不已於行。
> 或不知叫號,或慘慘劬勞;或棲遲偃仰,或王事鞅掌。
> 或湛樂飲酒,或慘慘畏咎;或出入風議,或靡事不爲。(《小雅·北山》)

作者用一組組善惡的對比排山倒海般地刺激讀者的感官,如同蒙太奇般不停展覽
反差巨大的畫面,作者的情感就在這翻頁的過程中潮水般傾瀉而出,是可忍孰不可
忍之意溢出詞外。此詩連用六個對比來説明同一個意思,即對用人不均的抱怨:
"或安居於家,或盡瘁於國,或高卧於床,或奔走於道,則苦樂大相懸矣,此不均之
實也。""或耳不聞征發之聲,或面常帶憂苦之狀;或退食從容而俯仰作態,或經理
煩劇而倉卒失容,極言不均之致也。""或湛樂飲酒,則是既已逸矣,且深知逸之無
妨,故愈耽於逸也;或慘慘畏咎,則是勞無功矣,且恐因勞而得過,反不如不勞也。
或出入風議,則已不任勞,而轉持勞者之短長;或靡事不爲,則是勤勞王事之外,又
畏風議之口而周旋彌縫之也,此則不均之大害,而不敢詳言之矣。"[1]然而因爲情感
充沛、畫面感强,讀者並不感到繁複,用沈德潛的話説,"情至,不覺音之繁,辭之複
也"。再看另一篇詩:

> 常棣之華,鄂不韡韡。凡今之人,莫如兄弟。
> 死喪之威,兄弟孔懷。原隰裒矣,兄弟求矣。
> 脊令在原,兄弟急難。每有良朋,況也永歎。
> 兄弟鬩於牆,外禦其務。每有良朋,烝也無戎。
> 喪亂既平,既安且寧。雖有兄弟,不如友生。(《小雅·常棣》)

《小雅·常棣》幾乎整篇議論,宣揚兄弟友恭之義。此詩的對比議論運用相當成熟且
複雜:"凡今之人,莫如兄弟"是中心論點,後面三章則分列三種情況下兄弟之友愛以
證明此論點,即對待死亡之威脅時兄弟互相關心,遇到災難禍患時兄弟相互救難,面
臨外侮時兄弟同心抵抗。程頤《伊川經説》稱此詩"詩句少而章多,章多所以極其鄭
重,句少則各陳一義故也"。觀《常棣》全詩,首章起興,二章言死喪,三章言急難,四章
言鬩牆禦侮,五章周公言兄弟,六章言燕禮,七章言兄弟相樂,卒章言如是作爲則宜其
室家宗族,實際上章多也是由於結構複雜之故。而這複雜結構之中,時時作複雜之對
比:其一,中心論點本身以對比的形式呈現;其二,後文舉例中又拈出"良朋"來與兄弟
對比,突出兄弟友愛之珍貴;其三,第四章寫和平安寧階段兄弟之感情,又與前三章再
作一整體性對比。陸時雍《詩鏡總論》曰:"叙事議論,絶非詩家所需,以叙事則傷體,
議論則費詞也。然總貴不煩而至,如《棠棣》不廢議論,《公劉》不無叙事。"他認爲詩中
議論"費詞",易破壞詩的凝練,然而《棠棣》卻不煩而至,這恐怕與對舉所造成的情緒

---

① (清)傅恒等:《詩義折中》,影印《文淵閣四庫全書》,上海:上海古籍出版社,1987年,第84册,第237頁。

和力度不無關係。

其次,以比興爲議論。王夫之謂:"《小雅·鶴鳴》之詩,全用比體,不道破一句,《三百篇》中創調也。要以俯仰物理而詠歎之,用見理隨物顯,唯人所感,皆可類通。"①又如《小雅·巧言》中的議論語:

> 荏染柔木,君子樹之。往來行言,心焉數之。蛇蛇碩言,出自口矣。巧言如簧,顏之厚矣。(《小雅·巧言》)

一章之中,兼用了兩個比喻,分別比喻君子和小人,又分別置於章首和章末。孔穎達解釋本章説:"言荏染,柔忍之木,君子之人所樹之也。言君子樹木必身簡,擇取善木然後樹之,喻往來可行之言,亦君子口所出之也。"而小人却"巧爲言語,結構虛詞,使相符合,如笙中之簧,聲相應和,見人不知慚愧,其顏面之容甚厚矣"。前後呼應,又相互對照,襯出活脱脱一個小人形象。此處比喻靈動傳神,而並未使文意轉向委婉,反而賦予議論以深刻鮮明的畫面,使得諷刺的效果更爲强烈和長久。

《詩》中比興往往使議論之語更形象與深著,却不致於使美刺之義委婉與和緩。如《小雅·小旻》最後一章:"不敢暴虎,不敢馮河。人知其一,莫知其他。戰戰兢兢,如臨深淵,如履薄冰。""暴虎馮河"是表達國家無正確政策之危害,鄭玄解釋説:"人皆知暴虎馮河,立至之害,而無知當畏慎小人,能危亡也。"而"臨深履薄"是形容自己的憂心忡忡之心態。《吕氏春秋·安死》篇曾引此數句,高誘注之曰:"無兵博虎曰暴,無舟渡河曰馮。喻小人而爲政不可以不敬,不敬之則危猶暴虎馮河之必死也。"這兩句比喻創製了兩種情境,將讀者的心一下子拉入一個危險的境地,從而通過同構作用點燃了讀者對國家命運的强烈擔憂,同時使得前面枯燥的政論也似乎立體了起來。千百年來的讀者,往往不會記得前面五章"囉哩囉嗦"的擔憂,却輕鬆地記得那兩個戰戰兢兢的場面。這是以比興爲議論的好處。

其他的議論性詩句如"池之竭矣,不云自頻。泉之竭矣,不云自中"(《大雅·召旻》),比喻災禍起於微漸;"維南有箕,不可以簸揚。維北有斗,不可以挹酒漿。維南有箕,載翕其舌。維北有斗,西柄之揭"(《小雅·大東》),諷刺貴族之無用與貪婪;"他山之石,可以攻玉"(《小雅·鶴鳴》),諷諫在位者應當屬意賢能;等等,皆能使後人印象深刻。較爲特别的是博喻性的議論:

> 毋教猱升木,如塗塗附。君子有徽猷,小人與屬。(《小雅·角弓》)
>
> 价人維藩,大師維垣,大邦維屏,大宗維翰,懷德維甯,宗子維城。無俾城壞,無獨斯畏。(《大雅·板》)

鄭玄云:"猱之性善登木,若教使其爲之,必也。附,木桴也。塗之性善著,若以塗附,其著亦必也。以喻人之心皆有仁義教之則進。"博喻的特質在氣勢,一連貫的比喻加上和諧的押韻,"木""塗""附""屬",使得後文的結論仿佛理所當然、順理成章。而《大雅·板》是勸誡厲王的詩歌,這一組議論講到衆人、諸王和宗族等都是國家的屏障。"'价人',所謂元勳碩輔,爲國威重,如一層藩籬然。'師',即'殷之未喪師'之師,國所

---

① 《船山全書》,第 15 册,第 836 頁。

與立,惟民是賴,如城之有牆然。城之所以立也,大邦諸侯,如樹之以爲障蔽者,故曰'維屏'。大宗强族,如垣牆之楨幹然,藉之以爲羽翼者,故曰'維翰'。"①作者將其拆開一一作比,以"籬笆""内牆""外牆"等等詞彙仿佛在讀者心靈中圍成一個鐵桶的江山,一方面給屬王以感覺上的儀式和信心,一方面也給屬王以巨大的心理壓力,"無俾城壞,無獨斯畏"。可見此數句也是靠氣勢和心理圖像的堆積達到説服的目的。《詩經》議論的博喻可以説是開楚辭之先河了。

總之,《詩經》中的以賦體議論,多以善惡的對比爲架構,使得議論的情緒强而力度大;以比興爲議論,多結合圖像與情境,使得議論活潑而鮮明。

四、形式與性情

以《詩》中理語來反觀嚴羽《滄浪詩話》的"議論爲詩"説,則嚴羽雖以"學古"爲口號,但其學古是有選擇的,是本着其對於詩學的標準與好尚而爲,避談《詩經》便是一證。清馮班《嚴氏糾繆》説,"以禪喻詩,滄浪自謂親切透徹者,自余論之,但見其漫涣顛倒耳",繼而抉發其義曰:

> 滄浪云:"不落言筌,不涉理路。"按:此二言,似是而非,惑人爲最。夫迷悟相覺,則假言爲筌;邪正相背,斯循理而得路。……至於詩者,言也。言之不足,故長言之;長言之不足,故咏歌之。但其言微不與常言同耳,安得有不落言筌者乎?詩者諷刺之言也。憑理而發,怨誹者不亂,好色者不淫,故曰"思無邪"。但其理元或在文外,與尋常文筆言理者不同,安得不涉理路乎!
>
> 滄浪論詩,止是浮光略影,如有所見,其實脚跟未曾點地。②

馮班提出了一個文學創作中的重要問題,也是講究獨抒性靈的明代詩學所忽視的問題,即文學形式問題。這個形式不單指文字形式,也指各種言説的方式。馮班認爲嚴羽一味追逐内容和境界,而忽視和驅逐了形式的意義,是避實求虚,"脚跟未曾點地",一味空説而已。他認爲藝術美並非由内容決定的,而是由形式決定的。在嚴羽看來違背藝術本性的涉理路、落言筌的詩中議論,馮班認爲是不應當受到過分批評的;首先緣於議論在詩歌中有區分正邪、導人向善的詩教意義,更重要的是"議論"只不過是一種表達形式而已,是"言筌"之一罷了,而詩家如何運用纔是癥結所在。

從前文分析可知,《詩》中理語的運用有"情理相纏""顯豁豪宕""就事務實""對舉爲論""比興爲論"等特徵。這些形式特徵使得讀者不感到有情緒之割裂,不覺得有叙事的障礙,不以爲有理性的跳躍,順事而論,沿情而出,而其議論本身又因比興、對舉而矯健警醒、有力度,且生動而絢麗。這些特質共同組成了《詩經》的議論形式上的傳統。

但若要避免理障,刻意摹擬《詩經》議論的特徵、刻意追求議論形式上的美感則又不可。《詩》中理語的形式皆非故意爲之。"情理相纏",故論出自然;"顯豁豪宕",故

---

①　(清)李光地:《榕村語録》卷十三,北京:中華書局,1995年,第238頁。

②　(清)馮班:《嚴氏糾繆》,見《鈍吟雜録》,上海:商務印書館,1937年,第66頁。

不刻意雕琢；"就事務實"，故不事矯揉。以善惡對比爲議論，故能彰其喜惡；以比興爲議論，也大多强烈而鮮明。

可見，《詩經》議論傳統的核心部位，一言以蔽之，曰"本於性情"。本於性情，故不事造作，不刻意爲論。王夫之謂："蓋詩立風旨，以生議論，故説詩者於興、觀、群、怨而皆可，若先爲之論，則言未窮而意已先竭；在我已竭，而欲以生人之心，必不任矣。以鼓擊鼓，鼓不鳴；以桴擊桴，亦槁木之音而已。"①議論須立根於"風旨"。所謂"風旨"，源自《毛詩序》，概有二義：一曰緣情，所謂"情動於中而形於言""變風發乎情""發乎情，民之性也"；一曰風化，"上以風化下，下以風刺上""吟詠情性，以風其上"是也。王夫之云："詩雖一技，然必須大有原本，如周公作詩云'於昭于天'，正是他胸中尋常茶飯耳，何曾尋一道理如此説。"②又云："《大雅》中理語造極精微，除是周公道得，漢以下無人能嗣其響。陳正字、張曲江始倡《感遇》之作，雖所詣不深，而本地風光，駘宕人性情，以引名教之樂者，風雅源流，於斯不昧矣。朱子和陳、張之作，亦曠世而一遇。此後唯陳白沙爲能以風韻寫天真，使讀之者如脱鈎而遊杜蘅之沚。"③"於昭于天"是《大雅·文王》的首句。《大雅·文王》雖多理語，但"三章理語無塵障，三代聖賢之所以異於宋儒處"④。王夫之認爲此詩之所以有理語而無理障，正在於其源自周公"胸中尋常茶飯"，從性情中來，而非刻意"尋一道理"。而《大雅》中理語之所以造極精微，亦是如此。陳子昂、張九齡等之所以能繼軌《大雅》，乃是因爲其"本地風光"——這是禪宗對"自性"的代稱。陳白沙稱"作詩須將道理就自己性情上發出來"，亦是《三百篇》之嗣響。詩中議論源發乎性情，方可能於讀者有興、觀、群、怨之力量。反之，若爲文而文，爲論而論，則是無根之議論，言窮而義竭，無力興發他人之志意。沈德潛稱"議論須帶情韻以行"⑤，劉熙載謂"詩或寓義於情而義愈至，或寓情於景而情愈深，此亦《三百五篇》之遺意也"⑥。這也是嚴羽所謂"以議論爲詩"者所需要效法的。

①　《船山全書》，第 14 册，第 702 頁。

②　《船山全書》，第 14 册，第 1170 頁。

③　《船山全書》，第 15 册，第 839 頁。

④　(清)方玉潤：《詩經原始》，北京：中華書局，1986 年，第 475 頁。

⑤　《説詩晬語箋注》，第 384 頁。

⑥　(清)劉熙載：《藝概》，上海：上海古籍出版社，1978 年，第 51 頁。

李東陽聯句詩及創作風貌考論*

魏寧楠

　　摘　要:成化初年,李東陽並不是北京翰林院館閣詩會的核心領袖,與東陽聯句唱和者也並非所謂的茶陵派成員。《聯句録》不足以囊括李東陽的聯句詩創作,相關輯佚工作仍有空間。《聯句録》與《玉堂聯句》二書,前者流露出翰林文官的階層與身份意識,思想情感泛政治化,後者更側重個人真情實感的抒發。李東陽聯句詩尤其是西涯雅集詩,充滿北京地域文化特色。在藝術風貌上,李東陽聯句詩師法韓孟,又學習宋人平淡詩風。成化年間,李東陽聯句詩影響較弱,正德之後,隨着政治與文壇身份的躍升,李東陽聯句詩的傳播、接受、影響逐漸擴大。

　　關鍵詞:成化;李東陽;翰林;聯句

　　關於李東陽聯句詩研究,主要集中在對《聯句録》的探討,專題論文如司馬周《李東陽〈聯句録〉藝術特色初探》《〈聯句録〉中李東陽交遊考》《李東陽〈聯句録〉版本考辨》《〈李東陽年譜〉補編——以李東陽〈聯句録〉爲考察中心》、潘林《明初茶陵派聯句體詩歌創作的繼承與創新——以〈聯句録〉爲中心》等。從文獻上看,《聯句録》並不能完全代表李東陽聯句詩的創作水準。再者,2012 年何宗美在《文學遺產》上發表文章《茶陵派非"派"試論:"茶陵派"命名由來及相關問題的考辨》,不禁引人思考,以往從流派的視角去考察李東陽及其詩友的聯句詩作是否符合實際,李東陽聯句詩及其相關文學活動的真實面貌究竟如何。

一、李東陽聯句詩創作情况

　　成化、弘治年間,翰林雅集,詩酒風流,中央文壇聯句之風復盛。《聯句録》提要云:"然其時館閣儒臣,過從唱和,以文章交相切劇,説者謂明之風會,稱成、弘爲極盛,即此亦可以想見也。"①作爲當時翰林作家中的佼佼者,李東陽有詩癖,熱衷館閣詩會。成化十三年(1477)正月,李東陽因病戒詩,詩癖難耐,作《集句録》一卷,僅兩個月後又與友人聯句。李東陽酒量差,又癡迷聯句,時常醉酒晚歸。陸容《菽園雜記》云:"李賓之學士飲酒不多,然遇酒邊聯句或對弈,則樂而忘倦。嘗中夜飲酒歸,其尊翁猶

　　*　**作者簡介:**魏寧楠,閩南師範大學文學院講師,文學博士,主要從事明清詩文研究、僑鄉文學研究。
　　基金項目:閩南師範大學校長基金項目"明代福州林浦林氏家族文學的生成與演變"(SK19015)。

　　①　(清)紀昀總纂:《四庫全書總目提要》,石家莊:河北人民出版社,2000 年,第 5239 頁。

未寢,候之。賓之愧悔,自是赴席,誓不見燭。將日晡,必先告歸。"①《懷麓堂稿》卷六有詩《家君以詩戒夜歸因用陶韻自止》,詩題自注"辛丑十二月望日"。"辛丑"即成化十七年(1481),東陽雪夜歸家,李父以詩斥責,自此不敢夜歸。是年,東陽作《會合聯句詩序》,回顧成化十六年與同年聯句唱和,頗有物是人非的滄桑之感。因此,成化十七年是李東陽聯句詩創作一個重要的時間分界點。從現存文獻上看,成化十七年之前,李東陽創作的聯句詩數量更多。

東陽交遊甚廣,聯句創作數量多、内容豐富,將聯句詩另編別集或者外集更爲合適。李東陽編選的聯句詩集《聯句録》五卷本,錢振民、司馬周均認爲已佚。南京圖書館藏周正刊本《聯句録》一卷,收録範圍僅限李東陽等人成化元年(1465)至成化十五年(1479)創作的 258 首聯句詩。周正《書聯句録後》云:"成化壬寅,余捧萬壽聖節表文至都下。癸卯還任,道經貴州之普定,會海釣蕭黄門文明出翰林李西厓先生所編玉堂諸公及縉紳大夫士聯句一帙,起自成化紀元乙酉,訖於己亥,凡十餘年,詩共二百五十八首。"②蕭顯,字文明,號海釣,成化八年(1472)進士,官至福建按察僉事。

周正所刻《聯句録》底稿源自蕭顯,存在失收、誤收的情況。《聯句録》有李東陽、謝鐸聯句詩《西湖》,時間失考。謝鐸《桃溪净稿》卷十四《次遊西湖聯句韻》云:"狂遊竟欲侵晨發,能事先邀隔宿過。"詩中夾注:"賓之期天明則不能待""潘時用爲賓之招,致隔宿以俟""丁亥歲予曾遊此"③。可知,成化三年(1467),李東陽、謝鐸、潘辰、王佐共遊西湖聯句。《次遊西湖聯句韻》與《西湖》韻脚不同,説明《聯句録》未收《次遊西湖聯句韻》相對應的聯句詩。《聽雨亭聯句九首》載蕭顯《海釣遺風集》卷二。聽雨亭在吳希賢家,聯句參與者有吳希賢、羅璟、李東陽、謝鐸、蕭顯、王臣、陳音、林瀚、吳道本、傅瀚。林瀚《書聽雨亭聯句卷後》云:"是亭乃翰林修撰莆田吳静觀所構亭,前置大磁盆蓄水種蓮,時遇雨灑荷葉,清聲可人,故静觀名其亭曰聽雨。當雨霽花開,俗塵不染,隱然一佳景也。乃張宴花前,簡邀泰和羅冰玉洗馬、天台謝方石、長沙李西涯、同邑陳愧齋三侍講、臨江傅體齋修撰、廬陵王宣溪編修、山海蕭海釣、清漳吳雲坡二黄門觴於亭中,而瀚亦以同鄉同官預焉。酒酣,静觀出楮筆,聯句成前一首。復懸山水畫圖集聯題之。題畢,宣溪、雲坡始至,瀚與體齋以他事先歸,而賓主八人者,人一起句,復成八首,秉燭猶未散也。當時諸稿悉爲海釣所藏,去今幾二十載。"④《聯句録》之《曰川宅賞蓮四首》與《聽雨亭聯句九首》其三、其四、其七重複。因此,此次聯句活動地點是在吳希賢家,而不是傅瀚家。題跋落款是弘治十二年(1499),上推二十年,正好是成化十五年(1479)。

周正刊本《聯句録》並不能完整呈現李東陽聯句詩的創作風貌。李東陽聯句詩的創作數量,遠非一部《聯句録》所能容納。謝鐸是李東陽重要詩友,兩人的聯句詩集《同聲集》《後同聲集》已佚。吳寬《匏翁家藏集》卷四十一《後同聲集序》評價李、謝二人的聯句詩有元白、韓孟、皮陸之風。謝鐸《書聯句録題名後》云:"爲詩凡二百二十一

① （明）陸容著,李健莉校點:《菽園雜記》,上海:上海古籍出版社,2012 年,第 119 頁。

② （明）李東陽:《聯句録》,《四庫全書存目叢書·集部》,第 292 册,濟南:齊魯書社,1997 年,第 605 頁。

③ （明）謝鐸:《桃溪净稿》,《四庫全書存目叢書·集部》,第 38 册,濟南:齊魯書社,1997 年,第 204 頁。

④ （明）蕭顯撰,（明）詹榮編:《海釣遺風集》,嘉靖刻本,臺灣漢學中心藏。

首,總之爲七卷。首三卷,今閣老西涯李先生諸公與予在官時作;次二卷,予謝病時從叔父貞肅公與吾鄉大夫士所作;末二卷,則予以史事再起,西涯倡之,而予和焉者也。凡予所同作與爲予所作者,後先無慮三四十人,自成化乙酉以迄於今,僅三十有四年,而零落無幾。”①謝鐸聯句詩創作時間從成化元年(1465)持續到弘治十一年(1498),創作數量較爲可觀,其中五卷與李東陽有較大關聯。

現存李東陽聯句詩集不止一部《聯句錄》,也包括《玉堂聯句》,兩書内容並無重合之處。成化七年(1471),彭澤借宿李東陽家,兩人多有聯句倡和。彭澤,字民望,號老葵,攸縣人,景泰七年(1456)舉人,官至應天府通判,尤擅七言律。成化十年(1474)夏六月,東陽將與彭澤倡和的兩百餘篇聯句詩題名《别錄》整理付梓。《别錄》底本在北京散佚之後,攸縣人易舒誥從長沙錄得抄本。易舒誥,字欽之,號西泉,攸縣人,弘治十八年(1505)進士,官翰林檢討。李東陽《懷麓堂原序》云:“成化辛卯,民望實寓余家,凡再閱歲,風晨月夕,清談小酌之暇,輒爲詩,詩多聯句。余詩固非所及。然其神交興洽,率然而成詩。比意續之,幸不至於牴牾者亦多矣。越三年,偶閱舊稿,悵然感之,因錄爲一卷。是歲甲午夏六月二十日,西涯老史李東陽書。”②清代賀德宗輯《攸興詩抄不分卷》,道光十年(1830)刻本,半頁十行,行二十一字,黑口,左右雙邊,單魚尾。賀德宗,字晴峰,攸縣人,嘉慶貢生。《攸興詩抄不分卷》是攸縣詩歌總集,總集收錄了李東陽、彭澤二人百餘首聯句詩,題名《玉堂聯句》。據《懷麓堂詩話》,李東陽與彭澤聯句詩有《悲秋》長律四十韻,《玉堂聯句》此詩失傳。《玉堂聯句》雖不能如《别錄》展現李、彭二人唱酬原貌,却也爲二人倡和創作研究提供了一份具體的資料。

李東陽聯句詩的輯佚工作仍有空間。2008年岳麓出版社出版的《李東陽續集》補遺收錄程敏政、楊一清、吳寬等詩友與李東陽的聯句詩。《李東陽續集》所收聯句詩仍有闕漏。林瀚《重刊林文安公詩集》卷八收錄與李東陽倡和的聯句詩,其中七首《聯句錄》未收。如《齋居憶敷五侍講庚子正月中朝房作》作於成化十六年(1480)、《郊齋聞賓之聯句刑部朝房奉柬一首辛丑正月》作於成化十七年(1481)、《送楊中舍應寧還雲南省墓》作於成化二十一年(1485)。楊守阯《碧川詩選》卷五有《中元與李西涯陪祀山陵聯句九首》。這些聯句詩皆可補《聯句錄》《玉堂聯句》《李東陽續集》之不足。

李東陽聯句詩數量豐富,唱和對象來自全國各地。彭澤是湖南人;楊一清是雲南人;程敏政是安徽人;吳希賢、陳音、林瀚、李仁傑來自福建;吳寬、張泰、陸鈇、沈鐘、陳璚、李傑來自江蘇;謝鐸、潘辰、馮蘭、謝遷來自浙江;彭教、傅瀚來自江西。與李東陽唱和的人數衆多,他們是李東陽的同僚、同年、詩友,與李東陽交往程度深淺不一,嚴格意義上並非茶陵派成員。從年齡上看,李東陽十八歲中進士,同科甚至晚兩科的進士大多比東陽年長。與李東陽相比,羅璟年長十六歲、林瀚年長十四歲,謝鐸、傅瀚、吳寬年長十三歲,陳音年長十二歲,吳希賢年長十一歲,倪岳、程敏政年長四歲。從資歷上看,李東陽與同年羅璟、陳音、倪岳、謝鐸、彭教同時入選翰林院庶吉士,在輩分上是同等的。在成化初年的聯句活動中,無論是年齡、資歷,還是文學成就,李東陽都没

① 《桃溪净稿》,第471頁。
② (明)李東陽、彭澤:《玉堂聯句》卷首,道光刻本,中國國家圖書館藏。

有絕對優勢超過同時期的作家，進而成爲詩會的核心領袖。李東陽只是聯句活動的參與者，將與李東陽聯句的作家統統納入茶陵派，從流派的視角去看待李東陽的聯句詩創作是不合理的。

二、《聯句録》《玉堂聯句》比較分析

《聯句録》《玉堂聯句》是現存收録李東陽聯句詩的聯句詩集。在創作風貌上，兩書存在差異與趨同之處。首先是兩書唱和對象身份的差異。李東陽《聯句録》中的唱和對象是翰林院的同年、同僚；《玉堂聯句》的唱和對象彭澤，並非翰林出身，且仕途偃蹇，是東陽純粹的詩友。其次，聯句屬於即時性創作，遊覽詩圍繞雅集地點展開，這也造就了《聯句録》《玉堂聯句》内容上的京都特色。

《聯句録》中李東陽的唱和對象來自高科名的政治群體，囊括一甲進士、庶吉士、進士。李東陽《聯句録序》云：“予同年進士在翰林者十有餘人，凡齋居、遊燕輒有詩，詩多爲聯句，未嘗校多寡，論工與拙。”①天順八年（1464）甲申科進士任職翰林院的人員至少有李東陽、羅璟、謝鐸、張泰、彭教、陸釴、倪岳、吳希賢、陳音、傅瀚。天順八年（1464）一甲進士 3 人，彭教出任翰林修撰，陸釴、羅璟授翰林編修；成化元年（1465）庶吉士散館，授李東陽、倪岳、謝鐸、陳音翰林編修；吳希賢授翰林檢討。成化四年（1468），張泰服闋，授翰林檢討，是年彭教丁憂離京，於成化十二年（1476）出任翰林院侍講。成化五年（1469），陸釴丁憂，至成化九年（1473）返京。成化七年（1471），傅瀚服闋，授翰林檢討。以上人員是《聯句録》詩人群體的重要組成部分，《聯句録》體現了天順八年（1464）科同年進士之間的文學交流互動。《聯句録》不同年份中的聯句詩創作數量分布失衡，成化五年（1469）至成化七年（1471）處在空白狀態，成化十三年（1477）至成化十五年（1479）處在高峰期。《聯句録》詩歌創作數量與人員的動態變化是唱和對象人員流動造成的客觀結果。

成化、弘治年間，國家承平，政治環境寬鬆，文學創作生態優化。無論修撰、編修、檢討，都是任職翰林院的史官。翰林史官身份清貴，在日常修史纂書、齋居祭祀之餘，有更多的空暇賞景郊遊、宴飲聚會、詩文唱和。司馬周將《聯句録》中的詩歌按題材分成 18 類②，其中飲酒詩 18 題、聚會詩 11 題、遊覽詩 8 題、祝賀詩 6 題、贈别詩 21 題，印證了李東陽等人生活的閑適與愜意。《聯句録》圍繞遊宴聚會展開，聯句是東陽與同僚友朋社交的媒介，如李東陽《送翰林編修丁君歸省詩序》所説：“情交而義達，喜有慶，行有餞，周旋乎禮樂，而發越乎文章，倡和聯屬，亹亹而不厭，所以汲引成就之意甚厚，此詞林之盛事也。”③

《聯句録》的創作者帶有明顯的身份意識，翻開《聯句録》仿佛打開一部明成化年間北京翰林官員的生活全景實録，既有制度化的辦公情景，也有充滿喧鬧温情的私人聚會。《聯句録》中的《内直大寒留官醼小酌》《齋郊夜坐唱和》《郊祀齋居》《齋夜聞雪

① 《聯句録》，第 564 頁。
② 司馬周：《李東陽〈聯句録〉藝術特色初探》，《藝術百家》2009 年第 8 期，第 296 頁。
③ （明）李東陽著，周寅賓、錢振民校點：《李東陽集》，長沙：岳麓書社，2008 年，第 398 頁。

禁體》《齋居寄答鼎儀》《齋夜有感兼東院署九寅長》《郊祀畢承天門候駕》《賜慶成宴有述》等，描繪宿直、齋宿、候駕、賜宴等場景，與創作者翰林官員的身份關係緊密，帶有鮮明的階層色彩。宿直、齋宿文學是翰林文學的傳統。內直，又稱宿直，指翰林官員夜間在公署值勤。齋宿，指翰林官員在參與祀典之前，爲表恭敬虔誠，提前齋戒獨宿。制度之下，翰林官員夜晚的私人時間與活動空間受到限制，聯句唱和成爲翰林官員消磨時間的方式之一。因此，逞才使氣是《聯句錄》最为突出的藝術特点。《俞弁詩話》云：“西涯李公往歲與客聯句，拆弊褥中故絮以代燭，人或謂其好奇之過。”①聯句限時成詩，要求創作者詩才敏捷。李東陽在聯句時以燃燒棉絮計時，明顯帶有遊戲競賽的性質，如《聯句錄》所收《五平五側體》，詩體格律限制極嚴，詩句或全爲平聲，或全爲仄聲。李東陽等以此體唱和，難免流於文字遊戲。

　　由於倡和對象不同，《聯句錄》《玉堂聯句》呈現不同的思想風貌。彭澤並非東陽翰林院的同僚，待官京師多年，寄食依附在李東陽家。《玉堂聯句》中聚會詩 1 首、詠物詩 17 首、感懷詩 25 首、寫景詩 12 首、贈友詩 1 首、懷人詩 2 首。作爲知交莫逆，李東陽願意以聯句的形式向好友彭澤敞開心扉，表達內心真實的感受。《玉堂聯句》書寫了彭、李兩人真摯的友情，反映出李東陽對險惡世途的厭倦，對百姓窮苦生活的憐憫。《月夜》其三描寫饑荒，詩云：“涼風從西來，蕭爽徹毛髮彭。空庭凈如水，赤脚踏素月李。屋角挂銀河，流星出復没彭。仰睇過浮雲，清歌慘不發李。里巷多哀聲，十户九疾疫彭。況復饑饉年，京民貧到骨李。寸心能幾何，浩蕩百憂窟彭。吾才雖無用，豈類秦與越李。曾聞漆室女，終夜常鬱鬱彭。亦有引裾郎，慷慨動天闕李。”②秋風送爽，月光灑在空庭上，如此靜謐空靈的環境，詩人內心卻是躁動憂愁的，看到京城百姓遭受苦難，李東陽心裏有很大的觸動，即使自知能力有限，仍盼望爲百姓貢獻綿薄之力。這種思想情感在泛政治化，對社會現實缺乏關注的《聯句錄》中是難以窺見的。

　　《聯句錄》《玉堂聯句》充滿北京地域文化特色，既有自然風光的描繪，也有人文景觀的書寫。李東陽與詩友的聯句足迹遍布北京城內外，涉及地名如廣恩寺、月河寺、朝天宮、西苑、西山、慈恩寺等。廣恩寺位於王大人胡同，在今北京東城區。月河寺，始建於明代，舊址在北京朝陽門外。朝天宮是明代皇家道觀，雄峙在北京阜成門內。《玉堂聯句》有《京都十景》組詩，題爲《瓊島春雲》《太液晴波》《居庸叠翠》《西山霽雪》《盧溝曉月》《金臺夕照》《薊門烟樹》《玉泉垂虹》《南囿秋風》《東郊時雨》。西涯是李東陽與友人雅集的重要場所之一。《玉堂聯句》中的遊覽詩《慈恩寺》《響閘》《鐘鼓樓》《廣福觀》《楊柳灣》《桔橰亭》《菜圃》，是描寫西涯景色的聯句組詩，可與李東陽《懷麓堂稿》卷九《西涯十二首》相互映照。西涯景色清幽，位於北京西郊的積水潭北岸。《聯句錄》中有《月河寺會餞天錫却入朝陽門訪慈恩寺暮抵予家共得十三首》《遊慈恩寺七首》等遊覽詩。李東陽與詩友如此高密度的聚集、吟詠西涯，原因無他，西涯是東陽的誕生地與故居所在地，從出生到成化十八年(1482)遷居林司寇宅之前，李東陽大部分時間居住在此。這些遊覽性質的聯句詩，多數以組詩的形式出現。《聯句錄》《玉

---

① 吳文治主編：《明詩話全編》，南京：江蘇古籍出版社，1997 年，第 2485 頁。
② 《玉堂聯句》，第 5 頁。

堂聯句》所收聯句組詩打破了一人四句的形式，每八句爲一組，每組聯句不依循固定的次序，也没有具體的句數限定。李東陽與詩友圍繞一個總題目，分别作數首律詩，聯句組詩内容更加豐富，容量更大，消除了律詩篇幅短小所造成的局限。

在《聯句録》《玉堂聯句》中，李東陽用創作實踐印證了自己的詩歌批評理論，臺閣氣與山林氣是融通並存的，而不是非此即彼。正如李東陽所言：“至於朝廷典則之詩，謂之‘臺閣氣’，隱逸恬澹之詩，謂之‘山林氣’。此二氣者，必有其一，却不可少。”①當李東陽置身廟堂之上，他與同僚的聯句詩受到環境的影響，以及翰林身份的約束，散發着臺閣氣息；當他身處山林之時，卸下社會身份的束縛，更容易產生對田園的嚮往，詩作中的山林氣也就蓋過了臺閣氣。

三、李東陽聯句詩的意義與影響

在中國聯句史上，韓孟聯句是一座難以企及的高峰。李東陽對於前人聯句詩的成果並非單一的接受，既學韓孟聯句的怪奇之風，也學宋詩的質實樸素、平淡之風。相比韓孟聯句的豪放恣肆，李東陽聯句詩雖偏向奇崛險怪一路，總體更加温和適度，革除了韓孟聯句詩鋪叙繁冗、堆砌晦澀的弊病。

李東陽曾自許韓愈，以孟郊比喻彭澤，頗爲自負。《再贈三首用前韻》其三略云：“吾憐孟東野，詩思老愈僻。一吟雙眉皺，見者意不適。偶逢韓昌黎，傾倒慰孤寂。”②李東陽對韓孟聯句的接受，表現在對韓孟《石鼎聯句》的肯定。《石鼎聯句》有三個虚擬作者，劉師服、侯喜、軒轅彌明。《宿别顧天錫》其五云：“敢向漢廷憐賈誼璟，且留廣鼎對彌明東陽。”《即席懷仲律》云：“聯詩但少侯生句東陽，留客真爲杜老淹瀚。”③李東陽與友人張泰、陸釴用韓愈、孟郊、張籍所作《會合聯句》韻脚創作聯句詩《會合》。李東陽聯句詩受到韓孟怪奇詩風的影響，意象雄奇，用生字、僻字，押險韻，如《陶鼎》聯句。《西山七十韻》中有一段佛寺周圍環境的描寫，意象崢嶸奇特。一群陰森可怖的動物，側面烘托出佛寺的幽静。“僧廬據其巔彭，築塊加以壓。迴廊抱挐确李，峻墉聳碑矶。翻飛風偃旛彭，蔽晝翳林焞。石群駁初吒李，泉勢誦餘咄。松窗午閣暝彭，霧殿夜湧凸。危板顛窮猱李，捷響脱峻鶻。妖蛇舌過吻彭，老樹精吐孛。黠鼠潛窺伺李，佻禽怒嘲訐。敗牆漫延蝸彭，幽竇巧匿蝎。藏經鬼司扃李，賜額官建閟。樓鐘吼潮鯨彭，院鼓鬧花羯。”④李東陽聯句喜用倒字、倒句，學習韓孟聯句詩勁健的風格。如《齋居寄答鼎儀》云：“書看逸少勁，聯學退之勃東陽。”⑤倒裝使詩句避免了平衍無力，呈現拗折勁健的藝術風貌。洪鐘評價李東陽聯句詩學習韓愈《南山詩》，氣魄極大，筆力縱橫。《夜酌》聯句云：“載歌南山篇，重慕西涯叟。巧思抽若思，大筆運如帚

① （明）李東陽著，李慶立校釋：《懷麓堂詩話校釋》，北京：人民出版社，2009 年，第 185 頁。
② 《李東陽集》，第 107 頁。
③ 《聯句録》，第 592、599 頁。
④ 《玉堂聯句》，第 3 頁。
⑤ 《聯句録》，第 565 頁。

鐘。"①韓孟聯句多是嚴肅龐大的主題,篇幅宏大。《城南聯句》多達 153 韻,李東陽、彭澤聯句篇幅最長的是《西山七十韻》,篇幅不到《城南聯句》一半。韓孟聯句體裁多用五古,與之相對,李東陽多用律體。顧璘《題批點唐音前》云:"成化以來,李文正翔於翰苑,倡中唐清婉之風,律體特盛。其時羅、謝、潘、陸從而和之,聲比氣協,傳爲聯句,厥亦秀哉。"②

在中唐時,聯句詩發展達到巔峰。韓孟聯句奇崛博辨的風格,獨樹一幟且難以超越。宋人獨闢蹊徑,將俗事俗語引入聯句詩。鄭禮炬《李東陽詩歌宗宋研究——在臺閣體與前七子之間的轉變》認爲:"李東陽的詩歌創作中還有一種傾向,即欣賞、學習宋代詩人,李東陽的詩學主張兼顧宋詩,而他作於不同年代的兩批集句詩則印證了其宗宋的詩學觀念,説明其創作轉向宗宋的必然性。"③李東陽的集句與聯句詩創作處在同一時間段,即成化十三年(1477),宗宋的文學思想影響了李東陽的聯句詩創作。宋人開創了禁體詩,李東陽與詩友將聯句與禁體詩相結合,以聯句的方式創作禁體詩,如《再柬翰署請禁詩夜天地茶爐等數十字》詩題限定夜、天、地、茶、爐等數十字不能入詩。又如《翰署詩來犯禁奉駁一首》云:"歐家新禁十分嚴東陽,未許奚囊信手拈霖。敢謂霜花成誤落蘭,似煩繩墨與重添士實。張公可是忙多錯勳,李賀元應諱不嫌。明日相看誰勝負東陽,不妨長笑共掀髯臣。"④此詩東陽没有用難字、生僻字,語言淺近平實,與韓孟聯句風格迥異。李東陽出身翰林,詩作留有臺閣痕迹。郭正域《蒼霞草序》云:"國初館閣體大半模擬宋人,期乎明白條暢而已。"⑤臺閣作家崇尚宋人暢達平易之風。在聯句詩的創作上,李東陽以文爲詩,運用散文的字法、句法。東陽聯句詩多用虛字。《西湖》云:"三年不踏西湖路東陽,此日真爲出郭行。入眼風光還夢寐鐸,向人花柳似平生。樓臺忽送登高目東陽,歲月兼勞作宦情。乘醉渺然思故國鐸,因君亦欲問山名東陽。"⑥"不""亦"兩個虛字的運用,增添了詩歌悠揚委曲、開合摇曳的韻味。運用感歎詞,如《西山七十韻》云:"嗟哉奇勝穴李,胡爾浮屠掘。"⑦採用散體句式,如《苦雨》云:"豈堪頻歲歎李,已矣復誰尤。"⑧

聯句詩在李東陽的文化生活中占有重要位置。李東陽與友人的聯句詩多有小序,標注創作時間與參與成員。這些聯句詩是增補《李東陽年譜》的重要文獻資料,對於考訂李東陽及其友人相關文學作品的創作時間大有裨益。通常一首聯句詩,會有多首次韻詩。成化十二年(1476),李經歸宣府,《聯句録》有李東陽與潘辰聯句《夜坐與李士常話別》。《李東陽》卷十八有《與時用陪士常話別聯句翌日士常見和因叠前韻》;謝鐸《桃溪净稿》卷十有《次韻李賓之聯句贈李士常舉人》;張泰《滄洲詩集》卷八

---

① 《聯句録》,第 578 頁。
② (元)楊士弘編選:《唐音評注》,保定:河北大學出版社,2006 年,第 20 頁。
③ 鄭禮炬:《李東陽詩歌宗宋研究——在臺閣體與前七子之間的轉變》,《中國韻文叢刊》2008 年第 4 期,第 74 頁。
④ (明)林瀚:《林文安公詩集》卷八,嘉靖刻本。
⑤ (明)葉向高:《蒼霞草》,《四庫禁燬書叢刊·集部》,第 124 册,北京:北京出版社,2000 年,第 2 頁。
⑥ 《聯句録》,第 566 頁。
⑦ 《玉堂聯句》,第 3 頁。
⑧ 《玉堂聯句》,第 7 頁。

有《賓之寒窗夜與客聯句送李士常索予和送》;倪岳《青溪漫稿》卷八有《承李士常進士以所和與李賓之内翰潘時用秀才冬夜聯句之作見示用韻以答》。由於未見《聯句録》,有些學者在編訂年譜時,在判斷聯句活動相關詩文的創作時間上出現了偏差①。再者,李東陽與友人撰寫了多篇散文紀述聯句活動,如李東陽《遊朝天宫慈恩寺詩序》、陳音《同聲集引》、吴寬《後同聲集序》、林瀚《書聽雨亭聯句卷後》。考察李東陽聯句詩及其衍生的文學作品,有助於瞭解明代中葉翰林文人詩會的盛況。

謝鐸評價李東陽在聯句詩創作上的貢獻,認爲"西涯最有功於聯句"②。李東陽豐富了聯句詩的創作理論。前人認爲只有才力旗鼓相當的詩人有資格參與聯句,東陽不以爲然。李東陽《聯句録序》云:"夫詩之氣格聲韻,雖俱稱大家者不能相合,合數人而爲詩,往復唱和,興出一時,而感時觸物,喜怒憂佚,不平之意,亦或錯然,有以自見,所謂變而不失其正者。"③李東陽在中央文壇與同僚友朋掀起的聯句之風,對地方詩壇有輻射影響。在北京與李東陽聯句唱和的吴寬回到吴地之後,聯句興致不減,成爲吴地文人集團聯句活動的組織者。"成化中,吴文定、李太僕、張子静、史明古、陳廷璧共遊之,而文定、太僕、子静、明古爲聯句,角險鬥勝,遂成藝苑佳事。"④吴寬等人效法韓孟聯句詩"角險鬥勝"的特徵,與李東陽聯句詩風格趨同。李東陽的同僚程敏政與張旭交好,多有聯句倡和。張旭,字廷曙,號梅岩,休寧人。張旭《梅岩小稿》卷十八有《話別用李西涯先生送文範聯句韻同前》《夜坐話別同鄭作聯句和西涯先生別李士常聯句韻》。張泰、陸鈫、陸容並稱婁東三鳳,張泰、陸鈫與李東陽相交甚密,聯句倡和頗多。陸容《次海榴書屋聯句韻》,其題下云:"海榴書屋者,陸鼎儀所居。聯句則羅明仲、彭敷五、謝鳴治、李賓之燕集之作也。鼎儀索和。"⑤由此可見,李東陽聯句詩受到了當時文人的肯定與效法。

前後七子登上文壇,主張師法漢魏盛唐詩,對中唐聯句詩持批評態度。李夢陽《與徐氏論文書》云:"至元白、韓孟、皮陸之徒爲詩始連聯鬥押,累累數千百言不相下,此何異於入市攫金,登場角戲也。"⑥王世貞的《藝苑巵言》認爲聯句嚴重妨害詩歌創作。其《題大石山聯句卷》云:"和韻聯句,皆易爲詩害而無大益,偶一爲之可也。"⑦儘管前後七子大力詆毁聯句詩,聯句創作從未沉寂消失。嘉靖年間,毛紀仿效李東陽《聯句録》編《聯句私抄》四卷,《聯句私抄引》曰:"近時西涯、方石聯句有録,二公之道義相與,名重於時,其所論著亦盛矣哉!"⑧《聯句私抄》卷首有聯句名氏,題寫聯句成

① 成化十年(1474),李經中舉萬全,李東陽作《送李士常序》。《李東陽年譜》因此誤將李東陽成化十二年所作詩歌《與時用陪士常話別聯句翌日士常見和因叠前韻》繫在成化十年。詳見錢振民:《李東陽年譜》,上海:復旦大學出版社,1995 年,第 56 頁。

② 《懷麓堂詩話校釋》,第 243 頁。

③ 《聯句録》,第 563 頁。

④ 王世貞:《弇州山人四部稿》,《景印文淵閣四庫全書》,第 1281 册,臺北:商務印書館,1986 年,第 164 頁。

⑤ 陸容:《式齋先生集》,《原國立北平圖書館甲庫善本叢書》,第 720 册,北京:國家圖書館出版社,2013 年,第 561 頁。

⑥ 李夢陽:《空同集》,《景印文淵閣四庫全書》,第 1262 册,臺北:商務印書館,1986 年,第 564 頁。

⑦ 丁福保輯:《歷代詩話續編》,北京:中華書局,1983 年,第 962 頁。

⑧ 毛紀:《聯句私抄》卷首,《四庫全書存目叢書·集部》,第 292 册,濟南:齊魯書社,1997 年,第 690 頁。

員姓名、籍貫、履歷。其中，靳貴、喬宇、儲巏、石珤是李東陽的門生。靳貴是李東陽成化三年(1467)所取進士，喬宇、儲巏是李東陽成化二十年(1484)所取進士。儲巏在南京結檀園詩社，將聯句之風引入南京郎署。石珤《熊峰集》提要云："珤出李東陽之門，東陽每稱後進可托以柄斯文者，惟珤一人。"①李東陽與喬宇、儲巏等人是師生關係，這是促使他們模仿《聯句録》的重要動因。

　　李東陽繼承並創新了韓孟以來聯句詩的藝術形式，使聯句詩向積極健康的方向發展，也爲明代中後期聯句詩的發展奠定了良好的基礎。李東陽的詩學理念、館閣的遭際體驗、翰林文官的身份意識，爲李氏的聯句詩注入了獨特的個性因素。聯句看似微不足道，也是抒發共同情志、交結親友的好體式。李東陽少年登科，之後二十多年，聯句在李東陽的文化生活中占有重要地位。從少年到青壯年是一個作家文學創作與文學思想逐漸成熟定型的階段。聯句活動磨煉了李東陽的語言技巧，與全國各地的詩友交流，開闊了李東陽的見聞，也爲日後李東陽確立文壇領袖地位奠定了基礎。成化初年，由於年齡與文學素養的局限，在聯句活動中李東陽更可能受到同時期翰林作家的影響。正德元年(1506)，李東陽出任內閣首輔，政治與文壇上身份的躍升擴大了李東陽聯句詩的影響。李東陽的聯句詩創作是韓孟聯句詩接受史上盛開的一朵奇葩，在古代文人集會尤其是翰林雅集上留下了濃墨重彩的一筆。

---

① 《四庫全書總目提要(四)》，第 4453 頁。

盛世陰影：理學家談狐鬼
——紀昀《閱微草堂筆記》中的情理困境*

張　煜

摘　要：清代乾隆朝紀昀《閱微草堂筆記》，不同於康熙朝蒲松齡《聊齋志異》之借狐鬼抒發内心憤懣，歌頌愛情自由，更多富於理趣。乾隆朝提倡忠孝，對於理學則又頗多微詞，這些在《閱微草堂筆記》中都有所反映。乾隆朝盛世意識形態方面的危機，在《閱微草堂筆記》中表現爲情理衝突。作者經常通過用平行視角描寫狐鬼，對儒學、佛教一些不能自圓其説的觀念，提出質疑與解構。在國門被西方的堅船利炮完全打開之前，《閱微草堂筆記》好像盛世上空飄蕩的一片烏雲，異域文明的光綫已經從縫隙中照耀進來。

關鍵詞：《閱微草堂筆記》；理學家；因果報應；情理衝突

　　紀昀（1724—1805）《閱微草堂筆記》由《灤陽消夏録》六卷、《如是我聞》四卷、《槐西雜志》四卷、《姑妄聽之》四卷、《灤陽續録》六卷五部分組成，其中《灤陽消夏録》成書於乾隆己酉（1789）夏，其序云：“以編排秘笈，于役灤陽。時校理久竟，特督視官吏題簽庋架而已。書長無事，追録見聞，憶及即書，都無體例。小説稗官，知無關於著述；街談巷議，或有益於勸懲。”①（第 4 頁）當爲在承德避暑山莊校勘《四庫全書》即將完成之時。根據各本書前的題記，可知《如是我聞》完成於辛亥（1791）七月，《槐西雜志》完成於壬子（1792）六月，《姑妄聽之》完成於癸丑（1793）七月，《灤陽續録》完成於嘉慶戊午（1798）七夕。庚申（1800）門人盛時彦將五書合爲一編，定名爲《閱微草堂筆記》。《灤陽消夏録》抄寫完成之時，紀昀曾題詩二首，其二云：“前因後果驗無差，瑣記搜羅鬼一車。傳語洛閩諸子弟，稗官原不入儒家。”②而在《灤陽續録》結語處，紀昀又寫到：“惟不失忠厚之意，稍存勸懲之旨，不顛倒是非如《碧雲騢》，不懷挾恩怨如《周秦行記》，不描摹才子佳人如《會真記》，不繪畫橫陳如《秘辛》，冀不見擯於君子云爾。”（第 384 頁）可以看出，《閱微草堂筆記》的寫作，既有搜羅奇談怪論的消閑心理，也有維護世道人心的倫常目的。

　　作爲清代與《聊齋志異》齊名的最著名的筆記小説，《閱微草堂筆記》自問世以來，就受到各種好評，吸引衆多讀者與研究者。魯迅《中國小説史略》稱：“惟紀昀本長文

---

　　* 作者簡介：張煜，上海外國語大學文學研究院研究員，文學博士，主要從事佛教與中國文學研究。

　　① （清）紀昀：《閱微草堂筆記》卷一《灤陽消夏録》一，北京：中華書局，2013 年。本文所引《閱微草堂筆記》文皆出自此書，其出處直接標注在正文中的引文後。

　　② （清）紀昀：《紀曉嵐文集》第 3 册附録《紀曉嵐年譜》，石家莊：河北教育出版社，1995 年，第 413 頁。

筆，多見秘書，又襟懷夷曠，故凡測鬼神之情狀，發人間之幽微，托狐鬼以抒己見者，雋思妙語，時足解頤；間雜考辨，亦有灼見。敘述復雍容淡雅，天趣盎然，故後來無人能奪其席，固非僅借位高望重以傳者矣。"[①]近代研究者又多喜歡從文體、內容等方面，將《閱微草堂筆記》與《聊齋志異》比較。《聊齋志異》的寫作，正值蒲松齡30—40歲之間，科考的失意，對現實吏治的失望，甚至對於理想愛情的渴望，在書中多有表現。而《閱微草堂筆記》作於紀昀晚年，一方面，他是當時最博學多才之人，自乾隆三十八年(1773)50歲起擢任《四庫全書》總纂官，深受皇上器重；另一方面，乾隆朝文字獄盛行，紀昀侍君謹慎，如履薄冰[②]。乾隆三十三年(1768)因循私漏言親家盧見曾而獲罪，被革職謫戍烏魯木齊，直到乾隆三十六年(1771)才得以回京。狐、鬼在紀昀筆下，更多成了一種質疑現實世界合理性的工具。其實很多觀點可以完全不用狐、鬼直接加以討論，但加上狐、鬼的形式，就可能用荒誕不經的表達，躲開當時嚴密的文網。《閱微草堂筆記》更多不是一己情感的發抒，而是包含了一位智慧老人對於宇宙人生情、理困境的思索，更是一代鴻儒紀昀在乾隆盛世所畫下的一個充滿狐疑的問號。所以其弟子盛時彥在乾隆癸丑(1793)跋《姑妄聽之》中這樣寫到：

> 時彥嘗謂先生諸書，雖托諸小說，而義存勸戒，無一非典型之言，此天下之所知也。至於辨析名理，妙極精微；引據古義，具有根柢，則學問見焉。敘述剪裁，貫穿映帶，如雲容水態，迥出天機，則文章亦見焉。……夫著書必取鎔經義，而後宗旨正；必參酌史裁，而後條理明；必博涉諸子百家，而後變化盡。……故不明著書之理者，雖詁經評史，不雜則陋；明著書之理者，雖稗官脞記，亦具有體例。
>
> 先生嘗曰："《聊齋志異》盛行一時，然才子之筆，非著書者之筆也。虞初以下，干寶以上，古書多佚矣；其可見完帙者，劉敬叔《異苑》、陶潛《續搜神記》，小說類也；《飛燕外傳》《會真記》，傳記類也。《太平廣記》，事以類聚，故可並收。今一書而兼二體，所未解也。"(第324—325頁)

借乃師之口，稱《聊齋志異》一書而兼小說、傳記二體，是才子之筆，非學者之筆。可見不管是老師還是學生都對這本書相當自信與自得[③]。

　　美國學者孔飛力在《叫魂》中對於乾隆盛世有另一番不同以往的分析與描述。表面上鍍金時代其實隱含巨大的危機，其中包括不斷增長的人口與一再縮小的耕地面積之間的矛盾，稻米價格上漲與通貨膨脹，長期貧困與基礎商品缺乏等[④]。乾隆帝一方面好大喜功，以十全武功著稱，繼續康熙帝開疆拓土的偉業，曾經六次下江南，靡耗

---

　　①　魯迅：《中國小說史略》第22篇《清之擬晉唐小說及其支流》，北京：商務印書館，2016年，第198頁。
　　②　吳波：《紀昀的晚年心態與〈閱微草堂筆記〉的創作》，《明清小說研究》2003年第1期。
　　③　當代學者關於這段公案的討論，參萬晴川：《〈聊齋志異〉"一書而兼二體"新議》，《上海師範大學學報》2020年第2期；劉曉軍：《小說文體之爭的一段公案——"才子之筆"與"著書者之筆"綜論》，《文學遺產》2018年第1期。
　　④　[美]孔飛力：《叫魂：1768年中國妖術大恐慌》，上海：上海三聯書店，1999年，第32—62頁。另參張宏傑：《饑餓的盛世：乾隆時代的得與失》，重慶：重慶出版社，2016年。

民力,締造盛世①;另一方面,大興文字獄,實行閉關鎖國,從乾隆二十二年(1757)到道光二十年(1840),推行的廣東"一口通商",爲其後的積貧積弱種下了禍根②。晚年接見英使馬嘎爾尼,拘泥於中西禮儀之争,更是使中英關係急轉直下。1795 年,當這位在位六十年的中國古代偉大君主離開世界之時,内心一定懷着深深的憂慮。所以《閲微草堂筆記》等於用文學的形式,記録了康乾盛世一位行走在皇帝身邊的、最富有智慧同時也是最博學、詼諧的老人的所見、所聞、所思、所惑。

一、忠孝節義與心性之學

　　乾隆朝提倡儒學,尤其是忠孝節義的道德教化。乾隆二十六年(1761)臘月,在《沈德潛選國朝詩别裁集序》中,曾明確標舉:"詩者,何忠孝而已耳?離忠孝而言詩,吾不知其爲詩也!"③晚年甚至命國史館編《貳臣傳》來標榜忠誠,加强思想的一統。紀昀在儒學方面,總的來説服膺漢學考訂,但也不廢宋學義理,他反對的是那種空談心性、空疏無用之學,而對於宋儒的揚善懲惡,拳拳救世,則是身體力行。表現在《閲微草堂筆記》中,則是對於忠孝節義的褒揚,假道學的貶斥,以及一些儒學本身所無法解决的情理困境的思索與辨析。不得不説,他的這種態度與乾隆以及四庫館臣對於理學的態度,具有高度的一致性④。

　　書中有很多篇章是在討論漢、宋之争。如《閲微草堂筆記》卷一:"夫漢儒以訓詁專門,宋儒以義理相尚。似漢學粗而宋學精,然不明訓詁,義理何自而知? ……韋蘇州詩曰:'水性自云静,石中亦無聲。如何兩相激,雷轉空山驚。'此之謂矣。平心而論,《易》自王弼始變舊説,爲宋學之萌芽。……《論語》《孟子》,宋儒積一生精力,字斟句酌,亦斷非漢儒所及。蓋漢儒重師傳,淵源有自;宋儒尚心悟,研索易深。……惟漢儒之學,非讀書稽古,不能下一語;宋儒之學,則人人皆可以空談。"(第 10 頁)其批評理學,則如卷十記載狐鬼之間討論學術:"且三千弟子,惟孔子則可,孟子揣不及孔子,所與講肄者,公孫丑、萬章等數人而已。洛閩諸儒,無孔子之道德,而亦招聚生徒,盈千累百,梟鸞並集,門户交争,遂醸爲朋黨,而國隨以亡。東林諸儒,不鑒覆轍,又鶩虚名而受實禍。今憑吊遺蹤,能無責備於賢者哉!"(第 151 頁)顯然是有激於理學之清談誤國。又如卷十六,借狐之習儒者,對於道學發出批評:"公所講者道學,與聖賢各一事也。聖賢依乎中庸,以實心勵實行,以實學求實用。道學則務語精微,先理氣,後彝倫,尊性命,薄事功,其用意已稍别。聖賢之於人,有是非心,無彼我心;有誘導心,無苛刻心。道學則各立門户,不能不争,既已相争,不能不巧詆以求勝。以是意見,生種種作用,遂不盡可令孔孟見矣。"(第 270 頁)卷十七借仙、鬼之口,批評張載《西銘》:

　　① 六次下江南,原因各有不同,除了江南的財帛賦税,還有就是爲了打破江南士人心中的"殘夢"。詳參林碩:《繁華落盡憶江南——〈乾隆南巡圖〉中的人、事、景》,《文史知識》2018 年第 12 期。
　　② 王華鋒:《乾隆朝"一口通商"政策出臺原委析論》,《華南師範大學學報》2018 年第 4 期。
　　③ 陳聖争:《從"詩教"走向"忠孝"——十八世紀中期乾隆帝的一番文學訓話》,《古典文學知識》2020 年第 4 期。
　　④ 周明初:《理學的二重性與乾隆帝對待理學的態度》,《杭州大學學報》1994 年第 1 期。

"《西銘》論萬物一體，理原如是。然豈徒心知此理，即道濟天下乎？父母之於子，可云愛之深矣。子有疾病，何以不能療？子有患難，何以不能救？無術焉而已。此猶非一身也，人之一身，慮無不深自愛者，己之疾病，何以不能療？己之患難，何以不能救？亦無術焉而已。今不講體國經野之政，捍災禦變之方，而曰吾仁愛之心，同於天地之生物。果此心一舉萬物，即可以生乎？吾不知之矣。"（第 299 頁）

書中有很多故事借狐鬼來表達對節婦、忠臣的褒獎。如《閱微草堂筆記》卷二借自言爲東嶽冥官的顧員外口言："冥司重貞婦，而亦有差等。或以兒女之愛，或以田宅之豐，有所繫戀而弗去者，下也；不免情欲之萌，而能以禮義自克者，次也；心如枯井，波瀾不生，富貴亦不睹，饑寒亦不知，利害亦不計者，斯爲上矣。……賢臣亦三等，畏法度者爲下；愛名節者爲次；乃心王室，但知國計民生，不知禍福毀譽者爲上。"（第 26 頁）卷五："余謂忠孝節義，歿必爲神。天道昭昭，歷有證驗。"（第 63 頁）卷八："忠臣孝子，頂上神光照數尺。"（第 105 頁）卷十三："蓋烈婦或激於一時，節婦非素有定志必不能。飲冰茹蘖數十年，其胸中正氣，蓄積久矣，宜鬼之不敢近也。"（第 206 頁）卷十六："常人誦佛號，佛不聞也，特念念如對佛，自攝此心而已。若忠臣孝子，誠感神明，一誦佛號，則聲聞三界，故其力與經懺等。汝是孝婦，知必應也。"（第 281 頁）

但該書有趣之處，在於作者同時提出很多情、理的困境，讓我們看到儒學在帝國晚期的捉襟見肘，已經不能容納或圓滿解釋各種紛至沓來的新生事物，看似鐵板一塊的意識形態已經出現若干裂縫，射進一些異樣的光綫。如卷三郭六之事，講述一婦女丈夫因貧窮出外乞食，妻子爲了照顧公婆，只好去做娼妓。三年後，丈夫歸來，妻子以自盡來表白心迹的不幸故事。當時人們對此議論紛紛，其翁姑哀號曰："是本貞婦，以我二人故至此也。子不能養父母，反絕代養父母者耶？況身爲男子不能養，避而委一少婦，途人知其心矣。是誰之過而絕之耶？此我家事，官不必與聞也。"作者先祖寵予公曰："節孝並重也。節孝不能兩全也，此一事非聖賢不能斷，吾不敢置一詞也。"（第 34 頁）有意思的是，這個故事既没寫狐也没寫鬼，作者顯然是作爲一種異聞來記錄此事。

而同卷另外一個故事中，講明末一女子與父母被强盜抓獲。女子如果不從命受辱，就要炮烙父母。父母無奈，令女子服從。女子最後奮起，與父母俱死。後冤魂找到仇人復仇成功。"論是事者，或謂女子在室，從父母之命者也。父母命之從賊矣，成一己之名，坐視父母之慘酷，女似過忍。或謂命有治亂，從賊不可與許嫁比。父母命爲娼，亦爲娼乎？女似無罪。先姚安公曰：此事與郭六正相反，均有理可執，而於心終不敢確信。不食馬肝，未爲不知味也。"（第 35—36 頁）《孟子·萬章》中就有關於舜和瞽叟、象的儒家倫理悖論故事，孟子盡其所能給出合理解釋。《閱微草堂筆記》注目的仍然是孝和貞節之間的衝突，從中也可看出當時民生艱難，具體個體已經不可能純靠服從觀念來取得生存。

類似的故事又如卷七《如是我聞》一："一人外出，訛傳已死，其父母因鬻婦爲人妾。夫歸，迫於父母，弗能訟也。潛至娶者家，伺隙一見，竟携以逃。越歲緝獲，以爲非奸，則已別嫁；以爲奸，則本其故夫。官無律可引。……又有奸而懷孕者，決罰後，官依律判生子還奸夫。後生子，本夫恨而殺之。奸夫控故殺其子。雖有律可引，而終覺奸夫所訴,有理無情;本夫所爲,有情無理,無以持其平也。不知彼地下冥官遇此等事,又作何判斷耳?"(第 92 頁)則不僅僅是倫理困境,已經涉及法理學以及法律條文的細化了。又如卷九《如是我聞》三,寫一醫生因不爲某女子墮胎,致女子自盡,變成鬼來控訴:"我乞藥時,孕未成形,儻得墮之,我可不死。是破一無知之血塊,而全一待盡之命也。既不得藥,不能不産,以致子遭扼殺,受諸痛苦,我亦見逼而就縊。是汝欲全一命,反戕兩命矣。罪不歸汝,反歸誰乎?"最後連冥官也感歎道:"汝之所言,酌乎事勢;彼所執者,則理也。宋以來,固執一理而不揆事勢之利害者,獨此人也哉?"(第 139 頁)魯迅先生《中國小説史略》中也徵引到此篇。

卷十一《槐西雜志》一中關於忠誠問題的討論,寫一少婦夫死後改嫁,後夫又死,誓不再嫁。前夫變鬼來質問她爲什麼爲後夫守節,却不爲自己守節? 少婦毅然對曰:"爾不以結髮視我,三年曾無一肝鬲語,我安得爲爾守! 彼不以再醮輕我,兩載之中,恩深義重,我安得不爲彼守! 爾不自反,乃敢咎人耶?"(第 159 頁)鬼竟語塞而退,皆頗令人解頤。卷十五直斥儒家之所謂禮數:"儒者每盛氣凌轢,以邀人敬,謂之自重。不知重與不重,視所自爲。苟道德無愧於聖賢,雖王侯擁彗不能榮,雖胥靡版築不能辱。可貴者在我,則在外者不足計耳。如必以在外爲重輕,是待人敬我我乃榮,人不敬我我即辱,輿臺僕妾皆可操我之榮辱,毋乃自視太輕歟?"(第 247 頁)都可以看出作者並不是完全以理學思想爲行動指針的。書中還有不少是强調奴僕的忠誠問題。美國學者包筠雅在《功過格:明清社會的道德秩序》一書中,曾經談到當時"豪奴"與遥領地主之間的複雜關係,以及有關奴僕的地位等①,《閲微草堂筆記》也等於從一個側面讓我們瞭解到了當時這方面存在的階級矛盾與信任危機。

二、因果報應與儒釋關係

因果報應是中國古典小説自從佛教傳入中國後,結構主題的一個重要因素。《閲微草堂筆記》的新意在於,不僅僅是通過説因果來寓勸懲,而且還細化到因果報應的運作機制,甚至如何量化等。有些方面,紀昀還提出質疑。總的來説,紀昀認爲佛教是對儒家思想的有益補充,不應一味排斥。但對於經驗之外的一些過於荒誕的東西,出於考訂家的興趣,紀昀又覺得很難成立。

因果報應學説最大的特點就是承認現實的合理性,不管它看上去有多麼的不合理,總能在過去找到一個解釋的原因。如果這輩子找不到,那就去上輩子找。以紀曉嵐的聰明,他當然也承認有時這只是一種勸人爲善的方法,所以與儒家思想並無違礙。《閲微草堂筆記》卷二借主客的對談,申明:"聖人之立教,欲人爲善而已。其不能爲者則誘掖以成之,不肯爲者則驅策以迫之,於是乎刑賞生焉。能因慕賞而爲善,聖人但與其善,必不責其爲求賞而然也;能因畏刑而爲善,聖人亦與其善,必不責其爲避刑而然也。苟以刑賞使之循天理,而又責慕賞畏刑之爲人欲,是不激勸於刑賞,謂之不善;激勸於刑賞,又謂之不善,人且無所措手足矣……蓋天下上智少而凡民多,故聖

---

① 〔美〕包筠雅:《功過格:明清社會的道德秩序》,《序論》,杭州:浙江人民出版社,1999 年,第 1—27 頁。

人之刑賞，爲中人以下設教。佛氏之因果，亦爲中人以下説法。"（第 28 頁）只要是勸人爲善，就算是抱着功利的目的也沒有什麽不可以。當然，對於中人以上，可以有更高的道德要求，行善不一定就是爲了致福，甚至可以殺身成仁。

又借冥吏之口，言定數可以轉移："昔有遇冥吏者，問：'命皆前定，然乎？'曰：'然。然特窮通壽夭之數，若唐小説所稱預知食料，乃術士射覆法耳。如人人瑣記此等事，雖大地爲架，不能庋此簿籍矣。'問：'定數可移乎？'曰：'可。大善則移，大惡則移。'問：'孰定之？孰移之？'曰：'其人自定自移，鬼神無權也。'問：'果報何有驗有不驗？'曰：'人世善惡論一生，禍福亦論一生。冥司則善惡兼前生，禍福兼後生，故若或爽也。'問：'果報何以不同？'曰：'此皆各因其本命。以人事譬之，同一遷官，尚書遷一級則宰相，典史遷一級不過主簿耳。同一鐫秩，有加級者抵，無加級，則竟鐫矣。故事同而報或異也。'"（第 28—29 頁）這些與明末袁黃的《了凡四訓》都有一定相通之處。這就爲因果報應的解釋模式增加了一定的靈活性。

然而緣分也並非完全可靠。《閱微草堂筆記》卷十二載一狐引誘書生，托言前緣，而書生不爲所動："問：'此間少年多矣，何獨就我？'曰：'前緣。'問：'此緣誰所記載？誰所管領？又誰以告爾？爾前世何人？我前生何人？其結緣何事？又在何代何年？請道其詳。'狐倉促不能對，囁嚅久之，曰：'子千百日不坐此，今適坐此；我見千百人不相悦，獨見君相悦；其爲前緣審矣，請勿拒。'書生曰：'有前緣者必相悦。吾方坐此，爾適自來，而吾漠然心不動，則無緣審矣，請勿留。'"（第 192 頁）

行善、作惡在冥間能否相抵呢？《閱微草堂筆記》卷八記載廟裏衆神對此類問題的討論："俄一神又曰：'某婦至孝而至淫，何以處之？'一神曰：'陽律犯淫罪止杖，而不孝則當誅，是不孝之罪重於淫也。不孝之罪重，則能孝者福亦重，輕罪不可削重福，宜捨淫而論其孝。'一神曰：'服勞奉養，孝之小者；虧行辱親，不孝之大者。小孝難贖大不孝，宜捨孝而科其淫。'一神曰：'孝，大德也，非他惡所能掩；淫，大罰也，非他善所能贖。宜罪福各受其報。'側坐者磬折請曰：'罪福相抵可乎？'神掉首曰：'以淫而削孝之福，是使人疑孝無福也；以孝而免淫之罪，是使人疑淫無罪也。相抵恐不可。'一神隔坐言曰：'以孝之故，雖至淫而不加罪，不使人愈知孝乎？以淫之故，雖孝而不獲福，不使人愈戒淫乎？相抵是。'一神沉思良久曰：'此事出入頗重大，請命於天曹可矣。'"（第 105—106 頁）雖然討論的是因果報應問題，其實已經涉及法理學的一些基本原理。

《閱微草堂筆記》卷十三認爲："善惡不抵，是絕惡人爲善之路也。大抵善惡可抵，而恩怨不可抵，所謂冤家債主，須得本人是也。尋常善惡可抵，大善大惡不可抵。"（第 216 頁）紀昀寫一個富室子，生時曾捐金活二人，又曾强奪某女。臨死前到了地府，又回來告訴家人，地獄的審理情況："'吾不濟矣。冥吏謂奪女大惡，活命大善，可相抵。冥王謂活人之命，而複奪其女，許抵可也。今所奪者此人之女，而所活者彼人之命；彼人活命之德，報此人奪女之仇，以何解之乎？既善業本重，未可全銷，莫若冥司不刑賞，注來生恩自報恩，怨自報怨可也。'語訖而絕。"

紀昀的鬼神信仰，受到父親姚安公的影響較大。《閱微草堂筆記》卷九載姚安公批儒家之無鬼論："儒者謂無鬼，迂論也，亦强詞也。然鬼必畏人，陰不勝陽也；其或侵人，必陽不足以勝陰也。夫陽之盛也，豈恃血氣之壯與性情之悍哉？人之一心，慈祥者爲陽,陰毒者爲陰;坦白者爲陽,深險者爲陰;公直者爲陽,私曲者爲陰。故易象以陽爲君子,陰爲小人。苟立心正大,則其氣純乎陽剛,雖有邪魅,如幽室之中鼓洪爐而熾烈焰,冱凍自消。汝讀書亦頗多,曾見史傳中有端人碩士爲鬼所擊者耶?”(第126 頁)

狐、鬼在佛教的六道中屬於畜生、餓鬼道,對於這些進入到人類生活世界的異類,紀昀也提出了自己的疑惑。如《閱微草堂筆記》卷五質疑“神能化形,故狐之通靈者,可往來於一隙之中,然特自化其形耳。……宋儒動言格物,如此之類,又豈可以理推乎? 姚安公嘗言:‘狐居墟墓而幻化室廬,人視之如真,但不知狐自視如何。狐具毛革,而幻化粉黛;人視之如真,不知狐自視又如何? 不知此狐所幻化,彼狐視之更當如何? 此真無從而推究也。”(第68 頁)理學家們雖然具有格物精神,但是對於此類困惑也是束手無策。同卷論難産二鬼:“夫四海內外,登産蓐者,殆恒河沙數,其天下只此語忘、敬遺二鬼耶? 抑一處各有二鬼,一家各有二鬼,其名皆曰語忘、敬遺也? 如天下止此二鬼,將周遊奔走而爲屬,鬼何其勞? 如一處各有二鬼,一家各有二鬼,則生育之時少,不生育之時多,擾擾千百億萬,鬼無所事事,静待人生育而爲屬,鬼又何其冗閑無用乎?”(第70 頁)皆富於懷疑之精神。

對於儒、佛之得失,《閱微草堂筆記》卷十八紀昀借談歷史上的闢佛,引五臺僧明玉之言,表達自己的觀點:“闢佛之説,宋儒深而昌黎淺,宋儒精而昌黎粗。然而披緇之徒,畏昌黎不畏宋儒,衛昌黎不衛宋儒也。蓋昌黎所闢,檀施供養之佛也,爲愚夫婦言之也;宋儒所闢,明心見性之佛也,爲士大夫言之也。天下士大夫少而愚夫婦多,僧徒之所取給,亦資於士大夫者少,資於愚夫婦者多。使昌黎之説勝,則香積無烟,祇園無地,雖有大善知識,能率恒河沙衆,枵腹露宿而説法哉? 此如用兵者,先斷糧道,不攻而自潰也。……然則唐以前之儒,語語有實用,宋以後之儒,事事皆空談。”(第314 頁)

《閱微草堂筆記》卷四更是借守藏老人之口,極論三教關係:“儒以修己爲體,以治人爲用;道以静爲體,以柔爲用;佛以定爲體,以慈爲用。……蓋儒如五穀,一日不食則饑,數日則必死;釋道如藥餌,死生得失之關,喜怒哀樂之感,用以解釋冤愆,消除拂鬱,較儒家爲最捷;其禍福因果之説,用以悚動下愚,亦較儒家爲易入。”(第56—57 頁)

三、平行視角下的狐、鬼與考據家的科學精神

所謂平行視角,是指《閱微草堂筆記》中對於狐、鬼的態度,既不一味貶低,也不一味拔高。狐、鬼身上既有優於人類的品質,也和人類一樣存在各種弱點。寫狐、鬼本質上仍是在寫人類。這種視角,既可看到狐、鬼身上的一些閃光點,也拉近人類和狐、鬼的距離,有時甚至覺得它們很好笑或可笑,增加了文本的幽默感。正如《閱微草堂筆記》卷八中説:“余嘗謂小説載異物能文翰者,惟鬼與狐差可信,鬼本人,狐近於人也。”(第104 頁)

《閱微草堂筆記》卷一寫一隻爲情所困的狐狸,因爲與人緣分已盡,必須分離,卻

又依依不捨，故意留下三天，提前分別；數年後，歡洽三天而後去。"臨行嗚咽曰：'從此終天訣矣。'陳德音先生曰：'此狐善留其有餘，惜福者當如是。'劉季箴則曰：'三日後終須一別，何必暫留。此狐煉形四百年，尚未到懸崖撒手地位，臨事者不當如是。'"（第 6 頁）紀昀覺得兩人講得各有道理。同卷又載一女鬼爲書生的誠意所感動，"獨步菜畦間，手執野花，顧生一笑。生趨近其側，目挑眉語，方相引入籬後灌莽間。女凝立直視，若有所思，忽自批其頰曰：'一百餘年，心如古井，一旦乃爲蕩子所動乎？'頓足數四，奄然而滅。方知即墓中鬼也。蔡修撰季實曰：'古稱蓋棺論定，於此事，知蓋棺猶難論定矣。是本貞魂，猶以一念之差，幾失故步。'晦庵先生詩曰：'世上無如人欲險，幾人到此誤平生。'諒哉"（第 16 頁）。凡人所具有的情、理衝突諸種煩惱，原來狐、鬼也不能例外。

狐、鬼與人類一樣存在諸多局限。《閱微草堂筆記》卷二載一女鬼，闖進科舉考場撕卷報復。"湯素剛正，亦不恐怖，坐而問之曰：'前生吾不知，今生則實無害人事。汝胡爲來者？'鬼愕眙却立曰：'君非四十七號耶？'曰：'吾四十九號。'蓋有二空舍，鬼除之未數也。諦視良久，作禮謝罪而去。"（第 25 頁）此鬼真是比人還要粗心。

《閱微草堂筆記》卷十四載一書生，讀書山中，遇一鬼想問他自己科舉吉凶。鬼對他說，山野之鬼，見識有限，無法回答："鬼但能以陽氣之盛衰，知人年運；以神光之明晦，知人邪正耳。若夫禄命，則冥官執役之鬼，或旁窺竊聽而知之；城市之鬼，或輾轉相傳而聞之，山野之鬼勿能也。城市之中，亦必捷巧之鬼乃聞之，鈍鬼亦勿能也。譬君靜坐此山，即官府之事不得知，況朝廷之機密乎？"（第 238 頁）

同卷又載一狐，立志反在人上。嫁與一男子，操作如常人。對於丈夫的疑惑，此狐自辯道："婦欲宜家耳，苟宜家，狐何異於人？且人徒知畏狐，而不知往往與狐侶。彼婦之容止無度，生疾損壽，何異狐之采補乎？彼婦之逾牆鑽穴，密會幽歡，何異狐之冶蕩乎？彼婦之長舌離間，生釁家庭，何異狐之媚惑乎？彼婦之隱盜貲產，私給親愛，何異狐之攘竊乎？彼婦之囂凌詬誶，六親不寧，何異狐之祟擾乎？君何不畏彼而反畏我哉？"（第 243 頁）狐、鬼題材至此可以說與一般人間題材已經區別不大，人類與異類的區別不知不覺已被作者消解。

而考據家更大的困惑其實不是來自狐、鬼，而是來自外部世界，異域知識的急待輸入已經呼之欲出。《閱微草堂筆記》卷十批宋代理學家不通曆法："宋儒據理談天，自謂窮造化陰陽之本；於日月五星，言之鑿鑿，如指諸掌。然宋曆十變而愈差，自郭守敬以後，驗以實測，證以交食，始知濂、洛、關、閩，於此事全然未解。即康節最通數學，亦僅以奇偶方圓，揣摩影響，實非從推步而知。故持論彌高，彌不免郢書燕說。"（第 55 頁）

《閱微草堂筆記》卷十二，介紹西學："明天啓中，西洋人艾儒略作《西學凡》一卷。言其國建學育才之法，凡分六科：勒鐸理加者，文科也；斐錄所費啞者，理科也；默弟濟納者，醫科也；勒斯義者，法科也；加諾搦斯者，教科也；陡祿日亞者，道科也。其教授各有次第，大抵從文入理，而理爲之綱。文科如中國之小學，理科如中國之大學，醫科、法科、教科皆其事業，道科則彼法中所謂盡性至命之極也。其致力亦以格物窮理爲要，以明體達用爲功，與儒學次序略似；特所格之物皆器數之末，所窮之理，又支離怪誕而不可詰，是所以爲異學耳"（第 193—194 頁）。介紹頗爲詳細，而結論則大謬不然。但作者最後也承認："蓋明自萬曆以後，儒者早年攻八比，晚年講心學，即盡一生之能事，故徵實之學全荒也。"①

《閱微草堂筆記》卷二十，則是關於地理知識的探討："海中三島十洲，昆侖五城十二樓，詞賦家沿用久矣。朝鮮、琉球、日本諸國，皆能讀華書。日本，余見其五京地志及山川全圖，疆界袤延數千里，無所謂仙山靈境也。朝鮮、琉球之貢使，則余嘗數數與談，以是詢之，皆曰東洋自日本以外，大小國土凡數十，大小島嶼不知幾千百，中朝人所必不能至者，每帆檣萬里，商舶往來，均不聞有是説。惟琉球之落漈，似乎三千弱水。然落漈之舟，偶值潮平之歲，時或得還，亦不聞有白銀宮闕，可望而不可即也。然則三島十洲，豈非純構虛詞乎？"（第 340 頁）作者又接着考訂西域地理，最後感歎道："因是以推，恐南懷仁《坤輿圖説》所記五大人洲，珍奇靈怪，均此類焉耳。"考訂又一次陷入到自大的泥淖中去了。

大清帝國的迷夢，要到 1840 年鴉片戰争爆發，才真正地被打破。紀昀正是處於巨變的前夜，作爲他那個時代最富於智慧的知識分子，同時又受到文字獄與閉關鎖國的壓制，他的很多見解，很難超越時代，走到世界前列。《閱微草堂筆記》筆下的狐、鬼，也通過寓言的方式，爲我們留下了特定時空下獨特的印記。

---

① 有關乾隆朝的西學觀，可參周仕敏《〈四庫全書總目提要〉與乾隆朝西學觀》，《廣東技術師範學院學報》2012 年第 2 期。

佛理與文心：論北周高僧釋慧命的駢文創作[*]

薛芸秀

摘 要：釋慧命爲南北朝時期由梁入周的高僧，因生活在南北交界的荆州地域，得以憑藉特殊的地理優勢融通南北佛學和文學，在佛學上兼顧禪修和義理，在文學上寫作駢體文章，今存駢文《詳玄賦》和《酬北齊戴先生書》。其駢文積極實踐新興的聲律論，不僅注重平仄而有抑揚頓挫之節，還契合馬蹄韻而得回環往復之美；屬對方面亦工穩精當、類型豐富，因其喜用由佛教法數所構成的數字對，難免文意晦澀；而譬喻和用典則十分貼切，折射出他於釋道儒三家的深厚學養。從駢文角度考察慧命的文學創作，對於評鑒南北朝佛門的文學活動有重要意義。

關鍵詞：慧命；僧人駢文；《詳玄賦》；《酬北齊戴先生書》

《廣弘明集》卷二四、卷二九中，分別收錄了高僧釋慧命（531—568）的《幽林沙門釋慧命酬北齊戴先生書》（以下簡稱《酬北齊戴先生書》）和《詳玄賦》兩篇作品。《詳玄賦》以闡發佛理爲主，學界多視之爲説教文章，其文學價值没有得到充分的重視。如龔賢《佛典與南朝文學》云："此賦大多是佛家用語，其思想價值大於藝術價值。"[①]《酬北齊戴先生書》是慧命答復俗家弟子戴逵[②]的一封書信，雖亦有論佛之語，但以叙説問候爲主，文意顯明，情辭兼備，惜尚未引起研究者的注意。此外，慧命還著有《大品義章》《融心論》《還原鏡》和《行路難》等作品，惜皆已不存。

南北朝是駢文的極盛時代，處在這樣的文學大環境下，僧人所作之文"除譯經以外，都是模仿中國文士的駢偶文體"[③]。慧命現存的兩篇文章，從文體上看皆屬駢文，不僅聲韻協暢，對仗工整，而且極善譬喻和用典，並帶有鮮明的佛教特色。因此，從駢

---

[*] **作者簡介：**薛芸秀，南京大學文學院古代文學專業博士生，主要從事魏晉南北朝隋唐文學和佛教文學研究。

① 龔賢：《佛典與南朝文學》，南昌：江西人民出版社，2008 年，第 299 頁。

② 各版本《廣弘明集》對戴逵的題稱不一，或云"濟北戴先生"，或曰"北齊戴先生"，或稱"晉戴逵"。按（唐）道宣《續高僧傳》卷一七《周沔陽仙城山善光寺釋慧命傳》云："有菩薩戒弟子濟北戴逵，學聲早被，名高諸國，乃貽書於命曰：……幽林沙門釋慧命酬書濟北戴先生：……時或以逵即晉代譙國戴逵，今考據行事，非也。《晉書》云：'太元十二年徵隱士戴逵，不久尋卒。'至梁中大通三年（513），經一百四十三載，命公方生，計不相見，又非濟北，明矣。"（北京：中華書局，2014 年，第 613—615 頁）（明）梅鼎祚《釋文紀》卷三五《後周》收錄了戴逵書，並按曰："書有云'渚宫淪廢，將歷二紀'，又云'及乎從仕，留連文翰'，則逵本仕梁元帝，時梁亡歸周。《藝文》有隋戴逵《太子箴》，是復入隋，或爲東宫官也。"（《景印文淵閣四庫全書》，第 1401 册，臺北：臺灣"商務印書館"，1983 年，第 471 頁）可知，此戴逵非東晉戴逵，而是初爲梁人後入北周，後世刊刻時或據道宣口語，以"濟北"爲誤而改題"北齊"，遂致矛盾。

③ 胡適撰，駱玉明導讀：《白話文學史》，上海：上海古籍出版社，2019 年，第 151 頁。

文的角度重新審視並考察慧命的創作,可以揭示其哲學面紗下的文學面容,也有益於評鑒南北朝佛門與駢文進程的交涉關係。

一、慧命對南北佛學和文學的通融

　　慧命俗姓郭,祖籍太原晉陽(今山西太原),晉徵士郭琦(《晉書·隱逸傳》有傳)之後。道宣《續高僧傳》卷一七稱"周沔陽仙城山善光寺釋慧命"①,即視慧命爲北周僧,但在同出其手的《廣弘明集》卷二九《統歸篇》中,則又謂"梁仙城釋慧命"②。一人之時代二屬,且一南一北,可見慧命的生平關涉到當時南北政局的變換。

　　據僧傳記載,慧命生於湘州(今湖南長沙),出家後曾多方遊學,先是行自襄沔一帶,聽聞恩光、先路二大禪師千里來儀,遂投心從之;次遊至仙城山,得道士孟壽禮謁,並舍宅爲善光寺以供養;其後,他同法音禪師前往長沙果願寺師事能禪師,又遍訪德人,"首自江南,終於河北"③,經思、邈二禪師爲其祛除疑惑後,又返居仙城山,直到圓寂。所以,仙城山是慧命一生行脚中相對安定的居處。《興地紀勝》卷八三《隨州》載:"仙城山,在州東南八十里。昔有僧立庵時祥光示現。又名善光山、善光寺。"④隨州在今湖北,漢魏時爲隨縣,隸荆州南陽郡,梁時置北隨郡,隸北司州。《周書·文帝本紀》載:"初,侯景自豫州附梁,後遂度江,圍建業。梁司州刺史柳仲禮以本朝有難,帥兵援之。梁竟陵郡守孫暠舉郡來附,太祖使大都督符貴往鎮之。及景克建業,仲禮還司州,率衆來寇,暠以郡叛。太祖大怒。(大統十五年,549)冬十一月,遣開府楊忠率兵與行臺僕射長孫儉討之,攻克隨郡。"⑤文帝,即奠定北周基業的西魏權臣宇文泰,其三子宇文覺於557年正式稱帝。由此可知,慧命駐錫的仙城山至少在549年已被劃歸北朝版圖,其值十八歲。又《梁書·敬帝本紀》載,太平二年(557)冬十月辛未,帝下詔禪國於陳王陳霸先⑥,梁亡陳立。江陵一帶雖有西魏、北周扶持的西梁王朝,但只一城之地,國土褊狹,實爲附庸。慧命始至仙城山的具體時間雖已難考,但細察僧傳所叙其生平參訪之履歷,應不會太晚,故而若從居寺或卒所判斷,視之爲由梁入周、由南入北的僧人較爲合適,題曰北周僧則更爲恰當。道宣記慧命"以梁中大通三年(531)辛亥之歲生於湘州長沙郡……以周天和三年(568)十一月五日……合掌而卒"⑦,實際隱含了其生於南梁、死於北周之意。

　　慧命一生足遍湘漢之域,身跨南北之朝。尤其是他長居的隨州一帶地接南北,梁時與西魏、東魏毗鄰,周時與北齊接壤,距西梁和陳也不遠,故有融通南北之佛學與文

　　① 《續高僧傳》卷一七《周沔陽仙城山善光寺釋慧命傳》,第611頁。
　　② (唐)道宣:《廣弘明集》卷二九(與《弘明集》合刊),上海:上海古籍出版社,1991年影印,第346頁。
　　③ 《續高僧傳》卷一七《周沔陽仙城山善光寺釋慧命傳》,第612頁。
　　④ (宋)王象之著,趙一生點校:《興地紀勝》,第6册,杭州:浙江古籍出版社,2012年,第2072頁。按道宣《續高僧傳》題曰"周沔陽仙城山善光寺釋慧命",似以仙城山屬沔陽郡,但據史籍記載仙城山在隨州,今湖北隨州市尚有現光寺,即古之善光寺也。蓋隨州與沔陽相去不遠,遂泛泛稱之。
　　⑤ (唐)令狐德棻:《周書》卷二《文帝本紀》,北京:中華書局,1971年,第32頁。
　　⑥ (唐)姚思廉:《梁書》卷六《敬帝本紀》,北京:中華書局,1973年,第149—150頁。
　　⑦ 《續高僧傳》卷一七《周沔陽仙城山善光寺釋慧命傳》,第611—612頁。

學的得天獨厚的地理優勢。

綜觀慧命生平踪迹,大致不出漢時荆州①之範圍。荆州自後漢、三國以來即有佛法流布,至東晉時崛起成爲了一個可與長安、建康等傳統佛教重鎮相媲美的新興佛教重鎮②。由於地接北壤,又多北地僧人南下傳法,故荆州佛教深受北方佛教的影響,而北方佛教素重禪定,與南方崇尚義學大相異趣。湯用彤《漢魏兩晉南北朝佛教史》云:

> 宋初禪法流行之域,爲蜀,爲荆州,爲建業。蜀與荆州接近北方,故禪定甚盛。……宋以後二地禪僧,較江南爲多,但亦大抵來自北方。至若建業,則當以覺賢之提倡爲最有力。……其後因外國僧人來京,禪法亦行。惟江南究爲義學之府,宋末至陳,外國僧人來者亦甚少。中國僧人乃群趨義學。除荆、蜀稍有行者,南方禪法極爲衰落也。③

定都江陵的西梁王朝,雖在文化和制度上承襲蕭梁,但就佛教風尚而言,亦"明顯表現出崇尚禪行的傾向,與南朝長期盛行的義學風氣有異,而與北朝佛風趨同"④。

受此地濃鬱禪風的影響,慧命一生亦以禪修爲務。如前所述,慧命先後師從恩光、先路二禪師和能禪師,又通訪南北德人,請疑於思、邈二禪師。又據《續高僧傳·釋慧意傳》載:"(慧意)聽大乘經論,專習定行。宇文廢法,南投於梁,與仙城山慧命同師,尋討心要。"⑤可知,慧命還曾在西梁與南下的北周禪僧慧意一起學禪。道宣稱贊慧命"深味禪心,慧聲遐被"⑥,並將其歸在"習禪科",説明慧命在禪學上頗有創獲,《詳玄賦》中就有他關於禪學的思考和對自身修行的堅定信念。慧命遷化後,"門人慧朗祖傳命業,不墜禪風,化行安、沔,道明隋世"⑦。

慧命雖以修禪顯名,但未嘗輕廢義學,而且他所在的荆州地域,當時的義學風氣雖不如禪修興盛,但也並未中斷⑧。僧傳載其"年十五誦《法華經》,兩旬有半,一部都了。尋事剃落,學無常師。專行方等、普賢等懺,討據《華嚴》,以致明道",住仙城山善

① 據《晉書》卷一五《地理志》載,漢時荆州統南郡、南陽、零陵、桂陽、武陵、長沙、江夏七郡(範圍大致包括今湖北、湖南二省和河南省西南部的南陽地區);三國時荆州爲魏、蜀、吴瓜分,晉時荆州統南郡、武昌、武陵、宜都、建平、天門、長沙、零陵、桂陽、衡陽、湘東、邵陵、南陽、江夏、襄陽、魏興、新城、上庸、南平、義陽、順陽、安成二十二郡(北京:中華書局,1974年,第454頁)。南北朝時,中央政府出於政治軍事方面的考量,對荆州的轄控範圍屢有分合。《宋書》卷三七《州郡志》載:"荆州刺史……宋初領郡三十一,後分南陽、順陽、襄陽、新野、竟陵爲雍州,湘川十郡爲湘州,江夏、武陵屬郢州,隨郡、義陽屬司州,北義陽省,凡餘十一郡。文帝世,又立宋安左郡,領拓邊、綏慕、樂寧、慕化、仰澤、革音、歸德七縣,後省改。汶陽郡又度屬。今領郡十二,縣四十八。"(北京:中華書局,1974年,第1117頁)後齊、梁、陳以及西梁政權變動頻繁,但區境郡縣,略同劉宋。故知慧命所出生的湘州、雲遊所到的襄沔和隨州等地,原本皆在漢時的荆州之域,後來文學文化意義上的荆州也多指此,而與後代具體行政劃上的荆州有別。
② 許展飛:《東晉荆州佛教崛起原因考》,《學術研究》,2008年第4期,第157頁。
③ 湯用彤:《漢魏兩晉南北朝佛教史》,上海:上海人民出版社,2015年,第544—545頁。
④ 王永平:《後梁禪風之盛行與北朝佛學之南播》,《學習與探索》,2012年第4期,第145頁。
⑤ 《續高僧傳》卷一六《隋襄州景空寺釋慧意傳》,第603頁。
⑥⑦ 《續高僧傳》卷一七《周沔陽仙城山善光寺釋慧命傳》,第612頁。
⑧ 《後梁禪風之盛行與北朝佛學之南播》,第145頁。

光寺時，"晚於州治講《維摩經》，大乘駕御之津，入道乘玄之迹，禪智所指，罔弗倒戈"①。慧命不僅精通多部大乘經典，還著有《大品義章》《融心論》等佛學論文，可見是一位禪修和義學兼顧的高僧。爲慧命解疑的二師之一慧思禪師（515—577），本北齊僧人，以梁承聖二年（553）率徒南下，初止大蘇山（在今河南信陽），後轉赴南嶽衡山弘法，也倡導定慧雙修。《續高僧傳·釋慧思傳》云："自江東佛法，弘重義門，至於禪法，蓋蔑如也。而思慨斯南服，定慧雙開，晝談理義，夜便思擇。"②道宣稱"初命與思，定業是同，讚激衡、楚"③，説明二人在禪學思想上確有相似之處，而慧思倡導的止觀雙修、定慧並重，經弟子智顗（538—597）發揚後，成爲了天台宗的重要思想之一。慧命對義學的重視也集中反映在了《詳玄賦》中，如賦用大量的篇幅闡述了他對《華嚴經》"法界緣起""事事無礙"等思想的理解。

　　慧命所處的荆州地域，佛學上雖受北朝風氣影響較大，但在文學上却與南朝的關係更爲緊密。《宋書·劉義慶傳》載："荆州居上流之重，地廣兵强，資實兵甲，居朝廷之半，故高祖使諸子居之。義慶以宗室令美，故特有此授。"④出於政治軍事方面的考慮，劉宋開始推行宗親鎮荆的政策，齊梁二代亦循此制。諸王在藩往往招聚幕僚，而雅好文學的藩王尤愛延攬文士，如劉義慶"愛好文義，才詞雖不多，然足爲宗室之表。……招聚文學之士，近遠必至"⑤。齊時隨王蕭子隆刺荆州，亦大延文士。《南齊書·謝朓傳》云："子隆在荆州，好辭賦，數集僚友，朓以文才，尤被賞愛，流連晤對，不舍日夕。"⑥至梁，荆州地區的文學風氣更盛，先後盤踞着蕭綱、蕭繹兩大文學集團。蕭氏兄弟自身本就極具文學才華，又以帝冑之尊禮賢文士，故而吸引了當時衆多一流文人加入他們的文學集團，在湘漢流域激揚文學、引領文風。蕭繹的江陵政權瓦解後，取而代之的是蕭詧的西梁政權，而蕭詧亦"篤好文義"⑦，其諸子也頗有文才。

　　由此可見，自南北朝以來，荆州地域幾乎始終處於南朝文學的籠罩之下。當時的文壇名匠如鮑照、江淹、謝朓、何遜、陰鏗、顏之推，以及庾肩吾、庾信父子和徐摛、徐陵父子等，都曾在這一帶流連，且有文學作品傳世。南朝盛行駢儷文風，尤其是自齊永明聲律説發明之後，"轉拘聲韻，彌尚麗靡，復逾於往時"⑧。慧命生長於斯，文學上自然而然地受到了這種風氣的熏染，爲文亦以駢儷爲尚，且特別重視聲韻，這從他現存的一賦一書中可窺見一斑。

二、慧命駢文對"聲律説"的自覺運用

　　自陳寅恪《四聲三問》發表以來，漢語四聲創自佛經轉讀幾已成爲學界共識。他

① 《續高僧傳》卷一七《周沔陽仙城山善光寺釋慧命傳》，第 611—612 頁。
② 《續高僧傳》卷一七《陳南嶽衡山釋慧思傳》，第 622 頁。
③ 《續高僧傳》卷一七《周沔陽仙城山善光寺釋慧命傳》，第 612 頁。
④ 《宋書》卷五一《劉義慶傳》，第 1476 頁。
⑤ 《宋書》卷五一《劉義慶傳》，第 1477 頁。
⑥ （梁）蕭子顯：《南齊書》卷四七《謝朓傳》，北京：中華書局，1972 年，第 825 頁。
⑦ 《周書》四八《蕭詧傳》，第 863 頁。
⑧ 《梁書》卷四九《庾肩吾傳》，第 690 頁。

强調,四聲的發現是建康審音文士與善聲沙門共同合作的結果①。既然當時的僧人是聲律説的兩大創製者之一,而他們之中又多能文之徒,那麽自覺地將這一新理論運用於日常作文,便自然且合乎情理。然而,由於學界長久以來僅重視文士在這方面所取得的成績而忽視了僧人的情況,故而給人留下了後者似乎不曾有所作爲的印象。事實上,在聲律説方興未艾之時,不少僧人的創作亦緊隨這一潮流,而深受南朝文學風氣影響的慧命就是其中的佼佼者。

沈約《宋書·謝靈運傳論》云:"欲使宫羽相變,低昂舛節。若前有浮聲,則後須切響。一簡之内,音韻盡殊;兩句之中,輕重悉異。"②概要指出了聲律説在詩歌中的應用規則,即後世所謂句中平仄相間、聯中平仄相對。就當時文人的創作實際而言,文章方面雖不如詩歌那般嚴格,但也頗爲注重聯中句脚平仄的相對,而慧命二文基本上都實踐了這一新規。兹舉《詳玄賦》開頭一段爲例:

> 惟一實之淵曠⊙,嗟萬相之繁雜。真俗異而體同,凡聖分而道合。承師友之遺訓,藉經論之垂芳。罄塵庸之小識,請興言於大方。何群類之蠢蠢,處法界之茫茫。性窮幽而弥曉,理至寂而逾彰。既非空而非有,又若存而若亡。談秘密于慈氏,歎杳冥于伯陽。湛一虚而致極,總萬有以爲綱。雖即事而易迷,亦至近而難識。非名言之所顯⊙,豈情智而能測。口欲辯而詞喪,心將緣而慮息。故雖一音隨類之能,三轉任機之力。莫不停八梵于寂泊之門,輟四辯于恬惔之域。③
>
> (注:依《廣韻》;—平;∣仄;⊙應平而仄;黑體爲句脚)

以上一段共 14 聯,除"曠""顯"二字應平而仄不協律外,其餘 12 聯的句脚皆爲平仄相對,且句中大多關鍵音節的平仄爲相間。《詳玄賦》全文共有聯句 71 組,句脚平仄不協者僅 12 組,可以看出慧命在寫作時乃有意調聲。

賦乃韻文,故需押韻,若篇幅較長則需轉韻。劉勰《文心雕龍·章句》云:"若乃改韻從調,所以節文辭氣。……然兩韻輒易,則聲韻微躁;百句不遷,則唇吻告勞。"④指出轉韻有調節文章辭氣的作用,但轉韻的節奏需把握恰當,既不宜轉韻太急,也不能久不換韻。《詳玄賦》篇幅較長,共押韻 71 次,轉韻 14 次。值得注意的是,慧命在轉韻時也特別留心平仄相間,所以顯得極爲有規律。爲更顯眉目,兹列《詳玄賦》用韻情況表如下:

序　號	韻　脚	平　仄	序　號	韻　脚	平　仄
1	雜、合	仄	8	持、時、疑、之	平
2	芳、方、茫、彰、亡、陽、綱	平	9	則、國、惑、德	仄

---

① 陳寅恪:《金明館叢稿初編》,北京:生活·讀書·新知三聯書店,2015 年,第 368—380 頁。
② 《宋書》卷六七《謝靈運傳論》,第 1779 頁。
③ 《廣弘明集》卷二九,第 350 頁。
④ 范文瀾:《文心雕龍注》,北京:人民文學出版社,1962 年,第 571 頁。

續表

序　號	韻　脚	平仄	序　號	韻　脚	平仄
3	識、測、息、力、域	仄	10	園、昏、門、存、魂、論	平
4	窮、終、融、同	平	11	慧、計、翳、濟、滯	仄
5	亂、觀、絆、散、漫、涣	仄	12	非、歸、衣、欷	平
6	岐、爲、漪、馳、規	平	13	局、録、欲、曲、燭	仄
7	性、鏡、映、聖、正	仄	14	情、生、名、明、平、清、盈、輕、成	平

　　從表中不難看出，《詳玄賦》的轉韻規律爲“仄平仄平仄平仄，平仄平仄平仄平”，很顯然是出於有心的安排而非偶然的暗合。由此可見，慧命有極强的“平仄相間”意識，這也正反映出永明聲律説對南朝文壇造成的深刻影響。而且，此賦轉韻的頻率也很適中，五韻一轉者 5 次，四韻一轉者 4 次，六韻一轉者 2 次，兩韻、七韻和九韻一轉者各 1 次。兩韻一轉雖稍顯急促，但出現在賦的開端，且爲仄聲，有襯托起勢的效果；九韻方止雖略費氣息，但以此收束全篇，且爲平聲，亦有綿延文勢的作用。

　　南朝駢文對聲律説的實踐，不僅體現在注重句中的平仄相間、句與句之間的平仄相對，還體現在講究聯與聯之間的平仄相粘。曾國藩在評價中唐陸贄的駢文時説：“陸公文則無一句不對，無一字不諧平仄，無一聯不調馬蹄。”[1]其中所謂“無一聯不調馬蹄”者，即指駢文中聯與聯之間的平仄相粘，其大致規則爲上一聯末句的句脚與下一聯首句的句脚平仄一致，猶如馬行步時後脚緊踏前脚印，故被稱爲“馬蹄韻”。馬蹄韻的概念雖起自後世，但創作實際早在南朝即已出現。據廖志强在《六朝駢文聲律探微》中的考察，劉宋時范曄的文章中已出現四聯相粘的情況，而齊時沈約已作有全篇句脚“音調馬蹄”的短篇啓文，堪稱“開後世駢文馬蹄韻之先路者”[2]。至梁時，駢文遵循馬蹄韻則更成風氣。

　　由於押韻的原因，賦難以做到“音調馬蹄”，所以《詳玄賦》儘管音韻諧美，但並未遵守馬蹄韻的規則。不過慧命在《酬北齊戴先生書》中，充分展示了他對這項新技能的駕馭能力：

　　　　夫一真常湛，微妙於是同玄；萬聖乘機，違順以之殊迹。是以西關明道，東野談仁。雕朴改工，有無異軫。今若括此二門，原兹兩教。豈不歸宗三轉，會入五乘。藉淺之深，資權顯實。斯若池分四水，始則殊名；海控八河，終無别味。檀越幼挺奇才，夙懷茂緒。華辭卓世，雅致參玄。智涉五明，學兼三教。益矣能忘，蹈顏生之逸軌；損之爲道，慕李氏之玄蹤。雖復六經該廣，百家繁富。聖賢異派，儒墨分流。或事曠而文殷，或言高而旨遠。莫不納如瓶受，説似河傾。明鏡匪疲，洪鍾任扣。子建扠似奇文，長卿惡其高趣。故雖秦楚分墟，周梁改俗。白眉青

①　陳書良校點：《曾國藩讀書録》（修訂全本），長沙：嶽麓書社，2017 年，第 303 頁。
②　廖志强：《六朝駢文聲律探微》，臺北：天工書局，1998 年，第 80 頁。

蓋，龜玉之價弗逾；栖鳳卧龍，魚水之交莫異。加以識鑒苦空，志排塵俗。形雖廊廟，器乃江湖。是以屬歎牽絲，興言世網。辭同應陸，調合張嚴。嗟朱火之遽傳，憫清波之速逝。方應濯足從道，洗耳辭榮。九轉充虛，四禪排疾。然後尋八正以味一真，解十纏而遺三患。斯之德也，寧不至哉。貧道識鏡難清，心塵易壅。定慚華水，戒非草繫。才侔撤燭，學謝傳燈。內有愧於德充，外無狎於人世。是以淹滯一丘，寓形蓬柳；端居千仞，託志筠松。測四序於風霜，候三旬於眺魄。至乃夜聞山鳥，仍代九成；晝視遊魚，聊追二子。蓽戶弊衿，在原非病；朱門結駟，於我如雲。所歎藤鼠易侵，樹猨難静。勞想鶩頭，倦思鷄足。至於林凋秋葉，曾無獨覺之明；谷響春鶯，終切寡聞之歎。忽承來問，曲見光譽。幽氣若蘭，清音如玉。誠復溢目致歡，而實撫膺多愧。雖識謝天池，未辨北溟之説；而事同泥井，慚聞東海之談。所冀伊人，於焉加我。黄石匪遥，結期明旦；白駒可縶，用永終朝。善敬清獻，時因素札。言不洗意，報此何伸。①

（注：黑體處即相粘，如"迹"與"道"粘，"仁"與"工"粘）

觀以上圖解便可發現，慧命此書的聲韻協諧程度比《詳玄賦》更臻完美。全文除"六經該廣，百家繁富""定慚華水，戒非草繫"兩聯的句脚平仄不協外，其餘聯句的句脚平仄皆相對，句中的平仄相間亦僅二三微瑕。就聯與聯之間的重複相粘來看，三聯相粘者 4 次，二聯相粘者 3 次，四聯相粘者 2 次，五聯、六聯和七聯相粘者各 1 次，合 12 次②。該書全文共 114 句 47 聯，也就是説其中契合馬蹄韻者即多達 44 聯，接近通篇"音調馬蹄"。

與之形成對比的是，在當時"學聲早被，名高諸國"③的文士戴逵寫給慧命的書信，雖亦爲駢體，但在調聲方面却遠不如慧命精細。《貽命禪師書》中聯句的句脚平仄不協者至少有 7 聯，句中平仄相間則更較粗疏；"音調馬蹄"方面雖與慧命書相去不遠，但聯與聯相粘次數最多者僅爲二聯相粘。考慮到慧命此文是對戴逵來書的酬答，所以不排除有"競技"的心理因素存在，但由此也顯示出在"字協平仄""音調馬蹄"等駢文技巧方面，當時的僧人毫不遜色於文士。

由是觀之，慧命雖身爲釋子，亦自覺而積極地實踐新興的聲律論。其駢文因注重平仄的相間相對而有抑揚頓挫之節，因契合馬蹄韻的重複相粘又得聲韻上的回環往復之美。

① 《廣弘明集》卷二四，第 290 頁。

② 注：隔句對一聯中第二、三句句脚平仄的重複相粘雖亦爲遵循"馬蹄韻"，但文中以聯計，爲避免混淆，故不計入。

③ 《續高僧傳》卷一七《周沔陽仙城山善光寺釋慧命傳》，第 615 頁。

三、佛教法數與慧命駢文數字對之構成

慧命駢文不僅善於調聲,也長於屬對,其對仗工穩精當,類型豐富。不過他以僧人的身份操筆,必然會帶有濃厚的宗教氣息,這突出表現在其駢文所喜用的數字對上。如《詳玄賦》中的數字對有 18 組,依次爲:

(1) 惟一實之淵曠,嗟萬相之繁雜。

(2) 湛一虚而致極,總萬有以爲綱。

(3) 一音隨類之能,三轉任機之力。

(4) 停八梵於寂泊之門,輟四辯於恬惔之域。

(5) 結五住之盤根,起十纏之羈絆。

(6) 四流因之漂蕩,六道以之悠漫。

(7) 三賢十聖,曖以聯綿;二智五眼,曄而暉渙。

(8) 事若萬輮殊轍,理則千輪共規。

(9) 鄰虚含大千之界,刹那總三世之時。

(10) 覿九會之玄文,覽萬聖之貽則。

(11) 歎一生之似虐,嗟五熱之非暄。

(12) 聞一音之常韻,睹極聖之恒存。

(13) 三九於茲絕聽,二七自此亡魂。

(14) 保一異之四邪,執斷常之雙計。

(15) 背七覺而逾昏,染六欲而方滯。

(16) 抱一真而不識,縈萬惱以歔欷。

(17) 藉五部之流輝,蒙四依之眷録。

(18) 擬六賊其方潰,冀十軍之可平。

這些數字對中的數詞絕大多數爲佛教法數。法數,指的是帶有數字的佛教名詞術語。前秦曇摩難提[①]所譯的早期佛教經典《增壹阿含經》,就是以法數的大小爲序彙編而成的,即從"一法"(含"一"的名詞術語)至"十一法"(含"十一"的名詞術語)依次遞增、分類彙編[②]。佛教法數數量衆多,明永樂年間,杭州上天竺講寺一如法師(1352—1425)奉敕編纂佛教類書《三藏法數》五十卷,"凡大藏中關於法數之名詞,是書一一輯出,共計千五百五十五條"[③]。法數以數目的形式對紛繁博雜的佛教義理進行凝練和總結,以方便記憶和宣傳,如"四諦""十二因緣"即是如此。

慧命在《詳玄賦》中大量運用佛教法數以結成數字對,主要也是因其能夠涵容浩博的佛教思想,便於以精煉的語言表達豐富的内容,從而完成對己一生學佛修道之體悟的回溯和總結。以所舉(3)(4)兩組對句爲例,它們是慧命對自己早年探尋佛法的

---

① 後經東晉僧伽提婆改定,故今題爲東晉僧伽提婆譯。

② 陳士强:《大藏經總目提要·經藏三》,上海:上海古籍出版社,2007 年,第 3 頁。

③ (明)一如法師集注,丁福保校勘:《三藏法數》,上海:上海醫學書局,1978 年,第 1 頁。

一次小結："(故雖)一音隨類之能,三轉任機之力,(莫不)停八梵於寂泊之門,輟四辯於恬惔之域。"其中的"一音"指佛説法,《維摩經·佛國品》曰:"佛以一音演説法,衆生隨類各得解。"①"三轉"即三轉法輪,佛成道後首先在鹿野苑爲他之前的五位隨從講説四諦法,是爲初轉法輪,之後又重複講了兩次,但每次所講内容有所不同,故稱三轉法輪。"八梵"指佛的八種清净音,即不男音、不女音、不强音、不軟音、不清音、不濁音、不雄音、不雌音;"四辯"即四無礙辯,又稱四無礙智,爲法無礙、義無礙、辭無礙和樂説無礙。一音、三轉、八梵和四辯,語雖不同,但在此處皆被慧命用來指代對佛法的反復演説。其意爲雖然窮盡各種方式去講説佛法,但佛法之真諦最終還是歸結於没有言語的湛然寂静之中,即禪定。慧命用兩組佛教法數所構成的數字對,便將當日佛門馳騖於講經説法的熱烈場面渲染而出,又將己之佛學傾向流露於表,可謂凝練而含蓄。

《酬北齊戴先生書》中的數字對有 11 組,其中不少數詞也是佛教法數。如"一真""三轉""五乘""五明""四禪""八正""十禪""三患"等。戴逵《貽命禪師書》大致叙及了五個方面的内容:其一闡述對三教歸宗於釋的理解,其二贊美慧命的博學和高行,其三講述自己歸身佛教的心路歷程,其四回顧與慧命的相識及分别,其五表達對慧命回信的盼望和祝願。作爲酬答,慧命書對戴逵所關心的問題都一一作了回應,而且幾乎與戴逵書句句呼應,故而我們可比照戴逵書來觀察慧命在運用佛教法數以組織對偶方面的特點。

如戴逵闡述三教關係時云:"是以闕里儒童,闡禮經於洙濟;苦縣迦葉,遷妙道於流沙。雖牢籠二儀,蓋限兹一世。豈如興正法於鹿苑,蕩妄想於鷲山。"②"鹿苑"即鹿野苑,佛成道後在鹿野苑的三轉法輪被視作佛教興起的標志;"鷲山"即靈鷲山,又譯曰耆闍崛山,佛常於此處演説妙法,勸説世人熄滅心中的分别虚妄之念,故而"興正法於鹿苑,蕩妄想於鷲山"都説的是佛教。戴逵意在表達儒道二家雖包羅萬象,但却局限在一世之内,不如佛法之淵深博大。慧命在回復時則云:"是以西關明道,東野談仁。雕朴改工,有無異軫。今若括此二門,原兹兩教。豈不歸宗三轉,會入五乘。"此與戴逵所表達的意思近似,但他却用了佛教法數來作替换。慧命所替之"三轉""五乘"也是佛法的代名詞。五乘指五種級别的佛教果位,即人乘、天乘、聲聞乘、緣覺乘和菩薩乘。由此可見,慧命更傾向於用法數來表達與佛教相關的意義。

再如,戴逵叙自己與慧命分别後便隱居避世,潜心修道:"行餐九轉,用遣幽憂;漸瘳三空,將登苦忍。"③"九轉"指九轉丹,道教謂經九次提煉、服之能成仙的丹藥;"三空"指佛教的我空、法空、我法俱空。慧命對戴逵之語的回應則爲:"九轉充虚,四禪排疾。然後尋八正以味一真,解十纏而遣三患。"其中,"九轉充虚,四禪排疾"呼應戴逵"行餐九轉""漸瘳三空",而"尋八正以味一真,解十纏而遣三患"呼應戴逵"將登苦忍""用遣幽憂"。很明顯,慧命此處也用佛教法數作了同意替换。"八正"即八正道,爲正

---

①　(後秦)鳩摩羅什譯:《維摩詰所説經》卷一,《大正藏》,第 14 册,臺北:新文豐出版有限公司,1983 年,第538 頁上。

②　《廣弘明集》卷二四,第 289 頁。

③　《廣弘明集》卷二四,第 290 頁。

見、正思惟、正語、正業、正命、正精進、正念、正定，佛教宣稱修此八正道便可證得阿羅漢果；“一真”又名一如、一實，與真如同意，即唯一真實之理。“尋八正以味一真”意爲通過修習八正道而體悟到佛法的真諦，與“將登苦忍”即證得安受諸苦而不動心的境界，意思接近。“十纏”指纏縛衆生，不使出生死、不使證涅槃的十種妄惑；“三患”與三毒同，指貪欲、嗔恚、愚癡三種憂患。“解十纏而遣三患”與“用遣幽憂”意思相近，都是指解脫世間的諸種煩惱和憂患。如此一觀，更顯慧命駢文對佛教法數的偏好。

　　戴逵作爲佛教居士，熟悉佛典，精通佛語，故在來書中也使用了不少含有佛教法數的數字對；但慧命於答書中頻用佛教法數進行同意轉換或强化陳示，加之又有《詳玄賦》的襯托，就顯得尤其惹眼。一般來説，關涉佛教的文章或多或少都會使用佛教術語，法數因含有數字便於結成數字對，故更易在對句中被使用。如梁武帝《净業賦》：“三途長乖，八難永滅。”①北魏李顒《大乘賦》：“定禪思於三昧兮，滅色想於五陰。”②陳江總《修心賦》：“折四辯之微言，悟三乘之妙理。遣十纏之繫縛，祛五惑之塵滓。”③但這些作者的文中以佛教法數作對的頻率都不高，僅是意到之處偶爾爲之，因此不足以成爲其駢文在屬對方面的突出特點。相反，慧命駢文中的數字對絶大多數都是由佛教法數所構成的，使用之頻繁、密集，業已別樹一幟，這多半與其釋子身份密切相關。

　　爲了便於記憶和宣傳，一個佛教法數往往包含數條甚至數十條佛教術語，既是深奥繁複的佛教義理的濃縮，也是弘揚佛法的重要載體、研尋佛法的重要窗口。慧命駢文以數字對的形式將佛教法數鑲嵌其中，既完成了文體對仗的要求，又達到了傳播教義的目的，在某種程度上可謂實現了弘揚佛法和文學創作的“雙贏”。但這種形式的弊端也是顯而易見的。首先，在文中頻繁地使用數字對，容易引發讀者的審美疲勞，給其留下對偶形式單調、呆板的印象。其次，繁複的法數極易挫傷讀者的閱讀興趣，尤其是那些不爲普通人所習知的法數，會成爲他們理解文意的重重阻礙。慧命《詳玄賦》之所以受到文學研究者的冷眼相待，也與使用了太多諸如佛教法數之類的術語不無關係。因此，佛教法數給慧命駢文帶來對仗工穩之利的同時，也造成了不少的文意晦澀之弊。

四、釋道儒三家學養與慧命駢文的譬喻和用典

　　作爲僧人，誦經參禪是其日常，弘教明道是其使命，故而爲文充塞佛教術語也在情理之中；但文學篇什畢竟不同於講章注疏，講究情感、辭藻和形象，因此慧命在闡發義理時，也試圖兼顧藝術審美。除聲韻、對仗等形式方面的努力外，慧命還用譬喻、用典等修辭手法來增益行文的文學性。

　　《詳玄賦》以闡發佛理爲主，間或摻雜老莊玄學。賦五分之四的篇幅，以純粹的玄談爲主，義理深奥，較爲晦澀，但最後一部分因連用了幾個譬喻而使文意有所顯明：

---

① 《廣弘明集》卷二九，第 347 頁。
② 《廣弘明集》卷二九，第 350 頁。
③ （唐）姚思廉：《陳書》卷二七《江總傳》，北京：中華書局，1972 年，第 345 頁。

　　嗟余既已傷於悟晚，且又悲乎命局。藉五部之流耀，蒙四依之眷錄。陟講肆以開愚，託禪林而遣欲。猴著鎖而停躁，蛇入筒而改曲。涉曠海以戒舟，曉重幽以慧燭。絕諍論於封想，息是非於妄情。創敏緣於有覺，終寂慮於無生。顯真宗之實相，達世用之虛名。道莫遺於始行，暗弗拒於初明。擬六賊其方潰，冀十軍之可平。昏雲聚還散，心河濁更清。性海無增減，行月有虧盈。疑兔足之致淺，懼鴻毛之見輕。爲山托於始簣，庶崑崙之可成。①

　　其中，"猴著鎖而停躁，蛇入筒而改曲"含有兩個譬喻。"猴著鎖"出自東晉佛陀跋陀羅譯《摩訶僧祇律大比丘戒本》："若人守護戒，如牦牛愛尾；繫心不放逸，亦如猴著鎖。"②"猴著鎖而停躁"，即形容修行者持守戒律，令浮躁的心安靜下來。"蛇入筒"出自後秦鳩摩羅什譯《大智度論》卷二三："一切禪定攝心，皆名爲三摩提，秦言正心行處。是心從無始世界來，常曲不端；得是正心行處，心則端直。譬如蛇行常曲，入竹筒中則直。"③蛇之曲行，譬如心之散亂；入於竹筒，譬如進入禪定。故"蛇入筒而改曲"，是形容修行者修習禪定，將散漫的心收於一處。此二句與之後的"涉曠海以戒舟，曉重幽以慧燭"一起，顯示了由戒入定、因定生慧的佛教修行法門，也折射出了慧命自身的禪學傾向。

　　又"擬六賊其方潰，冀十軍之可平"乃以戰爲喻。"六賊"指六塵，即色、聲、香、味、觸、法，以眼、耳、鼻、舌、身、意六根爲媒，劫掠功能法財，故喻之爲"賊"。北凉曇無讖譯《大般涅槃經》卷二三云："如六大賊能爲人民身心苦惱，是六塵賊亦復如是，常爲衆生身心苦惱。六大賊者，唯能劫人現在財物；六塵賊，常劫衆生三世善財……是故菩薩諦觀六塵，過彼六賊。"④"十軍"出自《大智度論》卷五，指十種煩惱魔軍，即欲、憂愁、飢渴、愛、眠睡、怖畏、疑、含毒、利養、自高⑤。這兩句以作戰爲喻，將六塵、煩惱比作賊寇、敵軍，以六賊、十軍的潰敗、平定，比喻通過禪定和智慧戰勝六塵和煩惱，最終證得清净。

　　又"疑兔足之致淺，懼鴻毛之見輕。爲山託於始簣，庶崑崙之可成"也連用了兩個譬喻。《詩經·王風·兔爰》云："有兔爰爰，雉離于羅。"漢鄭玄箋曰："爰爰，緩意。"⑥宋戴侗《六書故》卷一五云："兔足短後，其行常探前，故曰爰爰。"⑦兔子後腿短，跳着前行，所以步態緩慢。《漢書·司馬遷傳》云："人固有一死，死有重於泰山，或輕於鴻毛。"⑧《論語·子罕》云："子曰：'譬如爲山，未成一簣，止，吾止也。'"⑨慧命借兔子步緩、鴻毛體輕，來形容自己因佛法廣大無邊而心生猶疑，又以積土成山，來比喻自己將

---

①　《廣弘明集》卷二九，第351頁。

②　(東晉)佛陀跋陀羅譯：《摩訶僧祇律大比丘戒本》，《大正藏》，第22冊，第549頁中。

③　(後秦)鳩摩羅什譯：《大智度論》卷二三，《大正藏》，第25冊，第234頁上。

④　(北凉)曇無讖譯：《大般涅槃經》卷二三，《大正藏》，第12冊，第501頁上。

⑤　《大智度論》卷五，第99頁中。

⑥　(漢)毛公傳，(漢)鄭玄箋，(唐)孔穎達等正義：《毛詩正義》卷四，上海：上海古籍出版社，1990年，第150頁。

⑦　(宋)戴侗撰，党懷興、劉斌點校：《六書故》卷一五《人八》，北京：中華書局，2012年，第329頁。

⑧　(漢)班固撰，(唐)顏師古注：《漢書》卷六二《司馬遷傳》，北京：中華書局，1962年，第2732頁。

⑨　(清)劉寶楠撰，高流水點校：《論語正義》卷一〇，北京：中華書局，1990年，第350頁。

一步一個腳印地修行、證悟的堅定決心。

慧命在賦的結尾處廣引譬喻，一掃前文因鋪排佛語名相而導致的枯燥與晦澀，將深奧的佛理意象化、淺明化，令人大有曲徑通幽、柳暗花明之感。這些譬喻，有的兼有用典，或出於佛經，或引自儒典史書，反映出慧命在内學與外學方面皆有不淺的根基。僧傳載慧命“八歲能《詩》《書》”①，説明其在出家前已精研儒家經典；《詳玄賦》又云“既非空而非有，又若存而若亡。談秘密於慈氏，歎杳冥於伯陽”，表明他早年在探尋佛法的同時，也兼習道家思想。由此觀之，慧命雖歸身釋教，但也熟稔儒道二家思想。

慧命之兼蓄釋道儒三家學養，在《酬北齊戴先生書》中表現得更加鮮明。此書開篇回應戴逵關於三教歸宗於釋的言論時，雖以釋教爲尊，但明顯流露出三教融合的思想旨趣。慧命在寫作此書時，也頻頻援引三家的典故來進行表達。這些典故的運用不僅折射出了慧命廣博的學識和包容的思想，也展示出了他出色的文學才華。下面將慧命書中具有代表性的典故略作分析：

“夫一真常湛，徼妙於是同玄”，“徼妙”二字出自《老子》第一章：“故常無欲，以觀其妙；常有欲，以觀其徼。”王弼注曰：“妙者，微之極也……徼，歸終也。”②慧命意爲真理常湛然寂静，道的微始與終極同樣玄妙。“斯若池分四水，始則殊名；海控八河，終無別味”，此爲慧命表達三教殊途同歸之意，僅憑字面意思亦可領會，但這裏實際暗用了一則佛經典故。失譯《佛説金剛三昧本性清净不壞不滅經》云：“彌勒當知！如阿耨大池出四大河，此四大河分爲八河，及閻浮提一切衆流，皆歸大海，以沃燋山故大海不增，以金剛輪故大海不減，此金剛輪隨時轉故，令大海水同一鹹味，此百三昧亦復如是。”③此喻乃是佛在稱讚一百種三昧法的無上威力時所舉，慧命用來形容儒釋道三家思想的融匯，自然貼切，不著痕蹟。

“益矣能忘，蹈顏生之逸軌；損之爲道，慕李氏之玄蹤”，上聯提煉自《莊子·大宗師》中顏回與孔子論“坐忘”的故事④，下聯典出《老子》第四十八章：“爲學日益，爲道日損，損之又損，以至於無爲，無爲而無不爲。”⑤均是表現道家的絕聖去智思想，慧命以之表達對友人高風雅志的贊賞。又“明鏡匪疲，洪鍾任扣”，上句典出《世説新語·言語》：“孝武將講《孝經》，謝公兄弟與諸人私庭講習。車武子難苦問謝，謂袁羊曰：‘不問則德音有遺，多問則重勞二謝。’袁曰：‘必無此嫌。’車曰：‘何以知爾？’袁曰：‘何嘗見明鏡疲於屢照，清流憚於惠風？’”⑥下句則化用《禮記·學記》：“善待問者如撞鐘，叩之以小者則小鳴，叩之以大者則大鳴。”⑦皆是夸贊戴逵博學多聞，可任人請教。又“方應濯足從道，洗耳辭榮”，乃叙戴逵隱居避世，上句化自《孟子·離婁上》的“孺子

① 《續高僧傳》卷一七《周沔陽仙城山善光寺釋慧命傳》，第 611 頁。
② （魏）王弼注，樓宇烈校釋：《老子道德經注校釋》，北京：中華書局，2008 年，第 1 頁。
③ 失譯今附三秦録：《佛説金剛三昧本性清净不壞不滅經》，《大正藏》，第 15 册，第 698 頁中。
④ （清）郭慶藩撰，王孝魚點校：《莊子集釋》卷三，北京：中華書局，2012 年，第 282—284 頁。
⑤ 《老子道德經注校釋》，第 127—128 頁。
⑥ （南朝宋）劉義慶著，（梁）劉孝標注，余嘉錫箋疏：《世説新語箋疏》上卷之上，北京：中華書局，2007 年，第 171 頁。
⑦ （漢）鄭玄著，（唐）孔穎達正義：《禮記正義》卷四六，上海：上海古籍出版社，2008 年，第 1445 頁。

歌"①,下句則用《高士傳》中巢父洗耳的故事,皆爲表達隱逸之常用典故。

"至乃夜聞山鳥,仍代九成;晝視遊魚,聊追二子","九成"語出《尚書·益稷》"簫《韶》九成,鳳凰來儀"②,爲音樂之代稱;"二子"指莊子和惠子,乃濃縮《莊子·秋水》中"莊子與惠子遊於濠梁之上"的故事③。慧命借用這兩個典故,來表現自己居處山林的悠然愜意,風流典雅,含蓄優美。"蓽户弊衿,在原非病;朱門結駟,於我如雲",此爲慧命表白心蹟之語,自願甘居陋靜、無意紅塵。上聯典出《莊子·讓王》,穿華服、乘大馬的子貢見到居蓬蓽、着襤褸的原憲,曰:"嘻! 先生何病?"原憲應之曰:"憲聞之,無財謂之貧,學而不能行謂之病。今憲,貧也,非病也。"④下聯則化用了《論語·述而》中的孔子之語:"不義而富且貴,於我如浮雲。"⑤

"雖識謝天池,未辯北溟之説;而事同泥井,慚聞東海之談",上下聯的典故分別出自《莊子·逍遥遊》和《莊子·秋水》,且一爲反用,一爲正用,慧命用以表示自謙,委婉含蓄。最後,"黄石匪遥,結期明旦;白駒可縶,用永終朝",爲慧命盼望與友人相見之意。上聯乃化用《史記·留侯世家》中張良與黄石公三次結期平明的故事⑥;下聯則出自《詩經·小雅·白駒》:"皎皎白駒,食我場苗。縶之維之,以永今朝。所謂伊人,於焉逍遥。"此詩《毛詩序》解作:"大夫刺宣王也。"鄭玄箋曰:"刺其不能留賢人也。"⑦後世因以"白駒"比喻賢人或隱士。

據分析可知,慧命此書除佛教術語和典故外,還使用了大量佛教以外的典故,主要出自儒道二家典籍,也有的出自子部小説類。整體而言,慧命書中所用的典故大多比較常見,因此不會影響讀者的理解,加之有些屬於暗用,渾然天成,其對於儒道二家典籍的熟悉程度之高、受影響之深,於此便可窺見一斑。總之,慧命駢文巧妙而嫻熟的譬喻與用典,不僅在很大程度上提升了文章的文學性和藝術性,也折射出了他本人在釋道儒三方面的深厚學養。

結　語

慧命爲南北朝時期由梁入周的高僧,因受益於荆州這一得天獨厚的地理優勢,得以融通南北佛學和文學,在佛學上兼顧禪修與義理,在文學上創作駢體文章,其現存二文均爲駢文。

《詳玄賦》以闡發佛理爲主,其哲學氣質大大壓過了文學藝術,因此長期不受文學研究者的重視。實際上,《詳玄賦》在聲韻方面特別講究,不僅重視句中平仄相間,句脚平仄相對,還留心押韻和轉韻的平仄相間、頻率適中。出於釋子的身份和立場,慧

---

① （清）焦循撰,沈文倬點校:《孟子正義》卷一四,北京:中華書局,1987年,第498頁。
② （漢）孔安國傳,（唐）孔穎達正義:《尚書正義》卷五,上海:上海古籍出版社,2007年,第179頁。
③ 《莊子集釋》卷六,第606頁。
④ 《莊子集釋》卷九,第976—977頁。
⑤ 《論語正義》卷八,第267頁。
⑥ 《史記》卷五五《留侯世家》,第2034—2035頁。
⑦ 《毛詩正義》卷一一,第377頁。

命在賦中使用了大量由佛教法數所構成的數字對,在取得對仗工穩之利的同時,也難免文意晦澀之弊。在賦的末尾,慧命爲使佛教義理淺顯化,集中運用了譬喻等修辭手法,一定程度上彌縫了哲學和文學之間的裂隙。簡言之,《詳玄賦》向我們展示了當時的僧人如何利用駢賦弘揚佛法,以及在闡發教義時爲兼顧對偶、聲韻等文體特徵所做的嘗試和努力。正如侯立兵所説:"《詳玄賦》純粹是一篇闡述佛理的賦作,通篇幾乎都由佛學話語體系建構而成。然而,賦家在行文時講究形式之美,駢偶甚爲精工,音韻極爲和諧。在闡述抽象的佛理之時,善於使用多種修辭技巧。……因此,從文學價值來看,此賦也不無成就。"[①]

《酬北齊戴先生書》是慧命爲答復俗家弟子戴逯的來信而作,以叙述問候爲主,較少玄談説理,比之《詳玄賦》顯得理淡而情深。此書不僅精於"字協平仄",還契合"音調馬蹄",頓挫抑揚,回環往復,毫不遜色於身爲文士的戴逯。慧命少時即鑽研儒家經典,其後在探尋佛法的同時也兼習道家,因此他在寫作酬答文士的書信時,能對儒釋道三家的典故信手拈來,並融會貫通,靈活化用,避免了滯澀無味、殆同書鈔之病。

綜上,"字協平仄"和"音調馬蹄"顯示出了慧命駢文在聲韻方面的突出成就,喜用由佛教法數所構成的數字對,是其較爲突出的個人特色,而譬喻和用典不僅展示了他出色的文學才華,也反映了他於釋道儒三家的深厚學養。南北朝是駢文的鼎盛時代,佛門亦誕生了許多駢體文章。然而,或出於偏見,或出於疏漏,僧人駢文至今尚未進入文學研究者的視域,這無疑是一種缺憾。欲構建完整的中國古代駢文史,抑或中國古代文學史,僧人的駢文創作都不應被忽視。作爲一個較特殊的社會群體,他們的駢文寫作不僅帶有時代的共性,也帶有身份方面的個性。本文基於慧命駢文創作特色及成就的考察,就是對探析駢文盛行之際僧人在這一文體領域的文學活動的初步嘗試。

---

① 侯立兵:《漢魏六朝賦多維研究》,北京:人民出版社,2007 年,第 157 頁。

清代桐城詩派涉佛詩風格考論*

李 爽

摘 要:清代佛教的興衰易變對清代詩壇禪風變化産生了重要影響。清前中期禪與詩的結合愈發自然,此階段桐城派涉佛詩"禪悦"風格顯著。晚清佛教救國運動興起,桐城詩派涉佛詩凸顯"逃禪"之風。從歷時性角度看,清代桐城派詩人對佛學的接受因時而變,不斷豐富詩學理論内涵,呈現出代際嬗變的特徵。清末鼎革之際,佛學興起了新的凝聚力量,推動了桐城詩派與其他詩派之間的融合,使得地緣詩學體系不斷鬆動,派别風格界限模糊。

關鍵詞:桐城詩派;涉佛詩;佛學;禪悦;逃禪

佛教的傳入爲傳統文學的發展提供了新的元素,佛學與詩學相膠葛,形成了獨特的詩歌類型——涉佛詩。魏晉南北朝時期是追求佛語的階段,唐代是主要追求禪境的階段①。受陽明心學的影響,明代涉佛詩主要追求"禪定""内心觀照"之趣。清初文人和士大夫禮禪熱情鋭減,但是詩學與禪學的結合却更加自然。王士禎推崇嚴羽"以禪喻詩"的作法,創造"神韻説",啓發了清代禪詩對意境更加具體化的追求②。清中葉以來,由於西方思潮的輸入和民族危機的加深,以龔自珍、魏源、梁啓超、章太炎等人爲主的社會活動家,積極入世,改造佛學以整治社會。他們的涉佛詩蘊含"積極入世"的思想,而以桐城詩派爲代表的傳統士大夫陷入了前所未有的生存危機和文化困境,憂患意識和消極遁世成了遺民詩人詩心的真實寫照。桐城詩歌創作從清初一直延續到晚清民初,其詩歌和詩學理論中一直保持與佛學的密切關係。梳理桐城詩派主流詩人佛學觀之嬗變,可觀照有清一代詩學流派與佛學互動演變的軌迹。

一、棄禪言,取禪境:桐城詩派"禪悦"取向

佛學經過宋明學者"融釋歸儒"的改造,至清一代已與中國傳統文化的交融達到了自然契合的狀態。尤其是在詩歌領域上,詩學從禪宗中汲取的意境理論更加具體

* **作者簡介:**李爽,安徽大學文學院博士生,主要從事古典文獻學研究。

基金項目:安徽大學大自然文學研究協同創新中心項目"志怪小説氣象叙事研究"(ADZWZ21-06);安徽高校協同創新項目"安徽詩歌、詩學文獻綜合整理與研究"(GXXT-2020-026)。

① 馬奔騰:《佛境與詩境》,北京:中華書局,2010 年,第 74 頁。

② 《佛境與詩境》,第 202 頁。

化，禪①對意境理論的影響也由表及裏，更加深入。宋人嚴羽《滄浪詩話》開“以禪論詩”的風氣，明清詩人袁宏道、王士禎、袁枚等，以禪論詩更趨於詩禪二者本質上的結合，但各有側重，袁宏道偏於性靈而王士禎偏於神韻。②　錢鍾書於《談藝録》中提出了桐城詩派的概念：“桐城亦有詩派，其端自姚南菁範發之。”③清初桐城派的劉大櫆（1698—1779）雖以古文名世，却頗留意詩學，評點王士禎《古詩選》和姚範《七言今體詩鈔》，程晉芳稱其“詩勝於文”。桐城詩派發端於姚範（1702—1771），後經其侄姚鼐（1731—1815）進一步闡發詩學理論、輯成詩歌選本，奠定了桐城派詩學的基調。姚鼐門生方東樹（1772—1851）編纂的《昭昧詹言》，從詩法、詩學和詩歌審美標準層面呈現了桐城詩歌的基本面貌。晚清民初的方守彝（1847—1924），爲方宗誠之子，承襲前賢詩學傳統，致力於詩歌創作。追根溯源，桐城詩派自劉大櫆評點王士禎《古詩選》，推舉王氏禪詩主張，進而奠定了桐城派詩歌“援禪入詩”的傳統。清初桐城詩派早期詩人的涉佛詩自覺脱離生硬的比附，融入個人的情感體驗，如：

> 濛濛月宇還疑桂，佛佛香城出妙蓮。（姚範《孫孝廉槐溪以竹外一枝斜更好作圖乞題》）
>
> 墮砌仙雲冷，拈花佛界看。（姚範《孫孝廉槐溪以竹外一枝斜更好作圖乞題》）
>
> 更無鳥迹橫空過，惟有鐘聲引夢長。從此俗緣都斷絶，騎龍深入白雲鄉。（劉大櫆《宿文殊院》）

姚範和劉大櫆的涉佛詩追求自然深遠的禪宗之境，整體上呈現出清新淡泊的風格。姚鼐詩言，“文學俊才筆，禪悦亦所歆”④，表達了對“禪悦”旨趣的推崇，奠定了桐城詩派涉佛詩創作的審美基礎。

桐城詩派在對佛學的接受上，立足於擯棄禪言，專取禪境。方東樹直言：

> 至佛典字宜戒用。杜公、輞川尚不覺，坡公已嫌太多。近日如錢牧翁，則但見其習氣可憎，令人欲噦。⑤

方東樹指出錢謙益頻用佛典字，習氣可憎，進而提出“佛典字宜戒用”的創作準則。在對禪境的取法上，桐城派詩論顯現出以“神”爲主的禪悦旨趣：

> 行文之道，神爲主，氣爲輔……然氣隨神轉，神渾則氣灝，神遠則氣逸，神偉則氣高，神便則氣奇，神深則氣静，故神爲氣之主。（劉大櫆《論文偶記》）
>
> 神、理、氣、味者，文之精也；格、律、聲、色者，文之粗也。（姚鼐《古文辭類纂》）

① 　馮友蘭談及佛與禪説：“禪是另一種形式的佛學，它已經與中國的思想結合，它是聯繫着中國的哲學傳統發展起來的。”有鑒於此，文章論述相關問題時，不對佛禪進行嚴格區分。馮友蘭：《中國哲學簡史》，北京：新世界出版社，2004 年，第 198 頁。
② 　《佛境與詩境》，第 202 頁。
③ 　錢鍾書：《談藝録》，北京：生活・讀書・新知三聯書店，2007 年，第 370 頁。
④ 　（清）姚鼐：《惜抱軒全集》，北京：中國書店，1991 年，第 380 頁。
⑤ 　（清）方東樹著，汪紹楹校點：《昭昧詹言》，北京：人民文學出版社，第 387 頁。

　　　氣之精神者爲神。必至能神,方能不朽,而衣被後世。彼傯者,非氣骨輕浮,
即腐敗臭穢無靈氣者也。(方東樹《昭昧詹言》)

桐城詩學強調"神"的審美價值,追求物我契合的境界。姚鼐《左仲郛浮渡詩序》:"是
以四方來而往遊者,視他山爲尤衆,常隱然與人之心相通。必有放志形骸之外,冥合
於萬物者,乃能得其意焉。"①姚鼐提到的"冥合"與佛家的形神觀有相通之處。晉代
名僧慧遠的《形盡神不滅》提出:"神爲情之根,情有會初之道,神有冥移之功。"②由此
觀之,桐城詩人主張將主體之"神"與客體結合,移"神"於物,從而賦予作品靈氣。在
此基礎上,桐城詩論又提出"神主氣輔"的觀點,以此融合了建安文學的"氣骨"理論,
彌補了王士禛"神韻説"的空寂之病。

　　爲了便於理論傳播和習得,桐城派文人進一步指出實現"神主氣輔"的路徑:

　　　至於神妙之境,又須於無意中忽然遇之,非可力探。③

　　　豪語須於困苦題處發之;失志時不可作頹喪語;苦語須於仙佛曠達題發
之……如此乃爲超悟,古作家不傳之秘,而非學究儈父腐語正論所能解此
秘奧。④

　　　古人詩文無不通篇一意到底者。此是微言,須深思玄悟,毋忽。⑤

姚鼐的"神妙"説,方東樹所言的"妙悟""玄妙""超悟",是對嚴羽"妙悟"説的重新演
繹。"妙悟"一詞最早是佛教參禪之語,嚴羽以禪喻詩,將其引入詩學領域:"大抵禪道
惟在妙悟,詩道亦在妙悟。"⑥桐城派學者認爲作詩文不"力探",重視靈感,肯定了
"悟"的重要性。方東樹進一步指出"悟"的途徑:"強哀者無涕,強笑者無歡,不能動物
也。非數十年深究古人,精思妙悟,不解義法。"⑦即要花費時間,鑽研古人詩法,加上
"精思妙悟",才能有所習得。

　　《昭昧詹言》是桐城派詩學理論的集大成之作,方東樹論詩直接推舉佛家思想,論
詩常以"莊、佛""仙、佛"作爲詩人列次標準。譬如,"太白時作仙語,意亦超曠,亦時造
快語。東坡品境似之。果欲學坡,須兼白意乃佳。若但取其貌,乃爲不善也。若能志
莊、佛,兼取白、坡意境,而加以杜、韓,必成大家,非他人所知矣"⑧,方氏提出若"志
莊、佛""兼白、坡意境""加以杜、韓"則能成"大家",將志"莊、佛"列爲首位,可見其對
"道佛"思想的重視。"杜公作詩,時作經濟語;坡時出道根語。然坡之道,只在莊子與
佛理耳;取入詩,既超曠,又善造快句,所以可佳"⑨,方氏進一步指出以"莊子與佛理"
入詩,可營造"超曠"境界,視爲"可佳"。此外,《昭昧詹言》中汲取佛教"一佛二文殊三

---

① 《惜抱軒全集》,第 32 頁。
② 中華大藏經編輯局編:《中華大藏經》(漢文部分)第 62 册,北京:中華書局,1993 年,第 777 頁。
③ 盧坡:《姚鼐信札輯存編年校釋》,合肥:安徽大學出版社,2020 年,第 329 頁。
④ 《昭昧詹言》,第 236 頁。
⑤ 《昭昧詹言》,第 12 頁。
⑥ (宋)嚴羽著,郭紹虞校釋:《滄浪詩話校釋》,北京:人民文學出版社,1983 年,第 12 頁。
⑦ 《昭昧詹言》,第 8 頁。
⑧ 《昭昧詹言》,第 241 頁。
⑨ 《昭昧詹言》,第 242 頁。

普賢"之説,提出"一佛二祖五宗"的概念。"杜公如佛,韓、蘇是祖,歐、黄諸家五宗也。此一燈相傳"①,方氏以杜甫爲佛,韓、歐爲祖,歐、黄等五家爲宗,借"一燈相傳"的佛典來描述七古詩歌史上詩家傳承之關係。② 方氏借助佛家位置順序爲詩家排次,另有"杜公乃佛祖,高、岑似應化文殊輩,韓、蘇是達摩。聖人復起,不易吾言矣"③,借佛家位次類比詩家位次,肯定杜甫的詩壇領袖地位。

桐城詩派"援禪入詩"旨趣從清初劉大櫆、姚範時便已顯現,清中期姚鼐晚年禮禪,追求"自在禪悦",將"禪悦"之趣移植於詩文創作之中,嘉道年間姚鼐弟子方東樹作《昭昧詹言》直觀反映了桐城詩派對佛家思想的接受與改造。整體觀之,桐城詩派基於"義法"理論統領的"雅潔"觀,捨棄繁縟瑣碎的"佛言",專取佛境。在詩歌創作上,桐城派詩人不著虚言,指出鑽研妙悟的路徑。

二、晚清禪風新變背景下桐城派涉佛詩創作

清前中期桐城派涉佛詩創作呈現出"禪悦"旨趣,追求淡泊空寂的禪境。道咸年間,社會變革,佛教救國運動興起,文人習佛熱情高漲。在詩歌領域,涉佛詩創作成爲一時潮流。學者指出代表性的人物中龔自珍的涉佛詩説教風格明顯,欠缺韻致;魏源喜以佛語入詩,借佛語抒發老莊思想;梁啓超以佛理參以西方新名詞……④桐城詩派詩人則承襲古典詩學傳統,在追求詩歌古典意境的基礎上呈現消極逃禪的風格傾向。

晚清時期,國家内憂外患,洋務運動、維新變法以及新政立憲改革都未能救國於水火之中。爲對抗歐美宗教的力量,進而拯救爲咸同兵燹所毀的佛經佛寺,楊文會於1867 年在南京設金陵刻經處,整理佛經。1878 年,楊文會前往日本傳譯大量佛經,同時代的梁啓超、章太炎、康有爲等諸多學者也積極開展佛學研究。晚清佛學興起的原因,一是社會喪亂屢生,厭世思想自然生發;二是日本明治維新運動帶來的新思想的刺激⑤。如梁啓超所言:"晚清所謂新學家殆無一不與佛學有關係,而凡有真信仰者率皈依文會。"⑥在陳三立以及沈曾植積極協助之下,楊文會於 1908 年秋創辦佛教學堂——祇洹精舍。受此影響,清末士大夫禮佛熱情空前高漲,在詩壇上掀起了一股涉佛詩創作的熱潮。

晚清民初桐城詩派後學方守彝、姚永樸、姚永概、馬其昶等人,研習佛法,參與佛教活動,其中較早修習佛法的是馬其昶和方守彝。姚永概受其影響,日常誦佛經,《慎宜軒日記》中記載其所閲及所購佛書種類豐富,如《四十二章經》《高僧傳》《法華經》《觀音經》《起信論》《極樂世界圖》《維摩詰經》《楞嚴正脈》等。姚永概在《慎宜軒日記》

① 《昭昧詹言》,第 237 頁。
② 郭青林:《方東樹"一佛,二祖,五宗"論》,《海南師範大學學報(社會科學版)》,2016 年第 7 期,第 71 頁。
③ 《昭昧詹言》,第 240 頁。
④ 陸草:《佛學與中國近代詩壇》,《文學遺產》,1981 年第 2 期,第 33 頁。
⑤ 南懷瑾:《中國佛教發展史略述》,北京:東方出版社,2015 年,第 137 頁。南懷瑾在《中國佛教發展史略述》中提及晚清佛學復興的原因:一是受到新文化思想的刺激;二是楊仁山等人將日本的佛學思想帶入中國,企圖從中尋求救世救人的方法。
⑥ 梁啓超:《清代學術概論》,上海:上海古籍出版社,2000 年,第 99 頁。

中記載了同道諸人彼此借閱、傳抄佛經，以及聽講佛經、結交僧人的故事，茲略舉數端如下：

> 作字向通伯（馬其昶）假《大悲咒》。予近來心不清閑，欲借佛氏之教以定其紛擾，兼有消災種福之意焉。[1]

> 得通伯（馬其昶）字，勸予誦《金剛》《心經》二種，且約予同遊龍眠名墓。[2]

> 倫叔（方守彝）藏一《心經》，注甚詳明，上有批，亦可觀，借得令人抄成，因校讀一過。[3]

> 至倫叔處，邀同赴迎江寺聽月霞講《法華經》。今日但講經名約二小時，敬庵、繩侯、少濱亦去。[4]

> 繩侯招同周、道儒、常季、夢霆同登迎江寺，遂訪月霞和尚。和尚黃岡人，深通佛典，能講《楞嚴經》，與之談，淵乎異於他僧也。性好遊，嘗之日本，今日將赴印度矣。又言伊人所見僧能講經者約二十人云。[5]

據此可見，佛經傳閱是清末桐城派文士之間交流的方式之一，日記所見借閱的佛經有《大悲咒》；抄閱的佛經有《心經》；誦讀的佛經有《金剛經》《心經》；聽講的佛經有《法華經》《楞嚴經》。面臨社會巨變，他們將希望寄託在佛教上。姚永概言：“朝室異聞來耳惡，鄉間怪事人談驚。婆娑世豈真如此，欲請瞿曇度眾生。”[6]瞿曇，舊稱俱譚、具譚等，新稱喬答摩。釋種之姓，古來佛姓，稱瞿曇甘蔗，曰種、釋迦，舍夷之五種[7]。此詩中“瞿曇”代指佛祖，面對國家變局，期望“瞿曇”普渡眾生。姚永概鄉里摯友方守彝（1847—1924），桐城派理學家方宗誠之子，畢生致力於詩歌創作，著有《網舊聞齋調刁集》，承龍眠風雅遺風，取徑造格，高屬孤騫。同邑文人潘田將方守彝視爲桐城詩派的晚近傳人：“吾縣自明以來，士大夫多好爲詩，見於先木厓公《龍眠風雅》者，幾於家户相望。自方、劉、姚諸先生出，乃以古文明天下。然海峰、惜抱先生故皆工詩，儀衛繼出，説詩尤多微言精詣。先生晚出，承遺緒而益恢之，桐城之詩殆將與文並重於世。”[8]方氏前期創作以酬唱寄懷爲主，“改革後避居海上，研精釋氏，拜誦益虔”[9]，則創作大量涉佛詩，風格趨向於清泠蒼邃。沈曾植對其評價頗高：“澹句、峭句、理句、非理句，即境生心，動成妙諦，此後山所謂正煩胸中度世者耶？假令翁逢惜抱，所造更當若何？”[10]

桐城之外，共同的佛學追求成了桐城派詩人與其他詩人交遊唱和的重要主題。方守彝與陳三立、沈曾植志同道合，交往頗爲密切。陳三立被稱爲“晚清最後一位古

---

① （清）姚永概著，沈寂等標點：《慎宜軒日記》第 6 册，黄山書社，2010 年，第 189 頁。

② 《慎宜軒日記》，第 6 册，第 189 頁。

③ 《慎宜軒日記》，第 27 册，第 1073 頁。

④ 《慎宜軒日記》，第 27 册，第 1063 頁。

⑤ 《慎宜軒日記》第 26 册，第 1030 頁。

⑥ （清）方守彝、姚永樸、姚永概著，徐成志點校：《晚清桐城三家詩》，合肥：黄山書社，2012 年，第 729 頁。

⑦ 丁福保：《佛學大辭典》下卷，北京：中國書店，2011 年，第 2808 頁。

⑧ 《晚清桐城三家詩》，第 462 頁。

⑨ 《晚清桐城三家詩》，第 464 頁。

⑩ 《晚清桐城三家詩》，第 4 頁。

典詩人",热心於佛教事業,同治十三年(1874),陳三立、郭嵩燾與王闓運等宋詩派人員以及詩僧釋敬安在長沙成立了碧湖詩社,又多次與超社人員參與浴佛日活動。沈曾植其詩同樣自覺汲取佛法,"晚年學習杜甫、韓愈、梅堯臣、蘇軾和黃庭堅,喜歡使用生僻典故,常從佛書中取典,詩境開闊,自成一體"①。晚清佛教活動的盛行,推動了詩人群體之間的交際。桐城詩派後學方守彝與同光體贛派詩人陳三立、同光體浙派代表沈曾植,時常前往佛寺,聽經講座,探討佛法。晚清遺民群體借佛教雅集活動寄託悲情,抒發黍離之悲。沈曾植作爲致力鑽研佛法的晚清士大夫,與方守彝唱和頻繁,贈詩《爲倫叔題文待詔畫册》:

> 八葉大蓮華,雞聲天下白。佛如優鉢曇,常在人間世。②

方氏《奉句謝乙盦先生爲題文衡山山水畫册》回贈答謝:"認取毫芒流落處,遍生山水妙圓音。"③"妙圓"取自佛典,即殊妙圓滿之意,亦即真實絕對之相,詩中流露着方氏對山水禪機的領悟。

晚清民初在民族危亡和西學東漸的背景之下,古典詩人的詩心冲淡了詩體風格的差異,"任何一派詩論詩法都無法改變派中人的心緒,詩心支配詩學觀"④。西方思潮衝擊帶來的危機感讓傳統古典詩人極不適應,逃禪遁世成了他們自發的選擇,諸如:

> 海涯片土聚吟呻,一面已在國亡後。⑤ (陳三立)
> 得竟無所得,説竟無可説。翛然無事人,尋夢夢亦滅。⑥ (方守彝)
> 人生到老埋俗塵,何日一奄息吾喘。因緣未熟不成留,一路看山聊自遣。⑦ (方守彝)

借遁世逃禪聊發亡國之悲,書寫人生幻滅之感,成了古典詩人在易代之際難以自洽的心靈寫照。桐城派方守彝與陳三立、沈曾植之間的結交因共同的佛學追求而愈加密切,以"浴佛日"和佛教活動爲主的詩歌書寫成爲彼此交流的重要主題。圍繞佛學的集體創作,成了清末遺老自我慰藉的重要方式,也淡化了地域詩派之間的界限。清末民初的詩壇,因佛教活動的盛行,造成詩人群體的聚集現象,從而促進了各個詩派之間的相互交流,削弱了地緣詩學體系的約束力。這也是清末民初之際桐城詩派、宋詩派、同光體諸派之間的創作風格難分畛域的重要原因。

晚清詩壇逃禪詩風的興起,一方面是受到佛教運動的影響,另一方面也是佛學影響詩學的結果。總體觀之,清末"逃禪"詩風的興盛與政局變動存在一定的相關性。晚清遺老士大夫們面臨國家垂危、戰争頻繁乃至親友離散的人生悲境,企望佛能普渡

① 汪辟疆:《詩學論文集上》,《光宣詩壇點將録》,南京:南京大學出版社,2011 年,第 79 頁。
② 沈曾植著,錢仲聯校注:《沈曾植集校注》上册,北京:中華書局,2001 年,第 452 頁。
③ 《沈曾植集校注》上册,第 452 頁。
④ 嚴迪昌:《清詩史》,杭州:浙江古籍出版社,2002 年,第 1077 頁。
⑤ 陳三立著,李開軍點校:《散原精舍詩文集》(增訂本),上海:上海古籍出版社,2014 年,第 366 頁。
⑥ 《晚清桐城三家詩》,第 234 頁。
⑦ 《網舊聞齋調刁集》,第 243 頁。

衆生，進而在誦佛經、聽講經的過程中尋求心靈寬慰。

伴隨古典詩歌的逐漸消亡和新文學的産生，禪與詩的對話在晚清時期迎來了一次高潮。禪詩從清前中期的"禪悅"詩風轉變爲晚清"逃禪"之風，此後佛學對傳統文學的影響逐漸削弱。

三、桐城詩派佛學觀的代際嬗變之因

自佛教傳入以來，歷代文人學者與佛教的溝通對話便從未停歇。桐城派詩家堅守儒學正統地位，但面對佛學興起的挑戰，並未固步自封而是嘗試調和儒釋矛盾。

清代桐城派學者的佛學觀呈現出明顯的代際性。清初學者如方苞，極力主張"斥佛"；稍晚於此，姚鼐試圖移"禪悅"於詩文；迨至清中葉，方東樹在詩論中大量援引佛學思想；發展至清末民初，馬其昶、姚永概、方守彝等人精研佛法，"援禪入詩"，已成常態。

桐城派詩人的佛學觀呈現代際差異的特點，一定程度上受到了國家政策和社會風氣的影響。清初宗教政策十分嚴苛，據《欽定大清會典》記載：

> 僧道不得於市肆誦經托鉢，陳說因果斂聚金錢，違者懲責。遊手頑民託名方外或指稱仙佛，謬許前知，以惑民聽者，從重治之。若創立無爲白蓮焚香、聞香、混元、龍元，洪陽圓通大乘等教誘致愚民，男女擾雜擊鼓鳴金迎神賽會者，論如律。[1]

從清初針對佛教徒的各項規範制度的設計上，可見國家對佛教發展的限制。此外康熙帝厭惡虛妄之談，進一步影響了當時學者的佛教觀，康熙帝與熊賜履談論佛教：

> 曰："朕生來不好仙佛，所以向來爾講辟異端，崇正學。"……帝曰："凡事必加以學問，方能經久，不然只是虛見，非實得也。"……初九日又曰："朕十來歲時，一喇嘛來朝，提起西方佛法，朕即面辟其謬，彼竟語塞。蓋朕生來便厭聞此種也。"[2]

受統治者的態度和國家政策影響，清初桐城派學者方苞立足儒學正統，堅定排斥佛學，《遊雁蕩山》中流露出對僧人的鄙夷："其崖洞並非不秀美也，而愚僧多鑿爲仙佛之貌相……"[3]直稱僧人爲"愚僧"。此外，方苞爲文追求"義法"，喜"雅潔"之文，自然厭惡繁縟華美的佛家之語："凡學佛者傳記，用佛氏語則不雅。子厚、子詹皆以茲自瑕。至明錢謙益，則如涕唾之令人殼矣。"[4]方氏認爲佛氏語不雅，進而批判耽於佛學且樂用佛言的錢謙益。

作爲桐城派第二代、第三代作家之間的過渡人物[5]，清中期的姚範與劉大櫆對佛

---

[1] 《欽定大清會典》，《摛藻堂四庫全書薈要》第 199 册，臺北：世界書局，1985 年，第 22 頁。
[2] 中國第一歷史檔案館整理：《康熙起居注》第 1 册，北京：中華書局，1984 年，第 125 頁。
[3] （清）方苞著，劉季高校點：《方苞集》，上海：上海古籍出版社，2008 年版，第 428 頁。
[4] 《方苞集》，第 166 頁。
[5] 蔣寅：《論桐城詩學史上的姚範與劉大櫆》，《江淮論壇》，2014 年第 6 期，第 165 頁。

學的接受呈現出一定的矛盾性，二人的詩歌呈現明顯的禪悦旨趣，但對於佛學的評價却較爲犀利。

姚範在《梯愚軒脞簡》中從考據學和文章學的角度批判佛經之虚誕：

> 《維摩經》三卷……蓋所謂净名及一切菩薩之號，皆不必有是人矣。而世人執此爲實不可笑耶。然推此經之作，皆牽拽扭捏，强生議論……又後言此經之名，皆如來所授，鄙陋尤可笑，大約華人造作此等以誆誘世俗，其所欲明於世者，既不欲分明簡盡其詞以使人之易曉，而閃藏出没意欲使之迷惑，以從於陷坑而不自知，至於文字則無一毫可取，徒令人憎厭而已……①

姚氏基於對佛家寓言的瞭解，批判佛經“牽拽扭捏”“强生議論”，文字“令人憎惡”。這番論述側面佐證了早期桐城派文人追求“言之有物”，崇尚“義法”“雅潔”的審美旨趣。雍正、乾隆年間因人口增多，私僧數量增大，加上帝王篤信佛教，佛教的發展迎來了新的轉機。面對佛教復興，桐城派文人開始從中尋求復興儒學的路徑：

> 夫自太平興國以來，至於今，其間事故之變遷，一往而不復者何艱！今釋氏之徒，乃能興復其七百餘年已惰之業，加宏壯焉，求之吾儒蓋未有也。豈堯、舜、三代聖人之道，比之釋氏尤易失而難守邪？②

清中期的劉大櫆開始反思佛學復興的原因，發出“儒學正統難守”的感慨，希望從“佛學復興”中尋求“復興儒學”的方法。

在此背景之下，加之與熱衷佛學的王文治交往，乾嘉間姚鼐對佛學的評價也趨於正面：

> 天道且日變，民生彌艱苦。所以佛法來，賢知皆委身。超然思世外，聞見同泯泯。（《漫詠三首》）

姚鼐認爲佛法因“天道日變”“民生艱苦”而興，在一定程度上認可了佛法救世的觀點。

桐城派詩人以傳統儒學爲本位，但是爲了復興儒學，不斷嘗試將佛學納入儒學體系。在儒釋溝通的過程中，姚鼐表現出對佛學寬容接納的態度，並追根溯源，爲佛學正名。他聲稱：

> 夫音韻之學，中國古固有之，然由西域傳字母之法，而啓中國學者之解悟，則其實不可誣。……吾謂孫炎所以悟切音之法，正原本婆羅門之字母。孫炎固可貴，而字母之法不可忘，守温之功不可没。必欲掩彼所長，意尊儒而其於儒者之量小矣。③

姚氏從音韻學的角度正本清源，肯定佛學對儒學發展的貢獻，進而宣導儒者以開闊之胸懷正視佛學之價值。出於復興儒學的歷史使命，姚鼐嘗試將佛學納入儒學系統，借鑒佛學興盛的路徑，期以擴大儒學的影響範圍。

---

① （清）姚範：《援鶉堂筆記》，清刻本，卷四十九第 16、17 頁。
② （清）劉大櫆著，吳孟復標點：《劉大櫆集》，上海：上海古籍出版社，1990 年，第 331 頁。
③ 《惜抱軒全集》，第 556 頁。

此外，姚鼐採取辯證的思維方式，論證儒釋兩家可相互借鑒：

> 若夫佛氏之學，誠與孔氏異，然而吾謂其超然獨覺於萬物之表，豁然洞照於萬事之中，要不失爲己之意此其所以足重，而遠出乎俗學之上。儒者以形骸之見拒之，吾竊以爲不必，而況身尚未免溺於爲人之中者乎。①

姚鼐認爲儒學與佛學固然有別，但儒者不必完全排斥佛學，指出佛學中"超然獨覺""豁然洞照"之處皆遠超於俗學。姚鼐將對佛學的吸納落實在詩文理論上，汲取佛學物我交融，超然世外的境界。爲補救桐城派"義法"理論的空疏，姚氏進一步肯定"禪悦"的審美價值：

> 其(方苞)閱太史公書，似精神不能包括其大處、遠處、疏淡處及華麗非常處，止以"義法"論文，則得其一端而已。然文家"義法"，亦不可不講，如梅崖便不能細受繩墨，不及望溪矣！臺山則似於此事更遠，想其所得自在禪悦，而不能移其妙於文內。②

姚鼐已經意識到方苞"止以義法論文"的單調片面，從而主張將"禪悦"之妙移於文中。姚鼐顯然是從佛學中得到的啓發，力求將"禪悦"體悟融入詩文創作之中，從而豐富文章內涵。姚氏在《五七言今體詩鈔》中除杜詩外，推崇以禪境取勝的王孟清音，與王士禎《唐賢三昧集》多選入禪之作的旨趣相近③。姚鼐詩學觀深受禪宗思想影響，"援禪入詩"傾向明顯，認爲"大抵作詩、古文，皆急須先辨雅俗，俗氣不除盡，則無由入門，況求妙絶之境乎"④。其論詩文所列"妙絶""神妙"⑤等理論術語多是對佛家理論的接受。

道光年間的方東樹，師承姚鼐，晚年研説性命因兼尋祖意，基於修正理學的立場，方東樹借"辟佛言"攻擊漢學之失：

> 吾今所謂辟乎佛者，辟其言也。其法不足以害乎時，其言足以害乎時也，則置其法而辟其言，其言亦不足以害乎時……漢學其爲説以文害辭，以辭害意，棄心而目刓敝精神而無益於世用，其言盈天下，其離經叛道過於楊墨佛老。⑥

方氏稱漢學"以文害辭，以辭害意""無益於世"，認爲其"離經叛道"過於"楊墨佛老"。由此可見，其"辟佛説"的真正目的實爲攻擊漢學之弊，而所辟重點在於"佛言"。

較之姚鼐，方東樹對佛學理論的理解更加深刻，其佛學觀點辯證性更强，《金剛經疏記鉤提序》云："受持此經深觀佛旨及諸菩薩及諸人爲上流大士師而歎，昔人自修之

---

① 《惜抱軒全集》，第 97 頁。
② 《姚鼐信札輯存編年校釋》，第 207 頁。
③ 柳春蕊：《神、理、聲、色——姚鼐的詩歌體性論》，《北京大學學報（哲學社會科學版）》，2004 年第 4 期，第 143 頁。
④ 《姚鼐信札輯存編年校釋》，第 254 頁。
⑤ 王達敏：《姚鼐與乾嘉學派》，北京：學苑出版社，2007 年，第 158 頁。該書第六章《神妙説發微》將姚鼐常用術語妙、神妙、神味、神韻等概括爲"神妙"説，並指出"神妙"説與姚氏長期耽禪有必然聯繫。
⑥ （清）方東樹：《考槃集文録》，《續修四庫全書》第 1497 册，上海：上海古籍出版社，2002 年，第 225 頁。

功行及説法度人之功德如是其深,如是其廣,如是其精密微妙。"①方東樹稱佛法功德"精密微妙",感歎佛旨"深廣"。方氏不滿前代文人對佛法的膚淺理解,《重修轂林寺續置田産碑記》:

> 古今談佛者惟頂以一空字該之,古今罪佛者,亦惟頂一空字蔽之。王介甫曰浮屠之法與世人殊,洗滌萬事以求空虛,伊川程子曰:佛氏空談,譬如人閉目不見鼻而鼻自在,以余論之,是皆未嘗深究佛法而慢隨世俗習傳恒言以誣之也。②

方氏反對以"空"字梗概一切教義,認爲王安石謂之"空虛",程子謂之"空談"都是"未嘗深究佛法"的結果。

爲進一步呈現佛法之義,方東樹於《山天衣聞》中多援引佛學理念論證讀書爲人之道,在《考槃集文録》中闡釋儒家道義常引佛法佐證,譬如《原真》篇云:

> 儒之言曰道二,仁與不仁,佛之言曰心二,曰真曰妄,真者難見妄者,易迷二者,恒糅如著面,所以書貴精一,記貴別嫌,疑斯而析之,非天下之至精,弗能揀粗顯微密察鑒覺也。③

方氏將儒家"道二""仁與不仁"與佛家"二心""真與妄"相類比,進而闡釋"書貴精一""記貴別嫌"的儒家道義。

方東樹同門姚瑩在《方植之金剛經解義十種書後》中稱:"然吾觀植之自言學佛,夫植之豈真學佛者哉?毋亦有所激憤而爲之乎。植之理究天人學窮今古……韓退之辟佛者也,而深敬浮屠大顛。程子朱子嗣道統者也,而謂佛説近理……何植之自絶於聖人之徒耶? 嗟乎! 人非有沈憤隱痛於中不得已於言者,曷爲有此作哉。抑植之者博大精深,無所不學,自吐其胸中之所得,借佛以發其意。"④姚瑩認爲儒家先賢並未一味"斥佛",韓愈、程子和朱子都對佛學有所承襲。進一步指出方東樹學佛是爲了"借佛以發其意",佛學是作爲闡釋觀點的輔助。

咸豐以降,清政府陷入内外交困之中。爲救民於水火之中,以楊文會爲首的士大夫們積極宣傳佛法,澄清佛教源流。桐城後學亦積極回應,詩人方守彞創作大量涉佛詩,抒發易代之悲。馬其昶受社會風潮之變影響,撰《金剛經次詁》:

> 以世變歸隱,閉門守寂,時時取觀佛書,頗悔平生所學多溺於章句文字,非所語於古人自得之趣也……況佛説法,普度愚智,豈故曼衍其辭,使人不能瞭其意緒之所存乎? 余讀是經,仍以章句文字之法求之,向之苦其繁復者,今見其親切也。⑤

馬氏因"世變歸隱"而觀佛書,始識其趣,"以章句文字之法"讀《金剛經》,不再覺其"繁復",反覺"親切"。

---

① 《考槃集文録》,第 318 頁。
② 《考槃集文録》,第 380 頁。
③ 《考槃集文録》,第 246 頁。
④ (清)姚瑩:《東溟文後集》,《桐城派名家文集》第 6 册,合肥:安徽教育出版社,2014 年,第 312 頁。
⑤ 馬其昶:《抱潤軒文集》,《桐城派名家文集》第 8 册,合肥:安徽教育出版社,2014 年,第 79 頁。

有清一代，從姚範以及劉大櫆等人開始，桐城派詩人擅於"援禪入詩"，詩歌創作亦有明顯的"禪悅"傾向；姚鼐"以神論詩"；乃至方東樹論詩求"妙"求"悟"，從詩論層次進一步確立桐城詩派"禪悅"習氣。然而，對佛學的客觀評價上，桐城文人的態度存在一定的矛盾性，方苞言"愚僧"，劉大櫆諷刺"閹人守寺"，姚鼐亦有批評僧人之語以及方東樹的"辟佛"言論等。究其根本，一是桐城派自詡儒學正統，爲維護正統自發排斥"佛説"，另一方面，桐城文以"義法"説爲統領，追求文字"雅潔"，因而捨棄繁複浮華的佛家語言。然而禪宗思想與桐城派詩歌審美追求有暗合之處，禪境易於入詩。因而桐城派詩人在捨棄"佛言"的基礎上不斷汲取佛禪之境，追求詩的"神韻""妙境"之美。

桐城詩人對佛學態度的嬗變，從側面反映了詩家對佛學的態度會受政策和社會風氣的影響。自詡儒學正統的桐城學者，捨棄傳統儒家對佛學的成見，因時而變，爲復興儒學積極援引佛教學説，期以此增強桐城派理論的相容性和適用性。

結　語

佛教自傳入中國以來，爲中國文學注入了新鮮的血液，佛教與儒道兩家互相消長，此起彼落，形成中國文化思想儒釋道三家碰撞交流的現象。國家政策對佛教的興衰易變起重要作用，受時代背景和個人創作偏好影響，桐城派學者對佛學的接受有明顯的代際性。清初康熙帝惡僧，直接影響彼時文人的佛學觀，方苞不喜"佛"與此有關。此外，方苞專於古文創作，追求文字"雅潔"，便以此攻擊佛語"不雅"。乾隆年間，人口增多，私僧變多以及帝王信佛，促使桐城文人對佛學的改觀。姚鼐晚年耽佛，應聲而起，引釋入儒，期望"借佛救儒"。道光以降，國勢衰落，儒佛發展備受打擊。方東樹爲捍衛宋儒正統，承襲姚鼐佛學觀，"援佛入儒"，攻擊漢學之説，修正理學。清末，楊文會興起的"佛教救國"運動迎來高潮，桐城派後學馬其昶和方守彝亦積極回應，纂述論佛，創作涉佛詩。

總體觀之，桐城派詩人基於對時代禪風的感知，不斷調整内部理論，建立起桐城詩學涉佛詩的書寫模式。出於對時局變化的敏鋭感知，桐城派詩人不拘泥於前賢思想束縛，在傳承的基礎上自覺更新理論體系。

《古今歲時雜詠》:節序與詩歌的交融與變遷*

陳麗麗

　　摘　要:《古今歲時雜詠》是宋人編纂的節日詩歌專集,收錄漢魏至南宋初節日詩 2749 首。該集依節日順序、創作朝代分類編輯,由此可窺見節日習俗、文人風貌,以及寒食、清明、晦日等節日的發展變遷。作者身份基本爲官貴乃至君主。帖子詞是宋代宮廷節日詩歌的一種新形式,不僅有歌頌升平的常規表達,還被賦予了規諫勸誠的意味。即時、應景是節日詩的顯著特點。由於主題單一、缺乏精心打磨,節日詩精品率不高,因而《古今歲時雜詠》多見於目錄而傳播有限。

　　關鍵詞:《古今歲時雜詠》;貴族;詩歌;節日

　　中華傳統文化豐富多彩,節日與歲時無疑是極具特色的組成部分。《禮記·月令》便記錄有四季農時、祭祀禮儀等;梁代宗懍的《荆楚歲時記》37 篇,詳細記載了荆楚之地自元旦至除夕的節令與時俗;唐初歐陽詢、令狐德棻等奉詔編撰的《藝文類聚》有"歲時"三卷,收錄唐代以前與歲時、節日相關的詩文。節日文化到宋代更加發達,文化内涵與娛樂元素也更多元,《東京夢華録》《武林舊事》《西湖老人繁勝録》《夢粱録》《南湖集》等衆多宋人筆記、别集中,詳細介紹各月的節日分布及相關民俗。官修《中興館閣書目》與私修《直齋書録解題》等目録著作中皆專列"時令"一類,《宋史·藝文志》亦收録關於歲時的各類著述二十餘種。

　　在諸多宋代節日文獻中,《古今歲時雜詠》是唯一一部節日詩歌專集。該集是宋綬(991—1041)、蒲積中(約 1147 前後)分别於仁宗天聖年間①與高宗紹興年間②,把漢魏至南宋初期的節日詩歌結集起來,按時序分類編次而成。四庫館臣指出宋綬《歲時雜詠》有一千五百六首,蒲積中增宋詩一千二百四十三首,"古來時令之詩,摘録編類,莫備於此。非惟歌詠之林,亦典故之藪,頗可以資採掇云"③。南宋末年,謝維新編纂類書《古今合璧事類備要》,其中第十五至十八卷爲"節序"門,便大量引用《古今

　　* 作者簡介:陳麗麗,河南大學文學院國學所副教授,主要從事詞學、唐宋文學研究。
　　基金項目:河南省高等學校哲學社會科學創新團隊支持計劃"黄河文學文獻整理與文化研究"(2021-CXTD-06)。

　　① (宋)晁公武《郡齋讀書志》載:"宣獻公昔在中書第三閣,手編古詩及魏晉迄唐人歲時章什一千五百有六,釐爲十八卷,今溢爲二十卷矣。"由此可知,《歲時雜詠》乃宋綬在中書任職時所編。宋綬"天聖五年(1027)又正拜中書舍人。天聖七年(1029),因玉清昭應宮災落學士,旋復職。天聖九年(1031)因爲得罪太后短期出知應天府,兩年後召還,不久拜參知政事"。因而,《歲時雜詠》的編纂當在天聖五年(1027)至天聖九年(1031)之間。
　　② 南宋高宗紹興十七年丁卯(1147)蒲積中作序。
　　③ (清)永瑢等:《四庫全書總目》,北京:中華書局,1965 年,第 1696 頁。

歲時雜詠》相關詩歌。作爲現存成書最早的節日詩歌專集，《古今歲時雜詠》在後世流傳中呈現出有趣的矛盾現象：時見於各目錄，頗受藏書家重視；然而在社會上並不多見，僅以抄本形式傳世。

關於該集的傳播與收藏，祝尚書教授《宋人總集叙録》有詳細梳理與輯録。當今學者大多從文獻輯佚、校勘方面給予這部節日詩歌集許多關注，如遼寧教育出版社1998年有徐敏霞的校點整理本，另外，包菊香的《〈古今歲時雜詠〉版本及其文獻價值》（上、下）①、管華的《〈古今歲時雜詠〉研究》②、張曉紅的《〈古今歲時雜詠〉的文獻價值與不足》③、李懿《〈古今歲時雜詠〉所收宋詩部分補正》④等，皆從文獻價值、文本考訂方面對該詩集進行深入研究。除文獻價值外，作爲宋人編纂的歷代節日詩歌總集，《古今歲時雜詠》無疑是節日文化與詩歌創作的深度交融，是中國古代節日文化的一種詩化反映，透過這部詩集，可以使後人窺見南宋以前的節日文化風貌。

一、《古今歲時雜詠》中的節日分布與變遷

王國維曾言："天水一朝人智之活動與文化之多方面，前之漢唐、後之元明皆所不逮也。"⑤節日發展到宋代更加繁榮，宋綬、蒲積中跨越百年，把前代與當朝的節日詩編成《古今歲時雜詠》，現存2749首，收録魏晉南北朝節俗詩557首、唐代節俗詩1009首、宋代節俗詩1183首⑥。通過這些延綿千年的詩歌，不僅可以看出古人的節日習俗，還可以看到一些節日的消長變化。

（一）人文性的突顯——"人時""天時"節日與詩歌分布

《古今歲時雜詠》共46卷，門目、卷次排列清晰。前42卷以一年四季時間爲序，自"元日"至"除夜"共27個節日。每個節日通常按古、今詩分卷，秋分、立冬等個別節日僅有古詩或僅有今詩。詩集後4卷收録的是只題月令而無節序的詩作，自正月至十二月亦按古、今詩分列，每三月結爲一卷。古詩包括漢魏至唐代詩歌，即宋綬所編《歲時雜詠》的内容；今詩即蒲積中所增補的宋代詩歌，基本爲北宋作品，名家居多。該集前42卷具體的節日順序及古今詩歌卷次分布如下：

節　日	古　詩	今　詩
元日（149首）	一卷（93首）	一卷（56首）
立春（236首）	一卷（50首）	一卷（186首）

① 包菊香：《〈古今歲時雜詠〉版本及其文獻價值》（上、下），《北京大學中國古文獻研究中心集刊》第五輯、第六輯，北京：北京大學出版社，2005，2007年版。
② 管華：《〈古今歲時雜詠〉研究》，復旦大學碩士論文，2011年。
③ 張曉紅：《〈古今歲時雜詠〉的文獻價值與不足》，《蘭州文理學院學報》（社會科學版），2017年第2期。
④ 李懿：《〈古今歲時雜詠〉所收宋詩部分補正》，《古籍整理研究學刊》，2016年第3期。
⑤ 傅傑編校：《王國維論學集》，昆明：雲南人民出版社，2008年，第240頁。
⑥ 數據參見馬俊芬：《宋代節序詞的審美觀照》，曲阜師範大學碩士論文，2008年，第1頁。

續表

節　日	古　詩	今　詩
人日（60 首）	一卷（43 首）	一卷（17 首）
上元（174 首）	一卷（60 首）	一卷（114 首）
晦日（78 首）	一卷（78 首）	
中和（14 首）	一卷（33 首）	
春分（4 首）		
春社（15 首）		
寒食（221 首）	二卷（132 首）	一卷（89 首）
清明（98 首）	一卷（47 首）	一卷（51 首）
上巳（129 首）	二卷（100 首）	一卷（29 首）
春盡日（16 首）	一卷（24 首）	
立夏（8 首）		
端午（158 首）	一卷（13 首）	一卷（145 首）
夏至（5 首）	一卷（29 首）	
伏日（24 首）		
立秋（31 首）	一卷（20 首）	一卷（11 首）
七夕（139 首）	二卷（106 首）	一卷（33 首）
中元（19 首）	一卷（33 首）	
秋分（1 首）		
秋社（13 首）		
中秋（221 首）	二卷（98 首）	二卷（123 首）
重陽（445 首）	三卷（308 首）	二卷（137 首）
初冬（11 首）	一卷（15 首）	
立冬（今詩 4 首）		
冬至（82 首）	一卷（55 首）	一卷（27 首）
除夜（118 首）	一卷（75 首）	一卷（43 首）

　　就詩歌數量看，重陽、立春、寒食、中秋節的相關作品最多，均超過 200 首；其次是上元、端午、元日、七夕、上巳、除夜這 6 個節日，皆過百首；清明、冬至次之；而中和、春分、春社、春盡日、立夏、夏至、伏日、中元、秋分、秋社、初冬、立冬的詩歌相對較少。大致看來，詩歌數量與節日在人們生活中的重要性有一定關係。在宋人眼中，節日可分爲“天時”與“人時”兩大類，朱鑒《歲時廣記序》稱：“有天之時，有人之時，寒暑之推遷，此時之運於天者也，曆書所載，蓋莫詳焉。至於因某日而載某事，此時之係於人者，端千緒萬，非托之記述，則莫能探其源委耳。噫！慶道長於一陽之生，謹履端於一歲之

始,是蓋天事人事之相參,尤有可據。彼仲夏之重五,季秋之重九,豈天之氣然也,而人實爲之。"①"天之時"主要指自然節氣,"人之時"則是人文紀念性質更突出的節日。《古今歲時雜詠》27個節日中,"天之時"與"人之時"比例大體相當。但從詩歌分布來看,重陽、中秋、寒食、上巳、七夕、端午、上元等人文紀念色彩突出的節日顯然更被文人關注與吟詠;以天時節氣爲主的,如晦日、立夏、夏至、伏日、立秋、秋分、初冬、立冬等,相關歌詠要少一些,由此可見人文性與文學之間有天然的聯繫。

(二) 詩歌與節日的發展變遷

漢魏以來,隨着節日逐漸融入到社會民俗文化與日常生活中,節日詩的創作也成爲普遍現象。"節令習俗是發生在特殊時刻且約定俗成的民俗活動,具有一定的趨同性;但節俗也並非一成不變,而是隨着時間、地點的改變,受政治思想、時代風氣、地理環境、經濟發展、文化思潮等多種因素的影響,呈現出或隱或顯的差異性。"②同一個節日在不同時代、不同社會環境中往往會存在着差異,太平盛世、豐衣足食的時代與戰亂頻仍、民不聊生的時段,過節氛圍肯定不盡相同。即便同一節日,不同一地區的習俗也並不一致,譬如蘇軾《海南人不作寒食而以上巳上冢予携一瓢酒尋諸生皆出矣獨老符秀才在因與飲至醉符蓋儋人之安貧守静者也》:"老鴉銜肉紙飛灰,萬里家山安在哉。蒼耳林中太白過,鹿門山下德公回。管寧投老終歸去,王式當年本不來。記取城南上巳日,木棉花落刺桐開。"③(第220頁)可見海南人不過寒食節,而是在上巳日上墳、祭祀,顯然與中原地區的節日習俗相異。因此,通過節日詩這個窗口,可以窺見多樣的社會生活風貌、豐富的世風民情以及細膩的民衆心態。

作爲一部貫穿漢魏至北宋的詩歌總集,《古今歲時雜詠》收録的節序詩歌十分豐富,通過各節日的詩歌數量及內容,可以看出該節日在社會生活中的地位,也可窺見一些節日的發展變遷。譬如寒食與清明是日期相鄰的兩個節日,前者爲紀念晉國大夫介子推而設,是紀念性節日,即"人之時";後者則是二十四節氣之一,屬"天之時"。《荊楚歲時記》記載"去冬節一百五日,即有疾風甚雨,謂之寒食。禁火三日"④,寒食節是冬至後的一百零五天,通常在清明前一二日,禁火、祭祀是其主要民俗形式,延續到清明日。由於這時間正值暮春,掃墓與踏青出遊相伴隨,因此歷來多被吟詠。

漢代以來,寒食與清明在宮廷中頗受重視,唐、宋時期尤爲皇家重視,還出現了一些應制之作,如唐代韋承慶《寒食應制》、張説《奉和寒食應制》、殷堯藩《寒食日三殿侍宴奉進》、宋代司馬光《寒食御宴口號二首》、劉筠《奉和聖製寒食五七言各一首》、宋祁《奉和聖製清明二首》等。此外,還有大量文人題寫的踏青、宴遊、酬唱之作,如白居易《寒食洛下宴遊贈馮李二少尹》、薛能《寒食日曲江》、蘇軾《寒食遊湖上》、李嶠《清明日龍門遊泛》、賈島《清明日園林寄友人》、王安國《清明日赴玉津園宴集五首》等。

---

① (宋)陳元靚編:《歲時廣記》,《叢書集成初編》,上海:商務印書館,1939年,第1頁。
② 李懿:《宋代節令詩中的農村節俗考》,《農業考古》,2017年第3期,第234頁。
③ (宋)蒲積中編,徐敏霞校點:《古今歲時雜詠》,瀋陽:遼寧教育出版社,1998年。本文所引《古今歲時雜詠》文獻皆出自此書,其出處直接標注在正文中的引文後,下同。
④ (梁)宗懍撰,宋金龍校注:《荊楚歲時記》,太原:山西人民出版社,1987年,第33—37頁。

　　仔細分析,《古今歲時雜詠》中寒食節詩歌數量多於清明詩,前者包括古詩二卷130 首、今詩一卷 89 首;後者僅有古詩一卷 47 首,今詩一卷 51 首,可見在漢魏至宋代,寒食比清明更受重視。但通過古、今詩數據對比,可以看出一個明顯現象,即寒食節的詩歌從古到宋逐漸衰減,而清明詩歌則呈增加態勢。這種盛衰變遷在史料中亦可找到依據,《唐會要》卷八十二《休假》記載:"(開元)二十四年二月十一日敕:寒食清明,四日爲假。至大歷十三年二月十五日敕:自今已後,寒食通清明,休假五日。至貞元六年三月九日敕:寒食清明,宜准元日節,前後各給三天。"①代宗大歷以後,官方把寒食、清明兩節連在一起,清明的地位逐漸上升,由於寒食節的禁火習俗在人們生活中越來越不方便,宋代以後便逐漸消退了,祭祀、踏青功能基本被清明代替。北宋人所作的清明詩超過了前人總量,可見清明節在宋代越來越受到重視。

　　晦日是陰曆每月最後一天,一年十二個晦日,正月晦日最受關注。《荆楚歲時記》記載"元旦至於月晦,並爲酺聚飲食,士女泛舟,或臨水宴會,行樂飲酒。"②《古今歲時雜詠》卷九所錄晦日詩歌共 78 首,除北朝盧元明與魏收的《晦日泛舟應詔》,以及宋代唐庚的《正月晦日兒曹送窮以詩留之》,李新的《正月晦日書事》《正月末再來渡西橋見桃花盛開有感而賦》這 5 首外,其餘 73 首皆爲唐人所作,其中有帝王之作,如太宗的《月晦》;有群臣組詩,如陳子昂的《晦日高文學置酒林亭並序》,由高正臣首賦,崔知賢、陳子昂、韓仲宣等 21 人唱和,還有《晦日重宴九首》《和晦日駕行昆明池四首》《晦日滻水侍宴應制三首》等;亦有文人單獨作品,如張說《晦日》、杜審言《晦日宴遊》、朱慶餘《晦日送窮》等,體現了宴遊、泛舟、送窮等節日習俗,足見晦日在唐代的地位,然而宋代晦日詩歌相對很少。

　　從唐到宋,晦日從繁榮到冷落與朝廷制度不無關係。晦日是唐代朝廷宣導的節日之一,德宗貞元四年(788)九月下詔:"今方隅無事,烝庶小康,其正月晦日、三月三日、九月九日三節日,宜任文武官僚選勝地追賞爲樂。"③並向官員賜錢,"永爲常式"。與中唐朝廷下詔提倡不同,宋代的節假日中已經沒有晦日的影子,龐元英《文昌雜錄》載:"祠部休假,歲凡七十有六日:元日、寒食、冬至、各七日;天慶節、上元節同,天聖節、夏至、先天節、中元節、下元節、降聖節、臘,各三日;立春、人日、中和節、春分、社、清明、上巳、天祺節、立夏、端午、天貺節、初伏、中伏、立秋、七夕、末伏、社、秋分、授衣、重陽、立冬,各一日;上中下旬各一日;大忌十五,小忌四。而天慶、夏至、先天、中元、下元、降聖、臘,皆前後一日後殿視事,其日不坐。立春、春分、立夏、夏至、立秋、七夕、秋分、授衣、立冬、大忌,前一日亦後殿坐。餘假皆不坐,百司休務焉。"④在宋代假日中,晦日已不見蹤影。可見唐代是晦日發展的高峰時代,到宋代逐漸消亡。

　　與晦日相反,立冬節的詩歌只有今詩 4 首,未見古詩,可知這個時令性節日在宋代開始受到重視。仔細分析《古今歲時雜詠》中各節日詩歌創作及分布狀況,可以從

①　(宋)王溥:《唐會要》,京都:中文出版社,1978 年,第 1518 頁。
②　《荆楚歲時記》,第 28 頁。
③　(後晉)劉昫等:《舊唐書》,北京:中華書局,1975 年,第 366 頁。
④　(宋)龐元英撰,金圓整理:《文昌雜錄》,《全宋筆記》第二編,鄭州:大象出版社,2006 年,第 4 冊,第 117 頁。

文人書寫的角度看出這些節序在不同時期的重要程度及盛衰變化。

二、雅頌與規諫：宮廷節日文化的彰顯

作爲一種民俗文化，節日具有强烈的社會凝聚力和趨同性。在一些重要的節日中，社會全體成員往往會遵循同一種儀式化的節俗活動，如除夕守歲、元宵賞燈、端午食粽、中秋賞月、重陽登高等。因此，無論是帝王貴族、還是黎民百姓，慶賀方式通常具有一致性，然而由於身份地位、經濟條件等各方面差異，不同人物群體往往在具體行爲上有明顯差别，比如節日宴會，皇室與平民百姓家肯定有所不同。整體來看，《古今歲時雜詠》中的作者，除了皎然、齊己、戴復古等個别僧人、布衣外，絕大多數皆爲官貴，甚至還有陳後主、梁武帝、梁簡文帝、隋煬帝、唐太宗、唐高宗、唐中宗、唐玄宗、唐德宗、唐文宗等諸多君主，皇帝御製、朝臣應制、帖子詞等具有宮廷特色的節日詩比比皆是。整部詩集中，君臣、同僚間的祝頌、酬贈，官僚士大夫的節日觀感占比重很大，像王建《寒食行》這樣直接描寫普通百姓生活的作品極爲少見。這就使得《古今歲時雜詠》這部詩集自帶一種貴族氣質，除了節日思親、懷友之外，更多呈現的是富貴、雍容、祥和的節日氛圍。

(一) 御製節日詩

歷代皇帝對於一些節日相對比較偏愛。如"元日"作爲新年第一天，歷來很受重視，陳後主、隋煬帝、唐太宗、唐德宗皆有作：

同平南弟元日思歸詩　陳後主

至德掩羲黄，成功邁禹湯。儀刑元四海，來庭盛萬方。鳴玉觀升降，擊石乃鏗鏘。三春氣色早，九疑煙霧長。浮雲斷更續，輕花落復香。北宫瞻遠岫，南服阻遥江。爾言想伊洛，我思屬瀟湘。（第 2 頁）

獻歲宴宫臣　隋煬帝

三元建上京，六佾宴吴城。朱庭容衛肅，青天春氣明。朝光動劍彩，長階分佩聲。酒闌鐘磬息，欣觀禮樂成。（第 2 頁）

元日　太宗

高軒曖春色，邃閣媚朝光。彤庭飛彩斾，翠幌曜明璫。恭己臨四極，垂衣馭八荒。霜戟列丹陛，絲竹韻長廊。穆矣熏風茂，康哉帝道昌。繼文遵後軌，循古鑒前王。草秀故春色，梅艷昔年妝。巨川思欲濟，終以寄舟航。（第 4 頁）

元日退朝觀軍使歸營　德宗

獻歲視元朔，萬方咸在庭。端旒揖群後，回輦閱師貞。彩伏宿華殿，退朝歸禁營。分行左右出，轉斾風雲生。歷歷趨複道，容容映層城。勇餘矜捷技，令肅無喧聲。眷此戎旅節，載嘉良士誠。順時傾宴賞，亦以助文經。（第 8 頁）

作爲新年伊始，"元日"在不同朝代的君王筆下各有側重，無論是陳後主的思歸、隋煬帝的歲宴宫臣，唐德宗的觀軍使歸營，還是唐太宗的純寫節日，皆具恢弘、富貴、大氣

之感。值得關注的是北宋皇帝文學素養頗高,常有御製詩,《歲時廣記》卷十一"出御詩"引吕原明《歲時雜記》云:

> 祖宗朝以時和歲豐,與民同樂,多出御詩,或命近臣屬和。神宗因館伴高麗使畢仲衍有詩,乃即其韻庚之,以賜仲衍及麗伎。名士詞人佳句,傳於時者不一。楊、劉、丁、錢數鉅公連句,至今牓清福院,禮部唱和中,形容景色,尤爲詳備焉。①

宋代君主時常作詩,其中不乏節日之作,南宋王應麟《玉海》中記録真宗有御製詩文三百卷,其中"歲時新詠五卷"②。徽宗擅作宮詞,有大量節日之作,涉及元夕、元宵、寒食、七夕、中秋諸多節日,充滿雍容富貴與歡樂熱鬧氣息,生動展現了宮廷中節日歡慶景象。每逢節日賜宴、聚會,帝王們除了親自應景作詩,還時常命内臣唱和,《古今歲時雜詠》中便有許多題目標明"奉和聖製"之作。然而古今差異明顯,宋綬所輯録的古詩中有南朝至唐代十位君主的詩歌,蒲積中續編的今詩却並未收録北宋皇帝之作。

客觀來看,雖然《古今歲時雜詠》被視爲"搜羅最爲賅備"③,保存下不少節日相關的詩作,但整體看來,這部詩集的内容和格調相對單一。究其原因,其一是傳統節日大多具有歡快、喜慶的意味,宮廷節日詩歌多與這種氣氛相呼應,文人無非在節日中融入思鄉、懷友等情緒,缺乏獨特性;其二是編選者宋綬、蒲積中的身份地位與立場態度。宋綬作爲出身於詩書官宦之家的館臣,年輕成名、身居高位,一直生活在社會上層,他博覽群書,又曾奉敕編書,有條件遍閱館閣中各種書籍,《藝文類聚》等前代敕造編修的類書無疑是其選編歷代節日詩的重要來源。衆所周知,在中國古代文學史上,民間作品一直處於被淹没的地位。皇帝下令編修的著作,通常帶有盛世文化工程特色,雅正、温柔敦厚是其主要格調。因此,在宋綬編纂的古詩中,有許多歷代君臣節日互動之作,官宦文人具有祝頌意味的節日詩是其主流,這就使得《古今歲時雜詠》的内容格調傾向於展現上層社會的節日風情、風貌。續編者蒲積中是四川眉山人,進士出身,雖未入正史,但亦屬社會中上層。南渡之初,館閣文獻多毁於戰火,散佚嚴重,加之蒲氏官位不顯,很可能不曾接觸到館閣典籍,因此,今詩中所補多爲有别集流傳的北宋重要文人,而未見帝王之作。

(二) 奉制唱和

南朝以來,君臣節日聚會、唱和賦詩的情況十分盛行,唐中宗李顯(656—710)便是一個典範。中宗雖在位時間不長、政績不顯,但頗喜節日,不僅親自賦詩,還往往召群臣唱和。如立春日,中宗作《立春遊苑迎春》,近臣崔日用、李適、馬懷素、韋元旦、閻朝隱、沈佺期等皆有《奉和立春遊苑迎春應制》。人日,衆臣侍宴大明宫,李嶠、趙彦昭、劉憲、蘇頲、李乂、鄭愔、沈佺期、李適、閻朝隱等九人有《人日侍宴大明宫應制九首》。景龍三年(709)重陽節,中宗與群臣登慈恩寺佛塔,張錫、蕭至忠、解琬、李迥秀、

---

① 《歲時廣記》,第 111 頁。
② (宋)王應麟:《玉海》,揚州:廣陵書社,2003 年,第 545 頁。
③ (清)永瑢等:《欽定四庫全書簡明目録》,上海:上海科學技術文獻出版社,2016 年,第 588 頁。

李嶠、宋之問等二十餘人有《和九月九日登慈恩寺浮圖應制》29 首。中宗還有《九日登高並序》，説明景龍三年(709)重陽登高，君臣唱和，"人題四韻，同賦五言。其最後成，罰之引滿"(第 360 頁)。中宗首先"韻得秋字"寫作一首，李嶠、沈佺期等衆臣紛紛依分韻所得之字爲詩，總題爲《九日侍宴應制》，凡 25 首。君臣節日聚會，限定内容、韻字共同作詩，遲者要受罰，可見詩歌不僅是君主與近臣應時納祜、歡度節日的工具，也是衆人雅集交流、展現才華的手段。

宋代節慶文化十分豐富，李燾《續資治通鑒長編》記載大中祥符元年(1008)："舊制，節序賜宴，唯皇族、近列、諸帥、内職。三月甲子始詔：自今上巳、重陽，三司副使、判官及館閣職事官並别置會。其後，知雜御史、三院御史、法官、開封府判官亦預焉。"[1]可見皇帝有節序賜宴的制度，真宗時期宴請官員的品級階層不斷擴大。朝廷在一些重要節日按規制召集、宴請大臣，通常少不了詩文助興，因此《古今歲時雜詠》中出現了大量"奉和聖製""奉和御製"，諛頌、贊美、展現盛世風貌是其基本格調，如晏殊的"共有華封意，升平億兆民"(《奉和聖製元日二首》)，"宸藻下頒羲又麗，八紘民庶保年登"(《奉和聖製立春日二首》)，"秉篆調元功有序，在璿觀妙政惟醇。仰瞻魏闕宣和會，共識皇恩子萬民"(《奉和聖製新春》)，"在鎬正逢全盛日，祝堯皆是太平人"(《奉和聖製上元夜》)，"萬國同嘉會，胥庭即此時"(《奉和聖製上元三首》)等，不乏頌聖、贊美之意。

(三) 帖子詞

除帝王御製、文臣奉和外，宋代還出現了一種新型的節日詩歌——"帖子詞"。趙翼《陔餘叢考》有論：

> 宋時八節内宴，翰苑皆撰帖子詞。如歐陽公、司馬温公集中皆有之。《丹陽集》載春帖子詞尤多。……皆莊麗可誦，見太平景象。……按《宋史》：鄒浩爲教授，范純仁托撰致語，浩不肯。純仁曰："翰林學士嘗爲之。"浩曰："翰林學士則可，祭酒司業則不可。"致語與帖子詞同類，是浩亦未嘗以翰林爲不可撰也。……潤色太平，翰林本職，歐陽、司馬何害其爲名臣，亦何損於朝政乎?[2]

帖子詞主要是宋代節日内宴時，翰林侍臣所作的獻詩，粘貼於各閣門壁上，其形式多爲五、七言絶句。通過鄒浩拒作一事可知，帖子詞與致語一樣，皆爲潤色太平、溢美頌揚之作。

《古今歲時雜詠》中所收録的帖子詞，主要集中在立春、端午。卷四"立春"録有蘇軾、歐陽修、宋祁、夏竦、司馬光、晏殊等人的帖子組詞。元祐三年(1088)立春，蘇軾進《春帖子詞》27 首，包括《皇帝閣》6 首，《太皇太后閣》6 首，《皇后閣》6 首，《貴妃閣》5 首，《夫人閣》4 首。卷二十一"端午"有蘇軾、夏竦、晏殊、孫覿等帖子詞。夏竦所撰春帖子中《壽春郡王閣》4 首，端午帖子《温成皇后閣》4 首，《淑妃閣》4 首，人物指向很分明。值得關注的是，壽春郡王是仁宗作皇子時的封號，大中祥符八年(1015)趙禎受奉

① (宋)李燾：《續資治通鑒長編》，北京：中華書局，1985 年，第 1527 頁。
② (清)趙翼撰，曹光甫點校：《陔餘叢考》，上海：上海古籍出版社，2011 年，第 440 頁。

郡王,天禧二年(1018)進封昇王,同年被冊封爲皇太子。因此壽春郡王閤帖子詞當撰於宋真宗大中祥符九年至天禧二年間的端午節。溫成皇后是仁宗寵妃張氏,慶曆八年(1048)十月封爲貴妃,皇祐六年(1054)正月暴病身亡後被追封皇后①,而夏竦卒於皇祐三年(1051),可見這組溫成皇后帖子詞應作於仁宗慶曆九年至皇祐三年間張氏爲貴妃時,"溫成皇后"四字當爲後人所加。晏殊所撰的帖子詞,包括《御閤》4 首、《內廷》4 首、《東宮閤》3 首春帖子,以及《御閤聖旨進》4 首、《內廷》4 首、《升閤》2 首、《東宮閤》2 首端午帖子,顯然是用於皇帝、內廷、太子閤門上。綜而觀之,帖子詞最遲在真宗年間出現,早先曾用於內廷閤,後來則多用於宮閤。進獻對象有皇帝、太后、皇后、貴妃、郡王、太子等,幾乎皇室重要成員皆包含在內。作者夏竦、晏殊、歐陽修、宋祁、孫覿、蘇軾、司馬光等,多爲臺閤重臣。

從內容格調看,帖子詞除了歌頌升平的常規表達外,到了歐陽修手中,還被賦予了規諫勸誡的意味。如《皇帝閤》春帖子中:"萌芽資暖律,養育本仁心。顧彼蒼生意,安知帝力深。""陽進升君子,陰消退小人。聖君南面治,布教法新春。"(第 45 頁)表達了心懷百姓、近君子遠小人等內容,勸諫、說教之意十分明顯。《古今事文類聚》引《歲時雜記》"帖子規諫"談及端午帖子:

> 學士院端午前一月撰皇帝、皇后、夫人閤門帖子,送後苑。作院用羅帛製造,及期進入。先是諸公所撰但宮詞而已。故王岐公《皇后閤子帖》云:"禁幕無風日正亭,侍臣初賜玉壺冰。不知翠輦遊何處,應在瑶臺第一層。"及歐陽修學士始伸規諫,《皇帝閤》曰:"佳辰共喜沐蘭湯,毒冷何須采艾禳。但得皋陶調鼎鼐,自然災祲變休祥。"又曰:"楚國因讒逐屈原,終身無復入君門。願因角黍詢遺俗,可鑒前王惑巧言。"後人率皆倣之。春日亦然。人間以朱書詩或符咒作門帖。②

《清波雜誌》有載:"翰林書待詔請春詞,以立春日翦貼於禁中門帳。……春、端帖子,不特詠景物爲觀美,歐陽文忠公嘗寓規諷其間,蘇東坡亦然。"③歐陽修之子歐陽發等所述的《先公事迹》亦提到:

> 先公在翰林,嘗草《春帖子詞》。一日,仁宗因閒行,舉首見御閤帖子,讀而愛之,問何人作,左右以公對。即悉取皇后、夫人諸閤中者閱之,見其篇篇有意,歎曰:"舉筆不忘規諫,真侍從之臣也!"自是每學士院進入文書,必問何人當直,若公所作,必索文書自覽。先公每述仁宗恩遇,多言此事,云內官梁實爲先公說。《春帖子詞》有云:"陽進升君子,陰消退小人。聖君南面治,布政法新春。"至今士大夫盡能誦之。及《溫成皇后閤帖子》云:"聖君念舊憐遺族,常使無權保厥家。"④

帖子詞作爲宋代產生的一種特定的節日詩歌,通常張貼於內廷、後宮閤門之上,

---

① 《宋大詔令集》,北京:中華書局,1962 年,第 105 頁,第 100 頁。
② (宋)祝穆:《古今事文類聚》前集卷九,《景印文淵閣四庫全書》第 925 冊,臺北:臺灣商務印書館,1986 年,第 148 頁。
③ (宋)周煇撰,劉永翔校注:《清波雜誌校注》,北京:中華書局,1994 年,第 425 頁。
④ (宋)歐陽修:《歐陽修全集》,北京:中華書局,2001 年,第 2636 頁。

頗具儀式感。原本多諛頌贊美之詞，爲祭酒、司業等學官所拒。自歐陽修起，把諷諫規勸注入其中，提升了帖子詞的品格，可以説是儒家美刺精神與節日文化的結合，因而得到仁宗皇帝高度關注和重視，從此形成了一種獨有的宮廷節日詩歌現象，不僅持續到南宋，還一直延續到明代。

由此可見，節日發展到宋代被賦予更多的思想内涵，統治者對節日極爲重視，不僅有豐富的慶祝活動，甚至還把節日與拜親、三綱五常、上下人倫等思想道德聯繫起來，正如《宋史》所言："自天子達庶人，節序拜親，無有闕者，三綱五常，所係甚大，不當以爲常事而忽之。"①綜觀《古今歲時雜詠》中與宮廷相關的節日詩，大多傳遞出一種君臣和諧、内外有序之感。這些宮廷節日詩的主題鮮明集中，無論是帝王之作的雍容富貴，文臣應制的溢美稱頌，還是帖子詞的略帶規諫，皆可以説是儒家君臣綱常、天下清明政治理想的一種折射。

三、應時納祜的鮮明特色

中國詩歌創作在先秦時期就相當成熟，節日詩是伴隨節日文化發展的一種創作類型，唐宋時期，隨著詩歌的繁榮與節日文化的發達，節日詩詞甚至成爲韻文創作的一大類別，可謂士大夫階層過節時極爲普遍的一種應景點綴。無論是被動的酬贈、應制，還是主動的有感而發，唐宋著名文人幾乎没有不作節日詩詞的。身居官位的文人士大夫一向是文壇主力軍，《古今歲時雜詠》中的作者基本都位於社會上層。在衆多節日中，除了按規制侍奉皇帝宴集、作詩外，還有各種豐富多樣的生活體驗：有同僚、親友之間的聚會、遊賞，有對遠方親友的思念，還有獨自行遊，對人生的思考、感悟等。仔細辨析，《古今歲時雜詠》中雅集、酬贈、思鄉、懷友等帶有個體色彩的作品數量衆多，其中所涉及節日大致有兩種情況：

一是僅在題目中出現節日，點明創作時間背景，詩歌内容與節日並無太大聯繫。如崔正言的《元夕感事悼季女之亡》："簫鼓無聲霧月昏，焚香燒燭爲招魂。空揩老淚窺簾幕，不見吾兒入畫門。"（第 104 頁）這是一首悼亡之作，簫鼓、香燭雖是節日常見之物，但也屬喪葬之俗，在此詩中，前者寂然無聲，後者用作招魂，通篇絲毫未涉及花燈、焰火等元宵節日風俗，低沉悲鬱的情調感人至深。中秋節在文人筆下十分常見，然而韓愈的七古長詩《中秋夜贈張功曹》雖以中秋命名，却僅在首、尾寥寥數字寫到月色："纖雲四卷天無河，清風吹空月舒波。""一年明月今宵多，人生由命非由他，有酒不飲奈明何。"（第 308 頁）全詩重在描寫貶謫環境惡劣與内心悲鬱。該詩作於永貞元年（805）中秋，兩年前，即德宗貞元十九年（803）關中大旱，監察御史韓愈與張署因勸諫德宗減免徭賦而被貶，憲宗即位後被改授江陵，遷徙途上遇中秋之夜，寫詩贈給同病相憐的張署。客觀來看，這類詩歌雖題目中提到節日，但實際上並没有太多與之相關的風情景致，節日僅僅是詩歌創作的時間背景，並非詩人吟詠重點，嚴格來説算不上節日詩。

---

① （元）脱脱等：《宋史》，北京：中華書局，1977 年，第 12007 頁。

　　另一種則是節日氣息比較濃鬱，要麽直接以節日爲描寫對象，如雲表的《寒食日郊外》"寒食悲看郭外春，野田無處不傷神。平原累累添新冢，總是來年吾哭人"（第 151 頁）；要麽把個人所觀所感融入節日中。就文人創作而言，宴遊、羈旅、贈寄、静思等行爲，在詩歌中十分常見，這些行爲若遇到節日，通常會附加上一種別樣的情感心緒，正如王維所言"每逢佳節倍思親"。蒲積中輯録的"今詩"中，蘇軾分量最重，由於軾、轍兄弟情深，每逢節日總有許多思念酬贈之作，因此集中有不少收録，如蘇軾《和子由元日省宿致齋三首》，中秋節蘇轍有《中秋見月寄東坡》，蘇軾次韻《和黄門韻》等。就《古今歲時雜詠》看，傳統文學中思鄉、歎老等帶有低沉色調的主題，放在節日背景下，以樂景襯哀情，成为節日詩的顯著特色。薛道衡的《人日思歸》是代表作："入春才七日，離家已二年。人歸落雁後，思發在花前。"（第 61 頁）語言極平淺，然而放在人日背景下，度日如年的思鄉之情極爲深切。李商隱《人日即事》亦提及此詩："獨想道衡詩思苦，離家恨得二年中。"（第 69 頁）《古今歲時雜詠》中此類作品占比例較大。

　　關於吟詠節日時序，宋元之際的張炎在《詞源》中有宏觀總結："昔人詠節序，不惟不多，附之歌喉者，類是率俗，不過爲應時納祜之聲耳。"[1]雖爲論詞之語，但詩歌亦可同參。"應時納祜"，即伴隨着節日，表達一些吉祥、祝福的意味。與其他各類主題的詩歌相比，節日詩的内容通常要圍繞節日特色展開，尤其是宫廷應制、同僚唱和等帶有社交性質之作，其格調往往以歡慶、祝頌爲主，應時納祜特徵十分鮮明。

　　就詩歌創作過程看，通常有現場即時寫就與長期反復打磨這兩種形式，前者如曹植的《七步詩》、唐宋時期的試帖詩等，後者如賈島所謂的"兩句三年得，一吟淚雙流"。《古今歲時雜詠》所録詩歌多爲節日即時創作，其中有不少"口號詩"便是顯著證明。"口號者，即口占也"[2]，是一種隨口吟誦而成的詩歌。王昌會《詩話類編》云："曰口號者，或四句，或八句，草成速就，達意宣情而已也。"[3]關於其起源，《陔餘叢考》指出："杜詩有題曰口號者，如《晚行口號》之類。然梁簡文帝有《和衛尉新渝侯巡城口號》詩，唐張説有《十五夜衛前口號》詩，則不始於杜也。"[4]王琦注李白《口號贈楊徵君》亦稱："詩題有'口號'，始於梁簡文帝《和衛尉新渝侯巡城口號》，庾肩吾、王鈞俱有此作。至唐遂相襲用之，即是口占之義。"[5]這種以"口號"命名的隨口而成的詩歌在南朝已出現，《古今歲時雜詠》所録的口號詩主要爲唐人和宋人之作，如顧况、包佶的《歲日口號》、杜牧《歲日朝會口號》、司馬光《寒食御筵口號》二首、歐陽修《上巳日赴宴口占》、秦觀《中秋口號》、晏殊《上巳瓊林苑宴二府同遊池上即事口占》三首、游酢《清明日道中馬上口占》等，可見節日隨口作詩十分常見。尤其這些題目中"朝會""御筵""瓊林苑宴"等信息，説明内臣在陪皇帝過節時需要隨時作詩。

　　《古今歲時雜詠》中的詩歌，多數在題目中直接顯示出節日及創作背景，其中有大量應制、奉和、贈答、同題及分字、分題等作品，顯然是君臣之間或同僚之間在節日宴

---

①　唐圭璋編：《詞話叢編》，北京：中華書局，1986 年，第 262 頁。
②　（唐）李白著，（清）王琦注：《李太白全集》，北京：中華書局，1977 年，第 728 頁。
③　（明）王昌會《詩話類編》，《四庫全書存目叢書》第 1697 册，濟南：齊魯書社，1997 年，第 174 頁。
④　《陔餘叢考》，第 441 頁。
⑤　《李太白全集》，第 511 頁。

飲、遊冶、雅集時的現場即興創作，唐代李嶠、宗楚客、劉憲等人的《奉和人日清暉閣宴群臣遇雪應制》6 首、《人日侍宴大明宮應制》9 首，陳子昂等人《晦日高文學置酒林亭》21 首，宋代王安國、蔡襄、章惇等人有同題《清明日赴玉津園宴集》，張登《重陽宴集同用寒字》等，展現出文士們過節時在朝堂內外雅集宴飲、以詩助興的原生態風貌。

　　除唱和、命題外，《古今歲時雜詠》還有許多私人化色彩濃鬱的詩歌，內容格調與通常的寫景抒情詩並沒有太大差異，但因有節日的限定，便呈現出鮮明的即時性，如司空圖的《光啓三年人日逢鹿》《乙丑人日》，晏殊的《癸酉歲元日中書致齋感事》《壬午歲元日雪》，梅堯臣的《歲日旅泊家人相與爲壽》《寒食日過荊山》《湖州寒食日陪太守南園宴》《再至洛中寒食》，張說的《湘州九日城北亭子》《嶽州九日宴道觀西閣》《九日陪登高陰行先》《九日進茱萸山詩五絕》等。這類私人化節日詩歌中對節日風俗多有涉及，應時性很突出，如曹松《鍾陵寒食日與同年裴顏李先輩鄭校書郊外同遊》其二：“可憐時節足風情，杏子粥香如冷餳。無奈春風輸舊火，遍教人喚作山櫻。”（第 153 頁）蘇軾的《端午遊真如遲適遠從舍弟在酒局》中有“一與子由別，却數七端午。身隨彩絲繫，心與昌歜苦”（第 237 頁）。分別涉及寒食節冷餳、舊火，端午節彩絲、菖蒲等習俗，節日特色十分鮮明。

　　當然，《古今歲時雜詠》中也有一些經過精工雕琢在節日呈現的作品，譬如帖子詞便是文臣們預先製好，立春或端午前張貼在宮中各閣門之上。但從整體看來，節日詩歌創作具有明顯的即時性。由於大多是臨時在特定節日環境中迅速完成的產物，因此大量節日詩並不注重文辭的錘煉和表達的含蓄，意蘊上平實淺白，簡單易懂，藝術價值有限，精品率不高，與用心打磨之詩有明顯區別。

　　《古今歲時雜詠》成書後，其傳播過程頗有特色。雖然蒲積中在序言中提到“鳩工鑱板，以海其傳”（第 1 頁），但最終却以抄本形式傳世，社會上很少刊刻流傳。然而南宋至清代的許多書目中却有著錄。這種矛盾性很能體現這部節日詩歌總集的特色：鮮明專一的節日主題使該集別具一格，引起許多學者、藏書家的關注。由於節日詩本身固有的單一性和局限性，使其思想內容和藝術成就整體上不够突出，缺少精品，因而在社會上流傳並不廣泛。

《國朝獻徵録》的删潤與焦竑的史觀*

蔣鵬舉

摘　要：焦竑的《國朝獻徵録》是一部規模宏大的傳記類史書，因其徵引廣博、材料豐富而被廣泛稱引。但《四庫全書總目》認爲其"文頗泛濫，不皆爲據"，故把其歸入存目。事實上，焦竑在編纂過程中，做了一系列工作，對原始材料有所澄汰和删潤，表現在：篇題上有增有減有改，斥似采真，使傳主的身份信息更簡潔準確；正文中通過三種删減，避免了諛墓的浮誇，體現了史家求備求真的史學觀念。當然，也存在少量删而不當的問題，不過占比不大，不能掩蓋焦竑的編纂之功。

關鍵詞：焦竑；《國朝獻徵録》；删潤；史觀

　　《國朝獻徵録》是明人焦竑（1540—1620 年）編纂的一部收録明代傳記資料的史書，共一百二十卷。《四庫總目》把它著録於史部傳記類存目，理由是"搜採極博，然文頗泛濫，不皆可據。又於引據之書或注或不注，亦不免疏略"[①]。四庫館臣承認此書"搜採極博"，批評它存在着"文頗泛濫"和引書"疏略"兩條不足。然細究起來，這兩條批評不盡確切，事實上，《國朝獻徵録》（下稱《獻徵録》）絶大多數文章注明了作者或引書，未注明的篇目并不多，占比很小；而前一條，則根本不成立。焦竑是明代著名的學者，他"博及群書，自經史至稗官雜説，無不淹貫，善爲古文，典正順雅，卓然名家"[②]。編纂《獻徵録》時，他廣搜博引，本着"求真""求備"和反對"褒貶出之胸臆，美惡係其愛憎"[③]的修史態度；認爲"夫縉紳之志狀"常有"任情附會，輕摇筆端者"，甚至"妄爲刻畫"的現象，"是兩者不煩齒頰，而知其無當矣"[④]。對徵引的碑銘、傳記按照一定的體例進行删潤，盡量去掉因"墓誌"這種特殊文體而存在的誇大其詞甚至諛墓的内容，在保持作者對傳主描述的基礎上，盡量呈現較爲客觀的形象，從而形成相對嚴謹的傳記資料。焦竑編纂《獻徵録》并無凡例之類的説明，當代學者對其編纂義例有較全面的總結[⑤]，但通過校勘此書的具體内容，可以進一步探知其史觀、史識及修史體例，也能證明四庫館臣對其書評價的不確實處。

　　焦竑編纂《獻徵録》始於萬曆二十二年（1594），萬曆四十四年（1616）刊行。這期

＊　作者簡介：蔣鵬舉，陝西師範大學文學院副教授，文學博士，主要從事明清文學文獻學研究。

①　（清）永瑢等：《四庫全書總目》，北京：中華書局，1965 年影印本，第 559 頁。
②　（清）張廷玉等：《明史》，北京：中華書局，1974 年，卷二八八，第 7392 頁。
③　（明）焦竑撰，李劍雄點校：《澹園集》，北京：中華書局，1999 年，第 30 頁。
④　《澹園集》，第 20 頁。
⑤　參見展龍：《焦竑〈獻徵録〉編纂義例探微》，《史學史研究》，2016 年第 2 期，第 9—17 頁。

間,焦竑因參修國史,先得搜集資料之便;既而自萬曆二十七年(1599)致仕,得有静心編纂的天時之助;成書當年即獲刊刻,是書可謂得天時地利人和之美。此後,因其史料的原初性,及"在史料上表現出博洽、珍貴、慎核等難能可貴的史料特徵"①,而受到廣泛重視、引用,影響至今。學者總結其編纂方式是"通過照録、并載、補裁等方法,廣泛徵引文集、實録、傳記、野史筆記、方志等各類文獻"②而成。這一分析和結論,基本上是符合事實的,特別是提出的"照録、并載、補裁"三法中的後兩種方法的歸納具有開創性。翻開《獻徵録》,其原始材料絶大多數似乎"照録"而來,在點校文本時,我們通過廣泛搜尋而得其徵引的原始文獻作爲校本。通過校勘却發現焦竑在"照録"中,進行了不少删減、添改,甚至在文字上有所潤飾。這些删潤并非隨意所爲,而是按照一定規則操作的。换言之,這些删潤處實爲焦竑史學觀的顯現。因此我們通過對比,先梳理出焦竑具體作了哪些哪類修改,由此歸納其操作標準,進而檢討其删潤所反映出的史學觀念。

一、標題的增減:斥似采真,以方便查對其人

焦竑載録傳記時,在原有傳記題目基礎上幾乎都進行了改編。題目的改編有增、減和改三種情況。通過增加傳主名字、籍貫等信息量,删掉無用字樣,改爲準確官職等,以明確傳主其人。楊士奇的《東里集·續集》卷三七,有《故嘉議大夫刑部右侍郎段君墓誌銘》③,從題目上無法獲知墓主段君是何人。這篇墓誌銘被收入《獻徵録》④第四九卷,題目改作《嘉議大夫南京刑部右侍郎武進段公民墓誌銘》,可準確獲知墓主是段民。兩目相較有三處不同,焦竑删掉了"故"字,刑部前增加了定語"南京",改"段君"爲"武進段公民"。爲什麽要進行這樣的改動? 焦竑的改動非"妄爲",而是有充分理由的。凡墓誌銘就是寫"故去者"的,"故"字多餘,可删。自朱棣遷都北京後,明朝政府形成南北兩套班子,南京的那套機構屬陪都、閑職,權力小,而同樣的官職在北京則爲實職、實權,權力大大超過任職南京的。這一點在多篇傳文中有反映,比如同卷唐順之《刑部郎中李君儒墓誌銘》就有"爲推官若干年,擢南京禮部祠祭司主事。南部爲散吏而祠祭爲清曹,經歲不知案牘"(卷四九)的論説。因此,標示上"南京"很有必要。且《獻徵録》全書對任職南直隸的官員,都標注上了"南京"字樣。比較籠統的"段君"改爲較具體的"武進(籍貫)段公民(姓+名)",這樣傳主的信息就全備了。大大便於讀者一目了然地查找傳主。

在傳記標題中使用明代規範的官職名稱,也是焦竑進行删改的一種體例。明代復古觀念流風所及,不少傳記作者喜歡用秦漢時期的職官之名稱呼墓主,譬如在明人别集的碑銘、傳記中,"太守""司寇""司農"之類的古官職名比比皆是,而在明代的職

① 展龍:《焦竑〈獻徵録〉徵引文獻考》,《圖書館雜志》,2007年第3期,第69頁。
② 《焦竑〈獻徵録〉徵引文獻考》,第69頁。
③ (明)楊士奇:《東里集·續集》,卷三七,文淵閣《四庫全書》影印本。
④ 注:本文所用焦竑編纂《國朝獻徵録》,爲上海書店1987年影印本。爲行文省净,凡用此書僅出卷次,不列頁碼。

官體系中是找不到這些官職的。這種做法很普遍，甚至在焦竑自己的別集中也不例外。這種復古的做派對於私人寫作來説無妨害，但編成史書則會生出贗古不切之弊。於是《獻徵録》在選録時進行删潤，通過變古爲今、由略而確，使篇題信息清楚準確、一目了然。如《獻徵録》卷四九的《南京刑部右侍郎吳公悌傳》，在焦竑《澹園集》卷二四題爲《少司寇吳公傳》①。顯然，在收入《獻徵録》時，把用古稱的"少司寇"改爲明代的官職"南京刑部右侍郎"，吳公的名字也明確地列出來。再如王慎中《遵巖集》有《張禾山公墓誌銘》②，在《獻徵録》卷四九改爲《南京刑部郎中張禾山欽墓誌銘》，加上了官職和人名，信息更完整了。同樣，唐順之《荊川集》的《李郎中墓誌銘》③，在《獻徵録》卷四九中改爲《刑部郎中李君儒墓誌銘》，避免了因名同、官階同而易混淆的幾率。

　　題目除了删掉"故"這樣的無關信息外，還有根據内容的删減而調整題目的。如王家屏的《復宿山房集》有《南京刑部廣西司郎中陳公暨配朱宜人合葬墓誌銘（代）》④，被《獻徵録》收録後，題作《南京刑部廣西司郎中陳公言墓誌銘》（卷四九）。減去的是"暨配朱宜人合葬"。因在正文中也減去了有關朱宜人家世及其生平、懿德善行等方面的内容，所以題目也有相應改變。此爲删除的另一種通例，即：題目中關於"暨夫人"之類的語段通常删掉。本來夫妻合葬、立碑是中國喪葬文化的傳統，因在墓誌銘中有關於誥命夫人的介紹，所以在題目中也有體現。焦竑在《獻徵録》的所有篇目中，文章題目均無關於傳主夫人的字樣，此爲編纂通例。比如卷三戚畹類第六的孫忠傳，題目作《特進榮禄大夫柱國會昌伯太傅安國公謚恭憲孫公神道碑》⑤，而在作者李賢的別集《古穰集》卷十中，此題在孫公後有"夫人董氏合墳神道碑銘"字樣，正文中有兩個相關内容，孫公夫人董氏的傳記和銘文。銘文删掉了，題目也作了相應修改。孫公卒於景泰三年（1452），董氏夫人長壽，卒於天順四年（1460），兩人去世前後差八年，因此李賢所作題目上有"合墳"二字。關於董氏夫人的事迹有近五百字，這段文字保留下來，而長達二百字的銘文則被删除。題目中删掉了"夫人董氏合墳"，而正文中相關内容保留下來。這種題目有删節而正文未删相關内容的情況極少，屬於焦竑在編纂過程中的偶然疏漏。

　　還有的傳記題目過於繁瑣，焦竑則删繁就簡使之清晰起來，如戚畹類卷三第六篇是宣宗皇后之父孫忠的神道碑，李賢作。此文亦見李賢的《古穰集》，題作《推誠宣忠翊運武臣特進榮禄大夫柱國會昌伯累贈奉天佐理推誠宣力武臣特進光禄大夫右柱國太傅安國公謚恭憲孫公夫人董氏合墳神道碑銘》⑥，標題長達 60 字。《獻徵録》徵引時，改作《特進榮禄大夫柱國會昌伯太傅安國公謚恭憲孫公神道碑》，24 字，删減近三分之二，把追封和追晉的封號、閑銜通通剔除，題目變得清楚簡明了。這類用例足見焦竑在編纂史書時，没有敷衍"照録"，而是本着明晰簡括的修史態度，以便於"對號入

---

① 《澹園集》，第 332 頁。
② （明）王慎中：《遵巖集》，卷十三，《摛藻堂四庫全書會要》影印本。
③ （明）唐順之撰，馬美信、黃毅點校：《唐順之集》，杭州：浙江古籍出版社，2014 年，第 631 頁。
④ （明）王家屏：《復宿山房集》，卷二四，明萬曆間魏養蒙、徐中元等刻本。
⑤ （明）李賢：《古穰集》，卷十，文津閣《四庫全書》影印本。
⑥ 《古穰集》，卷十。

座",文對其人,表明了他斥似采真的严謹修史態度。

二、正文的三種删減:裁冗汰諛,務本求真

在《獻徵録》"照録"時,對正文内容也有所删減,其删除大致有三種情況:作者作傳志的理由,傳主受例封的情形,傳主家族的後嗣及銘文。下文我們結合具體篇目來分析歸納其緣由。

其一,對作者陳述作傳志等理由的删減。在墓誌銘開頭或結尾處,作者通常會介紹何以爲文,比如交代因自己與傳主的關係,或所受請托之不得推辭,或基於對傳主的仰慕之情義不容辭等等。通常來説,墓誌銘形成於行狀之後。"行狀"類似現代社會的個人生平簡介,由熟悉逝者的人所作,不太在乎作者社會身份地位的高下尊卑。向遠方傳達逝世訊息時,可隨身帶着行狀去;日后央請他人作墓誌銘時,也常提供行狀爲參考。若論真實性,無疑行狀應是最接近真實的原初稿。與行狀不同的是,墓誌銘由具有一定社會名望的人所寫,具有替傳主抬高身價、揚名造勢的社會功用。因此墓誌銘開頭常有作者的一段自我陳述,告知誰人請銘,何以不可推辭而爲文,之後常會加一句"按某某某狀",然後轉入陳述逝者生平經歷。也有作者與傳主關係密切者,往往到行文結尾處再充滿感情地叙述作傳原因。依舊以《獻徵録》卷四九的南京刑部右侍郎段民的墓誌銘爲例。此文爲楊士奇所作,在其别集《東里集》中,開頭如下:

> 宣德九年二月二十九日,刑部右侍郎段君卒於南京。……嗚呼,段君者,世所謂仁人君子也,又士奇素所交游,士奇宜銘。
> 按國子司業陳君光世狀:段之先建昌人,居南康之建昌,世業儒。其曾祖元譽田郎中篤修,徙吳中……①

文章開頭楊士奇先陳述何以爲銘,内容包括皇帝的悼嘆、"賜祭,命有司營葬"等,都御史之經紀其喪事,且派人來北京請求葬銘,禮部尚書胡源潔囑咐楊士奇作狀,而楊與逝者段民有交游,也欽佩其爲"仁人君子",因而允諾作銘。此文被焦竑《獻徵録》收録時,省略了"按國子司業陳君光世狀"句。這樣的省略,似乎下文所叙事評説均出自楊士奇口,實則楊士奇此舉是有所交待的,或有謙虛之情,抑或有委婉地表達了"責任有限"之意,言下之意是倘以下行文失實,其中别有根由,預先交代清楚。這類删除作傳原因的情形,比較普遍。我們以《獻徵録》卷四四的統計爲例,這一卷是刑部尚書的傳記,共30人32篇,可以找到校勘文本的有19篇。19篇中的8篇删掉了作傳原因的陳述。此卷的全部32篇中,僅兩篇保留了作傳原由,一篇是宋濂爲刑部尚書端木復初的傳,有"按學子劉剛狀"句。另一篇是王守仁爲刑部尚書洪鍾所作墓誌銘,有"其嗣子澄……以幣以狀來請銘"句。可見,這種取掉作傳原因的情況很普遍。王守仁的寫法更有趣,特意注明"以幣以狀來請銘",是否在聲明自己并不了解傳主,但有潤筆相酬,爲了幾兩碎銀子就寫這篇墓誌銘了,亦或有可能。

---

① (明)楊士奇《故嘉議大夫刑部右侍郎段君墓誌銘》,《東里集·續集》,卷三七。

　　其二,有些例封的情形,爲簡潔起見而有所删節。如卷四九的段民墓誌中,有"三年以績最賜誥,授嘉議大夫、刑部右侍郎,祖母、母淑人"句,具體的封、誥是"贈其祖若考皆嘉議大夫、刑部右侍郎,祖妣李淑人,封其母太淑人,妻盛淑人。初爲參政,考滿當得誥,言於朝願推以封母,從之"①。這些封、誥對傳主家族來説,表明是人生赢家的無上榮光;但對修史而言,封誥是有常例的,例封并無詳細記載的必要,因此許多這類例封就被焦竑删掉了。再如,在王九思所作刑部右侍郎張鷟的墓誌銘中,記張鷟三年考績得贈封誥的情況爲:"父如其官,贈母趙氏、王氏贈封,配兩許氏俱孺人。"②焦竑在《獻徵録》中,則改爲"敕贈父母及其妻"③。這件得皇帝和朝廷封誥而倍享榮耀之事,焦竑只用"賜誥""例贈""敕贈"等一語帶過,並未完整地保存原來的封誥。對例封,只簡短地記所得賜誥的名銜,這種删節表明了焦竑作爲史家的獨特眼光:例行的封誥,無非一家一時的榮耀,置於歷史長河中,或無關宏旨,删而無礙。

　　其三,傳主的家族後嗣情況多有删除,銘文幾乎全部删除。依舊以楊士奇所作段民墓誌銘爲例,《獻徵録》卷四九的結尾是:

　　　　君忽得寒疾,數日小瘥矣,將出視事,左右謂未可以風,曰:"數百人困獄中,政而待我,奈何可自緩?"勉强出,三日疾復作,遂卒。

行文至此,戛然而止。但在《東里集》中,此後還有一大段文字如下:

　　　　君性至孝,初爲庶吉士,得禄即迎父母就養京師。父没後,所歷官未嘗不奉母以行,而曲盡愛敬。襟宇清明坦夷,表裏一致,喜怒不形聲色。當官任事,惟義所在,不苟遜避,與人交久而信。卒之日,其官屬臨哭皆哀,南京卿大夫之賢者皆走吊哭,北京自師傅六卿以下咸寓奠祭。君春秋五十有九,其子男四,實、宏、安、寧,孫男二,璇、璣,女三。其葬以卒之歲某月某日,附武進先塋之次。銘曰:

　　　　仁以及民,義以行身,其履坦坦,其存温温。我懷若人,於古多有;嗚呼時舉,於今曷少!亦既乘時,曷不永年。□□□斯,而獨其親,凡今之人,□□君子。□□□□□□賢友。④

上述關於家族子嗣及銘的文字被删掉了。這種情況在《獻徵録》中很常見,其實,家族子嗣對完整地記録和了解傳主還是有用的,這類删節會引出不當删而删的問題。墓誌銘的"銘"文被删,在《獻徵録》中是通例,只個別篇目題目仍保有銘文。因正文有删除,篇題也相應地把"墓誌銘"之"銘"字取掉,如李東陽的《明故刑部郎中奚君墓誌銘》(見《懷麓堂集》卷四七),被《獻徵録》收録後,正文删掉了"銘",因此題目改爲《刑部郎中奚君昊墓誌》(見《獻徵録》卷四七)。這屬於正文删掉"銘文",題目也進行了相應删除的情況。但還存在着正文有删除題目却無改的情形,於是就帶來了標題中的"墓誌銘"無落實處的問題。除了上引楊士奇給段民所作墓誌銘外,再如卷四六李東陽的

　　①④　《東里集・續集》,卷三七。
　　②　(明)王九思:《明故通議大夫刑部左侍郎張公墓誌銘》,《渼陂集》,卷十二。四庫存目叢書本,濟南:齊魯書社,1997 年。
　　③　(明)王九思:《通議大夫刑部左侍郎張公鷟墓誌銘》,《獻徵録》,卷四六。

《通議大夫刑部右侍郎魏君紳神道碑銘》,《獻徵録》中没有銘文,題目中的"銘"無着落。這樣就形成了删而不盡的問題。

三、删而不當帶來的問題

焦竑作爲學富五車的史學家、文學家,在編纂過程中,對某些文本在行文中出現的文法上的不當之處,他相當節制并不進行修改,只有不得不改動者才給予改動。如卷四八徐中行的《資善大夫南京刑部尚書贈太子少保箬溪顧公應祥行狀》,校勘以徐中行《天目先生集》卷十五中的同文,發現校本在追述顧應祥祖上功績時,介紹其父恬静翁,因其已有墓誌,故徐中行《顧公應祥行狀》有"語具劉清惠公志中"①,這一句被焦竑删掉了,以避免突兀和枝蔓。但不當删而删的情況還是存在的。在卷四六陸深所作《刑部右侍郎乙峰蘇公民行狀》中,記曰:"得脾瀉疾,怡然而逝,得壽六十有三云。"從行文中知道蘇民六十三歲去世,而同文在陸深《儼山集》卷中,在"逝"下還有"實戊戌冬十月之三日也,距所生成化丙申之三月十四日"②兩句。這兩句交代了蘇民的具體生卒日期,因此蘇民傳記中記録的事件就具有了明顯的時間節點,毫無疑問史料有時間標記其價值更大。但被删掉后,時間標尺則不夠準確了,這屬於"不當删而删"的例子。至於標題中把"配淑人王氏"去掉,蓋因在正文中取掉了有關王淑人的相關内容,正如前所述,此爲《獻徵録》編纂的常例。再如,卷四八有余繼登給南京刑部尚書陳其學所作誌銘,此文見余繼登《淡然軒集》卷六。通過校勘,發現在介紹傳主的祖先時,《淡然軒集》中作:"五世祖靖獻公迪當建文時爲太子少保、禮部尚書,靖難兵起,抗節不屈,與其配管夫人并六子七孫同日死。"③而《獻徵録》在五世祖後則删掉了"靖獻公"字樣。這篇墓誌的銘文開頭就贊譽:"矯矯靖獻,壯節凌虚,一死自誓,百口爲屠。"把"靖獻公"謚號删掉,銘文則讀不懂了。焦竑依例把銘文删掉了,但在正文中還有一處提到"靖獻",於是不得不改作"少保",改用陳迪的官職取代謚號。這種頗費周章的改動,也屬於删而不當的情況。

也有些處理屬於删而不當,帶來失去了部分真相的問題。如《獻徵録》卷四十柴車的墓誌銘,題作《兵部左侍郎錢塘柴公車墓誌銘》,此文見作者王直的别集《抑庵文集》卷九,題爲《兵部尚書柴公墓誌銘》。兩題比較可見,焦竑補充了傳主的籍貫和人名,而官職則兩題不同。毋庸置疑,焦竑的兩點補充豐富了傳主的個人信息,但柴公到底是終以兵部左侍郎,還是終以兵部尚書呢? 通過校勘則知道真相及原因所在。《獻徵録》在使用王直此文時有兩處删節,一處是中間在叙其轉左侍郎後的事迹,一處是結尾的銘文部分。因前文已歸納删銘文是《獻徵録》的常例,故結尾處的删節不必贅述。中間删節部分則情況比較複雜,爲便於説明,列出兩書相關部分如下:

《獻徵録》記傳主在升兵部左侍郎後,其文曰:

---

① (明)徐中行:《明故資善大夫南京刑部尚書贈太子少保箬溪顧公行狀》,《天目先生集》,卷十五,四庫存目叢書本。
② (明)陸深:《刑部右侍郎乙峰蘇公配淑人王氏行狀》,《儼山集》,卷七九,四庫存目叢書本。
③ (明)余繼登:《南京刑部尚書行庵陳公誌銘》,《淡然軒集》,卷六,文淵閣《四庫全書》影印本。

宣德庚戌，升兵部右侍郎。公素有才望，人傒其進，命下，皆爲喜。轉左侍郎，時殘虜假息塞下，西鄙戒嚴[一]，朝謀睿算使然，而公等之功亦豈細也哉！宜聖天子悼念之篤而恩禮之周也。公之大節如此，若其交友敬，臨財廉，奉己有度，待人有恩，不附勢以干利，其美蓋不可勝書，姑序次其大者，使後世有考焉[二]。

通過校勘發現，在文中上標的兩處，删掉的文字很多。王直《抑庵文集》記傳主升兵部左侍郎後還有一大段文字，具體爲：

[一] 校本“嚴”字下有：

朝廷命將往經略之，以公重臣，俾參贊軍務。凡發卒、蒐騎、積糧餉，爲戰守備，皆有條法，上嘉之，賜織錦綺衣一襲。先是，敵入鎮番，副總兵劉廣自凉州出兵往援，遇敵而退。敵隨逼凉州，廣閉門不敢出，敵大掠而去。廣不以實聞，反奏功徼賞。公劾其閫上，又陳其欺誑不法事甚悉，請必置之法。詔械送廣父子至京師。又劾奏寧夏守將失律，亦召還。上益以公公廉詳慎，爲國盡忠，賜白金三十兩、文綺三匹有副。公前後章數十上，皆剴切，人或以後患怵公，公曰：“吾敢愛身以誤國耶？”由是，同事者或不悦其所爲，公亦惡其樂燕樂。忽大計，遂斷酒肉，澹泊以自處，凡燕樂，皆不與，而持論益堅，必據理守正。每有功賞，雖敕下，必覆驗而後行，詐必糾正之，無毫髮私。岷州土官都指揮僉事後能以家人冒功得升賞，公奏罷所升官，能復以爲請，上宥之。公反覆論不可，曰：“詐冒如能者非一人，臣方按核皆請罷。今宥能，如餘人何？若無功而得官，則捐軀死敵者何以待之？朝廷倘以後能土人宜寬假，則以他名賜之爵，人莫敢援例。若詐冒而升，臣實以爲不可。”詔嘉公忠誠，遣使賜白金四十兩、綺帛各四匹，特命食從二品禄。

秩滿，升尚書，仍理軍務。既而事平，西師亦解嚴。庚申，召還，賜以羊酒，命視事且侍經筵聽講。其年八月，告歸省墳墓，上可之，然尚欲托以邊事，命公速來，賜鈔五千貫遣之。辛酉三月，公還朝，已感疾，命太醫日往視，予善藥，冀速愈，而公疾益甚，數驚悸起，曰：“誤事！誤事！”命速治行。蓋心不忘忠而忘其身之病也！上聞而憫之，俾還鄉治疾。未行，疾大作，竟不起，六月二十五日也，享年六十七。

娶王氏，有婦道，封淑人。子男三：拱、抃、拭，拭早世。女一，嫁士人盛浩。孫男一、女二。訃聞，上爲之惻然，遣禮部尚書胡公濙往祭之，命兵部給舟楫還其喪，工部治喪事。抃乃以翰林侍讀學士苗先生所爲狀謁予銘。竊嘗念之，朝廷之於西事，蓋慎重矣，常宿勁兵任良久，又輟近臣往臨之，欲以安内攘外，然其忠於上、仁於下，不爲利回、不爲勢屈者，蓋無幾，是以安攘之效不立。迨天子赫然怒，更命將帥，而公等夙夜圖議振頹綱、去弊事、明賞罰以示勸懲，而人始知有法，思奮其材武以從徵伐、立功名，於是殘寇影滅迹絕，而天威震動於萬里外矣。今邊鄙晏安，烽火不作

[二] 校本“焉”下有：

其葬以某年某月某日，其墓在某鄉之原。銘曰：
允毅柴公，學以植躬。遭時而升，遂躋顯榮。三十餘年，出入中外。克一其

心，以熙帝載。帝曰西顧，予欲汝爲，殄此寇戎，汝往視師。維公揭揭，群志爰發。乃暢皇威，幽遠畢達。邊塵不驚，公與其功。何以致之？緊公之忠。天不愁遺，國有典禮。寵榮式多，哀念無已。松柏丸丸，有蔚其阡。刻銘垂休，何千百年。①

兩文對照可知，《獻徵録》中徵引的傳文不足七百字，而删掉的文字達一千餘字。删節部分涉及好幾件值得大書特書的事迹：彈劾涼州副總兵劉廣冒功徼賞事，得皇帝信任賞賜事，揭穿并罷免岷州土官都指揮僉事後能以家人冒功得升賞以維護公平事。此後，柴公在左侍郎任秩滿而升尚書。焦竑因删掉以上内容，所以不得不把柴車從"兵部尚書"的官秩改爲"兵部左侍郎"。如此一來，文章的内容和題目獲得對應，然而與史實則出現了偏離。查《明史·七卿年表》，兵部尚書的除罷情況爲：正統五年庚申，"柴車，二月自陝西召任，即歸省"；正統六年辛酉，"車，三月還朝。六月卒"②。可見，柴車是宣德五年開始任兵部右侍郎，繼轉左侍郎，至英宗正統五年升兵部尚書。這一時段長達十年。而焦竑則一律删掉了。就此，損失了人物傳記的完整性，從修史角度看，這種做法顯然不可取。至於王直借題發揮，論邊塞弊端缺乏如柴公那樣"忠於上、仁於下，不爲利回、不爲勢屈者"③的讜論，也就被遮蔽不見了。可見，使用《獻徵録》時，的確也有需要甄別核對之處，當然，這種情況其實并不多。在我們整理過程中，類似情況也僅發現幾處而已。

以上從題目和正文兩部分，對焦竑在編纂過程中以"照録"方式徵引文獻的情況進行分析，這些情況説明焦竑修史時，自覺或不自覺地受其學術素養和時代觀念的影響，并沒有"照録"文本，而是進行了删潤。客觀地説，焦竑的删潤工作，有值得肯定之處，也有因改動而文本偏離了原來面目的情況，後者則提醒使用者在徵引時需要慎重對待。綜合分析以上校勘，可得到如下認識：

第一，對傳記題目《獻徵録》的增項有三：增加補全了傳主的名字，補充了其職官，爲區別北、南直隸中央官署及六部，爲南直隸各官員職銜前加注"南京"字樣。通過這些增項，傳主的身份明瞭清楚，方便讀者查找。減項有二：原題中，表明故去者的"故"字，可有可無，一律删減。有的文本爲夫妻合葬墓誌的，因正文中删掉了妻子的相關傳記，題目中的"暨配××氏合葬"類的語段，絶大多數被删掉，個别篇目偶爾有保留，如卷一宗室第二七篇爲于慎行所作的《魯藩輔國將軍毅齋公暨配夫人王氏合葬墓誌銘》。對照于慎行的《穀城山館文集》④可知，于慎行原作内有對王氏的介紹，但《獻徵録》在收録時删掉了，題目却沒改動。這篇應屬漏删的例外情況。改項主要是規範了職官名稱。把古官職名改爲明代職官名稱。如改先秦官名"少司寇"爲"刑部侍郎"，對明人受復古觀念影響常用古官名稱呼的做法，焦竑一律糾正，改用明代的職官名稱，做到了規範化。題目上的增、減、改，就史書編纂來看，使傳主的信息更簡明、

① (明)王直：《兵部尚書柴公墓誌銘》，《抑庵文集》，卷九，文津閣《四庫全書》影印本。
② 《明史》，第3416、3417頁。
③ (明)王直：《兵部尚書柴公墓誌銘》，《抑庵文集》，卷九。
④ (明)于慎行：《穀城山館文集》，卷二二，明萬曆于緯刻本。

準確,便於查找,體現了焦竑修史求簡求準確的追求。在題目上的增删,是值得肯定的。

第二,傳記正文的開頭或結尾處,往往有作傳者自述作傳之緣起,這部分内容中焦竑常省略作者據××行狀作傳或墓誌銘的交代,或許在焦竑看來這些交代蕪雜無用,因而給予節略。傳或墓誌銘的作者多爲有一定聲望和地位的人士,他未必熟悉傳主生平事迹,通常根據先已形成的"行狀"而作。因此,那個據某某的行狀而銘的交代,對作者來説是聲明傳志所記内容,自己未必都認可,因此有類似"免責聲明"之效。對讀者來説,這一句提供了一個更熟悉傳主的中間人,因爲"行狀"在作者一定是熟悉傳主或與傳主關係密切的人,而不必有怎樣的社會地位。這樣的節略,失掉了部分有價值的真實信息,不妥當。但這體現了焦竑力求删除蕪雜的修史觀念。

第三,傳文中有關傳主的婚配、子嗣情況,少數存,多數删。存者,往往是傳主的子嗣發達,後代在朝爲官且有實事可傳的。多數傳主的子嗣無所建樹,因而也就湮没無聞了。從傳統看,君子之澤五世而斬,官員的後代也未必有可稱述的。從史料價值看,這部分内容的價值確實不大。删節後,突出的是傳主的事迹,那些無關緊要的可以删掉。這也是焦竑突出個人、删除蕪雜修史觀念的體現。

第四,結尾"銘"文,絕大多數删掉了。墓誌之"銘",是用韵文概述稱頌傳主的一生功業,且歌且贊,極度誇飾。諛墓和誇飾在"銘"中可謂登峰造極,但作爲史料,其價值不大,可删;但題目題作"××墓誌銘"的,因銘文被删,就出現文與題不符的情形,有些却被焦竑忽略了。但這是他删除誇飾、力求平實的修史觀的一個體現。

綜上,焦竑在編纂《國朝獻徵録》過程中,搜集資料編訂成書時,除了對傳主按一定規則分門別類編排外,對文本還做了一些改動,即便看似"照録"的文本,也進行了一定的删潤。這些删潤工作既有使文本更加方便使用的積極作用,也有導致文本喪失或流失了部分有用内容的消極後果。這些改動從時代背景看,與明人自主性加强從而有删書不告的做法有關;從焦竑個人來説,則是他修史觀念付諸實踐的表現。所徵録的文獻非但不"泛濫"、不"疏略",還能本着"求真""求備"的修史目的,進行一定的删潤編纂。《國朝獻徵録》作爲當代人編纂當代史而成的史書,規模巨大,體例嚴謹,其豐富的史料價值功不可没,四庫館臣的評判存在一定的誤區。

《四庫全書總目》的杜詩、杜集接受及批評意識*

聶濟冬

摘　要:在杜詩學研究中,通常認爲《四庫全書總目》没有正視清前期杜詩學成就。實際上,《四庫全書總目》各部類皆屢見杜詩、杜解,反映出館臣對杜詩的熟知和對清前期杜詩學繁盛的呼應。《總目》的"欽定"帽頭,和四庫館臣重漢學的學術認知,奠定了《總目》中杜集提要的纂寫要求,不在文學性,而在標宗立旨的學術目的,是欲樹立符合盛世時代要求和重漢學的杜詩詮釋的官定標杆。這在目的論、方法論上與民間杜注是有隔閡的。

關鍵詞:《四庫全書總目》;杜甫;杜詩;杜集

清初,是注杜的第二次高峰期,文人群體已普遍形成尊杜、宗杜的思想傾向。《四庫全書總目》的纂寫,也反映出彼時這種學術熱點和文學接受特徵。《總目》集部中別集類、總集類、詩文評類皆收録杜集①。《總目》中杜集提要的纂寫,既藴涵着對既往杜詩學的歷史審視,也寄寓了對當時杜詩接受的現實考察。

一、《總目》關於杜詩的接受

在清代重實學、尚漢學的學術背景下,杜詩因其"集大成"、現實性和數量多的特色,在古音學、歷史學、文獻學等研究領域中被廣泛徵引。清代對杜詩的認知面向,由單純的文學層面的接受,拓展爲多領域的學術性接受。《總目》中的杜詩徵引,反映了清中期前學術研究中關聯杜詩的情況,體現了當時杜詩學的研究進展。

(一)《總目》中杜詩接受的態度

在宋代,杜甫、杜詩的價值和意義,已被提煉爲"詩史説""詩聖説""集大成説"。清前期,關於杜甫與杜詩的接受,雖不離宋人三説,但在理解上有新的突破。《總目》關於杜詩、杜注、杜集的接受,反映出時代對杜詩的熱情和杜詩學成就。

在時代風氣的影響下,四庫館臣熟知杜詩、杜注、杜集。翁方綱發力於杜詩學,著有《漁洋杜詩話》《漁洋評杜摘記》《杜詩附記》《翁批杜詩》,曾云:"予幼而從事焉,始則

* 作者簡介:聶濟冬,山東大學儒學高等研究院教授,文學博士,博士生導師,主要從事中古文學史、中國古典文獻學研究。

基金項目:國家社科基金重大項目"加拿大不列顛哥倫比亞大學圖書館藏漢籍調查編目、珍本複製與整理研究"(項目編號:19ZDA287)。

① 這裏的杜集是一個寬泛概念,鄭慶篤、焦裕銀等編《杜集書目提要》中收録了杜詩詩話,今亦從之。

涉魯訔、黄鶴以來諸家所謂注釋者味之，無所得也。繼而讀所謂千家注、九家注，益不省其所以然。於是求近時諸前輩手評本，又自以小字鈔入諸家注語，又自爲詮釋，蓋三十餘遍矣。"①《舊五代史》久佚，邵晋涵從《永樂大典》中輯出，並作《舊五代史考異》。在卷二中，邵氏以杜詩爲據正字②。在各部提要的撰寫中，館臣們皆展現出熟知杜詩的知識素養。如，集部《〈師友詩傳録〉提要》："又稱至杜始爲長律，元白又蔓延至百韻。不知杜甫《秋日夔府咏懷奉寄鄭監李賓客》詩正一百韻。杜《集》亦可覆案也。"③子部《〈吴船録〉提要》云："又杜甫《戎州詩》'重碧拈春酒'句，印本'拈'或作'酤'，而成大謂叙州有碑本乃作'粘'字是，亦注杜集者所宜引據也。"宋代杜集各本中此詩句多在"拈"和"酤"二字間推敲、琢磨。如《黄氏補注杜工部詩》卷二十七《宴戎州楊使君東樓》"重碧拈春酒"句注：洙曰："一作酤。"蘇曰："歐陽文忠公曰：酤當作拈也。"趙曰："舊本作酤春酒。非也，善本作拈。"④

　　館臣們也將他們的尊杜情結，自覺地融匯在各部提要撰寫中。首先，表現爲尊奉杜詩至上的詩歌史地位。《〈古史〉提要》云："平心而論，史至於司馬遷，猶詩至於李杜，書至於鐘王，畫至於顧陸，非可以一支一節比擬其長短者也。"《〈咏物詩〉提要》云："唐宋兩朝則作者蔚起，不可以屈指計矣。其特出者，杜甫之比興深微，蘇軾、黄庭堅之譬喻奇巧，皆挺出衆流。"其次，表現爲在評價他人詩作時，以杜詩爲基準，判定高下。《〈不繫舟漁集〉提要》言作者陳高，"其五言古體源出陶潛，近體律詩格從杜甫，面目稍别而神思不遠，亦元季之錚錚者矣"。《〈精華録〉提要》言王士禎"近體多近錢、郎，上及乎李頎而止，律以杜甫之忠厚纏綿、沉鬱頓挫，則有浮聲切響之異矣"。館臣尊杜不僅源於文人自覺，還與乾隆的旨意有關。乾隆十五年刊《御選唐宋詩醇》就高揚李、杜的詩歌史地位，故《〈御選唐宋詩醇〉提要》闡發乾隆旨意，云："蓋李白源出《離騷》而才華超妙，爲唐人第一。杜甫源出於《國風》、二《雅》而性情真摯，亦爲唐人第一。"所以，無論是自覺還是順旨，館臣堅决摒棄厭杜、惡杜之説，如《〈雕邱雜録〉提要》言作者梁清遠"顛舛尤甚"，其中的一條原因就是"反訾杜少陵爲村夫子"。

　　清朝尊杜是歷史慣性，又别具時代特色。在宋代，"詩聖"的帽子就落在杜甫頭上，但不專屬，直至明中葉後，這個名頭才由杜甫的獨攬。但"詩聖"之尊，多限於對杜甫的忠君愛國思想和詩歌創作成就的考量⑤。清康、乾時，文人又進一步拉抬杜詩地位，幾視爲經書之列。吴喬云："余嘗置杜詩於《六經》中，朝夕焚香致敬，不敢輕學。"⑥吴興祚云："然則杜詩非詩也，蓋《五經》之遺文耳。"⑦在這種社會化認識的基礎上，《總目》將杜甫視爲一個有經學根柢的士人，一個忠君愛國之臣，而非困苦不得志

---

① 《杜詩附記·序》，《續修四庫全書》1704 册，上海：上海古籍出版社，2002 年，第 225 頁。
② "飛揚痛飲，案原本作'飛鷹'，今考杜詩'痛飲狂歌空度日，飛揚跋扈爲誰雄'，'鷹'字蓋'揚'字之訛，今改正。"《續修四庫全書》0290 册，第 106 頁。
③ 《四庫全書總目》，北京：中華書局，1965 年，第 1794 頁。以下文中已標出《四庫全書總目》部目的，皆引自中華書局 1965 年本，不再單獨出注。
④ 《中華再造善本·黄氏補注杜工部千家詩》，第 15 册，第 25 頁。
⑤ 參見張忠綱：《説"詩聖"》，《安徽大學學報》，2012 年第 1 期。
⑥ 吴喬：《圍爐詩話》，卷四，《續修四庫全書》1697 册，上海：上海古籍出版社，2002 年，第 638 頁。
⑦ 吴見思：《杜詩論文·吴序》(一)，《杜詩叢刊》(第四輯)，臺北：大通書局，1974 年，第 18 頁。

的詩人。《〈杜詩捃〉提要》云：“夫忠君愛國，君子之心；感事憂時，風人之旨。杜詩之所以高於諸家者固在於是。”集部的某些提要將作者與杜甫經歷相比附，也能窺探館臣的這種心思。《〈茶山集〉提要》言作者曾幾，“據此則幾之一飯不忘君，殆與杜甫之忠愛等，故發之文章，具有根柢，不當僅以詩人目之，求諸字句間矣。”《〈栟櫚集〉提要》言作者鄧肅，“當張邦昌之僭立也，肅間行奔赴南京，其擢右正言，即在是時。大節與杜甫略相似，其《靖康迎駕行》《後迎駕行》等篇，亦頗近甫《奉先》諸作。在南北宋間可謂篤勵名節之士”。

　　杜詩歷有“詩史說”，館臣們亦認為杜詩有嚴謹之風。《〈杜詩詳注〉提要》：“唐詩中所謂‘佛讓王維作，才憐李白狂’者。蓋以維詩雜禪趣，白詩多逸氣，以互形甫之謹嚴。”《〈異苑〉提要》云：“甫之援引為精切，則有裨於考證亦不少矣。”杜甫的認識，也成為《總目》判斷圖書價值的依據。《〈西京雜記〉提要》認為該書是小說家言，然而“杜甫詩用事謹嚴，亦多采其語。詞人沿用數百年，久成故實，固有不可遽廢者焉”。但館臣們卻不盲從杜詩“詩史說”。錢謙益《杜詩箋注》提出以杜詩證史。館臣未完全認可錢氏解杜的方法，對以詩證史說，持懷疑態度。那些頌揚杜詩嚴謹的提要出現的部類，多集中於集部。由此可知，四庫館臣認可杜詩嚴謹，是認為杜詩可作典故之證，但不認為可作史征。史部館臣在批評《舊唐書》叙寫繁雜，云：“長慶以後，《本紀》則詩話、書序、婚狀、獄詞委悉具書，語多支蔓。如《文宗紀》云：上每誦杜甫《曲江行》云‘江頭宮殿鎖千門，細柳新蒲為誰綠。’乃知天寶以前，曲江四岸皆有行宮臺殿，百司廨置。”《〈資治通鑒〉提要》云《通鑒》與胡注之間的牴牾，舉例說：“又‘嚴武三鎮劍南’條，注云：武只再鎮劍南，蓋因杜甫詩語致誤。”上述兩條，館臣舉杜詩為例可能是無意而為，但《舊唐書》《資治通鑒》皆是大部頭的書，錯訛不只幾處，館臣卻舉杜例，也不能排除有意之舉。在《〈黄帝素問〉提要》中關於作者王冰名字中的“冰”字討論，是特意而作，“晁公武《讀書志》作王砅，杜甫集有《贈重表侄王砅》詩，亦復相合。然唐宋《志》皆作冰，而世傳宋槧本亦作‘冰’字。或公武因杜詩而誤歟？”

（二）《總目》中杜詩接受的特徵

1. 杜詩被廣泛關注

　　《總目》四部對杜詩皆有涉獵、徵引。杜甫律詩數量多，韻律有據。據浦起龍《讀杜心解》粗略統計，五律有 630 首、七律 151 首、五排 127 首、七排 8 首，共計 916 首。杜詩用韻數量多、品質高，可為音韻學考察舉例提供充分條件。霍松林曾指出，宋時文人學杜詩押韻為一時風尚，“宋代多杜詩韻編，以杜詩押韻為矩範，成為一時風尚”[1]。清代有學杜詩押韻之習。王士禛《香祖筆記》載：“合肥龔大宗伯（鼎孳）酒酣賦詩，輒用杜韻，歌行亦然。予嘗舉以為問。公笑曰：無他，只是捆了好打耳。”[2]龔氏“捆了好打耳”之語，揭示了他對杜詩用韻的熟稔。戴震，主持經部提要纂寫，今音學大家。經部小學類韻書提要，多涉及杜詩用韻。《〈廣韻〉提要》云：“且唐人諸集以殷

① 霍松林：《霍松林選集》，第六卷《序跋集》，陝西：陝西師範大學出版社，2010 年，第 380 頁。
② 王士禛：《香祖筆記》，《王士禛全集》六，濟南：齊魯書社，2007 年，第 4650 頁。

韻字少難於成詩,間或附入真諄臻韻,如杜甫《東山草堂》詩、李商隱《五松驛》詩,不一而足。"這一説法在顧炎武《音學五書》中即以出現,戴震是引顧氏言。毛奇齡不服顧氏《音學五書》,堅持轉叶説。戴震在《〈韻學通指〉提要》中展開了對毛氏的批駁,其中也以杜詩舉例,云:"又唐人程試則用官韻,自爲咏歌,則多用私韻。如東與冬鐘爲二部,官韻也。其他如孟浩然《田家元日》詩、杜甫《雨晴》詩、魏兼恕《送張兵曹赴營田》詩之類,皆近體律詩,以東冬鐘通押,則私韻也。"清代小學復興,《總目》經部小學類對杜詩韻律的關注,反映了清代音韻研究中以杜詩用韻爲例的盛行。史部、子部提要,爲説明圖書存在的問題,也多關注了書中杜詩部分。例如《〈太僕寺志〉提要》:"文録一門載漢之《天馬歌》、唐杜甫之《驄馬行》,是類何預太僕事?"在宋代竇蘋《酒譜》提要中云:"其引杜甫《少年行》'醉倒終同卧竹根'句,謂以竹根爲飲器,考庾信詩有'山杯捧竹根'句,蘋所説不爲杜撰,然核甫詩意,究以醉卧於竹下爲是,蘋之所説姑存,以備異聞可也。"館臣或以杜詩説明事情緣由。《〈海運圖説〉提要》:"海運之説,古無其事。杜甫《後出塞詩》所謂'漁陽歡樂地,擊鼓吹笙竽。雲帆轉遼海,粳稻來東吴'者,不過盛陳邊帥驕奢,能遠致難至之物以供飲食,非謂其時果泛舶以資軍儲也。"

2. 杜詩評散見於各部

《總目》中的杜詩評不局限於集部,在其他各部提要的撰寫中,也屢屢出現對杜詩評語。例如經部《〈易存〉提要》云:"王士禎《池北偶談》嘗記,雲從作《杜律細》一書,凡吴體拗句,俱强使協於平仄,如'盤渦浴鷺底心性'句,則讀底爲高低之低;'江草日日唤愁生'句則讀草爲《離騷》之騷。此書言《易》殆亦類斯。"以蕭雲從《杜律細》的誤讀,指出蕭氏《易存》存在同樣的錯誤。子部《〈卮林〉提要》:"其中如駁王僧虔之紀次仲,及論杜詩之西川杜鵑等處,亦未免於執滯。"此中評價了周嬰《卮林》中的杜詩評。集部《〈藏一話腴〉提要》批評作者孫鬱的杜詩解:"惠洪解杜甫'老妻畫紙爲棋局,稚子敲針作釣鈎'一聯,以老妻比臣,以稚子比君,固爲妄誕。鬱必謂上句比君子之直道事君,下句比小人之以直爲曲,亦穿鑿無理。"

3. 杜集提要偏重學術性

《總目》集部的别集、總集、詩文評類屬中皆收録杜集。别集類的杜集共計 21 種,即正目中 5 種,其中宋三,明一,清一。存目中 16 種,即元一,明八,清七。總集類收録 1 種,明郭正域編《韓文杜律》。詩文評類中收録 3 種,宋蔡夢弼《草堂詩話》、林越《少陵詩格》、元方深道《老杜詩評》。從所杜集專目收録狀況看,正目中多宋版,存目中多明清之作。《總目》不僅列杜集專目,在其他提要中也言及杜集。《〈東坡詩集注〉提要》:"核書中體例與《杜詩千家注》相同,殆必一時書肆所爲,借十朋之名以行耳。"《總目》還關注了集杜現象①。在别集類中收録《文信公集杜詩》。《〈客亭類稿〉提要》對揚冠卿的集杜詩予以關注,"又京鏜、何異、李結諸帖,極稱其集杜之工,而稿中乃無一篇,豈當時別本單行,而今佚之耶?"總之,從《總目》各部關聯的杜集評來看,《總目》正視歷來杜集的存在,能與宋後杜詩學相呼應,但它的審視視角非文學接受,而是學

---

① 集杜雖非專門的杜集,但是全由杜詩中轉托而作。鄭慶篤、焦裕銀等編《杜集書目提要》中單作一類,今亦從之。

術考察。四庫全書館被認爲是漢學大本營。館臣皆擅長考據學，才學淵博。杜集提要的纂寫，遵循凡例，側重實證。以梳理版本源流、考辨內容得失爲主，頗能見出館臣的讀書功力。不同於民間杜集題跋、杜詩評的率性而爲。《總目》對歷代杜集的認識是貶多褒少①，即使是正目中的杜集，在館臣眼裏也有不少漏洞。例如《〈黃氏補注杜詩〉提要》云：“鶴説非是。似此者，尚數十條，皆爲疏於考核。又，題與詩皆無明文，不可考其年月者，亦牽合其一字一句，強爲編排，殊傷穿鑿。”批評了黃集疏於考據，牽合不實。館臣的這種審視態度，與《總目》的學術傾向和批評意識有關。

二、《總目》的杜詩、杜集的批評意識

《總目》正視歷來杜集的存在，但杜集提要的纂寫，卻採用了批駁視角，表現出館臣對宋後杜詩學發展的不以爲然的態度，體現了清初以來重考據、尚雅正的時代要求。

（一）意欲體現盛世正音

康乾時期出現了大量的“御製”“御選”“欽定”等方式編纂的經學、史學、文學選本、注本。“御選”“欽定”，標誌着此類圖書合聖意，具有明確的政治指引性。《嘯亭續錄·本朝欽定諸書》即云：“列聖萬幾之暇，乙覽經史，爰命儒臣選擇簡編，親爲裁定，頒行儒宮，以爲士子仿模規範，實萬目之巨觀也。”②葉德輝《書林清話》卷九“內府刊欽定諸書”③，在昭槤所言的基礎上，專章詳細介紹這類圖書。《四庫全書總目》是其中之一。

康乾時期，形成了正風正雅的文學觀和温柔敦厚的審美觀。朝廷爲治世需要，推重盛世之音，其背後是對變風變雅、亂世之音的深刻警醒。《集部總序》云：“明以來諸派之中，各取其所長，而不回護其所短。蓋有世道之防焉，不僅爲文體計也。”④此中揭示了官方對明代文風亂雜的反思。文人群體自覺地實踐儒家詩教觀。仇兆鰲《杜詩詳注·原序》云：“夫亦據孔孟之論詩者以解杜，而非敢憑臆見爲揣測也。”⑤仇注的詮釋意識中規中矩，完全是從儒家詩教觀化出。康乾時期，爲彰顯勝朝、盛世的文化自信和宣傳忠義思想之需，多褒獎明末有節義之人。《四庫全書》收錄《杜詩攟》，即可説明問題。《總目》極不滿該書的編排及內容闡發，云：“然集中根本不過數十首耳，咏月而以爲比肅宗，咏螢而以爲比李輔國，則詩家無景物矣。謂絨袴下服比小人，謂儒冠上服比君子，則詩家無字句矣。元竑所論，雖未必全得杜意。……又往往喜言詩讖，尤屬不經。”從該書提要所云的注解牽強、未全得杜意、又喜言詩讖，這三條斷語，

---

①　孫微説：“而通過四庫館臣對各時代注本所作的提要可以發現，其評價是貶多於褒，體現了對清初杜詩學成就認識的不足。”見孫著《清代杜詩學史》，濟南：齊魯書社，2004 年，第 267 頁。

②　昭槤：《嘯亭雜錄》，北京：中華書局，1980 年，第 400 頁。

③　葉德輝：《葉德輝詩文集》一，湖南：嶽麓書社，2010 年，第 203 頁。

④　《四庫全書總目》（下册），第 1267 頁。

⑤　仇兆鰲：《杜詩詳注》，北京：中華書局，2015 年，第 2 頁。

該書就可棄之不顧了，但館臣却將該書置於正目中，當與提要所言的作者唐元竑“明亡不食，死。論者以首陽餓夫比之”的氣節有關。與此相應的是，《總目》堅决禁毁貳臣作品。錢謙益《杜詩箋注》因錢氏的貳臣之名，在四庫全書館征書時被列爲禁毁之書。朱鶴齡《杜工部詩輯注》因前有錢氏的序言，也一同被棄。但《總目》對歷來杜集的批評基調，與錢氏《注杜詩略例》有相合處。

　　清初是注杜的第二次高峰期，注杜者多是由明入清之人。他們喜言杜詩，是以杜言志，感傷身世，系情故國。所以他們的杜注在言辭間多充溢着不平之氣、憤激之慨和憂傷之情。張家壯曾指出，明末清初之人與杜甫際遇的相合點在感同身受，“明末清初杜詩學者重新對身處‘窮年’的詩人之生平投注心力，不啻是對同樣處‘窮’的自身的深層反顧”①。對於這類不是歌太平之音、咏雅正之言的杜集，《總目》不會關注，自然棄之不顧；對强調杜詩諷喻性的杜集、杜詩評，更是要予以駁斥。《〈偶然讀書録〉提要》：“又解杜甫《丹青引》，據‘先帝天馬玉花驄’句，以爲至尊含笑、圉僕惘悵，乃深譏肅宗不軫羹牆之念，而斥舊説之非，則不考明肅代三朝受終年月，而臆爲穿鑿，尤固於説詩矣。”

（二）强調合乎樸學規範

　　辨章學術、考鏡源流。《總目》杜集提要以梳理杜集版本源流、内容得失爲重。館臣在言辭間，處處彰顯着對明代學風、文風的反思，體現着他們重漢學的治學方法。具體而言：

1. 凸顯對集注編年體杜集的重視

　　清人推崇宋版，甚至出現了佞宋風氣。王士慎在《跋杜詩》中批評了當時的佞宋風氣：“今人但貴宋槧本，顧宋版亦多訛舛，但從善本可耳。如錢牧翁所定杜集《九日寄岑參》詩，從宋刻作‘兩脚但如舊’，而注其下云‘陳本作雨’。此甚可笑。”②通常認爲，《總目》别集類正目對杜集的收録狀況，是館臣重宋版、貴遠賤近的收録原則造成的。此説有據，别集類《小序》即云：“今於元代以前，凡論定諸編，多加甄録。”③但原因又恐不止如此。實際上，館臣不盲目迷信宋版，曾批評錢曾“蓋其平生過尊宋本之失”④。《總目》也清晰地揭示了他們對宋版杜集的認識是，“宋人喜言杜詩，而注杜詩者無善本”⑤、“然宋以來注杜諸家，鮮有專本傳世”⑥。察此，貌似館臣對宋本杜集的選擇，是無奈之舉，但其實是極爲用心，旨在學術考量。

　　宋吴若本被清人認爲是善本，“杜集以吴若本爲最善”⑦。錢注即以吴若本爲底本，《全唐詩》杜詩題解、仇注、楊倫《鏡詮》也都曾引吴若本。館臣應該是見到過吴若

①　張家壯：《明末清初杜詩學的演進三形態》，《中國文學研究》，2016 年第 2 期，第 43 頁。
②　《蠶尾文集》，卷七，《王士禎全集》（三），濟南：齊魯書社，2007 年，第 1905 頁。“錢牧翁”，亦作“朱長孺”，見《居易録》卷二，文淵閣《四庫全書》869 册，臺北：臺灣“商務印書館”，1986 年，第 323 頁。
③　《四庫全書總目》（下册），第 1271 頁。
④　《〈東家雜記〉提要》，《四庫全書總目》（上册），第 514 頁。
⑤　《〈九家集注杜詩〉提要》，《四庫全書總目》（下册），第 1281 頁。
⑥　《〈集千家注杜詩〉提要》，《四庫全書總目》（下册），第 1281 頁。
⑦　馮惠民整理：《愛日精廬藏書志》，北京：中華書局，2012 年，第 388 頁。

本,《四庫全書總目考證·杜詩補注》云:"《月》:爽合風襟静,高當淚臉懸。原本'高當'訛'當空',據吳若本及仇本改。"由此看,四庫館黄簽官王太嶽曾使用過吳若本。《總目》正目中未收録吳若本,而收録宋郭知達《九家集注杜詩》、黄希黄鶴《黄氏補注杜詩》、元《集千家注杜詩》、明《杜詩攟》、清仇兆鼇《杜詩詳注》。這六個本子的不同在於,吳若本是白文本,其他五個本子是集注編年體。而五個本子中除《杜詩攟》外,其他杜集提要的結尾,皆表彰其考據之功。如《〈黄氏補注杜詩〉提要》:"然其考據精核者,後來注杜諸家,亦往往援以爲證,故無不攻駁其書,而終不能廢棄其書焉。"《〈集千家注杜詩〉提要》:"遺文緒論,頗賴此書以存。其篳路藍縷之功,亦未可盡廢也。"《〈杜詩詳注〉提要》:"要然援據繁富,而無千家諸注僞撰故實之陋習,核其大局,可資考證者爲多,亦未可竟廢也。"所以説,正目收録的杜集不僅考慮了宋版原因,還有對該書考據之功的考量,顯現出館臣對集注編年體的偏好。

清時,杜集分類體、編年體皆流行。錢注杜詩爲分類體,朱注杜詩屬編年體[1],而"後來作者大略周旋於二家之間"[2]。觀鄭慶篤、焦玉銀等編《杜集書目提要》也可知,清時杜集的編年體、分類體皆爲當行。而《總目》正目只收録了集注編年體,其背後顯現的是,館臣對杜集分類體的自覺摒棄。此前,仇兆鼇已批評分類體杜集之失。《杜詩詳注·凡例》:"分類始於陳浩然,元人遂區爲七十門,割裂可厭。"[3]《總目》也不喜分類體杜集,認爲它割裂杜集。別集類存目《〈讀杜心得〉提要》云:"起龍是編,則於分體之中又各自編年,殊爲繁碎。如《江頭五咏》以二首編入五言古詩,三首編入五言律詩,尤割裂失倫。"但與仇兆鼇所言略不同的是,館臣認爲杜詩分類始於王洙。四庫存目《〈杜詩分類〉提要》:"杜詩分類,始於王洙千家注。"在《〈類箋王右丞集〉提要》也提到王洙分類和分類之惡,"大都區別繁碎,更甚於王洙之割裂杜詩,王十朋之竄亂蘇集"。鄭慶篤等認爲杜詩分類法衍生於宋科舉陋習,"杜詩分類法,爲宋人陋習,或與科舉有關,以便分類查閲,就題摹擬"[4]。由此看,分類體杜集不是爲揭示杜詩本義而興,而是爲便於引用。這一點可在《總目》中對類書體的批評中得到旁證,"此體一興,而操觚者易於檢尋,注書者利於剽竊,轉輾裨販,實學頗荒"[5]。鑒於此,可知館臣不喜分類體杜集的原因,除了因其有割裂之失外,還有厭其取巧之用。

評點體杜集,自劉辰翁始。元、明時皆奉劉辰翁的評點爲宗,錢謙益云:"元人及近時之宗劉辰翁,皆奉爲律令,莫敢異議。"[6]《總目》却批評劉辰翁才學,"辰翁論詩,以幽雋爲宗,逗後來竟陵弊體。所評杜詩,每舍其大而求其細,王士禛稱之"[7]。對劉氏的杜詩評,亦不以爲然,云:"辰翁評所見至淺,其標舉尖新字句,殆於竟陵之先聲。

① 計東:"杜詩千家注最爲紕繆,宋本之善者有二焉,分體則吳若本,今虞山先生所箋者是也。編年則蔡夢弼本,吾邑朱氏長孺所輯注是也。"韓成武、孫微等點校《杜工部詩集輯注·計序》,河北:河北大學出版社,2009年,第3頁。
② 洪業:《杜詩引得序》,《洪業論學集》,北京:中華書局,1981年,第334頁。
③ 仇兆鼇:《杜詩詳注·杜詩凡例》,第26頁。
④ 鄭慶篤:《杜集書目提要》,濟南:齊魯書社,1981年,第7頁。
⑤ 《總目·類書序》,《四庫全書總目》(下册),第1141頁。
⑥ 錢謙益:《錢注杜詩·注杜詩略例》,上海:上海古籍出版社,1979年,第4頁。
⑦ 《〈箋注評點李長吉歌詩〉提要》,《四庫全書總目》(下册),第1293頁。

王士禎乃比之郭象注《莊》,殆未爲篤論。至編中所集諸家之注,真贋錯雜,亦多爲後來所抨彈。"①因此,可知正目收録《千家集注杜詩》的原因,不在劉辰翁之評,而在高楚芬之編,"其蓽路藍縷之功,亦未已盡廢也"②。劉辰翁的詩學影響貫穿了明代。對劉辰翁的批評也應視爲對明代文風、詩學的批評。郝潤華曾言劉辰翁評點之弊,説:"劉辰翁評點杜詩重視對寫景抒情詩的審美批評,對於典故、史實則疏於考證。他的評點往往隨意而批,有時失之草率,有時只加一二字批語,很難真正闡釋杜詩的精微奧妙。"③郝氏所言也揭示出了《總目》厭棄劉辰翁評點體的原因。杜律選注本是元明時期杜集的常見形式。廖仲安指出"在明清兩代形成一種專讀杜甫律詩的風氣"④。而這類選注本當濫觴於劉辰翁的評點本。洪業即説:"顧唯劉辰翁以逸才令聞,首倡鑒賞,於是選雋解律之風大起。"⑤《總目》也指出二者的前後相承關係,《〈杜律注評〉提要》:"是編因元張性《杜律演義》略施評點,每首皆有旁批,注文亦時有塗乙,大致皆劉辰翁之緒論也。"⑥《總目》對這類杜集同樣持批評態度。

綜上所述,《總目》對杜集分類體、評點體的摒棄,一是不滿於這兩種編排方法在思想上不能揭示杜詩本義,二是不滿於這兩種編排方法在方法論上主觀性太强,會意臆測成分多。

2. 彰顯漢學治學方法、理念

《總目》多肯定入正目的杜集有考據之功。而 16 種杜集存目,除了紀容舒《杜律疏》有可觀之辭外,其餘 15 種皆是滿目的錯誤。對紀氏杜集的表彰當然有私心成分⑦,但對其他杜集的批評,非私心所致,皆與館臣重漢學的理念有關。《總目》杜集提要以揭示杜詩創作本義,爲存目杜集是非評價的出發點和落脚點。如云:"所詮釋亦皆臆度,不甚得作者之意"⑧、"大抵順文演意,均不能窺杜之藩籬也。"⑨

《總目》纂寫的目的,是總結舊學術史、建構新學術範型。因政治需要,館臣們始終以清算、總結的視角審視明代學術,以嚴厲的口吻批評明代學風。這種不滿情緒也貫穿在對明代杜詩接受和杜集批評中,所以存目中的明代八種杜集,自然無一爲是。清人認爲明人學術有不讀書、空疏之弊⑩,館臣就是如此點評《杜律意注》的,云:"《凡例》稱所見杜詩,惟虞《注》二卷,故雖頗有所校正,而漫無考證,如崔氏東山草堂詩,以芹字爲出韻,是未知唐韻殷字附真不附文,至宋賈昌朝乃移之。許觀《東齋紀事》、王

---

① ② 《〈集千家注杜詩〉提要》,《四庫全書總目》(下册),第 1281 頁。

③ 郝潤華等著:《杜詩學與杜詩文獻》,成都:巴蜀書社,2010 年,第 188 頁。

④ 廖仲安:《杜詩學》(下),《首都師範大學學報》(社會科學版),1994 年第 6 期,第 5 頁。

⑤ 洪業:《杜詩引得序》,《洪業論學集》,北京:中華書局,1981 年,第 325 頁。

⑥ 《〈杜律注評〉提要》,《四庫全書總目》(下册),第 1533 頁。

⑦ 紀容舒是紀昀的父親。紀昀掌集部提要的纂寫,"集部提要與紀昀的見解是密切相關的,很大程度上體現了他個人的文學觀和論詩文的折衷立場"。蔣寅:《紀昀與〈四庫全書總目〉的詩歌批評》,《學術界》,2015 年第 7 期,第 186 頁。

⑧ 《〈杜律意注〉提要》,《四庫全書總目》(下册),第 1532 頁。

⑨ 《〈杜詩通〉提要》,《四庫全書總目》(下册),第 1532 頁。

⑩ 從清人朱蓉生的話中可以反觀,朱氏曰:"近人習尚大言。未知其生平讀書若何,而開口便斥明人不讀書。"劉咸炘著《推十書》增補全本,甲輯第二册,上海:上海科學技術文獻出版社,2009 年,第 589 頁。梁啓超言:"明朝人不喜讀書,已成習慣。"梁氏著《中國近三百年學術史》,上海:上海古籍出版社,2014 年,第 8 頁。

應麟《玉海》皆可考也。"《〈杜詩鈔述注〉提要》在結尾處,特以此書指出明人治學的通病,云:"至注中援引事實,多不注出典。此又明代著述之通病,非獨兆珂一人矣。"館臣在對杜集、杜詩評定時,往往還順手批評明代詩風。《〈韓文杜律〉提要》云:"是編選録韓愈文一卷,杜甫七言律詩一卷,各爲之評點。大抵明末倡狂之論。如謂《佛骨表》不知佛理之類,多不足與辨析。所評杜詩欲矯七子摹擬之弊,遂動以肥濁爲詬病,是公安之驂乘,而竟陵之先鞭也。"還以明代杜詩的接受,批評了彼時主觀臆斷的文風。《〈雲谷卧餘〉提要》:"其書喜議論,而不甚考證,多以私臆斷古人,又果於自信,如杜甫之詩皆爲改定,左丘明之傳亦爲删削。此自有詩文以來,無人敢爲之事也。"從《總目》對明代的杜詩接受和杜集批評可見,館臣極欲擺脱明代心學主觀臆測的闡釋方法。《總目》清代杜集提要的纂寫,與明代的杜集評一樣,也是在考據學框架中完成的,但不同的是,在用語上和緩、温和一些。

　　具體而言,《總目》杜集提要的批評點,主要在以下四類:

　　其一,批評無新解。存目中唯一被肯定的是《杜律疏》,提要肯定了紀氏删汰繁碎、"參以己意以成"。對於絶大多數杜集,館臣認爲了無新意。《〈讀杜愚得〉提要》:"是編冠以新定年譜,亦未免附會,其箋釋典故皆剽掇千家注,無所考證,注後驟括大意,略爲訓解,亦循文敷衍,無所發明。"《〈讀書堂杜詩注解〉提要》:"其用功甚勤,然多依傍舊文,尚未能獨開生面。"《〈老杜詩評〉提要》云:"其書皆匯輯諸家評論杜詩之語,别無新義。"

　　其二,反對穿鑿式解説。館臣雖然認爲杜注如果無新義即無價值,但反對牽强穿鑿式的解杜。他們認爲牽强解説是自宋代以來就有的弊病,"自宋人倡詩史之説,而箋杜詩者遂以劉昫、宋祁二書據爲稿本,一字一句,務使與紀傳相符"[1]。詩文評類存目《〈少陵詩格〉提要》云:"是篇發明杜詩,篇法穿鑿殊甚。"别集類的杜集存目提要中,關於這類弊病的批評有九例,占杜集存目總數的 56.2%。館臣不僅在存目杜集中批評牽强式解説之病,在其他的書目提要的相關處,也對此予以批評。《〈藕居詩話〉提要》云:"所注杜詩諸故實,亦茫無根據,無一字之可信也。"

　　其三,指斥不懂詩法。存目杜集提要多次提到詩法、句法,以此指斥杜集解杜的不當。《〈杜詩論文〉提要》:"詩家有是句法乎?"

　　其四,《總目》反對以時文評解杜詩。《〈杜詩説〉提要》批評説:"然分章别段,一如評點時文之式,又不免失之太淺。中如謂行經昭陵詩,非禄山亂後所作;寄裴施州詩,據文苑英華本,增遥憶書樓碧池映七字於末,雖亦間有考證,然視其《字詁》《義府》,相去不止上下床矣。蓋深於小學,而疏於詩法者也。"這與乾嘉經學家反對桐城派義法的思路是一致的。劉奕指出,乾嘉時桐城派"真正的大敵則是主導學界的經學家們,他們也寫作古文,並且尖刻地嘲諷桐城文家空疏不學,這常常讓姚鼐感到沮喪、惱火"[2]。同時,《總目》也反對"以杜注杜"説。以杜注杜的杜詩接受方法,始自清代。孫微提到:"直至清代,杜詩注家們才開始在理論上明確認識到'以杜注杜'方法的優

①　《〈杜詩攟〉提要》,《四庫全書總目》(下册),第 1281 頁。
②　劉奕:《乾嘉經學家文學思想研究》,上海:上海古籍出版社,2012 年,第 56 頁。

越性,並在注杜實踐中較爲廣泛地使用這種科學的注杜方法。"①但《總目》對這種方法的評價是,失於淺陋。《〈杜詩闡〉提要》肯定了作者盧元昌自序所言的反對"以杜注杜"説,"反是者又爲膚淺凡庸之詞,曰:吾以杜注杜也,則太陋。其持論甚當"。

　　總之,《總目》杜集提要的纂寫是,以探尋杜詩本義爲出發點,以考據學爲判斷標準和方法,其目的就是破舊立新,建構符合時代要求的杜詩評方法和側重點。

三、結　語

　　《四庫全書總目》中屢見杜詩及杜詩評,體現出館臣熟練掌握杜詩、杜集的能力,展現了清代杜詩學的繁盛。這是館臣對清人注杜熱情的回應。但《總目》對歷代杜集的評價却是貶多褒少。這種反差産生的原因,一是源於官方以盛世之音言杜的詩教旨歸與民間杜注重以意逆志的詮釋理念的抵觸,二是因爲館臣重實證的學術方法與民間注杜率性而爲之間的衝突。這種反差背後,彰顯的是《總目》所代表的朝廷欲正本清源的政治需要,和經學家們欲構建杜詩解正本範例的學術意圖。

---

　①　孫微輯校:《清代杜集序跋匯録・序》,北京:人民文學出版社,2017 年,第 10 頁。

皮錫瑞今古文分判標準申説及
兩漢今古文學之經典觀念[*]

趙　培

　　摘　要:皮錫瑞關於今古學之論,影響至巨。簡言之,今古文之别有二:一爲文字,一爲經説;前漢並無今古文之説,此説起於劉歆增置古文四經,古文原無解説,古文經説起於立學官之後。皮氏之説可申辯處頗多。首先,字形非今古文異同之絶對標準;其次,皮氏"既立學官,必創解説"的講法過於籠統,細核之又同事實不合。兩漢經學的主要特點,可以歸納爲"以説養經,經傳一體"。此特徵反映出兩漢今古學者的經典觀念。兩漢今古文的分化,奠定了傳統中國經學的流傳形態與大體框架,經學在後世的延展基本上没能跳出這一格局。傳統經學正是在這種郢書與燕説、聖論與賢語的"博弈"中不斷自新。

　　關鍵詞:皮錫瑞;今古文經;經典觀念;兩漢;經學

引言:晚清以來的學分古今及其標準

　　晚清言兩漢經學,每好分别今古家法,錢穆先生認爲此種分法,"張皇過甚,流衍多失"①。經分今古,始自廖平,見於氏著《今古學考》。依《六譯先生年譜》,此篇之核心思想,萌發於光緒九年癸未(1883),"光緒九年癸未,先生三十二歲。説經始分别古今。赴北京會試,不第。舟車南北,冥心潛索,於《春秋》得素王、二伯諸大義"②。廖氏講今古,合於東漢以來,今古已分時。然其以《王制》《周禮》統經,言兩漢經學,的確"張皇過甚"。廖氏《今古學考》上卷列今、古學異同表二十,下卷依表詳論,所言具體而明。與之相近,同主今文學的皮錫瑞更就文字和説解之異,依今古論判兩漢之學術:

　　　　兩漢經學有今古文之分。今古文所以分,其先由於文字之異。今文者,今所謂隸書,世所傳熹平石經及孔廟等處漢碑是也。古文者,今所謂籀書,世所傳岐

---

　　* **作者簡介:**趙培,北京大學文學博士,中國社會科學院文學研究所助理研究員,主要從事先秦兩漢傳世與出土文獻研究。

　　基金項目:國家社科基金一般項目"《尚書》經典化研究"(18BZW035)。

　　① 錢穆:《兩漢博士家法考》,《兩漢今古文平議》,北京:九州出版社,2011 年,第 153 頁。
　　② 廖宗澤撰,楊世文編校:《六譯先生年譜》,《廖平全集》,上海:上海古籍出版社,2015 年,第十五册附録二,第 449 頁。

陽石鼓及《説文》所載古文是也。隸書,漢時通行,故當時謂之今文,猶今人之於楷書,人人盡識者也。籀者,漢世已不通行,故當時謂之古文,猶今人之於篆、隸,不能人人盡識者也。凡文字必人人盡識,方可以教初學。許慎謂孔子寫定六經,皆用古文,然則,孔氏與伏生所藏書,亦必是古文。漢初發藏以授生徒,必改爲通行之今文,乃便學者誦習。故漢立博士十四,皆今文家。而當古文未興之前,未嘗別立今文之名。《史記·儒林傳》云:"孔氏有《古文尚書》,而安國以今文讀之",乃就《尚書》之古文字而言。而魯、齊、韓《詩》,《公羊春秋》,《史記》不云今文家也。至劉歆始增置《古文尚書》、《毛詩》、《周官》、《左氏春秋》。既立學官,必創解説。後漢衛宏、賈逵、馬融又遞爲增補,以行於世,遂與今文分道揚鑣。許慎《五經異義》有古《尚書》説,今《尚書》夏侯、歐陽説,古《毛詩》説,今《詩》韓、魯説,古《周禮》説,今《禮》戴説,古《春秋左氏》説,今《春秋公羊説》,古《孝經》説,今《孝經》説,皆分別言之,非惟文字不同,而解説亦異矣。①

皮氏關於今古文之論,影響至巨。簡言之,今古文之別有二:一爲文字,一爲經説;前漢並無今古文之説,此説起於劉歆增置古文四經,古文原無解説,古文經説起於立學官之後。細審此説,大有待周全引申,甚或辨誤之處。

一、古文經之文字形態

關於古文經之文字形態,皮氏言:"許慎謂孔子寫定六經,皆用古文,然則,孔氏與伏生所藏書,亦必是古文。"知其從許慎説,認爲孔壁所出及伏生所授之書的字體皆爲"籀文"。再由其將伏生授徒所據之原經同於孔壁,知其以今古文之別在學説而非經本。漢人所謂之"古文",王國維先生早有論斷,即"戰國時秦用籀文,六國用古文"②,"古文、籀文者,乃戰國時東西二土文字之異名,其源皆出于殷周古文。而秦居宗周故地,其文字猶有豐鎬之遺,故籀文與自籀文出之篆文,其去殷周古文反較東方文字(即漢世所謂古文)爲近。自秦滅六國,席百戰之威,行嚴峻之法,以同一文字。凡六國文字之存於古籍者,已焚燒剗滅,而民間日用文字,又非秦文不得行用……故自秦滅六國以至楚漢之際,十餘年間,六國文字遂遏而不行。漢人以六藝之書皆用此種文字,又其文字爲當日所已廢,故謂之古文。此語承用既久,遂若六國之古文,即殷周古文,而籀、篆皆在其後,如許叔重《説文序》所云者,蓋循名而失其實矣。"③漢人言"古文",已失其實,皮氏循漢人之説,自然不當。今日之古文字學,較之晚清民國大有進步,我們對漢人所謂之古文的認識,已可修繕王氏之説。漢人所謂之古文,可分爲兩類,絕多爲六國文字,剩餘則非。前者之主體爲戰國齊系文字中之魯文字,同時含有戰國晉系和楚系文字成分;後者既有西周字形,亦有漢代小學家考爲古文之字形,亦見編造

① (清)皮錫瑞著,周予同注釋:《經學歷史》,北京:中華書局,2008 年,第 87—88 頁。
② 王國維:《史籀篇疏證序》,《觀堂集林》,北京:中華書局,1959 年,第 251—257 頁。
③ 王國維:《戰國時秦用籀文六國用古文説》,《觀堂集林》,第 305—307 頁。

拼湊之字形①。實則,漢人所謂之古文並不單純,言其即六國文字過於籠統,簡單對等於齊魯文字亦不妥當。

二、字形標準在今古文學區分中之比重

皮錫瑞以今古文學之爭,乃古學强爲之。他認爲前漢記載,如《史記·儒林列傳》等,所言"古文",單就文字而言,同學派無涉。又認爲伏生所藏之文本,同於孔壁,亦當爲"古文"②。就其所論可知,今古文之稱在古文争立之後,今古文學之別却不在文字。王國維先生論説近同之,而更謹密:

> 夫今文學家諸經,當秦漢之際,其著於竹帛者,固無非古文。然至文景之世,已全易爲今文。於是魯國與河間所得者,遂專有古文之名矣。古文家經如《尚書》《毛詩》《逸禮》《周官》《春秋左氏傳》《論語》《孝經》,本皆古文。而《毛詩》《周官》,後漢已無原書。惟孔壁之《尚書》《禮經》《春秋》《論語》《孝經》及張蒼所獻之《春秋左氏傳》尚存。於是,孔壁之書遂專有古文之名矣。然漢時古文經傳,蓋已有傳寫本,雖無確證,然可得而懸度也。(中略)立此六義,則漢時古文經皆有別本甚明。由是觀之,不獨魏三體石經之古文具有淵源,即梅賾之僞書,其古字亦非全出杜撰也。③

結合二氏所論,今文之學,經本所出,亦爲古文,然文景之世,移改爲漢隸。今古文所承文本,皆是先秦舊籍。新莽及後漢初年,立古文經後,《毛詩》《周官》已無原書,而仍以古文名之。可知今學、古學之異,絶非別於文字。今古學之與文字關聯處,在於其對文字之態度,今文學派以經義不拘於字形;兩漢古文學家多小學家,以文字爲經義之本,王政之始。

三、"既立學官,必創解説"辨

皮氏以古文確立自"劉歆增置《古文尚書》、《毛詩》、《周官》、《左氏春秋》"始,且認爲古文之經説亦自此方有,故言"既立學官,必創解説"。以古文經説實即劉氏家學。"後漢衛宏、賈逵、馬融又遞爲增補,以行於世,遂與今文分道揚鑣",言古文之別立門户的過程,實即其經説不斷完善之過程。

皮氏説今古文,全以王朝官學立論,未及王國學及民間私學,見出偏頗。《漢書·景十三王傳》載:"河間獻王德以孝景前二年立,修學好古,實事求是。從民得善書,必爲好寫與之,留其真,加金帛賜以招之。繇是四方道術之人,不遠千里,或有先祖舊書,多奉以奏獻王者,故得書多,與漢朝等。是時,淮南王安亦好書,所招致率多浮辯。

---

① 張富海:《漢人所謂古文之研究》,北京:綫裝書局,2007 年,第 331 頁。

② 按:伏生所藏與孔壁所出,是否皆爲"古文",尚需再討論。孔壁古文,似無可疑,然伏生所藏,在書同文前還是後,其文本用字形態差別當頗異。即便伏生所傳亦爲古文,則與孔壁所出,又當有齊魯之別,不宜輕言。

③ 王國維:《漢時古文諸經有轉寫本説》,《觀堂集林》,第 327—330 頁。

獻王所得書皆古文先秦舊書,《周官》、《尚書》、《禮》、《禮記》、《孟子》、《老子》之屬,皆經傳説記,七十子之徒所論。其學舉六藝,立毛氏《詩》、左氏《春秋》博士。修禮樂,被服儒術,造次必于儒者。山東諸儒皆從而游。"①河間獻王劉德修學好古,四方求典,所得皆古文先秦舊書,且皆爲經傳説記,多爲七十子後學所論。知漢初王國學及私學傳經,非但字爲古文,且更見有先秦傳説,古文之説解,淵源有自。

以《詩》古學爲例,《國語·周語下》載叔向用《詩》,涉及《周頌·昊天有成命》和《大雅·既醉》篇:

　　　　且其語説《昊天有成命》,頌之盛德也。其詩曰:"昊天有成命,二后受之,成王不敢康。夙夜基命宥密,於,緝熙! 亶厥心肆其靖之。"是道成王之德也。成王能也。成王不敢康,敬百姓也。夙夜,恭也。基,始也。命,信也。宥,寬也。密,寧也。緝,明也。熙,廣也。亶,厚也。肆,固也。靖,龢也。其始也,翼上德讓,而敬百姓;其中也,恭儉信寬,帥歸於寧;其終也,廣厚其心,以固龢之。始終德讓,中於信寬,終於固和,故曰成。②

　　　　《詩》曰:"其類維何? 室家之壼。君子萬年,永錫祚胤。"類也者,不忝前哲之謂也。壼也者,廣裕民人之謂也。萬年也者,令聞不忘之謂也。胤也者,子孫蕃育之謂也。③

叔向略早於孔子,以其解《詩》之辭,校以《毛傳》,訓釋無差,而叔向之解更爲詳盡。所別者,叔向此處强調《昊天有成命》是道成王之德,而《小序》但言"郊祀天地也"④,可以見出儒門經典成編過程中,對王官和貴族《詩》學的繼承和損益。朱熹《詩集傳》據叔向説,定《昊天有成命》爲祭祀成王之詩⑤,蓋已混官私之學爲一,忽略了此間演進之脈絡。由儒家《詩經》對官學和貴族《詩》學之文本和訓釋的吸收損益,已見出文本傳解在經典形成過程中的重要性。

再如《堯典》云:"克明俊德,以親九族。九族既睦,平章百姓。"孔傳云:"能明俊德之士任用之,以睦高祖玄孫之親。"⑥或言孔傳爲僞,再看馬融、鄭玄注。《尚書釋文》引馬鄭注:"上自高祖,下至玄孫凡九族。"可見古文認爲"九族"指從高祖到玄孫。今文諸家説,可參皮錫瑞考證:

　　　　《正義》引夏侯、歐陽説云:"九族者,父族四,母族三,妻族二,皆據異姓有服。"《異義》引《尚書》歐陽説:"九族乃異姓有屬者。父族四:五屬之内爲一族,父女昆弟適人者與其子爲一族,己女昆弟適人者與其子爲一族,己之女子子適人者與其子爲一族。母族三:母之父姓爲一族,母之母姓爲一族,母女昆弟適人者與

①　(漢)班固撰,(唐)顏師古注:《漢書》卷五十三《景十三王傳》第二十三,北京:中華書局,1962 年,第八册,第 2410 頁。

②　上海師範大學古籍整理研究所點校:《國語·周語下》,上海:上海古籍出版社,1998 年,第 116 頁。

③　《國語·周語下》,第 117—118 頁。

④　《毛詩正義》卷十九,北京:中華書局,2009 年,第 1266 頁上。

⑤　《毛詩》卷十九,漢文大系本,臺北:藝文印書館,1978 年影印,第 5—6 頁。

⑥　《尚書》卷一《堯典》,漢文大系本,臺北:藝文印書館,1978 年影印,第 2 頁。

其子爲一族。妻族二:妻之父姓爲一族,妻之母姓爲一族。古《尚書》説九族者,從高祖至玄孫凡九,皆同姓。許慎案:《禮》總麻三月以上服,恩之所及。《禮》爲妻父母有服,明在九族中。九族不得但施於同姓。"鄭駁云:"玄之聞也,婦人歸宗。女子雖適人子,猶繫姓,明不得與父兄爲異族。其子則然。昏禮請期辭曰:'唯是三族之不虞。'欲及今三族未有不億度之事而迎婦也。如此,所云三族,不當有異姓。異姓其服皆總麻。《禮·雜記》下,總麻之服,不禁嫁女取婦。是異姓不在族中明矣。"據此,則許從今文,鄭從古文。然《昏禮》云:"三族不虞",不云"九族",且《禮》爲外祖父母、從母皆小功,則異姓有服不止總麻,鄭君之説未足以難今文也。①

　　九族之訓解,古文派之許慎以今文之説爲是,鄭玄極力反對,依皮錫瑞的辯駁,鄭説實難立足。許慎以古文學家身份而從今文説,除開服膺其理外,更有他因。今文家此訓釋,實合於《左傳》。《左傳·桓公六年》載:"故務其三時,修其五教,親其九族,以致其禋祀,於是乎民和而神降之福,故動則有成。"楊伯峻先生注:

　　　　"修其五教",文十八年《傳》云:"使布五教於四方,父義,母慈,兄友,弟共,子孝。"九族之義,異説紛紜,《尚書·堯典》"克明俊德,以親九族",自是指自高祖至玄孫。而此上文有"修其五教"之文,五教有"母慈",自不能排除母族。杜注:"九族謂外祖父、外祖母、從母子及妻父、妻母、姑之子、姊妹之子、女子之子並己之同族,皆外親有服而異族者也。"②

據《左傳》之内證,可知九族當有異姓,今文説爲是。而《左傳》又是古文家措意最多的典籍,可謂古文派典籍之代表。如此則許慎從之,於情理頗合。

　　《大雅·旱麓》:"豈弟君子,干禄豈弟。"毛傳:"干,求也。言陰陽和,山藪殖,故君子得以干禄樂易。"③《國語·周語下》單穆公詩説云:"夫旱麓之榛楛殖,故君子得以易樂干禄焉。"④又《周頌·天作》:"天作高山,大王荒之",毛傳:"荒,大也。天生萬物於高山,大王行道,能安天之所作也。"⑤《國語·晉語四》載叔詹諫言:"臣聞之,親有天,用前訓,禮儀兄弟,資窮困,天所福也……在周頌曰,天作高山,大王荒之。荒,大之也,大天所作,可謂親天矣。"⑥

　　要之,兩漢經説,尤其古文經説,並非皮氏所言,實有所承。河間獻王劉德,得先秦舊籍,有經説,且多爲儒門後學所作。另外,"其學舉六藝,立毛氏《詩》、左氏《春秋》博士",則先漢王室而先以侯國立儒學博士,且爲古文之學。劉德在古文經的保藏和經傳的完善方面,助力頗多,戴震嘗撰《河間獻王傳經考》,刻石於河間府獻王祠左壁,其文曰:

---

① (清)皮錫瑞:《今文尚書考證》,北京:中華書局,1989年,第10—11頁。
② 楊伯峻:《春秋左傳注》(修訂本),北京:中華書局,1990年,第112頁。
③ 《毛詩故訓傳》卷十六《旱麓》,漢文大系本,第15頁。
④ 《國語·周語下》,第121頁。
⑤ 《毛詩故訓傳》卷十九《天作》,漢文大系本,第4頁。
⑥ 《國語·晉語四》,第349—350頁。

漢初六藝散而復集，文帝時《詩》始萌芽，獨有《魯詩》，景帝時有《齊詩》《韓詩》，而毛公爲《詩故訓傳》三十卷，鄭康成《六藝論》云："獻王好之，曰《毛詩》。"……元帝立京氏《易》。平帝立《左氏春秋》《毛詩》《逸禮》《古文尚書》。而《周官》經劉歆末年知周公致太平之迹（段玉裁案：此"迹"字，《禮記正義》作"道"）迹，具於斯始有傳者。凡群經傳記之先後，表見於漢，大致可考如此。今三家詩亡而《毛詩》獨存。昔儒論治《春秋》可無《公羊》《穀梁》，不可無《左氏》。當景帝、武帝之間，六藝初出，群言未定，獻王乃立毛氏《詩》《左氏春秋》博士，識固卓卓。①

劉德以侯王身份，涵納古學，重拾先秦儒學經傳，於古文經學之再興，貢獻良多。其立博士，可知古文經傳，承前而存，本有其系統。武帝時，獻王入朝相見，"獻禮樂，對三雍官及詔策所問三十餘事。其對推道術而言，得事之中，文約指明"②。可見獻王學問修爲。結合前論，除劉德、孔安國、伏生外，景帝的另外一個兒子魯恭王劉余，以及向歆父子，於古文經傳的發現和傳承，皆有貢獻。

古文經學雖未立學官，然王國有博士，民間有傳本，其經傳承前不絕，且更趨完善，皮氏所言之"既立學官，必創解說"并非事實，然其側面反映出官學對傳解的重視。

四、兩漢經學"以説養經，經傳一體"論③

前文力辨皮錫瑞今古文説之不當處，文字形態既非今古學立異之根本，則今古文之別自然在經説。最早今、古并稱者，爲許慎《五經異義疏證》。廖平《今古學考》列"《五經異議》今與今同古與古同表"，其間"古與古同，今與今同，二者不相出入"④，以示師法之嚴。廖氏以"今古文二派自鄭君以後乃相亂"，故又列"鄭君以前今古文諸書各自爲家不相雜亂表"，其今文派之按語云：

> 以上各家皆今學。所著書除何氏《解詁》以外，見於玉函山房輯本所引用，全本於《王制》，不雜用古學説，不如范氏注《穀梁》，據《周禮》古學説以攻《傳》。可知東漢以前，今學與今學自爲一派，與古別行，不求強同。以古亂今者，皆鄭君以後之派，舊原不如此也。⑤

古文一派後亦有案語言：

> 以上皆古學。所著書除《説文解字》外，皆見於馬輯本所引用，全本于古學各書不用博士説，不如鄭君注《周禮》、《毛詩》雜用今禮。可知秦漢以來，古學獨行，

---

①　（清）戴震：《河間獻王傳經考》，《東原集》，上海：上海中華書局四部備要叢書據經韻樓本影印，卷一，第三頁。
②　《漢書》卷五十三《景十三王傳》第二十三，第八册，第 2411 頁。
③　關於兩漢經學"以説養經，經傳一體"的討論，詳參趙培《儒家經典之確立及其特徵論析》，《周易研究》，2017 年第 4 期，第 77—83 頁。
④　廖平：《今古學考》，《廖平全集》，第一册，第 18—22 頁。
⑤　廖平：《今古學考》，《廖平全集》，第一册，第 23 頁。

自爲一派，不相雜混。考之古書，證以往事，莫不皆然。非予一人之私言，乃秦漢先師之舊法也。①

據廖氏所言，鄭玄以前，今古學之解經，涇渭分明。這一分野，前賢多言，因今文一派，立於官學，困於利禄，古文嫉今學被立，又病其發揮過甚，故收攬前説，特爲立異。亦如廖平所言：

今經爲孔子晚年之書，故弟子篤信謹守，欲以偏説群經。

古經出于壁中，較今經多，博士抑之，不得立。好古之士嫉博士如仇，故解經用古説，即無今、古之分者亦用古説，此後來之變也。至于古經，漢初亦有傳習，其説與今異者，則又好古之士與今學樹敵，在先秦已如此。②

漢儒重師法之因，廖平以今文家之立場，言今經爲孔子晚年之書，故今文派篤信謹守。古文經後出，較今經爲多，但不立學官，故好古之士，網羅先秦舊説，意在與今文相抗。抛開其今文家立場，廖平實際上從傳承角度來分析今古文緣何重視師法，即其經説皆有所承。

今古文的分派，追溯至先秦，可知其已孕育於齊魯經學之別當中。漢初所招博士，多爲齊人。古文所出經典，多自孔壁，當爲魯學。

除此之外，對師説的重視，亦與漢初經典散落，多爲零章殘篇相關。離開經説，無以解經。如桓譚《新論·正經篇》云：“《左氏傳》之與經，猶衣之表裏，相持而成，經而無傳，使聖人閉目思之，十年不能知也。”③《漢書·藝文志》云：

漢興，改秦之敗，大收篇籍，廣開獻書之路。迄孝武世，書缺簡脱，禮壞樂崩，聖上喟然而稱曰：“朕甚閔焉！”於是建藏書之策，置寫書之官，下及諸子傳説，皆充祕府。至成帝時，以書頗散亡，使謁者陳農求遺書於天下。④

此段文字，習見徵引，以證西漢承前之文化遺産之殘破。細究班固所言，知漢初雖“大收篇籍，廣開獻書之路”，但一直到成帝時，依舊“以書頗散亡”，需求遺書於天下。而所求得之古文遺書，若無師説，則似無人可講。《尚書》之逸書十六篇即是如此。此十六篇，前漢無人注解，後漢馬融、鄭玄、杜預皆謂之“逸書”。其中《武成》一篇，孔穎達正義引鄭玄説，言其亡於建武之際⑤。《經典釋文序録》云：“漢始立歐陽尚書，宣帝復立大小夏侯博士，平帝立古文。永嘉喪亂，衆家之書并亡。”⑥則《武成》之外的十五篇，又亡於永嘉之亂。然《隋書·經籍志》云“又有《尚書》逸篇，出於齊梁之間。考其篇目，似孔壁中書之殘缺者。”⑦《新唐書·藝文志》有徐邈注《逸書》三卷。⑧ 則孔壁之

---

① 廖平：《今古學考》，《廖平全集》，第一册，第23頁。
② 廖平：《今古學考》，《廖平全集》，第一册，第25頁。
③ （漢）桓譚：《新論》卷九《正經篇》，據朱謙之輯校《新輯本桓譚新論》，北京：中華書局，2009年，第39頁。
④ 《漢書》卷三十《藝文志》第十，第六册，第1701頁。
⑤ （漢）孔安國傳、（唐）孔穎達正義，黄懷信整理：《尚書正義》，上海：上海古籍出版社，2007年，第429頁。
⑥ （唐）陸德明撰，黄焯彙校：《經典釋文彙校》卷一《序録》，北京：中華書局，2006年，第14頁上。
⑦ （唐）魏征等撰：《隋書·經籍志》卷三十二，北京：中華書局，1973年，第913頁。
⑧ （北宋）歐陽修、宋祁撰：《新唐書·藝文志》卷四十七，北京：中華書局，1975年，第1427頁。

0

逸篇,至唐依舊殘存。此後不見於記載,則其全部亡佚,約在唐宋之際。即便爲伏生所傳,據《漢志》所載云"秦燔書禁學,濟南伏生獨壁藏之",所言"獨"者,見其稀少。後孔安國得古文,多十六篇,因無經説,後竟埋没不聞。此外,《漢志》言漢初諸經之傳,多以學統經,即便以筮卜之事,免以被燔之《易》,也僅從田何、施、孟、梁丘、京氏、費氏、高氏數家角度言之。班固云:"劉向以《中古文易經》校施、孟、梁丘經"①可見經傳一體,不可二之。

　　無經説之古文經已難以理解,其原因與古文字的系統發展有絶多關聯。始皇二十六年書同文字,從傳世文獻和土材料來看,秦之用字有篆書和隷書兩種,或言存在篆、隷兩個系統。古今學界對秦代"書同文"之"文",理解有異,或以爲篆書,或以爲隷書,均顯片面。結合出土材料,可知秦所同之"文字",即爲以篆書和隷書爲主體的秦國文字②。秦既以篆書和隷書統一文字,則以戰國齊魯文字主體書寫的古文本,識者已鮮。《漢書·郊祀志下》載:

　　　　美陽得鼎,獻之。下有司議,多以爲宜見宗廟,如元鼎時故事。張敞好古文字,按鼎銘勒而上議曰:"臣聞周祖始乎后稷,后稷封於斄,公劉發迹於豳,大王建國於歧梁,文武興鄷鎬。由此言之,則歧梁鄷鎬之間周舊居也,固宜有宗廟壇場祭祀之臧。今鼎出於歧東,中有刻書曰:'王命尸臣:"官此枸邑,賜爾旗鸞黼黻琱戈"尸臣拜手稽首曰:"敢對揚天子丕顯休命。"'臣愚不足以迹古文,竊以傳記言之,此鼎殆周之所以襃賜大臣,大臣子孫銘刻其先功,臧之於宫廟也。……不宜薦於宗廟。"制曰:"京兆尹議是。"③

此爲張敞爲美陽鼎不宜薦於宗廟所撰的上議,有兩處需要注意:一、美陽獲鼎以後,漢廷下諸曹商議,認爲當見宗廟。可知,宣帝時候,群臣能識古文者已甚少;二、張敞好古文字,故其知古文。而言其好,實明此時古文字之學,並非必須。雖好古文字,尤言"臣愚不足以迹古文,竊以傳記言之",可知即便識古文字如張敞者,見美陽鼎,已不敢斷言自己之判斷。知古文字學之凋零,可知。正是如此,後漢"郡國往往於山川得鼎彝,其銘即前代之古文,皆自相似,雖叵復見遠流,其詳可得略説也。而世人大共非訾,以爲好奇者也。故詭更正文,鄉壁虚造不可知之書,變亂常行,以耀於世。諸生競説字解經誼,稱秦之隷書爲蒼頡時書,云父子相傳,何得改易。"④不僅不識古文字,且已肆意矯古。

　　此外,兩漢經學"以説養經,經傳一體",亦可從官方立場來看。此一方面,劉歆《讓太常博士書》有論:

　　　　夫禮失求之於野,古文不猶於野乎?往者博士《書》有歐陽,《春秋》公羊,《易》則施、孟,然孝宣皇帝猶復廣立穀梁《春秋》,梁丘《易》,大小夏侯《尚書》,義雖相反,猶并置之,何則?與其過而廢之也,寧過而立之。傳曰:"文武之道未墜

①　《漢書》卷三十《藝文志》第十,第六册,第1704頁。
②　朱葆華:《中國文字發展史·秦漢文字卷》,上海:華東師範大學出版社,2015年,第35頁。
③　《漢書》卷二十五下《郊祀志》第五下,第四册,第1251頁。
④　(漢)許慎:《説文解字序》,北京:中華書局,2013年,第317頁上。

於地,在人。賢者志其大者,不賢者志其小者。"今此數家之言,所以兼包大小之義,豈可偏絶哉。①

劉歆言"與其過而廢之也,寧過而立之",以明漢代立經的原則。知漢代官方對經書的態度,以其有學而存之,並不執著與經文本身之純否。此種態度,同上文説言漢代文籍存留情況直接相關,實爲無奈之舉。此外,劉歆亦明示了此種官方立場於古有據。《論語·子張》衛公孫朝問子貢,如何學孔子之學,子貢曰:"文武之道,未墜於地,在人。賢者識其大者,不賢者識其小者,莫不有文武之道焉。"朱熹章句:"文武之道,謂文王、武王之謨訓功烈,凡周之禮樂文章皆是也。在人,言有人能記之者。"②儒家對於文獻之傳統即是如此,以"文"與"獻"并重,而經説傳記亦可看做"獻"的書面化形式。漢代承秦,典籍遭厄,文獻難徵,同於孔子所面臨的三代文獻的情況,故對文獻的態度亦同夫子,以"經傳"爲一體。

五、兩漢古今文的經典觀念

兩漢經學甫一出現,即表現出對經解的重視。典籍文本就表現出對經解的極大的依賴性。兩漢"以説養經,經傳一體"的經學特點,李零先生在整理郭店楚簡時亦有談及,其言:"漢代的古書傳授有經、傳、記、説、章句、解故之分。大體上講,它們的區别主要是,經是原始文本,傳是原始文本的載體和對原始文本的解説(類似後世所説的舊注)。經多附傳而行,傳多依經而解,兩者是相翼而行(所以也合稱經傳)。"③所言"傳是原始文本的載體"及"經傳相翼而行",雖不能囊括前文所言之立經説以存經,但差相類之。與"經傳一體"的現實相對應的即爲兩漢今古文學派的經典觀念的"經"與"説"並重。

對經典的認知,相較而言,今文經派更偏重經説,但其説過於"隨意",以致壓過經文。古文經派之經説,則從文字訓詁出發,表現出其對經文的重視。但兩派的經典觀念内部皆存在着自我的矛盾,今文經派始終遭受着經典原文的"掣肘",可謂戴着鐐銬舞蹈;古文經派則容易成爲章句小儒,淹没在碎義當中,同聖人之微言背道而馳。

兩漢今古文之别,主要是處理經傳關係上的差别,古文經更重視元經的價值,希冀尋真達道;今文經更重經説,通經以致用。此外,今古文皆有"經傳一體"之經典觀,其差别在於側重不同。經典自身的豐富性決定了傳解的多種可能性,而傳解的反作用又使歷代經師返回元經去尋求更多的豐富性。從這個意義上講,兩漢今古文分派,實際上奠定了傳統中國經學的流傳形態與大體框架,經學在後世的延展基本上没能跳出這一格局。傳統經學正是在這種郢書與燕説、聖論與賢語的"博弈"中不斷延展。

①　《漢書》卷三六《楚元王傳》附《劉歆傳》,第 1965—1971 頁。
②　(南宋)朱熹:《論語集注》卷十,《四書章句集注》,北京:中華書局,1983 年,第 192 頁。
③　李零:《郭店楚簡校讀記》,北京:中國人民大學出版社,2009 年,第 93 頁。

《文章軌範》的域外改編與剪裁

——論《文章軌範鈔本》的删編維度與意義*

蔣旅佳　廖家燕

　　摘　要：南宋謝枋得編選的《文章軌範》於明代流傳至日本，日本文人對其進行再編纂，此集是日本文人學習的重要教材，對日本文學產生重要影響。明治 33 年，渡貫勇在《文章軌範》的基礎上精選篇目、删減評點、改變編排體例並加入新版塊，編成《文章軌範鈔本》。《文章軌範鈔本》在漢學式微的背景下誕生，肩負了復興漢學、傳播忠義的願望。大正時期兒島獻吉郎承襲其文學觀念，借鑒其評點方法，並有所演繹，編就《正續文章軌範鈔本》。《文章軌範鈔本》是《文章軌範》日本改編由繁入簡過程中，趨於精簡的典型個案，重現了中國古代文學在東亞文化圈的輝煌，拓深了域外漢籍研究的發展。

　　關鍵詞：《文章軌範鈔本》；《文章軌範》删編；域外漢籍；文學意義

引　言

　　中日文化交流的歷史源遠流長，書籍是傳播文化的重要載體。傳入日本的漢籍對日本語言和文學影響匪淺，在豐富日語辭彙、提高作文邏輯性、傳播儒家思想等方面起巨大的作用。部分漢籍在日本廣爲流傳，生成衆多翻刻本和改編本，形成龐大繁冗的版本系統。

　　南宋愛國人士謝枋得隱居期間著有《叠山先生批點文章軌範》七卷，標揭篇章字句之法①，以教示初學、取便場屋。宋代以後，《文章軌範》傳至同爲儒家文化圈的日本。據現有史料記載，日本最早的《文章軌範》版本出現在萬治二年(1659)。此後《文章軌範》在日本流傳繁衍，其翻刻改編經歷了由繁入簡的過程。日本學人在《文章軌範》原集評注之上，多採用“增注”“精注”“增評”“評林”“講解”等方式加以改編。渡貫勇在删減冗繁評語箋注的基礎上，通過篩選選文，精簡評點，添設“作者小傳”版塊，編成《文章軌範鈔本》一書，該本成爲日本《文章軌範》加法式改編進程中的重要“逆行”個案。

　　* 作者簡介：蔣旅佳，陝西師範大學文學院副教授，文學博士，主要從事中國古代文體學與文體分類學研究；廖家燕，陝西師範大學文學院碩士生，主要從事唐宋文學與域外漢籍研究。

　　基金項目：國家社科基金青年項目“明清總集文體分類與文體觀念研究”(19CZW025)。

　　① （明）王守仁：《文章軌範序》，（宋）謝枋得：《文章軌範》，常静齋，明嘉靖四十年，第 1 頁。

目前,中日學界對《文章軌範鈔本》未有太多關注,然此集爲觀察明治時期日本文學思潮的演變提供多維度的視角,也給這階段日本漢學發展提供文獻資料支撐,其文學價值不容忽視。本文將其放置於日本《文章軌範》改編的整體進程中加以考察,通過梳理《文章軌範鈔本》的版本形態,闡釋分析該集的删選維度,嘗試還原渡貫勇删減《文章軌範》、增設副文本的目的用意,以此來論述《文章軌範鈔本》删編意義與影響。

一、日本《文章軌範》的改編接受與渡貫勇《文章軌範鈔本》

江户時期,古學派學者伊藤仁齋(1627—1705)率先學習《文章軌範》的選篇規範,依照其文章觀編有《文式》,用以私塾教授學生。這標誌着《文章軌範》真正進入日本文人的視野。《文章軌範》在日本流傳中衍生衆多版本,僅筆者在日本國立公文書館經眼的《文章軌範》版本就超過 45 種,可見其在日本流傳之廣、影響之深。

日本學人在翻刻《文章軌範》的基礎之上,或增注標箋,形成《增纂評注文章軌範》(寬政 6 年)、《補注文章軌範校本》(明治 10 年)、《纂評增注文章軌範》(明治 11 年)、《鼇頭文章軌範注釋》(明治 11 年)、《鼇頭增注文章軌範》(此本爲明治 12 年森之立增注本,明治 19 年渡井量藏編輯有此書另一同名本)、《標箋文章軌範》(明治 14 年)、《點注正文章軌範》(明治 14 年)、《文章軌範輯釋》(明治 17 年)、《精注文章軌範》(明治 24 年)等一系列改編本;或於箋注的基礎上集評,形成諸如《文章軌範纂評》(安政 5 年)、《增評文章軌範》(明治 10 年)、《評本文章軌範》(明治 11 年)、《纂評增注文章軌範》(明治 11 年)、《文章軌範講解》(明治 11 年)、《文章軌範評林》(明治 12 年)、《文章軌範觸解》(明治 13 年)、《評注文章軌範》(明治 14 年)、《增補文章軌範評林》(明治 16 年)、《增訂評注正文章軌範》(明治 16 年)、《新刊增評文章軌範評林》(明治 17 年)、《祛陳補新文章軌範評林大成》(明治 17 年)、《新撰評注文章軌範》(明治 19 年)、《旨趣文脈節段校正文章軌範》(明治 19 年)、《文章軌範文法講義》(明治 32 年編,原名《文章解剖規範》)等多種改編本,評釋講解文章立意法度;或以《文章軌範》語言文字爲本,編有《冠注插畫文章軌範字類大全》(明治 14 年)等識字工具書;日本學人通過對漢籍選文的注釋評點,助力於漢文學習與文章創作。不僅如此,近代學人對於日本版《文章軌範》的編輯投入極大的熱情[1],他們參照謝枋得《文章軌範》選文標準和分類體例,精選日本漢文篇目,編成如《日本文章軌範》(明治 15 年)、《漢文軌範》(明治 18 年)、《初學文章軌範》(明治 19 年)等多種日本版的《文章軌範》,並試圖從改編與箋注評解中尋求日本文化的精神支柱。

上所羅列的《文章軌範》日本改編本中,多數實際上成爲學習漢文的教學讀物,用以鍛煉作文的條理性和邏輯性。日本學人累積型箋注講評雖造成《文章軌範》版本形態冗重,但其出發點,還是基於本國初學童生的漢文基礎和整體學情。日本學者這種接力式的、加法式的評注內容,在一定程度上影響了讀者的閱讀感受和書籍的傳播接

---

① [日]加藤國安:《近代日本版〈文章軌範〉的編輯熱情——簡野道明的府師範期的經歷》,《東洋古典學研究》,2009 年第 28 輯,第 19—43 頁。

受效能。明治時期,渡貫勇(1870—?)在謝氏《文章軌範》原本以及日本衆多增注增評本的基礎上,通過選文篇目與評注話語删選,以及分類體例的變更等維度進一步改編,編成《文章軌範鈔本》一書。目前,學界尚未對此集有太多關注,其價值下文細論之。

渡貫勇,本姓寺田,號香雲、寧固軒等,茨城縣人,漢學家、漢詩人。學漢詩文於内藤碧海、川田甕江、依田學海、永阪石德塔等漢學大家,具有扎實的漢學基礎。師從多門的求學經歷開拓了渡貫勇的視野,其文學觀念是多元豐富、激進創新的。他曾於仙臺、水户、東京等多地中學工作,具備豐富的中學教學和教材編選經驗。渡貫勇成年後所作漢詩文頗多,但因地震災害而多有散佚,現存漢詩集《寧固軒小草》,中學教材《中學漢文參考書》《漢文題選》等。

《文章軌範鈔本》現存有明治 33 年(1900)二月發行的三省堂書店版。行款爲半葉十行,行二十字,黑口,左右雙邊。封面中題:"文章軌範鈔本"六字,其下"全"。扉頁由右至左分爲三欄:最右爲"渡貫勇編";中間爲"文章軌範鈔本",其下是"全"(小字);最左爲"東京三省堂藏版"。

《文章軌範鈔本》由例言、目次、正文、作者小傳構成。例言有五條。其一,明確編選目的爲適應學校課時縮減、方便學校授課。其二,點明選文標準和删篇標準,選篇標準爲"最可誦可鑒"①,《文章軌範》中缺乏深度、言語鄙陋、態度戲謔等文章則一律删除。其三,《文章軌範鈔本》的編選既考慮中日異俗、古今變遷的客觀原因,也展現出編者的主觀訴求,體現其編纂意旨。

目次共兩頁。首篇爲李覯的《袁州學記》,末篇爲韓愈的《祭田横墓文》。作者稱呼皆用名。正文收録 31 篇文章,文中有評點,皆小字題上評。行中有圈,用於句讀。橫開本,竪排繁體字,從右到左編排。此本共 100 頁,近兩萬字。正文後爲新設置的"作者小傳"。

《文章軌範鈔本》共存作品 31 篇,除陶淵明《歸去來辭》和諸葛亮《前出師表》之外,其餘皆爲唐宋時期作品。其中唐代時期作品數量最多,共 16 篇,宋代時期作品13 篇,晉代和三國時期作品各 1 篇。《文章軌範鈔本》存録作者共 12 人,三國 1 人,爲諸葛亮;晉代 1 人,爲陶淵明;唐代 3 人,即韓愈、柳宗元、杜牧;宋代選入作者最多,共 7 人,爲歐陽修、蘇軾、胡銓、王安石、范仲淹、李覯、李格非。12 人中有 5 人是唐宋八大家成員,分别是韓愈、柳宗元、歐陽修、蘇軾、王安石。各人選録文章數量不盡相同。韓愈選録的作品最多,共 13 篇。其次是蘇軾,作品 6 篇。柳宗元、范仲淹各選録2 篇。其餘各選録 1 篇。

從文體看,《文章軌範鈔本》選篇文體豐富,含 15 種文體。贈序的數量最多,共 6篇。其次是論 5 篇,記 3 篇,説 3 篇,賦 3 篇,其餘文體各 1 篇。《文章軌範》中書數量最多,共 14 篇,其次是論 13 篇,贈序 13 篇。《文章軌範鈔本》删减 13 篇書體作品,僅餘 1 篇,此類文體文章删减幅度最大。其次是删减論 8 篇,贈序 7 篇,《文章軌範鈔本》選篇中數量最多的依然是論和贈序。

① 〔日〕渡貫勇:《文章軌範鈔本》,東京:三省堂書店,1900 年,第 2 頁。

二、篇目形態精簡與《文章軌範鈔本》的删編維度

謝枋得《文章軌範》以獨到的眼光選録 69 篇古文,針對科舉士人作文特點巧妙編排選文,並加以批點,其選文標準和批點方式對後世有借鑒意義和學習價值[1]。《文章軌範鈔本》是《文章軌範》選篇基礎上的一次精簡改編,承襲謝氏批點標準,變更編排方式,並且創造性地增設"作者小傳",形成别具一格的古文選本。

《文章軌範鈔本》存有作品 31 篇,删减 38 篇,存録作品數量不及《文章軌範》的一半。被删去的篇目中,韓愈和蘇軾的作品數量最多。韓愈删减的篇目有 19 篇,蘇軾删减的篇目有 6 篇。儘管《文章軌範鈔本》中韓愈和蘇軾删减的文章數量最多,但從絶對數量看,兩人依然是收録作品最多的作者。其餘作者删减的篇目中,柳宗元 3 篇,歐陽修 4 篇,蘇洵 4 篇,蘇轍 1 篇,元結 1 篇,辛棄疾 1 篇。《文章軌範》收録作者共 15 人,《文章軌範鈔本》收録作者共 12 人,删去辛棄疾、蘇洵、元結三人。

《文章軌範鈔本》選篇與同時代的漢文教科書相比,有一定的重合度。《文章軌範鈔本》與竹添治三郎編的《漢文軌範講義》重合的篇目有 11 篇,與土岐政孝編的《中等漢文教科書備考》重合的 12 篇,與秋山四郎、土屋弘編的《漢文教材備考》重合的 8 篇。這説明《文章軌範鈔本》選文在 19 至 20 世紀間日本漢文教科書中具有代表性與典範性。

明王守仁在《重刻〈文章軌範〉序》中指出謝枋得編選此書的原因,"宋謝枋得氏取古文之有資於場屋者,自漢迄宋,凡六十有九篇,標揭其篇章句字之法,名之曰《文章軌範》。蓋古文之奥,不止於是,是獨爲舉業者設耳"[2]。作爲以科舉爲目的,教授作文方法的評選著作,謝枋得在《文章軌範》中幾乎對所有文章都有評點。

從評的角度看,《文章軌範》的評點無固定體例,"作者所採用的評點方式,靈活多樣,這些評點皆出於作者對某篇文章的主觀理解,和某位作者的喜好程度"[3]。謝枋得常用眉批、夾批、尾評三種評點方式。眉批爲題解,交代文章的基本資訊,或時代背景,或影響意義。夾批點出文章句法、修辭、結構等妙處,起到指導作文的作用。尾評是謝枋得對文章内容、作者思想的評論,較爲隨意,從中可獲悉謝枋得的審美取向、文學觀念和思想傾向。從點的角度看,謝枋得採用系統的圈點符號,學者歸納成不同的符號系統。一説是字旁斜長點(、)、字旁小圓圈(。)、字上大圓圈(○)、字旁長直綫(丨)、右折短直綫(⌐)、右折長直綫六種符號。[4] 一説是點(·)、圈(。)、抹(在句右側畫綫)、框(□)、黑色三角符號(▲)五種。[5] 這些符號用以句讀、標注與强調。

《文章軌範鈔本》的評點較《文章軌範》更爲簡潔。《文章軌範鈔本》幾乎全部删减

① 陳望南:《謝枋得和〈文章軌範〉》,《中山大學學報(社會科學版)》,1996 年第 2 期,第 131 頁。

② 《文章軌範》,第 1 頁。

③ 沈傑:《謝枋得〈文章軌範〉簡論》,《四川師範大學學報(哲學社會科學版)》,1998 年第 6 期,第 120 頁。

④ 張秋娥:《謝枋得評點中的圈點——從謝枋得的三種評點著作看其圈點以及體現的修辭思想》,《殷都學刊》,2003 年第 3 期,第 101 頁。

⑤ 《謝枋得和〈文章軌範〉》,第 155 頁。

了《文章軌範》謝枋得苦心經營的古文評點,僅保留數量較少的題上評,即只留存正文,不再保留主觀性的文學批評。留存的題上評都是有關古今異義的時間、地點、人物,以及典故的注釋,以注解基礎知識。《文章軌範》中《袁州學記》包含眉批、夾批、尾評,其中夾批中包括 2 處釋義,5 處解釋句法,3 處解釋字法,2 處謝枋得個人評點;《文章軌範鈔本》全删眉批、夾批、尾評,僅有 7 處題上評,皆爲古今異義釋義,其中 2 處人物注釋,3 處地名注釋,1 處歷史常識注釋,1 處典故注釋。《文章軌範》中《原道》夾批多達 50 處,内容涵括句法、字法的標注,文章主旨内容的分析、語句淵源的梳理等;《文章軌範鈔本》中僅有 10 處題上評,其中 2 處内容意譯,4 處字詞釋義,2 處書名釋義,2 處人物注釋。《文章軌範》的評語豐富細緻,《文章軌範鈔本》中簡要的評語僅能確保讀者流暢通讀,而於作文技巧的標揭和思想内容的呈示等方面有所欠缺。《文學軌範鈔本》僅保留兩個圈點符號,一是字旁小圓圈(。),用以句讀;一是左折短直綫(乚),用以分層次。

　　《文章軌範》編纂目的主要是向參加科舉考試的讀書人教授科舉作文的方法,因此"各卷之間作品的排列,不是根據作家的先後或文體類别,而是從士子學習場屋程文的進度來安排的"①,結合謝枋得對文章的理解和作文技巧的歸納,他採取一種有序的、循序漸進的編排方式。這種編排備受盛譽,"毫無疑問,謝枋得對文章之道是深有研究的,他編排的程式也可以説是井井有條,的確稱得上是一部關於文章的'軌範'性著作"②。《文章軌範》以"侯王將相有種乎"七字編成七卷,分爲"放膽文"和"小心文"兩個文類。前兩卷爲"放膽文",共收録 22 篇文章;後五卷爲"小心文",共收録 47 篇文章。前兩卷"放膽文"分别是"粗枝大葉之文"③和"辯難攻擊之文"④,其中大多選録古文大家韓愈、柳宗元、歐陽修的文章,通過學習規範的古文,快速習得作文的要領,達到作文最基本的要求。後五卷"小心文"是具有系統性、專題性、針對性的編選方式,從句法章法、思想内容等角度教授作文方法,選文兼具文采與思想性。《文章軌範》各卷選文各有側重,且相互之間層層相因而循序漸進。卷一序題,闡明了學文應該遵循由放膽到小心、由粗入細、由俗入雅、由繁即簡、由豪蕩入純粹這一基本路徑⑤,同時也表明了全書編次分類原則,即"放膽"文與"小心"文,對應的乃是學文不同階段而言,體現着由易入難的漸變趨勢。這種分類方式既符合學文循序漸進的認知規律,又照顧了初學者的學習接受心理,體現謝枋得的匠心之處⑥。

　　《文章軌範鈔本》打破謝枋得在《文章軌範》中精心設計的編排方式,却没有立下新的選文分類體例。今觀其篇目編排方式,既不按選文與作者的時間先後排序,也不按文體類别歸類,整個篇章的編排大體上呈現出雜亂無序之感。

　　值得注意的是,《文章軌範鈔本》在正文後附録"作者小傳",這種副文本在大部分

---

　　① 吳承學:《評點之興——文學評點的形成和南宋詩文評點》,《文學評論》,1995 年第 1 期,第 29 頁。
　　② 孫琴安:《中國評點文學史》,上海:上海社會科學院出版社,1999 年,第 41—42 頁。
　　③⑤ 《文章軌範》卷一,第 1 頁。
　　④ 《文章軌範》卷二,第 1 頁。
　　⑥ 蔣旅佳、汪雯雯:《科考視野下南宋總集分類的文章學意義》,《海南大學學報(人文社會科學版)》,2017 年第 2 期,第 126—131 頁。

《文章軌範》的版本中並未設置,是《文章軌範鈔本》編纂體例的創新之處。

　　"作者小傳"以正文中作者出現的順序排序,每篇"作者小傳"纂錄的標準不一,包含的要素詳略不齊,但基本上包含字號、籍貫、所任官職三要素。部分"作者小傳",如諸葛亮、范仲淹、歐陽修,文中僅介紹三人仕途上獲得的最高官職及成就,而未記載文學作品、文學傾向、文學思想、文學成就等方面内容。李覯、柳宗元、李格非三人的"小傳"提及其文學著作和文學作品,韓愈、柳宗元、蘇軾、王安石四人的"小傳"簡單地介紹表現其文學天賦的逸事,胡銓、陶潛的"小傳"簡要記載體現其人格風骨的事件。仔細比對"作者小傳"的内容文字,可發現,渡貫勇基本上是從中國正史節選而來。陶淵明的"小傳"内容取自《晉書》,諸葛亮的"小傳"内容取自《三國志》,韓愈和柳宗元的"小傳"内容來源於《舊唐書》,杜牧的"小傳"内容節選自《新唐書》,李覯的"小傳"内容取自《東都事略》,蘇軾、胡銓、范仲淹、李格非、歐陽修、王安石的小傳内容皆源於《宋史》。渡貫勇在編纂"作者小傳"時基本節選自中國正史,並没有加入個人對作者和作品的主觀評價。傳統文集中的副文本——作者小傳,一般詳列人物姓名字號,記其世系裏居、科目仕歷、著作名稱,又或記其爲人、軼事、言語,以及名家評論等内容,涉及文人群體、家族以及文學集團、文學思潮等豐富詳贍的外圍信息,是考察文學生態、挖掘文學批評資訊的重要文獻[①]。《文章軌範鈔本》中大部分"作者小傳"充當了理解文章思想内涵的輔助補充作用。陶淵明"小傳"中所體現出清高避世的性格主導其撰寫《歸去來辭》。胡銓"小傳"中其因寫《上高宗封事》,得罪主政的秦檜的經歷,交代了當時政壇人心惶惶、敢怒不敢言的背景,突顯胡銓忠直、剛正不阿的高潔人格。

　　受《文章軌範鈔本》影響,星兵三郎編纂的《漢文獨習讀本》設有"漢文入門篇""漢文文法篇""人物略傳篇"[②]等副文本。後世漢文教學讀本選本中人物小傳的出現,説明人物小傳的作用得到編者的普遍認可,證明編輯渡貫勇的創新性與前瞻性。誠然,渡貫勇設置"作者小傳"的用意,是通過對作者的生平經歷等個人信息以及文章創作背景等内容的介紹來輔助讀者,以達"知人論世"之用,從而使讀者更好地深入理解文章用意精髓。然而,編者在編纂過程中未對小傳内容進行整理,也並未設置編纂小傳的標準和要素。因此各個小傳的撰寫體例各異,涉及選文作者個人資訊内容側重點不一,客觀上不能全面地輔助讀者瞭解作者的生平、文學觀念與影響。同時,作爲中學古文教材,要素殘缺、標準不一的人物小傳,也在一定程度上影響了向中學生普及文學常識的設置目的與功用。

三、《文章軌範鈔本》成書背景與删編用意

　　漢文教科書《文章軌範鈔本》於明治時期出現,正值西學與漢學抗衡、漢學日益衰退時期。它的面世,順應了漢學家復興漢學的願望,鞏固了漢學基礎,實現了中學生的漢學啓蒙,迎合了天皇制教育的要求。《文章軌範鈔本》選錄篇目的變更體現渡貫

　　① 蔣旅佳:《副文本與明清地域總集文學觀念研究芻論》,《海南大學學報(人文社會科學版)》,2019 年第 3 期,第 108—115 頁。
　　② 星兵三郎:《漢文獨習讀本》,東京:吉川弘文館,1937 年。

勇的文學觀念,凸顯古今、中日之間文學的嬗變與差異。

(一) 漢語授業學時的壓縮與《文章軌範鈔本》的删編

《文章軌範鈔本》出版於明治維新後期,此時日本社會呈現出不同於以往的新面貌,當時各行業和各地區經濟高速發展,社會急劇變動要求加快培養人才的進度和提高國民素質。日本引入西方現代學校制度,並針對不同行業的人才需求,改變舊有的教育模式,採取一個全新的體系,"在這個體系中,有以提高人民識字率爲目的的小學;有因商業的重要性而設立的商業學校"①。教育面向不同的群體呈現出專業化、精細化的態勢。因此,明治時期不同類别的教科書應需而生,編纂興盛,大量平民獲得接受教育的機會,國民文化水準素質得以大幅度提高。

漢籍傳入日本的傳統源遠流長。明治維新初期,日本學習西方技術和引入西方文化思想的思潮甚囂塵上,中學教科書加入介紹西方技術與文化的内容。漢學的地位一度受到西學的威脅,"漢學失去了政治的依託,失去了本來便已逐漸削弱的主導力量"②。隨着教育改革的深入,西方學説和東方思維方式的不適應逐漸顯現。針對這一情況,日本教育界在明治 12 年(1879)頒布《教育令》和翌年的《改正教育令》,"加强了傳統的國學與儒教内容,執行了一條'西方技術與東方道德'分離的政策,逐漸整頓現代教育的内容與方法"③。這一改革使西學與傳統漢學處於競爭狀態。"漢字、'東洋史'以及有關中國社會和文化的教育和研究,在新的教育結構中,逐漸固定下來。"④雖日本漢學家有意識復興漢學,但伴隨着日本的教育體制、教育内容的變化,中學教學中漢學内容逐漸被調整,漢學教學課時與時長被壓縮。《文章軌範鈔本》的例言中編者提到其編纂此書的初衷,"授業時數有限"⑤,"乃拔就中最可誦可鑒者三十一篇"⑥。教材的編排雖有編者匠心所存,但主要目的是"謀授業之便"⑦。由此可知,《文章軌範鈔本》的編得最主要的原因是遷就中學教學課程時長,而對足夠精簡的《文章軌範》進行再次精選與濃縮。

(二)《文章軌範鈔本》的選文標準

鑒於《文章軌範鈔本》是爲了中學生教學而編選,其存録標準要符合教科書的要求,即選文需要内容積極、審美高雅,表現仁愛忠義的思想和崇高堅毅的品格。例言透露了渡貫勇選文的傾向——"可誦可鑒"。所謂"誦",指文章語言的藝術感與美感,聲律、文法等語言形式所帶來的節奏感直接影響文章的風格及氣勢。蘇軾的《前赤壁賦》,黄庭堅嘗云:吃飽履足後,"使人誦東坡《赤壁》前後賦,亦足少快"⑧。張伯行云

① 〔英〕威廉・G・比斯利:《明治維新》,張光、湯金旭譯,南京:江蘇人民出版社,2012 年,第 346 頁。
② 李慶:《日本漢學史》,上海:上海人民出版社,2010 年,第 93 頁。
③ 梁忠義:《日本教育與經濟》,長春:東北師範大學出版社,1989 年,第 14 頁。
④ 《日本教育與經濟》,第 331 頁。
⑤⑥⑦ 《文章軌範鈔本》,第 1 頁。
⑧ (宋)趙令畤:《侯鯖録》,北京:中华书局,2002 年,第 200 頁。

"以文爲賦,藏叶韻於不覺,此坡公工筆也"①,點出蘇軾作文巧妙運用音韻,來營造出使人讀之暢快又了無刻意的效果。再如《讀孟嘗君傳》,清人沈德潛曰:"語語轉,筆筆緊,千秋絶調。"②余誠曰:"通篇只八十八字,而有四層段落,起承轉合,無不畢具,洵簡勁之至! 然非此等生龍活虎之筆,寥寥數語中,何能得此轉折,何能得此波瀾。文與可畫竹,尺幅而具尋丈之觀,此其似之。至議論之大,尤堪千載不磨。"③後人盛讚《讀孟嘗君傳》文法。由此可見,渡貫勇注重選文的"可誦"性,那些注重句式長短搭配融合,講究文詞音韻美感,運用排比反復等修辭手法,最終使讀者誦之可感,讀之有勢的文章,才是《文章軌範鈔本》所要收録的。

　　所謂"可鑒",即指文章的文學價值,要求關注所選篇目主題内容與思想内涵的鑒取性,因此《文章軌範鈔本》選録的都是經典之作。如陶淵明《歸去來辭》,蘇軾《跋退之〈送李愿序〉》引歐陽修云:"晉無文章,惟陶淵明《歸去來辭》一篇而已。"④清吳蔚文《古學記問録》曰:"晉時如茂先、太沖、二陸、三張、二潘、景純、束晳,雖稱巨擘,然不免以博溺心,以文滅質,惟淵明之《歸去來辭》,氣體灑脱,千古不刊。"⑤評論家指出《歸去來辭》具有流傳千古的分量,此一篇足以代表晉代文章。再如諸葛亮《前出師表》,蘇軾《樂全先生文集序》云:"至《出師表》簡而盡,直而不肆,大哉言乎,與《伊訓》《説命》相表裏,非秦、漢以來以事君爲悦者所能至也。"⑥《古文觀止》曰:"篇中十三引先帝,勤勤懇懇,皆根極至誠之言,自是至文。"⑦林紓評:"並不著意爲文,而語語感自血性中流出。精忠之言,看似輕描淡寫,而一種勤懇之意,溢諸言外。"⑧種種評論都離不開《出師表》中儒家所倡導的精忠精神,可見其中思想是歷代文人認可且推崇的。

　　此外,渡貫勇在《文章軌範鈔本》的例言中表達了删減文章的標準,且附有例子説明。其一,删減有損作者名聲的文章,編者以韓公《上宰相書》爲例。韓愈上書以自薦,《文章軌範》收録的《後十九日複上宰相書》與《後二十九日複上宰相書》,《文章軌範鈔本》删去不録。究其原因,即韓愈雖自薦,却有諂媚之態。南宋理學家張子韶對韓愈此三書滿是譏諷,林紓稱第二書爲"佞哀詐泣之言"⑨。寫至第三書時,韓愈不經意流露"鬱怒之氣"⑩,但他仍對官場有"三宿出晝之戀"⑪,在後人看來是搖尾乞憐之窘狀。

　　其二,删減"意既鄙陋"⑫的文章,如《與于襄陽書》《與陳給事書》《送楊少尹序》等,此類文章多應酬求薦之作。應酬文即便文技高超,却多套話,感情的抒發點到即

　　① (清)張伯行:《唐宋八大家文鈔》,上海:上海古籍出版社,2019年,第214頁。
　　② (清)沈德潛:《唐宋八大家讀本》,合肥:安徽文藝出版社,1998年,第885頁。
　　③ (清)余誠:《重訂古文釋義新編》卷八,書業堂,1808年,第30頁。
　　④ (宋)蘇軾撰,傅成、穆儔標點:《蘇軾全集》第三卷,上海:上海古籍出版社,2000年,第2091頁。
　　⑤ (晉)陶淵明:《陶淵明集校箋》,上海:上海古籍出版社,2011年,第424頁。
　　⑥ (宋)蘇軾撰,傅成、穆儔標點:《蘇軾全集》第二卷,上海:上海古籍出版社,2000年,第851頁。
　　⑦ (清)吳楚材、吳調侯選注,施適點校:《古文觀止》,上海:上海古籍出版社,2016年,第258頁。
　　⑧ 江中柱編:《林紓集》,福州:福建人民出版社,2020年,第303頁。
　　⑨ 林紓著,武曄卿、陳小童注:《韓柳文研究法校注》,北京:北京聯合出版公司,2019年,第24頁。
　　⑩ 《韓柳文研究法校注》,第24頁。
　　⑪ 《韓柳文研究法校注》,第25頁。
　　⑫ 《文章軌範鈔本》,第1頁。

止,真情可鑒之處甚少。求薦書存在下級對上級索求名利權勢,難免落入阿諛奉承的窠臼。《與陳給事書》中韓愈層層鋪設二人交好的過往,將二人疏離的緣由歸根於其稀少的探望,並對此自責後悔,表達希望重歸於好的願望。由於當時韓愈窮困潦倒,陳京已身居高位,文中誠惶誠恐、低聲下氣的言辭在批評家看來不過是謀求官職的手段。

其三,删減戲謔文字,如《送高閑上人序》。《送高閑上人序》學習莊子詭辯奇絕的手法,先誇耀張旭的書法有先天天分,又有後天努力,後指出高閑無論天資勤奮皆不如張旭,最後勸勉高閑向張旭學習。此文雖是勸勉意義,但調侃貶低的語氣稍有嘲諷。

由此可見,渡貫勇删減的是過於私人化的文章,以及帶有功利性的應酬恭維之作。他主張人品和文品同一,因此體現作者卑劣人格、諂媚姿態的文章,即使文章技法再高超,在編者看來,也是不入流的文章。他注重思想深度而非作文技巧,注重人類普遍感受而非個人感悟。

因時代與審美風尚的嬗變,對文學史上部分篇章作品的接受評價並不能始終如一,更多的情況下,呈現褒貶起伏的特點。《文章軌範鈔本》未收録的《送楊少尹序》,謝枋得眉批:“文有氣力,有光焰,頓挫豪宕,讀之快人意,可以發人才思”①,然《石遺室論文》評曰:“《送楊少尹序》亦作態太甚,其滑調多爲八股文家所摹,且不可學。”②謝枋得誇讚其文法頓挫,筆力遒勁。陳衍則批評此文作法形式過於匠氣,缺乏思想與情感,以至於不可學習,可知後世批評家對此存在與謝枋得不同的看法,甚至是非褒義的看法。又如《潮州韓文公廟碑》,在後世接受中受到諸多負面的評論。朱熹曰:“如《韓文公廟碑》之類,初看,甚好讀。子細點檢,疏漏甚多。”③茅坤亦嘗云:“予覽此文,不是昌黎本色,前後議論多漫然。”④由此可見,《文章軌範鈔本》選文要求其價值具有永恒性和普世性,要求表現出的情感、邏輯、理論經得起時間的考驗,爲不同時代、不同階層、不同民族讀者所接受。今觀《文章軌範鈔本》未收録的選文,多是此類文章。放置於其成書時代,綜合考慮壓縮課時的客觀因素,渡貫勇選録的自然是最上乘的,兼具思想、情感與文采的文章,而非古文入門的學習範本。選本最能體現文章的接受與地位,不同朝代的批評家對作品的審視直接影響後世人對文章的接受。

爲適應明治維新後出現的學校制度,在有限的課時内完成教學内容,《文章軌範鈔本》在選篇容量上精簡至《文章軌範》體量的一半以下,選篇精上加精。渡貫勇選録篇目時更重視文章的文學性,摒棄應酬應試的作品,傾向於人類普遍的感受,諸如對歷史的反思、對人生際遇的思考等,删減沉浸於個人體驗作品。所選篇目經時間檢驗仍在文學史上占據重要地位,是公認的千古名篇。《文章軌範鈔本》紀録渡貫勇文學觀念,體現文學批評的變化,蘊含文學史的沿革。

---

① 《文章軌範》,第 552 頁。
② (清)陳衍:《石遺室論文》,王水照編:《歷代文話》,上海:復旦大學出版社,2007 年,第 6760 頁。
③ (宋)黎靝德:《朱子語類》,北京:中華書局,1986 年,第 3311 頁。
④ 《唐宋八大家文鈔》,第 210 頁。

四、《文章軌範鈔本》刪編的影響

大正 7 年(1918)，日本漢學家兒島獻吉郎在渡貫勇刪編謝枋得《文章軌範》篇目体例基礎之上重新刪編，同時，又进一步將明鄒守益編纂的《續文章軌範》納入刪編范围，合編而成《正續文章軌範鈔本》(東京光風館書店發行)。早稻田大學圖書館現存此本。兒島獻吉郎(1866－1931)，岡山縣人，漢學家。畢業於帝國大學文科，曾任第五高等學校、東京高等師範學校教授。編有《標準問題漢文新鈔》《帝國漢文》《十八史略鈔本》等，著有《中國文學通論》《中國文學概論》等。漢文功底扎實，精通中國歷史與文學，有豐富的漢文教科書出版編輯經驗。《正續文章軌範鈔本》由緒言、目録、正文組成，正篇部分①繼承了《文章軌範》七卷兩文類的編排方式，保留了卷前謝枋得的評語，刪減了《文章軌範鈔本》的"作者小傳"部分。

《正續文章軌範鈔本》正篇存録選文 34 篇，韓愈作品留選最多，共 15 篇。《文章軌範鈔本》與《正續文章軌範鈔本》正篇選入文章篇目相同的共 23 篇。《文章軌範鈔本》中有而《正續文章軌範鈔本》正篇無的篇目有 7 篇：《送浮屠文暢序》《原道》《送孟東野序》《送李願歸盤穀序》《與韓愈論史書》《書洛陽名園記後》《荀卿論》《表忠觀碑》。《文章軌範鈔本》中無而《正續文章軌範鈔本》正篇中有的計 10 篇：《代張籍與李浙東書》《應科目時與人書》《送楊少尹序》《送殷員外使回鶻序》《原毀》《晉文公守原議》《縱囚論》《管仲論》《高祖論》《與孟簡尚書書》《送薛存義序》。

《正續文章軌範鈔本》正篇和《文章軌範鈔本》一樣，僅保留了題上評用以注釋，但前者評點數量更多，評點類型更全，注釋内容更詳盡。兩個選本中的同一題上評，有的一字不差，有的内容稍有差異。如《嚴先生祠堂記》中的"赤符"，《文章軌範鈔本》解釋爲"赤符，漢以火德王，色貴赤。握赤符，謂得帝位"②，僅解釋詞的本義；《正續文章軌範鈔本》正篇解釋爲"赤符，赤伏符也。光武在長安，時儒生强華，關中奉赤伏符"③，兼釋詞的本義和引申義。《正續文章軌範鈔本》正篇中有些題上評是在《文章軌範鈔本》的基礎上進行補充，人物的注釋中補充人物的仕途經歷信息等。如《文章軌範鈔本》中《送石處士序》的"石處士"條爲"名洪，字濬川，洛陽人，處士不仕者"④，《正續文章軌範鈔本》正篇中評此條爲："名洪，字濬川，洛陽人，罷貴州録事參軍，退居於洛十年不仕，是爲河陽軍參。"⑤《正續文章軌範鈔本》正篇在《文章軌範鈔本》少之又少的圈點符號上再删去區分層次的左折短直綫(乚)，僅保留字旁小圓圈(。)，用以句讀。

---

① 因渡貫勇《文章軌範鈔本》系刪編謝枋得《文章軌範》成書，兒島獻吉郎《正續文章軌範鈔本》乃刪編宋謝枋得《文章軌範》與明鄒守益《續文章軌範》二集而成。因此，下文在探討渡貫勇《文章軌範鈔本》刪編影響時，僅以兒島獻吉郎《正續文章軌範鈔本》正篇爲研究关注對象，探究後者在編纂目的、刪編方式等層面對於前書借鑒與超越。

② 《文章軌範鈔本》，第 29 頁。

③ ［日］兒島獻吉郎：《正續文章軌範鈔本》，東京：光風館書店，1918 年，第 62 頁。

④ 《文章軌範鈔本》，第 18 頁。

⑤ 《正續文章軌範鈔本》，第 5 頁。

　　《正續文章軌範鈔本》沿襲了謝氏七卷兩文類的編排方式,同時承襲了《文章軌範鈔本》中評點方式。《文章軌範鈔本》的選編標準適應日本向近代化過渡的教育改革,符合日本中學生漢學教育的需要,兒島獻吉郎借鑒其選篇傾向,所編的《正續文章軌範鈔本》取長補短,後出轉精,預示明治時期漢語教材的選編趨向規範與成熟。

結　語

　　謝枋得《文章軌範》以其精妙的選文、獨到的評點,在後世傳播接受中被奉爲經典。《文章軌範》影響範圍覆蓋東亞儒家文化圈。明代《文章軌範》東渡日本,成爲日本文人接受正統漢學和學習古文寫作的範本,並產生本土化的《文章軌範》。渡貫勇編纂的《文章軌範鈔本》在《文章軌範》基礎上進行删編,選文體量不足《文章軌範》的一半。不同於《文章軌範》教授科舉作文的編選目的,《文章軌範鈔本》目的是提高中學生古文素養和弘揚正統禮教,因此删減了謝枋得苦心經營、略帶啓蒙性的評點,僅保留對古今異義注解的題上評。渡貫勇打破《文章軌範》順應科舉程文學習進度由“放膽文”入“小心文”的編排順序,但却没有尋求新的編次體例;然頗有創新是,渡貫勇在正文後設置了作者小傳部分,起到補充文學常識的作用。作者小傳内容基本上取自中國正史,部分作者小傳尚未能見作者的秉性,也未記述作者生平最重要的事件,此類副文本的設置,並不都能承擔幫助讀者理解其文章思想内涵的功能。副文本的設置在後世的選本中有所應用,足見渡貫勇的前瞻性。
　　《文章軌範鈔本》的出現正值明治維新時期,是時漢學、西學和國學三家抗衡,漢學衰微,漢學家致力於復興漢學。渡貫勇以中學生爲受衆群體,配合學校課時進度,對《文章軌範》進行删編,編成《文章軌範鈔本》,成爲中學生的漢文教科書。渡貫勇以“可誦可鑒”作爲選篇標準,注重文章的文學性,摒除阿諛應酬之作。所選篇目經得起時間的檢驗,在文學史上備受盛譽,歷經千年別無異議。其選錄篇目最多的是《文章軌範》卷六卷七的“不朽之文章”,爲的是向中學生傳授正統禮教,提高思辨和審美水準,體現了渡貫勇以此書提升學生綜合素質的教育理念,以及宣揚儒教、鞏固漢學地位的文學觀念。大正 7 年(1918),日本漢學家兒島獻吉郎編有漢文教科書《正續文章軌範鈔本》,該選本繼承《文章軌範》七卷兩文類的編排方式的同時,也承襲了《文章軌範鈔本》評點簡潔、適合中學生學習的優點,進行了選篇的調整,並對《文章軌範鈔本》評點完善補充,以便於教師授課和學生學習。《文章軌範鈔本》之於《文章軌範》的删編,既是渡貫勇編輯思想、文學觀念的體現,也是特定的時代背景下的產物。目前,《文章軌範》域外流傳的改編本仍有巨大的研究空間,《文章軌範鈔本》僅是《文章軌範》在域外流傳的其中一個版本。可見,《文章軌範》的域外改編接受研究道路依然漫長。

■目錄與版本

《老子》諸本的四字句與早期文本的演變規律
——基於出土文獻與傳世文獻的文本比對研究*

李林芳

　　摘　要:本文以《老子》諸本中的四字句爲主要考察對象。通過全面對比其出土和傳世文本,並加以統計分析,發現《老子》文本中的四字句占比具有隨文本年代的推進而逐漸升高的規律,虛詞的減少和增加是最爲常見的造成四字句變化的途徑。在此基礎上,本文探討了該文本演變規律的成因,認爲四字句在《老子》文本内部和其他衆多早期文本的所有句式中占比最高的事實誘發了這一變化,漢語語言本身的特質又爲該變化提供了可能;這一變化應非源於傳承者全面系統的、有明確主觀意圖的行爲,而更可能是隨興的改易。最後,本文又對其他早期文本的四字句情况進行了分析,發現其中也存在着同樣的文本變化趨勢。而這一規律還可應用於對文本要素時代的判斷上,從而能昭顯某些文本中遺存着的較爲古早的因素。

　　關鍵詞:老子;四字句;文本演變規律;早期文本;文本比對

一、引　言

　　文本的變化規律是文獻學領域中的重要問題,一直受到學者們的廣泛關注。譬如對校勘條例的總結,便是在大量爬梳、歸納文本變化具體情况的基礎上所做出的規律性質的判斷,最爲經典的即是王氏父子所總結的校勘通例等;不過這些研究的對象主要爲傳世文獻,且多集中於刻本之上。然而,近些年出土文獻被大量發現,並且許多文獻能够與傳世典籍相互對讀,這便爲探求早期文本的變化情况提供了契機。本文即擬以《老子》的出土和傳世文獻爲研究對象,對各文本進行全面的比對;並以其中的"四字句"爲切入點,考察早期文本的演變規律①。

　　* 作者簡介:李林芳,北京大學中國古文獻研究中心、北京大學中國語言文學系助理教授,文學博士,主要從事中國古典文獻學研究。

　　① 在近些年的研究中,"文本"作爲一項重要概念被越來越多地提及和使用。該概念大致對譯於英文之text;相對於較爲廣義的"文獻","文本"更側重於書寫載體,强調文字材料。至於"早期文獻""早期文本",學者們在研究中多用以指涉唐代及之前的文獻或文本。主要因爲這一時期印刷術尚未出現或廣泛流行,文本的生成和傳播以書面抄寫爲主(亦即"鈔本時代";同時口傳也是重要的傳播方式,乃至在一些時期或是主要方式),所以具有與"雕版印刷時代"文獻不一樣的共同特徵,包括相對不太穩定等(以上參見劉躍進:《有關唐前(接下頁)

　　在各種早期文獻中,《老子》具備較爲特殊的地位,因爲其出土本和傳世本的數量都很多,並且各本的時代先後可以排列成較爲連貫的序列,這將有利於考察其文本變化的具體情況並探索個中規律。本文將選取郭店楚簡本、馬王堆帛書本、北大藏西漢簡本等出土本,以及嚴遵本、河上公本、想爾注本、王弼注本、傅奕本等傳世本作爲對比考察的對象。這些版本的時代大致涵蓋了戰國至唐代之間的時期①,可以有效地反映文本隨時代變化而演變的狀況。在文本變化的諸種方面,本文將以“四字句”作爲切入點,主要因爲該句式在先秦典籍中極爲常見——經過我們的統計,在許多重要的先秦文獻中是數量最多的句式②。因而該句式在諸文本間的變化情況正可作爲探究文本變化規律的入手之處。

　　關於《老子》文本的演變情況,劉笑敢先生已經做了突出的研究,指出古代文獻在流傳過程當中有“語言形式的趨同”現象,並以四字句的明顯增多爲例進行了論述③。不過受限於當時的研究材料和研究目的,劉先生在文章中所採用的出土本爲郭店本、帛書本,而這些本子皆有較多殘缺;並且劉先生文中僅針對帛書本和王弼本含整齊段落的章的數量進行了統計,而尚未從句子層面進行統計分析;分析角度主要是比較出土本與傳世本兩大類,而較少從更細化的年代序次上加以考察。本文將在此基礎上進一步拓展研究對象,將更多可獲得的《老子》文本納入進來,同時採用更爲詳盡的統

（接上頁）文獻研究的幾個理論問題》,劉躍進、程蘇東主編:《早期文本的生成與傳播:周秦漢唐讀書會文彙(第一輯)》,北京:中華書局,2017 年,第 3—28 頁。本文擬以《老子》爲基礎,並輔以其他出土或傳世先秦文獻,探查諸文獻中“四字句”的歷時變化狀況;諸文獻版本的所涉時代大致涵蓋了先秦至唐代,考察對象着眼於文字語句,故亦以“早期文本”統稱之。

①　本文所用的《老子》諸本版本爲:1. 郭店楚墓竹簡《老子》(簡稱郭店本),時代爲戰國中期偏晚。2. 馬王堆漢墓帛書《老子》甲本(簡稱帛甲本),抄寫年代爲漢高祖之時。3. 馬王堆漢墓帛書《老子》乙本(簡稱帛乙本),抄寫年代約在文帝時期。4. 北京大學藏西漢竹書《老子》(簡稱漢簡本),抄寫年代約在漢武帝後期。5.《老子指歸》(簡稱嚴遵本),爲西漢末期嚴君平所撰。6.《老子道德經河上公章句》(簡稱河上本),相傳爲戰國時期河上丈人所傳,或成書於東漢時期。7.《老子想爾注》(簡稱想爾本),係敦煌莫高窟所出,據傳爲東漢末張道陵或張魯所撰,此爲六朝寫本。8. 王弼《老子道德經注》(簡稱王弼本),應成書於魏晉時期。9.《道德經古本篇》(簡稱傅奕本),爲唐代傅奕主要據項羽妾本(北齊武平五年(574)彭城人開項羽妾冢所得)、安丘望之本(北魏太和中道士寇謙之所得)、河上公本等參校考訂而得。參見荆門市博物館編:《郭店楚墓竹簡》,北京:文物出版社,1998 年;裘錫圭主編:《長沙馬王堆漢墓簡帛集成》,北京:中華書局,2014 年;北京大學出土文獻研究所編:《北京大學藏西漢竹書(貳)》,上海:上海古籍出版社,2012 年;(漢)嚴遵著,王德有點校:《老子指歸》,北京:中華書局,1994 年;王卡點校:《老子道德經河上公章句》,北京:中華書局,1993 年;饒宗頤:《老子想爾注校證》,上海:上海古籍出版社,1991 年;(魏)王弼注,樓宇烈校釋:《老子道德經注校釋》,北京:中華書局,2008 年;(唐)傅奕校定:《道德經古本篇》,《道藏》,北京:文物出版社、上海:上海書店、天津:天津古籍出版社,1988 年,第 11 册。值得注意的是,在具體討論中,應將出土本與傳世本區別對待。因爲出土本的抄寫年代相對明確;而傳世本經歷代流傳,其成書時的樣態與今見面貌應有一定的差別。由於傳世本無法避免流傳過程中的改易情況,討論其文本面貌時應做專門的留意。此外,從嚴格意義上講,想爾本不能認爲是“傳世本”。但由於其抄寫時期距相傳的成書時期已有相當的年代差異,可以認爲是從東漢末“流傳至”六朝的文本;且該本在之後討論的諸多特徵上與其他傳世本有相近之處,故本文亦將其當作傳世本看待。

②　詳本文第四節的相關統計。

③　參見劉笑敢:《從竹簡本與帛書本看〈老子〉的演變——兼論古文獻流傳中的聚焦與趨同現象》,武漢大學中國文化研究院編:《郭店楚簡國際學術研討會論文集》,武漢:湖北人民出版社,2000 年,第 466—474 頁;劉笑敢撰,陳靜譯:《〈老子〉演變中的趨同現象——從簡帛本到通行本》,《文史》,2004 年第 2 輯,第 175—201 頁;劉笑敢:《老子古今:五種對勘與析評引論·導論一　版本歧變與文本趨同》第六節“語言趨同:句式整齊化”,北京:中國社會科學出版社,2006 年,第 13—16 頁。

計手段,據各本的年代序列逐句加以分析。在此基礎上,本文將討論四字句變化的具體類型。最後再將考察範圍擴展至其他早期文本,以探求四字句演變的普遍規律,並討論該規律的成因。

二、《老子》各本中的四字句

在《老子》諸本中,大致而言,傳世本四字句的數量比出土本有着明顯的增加。許多句子在傳世本中爲四字,而在出土本中卻皆非四字,如下表所示:

表1　《老子》諸本四字句對比簡表

郭店本	帛甲本	帛乙本	漢簡本	嚴遵本	河上本	想爾本	王弼本	傅奕本
攫鳥猛獸弗扣。	攫鳥猛獸弗搏。	據鳥孟獸弗捕。	猛獸攫鳥弗搏。	攫鳥不搏,猛獸不據。	猛獸不據,攫鳥不搏。	—	猛獸不據,攫鳥不搏。	猛獸不據,攫鳥不搏。
和曰常。	和曰常。	□曰常。	和曰常。	知和曰常。	知和曰常。	—	知和曰常。	知和曰常。
唯與可。	唯與訶。	唯與阿。	唯與何。	—	唯之與阿。	唯之與何。	唯之與阿。	唯之與阿。
亦不可以不畏人。	亦不□□□□□	亦不可以不畏人。	不可以不畏人。	—	不可不畏。	不可不畏。	不可不畏。	不可不畏。

若總計每本中全部句數,並計算占比排到前兩位的句式,可得以下表格①:

表2　《老子》諸本排名前兩位之句式

版本	郭店本	帛甲本	帛乙本	漢簡本	嚴遵本	河上本	想爾本	王弼本	傅奕本
總句數	397	1082	1132	1155	616	1153	473	1149	1166
排名第一	四字句	四字句	四字句	四字句	四字句	四字句	四字句	四字句	四字句
占比	37.28%	33.83%	35.25%	36.10%	44.81%	42.15%	44.19%	42.21%	37.31%
排名第二	五字句	五字句	五字句	五字句	三字句	五字句	三字句	五字句	五字句
占比	17.38%	19.87%	19.26%	18.87%	15.75%	16.83%	19.03%	17.15%	18.44%

從表中可見,首先,傳世本與出土本中四字句都是占比最高的句式;其次,占比排於第二位的絕大部分是五字句,而三字句僅限於嚴遵本和想爾本這兩本删略虛詞比較嚴重的版本中;第三,相較於排名第二的句式,四字句的數量與比例都要遠遠高出,

---

① 某些句子可能會有兩可的斷句方式,這會在一定程度上影響對四字句的判斷與統計。爲了盡量規避這一問題,本文採用了以下方案:1. 對於傳世文獻,依據權威整理本進行斷句。2. 對於出土文獻,在整理者句讀的基礎上參以其他研究性質的著作。由於帛甲本和帛乙本殘損較多,還參考《長沙馬王堆漢墓簡帛集成》中的相關釋文予以補足。3. 將所有文段併置排列,統一其斷句,尤其對於相同或相類的文句採用相同或相類的斷句方式。此外,諸本對比時又參考了北京大學藏西漢竹書《老子》後附的《〈老子〉主要版本全文對照表》(《北京大學藏西漢竹書(貳)》,第173—205頁。)

基本是前者的兩倍及以上。而從諸本四字句的占比看,傳世本的占比皆顯著高於出土本。除了傅奕本外,傳世本四字句所占比例皆在 40％以上,出土本四字句所占比例皆在 40％以下,二者有着明顯的不同。

另外值得注意的是,在該表格中,各本四字句所占比例與各本的時代先後都能有大致的對應。在出土本中,四字句占比的先後序列爲:帛甲本、帛乙本、漢簡本、郭店本;而此四本的時代先後序列爲:郭店本、帛甲本、帛乙本、漢簡本。除郭店本外,它本皆呈現出了時代愈靠後而四字句占比愈高的特點。按郭店本含甲乙丙三組簡,内容大致互補而有極少量文句交叉。在這三組簡中,甲組簡共計 233 句,其中四字句計77 句,占比 33.05％;乙組簡共計 99 句,其中四字句計 53 句,占比 53.54％;丙組簡共計 65 句,其中四字句計 18 句,占比 27.69％。也就是説,甲組簡和丙組簡中的四字句占比都明顯低於帛甲本,唯有乙組簡中四字句占比較高。由於乙組簡所涉《老子》文本的四字句原即較多,且該部分僅占今見《老子》全部文本分量的十分之一不到(而甲乙丙三組簡合起來亦僅占今見《老子》全部文本分量的五分之二不到),所以並不能由此而全面推知該簡所代表的《老子》文本的實際情形。若暫將該組簡略去,則郭店本四字句的占比其實是低於帛甲本的。據此,在出土本中,四字句占比的先後序列正與四本的時代先後序列相吻合。

在傳世本中,四字句占比的先後序列爲:傅奕本、河上本、王弼本、想爾本、嚴遵本;而其時代先後序列爲:嚴遵本、河上本、想爾本、王弼本、傅奕本。按,前人已指出想爾本中多删減虛詞,屬於"道教徒删助字以符五千文之本"[1],與一般誦習本有別;而嚴遵本中的句末語氣詞也有非常明顯的删略痕蹟,與想爾本相類[2]。將此兩本排除在外,則構成"河上本、王弼本、傅奕本"的時代先後序列。值得注意的是,傅奕本相傳爲據多種古本校訂而成。若將此種情況考慮在内,那麽傅奕本四字句占比較河上本與王弼本皆少的事實正與該説法相呼應,即意味着傅奕本中至少有部分文本成分的時代較河上本與王弼本爲早。據此,傳世本中四字句占比的先後序列與文本年代的先後序列也能大體相合。

但若如此斷言《老子》文本中的四字句有隨着時代的發展而增多的傾向還爲時尚早,因爲與之相反的情形也是存在的,即較早某本中的四字句在較晚文本中成爲了非四字句。雖然這些例子的數量少於較早文本爲非四字句而較晚文本爲四字句的數量,但我們也必須對之做出解釋。爲了便於研究問題,我們將以《老子》出土本與傳世本之間的差別爲例進行分析。因爲這兩類文本的差異情況最爲顯著,每一類文本都有更多的材料可以參互比照,所以對於問題的説明也更具有代表性。

前文已做過統計,總體而言,《老子》出土本中四字句的占比明顯少於傳世本;但仍然有某些句子在出土本中爲四字而在傳世本中爲非四字,如以下諸例:

① 《老子想爾注校證》,第 52 頁。
② 關於諸本句末語氣詞的具體情況,詳胡敕瑞:《〈老子〉諸本的句末語氣詞》,北京大學中國語言學研究中心《語言學論叢》編委會編:《語言學論叢》(第五十輯),北京:商務印書館,2014 年,第 280—311 頁。其中想爾本未見句末語氣詞;嚴遵本句末語氣詞僅 23 用次,遠低於其他傳世本。

表 3 　《老子》出土本四字傳世本非四字分類例舉表

序號	類型	郭店本	帛甲本	帛乙本	漢簡本	嚴遵本	河上本	想爾本	王弼本	傅奕本
1	甲	—	道之華也。	道之華也。	道之華。	道之華。	道之華。	—	道之華。	道之華。
2	乙	—	然埴爲器。	燃埴而爲器。	挺殖器。	—	埏埴以爲器。	埏殖爲器。	埏埴以爲器。	挺埴以爲器。
3	丙1	道之甬也。	道之用也。	道之用也。	道之用也。	道之用。	道之用。	—	道之用。	道之用。
4	丙2	智之者弗言。	□者弗言。	知者弗言。	智者弗言。	知者不言。	知者不言。	—	知者不言。	知者不言也。
5	丙3	—	楚杸生之。	□棘生之。	楚棘生之。	—	荆棘生焉。	荆棘生。	荆棘生焉。	荆棘生焉。
6	丙4	精之至也。	精□至也。	精之至也。	精之至也。	精之至。	精之至也。	—	精之至也。	精之至也。

　　以上諸例皆爲出土諸本中存在四字句而傳世諸本中存在非四字句的情況,共計168 例。若再根據出土本與傳世本中對應文句的具體異同加以分析,上述例子還可進一步分爲甲乙丙三類。甲類爲傳世本雖然有非四字句,但出土本中同樣也存在非四字句,且傳世本與出土本中的非四字句互相一致的情形。如例 1 的句子,傳世本俱作"道之華";帛甲本和帛乙本作"道之華也",爲四字,與傳世本不同;而漢簡本作"道之華",則與傳世本一致。該類意味着傳世本中的相應非四字句很可能前有所承,並不一定係屬流傳過程中的改易所致。乙類與甲類相似,爲傳世本雖然有非四字句,但出土本中同樣也存在非四字句,且傳世本與出土本中的非四字句互相近似的情形。如例 2 的句子,傳世本除想爾本作"埏殖爲器"四字外,它皆在"爲器"前多一"以"字,爲五字;而在出土本中,帛乙本作"燃埴而爲器","而""以"同爲虛詞,與傳世本相近。該類同樣意味着傳世本中的相應非四字句亦可能係前有所承而來;來源文本的面貌雖然已不存在,但從其他出土本中尚可見其蹤跡。與上兩類不同,丙類爲傳世本存在非四字句,且該句在出土本中無一致或相似之句的情形。如例 3 所示,傳世本該句皆作"道之用",而出土本皆作"道之用/甬也",並沒有相似或相同的句子;所以該類意味着傳世本中的非四字句可能係改易出土本中的四字句而來①。不過若細加考究,根據非四字句所在的傳世文獻的不同,該類又可再細分爲四小類。如表中所示,丙 2 類屬於僅傅奕本爲非四字句的情形;丙 3 類屬於僅想爾本爲非四字句的情形,且該非四字句較它句少虛詞;丙 4 類屬於僅嚴遵本爲非四字句的情形,且該非四字句較它句少句末語氣詞;丙 1 類則是除以上三種類型之外的情形。之所以做此區分,乃是因爲前文已經提及傅奕本有存古的特點,而想爾本有主動删略虛詞以符五千文的狀況,嚴遵本亦與之相類多無句末語氣詞,所以在考察四字句的變化源流時應予略去。總之,丙類全部計 86 例,丙 1 類計 56 例。也就是説,嚴格意義上因文本的自然傳承而導致由

---

　　① 當然,傳世本該句也有可能源自某一非四字句的出土本,而該本今已不存了。不過因無確鑿證據,爲求嚴謹起見,暫不考慮在內。

四字句變爲非四字句的情況是比較有限的；相較於傳世本存在四字而出土本存在非四字的情形(284 例)及傳世本皆爲四字而出土本存在非四字的情形(102 例)，可見由非四字句變爲四字句乃是更爲常見的情況。

　　總結上文，通過對五種傳世本和四種出土本《老子》文本的全面統計與分析，我們發現：相較於出土文本，傳世本《老子》中四字句的占比有了顯著的提升；而且在出土諸本中和傳世諸本中，《老子》文本四字句的占比也都呈現了隨時代發展而不斷升高的特點。雖然出土本中的某些四字句到傳世本中成爲了非四字句，但相較於更多的非四字句成爲四字句，後一情況明顯是主流。至此我們可以下一結論：年代越靠後的《老子》文本，其中四字句的占比一般越高；並且傳世本《老子》文本中四字句的占比遠高於出土本。

　　關於《老子》諸本四字句的變化情況，劉笑敢先生曾指出："通行本的編者顯然意識到古本《老子》的主要句式是四字句，因此有意突出四字句，把很多三字句、五字句、甚至六字句改爲四字句。這是典型的語言形式上的趨同或同化現象。"[①]通過上述容納更多《老子》文本的研究——包括在出土諸本中更爲完整的漢簡本及其他傳世文本，我們認爲，劉先生的論斷是可信的，即相較於出土本，傳世本中四字句的占比顯著增高。此外還應注意到，在出土諸本中和傳世諸本中，《老子》文本同樣也展現出了四字句占比隨時代發展而不斷增加的特徵；從郭店本、帛書甲本、帛書乙本、漢簡本直至傳世諸本，各本中四字句的占比也是在不斷升高的，並不僅局限於出土本和傳世本兩類文本之間。這一事實説明四字句的增多狀況不僅是通行本的編者所爲，而且還是各本的傳承者(包括口傳者、抄寫者等)都在實施的操作。不過鑒於另存有一定數量的由四字句轉爲非四字句的情況，故該操作或許不能認爲是傳承者在明確主觀意圖之下的具有系統性的行爲。關於這一點，我們會在下文中予以進一步的討論。

三、《老子》文本四字句的演變途徑

　　在上文中，我們通過比對各本《老子》，統計相關數據，證明了《老子》文本中四字句的占比有隨着時代發展而不斷增加的特徵，且其中傳世本《老子》文本的四字句(除傅奕本外)明顯較出土本爲多。在本節中，我們將進一步考察各本之間的變化情況，具體分析總結諸本四字句的演變途徑。由於前文已經提及，嚴遵本和想爾本有人爲删略虛詞的狀況，傅奕本有較爲突出的存古特色；此外，由於河上本與王弼本長期作爲通行本流傳，其文本皆已非舊貌，而有混同的傾向[②]。因此爲求嚴謹起見，在傳世諸本中，我們僅選取王弼本參與比較。在本節中，我們將逐一比對郭店本與帛甲本、帛甲本與帛乙本、帛乙本與漢簡本、漢簡本與王弼本之間四字句的變化類型，以見《老

---

　　① 《從竹簡本與帛書本看〈老子〉的演變——兼論古文獻流傳中的聚焦與趨同現象》，《郭店楚簡國際學術研討會論文集》，第 468 頁。

　　② 關於王弼本的文本問題，可參見［德］瓦格納著，楊立華譯：《王弼〈老子注〉研究》，南京：江蘇人民出版社，2008 年，第 273—307 頁。瓦格納認爲王弼本中的《老子》文本已非原貌，"而是一種逐漸被河上公本中的要素替代的文本"(第 301 頁)。

子》文本四字句增加的主要途徑。

通過全面比對，從對應句子的異文情況看，由非四字轉至四字的途徑大致有七種類型，分別是虛詞減少、虛詞增加、實詞減少、實詞增加、詞彙替換（減字）、詞彙替換（增字）、拆句，此外還有包含多種類型的複合情況。下面逐一述之。

1. 虛詞減少

即對應的句子之間，非四字句通過減少虛詞即可構成四字句。如：

> （帛甲本）昔之得一者。
> （帛乙本）昔得一者。

帛甲本該句有 5 字，而帛乙本有 4 字。相較於帛乙本，帛甲本在"昔"後多一虛詞"之"。若將該字刪去，兩本就完全一致了。

另外值得注意的是，在許多例子中，被減少的虛詞往往是句末語氣詞。如：

> （郭店本甲組簡）是以弗去也。
> （帛甲本）是以弗去。

郭店本該句有 5 字，而帛甲有 4 字，後者比前者少一句末語氣詞"也"。

2. 虛詞增加

即對應的句子之間，非四字句通過增加虛詞即可構成四字句。如：

> （郭店本甲組簡）貴福喬。
> （帛甲本）貴富而驕。

郭店本該句有 3 字，而帛甲本有 4 字。帛甲本在"富"字後多一虛詞"而"。

與上類相似，在部分例子中，被增加的是句末語氣詞。如：

> （帛甲本）其在道。
> （帛乙本）亓在道也。

帛乙本比帛甲本多一句末語氣詞"也"。

3. 實詞減少

即對應的句子之間，非四字句通過減少實詞即可構成四字句。如：

> （帛乙本）善始且善成。
> （漢簡本）善貣且成。

帛乙本該句有 5 字，而漢簡本有 4 字。漢簡本在"且"字後減一實詞"善"。

4. 實詞增加

即對應的句子之間，非四字句通過增加實詞即可構成四字句。如：

> （帛甲本）德乃足。
> （帛乙本）恒德乃足。

該句及前後句在兩本中都有重文符號。帛甲本作"恒德＝乃＝足＝"①，應讀爲"恒德乃足，德乃足"。帛乙本作"恒＝德＝乃＝足＝"，應讀爲"恒德乃足，恒德乃足"。如此則帛乙本在"德"字前多一實詞"恒"。

5. 詞彙替換（減字）

即對應的非四字句和四字句在使用的某些詞彙上有差別；非四字句通過將其中字數較多的表達替換爲字數較少的表達即可構成四字句。如：

　　　（帛乙本）静是胃復命。

　　　（漢簡本）静曰復命。

兩本相較，帛乙本中的"是胃（謂）"在漢簡本中作"曰"。二詞的意義相近，但字數有別。通過將"是胃"改成"曰"，五字句就從而調整爲了四字句。

6. 詞彙替換（增字）

該類與上類正相反，即對應的非四字句和四字句在使用的某些詞彙上有差別，非四字句通過將其中字數較少的表達替換爲字數較多的表達即可構成四字句。如：

　　　（漢簡本）人多智。

　　　（王弼本）人多伎巧。

兩本相較，漢簡本的"智"在王弼本中作"伎巧"。二詞的意思相互關聯，但字數有別。通過將"智"改爲"伎巧"，則三字句就能從而調整爲四字句。

7. 拆句

即在對應的句子間，某句可視作從另一句拆出的部分；而這些被拆出的部分中存在四字句。如：

　　　（漢簡本）故道生之畜之。

　　　（王弼本）故道生之，德畜之。

兩本相較，王弼本在"畜之"上多一"德"字，從而將一句拆爲了兩句。這樣一來，漢簡本該句爲六字，而王弼本兩句分別爲四字和三字，且其中內容相互對仗。

又如：

　　　（漢簡本）猛獸攫鳥弗搏。

　　　（王弼本）猛獸不據，攫鳥不搏。

兩本相較，王弼本在"猛獸"下添一"不據"，從而將原六字句拆爲了兩個四字句，且這兩個四字句的內容相互對仗。

8. 複合類型

除了以上六類外，在某些對應的句子中，還能見到多種方式相結合的情況，從而構成複合類型。如：

　　　（漢簡本）百姓之不治也。

---

① "足＝"原缺損，此據釋文補出。見《長沙馬王堆漢墓簡帛集成》，第 4 册，第 42 頁。

（王弼本）民之難治。

　　兩本相較，漢簡本的"百姓"在王弼本中作"民"，是爲詞彙替換（減字），又漢簡本有句末語氣詞"也"而王弼本中沒有，是爲虛詞減少。所以該例是詞彙替換（減字）與虛詞減少兩種類型相結合的複合情況。除此種情況外，又有詞彙替換（增字）與虛詞減少、實詞減少與虛詞減少、實詞增加與虛詞增加等情況。諸例相對來説都比較好理解，這裏就不再一一舉例了。

　　若將兩兩文本四字句演變途徑中每一類型的總數統計出來，可得以下表格：

表4　兩兩文本四字句演變途徑分類統計表

演變途徑	郭店本/帛甲本	帛甲本/帛乙本	帛乙本/漢簡本	漢簡本/王弼本
虛詞減少	5	15	43	79
虛詞增加	7	4	3	23
實詞減少	0	1	4	4
實詞增加	0	3	2	6
詞彙替換（減字）	0	1	1	1
詞彙替換（增字）	0	1	0	1
拆句	0	0	0	2
複合類型	0	0	5	8
不確定①	0	4	0	0
總計	12	29	58	124

　　從表中可見，除了郭店本與帛甲本外，在帛甲本與帛乙本、帛乙本與漢簡本、漢簡本與王弼本的比較中，"虛詞減少"的類型是最多的，而且遠超其他類型。此外，"虛詞增加"的情況也比較突出。在這之後就是增減實詞的類型。其他類型則都比較少見。

　　另外一點值得注意的是，在與虛詞相關的類型中，有相當一部分涉及句末語氣詞，即增減虛詞其實是對句末語氣詞的增加與減少。其情況如下表所示：

表5　句末語氣詞變化統計表

句末語氣詞增減	郭店本/帛甲本	帛甲本/帛乙本	帛乙本/漢簡本	漢簡本/王弼本
減少	1	5	18	29
增加	4	1	0	3
減少（複合類型）	0	0	3	4

　　從表中可見，減少句末語氣詞的情況特別突出，於每一兩兩文本的比較中都穩定地占到了減少虛詞類總數的 1/3 左右。這一情況與《老子》諸本本身虛詞的不斷減少

---

① "不確定"指由於原文殘損，只知此處字數，但不知文字具體作何的情形。

也是相關的①。

劉笑敢先生曾提及:"我們發現後來的編校者的加工原則最重要的有兩條。一條是盡可能增加四字句,另一條是盡可能删減虛詞。"②而從四字句本身的變化中,我們發現虛詞的減少與增加也在其中扮演了重要角色;在這些演變類型的數量多寡中可能暗含了四字句變化的重要原因,關於這一點我們將在下節深入討論。

四、早期文本的四字句特徵與演變規律

值得注意的是,在許多先秦文獻中,四字句都是占比最高的句式。就出土文獻而言,如郭店楚簡中的其他文本③:

表6　郭店楚簡其他篇目四字句占比情況

篇　名	總句數	四字句占比	排　名	排名第二(或第一)句的占比
太一生水	72	20.83%	2	六字句29.17%
緇衣	264	36.74%	1	二字句16.29%
魯穆公問子思	29	24.14%	1	五字句20.69%
窮達以時	64	31.25%	1	五字句26.56%
五行	306	39.87%	1	二字句17.32%
唐虞之道	148	33.11%	1	五字句16.89%
忠信之道	57	43.86%	1	五字句28.07%
成之聞之	166	24.70%	1	六字句17.47%
尊德義	189	22.22%	2	五字句25.93%
性自命出	352	29.83%	1	三字句15.91%
六德	209	25.36%	1	三字句21.53%
語叢一	185	35.68%	1	三字句22.16%
語叢二	85	77.65%	1	五字句7.06%
語叢三	144	25.00%	1	三字句21.53%
語叢四	91	48.35%	1	五字句24.18%

從表中可見,除了《太一生水》和《尊德義》兩篇外,其他篇中四字句的占比都是最

① 參見《〈老子〉諸本的句末語氣詞》,《語言學論叢》(第五十輯),第282—284頁。
② 《老子古今:五種對勘與析評引論》,第14頁。
③ 關於《郭店楚墓竹簡》諸篇的句讀,除據整理者原先的釋文外,又參考了李零《郭店楚簡校讀記》(增訂本)(北京:中國人民大學出版社,2007年)、劉釗《郭店楚簡校釋》(福州:福建人民出版社,2005年)等著作中的斷句及對簡文次序的調整。

高的；而在《太一生水》和《尊德義》中四字句也排在第二位①。四字句的占比一般都能占到總句數的 1/4 以上，最高者甚至能達七成。與排名第二的句式相比，四字句的數量普遍要高出許多，甚至在不少篇目中超出一倍及以上。這説明在上述出土文獻中四字句是最爲常見的句式，是構成文本的主要句型。

　　至於傳世文獻中四字句的占比，我們共選擇了十種常見先秦文獻②，其情況如下表所示：

表 7　傳世先秦十種文獻四字句占比情況

文獻名稱	總句數	四字句占比	排　　名	排名第二(或第一)句的占比
周易	1783	24.85%	2	二字句 42.96%
尚書	3824③	35.28%	1	五字句 14.33%
詩經	7286	90.27%	1	五字句 5.53%
左傳	39548	35.17%	1	五字句 13.56%
國語	14489	36.56%	1	五字句 15.01%
戰國策	22769	23.59%	1	五字句 17.04%
孟子	7161	25.15%	1	五字句 16.34%
莊子	12930	29.82%	1	五字句 16.91%
韓非子	19304	23.24%	1	五字句 16.27%
吕氏春秋	18903	29.56%	1	五字句 16.67%

　　從表中可見，除去《周易》，其他傳世文獻中四字句的占比也都排在第一位，且基本接近三成，最高者能達九成。此外，這些文獻中四字句的占比與排名第二位句式的占比也都差距較大，不少要高出一倍左右。總之，無論是出土文獻還是傳世文獻，在絶大部分文本中，四字句的占比都是最高的④；不過由於文本性質的不同，在某些文本中四字句的占比要更高一些，而在另外一些文本中四字句的占比則要略低一些。這一點啓發我們從文本句數本身的角度思考四字句的問題。由於四字句之常見，在文本的流傳變化中非四字句就自然會有向四字句靠攏的傾向，從而形成文本流傳過程當中的"趨同"現象。

　　上節已述，在轉變非四字句爲四字句時，最主要的手段是虚詞的增減，其中特別突出的是句末語氣詞的减少。我們認爲，這與漢語本身的語言特質是相關的。在漢

　　①　《太一生水》占比最高者爲六字句，計 21 例。因該文在論述中多有"AB復相輔也""AB之所生也"等語，故六字句偏多。《尊德義》占比最高者爲五字句，計 49 例。
　　②　在具體統計時，本文除《老子》《詩經》外的傳世文獻主要依據北京大學中文系宋亞雲教授所整理之電子版文件，在此基礎上又做了少量更訂，於此謹致謝忱！
　　③　不包含僞古文的篇目。
　　④　值得强調的是，這並不意味着在所有文本中四字句都是占比最高的句式，例如表中的《太一生水》《尊德義》《周易》等文本。又如《楚辭》許多篇目中的四字句都較少，甚至没有四字句。這其中的區别差異之因還有待進一步的考察。

語中,某些虚詞可以省略,且不影響句子的成立與意義的表達。因此在書面抄寫或口頭流傳時,傳承者便有可能對其加以删略。此外,由於語言本身的變化,後世之人可能不太熟悉早先的語言現象,便認爲某些虚詞可有可無,或者因新的語言現象而改易原先的虚詞,這也會在一定程度上造成虚詞的增减[①]。總之,自身文本和大量同時期文本中四字句占比最高的事實,是四字句增多的推動力;而漢語本身的語言特質,爲四字句增多提供了可能性。這兩方面因素叠加在一起,共同導致了《老子》文本在流傳變化中四字句占比逐漸升高的現象,且主要是通過虚詞的减少和增加來完成的。

　　不過從《老子》文本四字句演變的具體情况上看,可以發現這種四字句占比由少至多的變化應非源於全面系統的、有明確主觀意圖的行爲。因爲雖然有大量由非四字句轉爲四字句的情况,但同樣還存在着由四字句轉爲非四字句的例子,如前文中所做的分析。並且具體來説,由四字句轉爲非四字句的類型與非四字句轉爲四字句的類型非常近似[②],而且從其句子的分布上看也没有明顯的規律性或系統性特徵。除了來源版本可能不同的情况外,這其實説明了傳承者在傳承文本時或許只是隨興而至增减字詞,背後可能反映了多重因素的影響:有時認爲應增减字詞以構成四字,有時認爲應删略句末語氣詞而不顧四字轉爲三字;甚至有時還可能因爲某些意義方面的原因增加字詞,從而使某句超過四字。不過由於四字句在《老子》文本中是最爲常見的句式,也是在許多早期文獻中占比最高的句式,因而傳承者在傳承時——雖然很可能是出於"隨興"的舉動——也會以趨近四字句爲主,而較少將四字句改爲非四字句,這便最終構成了《老子》文本在流傳過程中四字句占比不斷增高的事實。

　　關於傳承者在傳承過程中的行爲,西方校勘學也有相應理論能予以解釋。在西方校勘學中,有所謂"取難不取易"的校勘原則[③];認爲抄手在抄録文本時,通常會將難明難曉的字詞表達替換爲熟悉易瞭的字句。這裏的情况也與之相近似。由於在今見各種《老子》文本中,四字句的數量都占到全部句式數量的 1/3 以上,可謂極爲常見;並且在其他先秦文獻中,四字句也往往是最常出現、占比最高的句式。因此在《老子》文本口頭流傳或書面抄寫的過程中,傳承者也會傾向於將非四字句易爲四字,從而使其與自己更爲熟悉、更易理解的情况相合。

　　不過若細加考慮其中問題:對於傳承者而言,增多四字句是出於對被傳承文獻句式的熟稔[④],還是由於受當時句式情况的影響? 在先秦時期,這兩者應該都會起到作

---

①　比如敦煌《毛詩》抄本中就有删略句末語氣詞的情况,甚至某些有直接匾掉的痕蹟。程燕先生指出這可能反映了"敦煌殘卷底本無語詞"(程燕:《詩經異文輯考·引言》,合肥:安徽大學出版社,2010 年,第 5 頁)。考慮到目前尚没有充分的證據表明《毛詩》這些詩句原即不含語氣詞,包括安大簡《詩經》中這些詩句的語氣詞也都是存在的,所以應該亦屬文本流傳中形成的現象。此外,胡敕瑞先生《〈老子〉諸本的句末語氣詞》一文中也論及因時代變化、區域有別而致句末語氣詞互有增减差異的情形(第 302—304 頁)。

②　經過統計與分析,由四字句轉爲非四字句的途徑也可分爲上述幾種類型(除"拆句"),並且增减虚詞也是最主要的手段,占到絶大多數。

③　條例爲"Lectio difficilior potior",蘇杰先生譯爲"取難不取易",並解釋道:"這裏'難'的意思是'對於抄寫者而言是較難的',因而抄寫者有加以改動的衝動。"詳見蘇杰編譯:《西方校勘學論著選·編譯前言》,上海:上海人民出版社,2009 年,第 iii 頁。

④　對於後世的傳承者來説,或許還包括對前代句式情况的瞭解。

用。降至後代,該問題因涉及對相關文獻的大量統計,尚難以得出結論。不過就目前看來,兩漢文獻四字句的占比往往也是最高的①,故應與先秦時期的情況相仿。而之後句式變長爲大趨勢,迄某一時期四字句不再是大多數文本中占比最高的句式,在這當中前者可能逐漸會成爲更主要的原因。但是從鈔本時代進入刻本時代後,以及經典逐漸定型後,這一"隨意"增減的情況也就消失了。

　　除了《老子》文本外,在先秦時期的其他文獻中,我們也注意到了類似的四字句占比增多的現象。如《孫子兵法》和《五行》,這是其四字句占比的變化情況:

表 8　《孫子兵法》《五行》四字句占比變化表

文本名稱	四字句占比	文本名稱	四字句占比
銀雀山漢簡本《孫子兵法》	27.10%	郭店楚簡本《五行》	39.87%
傳世本《孫子兵法》	34.61%	馬王堆帛書本《五行》	42.26%

　　從表中可見,無論是《孫子兵法》還是《五行》,相較於較早的文本,較晚文本中四字句的占比都有了明顯的提升:《孫子兵法》是傳世本的四字句占比高於出土本;《五行》兩本都是出土本,但帛書本(漢代)的四字句占比高於郭店本(戰國)。另外,在這兩種文獻先後文本的比較中,其四字句變化的具體類型也與《老子》文本相仿,即句中虛詞的增減是最爲常見的情況。如《五行》簡本"聞道而悦者,好仁者也"一段,爲由"五字句+四字句"組成的八句;而在帛書本中前句皆無"者"字,遂構成"四字句+四字句"模式(除首句作"聞君子道而悦")。總之,雖然此二文獻四字句占比的差異幅度並不如《老子》文本那麽顯著——或由於《孫子兵法》中四字句的占比原即沒有《老子》文本那麽高,而《五行》只有出土本,沒有傳世本——但該變化方向也是顯而易見的。這一現象啓發我們,除了《老子》文本外,在其他更多的早期文本中可能也存在着同樣的文本變化趨勢:四字句占比隨着文本的流傳而逐漸增多。其變化原因也應與《老子》文本相類:四字句在該文本及大量其他同時期文本中是數量最多的句式這一事實誘發了此種變化,並且漢語語言本身的特質爲該變化提供了可能。

　　另一值得注意的是《詩經》文本。據調查,安大簡本《詩經》中的四字句是比傳世本《毛詩》要多的。在二本相對應的句子中,今本爲四字而簡本非四字的共 9 例,今本非四字而簡本爲四字的共 45 例②:簡本四字句的數量與占比大大高於今本。這一情況似乎與上文所得出的結論相互矛盾。不過經進一步研究,通過對《詩經》文本的深入比對分析並兼考相關文獻材料,可推見《毛詩》於整個句式層次上似比安大簡《詩經》更顯古老;該文本應來源於一個更加早期的《詩經》版本,其面貌比安大簡《詩經》要更顯原始③。而這一點恰又與《老子》諸本中的傅奕本相呼應。雖然該本爲唐代傅奕整理而成,在諸本中爲最晚,且又經歷代流傳;但它在四字句的占比上遠低於時代

---

　　①　如《史記》中四字句占 24.18%,排第一位;五字句占 15.44%,排第二位。《新論》中四字句占 25.42%,排第一位;五字句占 17.56%,排第二位;《論衡》中四字句占 38.28%,排第一位;五字句占 15.80%,排第二位。

　　②　又包括 6 例今本 7 字簡本 8 字的情況,因在某種程度上八字句可視爲由兩個四字句組合而成的句式。

　　③　參見李林芳:《〈毛詩〉較安大簡〈詩經〉文本的存古之處——句式整齊性的視角》,《文史》,2021 年第 1輯,第 27—46 頁。

更早的傳世諸本而直逼出土本——其餘傳世本《老子》四字句占比皆高於 40％，而傳奕本則只有 37％，與漢簡本 36％極爲接近。由此可見該本面貌之古早，其相傳係從多種古本考訂而來應不爲無據。

五、結　論

　　相比於其他文獻，《老子》有着更多的早期版本和更爲完整的流傳脈絡，因而更有利於據之觀察早期文本的演變現象，歸納相關規律。本文以《老子》文本中的四字句爲考察對象，通過全面對比其出土和傳世文本，並加以細緻的統計分析，認爲《老子》文本中的四字句占比具有隨着文本時代的演進而逐漸升高的特徵——時代愈靠後的《老子》文本，其中的四字句占比愈高；並且傳世本《老子》四字句的占比顯著高於出土本：這是《老子》文本在演變過程中的重要規律。繼而分析了《老子》文本四字句的演變途徑，發現虛詞的減少和增加是最爲常見的演變類型。在此基礎上，本文探討了該文本演變規律的成因，認爲四字句在《老子》文本内部和其他早期文本的所有句式中占比最高的事實誘發了這一變化，漢語語言本身的特質又爲該變化提供了可能。而這一變化應非源於傳承者全面系統的、有明確主觀意圖的行爲，而更可能是隨興的改易。最後，本文又對其他早期文本的四字句情況進行了分析，發現它們也呈現出了類似的較早者四字句占比少而較晚者四字句占比多的情況，説明更多的早期文本中可能也存在着同樣的文本變化趨勢。而參照對於《詩經》文本的分析，可見該規律亦能應用於對文本時代的判斷上，從而昭顯某些文本中遺存着的較爲古早的因素。總之，該研究力圖從宏觀的層面上把握文本變化的規律性因素，並從微觀的角度展開分析，一方面有助於進一步推動對早期文本面貌的認識，另一方面也有助於將傳統文獻學的視域擴展到早期文本之上，爲進一步從文獻學角度分析早期文本的相關問題奠定基礎。

六、餘　論

　　在本文中，我們將《老子》諸本直接相互比對，並以“增加”“減少”等説法描述文本的變化情況，這其實是有着内在的隱患的。就傳世文獻而言，在直接比對諸版本的文本之前，應先梳理清楚各本的流傳譜系；在此基礎上比對源流明確的主要版本，這纔會使比對方向明確、意義明晰、結論妥帖。可惜出土文本却缺乏如此的便利條件：由於相關材料的缺失，我們完全無法據之整理出完整的傳承譜系，甚至構建出相對簡略的流傳綫索都難以實現①。於是在本文中我們只能採取一個假設，即時代和文本面貌互爲前後的文本，在傳承上應有着直接或間接的關係，從而使直接比對能在這一基

---

① 關於從共時和歷時角度對《老子》諸文本譜系的分析及其他相關研究，可參見趙培：《先秦兩漢典籍異文與共時和歷時文本之間關係析論——以〈老子〉諸本異文的層次性爲例》，張顯成、胡波主編：《簡帛語言文字研究（第九輯）》，成都：巴蜀書社，2017 年，第 215—251 頁。

礎上做出有限度的展開①。與之相關,我們在描述文本差異時使用"增加""減少""替換"等詞亦只是在此簡化模型基礎上的權宜之計,真實的文本變化情況肯定要比本文呈現出來的複雜許多。所以據此得出的結論還只是較廣泛層面上的規律,許多細節問題需待更多早期相關文本的發現及更深入的分析研究方能得到更好的解決。

在本文中,我們發現在《老子》和其他一些早期文本裏,四字句有隨著文本時代發展而不斷增多的現象;在《詩經》文本中,出現了時代較早的文本中四字句較多而時代較晚的文本中四字句較少的現象。除上兩種情況外,對於某些文本,還出現了四字句變化不大的情形,如《周易》和《論語》②。這類文本在某種程度上其實體現了句式的穩定性。我們在前文中已經提到,四字句的變化應非源於傳承者全面系統的、有明確主觀意圖的行爲,而更可能是隨興的改易,所以並不一定能在所有文本中都顯著地體現出來。此外,《周易》與《論語》中四字句的占比都不是很高;而且《周易》每卦都有類似"初九""九二"等對於爻本身的描述,皆爲二字,故該文本二字句占到第一位,四字句僅排到第二位。因而對於這些文本來説,四字句的"引誘"因素並不足夠強烈;在流傳過程中它們的四字句沒有明顯的變化也是可以理解的事情。另外,文本流傳過程中發生的實際情況其實遠爲複雜,如《緇衣》還涉及漢代的篇章錯亂③;故本文只是從廣泛的層面上揭示較爲明顯的一端,更細緻的以及其他方面的變化情況還有待更爲深入的研究討論。

在本文中,我們探討早期文本四字句的演變規律時,研究材料皆是先秦文獻的諸種文本。之所以做此選擇,乃是因爲先秦文獻中四字句占比最高的特徵尤爲顯著,且《老子》本身也頗具有代表性;而後世文獻由於數量巨大,我們暫無法對之做出全面的統計與分析。不過前文已經提及,漢代文獻中四字句的占比往往也是最高的。所以,漢代及之後文獻的諸種文本中四字句是否也有增加的傾向,該規律能否適用於整個鈔本時代,這些也是值得進一步探考的問題。——另外與之相關的是四字句的來源及廣泛出現的原因。過常寶、張少輝兩位先生指出"四言"發起於西周初期,其時主要用於祭祀占卜,具有神聖的意味;後來漸擴大至政治、軍事、交往等禮儀用辭,乃至春秋時君子的教誡之辭中;至戰國時期方成爲一種修辭手段④。該文的研究主要集中於《左傳》等文獻內成段落的四言文本。不過根據前文的調查,我們發現在《左傳》等

---

① 在先前關於《老子》文本的研究中,絕大部分研究者似乎也默認接受了這一前提,直接比較諸本文字,並據文本本身的年代來判斷《老子》的變化方向與改易情況。不過我們認爲,對於《老子》文本而言,這一假設或許尚可接受。因爲除了郭店本有較大的不同外,帛甲本、帛乙本、漢簡本相互之間的文本面貌都有很高的近似程度,這説明它們之間應該有着直接或間接的流傳關係。

② 上博簡本、馬王堆帛書本和傳世本《周易》四字句占比分別爲 24.95%、24.82%、24.74%(僅對比有共同篇章的部分),相差極小。定州簡本與傳世本《論語》四字句占比分別爲 26.35% 和 26.69%(僅對比有共同篇章的部分),區別也不大。這種差別與其説是句式變化所帶來的,毋寧説是由於文本流傳中的訛錯衍脱、字句殘損乃至於篇幅不同等其他因素所導致的。

③ 按郭店、上博、傳世本《緇衣》的四字句占比亦皆在 36% 上下,並無明顯差別。關於傳世本《緇衣》篇章錯亂的具體情況,詳虞萬里:《上博館藏楚竹書〈緇衣〉綜合研究》第六章"《緇衣》簡本與傳本章次文字錯簡異同考徵",武漢:武漢大學出版社,2009 年,第 226—271 頁。

④ 過常寶,張少輝:《論先秦"四言"——以〈左傳〉爲中心》,《中山大學學報(社會科學版)》,2017 年第 3期,第 1—8 頁。

文獻中,"零散"於各處與其他句式混雜的四字句的數量同樣不少;並且該句式不僅在言辭中出現,在叙事文本中也具有相當的數量。這一情况似乎暗示着更廣泛層面上的四字句占優的現象可能有其自身的語言基礎。沈家煊先生在《超越主謂結構——對言語法和對言格式》中提出"對言語法",認爲漢語具有明顯的對稱等方面的特徵①,或許即是對該問題綫索的重要揭示。不過,由於相關問題涉及更爲專業的方面,需要進行更加深入的討論,本文這裏就不再贅言了。

與四字句密切相關的一點便是"整齊性"。前文在分析《詩經》文本時已經提到,對仗程度更高,字句更趨一致,文本就更顯整齊。由於在大多數先秦文獻中四字句的占比都是最高的,於是字句更趨一致其實就是向四字句趨近,所以四字句其實與整齊性具有緊密的聯繫,可以認爲是整齊性的直接體現之一。前文已述,劉笑敢先生指出《老子》各本在語言形式上具有趨同現象,並舉例王弼本含整齊三字句的段落也略多於帛書本②;此外,李零先生也指出《孫子》簡本與今本的一項重要差異是"變散文爲對句",並認爲"這種差異在古書流傳中應當是一種帶有普遍性的現象"③。這些現象與觀點都説明了文本的整齊性也是文本變化發展中的核心要素之一。所以,作爲整齊性的直接體現,四字句占比的增加從更大的背景下看與文本整齊性的不斷提升應是有着密切的關聯的;而後者還有待更進一步的研究,以助於我們從更加全面的角度發掘和把握早期文本流傳變化中的綫索與規律。

---

① 沈家煊:《超越主謂結構——對言語法和對言格式》,北京:商務印書館,2019 年。

② 《老子古今:五種對勘與析評引論》,第 13 頁。不過,劉先生認爲在《老子》中使用最多的句式是四字句,其次是三字句;但經我們的統計,在絶大部分《老子》文本中使用第二多的句式其實是五字句,而這正與其他先秦出土或傳世文獻中排名第二的句式大多爲五字句的情况相合。

③ 李零:《關於〈孫子兵法〉研究整理的新認識》,《〈孫子〉古本研究》,北京:北京大學出版社,1995 年,第283 頁。

《破邪論》編纂及唐五代版本考*

劉林魁

　　摘　要：藏經本《破邪論》雖署名"釋法琳撰"，實爲佛教徒編纂。武德年間法琳爲反駁傅奕而撰寫了《破邪論》論文，並上呈皇帝王公，以之弘法護教。經過虞世南編纂《法琳集》的文獻彙集後，大致在《續高僧傳》成書時由道宣將相關文獻編纂成《破邪論》論著。《破邪論》由法琳撰寫的單篇論文的題名轉變成整部著作題名經過了二三十年時間。此種轉變，與高祖、太宗、高宗三朝的宗教政策密切關聯。《破邪論》編纂過程中的一些痕蹟，在慧琳本、可洪本、敦煌卷子等版本中有所存留。佛教徒編纂過程中增補的內容，需要學者區別對待、謹慎使用。

　　關鍵詞：《破邪論》；編纂；版本；宗教政策

　　《破邪論》是唐代僧人法琳爲回應傅奕攻擊佛教觀點而撰寫的相關文獻的彙編。同期反駁傅奕觀點的佛教著作，還有門下典儀李師政《内德論》、綿州振響寺沙門明概《決對傅奕廢佛法僧事並表》、長安大總持寺釋普應《破邪論》，然完整存世者僅法琳《破邪論》一部。武德貞觀年間，法琳在《破邪論》論文的基礎上，又撰寫了八卷《辯正論》，用以反駁道士劉進喜、李仲卿的排佛觀點。《破邪論》《辯正論》是研究中古政教關係、宗教政策的重要文獻。目前，學界對於《破邪論》的研究，以《破邪論》爲法琳撰寫、結構完整、文本統一等爲預設前提，更多關注整部著作的學術價值①，忽視了其書的編纂性質以及由此帶來的版本乃至文本問題。本文不避拙陋，就此問題發覆一二，以求教于方家焉。

一、《廣弘明集》收録之《破邪論》論文

　　現存最早的《破邪論》文本，收録在《廣弘明集》卷十一《上秦王啓》中。《上秦王

　　* 作者簡介：劉林魁，寶雞文理學院文學與新聞傳播學院教授，文學博士，主要從事佛教歷史文獻、佛教文學、三教關係研究。

　　基金項目：國家社會科學基金項目"《廣弘明集》整理與研究"（2022XZW032）。

　　① 以《破邪論》爲題者，國内學術論文主要有邢昊洋：《破邪論要詮通說》，河北師範大學 2007 年碩士學位論文；朱雅珍：《關於趙城金藏〈破邪論〉》，《晉陽學刊》，1985 年第 4 期，第 69—51 頁。更多研究，是借助《破邪論》文獻來研究唐高祖朝的宗教政策與三教關係。此外，李猛《釋法琳〈破邪〉〈辯正〉二論之編撰與早期流傳》（《文獻》，2021 年第 3 期，第 120—137 頁）對《破邪論》的編纂過程有詳細討論，然對其編纂與唐五代版本的關係沒有關注。

啓》文末著録撰寫時間爲“武德五年正月十二日濟法寺沙門釋法琳啓”①。此句以下
即法琳《破邪論》論文。分析此文本可發現，《廣弘明集》收録之《破邪論》論文，分十條
反駁傅奕觀點，結構上可能分爲兩部分：第一條爲第一部分，第二至第十條爲第二部
分。第一條反駁結束後，羅列第二至第十條反駁觀點，此即第二部分目録。目録和正
文之反駁觀點完全一致。

表一：《破邪論》論文第二至第十條目録與正文對應表②

目　　録	正　　文
奕云：“僧尼六十已下，簡使作民，則兵强人衆。”	一　答“廢省僧尼事者”。
奕云：“寺多僧衆，損費爲甚，絓是寺舍，請給孤老貧民，無宅義士。三萬户州，唯置一寺。草堂土塔，以安經像。遣胡僧二人，傳示胡法。”	一　答“毁寺給民，草堂安像”。
奕云：“西域胡者，惡泥而生，便事泥瓦，今猶毛臊，人面而獸心，土梟道人，驢騾四色，貪逆之惡種。佛生西方，非中國之正俗，蓋妖魅之邪氣。”	一　答“西域胡者，人面獸心，貪逆惡種，佛生西方，妖魅邪氣者”。
奕云：“庖犧已下一十五代③，父子君臣，立忠立孝，守道履德，生長神州，得華夏正氣，人皆淳樸，以世無佛故也。”	一　答“庖犧已下二十九代，父子君臣，立忠立孝，守道履德，禀華夏正氣者”。
奕云：“秦起秦仲，三十五世，六百三十八年。”	一　答“秦仲已下，三十五世，六百餘年者”。
奕云：“帝王無佛則大治年長，有佛則虐政祚短。自庖犧已下二十九代，而無佛法，君明臣忠，國祚長久。”	一　答：“帝王無佛年長，有佛祚短。自庖犧已下，爰至漢高，二十九代，君明臣忠者。”
奕云：“未有佛前，人民淳和，世無篡逆。”	一　答“佛未出前，世無篡逆者”。
奕云：“佛來漢地，有損無益。”	一　答“佛來漢地，有損無益，入家破家，入國破國。漢明之時，佛法始來者”。
奕云：“趙建武時有道人張光反，梁武時僧光反，況今僧尼二十萬衆，須早廢省。”	一　答“寺饒僧衆，妖孽必作，如後趙沙門張光，後燕沙門法長，南涼道密，魏孝文時法秀，太和時惠仰等，並皆反亂”者。

《破邪論》的卷數有一卷、兩卷、三卷三種説法。三卷本情況不詳④，現存大藏經本均

---

　　①　（唐）釋法琳：《破邪論》卷上，《高麗藏》，北京：綫裝書局，2004 年，第 59 册，第 595 頁上。爲論述方便，本文將單篇文章稱爲“《破邪論》論文”，將整部著作稱爲“《破邪論》論著”。本文如無特别指稱，“破邪論”一般指論著。

　　②　此表據釋道宣《廣弘明集》卷 11 制定。此種對應，大藏經本《破邪論》與《廣弘明集》相同。（《大正藏》，臺北：新文豐出版公司，1983 年，第 52 册，第 163 頁上—165 頁下。）

　　③　“一十五代”，《高麗藏》本之外的其他藏經本《廣弘明集》多作“二十九代”，諸種大藏經本《破邪論》也作“二十九代”。

　　④　三卷本《破邪論》，最早爲高宗朝僧人道宣著録。道宣《大唐内典録》云：“皇朝終南山龍田寺沙門釋法琳撰論十卷，别集二十卷。《破邪論》一部三卷。《辯正論》一部八卷。”（（唐）釋道宣：《大唐内典録》卷 10，《大正藏》第 55 册，第 332 頁下。）此處著録有些問題。上文言“釋法琳撰論十卷”，下文所言三卷《破邪論》，八卷《辯正論》合起來却是十一卷。其中是文字錯訛，還是文字遺漏，不得而知。但《舊唐書》卷 47《經籍志》、《宋史》卷 205《藝文志》，却著録了這種三卷本的《破邪論》。

爲兩卷本。《廣弘明集》録文之反駁目録,結構上出現了第一條與後九條的分割。由此來看,道宣所據《破邪論》可能是兩卷本。

《廣弘明集》所録《破邪論》論文,共 8800 餘字。弘福寺沙門彦悰《唐護法沙門法琳别傳》(以下簡稱"法琳别傳")記載《破邪論》論文的字數,與此吻合。彦悰云:"法師因著《破邪論》一卷,可八千餘言,理會宫商,文諧鐘律,傳之耳目,故此闕書"①。據此,《廣弘明集》所録《破邪論》論文,似乎就是法琳原作的面貌。然而,參照大藏經本及相關文獻,問題可能要複雜一些。

高麗藏是現存較早、較完備的雕本大藏經。高麗藏本《破邪論》(以下簡稱"麗藏本")卷一《上秦王啓》後附録之文字,與《廣弘明集》有所不同。具體而言,麗藏本多出以下三部分文獻。第一,法琳反駁第一條中,從"正信對曰:書云'見善如不及,見惡如探湯'"開始,此下徵引了大量文獻、事蹟,依次爲《符子》《内典天地經》《清净法行經》等文獻,漢代霍去病征討匈奴得金人、楚王劉英好浮屠齋戒、襄楷上書言佛老等事蹟,《後漢書》《後漢郊祀志》《魏書》《漢法本内傳》《玄通記》《魏書》《漢法王異記》《吳書》等文獻中的佛教記述,北魏明帝、太武帝時的佛教發展以及北朝佛教興盛狀況等,至"出好名德,利益倍多。光讚時君,罔有凶黨"②結束,共計 4530 餘字,可稱之爲"佛法東傳"部分。第二,法琳反駁第九條中,從"沙門安世高譯一百七十六部"開始,此下有"古來翻經人"二十一人名録、"撰沙門記傳者"十九人名録以及"對曰"一段論述,至"檢内外典籍,明邪見人謬妄之罪"③結束,共計 600 字,可稱之爲"僧才出衆"部分。第三,法琳反駁第十條中,從"譯經沙門第一,五十二人"開始,徵録漢魏以來十類高僧之人數,論述高僧之功德,並對"何以周過其曆,秦不及期"以及"棄父母之鬚髮,去君臣之服章"之"損益二宜",等兩個問題做了回應,直至《破邪論》卷下結束④,共計 1810 餘字,可稱之爲"高僧功德及與論辯兩題"。法琳原作《破邪論》論文,《廣弘明集》録文僅 8800 餘字,麗藏本却多達 15700 餘字。那麼,道宣《廣弘明集》所録《破邪論》論文是法琳原本還是節録本,就成爲一個問題。

《續高僧傳·法琳傳》節録了《破邪論》論文部分文獻,其中云:

> 議者僉曰:僧唯紹隆佛種,佛則冥衛國家,福蔭皇基,必無廢退之理。我大唐之有天下也,應四七之辰,安九五之位,方欲興上皇之風,開正覺之道,治致太平,永隆淳化。但傳氏所述,酷毒穢詞,並天地之所不容,人倫之所同棄,恐塵黷聖覽,不可具觀。伏惟陛下布含弘之恩,垂鞠育之惠,審其逆順,議以真虚。⑤

從内容來看,這是法琳上書高祖《破邪論》論文的一段文字。這段文字正好出現在麗藏本多出文獻之"高僧功德"部分,《廣弘明集》却未收録。《廣弘明集》和《續高僧傳》都出自道宣之手。此種情況説明《廣弘明集》收録之《破邪論》論文並非足本,道宣有

① (唐)釋彦琮:《唐護法沙門法琳别傳》卷上,《大正藏》第 50 册,第 199 頁上。此作《大唐内典録》未著録,《法苑珠林》却有著録。故而,其成書時間可能在麟德元年至三年(664—666)之間。
② 《破邪論》卷上,《高麗藏》第 59 册,第 596 頁下—601 頁中。
③ 《破邪論》卷下,《高麗藏》第 59 册,第 606 頁下—607 頁上。
④ 《破邪論》卷下,《高麗藏》第 59 册,第 609 頁下—612 頁中。
⑤ (唐)釋道宣撰、郭紹林點校:《續高僧傳》卷 25《釋法琳傳》,北京:中華書局,2014 年,第 955 頁。

所節録。道宣《廣弘明集》成書于麟德元年(664),彦悰《法琳別傳》較《廣弘明集》晚兩三年。《廣弘明集》收録《破邪論》論文節録了八千餘字,彦悰是否依據《廣弘明集》節録本統計得出"八千餘言"這一數字? 文獻闕載,難以得知。

不過,《廣弘明集》節録之《破邪論》論文,要比麗藏本文字省净、脈絡清晰。《破邪論》論文第一條,反駁傅奕的觀點爲"海内勤王者少,樂私者多,乃外事胡佛,内生邪見,剪剃髮膚,回换衣服……且佛猾稽,大言不及栖孟,奢侈造作,罪深桀紂,入家破家,入國破國"①,傅奕立足夷夏之辨來排佛,法琳則選取"道經師敬佛文""孔書稱歎佛文"來證明佛教優於儒道二教。但是,麗藏本多出的"佛法東傳"部分,主要講述佛教入華及其傳播過程,與傅奕的觀點關聯不大。《破邪論》論文第九條,反駁傅奕的觀點爲"佛來漢地,有損無益,入家破家,入國破國,漢明之世佛法始來"。法琳主要針對其中"漢明之世佛法始來"一句,通過徵引《周書異記》文獻來證明佛教自周莊王時代已經入華,麗藏本"僧才出衆"部分論證僧人"通道俗之白眉,爲群英之稱首"②,也與傅奕觀點疏遠。以上麗藏本多出部分,都與法琳論證思路有明顯的疏離感。

至於《破邪論》論文第十條更爲離奇。此條反駁傅奕"寺多僧衆,妖孽必作"時,法琳通過叙述道士逆亂者人數衆多展開。此條後半部分,法琳又反駁了四個問題:其一,"自開闢已來,至今武德四年辛巳,積二百七十六萬一千一百八歲";其二,"請胡佛邪教,退還西域。凡是僧尼,悉令皈俗";其三,"何以周過其曆,秦不及期";其四,"棄父母之鬚髮,去君臣之服章,利在何門之中,益在何情之外。損益二宜,請動妙釋"。此四條都未在目録部分出現,而且最後一條"棄父母""鬚髮"之問,《續高僧傳》《集古今佛道論衡》《法琳別傳》等文獻明確記載③,是武德四年九月高祖李淵問法琳事,並非出自傅奕《減省寺塔廢僧尼事十有一條》。故而,《破邪論》論文反駁第十條之後的四條内容可能爲對法琳原作的增補。《廣弘明集》收録之《破邪論》論文,已經包括了第十條反駁之後增補的第一、二兩條。這説明,道宣所據《破邪論》論文可能爲增補本,《廣弘明集》對增補之後的《破邪論》論文進行了節略。依據《續高僧傳·法琳傳》的成書時間可知,增補是在貞觀十九年之前完成的。

二、《破邪論》論著的編纂

與《破邪論》論文相關的幾篇文章,都有明確的撰寫時間,此有助於考訂《破邪論》論文的撰寫時間。從上文所引《破邪論》論文"伏惟陛下布含弘之恩,垂鞠育之惠"一句來看,武德年間法琳撰寫這篇文章時,最初閲讀對象是高祖李淵④,目的是諫阻皇

①《廣弘明集》卷11,《大正藏》第52册,第161頁下—162頁上。

②《破邪論》卷下,《高麗藏》第59册,第607頁上。

③《續高僧傳》卷25,第952頁;(唐)釋道宣撰、劉林魁校注:《集古今佛道論衡校注》,北京:中華書局,2018年,卷丙第165—170頁;《唐護法沙門法琳別傳》卷上,《大正藏》第50册,第198頁下。

④ 法琳《與尚書右僕射蔡國公書》云:"前以傅子謾言,略呈小論。既蒙上達,復荷褒揚。戢在中心,但知慚德。"(《辯正論》卷8,《大正藏》第52册,第550頁中)此言法琳通過杜如晦將《破邪論》上呈高祖李淵。釋彦悰《唐護法沙門別傳》卷上:"時皇儲等因奏法師之論,高祖異焉。故傅氏所陳,因而致寢。釋門再敞,寔賴我皇。起子者商,法師有之矣。"(《大正藏》第50册,第200頁下)彦悰説《破邪論》是太子李建成等人上呈高祖李淵的。

帝採納傅奕"減省寺塔廢僧尼"的建議。因而,《破邪論》論文實則是給高祖的上書。此後,這篇文章又上呈太子李建成、秦王李世民。目前存世者只是《上秦王啓》的附錄,故而法琳原作中上書高祖的一些文字和信息早被删去,其中自然包括了上書的時間。法琳還有一篇反駁傅奕《減省寺塔廢僧尼事十有一條》的彈文①。其文本形式是以夾注"彈曰""箴曰"的方式,分30條對傅奕的上書進行反駁。然此彈文僅僅針對傅奕的上書,並未涉及"減省寺塔廢僧尼"十一條具體做法和理由。故而,《破邪論》論文的撰寫時間,當與《減省寺塔廢僧尼事十有一條》彈文同時,彈文針對上書,論文可能針對"十有一條"。傅奕上書時間是武德四年(621)六月二十日,同年九月高祖李淵問法琳僧人出家有何損益。武德五年(622)正月二十七日,法琳撰《上殿下破邪論啓》,連同《破邪論》論文一起呈送李建成;同樣是在正月,法琳又撰《上秦王啓》,並呈送李世民《破邪論》②。參照呈送李建成、李世民《破邪論》論文的時間,可以斷定,法琳針對傅奕《減省寺塔廢僧尼事十有一條》開展弘法護教而產生的系列文獻,都撰于武德四年、五年交替之際。

　　以《破邪論》論文爲核心的一組文獻,結集成《破邪論》論著,虞世南起到了重要作用。武德九年六至八月間,虞世南編纂了三十卷《襄陽法琳法師集》③(或簡稱"法琳集"),並撰寫了《法琳集序》。序文中特意提到了法琳撰寫《破邪論》論文的背景:"太史令傅奕,學業庸淺,識慮非長,乃穿鑿短篇,憑陵正覺,將恐震茲布鼓,竊比雷門。中庸之人,頗成阻惑。法師愍彼昆蟲,又撰《破邪論》一卷。雖知虞衛同奏,表異者九成,蠅驥並馳,見奇者千里,終須朱紫各色,清濁分流。"其中對傅奕排佛進行猛烈抨擊,對法琳護教進行熱烈頌揚。序文又云:"今散採所得詩賦碑誌讚頌箴誡記傳啓論及《三教系譜》《釋老宗源》等,合成三十卷。"④是則,《法琳集》于單篇文章可能是按照文體歸類的。法琳針對傅奕《減省寺塔廢僧尼事十有一條》撰寫的數篇文章,可能被虞世南分散編入《法琳集》的不同卷次中。虞世南對《破邪論》論著結集,有兩大貢獻:肯定和頌揚法琳弘法護教的行爲,將與《破邪論》論文相關的文章全部收錄到《法琳集》中。前一點尤爲重要。

　　《破邪論》論著結集成書,大概在貞觀十九年稍後。《續高僧傳·法琳傳》云:"琳又以論卷(即《破邪論》)初出,意在弘通,自非廣露其情,則皁隸不塵其道,乃上啓儲后、諸王及公卿侯伯等,並文理弘被,庶績咸熙,其博詣焉。故奕奏狀因之致寢,遂得釋門重敞,琳實其功。東宮庶子虞世南詳琳著論,乃爲之序胤。"⑤虞世南撰寫之序

　　① 此文爲法琳針對傅奕上書的彈文。《廣弘明集》卷11目錄中題作"唐廢省佛僧箴附前表彈",此題名更妥當。《全唐文》卷133删去法琳彈詞,題名"請廢佛法表",錄于傅奕名下。本文凡提及這一名稱者,均指法琳彈文。

　　② 《上秦王啓》的時間落款有三種,麗藏本爲"武德五年正月十二日",趙城金藏本作"武德五年正月",資福藏、磧砂藏等藏經本爲"武德四年九月十二日"(《中華大藏經》第62册,法琳《破邪論》卷上"校勘記",北京:中華書局,2008年,第623頁中)。四年九月之説,可能與《問出家損益詔》時間混淆。正月之説可取。

　　③ 劉林魁:《虞世南編纂〈法琳集〉考——兼論法帖〈破邪論序〉的真僞》,《世界宗教文化》,2021年第3期,第161—167頁。

　　④ 《破邪論》卷上,《高麗藏》第59册,第591頁下—592頁上。

　　⑤ 《續高僧傳》卷25《釋法琳傳》,第955頁。

文，實則爲《法琳集序》，但《續高僧傳》却稱虞世南爲《破邪論》作序，其中當有疑問。《大唐内典録》云：“皇朝終南山龍田寺沙門釋法琳，撰論十卷，別集二十卷。”①按照道宣的記述，法琳著作正好三十卷，此或即虞世南編纂之《法琳集》。是則，道宣是知道虞世南撰寫《法琳集序》一事。但《續高僧傳》却言虞世南爲《破邪論》“序胤”，此中緣由很可能是：已經結集編纂的《破邪論》論著前，已經有以《法琳集序》文章作爲整部著作的序言。從《續高僧傳·法琳傳》來看，結集的《破邪論》論著包括了法琳原作“論卷”，上“儲后、諸王及公卿侯伯”的啓文，以及作爲整部著作序言的《法琳集序》。麗藏本中《破邪論》序言題作“襄陽法琳法師集序”，正與上述擬測吻合。如果以上推測成立，則《破邪論》的結集可能就出自道宣本人之手。一則，道宣本人長於編纂佛教文獻，《釋迦方志》《集古今佛道論衡》《廣弘明集》都是他彙編佛教弘法文獻而成的著作；二則，道宣對法琳的護法精神特別推崇，不但在《續高僧傳》中對其護法事蹟進行詳細記述，而且對法琳還俗後一些行蹟如飲酒、娶妻生子等，還竭力辯護②；三則，唐高宗時期兩卷本《破邪論》僅見于道宣的著作，與其同時的釋道世、彦悰却著録《破邪論》爲一卷。《續高僧傳》收録僧人以貞觀十九年爲下限，則成書當在此後不久，道宣結集編纂《破邪論》與《續高僧傳》成書時間一致。

綜上所論，《破邪論》從法琳上書高祖父子的單篇論文到結集成爲論著，經過二三十年時間。其中，不僅形成了以法琳原作《破邪論》爲核心的相關文獻的彙編，而且法琳原作《破邪論》論文也爲佛教徒擴充、增補。道宣《廣弘明集》卷十一收録《傅奕上減省寺塔廢僧尼事十有一條》（即法琳彈文）、《上秦王啓》，已收録了占今本《破邪論》論著 2/3 以上篇幅的内容。

三、慧琳本《破邪論》

元和年（806—820）間，釋慧琳撰成《一切經音義》③，全書一百卷，注釋佛教文獻1200 餘部，其中卷 87 爲兩卷本《破邪論》作注釋。參照《慧琳音義》，可以推斷元和前後流行於世、爲慧琳採用之《破邪論》版本面貌。此種版本爲《慧琳音義》所本，可稱之爲“慧琳本”，其傳播時代上距《續高僧傳》成書已過了一個半世紀。慧琳爲此一版本的五十八組語詞做了注釋。從注釋來看，慧琳本在結構上分爲《破邪論序》、卷上、卷下三部分。其詞語與麗藏本有對應關係。

---

① 《大唐内典録》卷 10，《大正藏》第 55 册，第 332 頁下。
② （宋）李昉等編：《太平廣記》卷 91《法琳》，北京：中華書局，1961 年，第 604 頁。
③ 景審《一切經音義序》認爲此作“以建中末年（783）創制，至元和二（807）祀方就”。贊寧《宋高僧傳·慧琳傳》認爲“起貞元四年（788），迄元和五載（801）方得絕筆”。當代學者徐時儀則認爲，在元和三年（808）前成書。見孫建偉：《〈慧琳音義〉的作者、成書、流傳及版本綜論》，《重慶師範大學學報》，2016 年第 4 期，第 34—40 頁。

表三：慧琳本與麗藏本對照表①

慧琳本		麗藏本	備注	
破邪論序	宵冥、發摘、肥遁	襄陽法琳法師集序		
卷上	襁運、洔雷、憒憒、怒焉	上殿下破邪論啓		卷上
	磧黷、刁鬥	上秦王啓②	"磧黷"，麗藏本作"磽黷"。	
	哇歌	上減省寺塔十有一條		
	白紈、蔡愔、躅嗜欲、崆峒、婕好、闞澤、飾繪、涿鹿	破邪論第一條	"飾繪"，麗藏本作"飾繢"。	
	九瘦、昏墊、妲己、獫狁	破邪論第五條		
	汧渭、楊玠	破邪論第六條	"楊玠"，麗藏本作"楊玢"。	
	羿篡、浞篡、絺衣	破邪論第七條		
卷下	溝洫	破邪論第七條		卷下
	漩滑、磅礴、依耐國	破邪論第八條	"磅礴"，麗藏本作"磅礡"。	
	嵐毗園、蓻除、驊騮、八駿、豺心、不悛、尺鷃、井蛙、朝菌、蟪蛄、婉娩	破邪論第九條	"蓻除"，麗藏本作"焚除"。	
	盤古、蟬聯、袞飾、跬步、憫殤、扼腕、抵掌、盱衡、煬帝、枸之、補鰲、刊山、剗海、縵瞼、咆勃、耽湎、蚒蛆	破邪論第十條	"憫殤"，麗藏本依次作"涽傷"。	

　　從上表來看，慧琳本與麗藏本所收文章篇目完全一致。特別是，道宣未錄的三部分内容，慧琳本完全收録。其一，"佛法東傳"部分，《慧琳音義》有"白紈""蔡愔""躅嗜欲""崆峒""婕好""闞澤""飾繪"等七個詞語出自其中。其二，"僧才出衆"部分，《慧琳音義》有"蟪蛄""朝菌"等兩個詞語出自其中。其三，"高僧功德及論辯兩題"部分，《慧琳音義》有"煬帝""枸之""補鰲""刊山""剗海""縵瞼""咆勃""耽湎""蚒蛆"等九個詞語出自其中。也就是説，道宣未錄内容，慧琳本悉數收録。

　　不過，慧琳本與麗藏本還是有些區別。一則，慧琳本將虞世南《法琳集序》直接題名《破邪論序》。此與《續高僧傳·法琳傳》所載相同。二則，慧琳本將《上秦王啓》放在了傅奕《上減省寺塔十有一條》之前，麗藏本則相反。三則，卷上、下分卷很隨意。慧琳本上卷最後一組詞語是"絺衣"，下卷第一個詞語是"溝洫"，這兩個詞語出現在法琳反駁第七條的語句中，"《大禹謨》云：禹能卑宮菲食，皂帳絺衣，而盡力於溝洫，爲民治水，于民有功。若皇天輔德，何爲天祚不永。"③這段話是説大禹衣食吃住極其簡

---

① （唐）釋慧琳：《一切經音義》卷87，《大正藏》第54册，第863頁下—864頁下。備注一欄重在對照兩種版本的差異，俗體字、異體字、訛字、通假字一般不列入此欄。

② 麗藏本《破邪論》卷中，《上秦王啓》在《上減省寺塔十有一條》之後。

③ 《破邪論》卷下，《高麗藏》第59册，第603頁下。《大禹謨》爲梅賾《僞古文尚書》之一，其中並無此語。唯《論語·泰伯》有："子曰：禹，吾無間然矣。菲飲食而致孝乎鬼神，惡衣服而致美乎黻冕，卑宮室而盡力乎溝洫。禹，吾無間然矣！"

陋，親自參與治理洪水，對人民有大貢獻。"皂帳綈衣，而盡力於溝洫"，表達一個完整的意思，但慧琳本將此句生硬割裂，分屬上、下兩卷，大概只是從篇幅上分割，而没有觀照文意的通暢。慧琳本卷次分割不當，可能是對一卷本《破邪論》的機械分割。智昇開元十八年（730）編纂的《開元釋教録·入藏録》著録"《破邪論》二卷，或一卷，四十五紙"①。兩卷本和一卷本《破邪論》，只是卷次有無分割，内容或無區别。慧琳本可能一卷本《破邪論》簡單分割成的兩卷本。

四、可洪本《破邪論》

釋可洪於後唐長興二年（931）到後晉天福五年（940）的十年間，撰成了三十卷《新集藏經音義隨函録》。此書簡稱爲"可洪音義"。《可洪音義》以《開元釋教録》爲順序，訓釋 1076 部佛典文字。其中，卷二十八訓釋兩卷本《破邪論》語詞 296 組。《可洪音義》與《慧琳音義》訓釋語詞的側重點不同，它更偏重於佛典中的俗、訛、難字。雖然在佛典校勘方面《可洪音義》的實際價值並不大，但從佛典版本研究角度來看，如此密集的詞條對於恢復版本原貌貢獻非常大。《可洪音義》所依據之《破邪論》，本文稱之爲可洪本。可洪本與麗藏本的關係，見下表。

表四：可洪本與麗藏本對照表②

	可洪本	麗藏本	備注
卷上	杳冥、發摘……藤緶、文造、蘭葩（13 組）	襄陽法琳法師集序	"杳冥""發摘""碑誄""藤緶"等，麗藏本依次作"窅冥""發摘""碑誌""藤緶"。
		上殿下破邪論啓	
	軒頊、湯姬……薑斌、誣罔（36 組）	上减省寺塔十有一條	"湯妲""孔融""峙立""葴曰""橦華""乘梓"等，麗藏本依次作"湯姬""笁融""峙立""箴曰""撞華""桑梓"。
	慘黷、原燎……狂悖、殞絶（29 組）	上秦王啓	"慘黷""荇葦""遠邵""自娸""騫帷"等，麗藏本依次作"磣黷""行葦""遠紹""自媒""騫羅"。
	剪鬚、寡弱……洎永、迄於（43 組）	破邪論第一條	"寡弱""剔發""摩滕""玉訣"等，麗藏本依次作"貧弱""剃髮""摩騰""玉決"。
	絓是、毛臊、庖犧、篡逆（4 組）	破邪論第二至第十條目録	

---

① （唐）智昇：《開元釋教録》卷 20，《大正藏》第 55 册，第 697 頁下。

② （后晉）釋可洪：《新集藏經音義隨函録》卷 28，《高麗藏》第 63 册，第 632 頁上—635 頁中。《新集藏經音義隨函録》偏重於俗字、訛字、異體字的注解，其中諸多文字無法電子輸録。可洪在注釋中，有時會特意提到對應的"正字"，有時甲字字形却注釋爲乙字對應。本表重在突出可洪本與《高麗藏》本的關係，本着讀者友好的原則，《新集藏經音義隨函録》俗體字、異體字、訛字直接改爲正字。另外，《可洪音義》音注語詞繁密，本文只選取每一部分首尾各兩組語詞，以標示位置資訊。

可洪本		麗藏本	備注	
下卷	女媧、西羌……斯訃、中央（9組）	破邪論第四條	"斯訃"，麗藏本作"斯赴"。	
	蚩尤、版泉……採芑、殃及（20組）	破邪論第五條	"版泉""弑龍逢"等，麗藏本依次作"阪泉""殺龍逢"。	
	而譖、漸霸……僭號、楊玢（6組）	破邪論第六條		卷下
	不肖、母嚚……磅礴、隱居（26組）	破邪論第七條	"焕焕""彭王""磅礴"等，麗藏本依次作"焕乎""静王""磅礡"。"披猲"，麗藏本無。	
	楊玢、陶公……依耐、單相（5組）	破邪論第八條		
	郊祀、栴檀……爬爪、盗蹠（31組）	破邪論第九條	"星隕""爇除""砧鎚""迻否矣""爬爪"等，麗藏本依次作"星殞""焚除""砧槌""無取矣""匏爪"。"准上"，麗藏本無。	
	妖孽、誣枉……懲惡、惠流（74組）	破邪論第十條	"伴估""環塊""並驚""殃鍾""金朹""撝臨""補螯""勳捐""曼臉""戢濟""枝幹""毀侮""真秪""臭蛇""�鴉""劍崿"等，麗藏本依次作"盤古""寰塊""並駕""殃鍾""金版""指揮""補熬""勳揖""曼瞼""堪濟""枝條""欺侮""冥祇""臭蟎""鸦鳥""劍鍔"。	

　　以《可洪音義》所録《破邪論》詞條爲綫索，對照麗藏本，可以發現可洪本有以下特點。其一，可洪本可能不收録法琳《上殿下破邪論啓》。《可洪音義》訓釋《破邪論》語詞時，分上、下兩卷。上卷又分爲序、論文。按照訓釋詞語的順序，對照麗藏本，可以發現没有一個詞語與《上殿下破邪論啓》内容對應。當然，《破邪論》法琳反駁的第二、三兩條内容，《可洪音義》也找不到對應的語詞。但從《可洪音義》來看，可洪本有法琳反駁的第二至十條目録。有此目録，一般來説應有正文。而《上殿下破邪論啓》在可洪本中找不到半點痕蹟。其二，《廣弘明集》闕録的三部分内容，《可洪音義》多有對應詞語。《可洪音義》在法琳反駁第一條中，"庇身"至"迄於"的三十五組語詞，對應"佛法東傳"部分；反駁第九條中，"沮渠"至"蠦蚝"之間的九組詞語，對應"僧才出衆"部分；反駁第十條中，"隋文"至"惠流"之間的三十五組語詞，對應"高僧功德及論辯兩題"部分。其三，可洪本下卷從法琳反駁第七條開始。《可洪音義》訓釋《破邪論》上卷最後兩個語詞爲"僭號""楊玢"。這兩個詞語出現在《破邪論》第六條反駁中，"赧王之末，秦昭襄王因周微弱，始滅周國，僭號稱王。諸史相承，秦唯五世四十九年。齊秘書楊玢《史目》云：秦自始封至滅，凡三十五世六百餘年者。"①《可洪音義》訓釋《破邪論》下卷前兩條語詞爲"不肖""母嚚"，此出現在《破邪論》第七條反駁中，"堯又廢兄自立，

其子丹朱不肖。舜則父頑母嚚，並止一身，不能及嗣。"①。是則，可洪本上卷至《破邪論》第六條反駁結束。與可洪本不同，慧琳本是法琳反駁第七條的中間分開，麗藏本是從法琳反駁第六條開始進入第二卷的。其四，可洪本《法琳集序》與《法琳別傳》録文一致。《可洪音義》注釋這篇文章時，"文遒""蘭葩"兩組語詞在麗藏本找不到，却出現在釋彥琮《法琳別傳》中，"法師與僕，情敦淡水，義等金蘭，雖服制異宜，而風期是篤。輒以騰緉，聯彼珪璋，編爲次第，具如別目。並悉文遒旨婉，桂馥蘭葩，盛傳緗素，流乎視聽矣。"②此爲彥琮徵引虞世南《法琳集序》的文字。"並悉文遒旨婉，桂馥蘭葩，盛傳緗素，流乎視聽矣"四句，藏經本《破邪論》不録。"文遒""蘭葩"出現於其中，説明可洪本可能參照過《法琳別傳》。

五、敦煌本《破邪論》

敦煌文獻中有三個卷子抄録《破邪論》，分別是 P. 3740、P. 3475、P. 4032。這三個卷子的基本情況如下。

P. 3740 共九十九行，首三行下部殘，第八十七行存右半面，八十八至九十九行上半部殘。《法國國家圖書館藏敦煌西域文獻》題名爲"破邪論"，《敦煌遺書總目索引新編》題名爲"漢法本内傳殘卷"。其内容抄録《破邪論》反駁之第一條，始於《後漢書·郊祀志》叙佛教文字，此下依次爲《魏書》述佛教事，《漢法本内傳》漢明時佛道鬥法事，終於《玄通記》安清洛陽譯經及《魏書》黄初三年譯戒律事，屬於增補的"佛法东流"部分。

P. 3475 共六十二行，首三行下半部殘，尾十二行上半部殘。《法國國家圖書館藏敦煌西域文獻》題名爲"漢法本内傳"，實際内容抄録《破邪論》法琳反駁第一條。其内容包括孫吳闞澤論三教、魏明帝時舍利靈驗、北魏太祖敬佛、太武帝滅佛、孝明帝時佛道論辯等五事，亦屬增補的"佛法東流"部分。

P. 4032 由兩部分殘片構成，王重民、黄永武題名"漢法本内傳"，《法國國家圖書館藏敦煌西域文獻》題名"破邪論"③。P. 4032A 共十行，首全尾殘，開始爲"孔子聖人，不言而知，何假聖人"，此爲《破邪論》反駁之第一條正光七年道士姜斌與僧人曇謨最論辯語，尾行僅存中間"師菩提"三個字，此距《破邪論》第一條結束僅剩 100 餘字。P. 4032B 共七十二行，一至二十六行下半部殘，六十至七十二行上半部殘缺。内容抄録《破邪論》反駁之第一條，始於《仙人請問衆聖難經》引文，此下爲"道經師敬佛文"内容，又有霍去病、張騫、楚王劉英、襄楷、後漢明帝等有關佛教事，卷尾爲《後漢書·郊祀志》叙佛教的内容。兩部分均屬增補的"佛法東流"。

這三個卷子每行都是 20—23 字，字蹟相似，内容銜接。P. 4032B 尾行與 P. 3740 首行僅相隔六字，内容基本銜接。P. 3475 與 P. 4032A 内容完全銜接。對照《破邪論》可知，P. 3740 與 P. 3475 中間銜接部分爲，"(《魏書》云：文帝黄初三年壬寅之歲，)

---

① 《破邪論》卷下，《高麗藏》第 59 册，第 603 頁下。
② 《唐護法沙門法琳別傳》卷 3，《大正藏》第 50 册，第 212 頁下。
③ 敦煌研究院編《敦煌遺書總目索引新編》云："(P. 4032 卷子)從縮微膠卷上看，没有 a、b 之分，而是兩面書寫。"(北京：中華書局，2000 年，第 309 頁。)

有沙門曇摩迦羅,至許都譯出戒律。侍中傅毅《漢法王異記》云:'周昭王二十七年丁巳歲佛生。'《吳書》曰:'吳主孫權赤烏四年辛酉之歲,有沙門康僧會,是康居國大丞相之長子,初達吳地,營立茅茨,設像行道。吳人初見,謂之妖異。有司奏聞,吳主問曰:佛有何神驗也。僧會答曰:佛晦靈蹟,出餘千載,遺有舍利,應現無方。吳主曰:若得舍利,當爲起塔。經三七日,遂獲舍利,五色曜天,剖之逾,堅燒之不然。光明出火,作大蓮華,照曜宮殿。吳主歎異,信心乃發,因造建初寺,度(人出家)。'"①兩個卷子相隔不足二百字。如此,這三個卷子前後連續,構成了 P.4032B+P.3740+? +P.3475+P.4032A 這樣的組合,抄錄了法琳反駁第一條和增補"佛法東傳"的絕大部分內容。

圖一:P.4032B

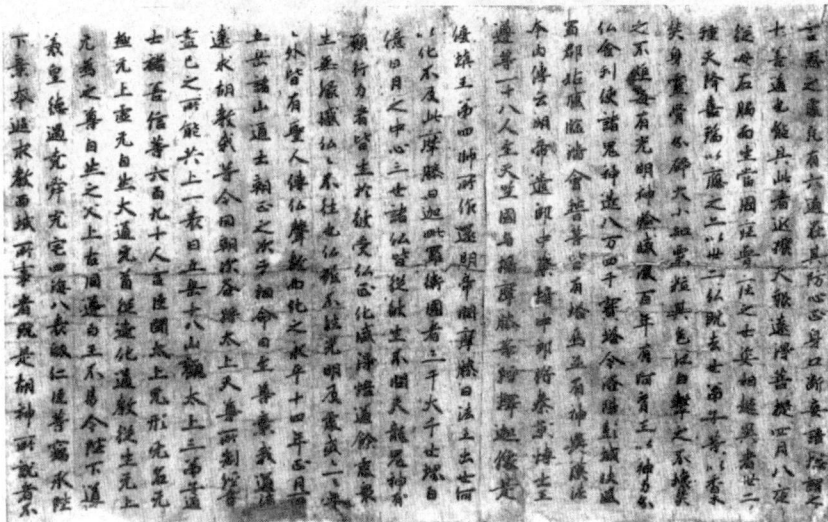

圖二:P.3740

---

① 《破邪論》卷上,《高麗藏》第59册,第599頁下。圓括號內的文字,爲補足文意據藏經本增加,非敦煌卷子所有。

圖三：P. 3475

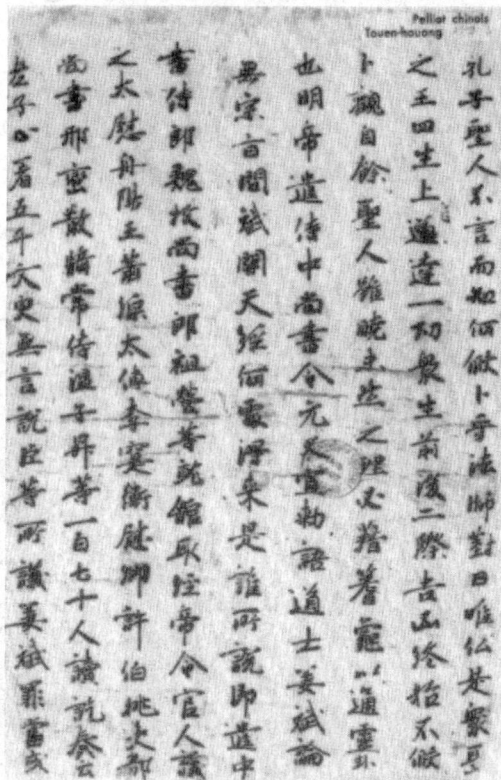

圖四：P. 4032A

　　敦煌本《破邪論》中，法琳反駁第一條的内容與他本有異。《廣弘明集》和麗藏本，均是按照"略引孔老師敬佛處，文證如左，以答邪人，冀其服罪"的思路，先徵引道經二十二條，後徵引孔書兩條進行反駁。孔書兩條，即《周書異記》佛陀降生神異和題名

"史録"實出自《列子》的孔子言西方有大聖人。P. 4032B 抄録二十二條道經文獻之後十條,前十二條之抄録已佚。道經文獻徵引結束後,緊接着是《周書異記》,此後却不抄録孔子言西方有大聖人之文字,直接言"右録道經師敬佛文如前"。這樣來看,敦煌本《破邪論》中没有抄録"孔書稱歎佛文"的理念。此一做法可能由寫手遺漏而導致的訛誤。

綜合以上考察,可得出以下結論。

其一,《破邪論》論文的撰寫和論著的編纂,與唐初三朝的宗教政策密切相關。武德四年六月,傅奕上書高祖李淵建議"减省寺塔廢僧尼",同年九月高祖問法琳僧人出家有何損益。此事引起法琳警惕,他于武德四年末、五年初,針對傅奕的上書和"十有一條"建議,分别撰寫了彈文和論文,先後上書高祖、太子和秦王。此期《破邪論》相關論文的撰寫,與高祖的限佛政策相關。武德九年六月,玄武門兵變之後,虞世南任太子中舍人,將以上文獻編纂到三十卷《法琳集》中,並撰寫《法琳集序》批判傅奕、頌揚法琳,體現了新太子亦即新皇帝李世民宗教政策的新動向。貞觀十九年或稍後,道宣在撰寫《續高僧傳》時,將《破邪論》相關論文結集編纂到一起,仍以"破邪論"爲題,並將虞世南《法琳集序》作爲整部著作的序言。《破邪論》論著的最終編纂,是高宗朝的佛道論衡的產物,與高宗朝宗教政策密切關聯。

其二,唐五代時期《破邪論》版本的傳播,與《破邪論》的編纂相一致。慧琳本《破邪論》將虞世南《法琳集序》直接題名《破邪論序》,此種做法在道宣《續高僧傳·法琳傳》中已經出現,這可能是道宣編纂《破邪論》的面貌。可洪本《破邪論》可能没有收録法琳《上殿下破邪論啓》,這可能是虞世南玄武門兵變後編纂的三十卷《破邪論》的做法。法琳《破邪論》論文撰成之後,可能有增補,增補時間在貞觀十九年之前。這三部分内容,在慧琳本、可洪本中都保存下來,敦煌文獻中甚至有四個卷子集中抄寫增補的"佛法東傳"内容。《破邪論》增補造成的論證思路滯塞、論辯主題游離等問題,尚未引起學界關注。增補者姓名及增補動機,由於缺少文獻,更成爲唐初佛教史研究的空白。

北宋王著書杜詩卷[*]

趙國慶　彭　燕

摘　要：北宋王著書杜詩卷，抄杜甫《公安送李二十九弟晉肅入蜀予下沔鄂》《有感》等五律三十六首，其年代略早於二王本《杜工部集》。此卷重要異文，大多較傳世刊本爲優，對整理杜集和正確理解杜詩具有重要參考價值。

關鍵詞：王著；杜詩卷；版本價值

　　北宋王著書杜詩卷，係殘卷，抄杜詩五律三十六首，草書，共二百行，每行八九字不等。丹徒包山甫舊藏，後歸裴景福。裴景福《壯陶閣書畫録》卷三有著録①。其後周采泉《杜集書録》、卞孝萱《唐代文學百科辭典》、張忠綱《杜甫大辭典》皆有著録介紹，題名曰宋王著"手寫杜詩"②。《壯陶閣書畫録》最早過録王著書杜詩卷，有前後跋，並校以明刻、曾國藩選本和坊本杜集等，於詩末間出校語。《杜集書録》節録裴景福前、後跋，又在裴氏校記的基礎上以二王本重校，一並附録之。然二家皆有小誤，尤其裴氏校勘多用俗本，不甚可取。令人意外的是，近年新出之蕭滌非主編《杜甫全集校注》和謝思煒著《杜甫集校注》均未用王著書杜詩卷參校。今全録裴氏跋語和録文，舉出部分極具版本價值的異文，並略論此卷之意義。

一　《壯陶閣書畫録》的著録

宋王著書杜詩卷

　　蜀絹織成，藍絲闌。絹高工部尺八寸，闌高七寸六分，寬九分許。書杜詩五言律，共二百行，每行八九字不等。團結遒麗，出規入矩，全本唐法，無宋四家一筆。向爲丹徒包山甫藏。初贈予四開，後全歸予。原卷繼改爲册，首尾俱缺。楊跋似亦不全。歷經名眼，邠廬馮先生亦不能定爲何代何人之筆。予遍閲宋以後刻帖，罕相似者。及見內藏米老書蜀素卷，其絹色織法，藍絲闌，寬狹高下，長短絲縷，悉與此同，始敢定爲北宋初書。又於宋初諸家求之，始定爲王侍書著書。

---

　　* **作者簡介：**趙國慶，四川大學中國俗文化研究所中國古代文學專業博士生，主要從事唐代文學研究；彭燕，成都杜甫草堂博物館研究員，主要從事文學文獻和杜甫研究。

　　① 裴景福：《壯陶閣書畫録》卷三，北京：中華書局，1937 年，第 14—21 頁。
　　② 周采泉：《杜集書録》卷六，上海：上海古籍出版社，1986 年，第 258—264 頁。卞孝萱：《唐代文學百科辭典》，上海：漢語大詞典出版社，2003 年，第 533 頁。張忠綱等：《杜集叙録》，濟南：齊魯書社，2008 年，第 7—8 頁。張忠綱：《杜甫大辭典》，濟南：山東教育出版社，2009 年，第 540 頁。

甚矣，識古之難，而暗中摸索之更難也！蜀主王建好文喜書，每飭匠織生絲爲卷，界以異色縷爲闌，謂之蜀素。流落人間，北宋書家多用之。米老蜀素卷其一也。唐人書《黄庭内景經》，多用黄絲織絹，以朱絲或烏絲界行，蜀素殆其遺制。王著，《宋書》本傳：著，唐王方慶之孫，僞蜀明經及第。赴闕，授隆平主簿。攻書，筆迹甚媚，頗有家法。蜀素本蜀物，其書之宜也。著書碑刻無徵，亦鮮墨蹟傳世，惟《墨緣彙觀》記著草書《千文》一卷，粉花白紙，烏絲界行，稱其書“珠圓玉潤”。此亦草書也，與“珠玉”之評恰合，可以印證。《千文》後有周越一跋，在黄素上織藍絲界行，與此卷同爲一時所制可知。著書惟《淳化閣帖》各書家題名是其真筆，此卷字有與題名同者，結體用筆，無一不合，尤爲確證。《千文》卷共一百四行，每行亦只十字，行氣疏密，略與此同。餘詳後跋。

公安送李二十九弟晉肅入蜀予下沔鄂

正解柴桑纜，仍看蜀道行。樯烏相背發，塞雁一行鳴。南紀連銅柱，西江接錦城。憑將百錢卜，飄泊問君平。予下，杜集作余下。

陪王侍御宴通泉東山野亭

江水東流去，清尊日復斜。異方同宴賞，何處是京華。亭景臨山水，村煙對浦沙。狂歌遇形勝，得醉即爲家。

奉寄李十五秘書

避暑雲安縣，秋風早下來。暫留魚腹浦，同過楚王臺。猿鳥千崖窄，江湖萬里開。竹枝歌未好，畫舸且遲回。曾選腹作復，且作莫。

陪柏中丞觀宴將士

極樂三軍士，誰知百戰場。無私齊綺饌，久坐密金章。醉客拈鸚鵡，佳人指鳳皇。幾時來翠節，特地引紅妝。曾選拈作霜。

有悲往事

此道昔歸順，西郊胡正煩。至今猶破膽，應有未招魂。近侍歸京邑，移官豈至尊？無才日衰老，駐馬望千門。杜集詩題有“至德二載甫自京金光門出，間道歸鳳翔。乾元初從左拾遺移華州掾，與親故別，因出此門”三十五字，想在前幅，已散失也。

晚行口號

三川不可到，歸路晚山稠。落雁浮寒渚，饑烏集戍樓。市朝今日異，喪亂幾時休？遠愧梁江總，還家尚黑頭。渚，曾選作水。

寄賀二蘭銛杜集損“二”字。

朝野歡娛後，乾坤震盪中。相隨萬里日，總作白頭翁。歲晚仍分袂，江邊更轉（篷）［蓬］。勿云俱異域，飲啄幾時同？明刻、曾選，時均作回。

移居夔州郭

伏枕雲安縣，遷居白帝城。春知催柳別，江與放船清。農事聞人説，山光見鳥情。禹功饒斷石，且就土微平。

旅夜書懷

細草微風岸，危檣獨夜舟。星垂平野闊，月湧大江流。名豈文章著？官應老病休。飄飄何所似？天地一沙鷗。坊本垂作隨。飄飄，曾選作飄零。

宿青草湖

洞庭猶在目，青草續爲名。宿檥依農事，郵簽報水程。寒冰爭倚薄，雲月遞微明。湖雁雙雙起，人來故北征。

巴西驛亭呈竇使君

向晚波微綠，迷空岸却青。日兼春有暮，愁與醉無醒。漂泊猶杯酒，躊躇此驛亭。相看萬里別，同一是浮萍。明刻本迷作連，却作脚，同一是作同是一，詩題作《又呈竇使君二首》。

收京

復道收京邑，兼聞殺犬戎。衣冠却扈從，車駕已還宮。克復誠如此，扶持在數公。莫令回首地，慟哭起悲風。

有感

將帥蒙恩澤，兵戈有歲年。至今勤聖主，何以報皇天。白骨新交戰，輪臺舊拓邊。乘槎斷消息，無處問張騫。沈選、曾選，勤作勞，輪作雲，問作覓。輪誤雲，宋刻已然。

胡滅人還亂，兵殘將自疑。登壇名絕假，報主爾何遲？領郡輒無色，之官皆有詞。欣聞哀痛詔，端拱問瘡痍。曾選報主作執玉，欣作願。沈選胡作盜。

秦州雜詩

滿目悲生事，因人作遠遊。遲回度隴怯，浩蕩及關愁。水落魚龍夜，山空鳥鼠秋。西征問烽火，心折此淹留。

春望

國破山河在，城春草木深。感時花濺淚，恨別鳥驚心。烽火連三月，家書抵萬金。白頭搔更短，渾欲不勝簪。

雲山

京洛雲山外，音書靜不來。神交作賦客，力盡望鄉臺。衰疾江邊卧，親朋日暮回。白鷗元水宿，何事有餘哀？坊刻元作原。

江漢

江漢思歸客，乾坤一腐儒。片雲天共遠，永夜月同孤。落日心猶壯，秋風病欲蘇。古來存老馬，不必取長途。

江上

江上日多雨，蕭蕭荆楚秋。高風下木葉，永夜攬貂裘。勳業頻看鏡，行藏獨倚樓。時危思報主，衰謝不能休。

放船

送客蒼溪縣，山寒雨不開。直愁騎馬滑，故作泛舟回。青惜峰巒過，黄知橘柚來。江流大自在，坐穩興悠哉。泛，曾選作放，坐穩作穩坐。坊刻大作天。

薄暮

江水最深地，山雲欲暮時。寒花隨亂草，宿鳥擇深枝。舊國見何日？高秋心若悲。人生不再好，鬢髮白成絲。明刻、曾選，欲作薄，隨作隱，若作苦。

悲秋

凉風動萬里，群盜尚縱橫。家遠傳書日，秋來爲客情。愁窺高鳥過，老逐衆人行。

始欲投三峽，無由見兩京。曾選傳作待，無作何。

　　客亭

秋窗猶曙色，木落更天風。日出寒山外，江流宿霧中。聖朝無棄物，老病已成翁。多少殘生事，飄零似轉(篷)〔蓬〕。天，曾選作高，似作任，老作衰。沈本，猶作獨。

　　去蜀

五載客蜀郡，一年居梓州。如何關塞阻，轉作瀟湘遊？世事已黃髮，殘生隨白鷗。安危大臣在，何必淚長流？

　　遣憂

亂離知又甚，消息苦難真。受諫無今日，臨危憶古人。紛紛乘白馬，攘攘著黃巾。隋氏留宮室，焚燒何太頻？

　　散愁

久客宜旋旆，興王未息戈。蜀星陰見少，江雨夜聞多。百萬轉深入，寰區望匪他。司徒下燕趙，收取舊山河。明人抄本轉作傳。

　　空囊

翠柏苦猶食，晨霞高可餐。世人共鹵莽，吾道屬艱難。不爨井晨冷，無衣牀夜寒。囊空恐羞澀，留得一錢看。冷，曾選作凍。明刻同。

　　一室

一室他鄉遠，空林暮景懸。正愁聞塞笛，獨立見江船。巴蜀來多病，荊蠻去幾年？應同王粲宅，留井峴山前。

　　春日梓州登樓二首

行路難如此，登樓望欲迷。身無却少壯，迹有但羈棲。江水流城郭，春風入鼓鼙。雙雙新燕子，依舊已銜泥。

天畔登樓眼，隨風入故園。戰場今始定，移柳更能存。厭蜀交遊冷，思吳勝事繁。應須理舟楫，長嘯下荊門。更，曾選作豈。能，坊刻作難。

　　喜達行在所

西憶岐陽信，無人遂却回。眼穿當落日，心死著寒灰。霧樹行相引，蓮峰望或開。所親驚老瘦，辛苦賊中來。蓮峰，曾選作連山。或，沈選作忽。蓬峰指太華，爲長安鎮山。時肅宗尚未回京，故作希望之詞。蓮與霧，均實字，可作對。杜詩一字不可妄易，類如此。

愁思胡笳夕，淒涼漢苑春。生還今日事，間道暫時人。司隸章初睹，南歸氣已新。喜心翻倒極，嗚咽淚沾巾。沈選、曾選，歸均作陽。南歸，工部自謂達行在。南陽，與上句複。

　　蜀山行三首杜集作自閬州領妻子却赴蜀山行。

汩汩避群盜，悠悠經十年。不成向南國，復作遊西川。物役水虛照，魂傷山寂然。我生無倚著，盡室畏途邊。

死去憑誰報，歸來始自憐。猶瞻太白雪，喜遇武功天。影靜千官裏，心蘇七校前。今朝漢社稷，新數中興年。杜集作喜達行在所第三首。

長林偃風色，回復意猶迷。衫冱翠微潤，馬銜青草嘶。棧懸斜避石，橋斷却尋溪。何日兵戈盡？飄零愧老妻。兵，曾選作干，零作飄。明刻同。杜集作蜀山行之二。

行色遞隱見，人煙時有無。僕夫穿竹語，稚子入雲呼。轉石驚魑魅，抨弓落狖鼯。

真供一笑樂，似欲慰窮途。明刻、曾選，真均作直。杜集作蜀山行之三。

　　從僉憲范公幕中，偶過友人齋頭，忽睹數葉。乃知甘公爲王翰林及門士，因歸王氏記室矣。戎馬既集，遂至散軼，不得復見全本，可恨耳。今見之，如揖故人，復不勝今昔之感，箕裘之歎。更爲整理其破落，作案頭供養。然已逸其首尾，權當吾之繡佛而已。蓋亦神龍之首尾也乎？爰書而記之，以示吾後。楊孕靈書於白門之一鶴客窗。"適叟""藏書説劍飲酒賦詩"均朱文。"空作昂藏一丈夫"白文，似文三橋摹刻。

　　唐人草書雖習二王，仍本章草。二王草書發源於章草、漢分也。即張旭大草《千文》《醉墨帖》，鄭虔《大人賦》，奇縱至矣，而用法仍不脱章草。至素師始純以小篆作草，連綿糾結，細如遊絲鐵綫，不見起止頓挫，使轉波磔之迹。於是章草之法，乃掃以盡。此卷神明二王規矩，心圓管直，漿深色濃，而字字結束，筆筆停頓。初看形質似唐人行書，細求之，側勒趯策，無非草法，而弩掠啄磔俱備，無一筆不是章草。《閣帖》内晉草具漢分餘意者，僅有數帖，不謂侍書竟能復古。北宋百餘年間，惟薛紹彭一人深解此旨。東坡草《千文》，更取《詛楚文》、琅琊臺篆意爲之，便譏斥顛、素，自矜高古。元章雖力踐二王堂廡，而智過於師，又欲變二王面目，作用太多，亦鮮章草渾穆之氣。近購得君謨行草《清濟貫濁河賦》墨蹟，魄力雄肆，全用章草意法，惟嫌矛戟怒張，遜此整潔圓净耳。

　　此卷或疑爲李西臺書。余曰：不類也。建中祖名稱，歸路晚山稠，稠不損避，非西臺書可知。又或疑薛紹彭書。余曰：薛有此功力而加揮霍，其趯磔不類也。且薛在英宗後，秋窗猶曙色，曙不諱，爲英宗以前人書無疑。

　　自劉向《別録》分晰校、讎二字之義，乾嘉諸老讀經史，尤致力於此。此卷書工部五言律詩三十六首，取今本細校，不同者四十餘字，然皆以卷内所書爲優，當據此以正諸本之訛。自宋以後，坊刻盛行，傳訛愈多。唐以前讀書，悉寫本卷子也。宋元人寫經史古詩文，流傳尚多。每取以校今本，必有異同，必優於今本。如披沙得金，喜不自禁。凡以墨蹟校刻本，未有字句悉同者。而杜詩諸家刻本、寫本，異字計得二百餘，此卷其一也。癸亥冬稀翁福。

　　中國文明運會，有經史可稽者四千三百餘年。才人學人，靈心妙腕，莫不淪精於柔翰，潛心於細氈。積之既久，富而且晦。三代秦漢無論矣。自六朝以來，幾經劫火，而寶書秘笈，散落人間者，尚存什一於千百。有名眼人携資數千金，入南北大都會，取斷爛箋素，他人之所棄者，而搜討之。朝出暮歸，如醴泉無源，芝草無根，數金可以得奇迹。吾老矣，心與力不足以赴之。世有挾石衛尉之資，具米顛之鑒，嗜奇好古，必爲天籟閣無疑矣。景福又記。

二　王著書杜詩卷的遞藏

　　王著，字知微，成都人。《宋史》卷二九六有傳。明經及第，隨孟昶入宋，授隆平主簿。因善書法，太平興國六年（981），加著作佐郎、翰林侍書與侍讀。雍熙二年（985），遷左拾遺，使高麗。端拱（988—989）初，加殿中侍御史。淳化三年（992），太宗下旨，令翰林院侍書王著從宫廷内府秘閣所藏的名家書法中挑選精品，鐫刻於棗木上，編成十卷《淳化閣帖》（又名《淳化秘閣法帖》），這是我國最早的書帖。此書彙集了宋以前103位書家420篇書帖，包括各體名家書法的作品。王著善正書草隸，頗有家法，宋初獨步一時。黃庭堅《書徐浩題經後》："前朝翰林侍書王著筆法圓勁，今所藏《樂毅論》、周興嗣《千字文》，皆著書墨迹，此其長處不減季海，所乏者韻爾。"①宋人陳槱《負暄野錄》曰："今中都習書誥敕者，悉規仿著字，謂之'小王書'，亦曰院體，言翰林院所尚也。"②可見當時習王書之風極盛。王著模寫王羲之書法作品《樂毅論》和補全智永《千字文》，更是對書學的重要貢獻。此外，還書東嶽廟碑和詳定《急就章》等。

裴景福（1855—1926），安徽霍邱人，字伯謙，號睫庵、睫闇。光緒十二年（1886）進士，授户部主事。後知廣東陸豐、番禺、潮陽、南海等縣。光緒二十九年（1903）被誣，謫戍伊犁。宣統元年（1909）赦歸。居無錫，以金石書畫自娱。另著有《睫闇詩鈔》《河海昆侖錄》《壯陶閣帖》等。裴景福《王著書杜詩卷前跋》由寫卷質料和形制推斷爲北宋初書，又將杜詩寫卷與王著所書《淳化閣帖》各書家題名相對照，其結體用筆皆同，遂判定杜甫詩卷爲王著所書。

由裴景福前跋可知，裴之前杜甫詩卷的收藏者爲丹徒包山甫。山甫，曾爲南匯縣學博，他暫不詳。今揚州"梅嶺春深"景區有道光六年（1826）包山甫識"小蓬壺"青石水盆③。邠廬馮先生爲馮桂芬（1809—1874）。"歷經名眼"云云，似裴景福得此詩卷之後曾請教過當時的不少名家，馮桂芬應爲其中之一。

裴景福後跋所錄"楊孕靈書"中之僉憲范公，指范景文（1587—1644）。景文，河間府吳橋（今屬河北）人。萬曆四十一年進士，崇禎二年（1629）七月擢右僉都御史，巡撫河南。京師戒嚴，率河南軍勤王，無所犯。三年三月，擢兵部添注左侍郎。五年，以父喪去官。七年，起南京右都御史，拜兵部尚書，參贊機務。十一年，削籍爲民。十五年，拜工部尚書。十七年二月，兼東閣大學士，入參機務。李自成入北京，景文赴雙塔寺旁古井死。謚文忠。《明史》卷二六五有傳。

"楊孕靈書"裴景福夾注之文三橋，名彭（1498—1573），字壽承，文徵明長子，長於篆刻。楊孕靈其人，暫不可考，但可以推知他生在明末清初。故王著書杜甫詩卷較早爲明末人見藏，可惜的是楊孕靈跋文字有缺脱，其詳不得而知，前此遞藏情況亦只能付諸闕如。

三　王著書杜詩卷的版本價值

據裴景福著錄，此卷所抄三十六首依次爲：《公安送李二十九弟晉肅入蜀予下沔鄂》《陪王侍御宴通泉東山野亭》《奉寄李十五秘書·避暑雲安縣》《陪柏中丞觀宴將士·極樂三軍士》《有悲往事》《晚行口號》《寄賀二蘭鋙》《移居夔州郭》《旅夜書懷》《宿青草湖》《巴西驛亭呈寶使君·向晚波微綠》《收京》《有感·將帥蒙恩澤》《有感·胡滅人還亂》《秦州雜詩·滿目悲生事》《春望》《雲山》《江漢》《江上》《放船·送客蒼溪縣》

---

①　黃庭堅：《書徐浩題經後》，《黃庭堅全集》卷二八，成都：四川大學出版社，2001年，第760頁。
②　陳槱：《負暄野錄》卷上"小王書"條，北京：中華書局，1985年，第8頁。
③　朱江：《揚州園林品賞錄（第3版）》，上海：上海文化出版社，2002年，第156頁。

《薄暮》《悲秋》《客亭》《去蜀》《遣憂》《散愁·久客宜旋斾》《空囊》《一室》《春日梓州登樓二首》《喜達行在所三首（其三誤抄在下題《蜀山行》其一之後）》《蜀山行三首》。

　　周采泉以爲王著所書杜詩卷與蜀本杜詩有關，此卷極有可能是王著手書當時所流傳蜀本《杜集》中的部分内容而成①。王洙《杜工部集記》云：“蒐裒中外書，凡九十九卷（古本二卷，蜀本二十卷，集略十五卷，樊晃序小集六卷，孫光憲序二十卷，鄭文寶序少陵集二十卷，別題小集二卷，孫僅一卷，雜編三卷），除其重複，定取千四百有五篇。”②嚴羽《滄浪詩話·考證》云：“舊蜀本杜詩，並無注釋，雖編年而不分古近二體，其間略有公自注而已。今豫章庫本，以爲翻鎮江蜀本，雖分雜注，又分古律，其編年亦且不同。近寶慶間，南海漕臺雕杜集，亦以爲蜀本，雖删去假坡之注，亦有王原叔以下九家，而趙注比他本最詳，皆非舊蜀本也。”③嚴羽所云“舊蜀本”，當即王洙所據以編纂《杜工部集》的“蜀本二十卷”。據嚴羽所見，舊蜀本二十卷的體例是“編年而不分古近二體”。觀王著書杜詩卷，最先爲公安所作，後有梓州、夔州、由長安往華州、成都、夔州、忠州至雲安、湖湘、秦州、長安陷賊、秦州、梓州及閬州所作，各詩創作時間先後頗錯亂，顯得很隨意。故王著書杜詩卷所據不當爲“編年而不分古近二體”的舊蜀本，若勉强判斷，不如説他依據的是某一分體舊本。

　　王著書杜詩卷與《宋本杜工部集》（《續古逸叢書》影宋本）文字頗有異同，部分版本價值頗高。如：

　　《陪王侍御宴通泉東山野亭》“狂歌遇形勝”（按“遇”當作“過”，或裴景福過録因形似致誤），《宋本杜工部集》卷一二作“狂歌過於勝”，“於勝”夾注：“一云過形。”

　　《奉寄李十五秘書》“畫舸且遲回”，《宋本杜工部集》卷一五作“畫舸莫遲回”。

　　《有悲往事》，《宋本杜工部集》卷一〇題作《至德二載甫自京金光門出間道歸鳳翔乾元初從左拾遺移華州掾與親故別因出此門有悲往事》。“西郊胡正煩”，宋本作“西郊胡正繁”，“繁”夾注：“一云煩。”“至今猶破膽”，“猶”作“殘”。

　　《晚行口號》“落雁浮寒渚”，《宋本杜工部集》卷一〇作“落雁浮寒水”。

　　《寄賀二蘭銛》，“二”，《宋本杜工部集》卷一一無。“飲啄幾時同”，宋本作“飲啄幾回同”。按賀蘭爲複姓，故此題宜作《寄賀蘭二銛》。《杜工部草堂詩箋》（《中華再造善本》影印宋本五十卷本）卷一九目録和正文正作《寄賀蘭二銛》。

　　《巴西驛亭呈寶使君》，《宋本杜工部集》無，後員安宇輯佚二十七首收。錢箋卷一八題作《巴西驛亭觀江漲呈寶使君》。“迷空岸却青”，錢箋作“連空岸脚青”。“相看萬里別”，錢箋作“相看萬里外”④。

　　《收京》，宋本無，後員安宇輯佚二十七首收。“克復誠如此”，錢箋卷一八作“克復成如此”。“扶持在數公”，錢箋作“安危在數公”，“安危”夾注“一作扶持”⑤。

　　《薄暮》“江水最深地”，《宋本杜工部集》卷一二作“江水長流地”，“長流”夾注“一

　　①　《杜集書録》，第 260—261 頁。
　　②　《宋本杜工部集》卷首，《續古逸叢書》第四十七種。
　　③　（清）何文焕輯：《歷代詩話》，北京：中華書局，1981 年，第 703 頁。
　　④　（清）錢謙益注：《錢注杜詩》卷一八，上海：上海古籍出版社，1958 年，第 642—643 頁。
　　⑤　《錢注杜詩》卷一八，第 644 頁。

云最深”。“山雲欲暮時”，“欲”作“薄”。“寒花隨亂草”，“隨”作“隱”。“高秋心若悲”，“若”作“苦”。

《悲秋》“無由見兩京”，《宋本杜工部集》卷一二作“何由見兩京”。

《客亭》“木落更天風”，《宋本杜工部集》卷一二作“落木更天風”。

《去蜀》，宋本無，後員安宇輯佚二十七首收。“何必淚長流”，錢箋卷一八作“不必淚長流”，“不”夾注“一作何”①。

《春日梓州登樓二首》其二“隨風入故園”，《宋本杜工部集》卷一二作“隨春入故園”，“春”夾注“一作風”。

《喜達行在所·西憶岐陽信》“蓮峰望或開”，《宋本杜工部集》卷一〇作“蓬峰望忽開”。

《喜達行在所·愁思胡笳夕》“南歸氣已新”，《宋本杜工部集》卷一〇作“南陽氣已新”。

《蜀山行》，《宋本杜工部集》卷一三題作《自閬州領妻子却赴蜀山行》。其二“飄零愧老妻”，宋本作“飄飄愧老妻”。

裴景福後跋云：“此卷書工部五言律詩三十六首，取今本細校，不同者四十餘字，然皆以卷内所書爲優，當據此以正諸本之訛。”此言甚是，下面舉幾例以作説明。

《有感·將帥蒙恩澤》“至今勤聖主”，“勤”，《宋本杜工部集》卷一六作“勞”；“輪臺舊拓邊”，“輪”作“雲”；“無處問張騫”，“問”作“覓”。裴景福云：“輪誤雲，宋刻已然。”“輪”，各本皆同宋本作“雲”。《新刊校定集注杜詩》卷三二引趙曰：“言新戰之兵方横白骨，將帥必有意於拓邊而功未立。其在雲臺畫像議功者，則是舊拓邊之功也。”②新近兩種新注本皆未出校，亦因舊説作解③，唯仇注校云：“趙汸作輪。”注云：“曰雲臺，思開國功臣也。”④首先，曰雲臺，用東漢中興功臣雲臺二十八將而言，杜甫對開元天寶之拓邊行爲一向持否定態度，若寫功臣安定國家，詩必然不會説“雲臺舊拓邊”。其次，曰輪臺，用漢武帝屯田輪臺，後下輪臺罪己詔之意，《有感》其五“欣聞哀痛詔，端拱問瘡痍”當即用漢武故事，則“輪臺舊拓邊”合於杜甫反對拓邊的思想。其三，《有感五首》其二曰“大君先息戰，歸馬華山陽”、其三曰“不過行儉德，盜賊本王臣”、其四曰“終依古封建，豈獨聽簫韶”，其五曰“欣聞哀痛詔，端拱問瘡痍”，知後四首其旨皆在批判或勉勵皇帝，對開元以降的拓邊等重大政治決策進行反思。由以上三點，可確定《有感》其一“雲臺舊拓邊”宜依王著書杜詩卷作“輪臺舊拓邊”。

《有感·胡滅人還亂》“欣聞哀痛詔”，《宋本杜工部集》卷一六作“願聞哀痛詔”。盧元昌《杜詩闡》卷一七曰：“謂文武將吏不足恃，專勉代宗。……哀痛詔，即是年柳伉

① 《錢注杜詩》卷一八，第 648 頁。
② 郭知達：《新刊校定集注杜詩》卷三二，臺北“故宫博物院”藏瞿氏宋本。
③ 蕭滌非主編：《杜甫全集校注》卷一一，北京：人民文學出版社，2014 年，第 3061 頁。謝思煒著：《杜甫集校注》卷一六，上海：上海古籍出版社，2016 年，第 2556 頁。
④ （清）仇兆鰲：《杜詩詳注》卷一一，北京：中華書局，1997 年，第 972 頁。趙汸：《杜律五言注解》，國家圖書館藏明萬曆十六年吳懷保七松居刻本，卷上第 12 葉上。趙録此首曰：“將帥蒙恩澤，兵戈有歲年。至今勞聖主，何以報皇天。白骨新交戰，輪臺舊拓邊。乘槎斷消息，無處覓張騫。”除“輪”字，皆與宋本《杜工部集》及傳世本同，推測屬臆改。

疏中'天下共許朕自新'之意。"①此解似是,故此首"欣"字亦當以王著書杜詩卷爲是。

《散愁·久客宜旋斾》"百萬轉深入",《宋本杜工部集》卷一三作"百萬傳深入"。"轉",各本皆同宋本作"傳"。新近兩種新注本皆未出校,或亦因舊説作解②,唯仇注校云:"一作轉。"③"轉"字當以王著書杜詩卷爲是。

《空囊》"不爨井晨冷",《宋本杜工部集》卷一〇作"不爨井晨凍"。"冷",各本皆同宋本作"凍",新近兩種新注本亦皆未出校④,仇注云:"井晨凍,隔宿之冰在井欄也。若井泉在地,雖嚴冬不凍。"⑤"冷"字當以王著書杜詩卷爲是。

但是王著書杜詩卷並非没有可疑之處。如《蜀山行》一詩,《宋本杜工部集》卷一三題作《自閬州領妻子却赴蜀山行》。按其文義,原題應讀作"自閬州領妻子却赴蜀、山行",詩其一曰"魂傷山寂然",其二曰"棧懸斜避石",其三曰"僕夫穿竹語,稚子入雲呼",顯然杜甫是"山行"。王著書杜詩卷將此題略作"蜀山行",似乎不太可解,若略稱亦宜作《山行》,不應作《蜀山行》。王著明經及第,任侍書兼侍讀,不至於讀不懂或没讀懂杜詩。由這一點,裴景福著録之"王著書杜詩卷"不太可能爲王著所書。又裴景福編《壯陶閣法帖》,南京圖書館有藏本,然未收王著書杜詩卷。

周采泉説:"裴氏于此卷反覆推求,旁證曲引,持論堅確,即非王著所書,其爲北宋初人所書,灼然無疑。則此本又早于王洙本數十年,傳世杜詩,當以此爲最朔。"⑥有鑑于此,本文始將"王著書杜詩卷"裴景福之著録轉録,並略論如上。

---

① 盧元昌:《杜詩闡》,《杜詩叢刊》(第三輯),臺北:大通書局,1974 年,第 825—826 頁。
② 《杜甫全集校注》卷七,第 2047 頁。《杜甫集校注》卷一三,第 2118 頁。
③ 《杜詩詳注》卷九,第 773 頁。
④ 《杜甫全集校注》卷六,第 1571 頁。《杜甫集校注》卷一〇,第 1694 頁。
⑤ 《杜詩詳注》卷八,第 621 頁。
⑥ 《杜集書録》卷六,第 260—261 頁。

晚明商業出版繁榮與失範並存的寫照*
——陳仁錫《四書備考》成書與翻刻考論

劉 尚

摘 要：明代陳仁錫所編《四書備考》是一部流傳較廣的舉業書，該書的編纂方式是將陳禹謨《四書名物考》與薛應旂《四書人物考》合二爲一，即對二書條目進行合併重排，並對條目下的内容全盤襲用並加以增訂而成。故該書的主體部分出於剽竊，陳仁錫自序隱瞞了該情況。該書因較好地滿足了市場的需求，在短時間内被多地書坊翻刻，産生了如《四書通典》《彙訂四書人物名物經義合考》《四書圖史合考》等多種衍生品。它們的書名、著者各異，古籍目錄多著錄爲不同著作，更有被誤認爲"珍本""孤本"者，實際皆是《四書備考》的翻刻品，在翻刻時往往施以更換書名撰者，僞造序言、删節纂改等不軌手段。《四書備考》的成書與翻刻爲揭示明清坊刻舉業書的編輯出版模式提供了例證，生動地反映了晚明商業出版繁榮與失範並存的局面。

關鍵詞：《四書備考》；陳仁錫；《四書通典》；舉業書

陳仁錫《四書備考》是一部流傳頗廣，影響較大的"四書"考據訓詁類舉業書。本文通過將《四書備考》與不同時期的同類著作進行版本比對與分析，以探明《四書備考》的成書方式並厘清該書與若干同類著作之間的真實關係，從而以《四書備考》爲中心，梳理出一個同類舉業書因襲流變的脈絡，以期爲揭示坊刻舉業書的編輯、出版模式與晚明商業出版的整體面貌提供一個生動的例證。

一、前 言

自明代中後期開始，繁榮的商業出版與當時業已成熟的科舉制度相結合，便催生了舉業書（又稱科舉用書、製舉書）的大量涌現，這一趨勢一直延續到清代[①]。明代的科舉制度最重首場四書義與經義二試，通常觀點認爲四書義比經義更爲重要[②]，故"四書"的研習尤爲關鍵。因此坊肆上便出現了品類豐富的以"四書"爲主題的舉業

---

* 作者簡介：劉尚，山東大學儒學高等研究院博士生，主要從事古典文獻學研究。

① 明清科舉用書的專門研究主要有：沈俊平：《舉業津梁：明中葉以後坊刻制舉用書的出版與流通》，臺北：學生書局，2009 年。張獻忠：《明中後期科舉考試用書的出版》，《社會科學輯刊》，2010 年第 1 期，第 127—133 頁。官文娟：《明代建陽書坊的科考用書》，福建師範大學 2010 年碩士學位論文。沈俊平：《清代坊刻四書應舉用書探析》，《武漢大學學報》，2012 年第 5 期，第 84—89 頁。

② 陳時龍：《明代的科舉與經學》，北京：中國社會科學出版社，2018 年，第 41—44 頁。

書，此類舉業書可細分爲講章、舉業制義、考據訓詁等三種類型①。其中考據訓詁類的種類與數量雖少於前幾種，但目前可知的亦有不下二十種。該類書籍通常以"四書"中的名物、人物、語詞爲條目，條目下匯引群書中的相關記載、解説，條目末尾有時還附有編者的按語加以辨析、評説，這便是所謂"考證訓詁"。② 其功用從積極方面來説是便於舉子讀懂"四書"，掌握相關名物、典故，積累論證素材，這對於晚明"以通經爲迂，以讀書爲諱"的虛浮風氣不失爲一種糾正。但從消極層面上看，徒有博學之表，並無深研之功，終究屬於應試之方，便宜之計。薛應旂《四書人物考》、陳禹謨《四書名物考》以及本文所考察的陳仁錫《四書備考》皆屬此類。

　　陳仁錫，字明卿，長州（今蘇州市）人，生於萬曆九年（1581），卒於崇禎九年（1636），是晚明著名學者、官員，天啓二年（1622）進士，官至國子監司業。他於仕宦之餘，長期致力於編纂、刊刻書籍，成果累累，有學者統計其編著的著作有九十餘種，評注的著作有二十餘種，其中舉業書是主體③，而《四書備考》二十八卷便是其中影響較大的一種。此書按《大學》《中庸》《論語》《孟子》的順序分卷，將所涉名物、人物、經注文句等設爲一千三百多個條目（主題），條目按照在"四書"原文出現的先後順序排列，每個條目下羅列群書中的相關記叙並注明出處，少數條目後附加編者考證按語，天頭處亦有大量補注。本書所引之書，根據所附《引用書目》所載，涵蓋經史子集四部共計九百多種（實際可能少於此數）。

二、《四書備考》成書考論

　　署名陳仁錫編撰或評點的大量書籍，不少屬於僞託之作，其辨別實爲不易，但《四書備考》應爲其自編之書，理由如下：首先，判斷一書是否屬於僞託的主要方法，是看陳仁錫之別集，即《無夢園初集》《無夢園遺集》是否收録此書之序言或提及該書，《無夢園遺集》中確收録有《四書備考叙》一篇。其次，此書各書目著録的最早版本是崇禎七年（1634）自刻本，其根據是陳仁錫自序之末落款云"甲戌春季史官陳仁錫題於白松

---

　　① 本文依據沈俊平先生之分類，詳見沈俊平《舉業津梁：明中葉以後坊刻制舉用書的出版與流通》第 182 頁。該書附表列舉明代四書舉業書總計 145 種。

　　② 這一命名並無當下考據學與訓詁學的含義，只因該類著作多以"某某考"爲名，在形式上與元張存中《四書通證》、明陳士元《論語類考》等專門考證"四書"人物典章的學術著作存在相似處，且書中間有訓釋字詞的條目，所以姑且以"考據訓詁"名其類。某種觀點認爲此類舉業書具有分類輯書的性質，所以屬於制舉用類書，並提出"四書專題類書"的説法。但明清乃至當代古籍目録多歸入經部四書類，張滌華《類書流别》、莊芳榮《中國类书总目初稿：书名著者索引篇》等書目僅收入《四書典制類聯音注》《四書人物類典串珠》《四書類典賦》幾種清代類書，不包括本文涉及的這類著作。沈俊平《舉業津梁》匯總制舉用類書數十種，亦不包含此類著作。筆者認爲，薛應旂《四書人物考》中人物條目取材來源較少，非廣引群書，並對引文進行潤飾拼接，隱去出處，並附按語品評人物，不宜歸入類書。《四書名物考》名物條目下羅列引文，注明出處，取材較廣，確具有類書的一般形式，而《四書備考》體例屬於二者之混合（詳見下文）。綜上，本文不以此類舉業書爲類書進行研究。

　　③ 何朝暉專著《晚明士人與商業出版》之第三章"官員與商業出版"對陳仁錫的圖書編纂活動有細致論述，並附《陳仁錫撰輯著作表》。

堂"①。《無夢園初集》刊成於崇禎六年春,《無夢園遺集》刊於崇禎八年,所以前者未收此文,而後者收入,時間完全相合。再次,《無夢園遺集》乃陳仁錫卒後,爲補《無夢園初集》之所遺,由其弟陳禮錫帶領子姪輩共同編纂的,此時距《備考》刊成間隔很短,當不會有誤以僞託之作羼入的情況。

既然如此,該書的成書時間、地點基本可以明確,即崇禎七年刊成於蘇州,下面重點討論該書的成書方式。陳仁錫《自序》中提及該書的編纂始末只有寥寥數語,可知其大致分兩個階段,前一階段是"余昔時偕仲氏和卿策蹇黄金台左,余稽前賢語録,心勒腕裁,積成帙以百計,仲亦封履邸舍,閱祁寒暑雨,命曰《四書考》"②。考陳仁錫行年,"策蹇黄金台左"應指在北京做官的經歷,這一階段整體上是從天啓二年中進士授翰林編修至崇禎四年(1631)因病返鄉,但其間因丁憂、罷免、復官,在京爲官時斷時續,陳仁錫《永平罵賊死韓烈士序》言陳義錫卒於韓原洞之前,原洞卒於崇禎三年,故這一階段只能是於天啓二年至崇禎三年之間③。經陳仁錫與其弟陳義錫(字和卿)聯手編纂,該書主體已經完成,但書稿未刊。後一階段是陳仁錫返鄉之後,"携仲書并貤嗣屬叔氏中卿,玉汝以成,再命廣其考"。即由其弟陳禮卿(字中卿)進行增補,具體年份不可考。至於該書的編纂方式如何,此序並未細言,只表明是廣稽衆書,日積月累而成。實際情況並非如此,《四庫總目提要》已指出該書是在《四書人物考》(本文簡稱《人物考》)基礎上編纂的,只是這一論斷不够準確。通過比較《備考》與陳禹謨所編《四書名物考》(本文簡稱《名物考》),發現兩書存在同樣關係的密切,下面詳細論述。

(一)《四書備考》編纂的藍本——薛應旂《四書人物考》與陳禹謨《四書名物考》

薛應旂,字仲常,號方山,江蘇武進人,嘉靖十四年(1535)進士。曾任江西儒學教授、浙江提學副使等官職,亦是著名學者,主要著作有《宋元通鑒》《憲章録》等④。其《四書人物考》於《四庫全書總目》入經部四書類存目,該書專以"四書"中所涉人物作爲條目,其體例特點是將正經正史以及其他著作中所載相關事蹟,加以融裁,形成一段完整的人物生平記叙置於條目下,通常不注明材料出處,其後附加按語以品評人物或闡發義理⑤。

陳禹謨,字錫玄,號抱冲,明蘇州府常熟(今江蘇常熟市)人,生於嘉靖二十七年(1548),卒於萬曆二十六年(1598)。明代官員、學者,萬曆十九年(1591)進士,主要著

①　《中國古籍善本書録》僅著録有崇禎七年自刻本,而《中國古籍總目》另著録有"明萬曆間南城翁少籠刻本""明萬曆刻本"。筆者案:經核國圖並無此萬曆刻本,日本宫内廳有藏本,但未得寓目。萬曆年間此書未成,且故前兩個版本的信息著録可能有誤,萬曆間翁少籠曾刊刻張居正《四書直解》二十八卷,不排除涉此而誤。《四書備考》還存有一種八十卷的版本,見於《千頃堂書目》《經義考》、乾隆《江南通志》,今不見有傳本著録,難以詳考。本文使用日本國立公文館內閣文庫藏明崇禎七年刻本。

②　(明)陳仁錫:《無夢園遺集》,《四庫禁毀書叢刊》第142册,北京:北京出版社,1997年,第32頁。

③　黄傳星:《晚明作家陳仁錫行年考》,《古籍研究》總第66卷,南京:鳳凰出版社,2017年,第224—242頁。

④　(清)黄宗羲:《明儒學案》(修訂本),北京:中華書局,2008年,第592頁。

⑤　本文引文依據國家圖書館藏明嘉靖刻四十卷本。

作有《左氏兵略》《説儲》《經言枝指》等①。《四書名物考》二十卷是陳禹謨編纂的一部考證"四書"名物的舉業書,此書最初是被編入《經言枝指》一百卷之中,有萬曆刊本,後經錢受益、牛斗星補訂,單刻爲《四書名物考》二十四卷,《四庫全書總目》著録爲"《别本四書名物考》"以示區别(陳禹謨還有考證四書人物的《人物概》,與《四書備考》無甚關聯)。錢受益,字謙之,杭州人,明天啓五年(1625)進士②。牛斗星,字司杓,杭州人,生平不詳,編有《檀弓評》《五經纂注》③。補訂本較之《經言枝指》本,條目明顯增加,《經言枝指》本《大學》有 18 個條目,《中庸》有 89 個條目,單刻本則分别有 30 個與 104 個條目。條目内容上也有所增補。單刻本《四書名物考》多種古籍目録有著録,初刻年代不能確定,有天啓、崇禎兩説④。單刻本《四書名物考》乃《四書備考》的編纂藍本,詳論見後文。

(二)《四書備考》各類條目的來源

《四書備考》的條目主要可分名物、人物與其他三大類,下面分别論述:

1. 名物類條目:基本來自單刻增補本《四書名物考》,但主要有三點變化:

(1)新增少量條目。比如第一、二卷《大學備考》,共有 37 個名物條目,有 7 個是新增的,其他全部來自《名物考》,第三至五卷《大學備考》僅新增 11 個條目。

(2)將《名物考》中個别條目一拆爲二,如"山石"拆成"山"與"石","宗族"拆成"宗"與"族"。

(3)條目名稱略作變動,如"盤"作"盤銘","闕黨"作"闕黨童子"。

2. 人物類條目:皆來自薛應旂《四書人物考》,占到後者全部條目的百分之九十以上,僅有"馮婦""上公館人"等少數條目不見於《四書備考》。條目名稱未做改動,但條目順序被重新排定。《人物考》分《紀》三卷,《傳》三十七卷,條目按照人物類型如聖王、昏君、各國賢臣等與時代先後排列,而《四書備考》則是將它們與其他各類條目摻雜在一起,統一按照在"四書"中出現的先後排序。

3. 增入三類新條目。

(1)與《詩經》《尚書》相關的條目,有近 50 條。其中有篇名,如卷一"舜典"、卷十一"小旻篇"條,有詩經各部分之名,如卷六中"周南""召南"條,還有以經書文句爲名者,如卷一"詩綿蠻黄鳥 二句"條。

(2)以朱熹《四書章句集注》中的注語爲條目,有 70 條左右。如卷四"魯莽滅裂之學"條、卷二十二"鄉遂用貢法十夫有溝"條分别見於《中庸章句》與《孟子集注》。第一類

　　① (清)錢謙益撰,(清)錢曾箋注:《牧齋初學集》,上海:上海古籍出版社,1985 年,第 1415—1416 頁。邵忠、李謹:《吴中名賢傳贊》,南京:江蘇古籍出版社,1997 年,第 547—548 頁。

　　② 李學勤,吕文郁:《四庫大辭典》,長春:吉林大學出版社,1996 年,第 556 頁。

　　③ (清)永瑢等:《四庫全書總目》,北京:中華書局,1965 年,第 195 頁。

　　④ 《中國古籍善本書目》著録爲明末牛斗星刻本。《中國古籍總目》著録有明崇禎間牛斗星刻本、明杭州書肆讀書坊刻本、明刻本。《全明分省分縣刻書考》著録爲明天啓錢塘縣牛斗星刻本。按:初刻年代有兩説,若初刻在崇禎間,是否存在錢受益、牛斗星根據《四書備考》增訂《名物考》的可能。此種可能性極小,因爲《四書備考》將《名物考》部分粗疏或不當的引文替换爲更合適、完備的引文(詳見下文論述),相反過程則不合情理,且《四書備考》既出,增補《名物考》則無甚價值。本文引文依據日本國立公文館内閣文庫藏明末刻本。

中部分《詩經》篇名也來自朱子注文中,凡是此類條目,均在名稱下用小字"注"標明。

　　(3) 以"四書"經文中的詞語或短語爲條目,如"不忮不求""內顧疾言親指""興滅繼絕舉逸"等,數量較少。

　　下面以《四書備考》第一卷所含的 28 個條目爲例,用圖表的形式展示此書的條目構成及其來源(括號內爲《四書名物考》條目名稱存在小異者)。

	條　目	來　源		條　目	來　源
1	曾子	《四書人物考》卷十六《傳十三》	15	淇澳箓竹	《四書名物考》卷一(淇澳、竹補)
2	康誥	增入	16	如磋琢磨	《四書名物考》卷一(切磋琢磨)
3	太甲	《四書人物考》卷二《紀二》	17	周頌烈文之詩注	增入
4	舜典	增入	18	聽訟	增入
5	湯	《四書人物考》卷一《紀一》	19	意	《四書名物考》卷一
6	盤銘	《四書名物考》卷一(盤)	20	肺肝	《四書名物考》卷一
7	大雅文王之詩注	增入	21	目	《四書名物考》卷一(目 附眼)
8	商頌玄鳥之詩注	增入	22	手	《四書名物考》卷一
9	邦畿	《四書名物考》卷一	23	屋	《四書名物考》卷一
10	詩綿蠻黃鳥 二句	增入	24	體	《四書名物考》卷一
11	黃鳥	《四書名物考》卷一	25	身	《四書名物考》卷一
12	丘隅	《四書名物考》卷一	26	心	《四書名物考》卷一
13	文王	《四書人物考》卷一《紀一》	27	苗	《四書名物考》卷一
14	衛風淇澳之詩注	增入	28	碩	《四書名物考》卷一

　　總之,《四書備考》的主體條目是由《四書名物考》與《四書人物考》的條目合二爲一而成的,外加編者新增入的三類新條目。

(三)《四書備考》內容的取材與改編

　　《四書備考》條目下之引文同樣取自兩書,但存在不同方式的改編。

　　1. 對於《四書名物考》引文的處理,主要分以下三種方式:

　　(1) 單純抄襲《名物考》引文,對內容不作任何改動,僅對版面做稍許調整,如用方框框出引用書名,將《名物考》某些條目之後所附的難字注音移動到到引文內相應的文字之下。

　　(2) 對既有引文施以改訂、增補,具體方式包括:a. 改動引文位置,如將部分引文移動至天頭,充作所謂"增訂"的內容,這是最常見的改動方法。b. 對各引文的排列順序進行調整。c.《備考》對《名物考》之引文進行增補或替換,這種處理方式多是由於《名物考》之引文過於簡短粗疏或是有更適宜的文獻可以引用。d. 對《名物考》

之引文增加注釋,多見於正經正史之文,注釋一般亦引經典注釋,如《史記》三家注、《毛詩》鄭箋等。

(3) 增入新的引文來源,少則一兩條,多則十餘條,如《名物考》"淇澳 竹"條有引文 16 條,《備考》在這些引文之後又新增了 19 條引文,均標明出處①。這些增補的引文多置於原有引文之後,或置於條目起始處或天頭空白處,也有插入其間者。《備考》中許多條目都增入相關詩文,多放在最末,這類引文《名物考》中很少見。所增補的引文,亦有注釋或難字注音。

根據以上的三種處理方式,可以將《備考》的條目分爲四類:一是完全襲用《名物考》内容,不作改動,亦不增補引文來源。二是既有内容不作改動,僅增補若干新引文。三是對既有内容進行不同方式的改編,但並不補充新的引文。四是對既有進行改編的同時,又補充新引文。前兩種所占比例較少,以後兩種爲主。

現以兩個條目爲例來説明《四書備考》對《四書名物考》的襲用與改編。

"肺肝"條②,《名物考》引《白虎通》一條,《内經》一條,《靈樞》三條,《黄庭經》一條,《四書備考》相同詞條下引《白虎通》一條,《内經》一條,《靈樞》兩條(《名物考》中前兩條合併),《黄庭經》四條,《養生要》一條,除最末一條,引文之排列順序完全相同。從内容來看《内經》《靈樞》兩條引文基本相同,《白虎通》與《黄庭經》之引文存在差異,《白虎通》引文《名物考》作"《白虎通》云:肝者木之精蒼龍之位也,肺者金之精,制割利斷"。《備考》作"《白虎通》云:肝之爲言干也,肺之爲言費也。五臟肝仁肺義,肝所以仁者何? 肝,木之精也,蒼龍之位也。仁者好生,東方者陽也,萬物始生,故肝象木,蒼龍色青而有枝葉也。肺所以義者何? 肺者金之精,義者決斷,西方亦金,成萬物也,故肺象金色白也"。兩書引文皆出自《白虎通義》之《性情》篇,但具體出處不同。《名物考》引文簡短粗疏,是取自該篇所引《元命苞》中的一段話,《備考》的引文則比較詳備,是來自同篇的另一段文字。《黄庭經》引文《名物考》作"《黄庭經》云:肺神皓華,字虛成,肝神龍煙,字舍明",《備考》作"《黄庭經》云:肺神皓華,字虛成,又云:白元君,主肺宮之神。又云:肺神,名素靈生,字道平,形八寸兩分純赤。肝神龍煙,字舍明。又云:肝神,名聞君童,字道清,形長六寸色青黄"。《備考》之引文較《名物考》更爲詳備,且多出之文中,"白元君,主肺宮之神"是來自《黄庭經》務成子之注文,而"肺神名素靈生"與"肝神名聞君童"兩句來自《太微帝君太一造形紫元内二十四神回元經》(《雲笈七簽》卷三十一《秉生受命部》)。

"帶"條③,《名物考》依次排列出自《大戴禮記》《詩》《荀子》《隽不疑傳》《玉藻》《雜記》《禮書》的八條引文,《備考》則將其前四條引文全部移至天頭處,亦按照此順序排列,作爲所謂"增訂"的内容。然後補入《身章撮要》的一段話作爲第一條。第二條爲《名物考》之第五條《玉藻》,《禮記正義·玉藻》的疏文認爲經文中論及自天子至弟子各等所用之帶的内容"其文陳雜,上下爛脱",所以孔疏根據鄭玄之注,將經文重新調

---

① 《四書備考》,日本國立公文館藏明崇禎刻本,卷一第 19 頁 a 至第 22 頁 b。
② 《四書備考》,卷一第 24 頁 b—第 25 頁 a。《四書名物考》,日本國立公文館藏明末牛斗星刊本,卷一第 7 頁 b 至第 8 頁 a。
③ 《四書備考》,卷八第 15 頁 b 至第 17 頁 a。《四書名物考》,卷六第 6 頁 b 至第 7 頁 b。

整順序而使之連貫通順,調整之後的經文作:"天子素帶,朱裏,終辟。而素帶,終辟,大夫素帶,辟垂,士練帶,率,下辟,居士錦帶,弟子縞帶,並紐約用組,三寸,長齊於帶。紳長制:士三尺,有司二尺有五寸。子游曰:'參分帶下,紳居二焉。'紳、韠、結三齊。大夫大帶四寸。雜帶,君朱緑,大夫玄華,士緇辟二寸,再繚四寸。凡帶有率,無箴功。"①《備考》此處引文即全錄了孔疏中的此段文字。在此段之後還有"肆束及帶,勤者有事則收之,走則擁之。"一句,此句經文本在下段"童子之節"内,鄭玄注認爲此句"亂脱在是,宜承'無箴功'",所以《備考》將此句接續"無箴功",綴在最末。所引經文下多附有小字注文,注文乃將鄭注删裁而成,個别字後還附有直音注音,注音多來自《經典釋文》。反觀《名物考》中玉藻的引文則只有兩句,分别是"天子素帶,朱裏,終辟。而素帶,終辟,大夫素帶,辟垂,士練帶,率,下辟,居士錦帶,弟子縞帶"與"大夫大帶四寸。雜帶,君朱緑,大夫玄華,士緇辟二寸,再繚四寸。凡帶有率,無箴功",亦無注釋與注音。《玉藻》之後,《備考》將《雜記》條移動至天頭,然後增入《事物類考》引文一條,繼之《禮書》引文,與《名物考》相同,最末增補《大明諸司職掌》引文一條,論述明代各級官員的用帶制度。

　　從兩處條目的比較可以看出,《備考》不僅添加了引文的數量,而且對《名物考》既有引文進行了修訂,尤其是《玉藻》一例,編者做到了去劣取優,提高了該書的引文質量。

　　2. 對《四書人物考》内容的襲用與處理。

　　《四書備考》人物條目的内容基本襲用《人物考》,增補與改動較少,但有兩點與名物條目不同的處理方法:

　　(1) 注明出處,增入隨文注釋。《人物考》很少注明引用出處,無隨文注釋。《備考》注明了部分出處,但由於内容是經過融裁的,並非單純排比引文,所以很多地方難以注明。對出自經書、正史之文句多加入隨文注釋以説明典故或解釋字義,與名物類條目相同。此注釋大部分與《四書人物考》的朱焯注釋本注語相似,但朱注本注釋詳細,《四書備考》出注較少且注語簡單,故不排除是自朱注删減而來。

　　(2) 删去或改换按語。對《人物考》中薛應旂按語全部加以删除,少數條目增入新的按語,或是補充正文,如卷二"桀"條按語説桀子淳維爲匈奴之始祖之事,引自《史記·匈奴列傳》,或是對人物進行品評,如"子産"條按語引真德秀之語,但皆與薛書按語不同。

　　因爲來源的不同,名物條目是排比引文,人物條目是融裁諸書材料,體例差異明顯。編者通過以上兩種處理,使得人物條目在體例上與名物條目大爲接近,這樣在整體上便顯得渾然一體,而且注明出處更能方便讀者使用。

　　3. 新增入條目的内容編纂。

　　新增入名物條目與既有條目保持一致:以《詩》《書》篇名爲題的條目,内容多爲經文全文或片段,並略加注釋;以詞語或經書文句爲題者,則引若干書證以釋之,類似辭典。此兩類條目的内容多較粗疏,但亦有助於初學者閱讀。

_____

① 　(漢)鄭玄注,(唐)孔穎達疏:《禮記正義》,《十三經注疏》北大整理本,北京:北京大學出版社,2000 年,第 1054 頁。

　　通過以上考察，可見《四書備考》的編纂方式是合《四書名物考》與《四書人物考》二書爲一書，全盤承襲了此二書的條目與引文，同時加以種種形式的改編、增訂，使該書體例趨於統一，同時增入了若干新的條目，使内容更加豐滿。這樣一來，《備考》在功用上可謂集《名物考》《人物考》之所長，所以顯著地提高了該書的實用價值。

三、《四書備考》翻刻考論

　　該書因具有較好的實用價值，很受市場的歡迎，短時間内就被多地書坊所翻刻①，産生了多種翻刻品甚至是二次翻刻品，此過程一直延續到清代。筆者通過將《四書備考》與同類舉業書進行比對分析，確定了其八種翻刻品，它們往往被刊售者冠以不同的書名與撰者，掩蓋了它們之間的真實關係，具有誤導性，某些翻刻品甚至被書目著録爲“珍本”“孤本”，故有加以辨明的必要，下文對它們逐一進行考述。

（一）《四書通典》十二卷②

　　《四書通典》十二卷（本文簡稱《通典》），《韓國成均館大學尊經閣藏漢籍珍本叢刊》著録爲明崇禎六年（1633）序廣慶堂刊本，明唐光夑撰。卷前有唐光夑自序，序文説道：“……余家培甫氏沉心嗜古后墳典，上下罔所不窺，而於家塾四子之書尤所□意，謀彙《通典》一帙，就余商成。余曰：‘前此考證之篇，遞有纂輯，或略焉不詳，或詳焉不略，兹於是而集其成也乎！’”③序言説編纂此書的目的在於力矯學子知識空疏之病，對於編纂的過程無明確的交代，僅説是集前人考證著作之成。本書卷首題“唐光夑著，唐捷元、高沛、唐必登參訂”，此四人生平不詳，但唐光夑與唐捷元應出自明代金陵唐氏家族。明代金陵是坊刻中心之一，唐氏書坊便是其中的重要代表，張秀民《中國印刷史》著録了十五家唐氏書坊，其中有“書林唐振吾廣慶堂”“金陵唐建元”④。此書書名頁即題“廣慶堂藏板”，《中華再造善本》影印有《鍾伯敬先生朱評词府灵蛇》金陵唐建元朱墨套印本，書中卷端署有“兄唐捷元垣之父阅”與“兄唐光夑冠甫氏阅”⑤，説明唐光夑與唐捷元應是唐建元之兄弟或從兄輩。

　　此書從書名、作者及序言來看，似是新編之書，但經比對分析，發現該書乃《四書備考》的翻刻品，且對原書做了一定改編，涉及條目設置，引文内容與版面形式等方面。

　　條目方面該書全部襲用《四書備考》，但條目名稱多有改動，數目有歸併删減，但前後順序基本相同，在“四書”每一部起始處增入書名解題條目。現以《四書備考》第

　　①　此稱法主要是沿用古人習稱，即所謂“盗翻”“翻本”等稱法，相當於今之盗版，但在重刊時往往經過纂改，已非原來的面貌，與版本學中之翻刻本的概念不同，詳見本文第五章。
　　②　此書不見於《中國古籍善本書録》《中國古籍總目》等目録著録。《韓國成均館大學尊經閣藏漢籍珍本叢刊》第一、二册影印收録，本文引文即依據此本。
　　③　《四書通典》，《韓國成均館大學尊經閣藏漢籍珍本叢刊》第 1 册，重慶：西南師範大學出版社，2016 年，第 106—118 頁。
　　④　張秀民：《中國印刷史》，上海：上海人民出版社，1989 年，第 343—344 頁。
　　⑤　陳廣宏：《〈詞府靈蛇〉之編刊與天启間南京的商業出版》，《南京師大學報（社會科學版）》，2016 年第 3 期，第 120—121 頁。

一卷"《大學》上"爲例,將其條目與《四書通典》進行比對,列爲表格以示删改情況(空白格即删去的條目):

	《四書備考》	《四書通典》		《四書備考》	《四書通典》
1	曾子	曾子	15	淇澳篆竹	
2	康誥	康誥曰克明德	16	如磋琢磨	
3	太甲	太甲曰顧諟天之明命	17	周頌烈文之詩注	詩云於戲前王不忘
4	舜典	帝典曰克明俊德	18	聽訟	聽訟
5	湯	湯	19	意	
6	盤銘	盤銘	20	肺肝	肺肝
		作新民 見前克明章(無内容)	21	目	
7	大雅文王之詩注	詩云穆穆文王於緝熙敬止(在"詩云綿蠻黃鳥"後)	22	手	
8	商頌玄鳥之詩注	詩云邦畿千里惟民所止	23	屋	
9	邦畿	(合併到上一條末,未單列)	24	體	
10	詩綿蠻黃鳥二句	詩云綿蠻黃鳥止於丘隅	25	身	
11	黃鳥	(合併到上一條末,未單列)	26	心	
12	丘隅		27	苗	苗
13	文王	(移到《中庸》卷内)	28	碩	碩
14	衛風淇澳之詩注	詩云瞻彼淇奥		—	—

　　條目的内容方面也有種種改編,主要方法與《四書備考》對《四書名物考》的改編相似,可分兩大類,一是位置的調換。如"康誥曰克明德"條[①],《備考》經文"王若曰孟侯"下之注釋云:"王,武王也。孟,長也,爲諸侯長也。"《通典》將其移到頁眉,變成批注。《備考》"庸庸,祇祇,威威,顯民"下有注釋"言文王用所當用,敬所當敬,威所當威,故德著於民"一句,《通典》將其按所釋語句拆開,分别置於"庸庸""祇祇""威威""顯民"之下,這也是位置的變化。另一類就是内容的删增,如"桀"條,《備考》頁眉處有三段批注,《通典》全部删去,但補入了一段批注,其文作"薛應旂曰:《易》曰……有餘悲矣",恰好來自薛應旂《四書人物考》,而《四書備考》將其删去了[②]。再如"庫"條,《通典》將《備考》引文自"羽箭幹、脂膠、丹漆、毋藏不良"之後的六條引文全部删去[③]。

　　以上分析表明《四書通典》是金陵唐氏書坊通過對《四書備考》進行改編並冠以新的書名與作者而炮製出來的。卷前序言所署時間是崇禎六年,《四書備考》的成書時間還早,亦證明其屬僞造,序言絲毫不提《四書備考》,隱瞞了真實來源。

---

①　《四書通典》,第124—126頁。

②　《四書通典》,第156—159頁。

③　《四書通典》,第174—175頁。

（二）《三太史彙纂四書人物類函》十六卷①

此書卷端題"雲間張鼐侗初父鑒定，古吴項煜仲昭父彙纂，長洲徐汧九一父考訂"。所謂"三太史"，即此所題張鼐、項煜、徐汧三人。張爲萬曆進士，項、徐爲天啓進士，三人在做官的同時亦活躍於文壇。該書同樣是《四書備考》的翻刻品，所謂"三太史"當屬僞託。此書附有陳仁錫序言，與《四書備考叙》不同，必屬僞造。該書的條目是由《四書備考》删減而來，如卷一《大學》有 41 個條目，與《四書通典》相近，條目下引文經過删節，但排列順序基本一致。本書頁眉無批注，其他改編的方式與《通典》相似。該書也有些許增訂的內容，與兩書皆異，以首卷爲例，"馬乘"條"古者一命受爵，再命受服，三命得受車馬"一句與注釋中"《春秋説》題詞曰"一段均爲二書所無②，"康誥"條"王曰鳴呼小子封"之後至"作新民"一段分出，單作爲"康誥作新民"條③，《四書備考》無此條，《四書通典》雖有此條却無內容，只有"見前克明章"五字。

該書書名頁鎸有"劉衛藏板"四字，見於北京師範大學圖書館與日本內閣文庫所藏《重订朱文公家禮儀節》八卷④，刊刻地點與時間難以確考。總之，該書應是由《四書備考》或《四書通典》（或與之異名同實之書）删改翻刻而來。

（三）徐闇公輯《徐闇公先生四書備考定本》六卷⑤

此書書名頁鎸有"徐闇公先生輯，文起堂梓"，還有一方"文起堂"朱印。卷前有楊廷樞序，卷端題"雲間徐孚遠闇公父輯"。徐孚遠，字闇公，明松江府華亭縣人，明末清初著名文人，與陳子龍、夏允彝等組建"幾社"⑥。楊廷樞，字維斗，明蘇州府長洲人，明末著名文人，"復社"領袖之一⑦。書名頁所題之"文起堂"可能即明代著名戲曲作家張獻翼的宅邸，坐落在明蘇州府長洲縣（今蘇州市）。此書從結構與內容上看仍是將陳仁錫《四書備考》删節而成的本子，如《四書備考》卷一、卷二《大學》部分共有條目 62 條，此書《大學》部分僅有 26 條，删去大半。對條目內容亦有删減，明顯者如"盤銘"條，《四書備考》近六百字，此書僅保留第一條引文，只有三十餘字。可見該書其實是一部蘇州書坊出品的經過删削的翻刻品，所題撰者應屬僞託。

（四）張溥輯《彙訂四書人物名物經義合考》十二卷⑧

該書書名頁鎸有"張天如太史彙訂四書合考雄飛館藏板"，有署名吴偉業序與張

---

① 本文依據日本國立公文館內閣文庫藏明刊本。《中國古籍善本書目》著録有安徽博物館藏《三太史彙纂四書人物類考》十六卷，明項煜撰，明崇禎刻本。書名與此本一字之差，雖未得見，想必應屬一書。
② 《三太史彙纂四書人物類函》，日本國立公文館內閣文庫藏本，卷一第 23 頁 a。
③ 《三太史彙纂四書人物類函》，卷一第 6 頁 a。
④ 彭衛民：《朱熹〈家禮〉刊本考》，《濟南大學學報（社會科學版）》，2017 年第 4 期，第 80—81 頁。
⑤ 《中國古籍總目》載此書僅日本國立公文館內閣文庫藏有一部，本文依據此本。
⑥ （清）徐鼒：《小腆紀傳》上册，北京：中華書局，1958 年，第 412 頁。
⑦ （清）徐鼒：《小腆紀傳》上册，第 523 頁。
⑧ 本文依據本文依據日本國立公文館內閣文庫藏本。另外日本尊經閣文庫藏有《四書考備》十二卷，明張溥撰，明崇禎間刻本。《中國古籍總目》著録此本。筆者未能得見此本，但自書名與卷數看，可能亦屬《四書備考》之翻刻本而託名張溥者。

溥的序,卷首署"婁東張溥天如父彙訂"。自序題壬申年撰,故諸家目録多著録爲崇禎五年(1632)刻本。雄飛館是明代建陽的一家書坊,以刊刻小説聞名,代表刊本有《三國水滸四十卷百一十回》《小説選言》等①。張溥,字天如,蘇州太倉人,晚明文壇巨擘,復社領袖。序言中説作者認爲薛應旂之書只考人物,牛斗星之書只考名物,皆不够完備,該書則人物、名物、經傳之文合而考之。該書一大特點是版面分作上下兩欄,上欄是考名物典故,下欄是考人物經義。考察其條目與引文,可證實該書亦是由《四書備考》删改而來。在條目方面,與《四書備考》基本一致,略有增減,如不見"堯""舜""蔘""蕭"等條,增入了"秦穆公""武公"二條,"文王"條被移到《中庸》卷中去。條目引文也是襲用《四書備考》,主要有兩方面改動,一是進行删減,二是調整引文前後的順序。如"丘隅"條,《備考》有來自《爾雅》《廣雅》《風俗通》《詩箋》的五條引文,此書保留了《風俗通》與《詩箋》兩條引文,且將位置調換。② 又如"桀"條,文字全同《備考》,唯删去"三年處於亭山之後"文句,末尾所附按語亦不録。③

　　《續修四庫全書總目提要》收録此書並云此書"雖見該博,亦嫌氾濫",並説"(張)溥學本淹雅,雖偶意編纂,亦異俗書"④。可見提要視該書爲張溥所編,但從以上分析可推斷,該書同樣是《四書備考》删改翻刻而來,所謂吴偉業序與張溥自序應是書坊所僞造,故其刊刻時間亦不應著録爲崇禎五年。

(五)鍾惺輯《詮次四書翼考》十卷⑤

　　前有譚元春序與李維楨序,卷端題"明鍾惺編輯明譚元春删訂"。此三人均爲晚明著名文人,鍾惺與譚元春更是竟陵派領袖。此書仍是由《四書備考》删改而成,亦可能是利用某種《四書備考》删改本再次删削的二次衍生品。此書較之《四書通典》條目更少,引文删減頗多且隨意,刊刻不精,質量低劣。鍾惺與李維楨均逝世於天啓年間,所以序言及作者均屬僞託無疑。

(六)《四書圖史合考》二十四卷⑥

　　書名頁鐫有"四書圖史合考,金閶擁萬堂梓行",有鍾惺序,卷端題"明晉江蔡清虚齋輯"。蔡清爲明代著名理學家,卒於正德三年(1508),較《四書備考》早了一百餘年。王重民《中國善本書提要》與沈津《美國哈佛大學哈佛燕京圖書館藏中文善本書志》均認爲該書是僞託之作,鍾惺序言也是僞造,是從陳禹謨《四書名物考》删節改編而來⑦。經比對,該書乃自陳仁錫《四書備考》删改而來,如將"孔子"條放到卷首,可見

---

① 瞿冕良:《中國古籍版刻辭典》(增訂本),蘇州:蘇州大學出版社,2009年,第851頁。杜信孚纂輯,周光培、蔣孝達參校:《明代版刻綜録》,第5卷,揚州:廣陵古籍印刻社,1983年,第14頁。
② 《彙訂四書人物名物經義合考》,日本内閣國立公文書館藏本,第一卷第3頁b。
③ 《彙訂四書人物名物經義合考》,第一卷第12頁b。
④ 《續修四庫全書總目提要稿本》第14册,濟南:齊魯書社,1996年,第292頁。
⑤ 本文依據日本國立公文館内閣文庫藏明刊本。
⑥ 本文依據上海圖書館藏明金閶擁萬堂刻本。
⑦ 沈俊平:《舉業津梁:明中葉以後坊刻制舉用書的出版與流通》,臺北:臺灣學生書局,2009年,第294頁。

少量增補,如卷一"盤"條增入一副"盤圖",殊無謂,還有目録中"邦畿"後有"邦畿圖",正文中並無此圖,爲空條目。該書亦是《四書備考》翻刻品中質量較粗劣的一種。

(七)《新刻四書通典備考》十二卷(殘本)①

該書僅有殘本存世,爲卷一至卷八。書名頁題"重鐫四書通典人物備考,陳明卿先生增補,康熙三十三年二刻,文樞堂梓行",卷前有陳仁錫《四書通典備考叙》與目録,卷端題"太史芝台陳仁錫明卿父增定,高沛作霖父參,古吳唐光爕冠甫父著,唐捷元垣之父閱",版心題"四書備考"。就僅存的八卷來看,該書與韓國成均館大學所藏《四書通典》關係密切,首先本書行款與《四書通典》相同,爲半頁十行,行二十五字,小字雙行同;其次該書正文條目、引文與頁眉批注基本亦與《四書通典》相同,但主要有三點改動:一是雖然著者仍題作唐光爕,但將陳仁錫列爲增定者;二是作序者改換爲陳仁錫,且内容與《四書備考》之陳仁錫自序全同;三是《大學》卷之首删去了書名下的解題;四是正文第一條"曾子"的内容與《四書通典》有異,反而與《四書備考》全同。文樞堂是一家金陵書坊,由此可見此書是翻刻《四書通典》並略作删改而成。

(八)《增補四書精繡圖像人物備考》十二卷《圖》一卷②

此書現存刊本有十種左右,書名又作《增補四書人物備考》《增訂龍門四書圖像人物備考》,皆爲十二卷並《圖》一卷,皆題作薛應旂纂輯,陳仁錫增訂,至於所謂"校閱者""參訂者"不同書坊所題有異。刊刻時間最早的是日本東京大學東亞文化研究所藏本,目録著録爲明古吳越盛堂刊本,僅此一部,其餘皆爲清代康熙、乾隆年間刊本③,涉及的書坊有古吳三樂齋、雲林四美堂、積秀堂、豫章致和堂等,已經不限於金陵一地,現以哈佛大學藏本爲例説明翻刻情況。該本書名頁上鐫有"增補四書人物備考,乾隆甲午年新鐫,武進薛方山先生彙輯,長洲陳明卿先生增訂,三多齋梓行"。有陳仁錫撰《四書人物備考叙》,序後爲目録和《圖》一卷。正文每卷卷端鐫有"增補四書精繡圖像人物備考""太史芝台陳仁錫明卿增訂,古吳唐光爕冠甫詳閱,弟義錫和卿重校,秣陵陳鋭又鋒參訂",版心鐫"四書人物備考"。該書的序言與前八卷的内容同《新刻四書通典備考》,後四卷無法比較,但與《四書通典》基本相同,相異之處有二:一是行款不同,此書半頁十三行,行三十字,小字雙行同,故較《新刻四書通典備考》字小板密。二是附有《圖》一卷,含圖 24 幅,大抵取自明清兩代習見之"六經圖""性理圖",這是其他翻刻品所未見的。三多齋亦是一家金陵唐氏書坊。

《四書通典》《新刻四書通典備考》《增補四書精繡圖像人物備考》三書關係密切,《四書通典》雖然不能確定刊刻時間,但此書所題著者、參訂者與序言皆隱去了陳仁錫,全書内容統一,而後兩書則有拼接上的《四書備考》内容,由此來看其刊刻時間可

---

① 《美國哈佛大學哈佛燕京圖書館藏中文善本書志》著録此書,而《中國古籍總目》《中國古籍善本書目》未著録,本文即依據據哈佛大學藏本。清孫殿起《販書偶記》著録有《四書通典備考》十二卷,古吳唐光爕撰,康熙丙寅刊。可能即是此本。

② 沈津編《美國哈佛大學哈佛燕京圖書館藏中文善本書志》著録此書,本文即依據哈佛大學藏本。

③ 東京大學藏本未著録具體刊刻年代,應是依據撰者而著録爲明本,實際可能仍屬清本。

能在前,後兩者則可能是根據《四書通典》翻刻而來。此三書可統稱爲《四書備考》的"《四書通典》系"翻刻品。

綜上可見,《四書備考》問世後被其他書坊大量翻刻,時間跨度從明末崇禎朝一直延續到清代康乾之世,可分兩個階段,崇禎朝翻刻品種類多,書名、撰者各異,删改方式多樣,刊刻地點分布廣,可考者就有蘇州、金陵、建陽三地。它們或是直接翻刻自《備考》原書或是據既有的翻刻品再次翻刻。進入清代之後,翻刻品大爲減少,主要集中在了《四書通典》這一系,但由於康熙至乾隆年間的不斷重刊,其版本亦較豐富,地域以金陵爲主,亦涉及蘇州和豫章等處。

自乾隆年間開始,樸學進入昌盛時期,江永《四書典林》《四書古人典林》、方楘如《論孟考典》等具有更高學術品質的"四書"考證類舉業書問世,同時又出現了臧志仁《四书人物类典串珠》、阎其渊《四书典制类联音注》等編排精巧,便於記誦的實用類書,《四書備考》及其翻刻品,就逐漸地淡出歷史舞台了。現如今,《四書備考》原書幾乎被這些形形色色、改頭換面的翻刻品所湮没,古籍目録多是依其所題之書名作者進行著録,不能反映它們之間真實的關係,刊刻年代的著録亦受僞託作者或僞造序言的干擾,實則不可能早於崇禎,這是我們在研究中應當留意的。

四、餘論:從《四書備考》及其翻刻品看晚明商業出版

上文所論述《四書備考》成書與翻刻的情況,既反映了晚明商業出版的繁榮局面,又展現了繁榮之下的種種亂象,下面分別略作討論:

(一)晚明可謂商業出版的極盛時代,這不僅體現在市場上刊售的圖書種類極豐,數量龐大,更體現在當時的知識階層以各種形式,廣泛地參與到出版活動之中。前人對陳仁錫編刊圖書的性質存在爭議:一方面陳仁錫家境優裕,且沒有證據表明其從事或參與書坊經營,其編刻的圖書質量較高,刊刻較精,更接近家刻,故其動機並非爲了營利。但另一方面,其所編的相當一部分書籍,從書名、內容和某些宣傳手段來看,又明顯地帶有坊刻的色彩,更存在直接由書坊刊刻發行者①。筆者認爲對此應區分對待,陳仁錫編刻的如《皇明世法録》《饒峰山志》等著作,學術性强,不應視作商業出版物,而對於其所編刊的舉業書、類書與古文評點類書籍而言,商業動機是不能否認的。即使爲家刻,比如《四書備考》,亦可以大量印制並輸往市場銷售,所以不宜單以家刻與坊刻作爲區分書籍性質的標準。同時,陳仁錫作爲對文教事業抱有熱忱的飽學之士,其所編之書自然與坊肆純爲射利而刊售的粗劣之作不同。晚明士大夫與商業出版之間複雜曖昧的關係,在陳仁錫這里得到了充分體現。

舉業書因爲擁有很大的受衆群體與現實需求,故在商業出版中占據着相當的比重,而其編纂非深諳"場屋之學"之士不能勝任。陳仁錫落榜數次而終得"探花"的經歷恐怕是其得以在舉業書領域"深耕"的一大原因。《四書備考》體現了編者對市場需求的準確把握與充分迎合,比如它將兩部既有的同類書籍合二爲一,實現了功能的整

---

①　何朝暉:《晚明士人與商業出版》,上海:上海古籍出版社,2019年,第143—145頁。

合，而諸如訓詁類條目的增入、隨文注釋的添加、引文的修訂與增補等舉措則實現了品質的優化，這也是《四書備考》得以成功的内在原因。

該書於市場上的成功體現在兩個方面，一是在問世後的較短時期内，其多種翻刻品已遍及南方幾個主要的坊刻中心，市場的反映堪稱敏鋭。這個過程大概是《四書備考》先通過種種流通、銷售渠道，由誕生地蘇州向其他地域擴散，繼而再被當地書坊所翻刻①。二是該書的出現很大程度上"取代"了《四書人物考》與《四書名物考》。兩書在崇禎年間的刊刻已經減少，更未見有清代刊本傳世。另外，《四書備考》的衆多翻刻品對它的改編主要在形式方面，但在體例、條目設置、引文内容方面很少有新的變化，可見《四書備考》確實具有了某種"典範性"，被後來者所"效仿"。

（二）晚明圖書市場在激烈的競争之下，出版者們各自謀求利益最大化，加之政府監管的鬆弛與社會道德的鬆動，造成了各種不良風氣的氾濫。具體來説就是盗版翻刻、假冒僞託、虚假宣傳等不軌行爲十分普遍，版權、著作權得不到有效保護②。正如明人袁宏道這樣論述到："往見牟利之夫，原版未行，翻刻踵布。傳之貴廣，即翻何害？第以魚目混夜光，而使讀者掩卷，疏斜其刻畫，挂漏其文辭，紛如落葉，曾不得十行下。災及柔翰，而詛楚及余，是可痛恨耳。"③種種亂象在《四書備考》的成書與翻刻中均有所體現：

首先，《四書備考》的編纂過程構成了對《四書人物考》與《四書名物考》的剽竊，是對陳禹謨、薛應旂著作權、版權的侵犯。此種成書方式與陳仁錫自序對這一事實的"隱瞞"，亦可體現出《四書備考》的商品化色彩。反之，陳仁錫自己的著作權、版權也處於無保護的狀態，《四書備考》被大量盗翻，且遭到任意的删節、改竄，可見他自己亦成爲了受害者。

其次，書坊在翻刻《四書備考》時，書名與編者皆被改換，常常僞託於文壇政界的名家巨子，如鍾惺、張溥、徐孚遠、張鼐等，並附以名家序言。這些序言大多屬於僞造，序言内容多避實就虚，一般不提及此書編纂始末，僅夸許數語以了事。此種所爲，不僅是營銷的手段，還是逃避盗刻之責的伎倆。

再次，《四書備考》的翻刻品純屬書坊所炮制，性質與《四書備考》原書不同，故編刊質無法保證，其中"《四書通典》係"翻刻品相對繼承了《備考》原有的品質，其他種類大多質量粗劣，刊刻不精。這主要表現在：一是爲壓縮篇幅而肆意删削條目引文，内容完整性遭到破壞。二是字小板密，訛脱過多。三是目録中存在不少正文並無對應内容的空條目，部分空條目是新增入的，此舉實屬欺人耳目。上述問題在託名張溥、鍾惺的幾種翻刻品中尤其明顯，這些編刊質量粗劣的舉業書不僅是市場失範的體現，也從側面反映了當時學風的浮疏。

---

① 沈俊平：《舉業津梁：明中葉以後坊刻制舉用書的出版與流通》，第 299—311 頁。
② 關於明代圖書市場的種種不良風氣，繆咏禾《中國出版通史明代卷》、李明山《中國古代版權史》、張獻忠《從精英文化到大衆傳播：明代商業出版研究》等書有專門研究。
③ 李明山：《中國古代版權史》，北京：社會科學文獻出版社，2012 年，第 180 頁。

■校勘與注釋

歐陽修《易童子問》經解平議*

武道房　唐佳女

　　摘　要：歐陽修《易童子問》開北宋疑經思潮之風氣，在學術史上有一定影響。此書解易卦四十，目的在於正王弼易注之失而求孔子之意。通過考量歐氏與先儒注疏立異的十個卦義，可知歐氏新解雖不乏可取之處，但有不少是過度闡釋或偏離易卦本義，是典型的"六經注我"式的説經方式。從求《周易》之真的標準看，歐書學術價值不大，但在學術史上卻另有意義。一是打破了以往儒者不敢背離傳注、更不敢疑經的僵化學風，爲配合科舉改革、推行慶曆新政起到了思想解放的作用。二是《易童子問》雖不免失之臆説，甚至借《易》附著自己的思想，但卻開啓了一種新型學風，成爲理學的先驅。

　　關鍵詞：歐陽修；《易童子問》；經解；平議

　　歐陽修是北宋疑經思潮的發起人。在宋初之前，學者謹守唐人編的《五經正義》，對經文多不敢做超出注疏的理解。四庫館臣指出："自唐以來，説《詩》者不敢議毛、鄭，雖老師宿儒亦謹守《小序》。至宋而新義日增，舊説幾廢，推原所始，實發於修。"[①]其實歐陽修何止是訾議《詩經》之毛傳鄭箋，對《周易》亦不迷信當時通行的王弼注和孔穎達的疏，他甚至懷疑《易》之《繫辭》《文言》《説卦》而下皆非聖人之作[②]。歐陽修對《周易》的内容都敢懷疑，更遑論後人的注疏了。他有《易童子問》三卷，假託答"童子"問以表達他對《周易》的理解，朱伯崑先生評價説："歐陽修對《易傳》的評論，第一次打破了兩漢以來孔子作十翼的正統觀念，這是易學史上一件大事。"[③]遺憾的是，《易童子問》作爲歐陽修的一部學術名著，現代學人關注並不太多，現有的成果多側重於評論其"疑經"内容，但對歐陽修的"解經"成果尚缺少一個恰如其分的價值衡量[④]。歐陽修共解説《周易》四十卦，大部分内容是在王弼注、孔穎達疏基礎上的闡發，但其

---

　　* 作者簡介：武道房，安徽師範大學中國詩學研究中心教授、博士生導師，主要從事中國學術思想史與文學史的交叉研究；唐佳女，安徽師範大學文學院古代文學專業博士生，主要從事明清文學研究。

　　① （清）永瑢等：《四庫全書總目》，北京：中華書局，1965 年，第 122 頁。

　　② （宋）歐陽修著，李之亮箋注：《歐陽修集編年箋注》，成都：巴蜀書社，2007 年，第四册，第 533 頁。本文所引歐陽修《易童子問》語皆出自此書，其出處直接標注在正文中的引文後。

　　③ 朱伯崑著：《易學哲學史》，北京：崑崙出版社，2005 年，第 2 卷，第 94 頁。

　　④ 古代學者對歐氏《易童子問》的評説，詳見朱彝尊《經義考》卷十八"易童子問"條。現代學人的研究，多着眼於歐陽修疑古部分，對經解關注不多，如程石泉的《評歐陽修〈易童子問〉》（《周易研究》，2001 年第 3 期）。朱伯崑《易學哲學史》一書亦重在談其疑古意義。研究歐陽修易學思想的有 2 篇碩士論文，分別是 2008 年南昌大學羅利的《歐陽修易學思想研究》，2011 年遼寧大學馬楠的《歐陽修易學淺析》。

中有十卦不同於先儒注疏,這屬於他本人的獨立發明。本文擬逐一評判歐陽修對十個卦義的解讀,考察其中哪些解釋屬於易卦本義,哪些是歐氏過度闡釋或隨意發揮的,平情討論《易童子問》解經部分的得與失,並考察其在宋代學術史上的意義。

一、關於《屯》卦

童子曰:"《屯》之卦辭曰'勿用有攸往',《彖》曰'動乎險中,大亨貞',動而大亨,其不往乎?《象》曰'君子以經綸',不往而能經綸乎?"曰:"居《屯》之世者,勿用有攸往,衆人也;治《屯》之時者,動乎險而經綸之,大人君子也,故曰'利建侯'。"(第 516 頁)

童子發問:《屯》的卦辭説不宜有所前往,但《彖》傳卻説在危險中行動,可得亨通而又貞正。一方面説不宜前往,一方面又説"動而大亨",這不是矛盾的嗎?《象》傳又説君子處《屯》之時,要經綸世務,這和"勿用有攸往"不也是矛盾的嗎?

歐陽修解釋説,處《屯》之世,不宜行動的是普通人,而對於大人君子來説却相反,此時正是冒險經綸天下的時候,所以説"利建侯"(利於建立諸侯)。歐陽修看出了卦辭與彖傳和大象傳之間的矛盾,他不取王注、孔疏,徑以自成一解。其實,歐陽修的解讀並没有王注、孔疏説得好。

《屯》卦☳,下震上坎。王弼認爲,此卦象徵"剛柔始交",孔疏發揮爲"剛柔始交而難生"[1]。其意是説,新生事物剛誕生,力量弱小,宜屯積力量,不宜輕率行動。但新生事物"因難物始大通,故'元亨'也。萬物大亨,乃得利益而貞正,故'利貞'也。"[2]這是説新生事物有光明的前途,從弱小到强大有一個逐漸發展的過程。彖辭和象辭正是發揮此義。彖辭所説的"動乎險中",象徵君子從危難中起步,但前途是"大亨貞"(亨通、貞正)。《説文》解"屯"字爲"難也,象草木之初生"。《象》辭説:"雲雷,屯,君子以經綸"。其意爲君子觀雲雷交動、陰陽始合之時,看到草木初生之艱難,即起努力向上、經綸世務之遠志。但因爲正處在力量弱小之時,宜默默强大自身,不宜輕率有所行動。這就是卦辭"勿用有攸往,利建侯"的真正含義。"勿用有攸往",是指君子在力量弱小的情況下,反求自身,韜光養晦,積聚力量,不輕率行動;"利建侯"是指君子雖然起步困難,但前途遠大。

王注、孔疏從新生事物的發展過程辯證地看待君子的"屯難"處境;而歐陽修却不顧爻辭而斷章取義,視屯居不前爲庸人之行,但君子於屯難之時却敢於冒險進取。這樣解釋雖可自成一説,但實爲輕率隨意。

二、關於《同人》卦

童子問曰:"《同人》之《彖》曰:'唯君子能通天下之志'。《象》又曰:'君子以類族辨物',何謂也?"曰:"通天下之志者,同人也;類族辨物者,同物也。夫同天下者,不可

---

① (魏)王弼注,(唐)孔穎達疏:《周易正義》,李學勤主編:《十三經注疏(標點本)》,北京:北京大學出版社,1999 年,第 33 頁。

② 《周易正義》,第 33 頁。

以一概,必使夫各得其同也。人睽其類而同其欲,則志通;物安其族而同其生,則各從其類。故君子於人則通其志,於物則類其族,使各得其同也。"(第517頁)

《同人》卦☲,離下乾上。據孔穎達解釋是講如何"和同於人"的,用今天的話説就是講如何團結人的。此卦《彖》説:"同人,柔得位得中而應乎乾,曰'同人'。……文明以健,中正而應,君子正也。唯君子爲能通天下之志。"按照王弼、孔穎達的理解,下卦爲離,離象徵火,火代表文明。下卦中間一爻即全卦第二爻爲陰,陰象徵柔,所以説"柔位得中"而呼應在上位的乾卦。乾象徵剛斷,僅有剛斷的品質還不行,必須配合以文明,否則會流於武斷邪僻。所以王弼注説"君子文明以德",孔疏解爲"若非君子,則用威武"。孔穎達將"唯君子通天下之志"解釋爲"是君子用文明爲德也",其義是以文明爲德和同天下之人。對於《象》辭中的"君子以類族辨物",王弼解釋爲:"君子小人,各得所同。"孔穎達疏曰:"族,聚也。言君子法此同人,以類而聚也。'辨物'謂分辨事物,各同其黨,使自相同,不間雜也。"①綜上,王、孔將這句話理解爲物以類聚,人以群分,各不相雜。

歐陽修對《同人》卦的理解大不同於王注孔疏。他認爲,"通天下之志"就是找人的共同性,"類族辨物"就是找物的共同性。"睽"有乖離、不和之意,"人睽其類"是説天下之人,千差萬別,比如賢愚不同,地位不同,性別不同等等,但不同中又有同,這個"同"就是指"同其欲",也就是説人性有共同的要求。君子若能滿足人之所欲,即能和同天下之人,從而通天下之志。動植物亦是如此,種屬不同,但求生的本能是一致的。君子不僅仁民,還要愛物,使物各歸其類,各遂其生,從不同中求其生存之大同,這就是"類族辨物"。歐陽修的"同人"思想就是"求同存異",只有求同存異,才能團結人,也能夠辨析事物。應用到政治上,就是統治者應滿足全體百姓的共同要求,不僅要滿足天下人之所同欲,還要滿足有生命之物的求生欲望。應該説這是一種很有現代性的光輝思想。這種解釋似比孔穎達只強調人與物類別的區分("各同其黨""不間雜也")要高明很多。

三、關於《大過》卦

童子問曰:"《大過》之卦辭曰'利有攸往,亨'。其《象》曰'君子以獨立不懼,遯世無悶'者。其往乎?其遯乎?"曰:"《易》非一體之書,而卦不爲一人設也。《大過》者,橈敗之世,可以大有爲矣。當物極則反,易爲之力之時,是以往而必亨也;然有不以爲利而不爲者矣。故居是時也,往者利而亨,遯者獨立而無悶。"(第518頁)

《大過》卦☱,巽下兑上。據孔穎達的理解,"聖人過越常理以拯患難也";"'利有攸往亨'者,既遭衰難,聖人'利有攸往',以拯患難,乃得亨通"。② 其卦意是説在患難之亂世,聖人採用非常手段,出而救難。《大過》之《大象傳》曰:"澤滅木,大過。君子以獨立不懼,遯世無悶。"此卦上兑下巽,兑爲澤,巽爲風爲木;澤在上,木在下,大澤淹

---

① 《周易正義》,第72—73頁。

② 《周易正義》,第125頁。

没了樹木，象喻君子處於衰難處境。王弼對《大象傳》解釋是：“此所以爲‘大過’，非凡所及也。”意思是説，君子處“大過”之境遇，其堅毅之品質非常人之所及。孔穎達認爲《大過》有二義，其一是“物之自然大相過越常分，即此‘澤滅木’是也”；其二是“大人大過越常分以拯患難”。“君子獨立不懼，遁世無悶”，孔穎達解釋説“君子於衰難之時，卓爾獨立，不有畏懼，隱遁於世而無憂悶，……凡人遇此則不能，然唯君子獨能如此，是其過越之義”。[①] 孔氏的解釋是接着王弼“非凡所及”的思路進一步展開的。按照王注、孔疏，《大過》的卦辭與《大象傳》並不矛盾，卦辭説，君子遭遇患難，要出而救世；《大象傳》説，君子遇大患難，人格獨立不改，抗壓力强，非凡所及，即便一時隱而不用，也絶不苦悶。

歐陽修繞開王注孔疏，看到了“利有攸往”和“遁世無悶”之間的矛盾。爲消泯這一矛盾，歐陽修提出“《易》非一體之書，而卦不爲一人設”，他認爲不能僵化地看待《周易》，對卦辭可作發散式理解，有多層涵義是正常的。在他看來，《大過》卦象徵君子處於極其衰敗之世，將有物極必反之轉機，此時君子出而救世，易於成功。然而卦不爲一人所設，另有一類君子，處腐敗之世，以保持人格獨立爲高，隱於田園，“遁世無悶”，這也是君子的一種處世方式。

如不看《大過》卦的六個爻辭，歐氏此解亦未嘗不可。結合整個卦爻辭來看，君子處於極其兇險的境地，須先有寵辱不驚、遁世無悶之節操，然後才可出而救世。所以“遁”和“往”是不矛盾的。歐陽修雖不拘舊説，提出新解，但闡釋過頭就成了輕率。

四、關於《坎》卦

童子問曰：“《坎》之卦曰‘習坎’。其《象》曰：‘習坎，重險也’者，何謂也？”曰：“《坎》因重險之象，以戒人之慎習也。習高山者可以追猿猱，習深淵者至能泅泳出没以爲樂。夫險可習，則天下之事無不可爲也。是以聖人於此戒人之習惡而不自知，誘人於習善而不倦，故其《象》曰‘君子以常德行，習教事也’。”（第518—519頁）

《坎》卦䷜，坎上坎下，上下都是水，象徵坎陷。卦辭曰：“習坎：有孚，維心亨；行有尚。”大意是説前途危難重重，君子只要誠信，心内亨通，努力前行就會被尊尚。“習坎”，據孔穎達的解釋有二義，其一是“上下俱坎，是重疊有險”，其二是“人之行險，先須使習其事，乃可得通”[②]。也就是説，人在經過險難之前，預先要練習或適應險難的生活，才能順利擺脱困境。此卦《大象傳》曰：“水洊至，習坎；君子以常德行，習教事。”“洊”，《爾雅·釋言》：“再也。”故王弼解釋“水洊至”爲“水相仍而至”。孔穎達發揮此義，説水流不怕谷深灘險，連綿不斷地前行，這就是“習坎”。君子當法此象，不怕前途險難，“當守德行而習其政教之事。若能習其教事，則可便習於險也”[③]。即是説君子德行要貞固，預先熟悉處理政務可能遇到的所有困難，才能適應險境，渡過難關。

歐陽修將《坎》卦解釋爲“戒人之慎習”，也就是説此卦告誡人們，一定要慎重對待

---

① 《周易正義》，第126頁。
② 《周易正義》，第129頁。
③ 《周易正義》，第131頁。

習慣的養成。習慣了高山行走可以去追猿猴，習慣了游泳即能以出没深淵爲樂。如習慣了涉險，慣於應對挑戰，則天下事無不可爲。歐陽修認爲，此卦是告誡人們，若沾染惡習，則習於惡而不自知；若誘人習於善而不知倦，則需要"君子以常德行，習教事"，即是説常常習行令德美行，以成教化之事。歐陽修發揮説，人如果習於惡則有沉淪之險；如果習於善，則能渡過險關，天下事無不可爲。所以要"慎習"。

通觀《坎》卦的六個爻辭可知，此卦的大義在於君子"建立在陽剛信實的基礎上，強調謹慎守恒之德，如此則險陷可履，艱難可除"①。所以説此卦並無歐陽修所説的"慎習"之義。歐氏的發揮雖不悖聖人義理，但却偏離了《坎》卦的主題。

五、關於《明夷》卦

童子問曰："'明入地中，《明夷》，君子以蒞衆，用晦而明'，何謂也？"曰："日，君象也，而下入於地，君道晦而天下暗矣，大哉萬物，各得其隨，則君子向晦而人宴息；天下暗而思明，則君子出而臨衆。商紂之晦，周道之明也，因其晦，發其明，故曰'用晦而明'。"童子曰："然則君子貴之乎？"曰："不貴也。聖人非武王，而貴文王矣。"（第520頁）

《明夷》卦䷣，下離上坤，表示火在地下，光明受到損傷。《序卦傳》："夷者，傷也。"《彖傳》曰："明入地中，'明夷'；内文明而外柔順，以蒙大難，文王以之。'利艱貞'，晦其明也；内難而能正其志，箕子以之。"據孔穎達解釋，《彖傳》是説，太陽没入地平綫下，象徵光明被埋藏（明夷）。君子應該如何應對"明夷"之處境呢？以周文王處殷紂之世爲例，文王掩藏自己的光芒而外示柔順，以此方略得身保全，逃過大難；又以箕子爲例，殷祚將傾，箕子内逢險難，但他能自正其志。這些都是君子自晦其明，内懷貞固之志，以成功應對"明夷"之境的例子。

《明夷》之《大象傳》曰："明入地中，明夷。君子以蒞衆，用晦而明。"王弼注曰："蒞衆顯明，蔽僞百姓者也。故以蒙養正，以'明夷'蒞衆。"其意是説，君子從"明入地中"之景象，領悟到治理百姓的方法，就是以虚心的、不自以爲是的態度對待老百姓，用今天的話説就是要虚心當群衆的學生，不要當群衆的先生。"蒞衆顯明"，即是在群衆面前顯示自己的聰明無人能比，按孔穎達的説法就是"若運其聰明，顯其智慧，民即逃其密網，奸詐愈生"。所以"君子以蒞衆，用晦而明"。掩藏自己的智慧，這是"用晦"；虚心聽從群衆的意見，自己也就更加聖明。孔穎達認爲，古代的君王出而臨衆時，"冕旒垂目，黈纊塞耳"，其含義就是取"明夷"之象，以"冕旒"蔽明，以"黈纊"蔽聰，象徵防止自作聰明之義。這樣"藏明用晦"，虚心採納衆人意見，結果"反得其明也"②。王注、孔疏對《明夷》卦義的理解應該是深刻的。

歐陽修對《明夷》象辭的理解全然不同於王注孔疏。他認爲《明夷》是象徵革命的卦象。"日"爲君象，"明入地中"象徵君道晦而天下黑暗，君子於此黑暗的世道而隱遁

①　黄壽祺，張善文：《周易譯注》，上海：上海古籍出版社，1989年，第248頁。

②　《周易正義》，第155—156頁。

宴息。但暗極思明,百姓於此黑暗的世道渴望光明的到來,於是君子出世而領導群衆。商紂王黑暗,正是反襯周文王、周武王光明之時,因此稱之爲"用晦而明"。此時正是君子奪取天下的有利時機。但歐陽修反對革命,説聖人貴文王而非武王。在他看來,武王是革命者,殺死紂王有違君道;文王處險而能保全自己,於君道無虧,這才是可取的。

如果結合《明夷》六爻的爻辭,歐陽修的理解有其理由。從爻辭來看,君子處"明夷"之世,有激烈的救世行爲,如湯、武之革命,應對"九三"之爻辭:"明夷於南狩,得其大首,不可疾,貞。"王弼注爲"既誅其主,將正其民";孔穎達正義:"狩者,征伐之類,'大首'謂暗君"[1]。此爻象徵誅滅昏君。君子處"明夷"之世,還有另外一種態度,即箕子式的生存方式。既無能力救世,也無能力正君,則只能忍辱全身,保持自身人格的清白。"六五"爻辭:"箕子之明夷,利貞。"箕子諫紂王不聽,怕受到迫害,於是披髮佯狂爲奴,他的光明雖受損傷,但能保全自身,始終貞正。"上六"爻辭:"不明晦,初登於天,後入於地。"孔穎達認爲這是"至暗之主"被誅滅之象。

歐陽修將此卦作"革命"解,雖可聊備一説,但他其實並未理解《明夷》的真正意圖。實際上,《明夷》卦意在告訴人們,君子處"明夷"之世,利於取"艱貞"的態度,也就是在艱難中持守貞正的人格。"明夷"亦有二義,一是指黑暗的世道,二是指君子掩蔽自己的聰明,謹慎應對世務。即便是征伐(南狩)暗君,也需要"明夷",即不可太過張揚,不可魯莽從事(不可疾)。箕子式的自蔽其明,佯狂爲奴,保持貞正,也是一種可取的人生態度。"上六"是説,那些亡國之君,正是因爲自以爲是(按:"不明晦"即不明白"用晦之道"),唯我獨尊,脱離人民大衆,才成爲千夫所指的獨夫,進而從君王的高位上重重地摔了下來。所以,《明夷》卦主要目的不是在講革命,而是講君子當立足於艱貞守正,處理事情不能自作聰明,應慎重低調,自夷其明(明夷),虛心採納衆人意見,方可獲得成功。

六、關於《睽》卦

童子問曰:"《睽》之《象》與卦辭之義反,何謂也?"曰:"吾不知也。"童子曰:"《睽》之卦曰:'小事吉',《象》曰:'睽之時用大矣哉'。"曰:"小事睽則吉,大事睽則凶也。凡睽於此者,必有合於彼。地睽其下而升,天睽其上則降,則上、下交而爲泰,是謂小睽而大合。使天地睽而上下不交,則否矣。聖人因其小睽而通其大利,故曰'天地睽而其事同,男女睽而其志通,萬物睽而其事類',其《象》又曰:'君子以同而異'。"(第520頁)

《睽》卦☲,兑下離上,兑爲澤,離爲火。《周易集解》引荀爽曰:"火性炎上,澤性潤下,故曰'睽'。"[2]"睽"有乖離、相背之意。其卦辭曰:"睽,小事吉。"孔穎達《正義》釋"小事"爲細小之事,如衣服飲食之類,"不待衆力"而可辦成的;"大事"則爲"興役動

---

① 《周易正義》,第 157 頁。

② (唐)李鼎祚:《周易集解》,成都:巴蜀書社,1991 年,第 156 頁。

衆”，必須齊心協力，方可爲之。① 按照孔疏的解釋，此卦義爲：在乖背睽違的情況下，辦理小事可獲吉祥。但其《彖傳》又説“睽之時用大矣哉”，意思是説“睽”有時候用途非常大。卦辭的“小事吉”和彖辭的“時用大亦哉”意思似乎是相反的，童子不懂，就問歐陽修。歐陽修也不太懂，故説“吾不知也”，但他又强爲之説，認爲在小事上相睽違則吉祥，大事上睽違則兇險。事物之間的關係，往往在這方面相乖背，但在那方面却相合。地在下，天在上，天地相睽背，但地氣上升，天氣下降，陰陽之氣交合，則世界安泰，這叫“小睽而大合”；反之，若陰陽不交，就成了“大事睽則凶”了。於是歐陽修提出“聖人因其小睽而通其大利”的思想，反應在人際關係處理上，就是君子求大同存小異，在睽隔中求取共通共赢的一面。

　　歐陽修順着孔疏的思路，將卦辭“小事吉”中的“小事”理解爲細小之事，從而自然地推出“小事睽則吉，大事睽則凶”之理，特別是他提出的“聖人因其小睽而通其大利”，啓發人們求同存異，尋找不同利益訴求者之間最大的公約數，從而團結衆人，合作共赢，這是歐陽修解讀《睽》卦的一個亮點。這與孔疏的理解是不一樣的。孔穎達將“睽”視爲事物類別的差異：“萬物殊形，各自爲象，是‘萬物睽’也。”② 孔氏解釋“君子以同而異”，着眼於從政治功能的角度：“佐王治民，其意則同；各有司存，職掌則異，故曰‘君子以同而異’。”其意是説，政府各部門，職責不同，但佐王治民的目的是一樣的，這就是異中有同。這樣的解讀，是從王弼注“同於通理，異於職事”③引申而來。比較而言，歐陽修的理解更爲可取。

　　不過歐陽修作爲文章家，對文字表述非常敏感。《睽》卦辭説“小事吉”。如果“小事”只是細小之事，那彖辭又爲何説“睽之時用大矣哉”？這的確是矛盾的。歐陽修感到很困惑，於是老實地説“吾不知也”。若按唐李鼎祚《周易集解》引虞翻注、清李光地等撰《周易折中》引何楷注，“小事”猶言“以柔爲事”，並非指細小之事④。這樣一來，卦辭“睽，小事吉”，其意就成爲：君子處理睽違之事時，要以小心、柔和的方式，才是吉祥的；剛猛粗暴，只能使矛盾越來越大，無助於事情的解決。經這樣解讀，卦辭和彖辭的前後意思才是一致的。歐陽修雖在“不知”的情況下强爲之解，但他關於君子“求同存異”的思想，是很值得肯定的。

七、關於《損》《益》二卦

　　童子問曰：“‘《損》，損下益上’，‘《益》，損上益下’，何謂也？”曰：“上君而下民也。損民而益君，損矣；損君而益民，益矣。《語》曰：‘百姓足，君孰與不足’，此之謂也。”童子又曰：“《損》之《象》曰：‘君子以懲忿窒欲’，《益》之《象》曰‘君子以見善則遷，有過則改’，何謂也？”曰：“嗚呼！君子者天下繫焉，其一身之損益，天下之利害也。君子之自損忿欲爾，自益者遷善而改過爾。然而肆其忿欲者，豈止一身之損哉？天下有被其害

---

①② 《周易正義》，第 161 頁。

③ 《周易正義》，第 162 頁。

④ 《周易譯注》，第 309 頁。

矣。遷善而改過者，豈止一己之益哉？天下有蒙其利者矣。”童子曰：“君子亦有過乎？”曰：“湯、孔子，聖人也，皆有過矣。君子與衆人同者，不免乎有過也。其異乎衆人者，過而能改也。湯、孔子不免有過，則《易》之所謂《損》《益》者，豈止一身之損益哉？”（第 524 頁）

　　《損》卦䷨，下兑上艮，其卦辭曰：“損，有孚，元吉，無咎可貞，利有攸往。曷之用？二簋可用享。”是説在下位者，心懷誠信，自我損减以增益在上位者，可得吉祥，利於前往拜見尊者。在下位者如何减損自己呢？奉獻給上位者兩簋簡單的食物就可以了。據孔疏，“損”就是下級給上級送禮物，禮物不在多少，貴在心誠，“‘二簋可用享’者，明行損之禮，貴夫誠信，不在於豐”[1]。據《象》辭説，送禮也不能濫送，所謂“二簋應有時”，就是在適當的時機，適當的場合下送，不能濫爲。孔疏還説：“損下益上，非補不足者也。損剛益柔，非長君子之道者也。若不以誠信，則涉諂諛而有過咎。”[2]從此卦的六爻辭象來看，在上位者，接受處下位者的自損以補益自己；反過來，上位者也要自損以補益處下位者。所以“上九”爻辭爲“益之，無咎”，意思是“上九”施益於人而無咎害之意。從卦辭“損，有孚，元吉”來看，能自損是個好事，這裏並無老子所批判的“人之道，損不足以奉有餘”不公平情況。王注、孔疏比較接近此卦原義。

　　《益》卦䷩，下震上巽。卦辭曰：“益，利有攸往，利涉大川。”《象》曰：“益，損上益下，民説無疆，自上下下，其道大光。”就是説，《益》卦象徵减損於上，補益於下，民衆無比地歡喜，在上位者施利於下，這種治民之道大放光芒。老百姓受到恩惠後，也會真心擁戴統治者，所以“九五”爻辭曰：“有孚惠心，勿問元吉，有孚惠我德。”其意爲：（作爲統治者）有一顆真誠的惠民之心，不用説是非常吉祥的，百姓也會真誠地報答我的恩德。

　　《損》《益》二卦是相通的，只是出發點不同。《損》是損下益上，上亦需自損而益下；《益》則是上補益下，下獲益則擁戴上。只要誠心（即所謂“有孚”），無論《損》、《益》，均爲吉祥，“利有攸往”（有利於事業前行）。

　　歐陽修將《損》之“損下益上”和《益》之“損上益下”釋爲“上君下民”，他認爲損民益君是錯誤的做法，並引《論語》“百姓足，君孰與不足”證明損君益民才是正確的政治選擇。《損》之《大象傳》曰“君子以懲忿窒欲”，《益》之《大象傳》曰“君子以見善則遷，有過則改”。歐陽修對此發感慨説，君子（統治者）是維繫天下的重要人物，“其一身之損益”，關係到“天下之利害”。如果君子放縱自己的忿欲，豈止是一身之損，天下人要受其害了；如果君子能遷善改過，豈止一個受益，天下人也跟着受益。從這些話看來，歐陽修視《損》”爲凶，這説明他並沒有理解《損》卦的真義。但他認爲即使湯、孔子這樣的聖人也會有過錯，統治者與普通人一樣，也會犯錯，只要遷善改過，懲忿窒欲，民衆就會减輕負擔，跟着受益。歐陽修將儒家聖人拉下神壇，鼓勵君子學習聖人之改過，以期有利於百姓。這樣的君子觀念雖未必合卦，但發先儒之未發，有其獨到的創獲。

---

① 《周易正義》，第 172 頁。
② 《周易正義》，第 171—172 頁。

八、關於《夬》卦

童子問曰:"'《夬》,不利即戎',何謂也?"曰:"謂其已甚也。去小人者不可盡,蓋君子者,養小人者也。小人之道長,斯害矣,不可以不去也;小人之道已衰,君子之利及乎天下矣,則必使小人受其賜,而知君子之可尊也。故不可使小人而害君子,必以君子而養小人。《夬》,剛決柔之卦也。五陽而一陰,決之雖易,而聖人不欲其盡決也,故其《夬》(《象》)曰:'所尚乃窮也。'小人盛則決之,衰則養之,使知君子之爲利,故其《象》曰'君子以施禄及下'。小人已衰,君子已盛,物極而必反,不可以不懼,故其《象》又曰'居德則忌'。"(第 525 頁)

《夬》卦䷪,乾下兑上,五個陽爻聯合對決最上一陰爻,象徵君子處決小人。其卦辭曰:"夬,揚於王庭,孚號有厲。告自邑,不利即戎,利有攸往。"其大意爲:制裁小人,要在王者的公堂上宣布他們的罪行,以嚴肅的號令震懾小人,自城邑頒布政令,不利當即動武,利於君子前行。

"不利即戎"的"即",應爲"立即"、"當即"、"馬上"之意。孔疏曰:"剛克之道,不可常行。"[1]不可常行,不等於說不可行。若魯莽從事,輕率動武,一旦遭遇不利,就失去《夬》卦"決去小人"之意。從全卦來看,以五陽之剛制裁一陰,正存邪亡是必然之事。故在全卦中象徵小人——陰爻"上六"的爻辭是:"無號,終有凶。"用今天的話就是:你號哭也没用,兇險終究難逃。這象徵着小人最終滅亡。五陽決勝一陰,雖然是没有懸念的事,但陽戰勝陰也並非一帆風順。初九誡"不勝"而往必有咎,二九誡要時刻"惕號",三九誡剛壯過甚有"凶",四九誡剛決不足則"次且"難逃,五九誡居中慎行才能"無咎"[2]。所以此卦告誡人們,在正義和邪惡的鬥爭過程中,君子的力量雖然占優勢,但決去小人也非輕而易舉,必須以極審慎的行動才能取得最後的勝利。

歐陽修將"不利即戎"理解爲不可採取武力消滅,"去小人者不可盡",這是不符合《夬》卦原義的。歐陽修的發揮有其特別之處。在他看來,去除小人,不是從肉體上消滅他們,而是要讓"君子而養小人"。君子在上位,利益天下,小人也跟着受恩惠,然後君子之道可尊。歐陽修認爲,《夬》卦的主題是"小人盛則決之,衰則養之"。小人之道盛則爲害天下,君子必須制止這種局面;但小人失勢,君子處於上位則可以包容小人、養活小人。歐陽修是根據《象傳》"不利即戎,所尚乃窮"和《大象傳》"澤上於天,夬;君子以施禄及下,居德則忌"兩句話得出上述結論的。其實歐陽修曲解了這兩句話。"不利即戎,所尚乃窮",其實是說不利於輕率動武;如果動武結局不利,那麽君子所崇尚的《夬》道(決小人之道)就行不通了。《大象傳》大意是說:澤爲兑,上卦;乾爲天,下卦。澤水化氣升騰於天,決然降雨,象徵"決斷"。君子法此象,而施禄於民,如以德自居,則遭民衆嫌惡。歐陽修將"施禄及下"理解爲"君子而養小人",將"居德則忌"理解爲"小人已衰,君子已盛,物極而必反,不可以不懼",這些結論都是輕率的,根本不合

---

① 《周易正義》,第 181 頁。

② 《周易譯注》,第 361 頁。

《夬》卦本義。但他"君子養小人"的思想亦有可取之處。對小人趕盡殺絕,不給出路,有時亦會給君子造成很大的被動。窮寇勿追,鬥爭中有妥協,在一定情況下是合乎鬥爭辯證法的。

九、關於《節》卦

童子問曰:"《節》之辭曰'苦節,不可貞'者,自節過苦而不得其正歟? 物被其節而不堪其苦歟?"曰:"君子之所以節於已者,爲其愛於物也,故其《象》曰'節以制度,不傷財,不害民'者是也。節者,物之所利也,何不堪之有乎? 夫所謂苦節者,節而太過,行於己不可久,雖久而不可施於人,故曰'不可正'也。"童子曰:"敢問其人?"曰:"異衆以取名,貴難而自刻者,皆苦節也。其人則鮑焦、於陵仲子之徒是矣,二子皆苦者也。"(第 528 頁)

《節》卦☲,下兑上坎,澤上有水,象徵堤防節制。卦辭曰:"節:亨,苦節不可貞。"其義爲:有節制則亨通,但爲節過苦,節制過分則不正確了。《彖傳》曰:"苦節不可貞,其道窮也。"按照孔疏的理解,"爲節過苦,不可爲正"。"其道窮也"是指如果過於苦節,《節》卦之道就行不通了。[①]《彖傳》又説:"天地節而四時成,節以制度,不傷財,不害民。"這説明"節制"是萬物之所以存在的普遍之理。天地因爲有節制,所以四季才能循環有序。不僅是四季如此,一切事物都受其規律或規則的制約,都在"節制"中存在。不節制則成了"濫",過於節制則成了"苦"。治國也是如此,節以良好的制度,以"不傷財、不害民"爲准。所以《節》卦意在明事物的節制之理。

歐陽修發揮了《節》卦義理之一端。他説:"君子之所以節於已者,爲其愛於物也,故其《象》曰'節以制度,不傷財,不害民'者是也。"統治者(君子)之所以節制自己的欲望,是爲了愛惜財物;以制度節制自己,不傷財,不浪費,就不會傷民了。這個解釋符合孔子"節用而愛人,使民以時"的思想。從個人生活上運用此理,歐陽修説人應該講節制,但不可"苦節"。所謂苦節就是"異衆而取名",行衆人難行之事,刻意賺取"苦節"之名。如歷史上的鮑焦,爲賺取廉名,"衣弊膚見","槁於洛水之上"[②];又如於陵子仲(筆者按:原文作"於陵仲子",誤)"辭三公爲人灌園"[③],這些都是不近人情的"苦節"表現。歐陽修認爲:"夫所謂苦節者,節而太過,行於己不可久,雖久而不可施於人,故曰'不可正'也。"自己苦節,尚且很難持久,何况還要求別人! 即使是自己能長久地堅持苦節,也不可强求別人這樣。後世以理學家"存天理,滅人欲"之説統治人,自己做不到,却要求人民去"滅人欲",這就是清代戴震所抨擊的"以理殺人"。可以説,歐陽修對《節》卦的發揮,與後來戴震反理學禁欲主義的思路是一致的。

---

① 《周易正義》,第 240 頁。

② (漢)韓嬰撰,許維遹校釋:《韓詩外傳集釋》,北京:中華書局,1980 年,第 29 頁。

③ 見《戰國策·齊策》四,《孟子·滕文公下》,《史記·魯仲連鄒陽列傳》等記載。

十、關於《小過》

童子問曰:"《小過》之《象》曰'君子以行過乎恭,喪過乎哀,用過乎儉'者,何謂也?"曰:"是三者施於行己,雖有過焉無害也;若施於治人者,必合乎大中,不可以小過也。蓋仁過乎愛,患之所生也;刑過乎威,亂之所起也。推是可以知之矣。"(第528頁)

《小過》卦䷽,艮下震上。其卦辭曰:"小過:亨,利貞。可小事,不可大事。飛鳥遺之音,不宜上,宜下,大吉。"《彖》曰:"小過,小者過而亨也。"王弼注:"小者謂凡諸小事也,過於小事而通者也。"①什麼是"小過"呢,就是小有過越。據孔疏説,"飛鳥遺其音,哀以求處",象喻"執卑守下"。②朱熹説得好:"'小過'是過於慈惠之類"③;"小過之時,事每過當,然後得中。"④意指在仁義慈惠方面做得稍微有些過頭,這樣的"小過",結局是亨通的,利於持守貞正。此卦六爻的吉凶情狀都是圍繞這個主題展開的⑤。

《小過》之《大象傳》曰:"山上有雷,小過;君子以行過乎恭,喪過乎哀,用過乎儉。"這是説山上有響雷,其聲響亮過常。君子法此象,在待人接物上稍過於恭敬,辦喪事時稍過於悲傷,日常用度上稍過於節儉。孔疏説:"小人過差,失在慢易奢侈,故君子矯之,以行過乎恭,喪過乎哀,用過乎儉也。"⑥這是説君子法《小過》象,是想通過"過越"的方式,矯正澆薄的民風。

歐陽修顯然沒有理解《小過》卦的真正含義。卦辭"飛鳥之遺音,不宜上,宜下,大吉",意思是指"宜慈柔稍過,不宜剛烈稍過"。歐陽修説:"仁過乎愛,患之所生也;刑過乎威,亂之所起也。"這話明顯與卦義不符。就一般事理而言,過仁或過威都會生亂,這是常有的生活現象;但《小過》卦重在強調稍過於仁則吉,而無意於講"過威"則凶之理。因爲"過威"屬於過剛,過剛屬上逆,不合此卦"卑順守下"之義。《象傳》説"上逆而下順",《大象傳》亦是説卑順過慈之義。所以歐陽修對此卦的理解比較粗疏。但歐氏的解説有其合乎人情的一面。他的意思是説,儒家禮義用來律己,即使過頭也無害;但如果用過頭的道德來要求別人,就非人情之所堪了。歐陽修認爲,君子用道德禮義要求自己可以稍過,但要求別人必須要合乎"大中",不可過分。用今天的話説就是君子嚴於律己,寬於律人。歐陽修的發揮雖然偏離了卦義,但其思想非常可取。

結　論

歐陽修對《周易》王弼注很是推崇,他説:"若其推天地之理,以明人事之始終,而

---

① ② 《周易正義》,第245頁。

③ (宋)黎靖德編:《朱子語類》卷七三,北京:中華書局,1994年,第1869頁。

④ 朱熹撰,李一忻點校:《周易本義·下經第二》,北京:九州出版社,2004年,第170頁。

⑤ 《周易譯注》,第510頁。

⑥ 《周易正義》,第246頁。

不失其正，則王（弼）氏超然遠出於前人，惜乎不幸短命，而不得卒其業也。”（第 218 頁）“未卒業”有未完成、不完善之意。當有人問《周易》王弼注“其説善乎”時，歐氏説：“善矣，而未盡也。”（第 86 頁）歐陽修著《易童子問》目的之一就是正王弼之失而求孔子之意。他説：“《易》無王弼，其淪於異端之説乎！因孔子而求文王之用心，因弼而求孔子之意，因予言而求弼之得失，可也。”①（《易或問》）正是出於明王弼注之得失的目的，歐陽修《易童子問》共解説了四十個卦的卦辭以及《彖傳》《大象傳》的大義。他的解説，部分是發明王弼注、孔穎達疏的義旨，但也有相當一部分自立其旨，與王弼的解説大爲不同。這些不同的地方，在歐陽修看來即是“正王弼之失”的。比如《周易》之《大象傳》，是解釋卦象的，相傳爲孔子所作，均附之“君子”二字，講君子如何結合卦象以修己治人的。歐陽修對《周易》的部分闡釋是贊成王弼注的，但也有一部分不贊成，如本文所條舉的十卦，歐陽修多有自己的發明。

　　但是也應該看到，歐陽修所立異於王注、孔疏的部分，有不少屬於過度闡釋的成分，有的是斷章取義，有的根本不是易卦應有的內容。歐陽修想當然地認爲，卦辭、《彖傳》和《大象傳》，是聖人“爲中人以上而設也”，“爻辭兼以中人而下而設也”（第 86—87 頁）。這個判斷本身就有些冒險，由此出發，他解卦竟全然不顧六個爻辭的含義，只是抓住卦辭、《彖傳》和《大象傳》的某些話武斷地給出自己的結論，甚至於重新生發一層意思，根本不顧是否合乎卦象的本來意義，這是典型的“六經注我”式的治學方法。與其説是歐陽修注《易》，不如説是借《易》以傳達他的思想。因此從“求《周易》之真”的標準來看，歐陽修的《易童子問》學術價值不大，清代的《四庫全書》總目及存目提要都沒有提及此書，看來這並非出於偏見。在歐陽修及其以後的時代，學者非議《易童子問》者也不少。據朱彝尊《經義考》記載：韓琦對歐氏《易童子問》“心知其非，然未嘗與辨，但對歐陽公終身不言《易》”；蘇軾亦認爲歐陽修懷疑《河圖》《洛書》爲不妥，他説二書“著於《易》，見於《論語》，不可誣也”；曾鞏亦評價歐公《易童子問》“亦可謂過矣”②。這些是同時代人對歐氏易學的批評。現代易學大師尚秉和先生的《易説評議》指出：“惟歐於《易》象，既一概不知，於《易》理所入尤淺，故其説多空泛不切，且於《易》辭妄生疑惑。”③這個評價亦可謂實事求是。

　　但歐陽修的《易童子問》在學術史上另有意義。

　　其一，起到了思想解放的作用。唐代孔穎達等人奉敕編寫《五經正義》，其中《周易》取王弼注，孔穎達疏不破注，是接着王弼的思路講的。《周易正義》後來成爲官方教科書之一，儒者釋經必以此爲標準，科舉考試亦須按此答卷，不許自由發揮，這個局面一直持續到宋初。皮錫瑞指出：“經學自唐至宋初，已陵夷衰微矣。然篤守古義，無取新奇；各承師傳，不憑胸臆；猶漢、唐注疏之遺也。”④宋代王應麟《困學紀聞》引陸游的話説：“唐及國初，學者不敢議孔安國、鄭康成，況聖人乎！自慶曆後，諸儒發明經

---

①　（宋）歐陽修著；李之亮箋注：《歐陽修集編年箋注》，成都：巴蜀書社，2007 年，第二冊，第 96 頁。

②　（清）朱彝尊撰，林慶彰、蔣秋華、楊晉龍等編：《經義考新校》，上海：上海古籍出版社，2010 年，第 314 頁。

③　尚秉和：《易説評議》，北京：光明日報出版社，2006 年，第 37 頁。

④　（清）皮錫瑞著，周予同注釋：《經學歷史》，北京：中華書局，1959 年，第 156 頁。

旨,非前人所及,然排《繫辭》,毁《周禮》,疑《孟子》,譏《書》之《胤征》、《顧命》,黜《詩》之序,不難於議經,况傳注乎?"①這是説,一直到宋初,學者拘守《五經正義》,對舊注是不敢懷疑的,更不敢懷疑聖人制作的《五經》了。直到歐陽修等人出來,不僅抛開舊注逕自發揮己義,而且敢於質疑經典自身,這種經學局面才大爲改觀。那麽歐陽修爲什麽敢這樣做呢? 這實際上是出於他那個時代變法革新的需要。宋仁宗時期,范仲淹、富弼、歐陽修等人推行"慶曆新政",提出十大改革措施,企圖挽救内憂外患深重的帝國危機,其中一項措施就是"精貢舉",即改革科舉考試的内容,將唐代以來推行的進士科考試,由只重詩賦改爲重策論;將明經科考試由原來的死記硬背《五經正義》改爲闡發經書的義理。這樣做的目的是將儒家經書大義真正融化到士子的骨子裏,以培養一批合乎儒家道德標準的廉能官員,從而挽救時代的危機。這樣一來,靠"帖經"以謀富貴的老路就行不通了,儒生必須對《五經》有深刻的體會和親切的認知才能把文章做好。歐陽修親自示範,脱開《周易》王注、孔疏,直接發揮自己對卦辭、彖、象辭的理解,自成一説,甚至懷疑《文言》《繫辭》等非聖人作,這樣就打破了以往儒者不敢背離傳注、更不敢疑經的僵化學風,起到了思想解放的作用。

　　其二,歐陽修的《易童子問》雖不免失之臆説,未必符合《易》之本義,甚至借《易》以附著自己的思想,但畢竟開了一種新型的學術風氣,成爲理學的先驅。蘇轍説:"公(歐陽修)於六經,長《易》《詩》《春秋》,其所發明,多古人所未見。"②朱熹説:"理義大本復明於世,固自周、程,然先此諸儒亦多有助。舊來儒者不越注疏而已,至永叔(歐陽修)、原父(劉敞)、孫明復(孫復)諸公,始自出議論,如李泰伯(覯)文字亦自好,此是運數將開,理義欲復明於世故也。"③這充分説明,歐陽修的經解先不説是否符合經之本義,但有新鮮的見解,能自出議論,這是肯定的。即如歐陽修解《周易·大象傳》中的君子思想,如前文所述,不僅僅是在解《易》,更是在闡述他自己對君子的理解,而這種君子思想顯然是在配合他的變法理想的。所以歐陽修的《易童子問》起到了一個變古的作用,爲北宋儒學復興運動及後來理學的興起掃清了道路。

---

①　(宋)王應麟撰,(清)翁元圻注:《困學紀聞》,北京:商務印書館,1959年,第744頁。
②　(宋)蘇轍:《欒城集》後集卷二三《歐陽文忠公神道碑》,上海:上海古籍出版社,2009年,第1424頁。
③　《朱子語類》卷八十,第2089頁。

釋"物莫非指者,而指非指也"*

文晨熹

摘　要:《公孫龍子·指物論》中"物莫非指者,而指非指也"一句,歷來衆説紛紜。從先秦時代的句例和語法規則來看,"莫非"與"指非指"作爲否定結構是没有疑問的,那麽這兩個成分齊全的分句應當句讀。檢視先賢時哲的研究,對此句理解的焦點集中在"指"的意涵上,通過考察先秦諸子中"指"的用法,並聯繫公孫龍的致思理路,最後結合篇章結構,我們認爲此句仍舊在論述"名""實"問題。

關鍵詞:公孫龍子;指物論;語法結構;名實問題

《公孫龍子》是先秦名家學派代表人物公孫龍的著作,集中體現了名家學術重邏輯思辨的特徵。《公孫龍子》原十四篇,今本僅存六篇。其中《指物論》在全書中占據重要地位,關係着對公孫龍思辨哲學的理解,尤其是對其名實思想的判斷。由於《指物論》一篇文辭艱澀,内容抽象,故而在釋讀上存在一定困難。歷來注家也多有分歧,其中"物莫非指者,而指非指也"聚訟紛紜,焦點在於如何理解"指"的意涵。是句乃《指物論》一篇主旨所在,又關係著名實思想的理解,因此有必要重新檢討。

王琯在《公孫龍子懸解·指物論》"物莫非指者而指非指也"句下按語曰:"上下文義不完,疑有訛奪。"①王氏不解此句,疑心句子有訛誤,他的態度頗具代表性,但事實上這句話並非語義不完。我們嘗試以語義學的方法,考察諸子中的相近句例,從先秦時代"指"的一般用法展開分析,並結合《公孫龍子》的其他篇目,試圖對這句的意涵做一點有益的理解。

一

按照當代語言學學者的研究,從先秦至南北朝時代,"莫非"都是一個跨層結構。"莫"作否定性無定代詞,意思是"没有什麽"或"没有誰";"非"作否定副詞②。在先秦文獻中,《孟子》之中的"莫非"一句,其語法結構與《公孫龍子》一致,現迻録於下:

尺地莫非其有也,一民莫非其臣也,然而文王猶方百里起,是以難也。(《孟

---

*　**作者簡介:**文晨熹,四川德陽人,澳門大學人文學院碩士生,從事中國古代學術史與文學史研究。
　基金項目:國家社科基金重大項目"中國古代美學命題整理與研究"(21&ZD068)。

①　王琯:《公孫龍子懸解》,北京:中華書局,2014 年,第 55 頁。
②　盧烈紅:《"莫非"源流考》,《南開語言學刊》,2012 年第 2 期。

子·公孫丑上》)

"莫非"前有先行詞，表逐指，做大主語；而"莫"作主謂謂語中的小主語。這與"物莫非指者"語法結構一致。由此可以判定此處"指"是獨立成分，"非指"並不能作爲一個獨立成分。吳漢民認爲，为了澄清混亂，公孫龍創建了特有的術語"非指"①，在他看來"非指"是爲澄清人们對於概念指屬性的不理解，特意說明概念指物時的根本特性：不指物，指屬性。物莫非指者，而指非指也。解釋爲物無不是概念所指向的(物全都在概念的指向中，因为屬性在物中)，但概念(指)却不指物(概念指屬性)，因而是"非指"。從以上的語法結構分析來看，吳氏的觀點雖有新意，但不能成立。

"指非指"是先秦古漢語"A非A"的典型否定句式。"指非指"中"非"作否定動詞，這也是一個主謂賓齊全的句子。吳毓江校釋、吳興宇標點的《公孫龍子校釋》認爲"物莫非指者，而指非指也"中的"而"應作"能"，兩字古字通用，即"物莫非指者能指非指也"。吳氏對於"指"的解釋，物能引起吾人感覺者爲其種種屬性，即所謂指也②。天下萬物都擁有種種屬性，故公孫龍曰物莫非指。例如馬之爲物，引起吾人感覺者，其黑、白之形形色色而已。然能指中馬的黑、白等屬性並非即是黑、白等屬性的唯一所指，即白馬的"白"，不等同於天下萬物各種白的屬性，只是其一種。這裏吳毓江提出了"能指"的概念。故"能指非指者"，即能指、所指不能混於一談。從吳氏理解來説，"而指非指者"一句的主語是"物"，姑且不論吳氏所云"而"通"能"是否得當，從句讀來説，吳氏此句當爲"物莫非指者，而指非指也"。

綜上所述，"物莫非指者""而指非指也"實際上是兩個成分齊全的句子，"者"前屬於上句，"而"後屬於下句，應當逗開。所以是句當作"物莫非指者，而指非指也"爲宜。

二

在明瞭是句的結構與基本語義後，我們要理解這句還須對其"指"的意涵進行一番考察。可以説，《公孫龍子》這句歷來引起大家爭議，主要是由於"指"的意涵不明晰造成的。近代以來的學者對此理解可謂衆説紛紜，在進行辨析之前須理清進入研究的方法與思路。首先，宜按照高郵二王"審句例"的方法，明確"指非指"作爲否定的習慣用法；其次，檢驗《公孫龍子》和先秦時代諸子中"指"的意義。在明確思路之後，我們來檢視前人的研究，有一派認爲"指非指"中兩個"指"的意義是一致的，代表性的意見有譚業謙和徐復觀。

譚業謙的《公孫龍子譯注》，在開篇注釋中就否定了馮友蘭的"共相"、龐樸的"意義"爲"指"的解釋。他認爲，"指非指"若解釋爲"共相不是共相"或者"意識不是意識"，則會有混淆之嫌，馮的本意爲共相不能由共相的分析來組成，龐樸本意爲意義本身不是意義的顯現。在這裏，指的含義都是雙重的。而譚氏以爲，全篇指的解釋，若

---

①　吳漢民：《概念發生與公孫龍〈指物論〉的解讀》，《暨南學報》，2018年第11期。
②　吳毓江：《公孫龍子校釋》，上海：上海古籍出版社，2001年，第16頁。

不能專於一義,則無信服力①。譚業謙的意見基於一個基本前提,即"指"的含義在
《指物論》篇中應該統一。

譚氏認爲是句中的"而",意爲則也,是因果連詞。因此,這句的意思是,物必須有
所不能指稱,才能有所指稱②。他的主要根據是《指物論》中提到了"(指)非指者,物
莫非指也",在他看來這就是"物莫非指者,而指非指也"的顛倒。譚氏認爲這是一種
以因推果變爲以因釋果,不存在所不能指稱之物。"指"不能再被"指"所指稱,即,指
是不可以有指稱的。譚把"指"釋爲指稱。

從句讀的角度來看,"而"在句中充當因果連詞的作用,聯繫了前後句,在承認其
對"指"闡釋的前提下,這樣的句讀不存在問題。這裏不得不提到,胡曲園、陳進坤的
《公孫龍子論疏》,書中此句讀爲"物莫非指者,而指非指也"③。而胡、陳二人認爲此
句也是由果推因、形式多變……總結於一義④。他二人將此句翻譯爲,物無一不是由
物的屬性來表現的,而由物的屬性來表現的物並不等同於被表現的物本身。其實與
譚業謙的解讀是一樣的。

徐復觀的《公孫龍子講疏》中句讀爲"物莫非指者,而指非指也。"⑤徐氏認爲"非
指"即言"指"不是一種客觀獨立的存在,"指非指"與"物莫非指者"是並列關係。他釋
此句爲:萬事萬物都可以用指來指稱,天下之物,由指而現,故曰物莫非指者。而"指
非指"是説,所有客觀之物,皆可由指而現,但指不能是客觀獨立的存在,如果指是客
觀獨立的存在,即指也成爲客觀之物的一部分,那麼其他之物如何能通過指來顯現
呢? 所以,指有如無色之境,方可反映萬物之色,若鏡子本身帶有色彩,就不能够照映
出萬物之色⑥。這裏徐氏對"指"的闡釋,也可以看作"指稱",統一了"指"的含義,是
可以接受的。至於這裏的"而"究竟是表示因果呢,還是表並列呢,還可以繼續討論。

另一派以黃克劍爲代表則認爲兩個"指"應做不同的理解。黃認爲"指",是一種
人的命名、指認活動。凡是進入人的視野之"物",總是人以某一名或者概念予以指認
的物。故曰物莫非指者,萬事萬物都可以被指稱,而"指非指",這裏黃克劍闡釋第一
個指,是"物指",即后文所説的"與物"之指,例如"白雪"之"白"、"白馬"之"白"等,後
一個"指",是説未曾"與物"連結時,"自藏"著的名或概念。前者由"與物"所規定,如
"白馬"之"白",是馬之"白"、"白雪"之"白"是雪之"白",而後者並無規定束縛。所以
此句釋爲:没有什麼物不可以被指稱,但是已經被指稱的所指,就不再是原來意義上
的名或概念之"指"了⑦。黃克劍並没有統一"指"的含義,認爲前一個"指"是"物指"
帶有屬性,而後一個是自然的概念,還未與實體的物相聯繫。

近來李巍對這一問題進行了深入探討,他的意見頗具啓發性。在方法上,李巍主
張要判斷關於"指"的解釋是否恰當,必須檢驗解釋者所認爲的公孫龍的用法與"指"

① 譚業謙:《公孫龍子譯注》,北京:中華書局,1997 年,第 13 頁。

② 《公孫龍子譯注》,第 13 頁。

③ 胡曲園、陳進坤:《公孫龍子論疏》,上海:復旦大學出版社,1987 年,第 112 頁。

④ 《公孫龍子論疏》,第 113 頁。

⑤⑥ 徐復觀:《公孫龍子講疏》,臺北:學生書局,1966 年,第 15、16 頁。

⑦ 黃克劍譯注:《公孫龍子》,北京:中華書局,2012 年,第 77 頁。

在先秦的日常用法即"具體指出"間有無上述"可追溯的關聯"。① 在他看來,過去以共相、觀念(概念)、意義來釋"指",之所以並不令人滿意,就在於一个表指出動作的詞,要能表示抽象、實體,恐非强引曲説而不可爲。因之,不論怎樣理解"指",至少應該兼顧其在先秦的日常用法。②李巍認爲,"指"是説萬事萬物具有可指性,"指"作爲"物"的性質,用於説明事物爲何能被認識(即 "有指"或具有可指性)。故"物莫非指"强調沒有本性上不可被指出的物,即凡物皆因其本性而有可指性。而公孫龍提出"物莫非指"時,也必定要主張"指非指",即可指性自身不具有可指性。這裏,李巍援引了弗雷格指出的,不能把"由一个概念斷定的性質理解为構成概念的標誌。這標誌是處於概念之下的事物的性質,而不是概念的性質"③。《指物論》篇尾也明言"指固自爲非指,奚待於物而乃與爲指"。因此,可指性只是處於指概念之下的 "事物的性質",而非指概念自身的性質。李巍統一了《指物論》全篇指的解釋,兼顧了先秦日常的用法,給出了合理釋義。

<h2 style="text-align:center">三</h2>

《荀子》"故知者爲之,分別制名以指實","指"意爲指稱,"物莫非指者"應當取此意,即萬物沒有什麼不可指稱,但是二者詞性不同。從句子結構上來説,第二個分句中的第一個"指"應當是與第一個分句的賓語"指"意義一致。至於"指非指"意思應當是"(萬物)名並不是(它們的)名",這則需要結合幾條材料來辨析一下。

《列子·仲尼》中樂正子輿批判公孫龍説道:

> 龍誑魏王曰:"有意不心。有指不至。有物不盡。有影不移。髮引千鈞。白馬非馬。孤犢未嘗有母。"④

這裏的"指"意義也是指稱,萬物都有指稱,但是指稱却不能完全道出萬物的本質。這指稱不是物固有的,而是人賦予的,所以《指物論》言"指也者,天下之所無也;物也者,天下之所有也。"《指物論》雖然與《名實論》分爲兩篇,但並不意味着這是兩種邏輯,究其實質而言,仍舊是以"指""物"來討論"名""實"問題。我們結合《莊子》中"指"的意義就不難看出這點。《莊子·天下》云:

> 犬可以爲羊。馬有卵。丁子有尾。火不熱。山出口。輪不輾地。目不見。指不至,至不絶。⑤

成玄英於"犬可以爲羊"下注解云:

> 名無得物之功,物無應名之實,名實不定,可呼犬爲羊。鄭人謂玉未理者爲璞,周人謂鼠之未臘者亦曰璞,故形在於物,名在於人也。⑥

---

①②③ 李巍:《物的可指性 ———〈公孫龍子·指物論〉新解》,《哲學研究》,2016 年第 11 期。

④ 葉蓓卿譯注:《列子》,北京:中華書局,2011 年,第 108 頁。

⑤ 郭象注,成玄英疏:《莊子注疏》,北京:中華書局,2011 年,第 572—573 頁。

⑥ 《莊子注疏》,第 572 頁。

　　"犬"可以稱爲"羊",這兩個詞不過是用來指稱物的,即實對物的命名而已。所以這個指稱、這個名不能够完全反映出物的本質,這就是"指不至"的意義。成玄英準確把握了莊子的論説思路。

　　最後,從文章的行文思路我們再做一點補充。此句放置在整篇文章中,从章法架構看,呼應開篇的主旨。《指物論》談的是"名""實"關係,其論證是逐層展開的,遵循的是循名責實的思路。首先是開宗明義:"物莫非指,而指非指。"①"而指非指"中"指"當依王琯訓爲"謂"②,前一"指"説的是"名"即抽象本質的表徵;後一"指"説的是"實"即抽象本質。此句説的是萬物皆爲指定命名的,而這指定命名並非等於萬物的本質。而後分別展開論述,对"指""物"加以正名:"指也者,天下之所無也;物也者,天下之所有也。"③天下所無之"指"乃是抽象本質,天下所有之"物"乃是本質具體的表徵。緊接着對"萬物非指"與"指非指"兩個命題進行邏輯推理,提出問題"以天下之所有爲天下之所無,未可。"

　　對這一問題的解釋又分爲兩層,第一層言"萬物無指"。這種本質不是實在的存在,萬物不等於他們的本質,故曰"天下無指,而物不可謂指也"④。接着區別"不可謂指者,非指也"⑤,"不可謂"之"指"是本質,這種本質不是物的具體命名,而這"名"却是萬物皆有的,所以説"非指者,物莫非指也。"⑥第二層言"萬物有指"。雖然"天下無指而物不可謂指者"⑦,但"非有非指也"即是説萬物没有不是本質的具體表徵。"非有非指者,物莫非指也。"⑧也就是萬物都是本質的具體表徵,都是有"名"的。至此對"物"與"天下所有"之"指"(名)及"天下所無"之"指"(實)的關係基本辨析清楚了。要而言之,萬物有"名",而"名"不可等同於"實",這就是"物莫非指者,而指非指也"的意義了⑨。

---

① 《公孫龍子懸解》,第 54 頁。
② 《公孫龍子懸解》,第 53 頁。
③④⑤⑥⑦⑧⑨ 《公孫龍子懸解》,第 55 頁。

《通志・七音略》"諧聲制字六圖"校釋與探解 *

李　紅

　　摘　要：《通志・七音略》序中"諧聲制字六圖"，是鄭樵六書理論與音學思想結合而成的諧聲理論，本文結合鄭樵"子母論"與七音理論對該六圖進行全面分析，并對其進行校正。

　　關鍵詞：七音略；等韻；形聲字

　　《七音略》卷首"諧聲制字六圖"，學界關注較少。党懷興[①]、陳梅香[②]、薄守生[③]等學者從形聲字論、"七音呈顯"等方面對其進行了比較簡要的説明或論述。但對這六圖進行比較詳細的校釋、解讀，目前尚有不足。

　　"諧聲制字六圖"是鄭樵以"子""母""音""聲"等概念，將"六書理論"與等韻理論相結合，對漢字諧聲關係與漢語音節讀音關係的論述。

　　"子""母"概念是承自北宋張有《復古編》，該書提出："四曰諧聲，諧聲者，或主母以定形，因母以主意，而附它字爲子，以調和其聲者也，如鵝鴨江河之類。"[④]鄭樵《六書略・會意第三・序》則指出："象形、指事，文也。會意，字也。文合而成字。文有子母，母主義，子主聲，一子一母爲諧聲。諧聲者，一體主義，一體主聲。"[⑤]鄭樵所謂的"母"指漢字中主義的部分，"子"指漢字中主聲的部分，即諧聲部分。

　　鄭樵進一步將形聲字諧聲的特點與漢語音節分析相結合，《七音略》序："然漢儒識文字而不識子母，則失制字之旨；江左之儒識四聲而不識七音，則失立韻之源。獨體爲文、合體爲字，漢儒知以説文解字，而不知文有子母。生字爲母、從母爲子，子母不分，所以失制字之旨。四聲爲經，七音爲緯，江左之儒知縱有平、上、去、入爲四聲，而不知衡有宫、商、角、徵、羽、半徵、半商爲七音。縱成經，衡成緯，經緯不交，所以失立韻之源。"鄭樵認爲"識文字"爲先，識"七音"在後，"識字"爲"辨音"的基礎。鄭樵在其諧聲造字法理論的基礎上，將漢字諧聲的特點與語音的系統性相結合，提出了"諧聲制字六圖"。

　　＊　作者簡介：李紅，首都師範大學文學院副教授，主要從事音韻學、文獻學研究。

　　基金項目：國家社科基金項目"皇極經世系列等韻文獻語音理論與語音史價值研究"（17BYY017）；國家社科基金重大項目"漢語等韻學著作集成、數據庫建設及系列專題研究"（17ZDA302）。

　　①　党懷興：《宋元明六書學研究》，北京：中國社會科學出版社，2003 年。
　　②　陳梅香：《鄭樵聲韻學研究》，高雄：復文圖書出版社，2005 年。
　　③　薄守生：《鄭樵傳統語言文字學研究》，北京：中國社會科學出版社，2012 年。
　　④　（宋）張有撰，（元）吳均增補：《增修復古編・説文解字六義之圖》，《北京圖書館古籍珍本叢刊》第五册，北京：書目文獻出版社，1998 年，第 401 頁。
　　⑤　（宋）鄭樵撰，王樹民點校：《通志二十略》，北京：中華書局，1995 年，第 261 頁。

鄭樵關於諧聲造字法與音節系統性的關係（即“同聲”關係，見下文）有比較詳細的論述，指出：“諧聲者，六書之一書也。凡諧聲之道，有同聲者，則取同聲而諧；無同聲者，則取協聲而諧；無協聲者，則取正音而諧；無正音者，則取旁音而諧。所謂聲者，四聲也；音者，七音也。制字之本，或取聲以成字，或取音以成字，不可備舉。今取其要，以證所諧。兹所不載，觸類而長。”

鄭樵認爲，形聲字選擇聲符最佳的方式應該是“同聲者”，其餘協聲、正音、旁音等而次之。“聲”排在“音”的前面，也就是諧聲方式中“聲”的作用要大於“音”的作用。所謂“聲”或四聲，并不是指聲調，而是四聲相承的一組音節。聲符表現字音，只要具有四聲相承的關係即可。“音”是七音，指聲母的發音部位。從語音相關性的角度來分析諧聲關係，鄭樵可以説是最早的踐行者。“諧聲制字六圖”實際上就是以“同聲”諧聲關係爲基礎，按等次分析了諧聲的不同方式，探討了漢語四聲音節與漢字諧聲的關係。

爲進一步了解鄭樵“諧聲制字六圖”的相關概念以及諧聲理論，本文在按圖次對其進行校釋的基礎上，對鄭樵以四聲相承的方式所反映的諧聲關係與諧聲理論進行初步探討。

一、正聲協聲同諧圖第一

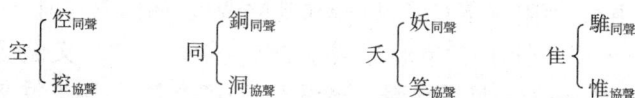

空 { 倥 同聲 / 控 協聲 }　　同 { 銅 同聲 / 洞 協聲 }　　夭 { 妖 同聲 / 笑 協聲 }　　隹 { 雖 同聲 / 惟 協聲 }

本圖共列四組字，舉例説明了同聲與協聲的關係，四組字的音韻地位比較如下：

1. 空，平東溪。同聲：倥，平東溪。協聲：控，去送溪。
2. 同，平東定。同聲：銅，平東定。協聲：洞，去送定。
3. 夭，平宵影。同聲：妖，平宵影。協聲：笑，去笑心。
4. 隹，平脂章。同聲：錐，平脂章。協聲：維，平脂以。

以鄭樵“子母論”，此圖“空、同、夭、隹”屬“子”，是主聲的部分。同聲的概念較爲嚴格，“空”“倥”，“同”“銅”，“夭”“妖”，“隹”“錐”四組字均完全同音。合其所述“有同聲者，則取同聲而諧”。本圖名爲“正聲、協聲同諧圖”，據鄭樵所述，“同聲”不同於“正聲”，則圖名之“正聲”有誤，當爲“同聲協聲同諧圖”。

“協”爲調整、調和之義。協聲爲“調整”聲音，必然不同音。空/控、同/洞，聲母同，聲調不同；夭/笑，聲調與聲母均不同，分屬宮商；隹/維，韻聲調同，聲母不同，分屬宮商。由例可知“協聲”爲“韻母相同，聲母、聲調可不同”。《七音序》中，“四聲”爲“聲”，“七音”爲“音”，“協聲”可理解爲“調和四聲”。鄭樵謂“無同聲者，則取協聲而諧”，可理解爲没有同音字，可取同一韻母的字作爲聲符。

二、聲音俱諧圖第二

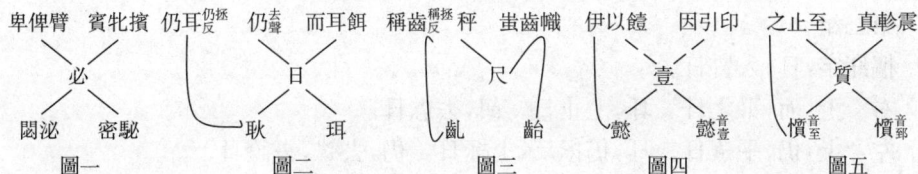

卑俾臂　賓牝擯　仍耳^{仍拯反}　仍^{去聲}　而耳餌　稱齒^{稱拯反}　秤　蚩齒幟　伊以饐　因引印　之止至　真軫震

必　　　　　　日　　　　　　尺　　　　　　壹　　　　　　質

閟泌　密馝　　　耿　　珥　　亂　　齝　　懿　　懿^{音壹}　憤^{音至}　憤^{音郅}

圖一　　　　圖二　　　　圖三　　　　圖四　　　　圖五

此圖中有五組字,各有一樞紐字,由其輻射出諧聲字。樞紐字"必、日、尺、壹、質"全部是入聲字,"尺"爲古-k尾昔韻字,餘爲-t尾質韻字。鄭樵時代入聲韻尾已弱化,樞紐字的選定,表現了鄭樵已經自覺運用入聲作爲四聲相承的紐帶,具有很强的審音能力與語音系統性的觀念。

本圖樞紐字反映同聲關係,但並不以樞紐字爲"子"。樞紐字不是諧聲偏旁,例"臂",構件中并無"必",但樞紐字所聯繫的全部爲幫母字。鄭樵此圖旨在説明音(聲母同發音部位)、聲(四聲相承)俱同的諧聲關係。樞紐字的四角分別爲舒聲韻、促聲韻。同組字分列兩個入聲韻,其目的是表現語音變化。《切韻》系統早期韻圖,均爲入聲配陽聲,隨着語音的變化,入聲消變配陰聲。《七音略》中已經開始出現了入聲兩配的情況,鄭樵既想表現《切韻》系統,又想表現時音變化,於是在此圖中設立了兩組搭配,構成陽聲配入聲,陰聲配去聲的格局。在舒聲韻中,又按平上去序列諧聲字。各組字分析如下:

第一組

樞紐字:必,入質幫。

右　上:賓,平真幫。牝,上軫並。擯,去震幫。

左　上:卑,平支幫。俾,上紙幫。臂,去寘幫。

右　下:密,入質明。馝,入質並。

左　下:閟,去至幫。泌,去至幫。

此圖樞紐字爲"必",其右上與右下表現早期韻圖入聲配陽聲。右上陽聲韻字中"牝"爲並母,餘皆爲幫母。《廣韻》軫韻無幫母字,此處列並母字,當爲旁音諧聲,也可能鄭樵時音中,全濁聲母已清音化,仄聲變爲幫母;右下"密""馝"二字均爲"質"韻字。

左上爲陰聲韻平上去字,左下"閟""泌"二字,爲去聲字。陰聲韻去聲爲什麼要重列?作者目的是爲了表現在時音中有些入聲字已經變成舒聲,可以和舒聲韻相配。但此處不宜用入聲表達,只好用入聲消變後的同音字進行表達,"必"在入派後,與閟、泌同音。

後四圖均有劃綫連接,此圖無綫當爲作者疏漏。右下"密""馝",屬旁音諧聲。正音、旁音均屬諧聲。右上列"牝"字,亦屬旁音,不必校正。但"密"爲明母,雖然發音部位相同,但相距較大。考《七音略》外轉第十七,有幫母"必"字,亦有並母"邲"字。因上有"牝"爲並母,此處若用"邲"字更好。邲,《廣韻》入質並。此圖可印證鄭樵之觀點,有一類諧聲字,同諧聲者聲母相同或相近。則此圖可校正爲:

卑俾臂　賓牝擯

必

閟泌　邲駜

第二組

樞紐字:日,入質日。

右　上:而,平之日。耳,上止日。餌,去志日。

左　上:仍,平蒸日。耳,仍拯反,上拯日。仍,去聲,去證日。

右　下:珥,去志日。

左　下:耿,上耿見。

此圖右上陰聲韻,右下"珥"爲去聲字。左上陽聲韻,按理左下當爲入聲韻。此圖左部有劃綫,左上上聲位爲"耳"字,并注有反切"仍拯反",按反切列此位甚合,《廣韻》拯韻無日母字,此亦變通之道。去聲位《廣韻》證韻有"認,而證切","認"另有震韻音。鄭樵之所以不選擇此字,當是此字在時音中已無穿鼻音字,所以又用"仍,去聲"的方式表達。左上按"仍"、"耳,如拯切"、"仍(去聲)",構成了平上去的完美結構。

左下入聲處應有一入聲字與陽聲相配。此位列"耿",與衆圖差異較大。考《七音略》內轉四十三圖,蒸拯證所配入聲字爲"日"。再考查此圖劃綫,當將"耿"字移至左上。"耿"爲梗攝二等上聲字,與拯韻語音較近,拯韻無日母字,用"耿"字代替并注明此"耿"字爲如拯反,亦無不可。將"耳"移到左下,此位亦應該爲入聲字。疑爲"日"字誤,改爲"日"字,則合入聲配陽聲之規律。則此圖可校正爲:

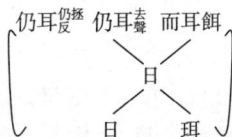

仍耳仍拯反　仍耳去聲　而耳餌

日

日　珥

此處可理解爲:根據鄭氏的諧聲觀點,子主音,"耿"從"耳",當有"耳"音,即日母讀音,"耳"既做"耿"諧聲,同時耳有蒸韻音與"耿"可通,因此,將"耳"列仍上聲位,下文以"耿"作爲提示,以綫條相連表諧聲關係。同時也指出,"耿"(日母、仍韻)"耳"同爲上聲,即聲諧;同音,同爲日母。珥、餌同音,同爲日母;同聲,同爲去聲。此爲就圖解圖,無法解釋鄭樵四聲相承之語音觀。

第三組

樞紐字:尺,入昔昌。

右　上:蚩,平之昌。齒,上止昌。幟,去志昌。

左　上:稱,平蒸昌。齒,稱拯反,上拯昌。秤,去證昌。

右　下:鴟,《集韻》平之昌。

左　下:齔,上隱初。

此圖右上爲陰聲韻,右下配"鴟"爲舒聲字。左上爲陽聲韻,其上聲位"齒"無陽聲音,劃綫所連接字爲"齔",《廣韻》初謹切,上隱初。此音與左下陽聲韻字,主要爲鼻音韻尾之差異,此處列"齔,稱拯反"更有説服力。如前圖將"齔"字移至左下。"齒"在左下,此位配陽聲當爲入聲,但"齒"爲上聲。頗疑此字爲"尺"字,因入聲之消變,"齒""尺"已同音。故鄭樵以其同音之"齒"字代替,但却破壞了入配陽的原則。將此位校爲"尺",可解決聲母差異的問題。齝和入聲沒有諧聲關係,所以不連綫,齝與幟相連是爲了説明具有四聲相承關係,入聲同爲"尺",根據類推原則,則齝與齒的關係是正諧、正音。則此圖可校正爲:

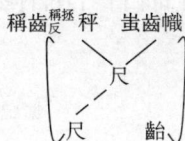

稱齒^{稱拯反} 秤　蚩齒幟
尺
尺　齝

第四組

樞紐字:壹,入質影。

右　上:因,平真影。引,上軫以。印,去震影。

左　上:伊,平脂影。以,上止以。饐,去至影。

右　下:懿,音壹,入質影。

左　下:懿,去至影。

本圖較爲整齊,右上陽聲韻配右下入聲,左上陰聲韻配左下去聲韻。所不足處,爲聲母有"影""以"二母,這是鄭樵時代此二母已混同的表現。此圖當少一劃綫,故可補足爲:

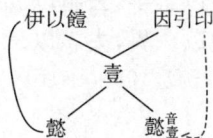

伊以饐　　因引印
壹
懿　　懿^{音壹}

若據圖解圖,則懿與饐相連表正音、正諧關係,以壹爲樞紐,是去入關係。懿與壹相連,表正諧、正音關係。

第五組

樞紐字:質,入質章。

右　上:真,平真章。軫,上軫章。震,去震章。

左　上:之,平之章。止,上止章。至,去至章。

右　下:懫,音郅,入質章。

左　下:懫,音至,去至章。

本圖最爲完美,無論在相承還是在聲母方面均做到了高度一致。是我們對其他圖進行校正的重要依據。此圖當少一劃綫,故補足:

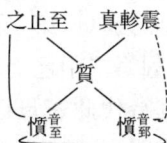

之止至　　真軫震
質
懫^{音至}　　懫^{音郅}

若據圖解圖,則震與懫相連表正音、正諧關係,以質爲樞紐,是去入關係。震與懫相連，表正諧、正音關係。

　　觀察此五組，一四五爲右上陽、左上陰、右下入、左下去。二三爲右上陰、左上陽。其排列順序之不同，尚不可解。本圖名之爲聲音俱協圖，所歸納的諧聲字，其聲母一致，七音分屬亦相同，而且諧聲字貫通四聲，是所謂"聲""音"俱協。

三、音諧聲不諧圖第三

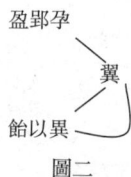

膺郢應　　　　盈郢孕　　　　慵廱廱去聲　　　繩乘上聲剩
　　億　　　　　　翼　　　　　　璹　　　　　　寔
噫矣意　　　　飴以異　　　　酬壽售　　　　時是上聲豉
　圖一　　　　　圖二　　　　　圖三　　　　　圖四

第一組

樞紐字：億，入職，影。

陽聲韻：應，平蒸影。郢，上静以。應，去證影。

陰聲韻：噫，平之影。矣，上止云。意，去志影。

第二組

樞紐字：翼，入職以。

陽聲韻：盈，平清以。郢，上静以。孕，去證以。

陰聲韻：飴，平之以。以，上止以。異，去志以。

第三組

樞紐字：璹，入屋禪。

陽聲韻：慵，平鍾禪。廱，上腫禪。廱，去聲，去用禪。

陰聲韻：酬，平尤禪。壽，上有禪。售，去宥禪。

第四組

樞紐字：寔，入職禪。

陽聲韻：繩，平蒸船。乘，上聲，上拯船。剩，去證船。

陰聲韻：時，平之禪。是，上聲，上紙禪。豉，去寘禪。

　　此圖構圖較爲統一，不似第二圖連接綫較爲混亂。要注意兩點，一是鄭樵時代的語音；二是鄭樵是否以自己的語音作爲基礎。在第四圖中，陰聲韻列字爲"是"，鄭樵特意標注了"上聲"。"是"在《廣韻》《集韻》《毛氏增韻》均爲上聲，至《中原音韻》《中州音韻》方變爲去聲，《洪武正韻》時上去兩收。鄭樵此處强調上聲，當爲其語音中，"是"已經完成了濁上變去。因此鄭樵所據語音有時音成分。

　　對各組分析，第一圖聲母爲"影以云"母，第二圖全部爲"以母"，第三圖全部爲"禪母"，第四圖爲"船禪"母。聲音俱諧圖第二中已有"影以"混同的現象，本圖第一圖又出現"影以云"趨同的現象，可見鄭樵時代此三母已演變爲零聲母。第四圖的"船禪"相混，在《切韻指掌圖》中已經較爲鮮明，此時"船禪"已經無別。因此此四圖的聲母均達到了一致，鄭樵之所謂"音諧"。

本圖與前圖之不同在於均在陰聲韻與入聲之間連綫。鄭樵在"聲音俱諧圖第二"表現入聲陰陽兩配,在此圖則完全表現入聲與陰聲韻的關聯,呈現同一諧聲聲符的字,在時音中陰聲與入聲更加趨同。這是因爲入聲的韻尾已消變,有入聲韻無入聲調。當其不能成爲入聲調,雖然與平上去有差異,但與陽聲的關係就變遠了。另外,此圖中未有入聲韻,所以此時的樞紐字,只能衍生出舒聲字,而且只能表現陰聲韻的音,却不能表現陽聲韻的音。從四聲的角度上,做不到四聲俱全,即"聲不諧"。鄭樵之"音"爲"七音",聲母同自然"音"同,"聲"在此處指聲調,調不足自不諧。所以此圖謂之"音諧聲不諧圖"。

四、一聲諧二音圖第四

簫亦作箾 ⎨ 簫小肖蕭 ╳ 箾小肖削　　　暱亦作昵 ⎨ 紉(女郑聲) 紉(上聲) 紉(去聲) 暱 ╳ 尼 祢 膩 昵

此處"聲"當指表達某一詞素的諧聲字,相當於詞的概念;"音"相當於聲符。同一詞有兩個不同的諧聲字(聲),且諧聲字的聲符不同,即"音"不同。如吹簫的"簫",母從竹,子可爲蕭(屋韻),亦可爲削(覺韻)。親暱之"暱"的聲符,可爲匿(入聲),可爲尼(平聲)。

此圖中,關鍵詞在"亦作"二字,"簫亦作箾"、"暱亦作昵"。簫箾:《廣韻》蘇彫切,平蕭心。二字爲異體字,《康熙字典》記"蕭":"《正韻》亦作箾。"暱昵:《廣韻》尼質切,入質娘,亦爲異體字。鄭樵特別提出:"言亦者,與正體同音及同義也"。此圖之"亦作"即是表示異體字關係。從連綫上,可以看到"簫箾""暱昵"均衍生出各自的"子"。

1. 蕭箾

簫,平蕭心;小,上小心。肖,去笑心;蕭,入屋心。

箾,平蕭心;小,上小心。肖,去笑心;削,入藥心。

對比兩組,在入聲的部分,兩個聲符(音)所衍生出來的字,分屬不同的韻,其聲母相同。

2. 暱昵

紉,平真娘;紉(上聲),上軫娘;紉(去聲),去震娘;暱,入質娘。

尼,平脂娘;祢,上止娘;膩,去至娘;昵,入質娘。

對比兩組,差異處只有陽聲韻,真軫震質四聲相承。而陰聲韻"祢"爲止韻,此時支脂之當合流,此不是二音之理由。

從哪里來看"二音"? 考"箾,亦有《廣韻》所角切,入覺生"。古代舞者所执之竿。《左传·襄公二十九年》:"見舞《象箾》《南籥》者,曰:'美哉! 猶有憾。'"杜預注:"象箾,舞所執。"陆德明释文:"箾音朔。""削"亦有《集韻》仙妙切,去笑心。此爲去聲音,恰合聲音俱諧圖第二之理念。

從此圖來看,若入聲消變,則"箾小肖削""尼祢膩昵"自成一體,爲一音。陽聲"蕭""暱"則保留入聲,爲另一音。此圖中的一聲,非聲調,當指同一字。二音,非七音,而是指不同語音的不同演變路綫。

二音能否指聲母？從二圖來看,一圖"箾"有生母音,二圖暱組舒聲爲日母音,而昵組舒聲爲泥母音。這種認識不可取。"箾"若取生母音,則"簫"亦作"箾"的前提就不存在了。一圖聲母未體現出音變,二圖中之"籾"字,於《七音略》外轉第十七圖中,仍列於娘母,日母位列"人"字,可見其聲母還没有變化。

因此,本圖當爲同一字的不同字形,即同一字的異體字,本爲同音。但各自衍生出來的字,却産生了兩種不同的語音演變路綫。主要體現在入聲上,一部分配陰聲韻,一部分配陽聲韻。

五、一音諧二聲圖第五

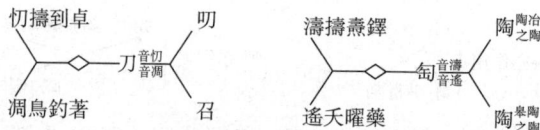

切擣到卓　　　叨　　　濤擣燾鐸　　　陶^{陶冶}之陶

刀^{音切}_{音凋}　　　匋^{音濤}_{音遙}

凋鳥釣著　　　召　　　遙夭曜藥　　　陶^{皋陶}之陶

此處"音"相當於聲符,"聲"當指諧聲字。

第一組

樞紐字:刀,音切,平豪端。

左　上:切,平豪端;擣,上晧端;到,去號端;卓,入覺知。

右　上:叨,平豪透。

樞紐字:刀,音凋,平蕭端。(按:《廣韻》無此音,按直音之"凋"音處理。)

左　下:凋,平蕭端;鳥,上篠端;釣,去嘯端;著,入藥知。

右　下:召,去笑澄。

從此圖來看,"刀"(一等)並無"凋"(四等)音,因此不可能説"刀"作爲聲符有二音。其次,左上和左下大部分字,並不以"刀"爲聲符。鄭樵此圖擬説明語音變化,一二等字"切"組,與三四等字"凋"組,在舒聲上已經基本合流,均與一等字"刀"主元音相同,按照四聲相承的關係,入聲"卓"和"著"亦趨同。

從右上"叨"和右下"召"來看,似又不同,這兩字所用聲符一樣,即"音"一樣,却聲母不同,可理解爲具有相同"音"的諧聲字(聲)不同音。

第二組

樞紐字:匋,音陶,平豪定。

左　上:濤,平豪定;擣,上晧端;燾,去号定;鐸,入鐸定。

右　上:陶,陶冶之陶,《廣韻》徒刀切,平豪,定。

樞紐字:匋,音遙,平宵以。(同上,取遙音)

左　下:遙,平宵以;夭,上小影;曜,去笑以;藥,入藥以。

右　下:陶,皋陶之陶,平宵以。

從此圖看左上"濤"組均爲一等字,左下"遙"組均爲三等字。作爲樞紐字的"匋",在《廣韻》中只有定母音,到《字彙》時才有以母音。且"濤"組和"遙"組均不以"匋"爲聲符,可理解爲效攝一三等字已發生合流。右上和右下均爲"陶"字,以"匋"爲聲符,即"音"同,但却有不同的"聲",字音不同。

從上述觀察來看,此圖名爲"一音諧二聲圖",當指同聲符(音)的字,其字音(聲)有兩種。

六、一音諧三聲圖第六

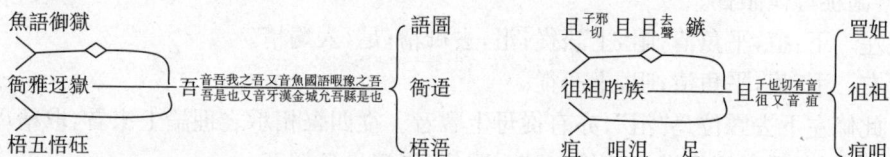

此圖內的"聲"與"音"和上兩圖的理解一致,當指同聲符(音)的字,其字音(聲)有三種。但此圖較上圖更爲整齊,與樞紐字相關的各組字中,均有以樞紐字爲聲符的字出現。且在樞紐字下的列字,均嚴格以樞紐字爲聲符。

第一組

樞紐字:吾,音吾我之吾,又音魚,國語睍睆之吾吾,是也。又音牙,漢金城允吾縣是也。

此條中説明,吾有三音:(1)《廣韻》五乎切,平模疑;(2)《集韻》牛居切,平魚疑;(3)《廣韻》五加切,平麻疑。以"吾"爲聲符(音)所形成的諧聲字,必然也會有三種諧聲。

左　上:魚,平魚疑;語,上語疑;御,去御疑;獄,入燭疑。

右　上:語,上語疑;圄,上語疑。

此組字右字,二字均以"吾"爲聲符,左上一組字中"語"字,以樞紐字"吾"爲聲符(音),其他三字並不以其爲聲符,只爲四聲相承。

左　中:衙,平麻疑;雅,上馬疑;迓,去禡疑;獄,入覺疑。

右　中:衙,平麻疑;迓,去暮疑。

本條和左上一樣,在左中位有"衙"字以"吾"爲聲符(音),疑母麻韻,並四聲相承。但在右中"迓"却只有疑母暮韻字,鄭樵"迓""衙"同列,此二字應屬聲母相同,韻母相同,聲調不同。此字當爲"迓",疑母禡韻。"迓"通"衙","迓人"指在衙門當差的人。鄭樵當據此將聲符"牙"改爲"吾",以表現其理念。

左　下:梧,平模疑;五,上姥疑;悟,去暮疑;砡,入屋疑。

右　下:梧,平模疑;浯,平模疑。

本條右下二字,以"吾"爲聲符,疑母模韻。左下四字中,有二字以"吾"爲聲符,並四聲相承。

第二組

樞紐字:且千也切,上馬清;徂,平模從。又音疽,平魚清。

左　上:且,子邪切,平麻精;且,七也切,上馬清;且去聲,去禡清;鏃,入屋精。

右　上:罝,平麻精;姐,上馬精。

本條右上均以"且"爲聲符,所構諧聲字"罝""姐"爲旁聲諧聲。左上爲體現四聲相承,用"且"字的平上去來表現。此條諧"且"清平馬韻音。

左　中:徂,平模從;祖,上姥精;胙,去暮從;族,入屋從。

右　中:徂,平模從;祖,上姥精。

此條最可説明鄭樵之理念,左中平、上聲字"徂""祖"在右中重出,樞紐字"且"每條中均有重出,可説明一音與三聲的關係,爲同一聲符,却有三個字音。此條"且"爲聲符,諧從母模韻音。

左　下:疽,平魚清;咀,上語從;怚,去御精;足,入燭精。

右　下:疽,平魚清;咀,上語從。

此條左下去聲位爲"怚",亦有從母上聲音。從四聲相承之理論上來看,取精母去聲更爲合理,爲旁紐相諧。此條"且"爲聲符,諧清母魚韻音。

綜上,此圖與上圖同,表現的是同一諧聲聲符,可以構成三種音不同的諧聲字。

對"諧聲制字六圖"的理解,學者們都囿於鄭樵"所謂聲者,四聲也;所謂音者,七音也"的束縛,没有與《七音序》前面的内容進行關聯,也没有從形聲字的角度去辨析。党懷興《宋元明六書學研究》認爲"這六個圖基本反映了鄭樵當日所見形聲字聲符語音的變化情形。……鄭氏所述可以看出,他還没有語音的古今變化的理念,他的歸類是站在當時的立場,實際上是對諧聲聲符古今語音變化所積淀的結果的歸納。"[①]党懷興批評了鄭樵不懂古音,以時音分析形聲字,與本文所分析鄭樵此六圖制作是以其時音爲基礎結論相同。党懷興從形聲字構成的角度來看問題,很有啓發性。

---

① 《宋元明六書學研究》,第 122 頁。

《太平廣記會校》女仙部校讀札記*

曾文斌

摘　要:《太平廣記會校》參校廣泛,校記翔實。然細究此書,在校勘方面仍存在不少疏失。現擇是書女仙部不當校改 12 處,不當補字 10 處,以作商榷。

關鍵詞:《太平廣記會校》;女仙部;誤校

宋代類書《太平廣記》(以下簡稱《廣記》)成書以後,歷經輾轉,散佚、錯訛較多。現存最早版本爲明代談愷刻本,雖大體完備却仍有殘缺,稱不上善本。張國風先生以談愷刻本爲底本,在廣泛搜集《廣記》大量罕見而珍貴版本的基礎上,詳參其所得之宋本新材料及明清諸本,細緻校勘,十年磨一劍,終成《太平廣記會校》①(以下簡稱《會校》)。

《會校》是第一部有現代標點的《廣記》整理本,且帶有詳細的校勘記。然細究此書,仍存在不少校勘失誤之處,正如李劍國所言:"《會校》的主要問題是輕率改動底本和校改愆誤,還有大量失校失改及其他問題。"②今不揣淺陋,指出《會校》女仙部存在的一些具體的校勘失誤問題,分爲不當校改及不當補字兩方面,以就教於方家。

一、不當校改而校改

1. 天尊上聖,朝晏之會,考校之所,王母皆臨決焉。(卷五十六"西王母")
校一二:"決",原作"訣"。現據孫本、沈本改。(第三册第 642 頁)

按:"訣"可通"決",表裁決、決斷義。《前漢紀·孝平帝紀》:"以王邑爲腹心,甄邯、甄豐主訣斷。"又《文選·潘岳〈笙賦〉》:"訣厲悄切,又何磬折!"李善注:"訣厲,謂決斷清冽也。""臨決"謂親自裁決,《漢書·宣帝紀》:"詔諸儒講'五經'同異,太子太傅蕭望之等平奏其議,上親稱制臨決焉。"因此,此句之"訣"可看作表裁決義的"決"的通

---

　*　作者簡介:曾文斌,暨南大學文學院博士生,從事訓詁學研究。
　基金項目:暨南大學博士研究生拔尖創新人才培養項目"清至民國方志所録方言詞研究"(2022CXB003);國家社科基金重大項目"漢語詞源學的理論建設與應用研究"(17ZDA298);教育部人文社會科學研究基金項目"基於原典比較的《太平廣記》詞語研究"(18YJA740024)。
　①　張國風:《太平廣記會校》,北京:北京燕山出版社,2011 年。該書參校的《廣記》版本主要有:台灣大學藏孫潛校宋本、韓國藏《太平廣記詳節》、陳鱣校宋本、沈與文野竹齋鈔本等。
　②　李劍國:《〈太平廣記會校〉失誤例舉——兼及校勘學養與校勘原則(上)》,《書品》,2013 年第 3 期,第 31 頁。

假字,"臨訣"與"臨決"義同,底本所作無誤,於意可通。

2. 時叔申、道陵侍太上道君,乘九蓋之車,控飛虯之軛,越積石之峰,濟弱流之津,浮白水,凌黑波,顧盼倏忽,詣王母於闕下。(同上)

校一七:"軛",原作"軌"。現據孫本改。(第三册第 643 頁)

按:文獻中"軌"可指車,《文選·王延壽〈魯靈光殿賦〉》:"高門擬於閭閭,方二軌而併入。"李善注:"二軌,謂容兩車也。"又《文選·陸機〈歎逝賦〉》:"瞻前軌之既覆,知此路之良難。"李善注:"《晏子春秋》曰:'前車覆,後車戒。'"劉良注:"軌,車也。""控飛虯之軌"義爲操控着虯龍駕的車。因此,底本作"軌"本可,置於句中文從字順,無煩校改。"軛""軌"字形相近,孫本所作殆爲二者形近所致。

3. 有槁葉飛物著壇上者,竹則因風掃之,終歲瑩潔不爲所污。(卷五十六"雲華夫人")

校一七:"槁",原作"稿"。現據沈本改。(第三册第 648 頁)

按:"槁""稿"爲異體字。"稿"有乾枯義,西漢劉向《説苑·建本》:"棄其本者,榮華稿矣。"又南朝陳徐陵《在北齊與宗室書》:"固以形如稿木,心若死灰。"另考文獻中亦有"稿葉"連言的用例,如宋程洵《尊德性齋小集》卷一:"若爲二十四郡守,如振稿葉彈浮埃。"又宋杜範《清獻集》卷一:"秋至萬寶成,結束稿葉下。"因此,底本所作本可,無煩將"稿"校改爲其異體字"槁"。

4. 如其不然,無爲屈逸駿而步滄津,操舟楫而濟溟海矣。(卷五十七"太真夫人")

校五九:"操",原作"損"。現據孫本改。(第三册第 657 頁)

按:此處當按底本作"損"。根據上文,太真夫人告訴安期,真書得以傳授有一定方法,如果不按正確的方法來,就相當於使快馬的腿彎曲來渡過滄河,損失了舟楫來過溟海,不得其法是無法得到真書的。因此,該句"損"與"屈"相對,文意亦通,校爲"操"則與此處要表達的文意背道而馳,實屬誤校。孫本作"操",蓋爲其與"損"字形相近所致。

5. 微乎得道趣舍之迹,固無常矣。(卷五十八"魏夫人")

校五一:"微",原作"微"。現據孫本改。(第三册第 669 頁)

按:當按底本作"微",且該句應標點爲"微乎得道,趣舍之迹,固無常矣。"根據上文"得道去世,或顯或隱,託體遺迹者,道之隱也"可知,得道有"明顯"與"隱秘"之分,假託肉體留下痕迹便屬於隱秘得道,在接下來的文句中也列舉了一系列隱秘得道的事例。因此,這一部分的文句主要在討論隱秘得道之事。"微乎得道,趣舍之迹,固無常矣"一句承接上文而來,"微"有隱秘地、秘密地義,如《韓非子·内儲説下》:"司馬喜,中山君之臣也,而善於趙。嘗以中山之謀微告趙王。"陳奇猷集釋:"松皋圓曰:'微,密也。'"又《漢書·伍被傳》:"淮南王陰有邪謀,被數微諫。"顏師古注:"微,私諫之。"故該句意爲隱秘地得道,取捨的迹象,本來就沒有定數,合乎文意,語義順暢,作

"微"本可，校改爲"徵"反而文意難通，不易理解，當爲"微"之形訛字，實屬誤校。另《道藏》本《墉城集仙録》此處作"微"，亦可佐證。

6. 又贈詩一首，把臂告辭，涕零流滴，肅然升車，去若飛流。（卷六十一"成公智瓊"）

校一二："流"，原作"溜"。現據孫本、沈本改。（第三册第714頁）

按："溜"可指水或其他液體向下流。唐玄應《一切經音義》卷十八引《倉頡解詁》曰："溜，謂水下垂也。"又《廣記》卷四百一十六引《宣室志》："命家僕伐一樹，既伐而有血滂溜，汪然注地。"此處"涕零溜滴"指眼淚止不住地流，於意可通，無煩校改。

7. 至驪山下，逢一老母，髮髻當頂，餘髮半垂，弊衣扶杖，神狀甚異。（卷六十三"驪山姥"）

校二："髮"，原作"鬢"。陳本作"鬘"。現據沈本改。（第三册第743頁）

按：古籍中有"鬢髻"連言之用例，指挽在兩鬢的髮髻，《錦繡萬花谷》後集卷三十七："酒粘織女秋衣薄，風動嫦娥鬢髻斜。"又清顧禄《清嘉録·百花生日》："《宣府志》：'花朝節。城中婦女剪綵爲花，插之鬢髻，以爲應節。'"置於句中，"鬢髻當頂"指將兩鬢的頭髮梳至頭頂，文意完全可通，實無校改爲"髮髻"之必要。另該條出自《墉城集仙録》，《道藏》本《墉城集仙録》此處正作"鬢髻"，可以佐證。

8. 經言君子得之固窮，小人得之輕命，蓋泄天機也。（同上）

校九："窮"，原作"躬"，現據沈本、陳本改。（第三册第744頁）

按："躬"可通"恭"，表恭敬義，《禮記·緇衣》："《小雅》曰：'匪其止共，惟王之邛。'"唐陸德明《釋文》："共，音恭。皇本作躬，云：躬，恭也。"《孔子家語·五帝德》："（帝舜）命二十二臣，率堯舊職，躬己而已。"置於句中則爲"經言君子得之固躬"，"經"指《陰符經》，"君子得之固躬"指君子得到這本書固然會很恭敬、謹慎，於意可通。而校者據他本校改爲"窮"則屬誤校，置於句中於文意不合。究其誤校之由，一爲"窮""躬"形近所致，二蓋因受《論語》中"君子固窮"的説法誤導。

9. 對曰："昨十五日夜初，有仙騎來，曰：'夫人當上仙，雲鶴即到，宜静室以俟之。'"（卷六十八"楊敬真"）

校五："俟"，原作"伺"。現據孫本、沈本改。（第三册第792頁）

按："伺"讀"相吏切"時，表等候、守候義，如《吕氏春秋·制樂》："臣請伏於陛下以伺候之，熒惑不徙，臣請死。"又《史記·伍子胥列傳》："且嚭使人微伺之，其使於齊也，乃屬其子於齊之鮑氏。""宜静室以伺之"意指應該在静室等待雲鶴的到來，於意可通，故無校改之必要。

10. 見一仙姝，侍從華麗，玉珮敲磬，羅裙曳雲，體欺皓雪之容光，臉奪芙蕖之濯艷，正容斂衽而揖陟曰："某籍本上仙，謫居下界，或遊人間五岳，或止海面三峰。"（卷六十八"封陟"）

校二："濯艷"，原作"艷冶"。現據孫本、沈本改。（第三册第796頁）

按:"艷冶",文獻中多用於形容女子的容態艷麗妖冶,如南朝梁庾肩吾《長安有狹斜行》詩:"少婦多艷冶,花鈿系石榴。"又唐白行簡《李娃傳》:"(李娃)明眸皓腕,舉步艷冶。"此外,"艷冶"也可以用於形容花的嬌艷妖美,如宋朱淑真《海棠》詩:"桃羞艷冶愁回首,柳妒妖嬈只皺眉。"又宋程垓《朝中措》詞:"破瓜年在,嬌花艷冶,舞柳纖柔。"就此句而言,"臉奪芙蕖之艷冶"於意可通,指(仙女)臉比嬌美艷麗的芙蕖花還要美。故此處無需據他本校改。

11. 伏見郎君神儀瀯潔,襟量端明,學聚流螢,文含隱豹。(同上)

校三:"神",原作"坤"。現據孫本改。(第三册第 796 頁)

按:"坤儀"可指人的容貌儀表,相術家用地上的五岳、四瀆來喻指人的五官和臉上的各個部位,因而"坤儀"有儀表義,如《唐代墓誌彙編·大唐故儒林郎王君墓誌銘》:"夫人隴西李氏,坤儀毓德,巽象含貞。"置於該句中,"坤儀瀯潔"即指(封陟)儀容俊美、清秀,語義順暢,故此處實無校改之必要。

12. 侍女數人,皆雲鬟綃服,綽約在側。(卷七十"裴玄静")

校九:"鬟"原作"髻"。現據陳本改。(第三册第 815 頁)

按:底本作"雲髻"本可,"雲髻"謂"高聳的髮髻",如《文選·曹植〈洛神賦〉》:"雲髻峩峩,修眉聯娟。""雲髻"在道教文獻中經常出現,如《無上秘要》卷十七:"太上神仙洞天元洞太陽耀靈南極丈人絳宮玉童,諱上玄,字升靈,頭作三角雲髻,衣青羽飛裙。"又《三洞珠囊》卷八:"一者兩目有雙光;二者兩眉如初生雙月;三者髮如紺青色;四者頂生雲髻,如紫金印。"故此處按底本所作文意可通,實無需改。陳本作"鬟",殆爲與"髻"形近所致。

二、不當補而補字

1. 王登崇霞臺,乃召二人來側,時香風欻起,二人徘徊翔舞,殆不自支。(卷五十六"玄天二女")

校三:"二人",原無此二字。現據孫本、沈本補。(第三册第 650 頁)

按:"二人"在句中可有可無,並不影響文意的表達。據上文可知,燕昭王召來二人(即玄天二女)在旁伺候,香風起,翩翩起舞的肯定是此二人,後文無需再補"二人"贅述。因此,底本所作本可,補字實屬蛇足。

2. 王君因告曰:"我昔於此學道,遇南極元君、西城王君,授我寶經三十一卷,行之以成真人,位爲小有洞天仙王。今所授我者,即南極元君、西城王君之本文也。"(卷五十八"魏夫人")

校八:"我",原無此字。現據孫本、沈本補。(第三册第 666 頁)

按:聯繫上下文,王君曾於南極元君、西城王君處得到寶經三十一卷,現在準備將其授予魏夫人,而不是授予王君"我"自己,故此處不應作"授我",補"我"字純屬誤補,於意不通。

3. 飢無所食,垂當餓死,有一老翁教我食松葉松食。(卷五十九"秦宮人")

校二:"垂",原無此字。現據孫本、沈本補。(第三冊第 685 頁)

按:"當"有將、將要義,《儀禮‧特牲饋食禮》:"佐食當事,則戶外南面。"鄭玄注:"當事,將有事而未至。"又晉張華《博物志》卷八:"時西王母遣使乘白鹿,告帝當來,乃供帳九華殿以待之。"因此,"當餓死"義即將要或快要餓死,文從字順。而"垂"亦有將要義,補字則稍顯累贅,實屬蛇足,故無需補。

4. 超當其夢也,精爽感悟,美其非常人之容,覺而欽想。如此三四歲。一旦,顯然來遊,駕輜軿車……(卷六十一"成公智瓊")

校一:"遊",原無此字。現據《搜神記》卷一補。(第三冊第 713 頁)

按:"遊"在此句中可有可無。聯繫上下文,弦超夢見天上的神女成公智瓊,並一直在思念她。一天早晨,成公智瓊果然駕着輜軿車下凡來了。據此,底本所作本可,文意順暢,無需據他書材料補字。

5. 遠不得返,經十三日,飢甚。(卷六十一"天台二女")

校二:"甚",原無此字。現據孫本補。(第三冊第 721 頁)

按:"甚"在文獻中經常用於動詞、形容詞之後作補語,表程度之深,如《晉書‧祖狄傳》:"乃使從子汝南太守濟率汝陽太守張敞、新蔡內史周閎率衆築壘。未成,而狄病甚。"又《新唐書‧地理志》:"大順元年六月,資州兵王全義妻如孕,覺物漸入股,至足大拇,痛甚,坼而生珠如彈丸,漸長大如杯。"然"甚"這種程度副詞並非必不可少,就該句來説,無"甚"字並不會影響文意的表達與理解,故而此處無需補字。

6. 忽有老父詣其門,請繡鳳其眼,畢功之日,自當指點。(卷六十二"蔡女仙")

校一:"其",原無此字。現據孫本補。(第三冊第 731 頁)

按:底本無"其"文意通順,"請繡鳳眼"意指老父請求蔡女仙幫他繡鳳凰的眼睛。張氏據孫本補"其"字,顯得累贅多餘,反而使文句語義欠安,實屬蛇足。

7. 敕於其宅置靜貞觀,有女仙真像存焉。云爲晉時人也。(同上)

校四:"爲",原無此字。現據孫本補。(第三冊第 732 頁)

按:"爲"在此句中乃判斷動詞,"爲"的這種用法於文獻中習見,《論語‧微子》:"長沮曰:'夫執輿者爲誰?'子路曰:'爲孔丘。'"唐杜甫《垂老別》詩:"何鄉爲樂土,安敢尚盤桓?"但就該句來説,無"爲"字亦不會影響文意的表達與理解,按底本作"云晉時人也"即可。

8. 於是彩童二人,捧玉箱來獻,箱中有奇服,非綺非羅,製若道人之衣,珍華香潔,不可名狀,遂衣之。(卷六十八"楊敬真")

校九:"來獻",原無此二字。現據《續玄怪錄》卷一補。(第三冊第 793 頁)

按:類書引文未必都合乎所徵引原典之原貌,其在引用原典時往往或增或删,甚至會有諸多改寫。就此句來看,雖然該條之出處有"來獻"二字,但《廣記》在徵引的過程中完全有可能將此二字删去,因爲此處有無"來獻"二字不會影響文意的表達與理解。因此,此處實無補字之必要,按底本所作即可。

　　　　9. 士良盡食之十數枚,乃走,頓覺身輕,即能飛舉,遂捫蘿尋向者五色雲所。
(卷六十九"馬士良")

　　　　校九:"乃走",原無此二字。現據孫本、沈本補。(第三册第 803 頁)

　　按:此處有無"乃走"均可,並不影響文意的表達,補字則稍顯累贅,語義銜接反而不如底本所作緊密,故而此處無需補字。

　　另宋陳葆光《三洞群仙録》卷十九引此内容,亦無"乃走"二字。

　　　　10. 其夕,果有十餘僧來毁魏夫人仙壇,壇乃一大石,方可丈餘,其下空浮,寄他石之上,每一人推之,則摇動;人多,則屹然而住。(卷七十"緱仙姑")

　　　　校二:"壇",原無此字。現據陳本補。(第三册第 818 頁)

　　按:前文已有"仙壇",此處不補"壇"亦可知"乃一大石"之主語實爲"魏夫人仙壇"。故此處補"壇"實屬累贅,無需補字。

三、總　結

　　據上可知,《會校》女仙部誤改、誤補之處不在少數。究其原因,主要有二:

　　一是過於信從所謂的宋本,並常據此輕率改動底本。如上舉諸例中有不少地方改字、補字都是依據孫本、沈本和陳本,而這三個版本的底本均爲宋本,《會校》對此似乎特别信從。宋本雖然誤寫、誤刻和改動的可能性較少,但也不是完全没有錯誤,使用時也不能完全信從。如果底本所作本可,則無需據改,隨意改動反而容易造成誤校。

　　二是他校材料使用的失誤。一方面,《會校》雖然有利用他校材料校勘,如"不當補而補字"中的例(4)、例(8)都有利用他校材料進行校補,但反而因此造成了校勘失誤。另一方面,《會校》利用他校材料進行校勘時,未能充分利用《廣記》徵引之原典。若能在校勘時充分調查原典,當不至於造成這麽多的誤校。

　　總之,《會校》一書仍存有不少誤校之處,現予以指出,希望能爲該書的完善略盡綿薄之力。

明清小説俗語詞考釋舉隅[*]

關雲翔

　　摘　要：明清小説中存在大量俗語詞，前人學者也曾對其中大部分詞語進行過考釋，但是仍有一些詞語未被注意到或是未得達詁。這些俗語詞從字面看用字並非生僻字，但是詞義難以理解。今選擇"柳穿魚""脚氣""鞋脚""銷"四則作較爲詳細的考釋。從考釋可知，解讀俗語詞不僅要識別俗字和運用俗音，同時還要對社會隱語有一定的瞭解。

　　關鍵詞：明清小説；俗語詞；考釋

　　明清小説中存在着大量俗語詞，這些俗語詞真實地反映了明清時期的口語使用情況，爲漢語史的研究提供了豐富材料。學界對俗語詞的研究業已深入，但是仍有部分詞語未得達詁，這部分俗語詞或是由於俗字俗音問題以致於釋讀難度較大，或是屬於當時的社會隱語以致後人不識。文中所舉的四例語辭字面普通，義訓特殊，爲辭書中所失收或誤釋。現不揣譾陋，略加詮釋，自愧文多鄙俚，不免貽笑方家，唯祈大雅君子，正其紕謬。

一、柳穿魚

　　清山水鄰序刊本《歡喜冤家》第三回《李月仙割愛救親夫》："必英正是十八歲的標緻小官，自然有那些好南風的來尋他做那勾當。終日在妓家吃酒貪花，做那柳穿魚的故事。"①

　　從異文角度進行分析，日本雙紅堂文庫藏本、華夏出版社點校本和黑龍江美術出版社點校本該句不變，遠方出版社點校本《貪歡報》②則略去該句。"柳穿魚"一詞，《漢語大詞典》（後文簡稱《大詞典》）未收。《國語辭典》收錄該詞條，義項有二："①（植）多年生草，産海岸沙地，莖長不滿尺，莖葉皆附白粉，夏開淡黃色唇形花。② 曲牌名。"③但是這兩條義項皆不適於《歡喜冤家》例，從詞彙研究角度來看，有必要做出考釋。

---

　　*　**作者簡介：**關雲翔，安徽大學文學院博士生，主要從事漢語史研究。
　　　　基金項目：國家社科基金重大項目"宋元明清文獻字用研究"（19ZDA315）。
　　①　（明）西湖漁隱主人：《歡喜冤家》，《大連圖書館藏孤稀本明清小説叢刊》（張本義、孫福泰主編），大連：大連圖書館，2000 年，第 69 頁。
　　②　《貪歡報》爲《歡喜冤家》別名。
　　③　汪怡：《國語辭典》，上海：商務印書館，1948 年，第 1104 頁。

今按:此處"柳穿魚"應爲明代行院隱晦語,義爲多人同床共枕。

"柳穿魚"從字面意思看即用柳條串魚,典籍中常見以柳條穿魚的記載。謝逸《漁家傲》:"蘭棹艤,柳條帶雨穿雙鯉。"①《古本小説集成》②(以下簡稱《集成》)第二輯《水滸傳》第三十八回:"張順選了四尾大的,折柳條穿了,先教李逵將來亭上整理。"(第1241頁)③《集成》第四輯《飛龍全傳》第三十六回:"往街上買了一尾活魚,用柳條穿了,提在手裏,仍前吆喝卜魚。"(第882頁)又"穿""貫"詞義相同,古籍中也多見"柳貫魚":

(1) 蘇軾《石鼓》:"我車既攻馬亦同,其魚維鱮貫之柳。"④

(2) 蘇轍《和子瞻鳳翔八觀八首其一石鼓》:"柳條柔弱長百尺,挽之不斷細如縷。以柳貫魚魚不傷,貫不傷魚魚樂死。"⑤

辭書中雖無"柳貫魚",但是收録"貫魚"條,《大詞典》收録該詞,有 4 個義項:①《易・剝》:"六五,貫魚以宮人,寵,無不利。"王弼注:"貫魚,謂此衆陰也,駢頭相次,似貫魚也。"高亨注:"貫,穿也。貫魚者個個相次,不得相越,比喻有排定順序……"後因指以次進御,不偏愛。② 喻有次序。③ 成串的魚。④ 佩戴魚袋。"⑥但這些義項皆不契《歡喜冤家》例。細玩文意,《歡喜冤家》中"小官"若只是在煙花場所廝混作樂,前面並不需要説有好"南風"的常來尋他,因此"不偏愛""有次序"義較爲牽強,而義項③和④更不可取。"小官"階層非同性戀,只是被富貴者褻玩,富貴者常以錢財女色誘使小官。今以爲,所謂"柳穿魚"所指的應爲"駢頭",而非"排次序",是對"小官"荒淫生活的隱諱表達。這其實應該是行院隱語的一種,顧之川認爲"隱語具有明顯的行業特點"⑦,而"明代市井隱語常常會出現原詞和代換詞之間以聯想和比喻的方式進行聯繫"⑧。

另,"柳穿魚"尚有他義。由本義"一串魚"引申爲數量多,如中華書局點校本《菽園雜記》卷三:"滿朝升保傅,一部兩尚書。侍郎都御史,多似柳穿魚。"⑨

明代社會風氣放縱,通俗文獻中所包含的市井隱語衆多,然前人考釋和辭書中未見"柳穿魚"的這個隱晦義的義項,因此從補充辭書的角度也需要將該詞進行補充。

---

① 唐圭璋:《全宋詞》,北京:中華書局,1988 年,第 647 頁。

② 《古本小説集成》編委會:《古本小説集成》,上海:上海古籍出版社,1994 年。本文所引標注爲"《集成》"者皆出自此叢書,其出處直接標注在正文中的引文後。

③ (元)施耐庵:《水滸傳》,《古本小説集成》第二輯,上海:上海古籍出版社,1994 年,第 1241 頁。

④ (清)馮應榴輯注:《蘇軾詩集合注》,上海:上海古籍出版社,2001 年,第 145 頁。

⑤ (宋)蘇轍著,陳宏天、高秀芳點校:《蘇轍集》,北京:中華書局,1990 年,第 24 頁。

⑥ 羅竹風主編:《漢語大詞典》,上海:世紀出版社,漢語大詞典出版社,2001 年,第 14098 頁。

⑦ 顧之川:《明代漢語詞彙研究》,開封:河南大學出版社,2000 年,第 179 頁。

⑧ 王鍈:《宋元明市語彙釋》(增補本),北京:中華書局,2008 年,第 5 頁。

⑨ (明)陸容:《菽園雜記》,北京:中華書局,1985 年,第 34 頁。

二、腳　氣

大連圖書館藏《八洞天》第一回：石氏道："都是這妖物腳氣不好，克殺了夫主。"①

《大詞典》收録的"腳氣"詞條，兩個義項均爲腳部病症，不契《八洞天》例。

石汝傑、宮田一郎《明清吳語詞典》"腳氣"條釋義："②〈名〉運氣，常對別人的命運産生影響。"②未確。使人仍有疑惑，"腳氣"一詞爲何有"運氣"義。

今按："腳氣"應該是吳语方言"局氣"的同詞異寫，義同"命運，八字"。

"局"，《説文·口部》："局，促也。一曰博所以行棋。"③由於"行棋"有不同變化局勢，因此"局"又有"情勢，局面"義。命理學家推算命運，也是根據人的八字配合星象進行推演，古代將人的"命"用年月日三柱和五行來表達，在算命時根據五行也會有相應的"局"。不同的"局"代表着不同的運勢和興衰生尅。因此有"命局"一詞，文淵閣四庫本《星學大成》卷三十："生時命局如逢此，顯赫門庭衣紫袍。"④八字合乎生尅稱爲"合局"，文淵閣四庫本《三命通會》卷七："癸巳、庚申、乙卯、丁亥，乙坐卯專禄自旺，又得時支亥字合局，是本身旺也。以庚金爲夫，七月庚禄得申，又得年支巳火爲金長生之地，是夫星旺也。"⑤《集成》第四輯明刻本《西遊記》第九回："屬龍的本命，屬虎的相衝，寅辰巳亥雖稱合局，但只怕的是日犯歲君。"(第203頁)

"局"與"氣"聯繫緊密，四庫本《三命通會》卷十："有貴氣者，體局不凡。"同本卷四："若生春冬及水木局中，財官無氣；雖得滋助，亦輕。"⑥今點校本《滴天髓征義》第十二章："燥濕者，水火相成之謂也。故主有主氣，內不秘乎五行。局有局氣，外必貫乎四柱。"⑦"氣"是八字與其他事物的聯繫和喜忌反應，因此"局氣"的詞義等同"命運"或"八字"，如文淵閣四庫本《三命通會》卷八："六甲日生時甲戌，木遭火局氣不舒；爲了好善福平常，父母並傷誠可歔。"⑧《集成》第五輯《雅觀樓》第十一回："你家局氣好，該得要發財。"(第202頁)《東周列國志》第七十九回："可見凡人行事，不論道理。只要老婆歡喜者，便有烏龜局氣。"⑨《揚州説書選》："説轉機就轉機，局氣來板門擋不住呀。"⑩《文學作品中的江淮方言詞語例釋》引王少堂《武松》上冊："不能説你坑我，説我的局氣不好。"⑪在今方言中，仍説"局氣"，《現代漢語方言大詞典》(後文簡稱《漢

① (清)筆練閣主人：《八洞天》，《大連圖書館藏孤稀本明清小説叢刊》，第42頁。
② 石汝傑、宮田一郎：《明清吳語詞典》，上海：上海辭書出版社，2005年，第312頁。
③ (東漢)許慎：《説文解字》，北京：中華書局，1998年，第35頁。
④ (明)萬民英：《星學大成》，《文淵閣四庫全書》第809冊，臺北："商務印書館"，1986年，第854頁。
⑤ (明)萬民英：《三命通會》，《文淵閣四庫全書》第810冊，第368頁。
⑥ 《三命通會》，第593、185頁。
⑦ (明)劉基：《滴天髓征義》，北京：中醫古籍出版社，2012年，第308頁。
⑧ 《三命通會》，第415頁。
⑨ (明)馮夢龍著，(清)蔡元放評：《東周列國志》，長沙：嶽麓書社，1990年，第613頁。
⑩ 揚州評話研究組：《揚州説書選(傳統作品)》，北京：中國曲藝出版社，1981年，第43頁。
⑪ 廖大國：《文學作品中的江淮方言詞語例釋》，蘇州：蘇州大學出版社，2013年，第83頁。

方》）中收録揚州方言中的“局氣”義爲“運氣，特指好的運氣”；收録丹陽方言中的“局氣”義爲“運氣，命運”①。

從聲韻角度進行討論，“脚”在《廣韻》中的音韻地位爲宕攝見母藥韻。王力認爲中古藥韻齊齒字，“到了元代讀[iau]；到了明清時代，變爲[iɔ][iau]。”並認爲“‘藥’‘嚼’‘脚’等字讀[iau]，則是保存了元代的舊音”②。但是曾光平認爲藥韻、覺韻在大都和河南之間存在平行發展：“藥韻和覺韻在河南承中古[iak][ɔk]變爲[io][o]。”③明天啓本《西儒耳目資·列邊正譜》中將“藥”注音爲“iǒ”，並用拉丁字母爲“脚”注音爲“kiǒ（入甚）”④，體現出在明代後期，藥韻的俗音反而更爲士人普遍接受。在吳語北部方言中，文白異讀的現象較爲明顯，如“藥韻(jak)”在經歷元音高化和入聲韻尾“—k”變爲“ʔ”後，變爲“(i)aʔ”。有學者認爲“北部吳語，宕攝入聲藥韻和江攝入聲覺韻都有讀(i)oʔ、(i)aʔ兩個層次”，並且推論：很多讀“(i)aʔ”的字也會有一個對應的“(i)oʔ”的白讀俗音⑤。

“局”在《廣韻》中的音韻地位爲通攝群母燭韻，“燭韻”在《中原音韻》中併入了“魚模韻”。此外由於通攝入聲三等字存在文白異讀現象，在讀“魚模韻”時和“遇攝合口三等字讀音合流叠置”，韻母即是讀爲([u]/[y])⑥。但在《西儒耳目資》中將“局”用拉丁字母注音爲“kiǒ（入次）”⑦。羅常培指出：“明末的普通音或者讀作[io]與[y]之間的音，所以金氏把它們標作 io 的次音—io。”⑧在吳語中，通攝的三等入聲韻爲“ioʔ/yoʔ”（細音聲母），這是其主體層次“基本保持了東鐘韻入聲合併後的早期讀音 ioʔ”⑨。因此“局”的俗音和韻書中所記載的差别較大。

通過上文可發現，“脚”和“局”在《西儒耳目資》中讀音相近，在明清士人口語和吳語方言中二字的俗音也是有可能相近或相同的。

《明清吳語詞典》“脚氣”條義項②運氣，常對别人的命運產生影響。”所舉書證《風流悟》第六回：“剛討得媳婦進門，就無病急死，莫不媳婦的脚氣不好？”⑩其實此處“脚氣”仍爲“命運”，因爲陰陽術士認爲“命”有吉凶，可以對他人的“命運”產生積極或消極影響，《典藏民俗學叢書》：“男宅翁姑或新郎有疾，勢將不起，於是向女宅提出迎娶，以冀喜星高照，驅去病魔，謂之衝喜。過門後若竟殞折，則責新人之運命如蛇蝎，是謂‘脚氣不好’。”⑪《集成》第二輯《風流悟》第六回：“桃花道：‘我怎麽管他，他説我利害，不知吃了多少人，正該請尊佛來，咒殺我這脚氣不好的。’”（第 266 頁）反之則會

① 李榮：《現代漢語方言大詞典》（6 册合卷本），南京：江蘇教育出版社，2002 年，第 1947 頁。
② 王力：《漢語語音史》，北京：商務印書館，2017 年，第 691 頁。
③ 曾光平：《〈中原音韻〉的語音基礎是大都音》，《古漢語研究》，1989 年第 2 期，第 56 頁。
④ ［法］金尼閣：《西儒耳目資》，《續修四庫全書》，上海：上海古籍出版社，2002 年，第 259 册第 619 頁。
⑤ 鄭偉：《太湖片吳語音韻研究》，復旦大學博士論文，2008 年，第 137 頁。
⑥ 劉淑學：《中古入聲字在河北方言中的讀音研究》，保定：河北大學出版社，2000 年，第 134 頁。
⑦ 《西儒耳目資》，第 599 頁。
⑧ 羅常培：《羅常培語言學論文集》，北京：商務印書館，2004 年，第 270 頁。
⑨ 《太湖片吳語音韻研究》，第 137 頁。
⑩ 《明清吳語詞典》，第 312 頁。
⑪ 葉春生主編：《典藏民俗學叢書》，哈爾濱：黑龍江人民出版社，2004 年，第 742 頁。

帶來益處,如《集成》第四輯《醒風流》第十五回:"你雖是一個使女,却喜你脚氣好,一進門來我今科就要中舉人。"(第 374 頁)《施公案》第四百回:"向賽花道:'我的兒,人傑居然升官了。這也是你的命好,八字旺夫。'"①因此,義項②的釋義過於兜搭。此外,義項"①出身"所舉的書證爲馮夢龍《山歌》:"原來是好人家脚氣,弗是個樣打弗穿個脚跟。"②僅有孤證,古籍中尚有他例,可作補充。如《集成》第一輯《鼓掌絕塵》第三十五回:"陳珍心内自知脚氣,嚇得就如木偶人一般。"(第 1036 頁)

目前已有學者認識到了古籍文獻中,文字存在着正、俗音。曾良認爲:"有的字,在某些歷史時期的古籍文獻中存在流行的俗音,在大型歷時性辭書中不能完整體現。"③因此在通俗文獻中除了要考慮俗字的問題,更要意識到也許涉及了方俗音問題。

三、鞋　脚

清順治刊本《鴛鴦針》第三回:"即忙收拾鞋脚,帶了些盤費。"④

"鞋脚"一詞,已被多部辭書收録。如《大詞典》中該詞義項爲:"鞋襪之類。"⑤李申認爲義項有二:"① 鞋脚,鞋子。亦泛指鞋襪之類的東西。② 借以諱指女子的褻衣等物品。"⑥王桂元、葉桂剛"鞋脚"條義項爲二:"① 指鞋襪。② 特指婦女爲顯示自己針綫手藝而親自做的鞋襪,常作爲禮物用。"⑦《漢方》中收録該詞義項爲:"指鞋襪等。"⑧又有"見面鞋脚",《大詞典》收録該詞,義爲:"舊俗新嫁娘第一次拜見姑嫜及諸姑姊妹,須奉上自己刺繡的鞋面,作爲見面禮。"⑨張業敏則認爲:"'鞋脚'指做鞋底的下脚布料,一般作爲鞋的代稱。"⑩楊萍、曲文軍認爲:"新娘拜見公婆及丈夫家人,要送上自己制作的新鞋(非鞋面)和刺繡的枕頭。"⑪以上說法不確。姚靈犀認爲:"女子初嫁,拜見姑嫜,先遞孝順鞋。"⑫可從。

芮增瑞指出雲南方言中仍有"鞋脚"一詞,義爲"新娘婚前要給公婆、丈夫、小叔、小姑做一雙新鞋,結婚時把新鞋送給其人,做見面禮。"⑬今各地仍有新娘向夫家贈鞋

①　(清)佚名著:《施公案》,《中國古典文學寶庫》(齊豫生、夏于全編),第 110 輯,延吉:延邊出版社,1999年,第 1285 頁。

②　《明清吳語詞典》,第 312 頁。

③　曾良:《略談漢語史中詞的俗音俗寫研究》,《中國語文》,2021 年第 4 期,第 490 頁。

④　(清)華陽散人:《鴛鴦針》,《大連圖書館藏孤稀本明清小説叢刊》,第 64 頁。

⑤　《漢語大詞典》,第 16993 頁。

⑥　李申:《金瓶梅方言俗語彙釋》,北京:北京師範學院出版社,1992 年,第 709 頁。

⑦　王貴元、葉桂剛:《詩詞曲小説語辭大典》,北京:群言出版社,1993 年,第 802 頁。

⑧　《現代漢語方言大詞典》,第 5393 頁。

⑨　《漢語大詞典》,第 14282 頁。

⑩　張業敏:《金瓶梅賞析》,南寧:廣西教育出版社,1992 年,第 44 頁。

⑪　楊萍、曲文軍:《〈金瓶梅方言俗語彙釋〉辨正》,《臨沂師專學報》,1998 年第 1 期,第 61 頁。

⑫　姚靈犀:《瓶外卮言》,天津:南開大學出版社,2003 年,第 135 頁。

⑬　芮增瑞:《三迤散記》,昆明:雲南民族出版社,2006 年,第 273 頁。

習俗①，在此不再贅述。因此，"鞋脚"義應爲"鞋子"。

但"鞋脚"的構詞方法較爲奇特，需要運用訓詁學相關知識進行解釋。"脚"本義爲"脛"，之後詞義轉移，專指"脚掌"的部位。可是如果和"鞋"組成複音詞，其詞語結構則難以確定。

今按："鞋脚"的"脚"非其本字，其本字當爲"屩"，義通"鞋"。"鞋屩"同義詞連用，代指鞋子。"脚"在《廣韻》中的音韻地位爲見母藥韻，有同音字"屩"。在古籍中常見用"脚"來爲"屩"注音，如大正藏本慧琳《音義》卷九十四"蒲屩"條："下音脚。"②在域外辭書中也會見到，日本元和本《倭名類聚抄》卷六《履襪類第百六十七》"屩"條注："居灼反，與脚同。"③在佛典中"脚"也能作"屩"的異文，如大正藏本《敕修百丈清規》卷六："不得煨點心等物，不得炙鞋焙屩烘衣裳。"④校勘記："宫本作脚。"古籍中也有學者曾指出"脚"和"屩"相訛混，如卍續藏本《沙彌律儀要略述義》卷二："須脫換鞋脚，不可净鞋入厠。"注云："應是屩字。"⑤

"屩"本義爲草鞋，和"鞋"詞義相近，同義連用組成的複音詞"鞋屩"應是專指鞋子，而非鞋襪。這在古籍中可以明顯看到，如大正藏本《止觀輔行傳弘決》卷二："鞋屩者，所着鞋也。"⑥大正藏本《法苑珠林》卷三十九："若是潔净靴履鞻屩等得着禮拜。"⑦明崇禎刊本《金瓶梅》第五十一回："來保説：'嫂子，我明日東京去，你没甚鞋脚東西捎進府裏，與你大姐去？'王六兒道：'没甚麽，只有他爹替他打的兩對簪兒，並他兩雙鞋，起動保叔捎捎進去與他。'"⑧《集成》第四輯明刻本《西遊記》第九十八回："那師父踏不住脚，轂轆的跌在水裏，早被撑船人一把扯起。站在船上師父還抖衣服垛鞋脚，報怨行者。"(第 2492 頁)《集成》第四輯《雪月梅》第二十三回："幸喜脚帶繫緊，不曾掉下鞋脚。"(第 436 頁)

辭書之所以認爲"鞋脚"爲"鞋襪"之類，應該是由於不識俗字，同時"鞋襪"較爲常見，從而望文生義導致判斷失誤。至於認爲諱指女子褻衣，也只是古代女性鞋子的私密性緣故，由鞋子引申爲鞋子和裹脚布之類。因此，在閱讀通俗文獻時應該注意俗字對於文義釋讀的影響。

四、銷

大連圖書館藏明末清初本《浪史》第二十回：一見奇男子，便如餓虎一般，把

---

① 劉瑞明：《鞋與古今民俗》，《隴上學人文存》第三輯，《劉瑞明卷》，2014 年。

② (唐)慧琳：《一切經音義》，《大正新修大藏經》，臺北：新文豐出版有限公司，1983 年，第 54 册第 899 頁。

③ [日]源順：《倭名类聚抄》，元和活字本，第 3 册第 42 頁。

④ (唐)百丈禪師：《百丈清規》，《大正新修大藏經》，第 48 册第 1146 頁。

⑤ (清)書玉：《沙彌律儀要略述義》，《卍續藏經》第 106 册，臺北：新文豐出版有限公司，1993 年，第 455 頁。

⑥ (唐)荆溪湛然：《止觀輔行傳弘決》，《大正新修大藏經》，第 46 册第 189 頁。

⑦ (唐)道世：《法苑珠林》，《大正新修大藏經》，第 53 册第 593 頁。

⑧ (明)蘭陵笑笑生：《金瓶梅》，《北京大學圖書館藏善本叢書》，北京：北京大學出版社，1988 年，第 18 册第 23 頁。

一脚勾在欄杆上，一足勾住腰口，往上亂銷。①

"銷"，本義爲"鑠金也。"細玩上文中的"銷"，非此義項可賅。今試討論之。明末清初本《浪史》中，"銷"有多處，今示例如下：

(1) 當下婦人心癢難熬，望上着實兩銷。(《浪史》第五回，第1冊第50頁)

(2) 女子心忙得緊，只管把身子銷起來。(《浪史》第十回，第1冊第79頁)

(3) 那婦人又銷起來。(《浪史》第十四回，第1冊第114頁)

(4) 腰口往上亂銷。(《浪史》第二十回，第1冊第157頁)

(5) 二來當他銷不過……正好銷時。(同上，第1冊第157頁)

(6) 着實銷了一回。(《浪史》第二十一回，第2冊第9頁)

(7) 勾住浪子頸頭，着實亂銷。(《浪史》第二十一回，又第二十七回，第2冊第9、52頁)

(8) 着實往上兩銷。(《浪史》第三十回，第2冊第73頁)

在清光緒活字本《浪史》中，例(1)中的"銷"作"湊"；例(2)、(3)中的"銷"作"聳"；例(4)中的"銷"作"捷"；例(5)中前一個"銷"作"廷(延)"，後一個"銷"作"消"；例(6)(7)中"銷"作"鎖"；例(8)中的"銷"作"衝"。

可以發現，就這個"銷"字而言，光緒活字本的刊印者也不明白詞義。只有例(5)後一個"銷"字改作"消"詞義通暢，義爲"承受"，前一個"銷"字改作"廷"句意不通。例(6)(7)改作"鎖"，則是由於文字訛誤，因爲在俗寫中"月""貝"相訛混常見。至於其餘的"湊""聳""捷"和"衝"則是根據文意進行改動。

今按："銷"本字應爲"捎"，義爲"搖動"。

"銷"在《廣韻》中的音韻地位爲心母宵韻平聲三等。而"捎"作爲多音字，韻母爲宵韻的"捎"和"銷"音同。事實上，在古籍中"銷"和"捎"就曾經發生過通假現象，如大正藏本《摩訶僧祇律》卷三十四："欲懸鉢時，當先搖捎橛堅不。"校勘記："宋本、元本、明本、宮本捎作銷。"②又如"銷釘"寫作"捎釘"，《續修四庫全書》影印明天啓刻本《武備志》卷一百二十四："下有二三鐵鈕，以便下捎釘。"③玄覽堂叢書本《神器譜》"放掣電銃圖"："放畢，出後捎釘。"④

"捎"，大正藏本《慧琳音義》卷六十四"掉捎"條："捎，動也。"⑤杜甫《最能行》："撇漩捎濆無險阻。"仇占鰲詳注："捎，搖也。"⑥《駢雅》卷一："攬搜潭捎，振動也。"⑦《明清吳語詞典》中收錄了"捎"條，其中第⑤個義項爲"(身體)打滾"，所舉書例：

_____

① (明)風月軒又玄子：《浪史》，《大連圖書館藏孤稀本明清小説叢刊》，第1冊第36頁。文中引《浪史》者均此版本，爲簡便起見，徑於引文後標注冊數和頁碼。

② (東晉)佛陀跋陀羅、法顯：《摩訶僧祇律》，《大正新修大藏經》，第22冊第506頁。

③ (明)茅元儀：《武備志》，《續修四庫全書》，第964冊第572頁。

④ (明)趙士禎：《神器譜》，《玄覽堂叢書》，臺北："中央圖書館"出版，1989年，第18冊第223頁。

⑤ (唐)慧琳：《一切經音義》，《大正新修大藏經》，第54冊第734頁。

⑥ (清)仇占鰲：《杜詩詳注》，北京：中華書局，1999年，第1286頁。

⑦ (明)朱謀㙔：《駢雅》，《續修四庫全書》，第259冊第669頁。

　　奚囊要撞進去代打，被把門的一棒，直打下臺階來，就在地下亂捎亂滚，嚎哭無休。（《野叟曝言》57 回）①

　　《野叟曝言》中表示"摇動"義的"捎"還有其他例證，如點校本第五十三回："兩人攬做一團，在地捎滚。"《漢方》中收録"捎地滚"一詞，義爲"在地上亂打滚"。②《浪史》中出現的"銷"大多是指身體的摇動，因此其本字爲"捎"較準確。

五、結　語

　　俗語詞根植於方言、口語，是漢語歷時詞彙研究中不可缺少的一個重要部分。"對於那些古奧艱深的文言詞語，人們倒不大會放過，而對於那些'字面普通而義別'的俗語詞，人們往往掉以輕心。"③所謂"字面普通而義別"蓋由於明清時期的一些俗語詞在用字上常使用音借俗字，而這些音借俗字又多爲常用字，因而成爲了古籍整理的較大障礙，所以我們在進行古籍文獻整理和辭書編纂時需要細心識別。最後，對於社會隱語，雖然今人早已對其進行了輯録，但由於隱語數量較多且脱離了當時社會環境導致部分隱語識別困難，目前仍有許多未得考釋，故而對俗語詞的研究更需要深耕細作。

①　《明清吳語詞典》，第 397 頁。
②　《現代漢語方言大詞典》，第 3507 頁。
③　郭在貽：《俗語詞研究與古籍整理》，《社會科學戰綫》，1983 年，第 4 期，第 341 頁。

■文獻輯考

新見王世貞書牘 15 通考釋*

賈　飛

摘　要:書牘是王世貞最推崇的文體,然而由於王世貞對文章的擇取和修改、後代搜集和保管不力等原因,王世貞部分書牘散佚,不見於《四部稿》《續稿》等文集。近來在部分文集中發現王世貞散佚書牘 15 通,經考證,這些書牘均爲王世貞所作,涉及其交遊、生平事蹟、文學觀念等多方面的内容,具有重要的文獻價值。

關鍵詞:王世貞;散佚;書牘;考釋

王世貞(1526—1590),字元美,號鳳洲,又號弇州山人,著有《弇州山人四部稿》《弇州山人續稿》①等書。四庫館臣認爲"考自古文集之富,未有過於世貞者"②。書牘,又稱尺牘,是王世貞文集中的一種重要文體,《四部稿》中有書牘 12 卷,《續稿》中則有 36 卷,他還曾編撰《尺牘清裁》一書,多達 60 卷。相對於傳、序、記、跋等文體,王世貞認爲書牘是"最他文也"③。但是王世貞在整理文集時,對文章有所擇取和修改,如《藝苑卮言》由最初的四卷本,歷經多次增删後,有六卷、八卷、十二卷等多種版本,並且内容不盡一樣④。再加上家人搜集、保管不力,如王士驌曾對周章南説道:"先君子遺集散落人間,殊自不少,爲之後者,何如人耶。"⑤導致王世貞部分書稿遺失,書牘亦在其中。現對王世貞散佚書牘進行集中收集和考證,發現散佚書牘 15 通。

一、散存於部分文集中的書牘

現在尚没有專門的文集收録明人散佚書牘,對於個人而言,更是少之又少,王世貞散佚書牘零星存在各種文集之中,目前的收穫主要有:

* 　作者簡介:賈飛,南通大學文學院副教授,文學博士,主要從事明清文學與文獻研究。
基金項目:國家社科基金後期資助項目"王世貞散佚文獻整理與研究"(21FZWB035);江蘇高校"青藍工程"項目特別資助。

①　在文中,將較多提及《弇州山人四部稿》《弇州山人續稿》,爲了行文的方便,在正文叙述時,《弇州山人四部稿》簡稱爲《四部稿》,《弇州山人續稿》簡稱爲《續稿》,特此説明。

②　(清)永瑢等撰:《四庫全書總目》,北京:中華書局,2003 年,第 1508 頁。

③　(明)王世貞:《弇州山人四部稿》卷六十八《凌玄旻赫蹷書序》,劍橋:美國哈佛大學燕京圖書館藏明刻本,第 5 頁。

④　參見拙作:《〈藝苑卮言〉成書考釋》,《文獻》2016 年第 6 期,第 140—151 頁。

⑤　(明)王士驌:《中弇山人集》卷五,《四庫禁毁書叢刊》集部 32 册,北京:北京出版社,1997 年,第 57 頁。

　　(一)見於《鳳洲文抄注釋》。該書爲哈佛大學燕京圖書館所藏明刻本,是李維楨對王世貞之作進行的摘録和注釋,共計八卷,其中《重鍥鳳洲王先生文抄注釋》四卷,《續刻鳳洲王先生文抄注釋》四卷,而《續刻鳳洲王先生文抄注釋》卷四中,還包含"附録"部分,名爲"續刻鳳洲王先生尺牘附録卷四",全爲王世貞書牘。將此書中的書牘與《四部稿》《續稿》等文集進行對比,發現以下 3 通書牘均不見於王世貞文集。

　　1.《答陸太守》

　　　　遠辱手翰,知兄案牘紛擾間,尚復能見念也。屈指爲別時,忽已兩歲,人生得許多歲耶,乃堪作如此大別。邇者於奏牘中見兄大名,丈夫得志及物,固應爾爾,如弟輩不過隨衆星散。昔人所謂負却長安米者,何足言? 弟自兄及伯承去後,頗懷流水之歎,省中得峻伯、于鱗諸君子書信,幸不大落寞耳。履善恐復有差,奈何? 昔人有投戈講藝者,小小刀椎,何足奪兄雅什? 倘不即見棄,時賜惠音爲感。

　　按:文中"陸太守"當爲陸光祖(1521—1597),其字與繩,浙江平湖人,明嘉靖二十六年(1547)中進士後,除浚縣縣令,累官至吏部尚書,卒贈太子太保,謚莊簡。"伯承"爲李先芳,"峻伯"爲吳維嶽,"于鱗"爲李攀龍,"履善"爲袁福徵。文中言及"昔人所謂負却長安米者"之言,實爲借白居易之事,叙自己的現狀。王世貞中進士後,在京城大理寺供職,政事之餘,多與他人詩歌唱和,並經李先芳介紹加入詩社。嘉靖二十七年十一月,王世貞授刑部主事,初入刑部時,王世貞仍然感懷大理寺的歡樂時光,作《過秋曹後,懷棘寺舊歡,寄謝諸丈人》《與棘寺諸長官》等詩文以表内心孤寂。隨後李先芳被任命爲新喻縣令,王世貞作《贈李伯承之新喻令》《送李伯承之新喻令序》等詩文以送之,不過刑部同僚的吳維嶽、王宗沐、袁福徵等人都喜好詩文,且經李先芳介紹而認識了李攀龍,再因李攀龍結識了謝榛,因此有"弟自兄及伯承去後,頗懷流水之歎,省中得峻伯、于鱗諸君子書信,幸不大落寞耳"之感。雖然王世貞和李攀龍等人爲小吏,但是詩文寫作增加了他們的名氣,此時王世貞亦有求不朽之志。因此此文當爲王世貞早年之作。

　　2.《與汝成》

　　　　久闊候問起居,良用懷想,伏聞宦履清適,閫宅静佳爲慰。令兄相與甚至,比日忽喪一子,朝夕悲念可憐。弟謂造化戲人百端,正不可落波轂中,適意處殊非真適,當知拂意處亦非真拂也。渠雖未首肯,然亦稍解矣。兄素諳此趣者,何如戒亭同朝夕相與爲樂,固自真偶遇薄冗,昨兄書不及另啓,幸致聲。

　　按:文中"汝成"即爲凌雲翼,其字汝成,一字延年,號洋山,太倉人,嘉靖二十六年(1547)進士,授南京工部主事,後累官至兵部左侍郎兼右僉都御史。王世貞與凌雲翼素有交往,兩人爲同年進士,既有詩歌唱和,亦有書牘往來。據文中"比日忽喪一子"之語,可知此文作於嘉靖三十七年(1558)六月左右,如其言:"六月,兒又疹夭,殯城西佛寺中。"①而在這之前,王世貞在嘉靖二十八年生一子果祥,夭於嘉靖三十一年,此時又亡一子榮壽,以致發出"十年空抱兩麒麟,依舊天涯一病身。欲付五車王粲去,薊

---

　　①　《弇州山人四部稿》卷九十三《亡兒女埋志銘》,第 21 頁。

門猶有受書人"①之歎。並且在這前一個月，側室李氏所出之女疹夭，接連的打擊，自己痛不欲生，只能"間取佛書讀之，粗得過耳"②，進而有了"造化戲人百端"之感。且隨後王世貞因公事稀簡，遊歷登州、蓬萊閣等地，對人生也有新的感悟，詩曰："臥起俱所適，低回發沉省。彼煩焉終郤，此逸寧遂永。"③之前的悲痛"亦稍解矣"。

3.《奉鴻山先生》

近從象玄所得《岩居稿》，拜論之，五言冲澹清遠，入陶韋妙景，七言亦不落唐人後。嗟夫！天所以唱我師，何至也。就令握珥筆預密，握今局體下矣，不過車塵馬足間耳，千百年後於鴻山公何益。世貞嘗謂孟浩然才力遠不逮王摩詰，而以簡古勝之，其境象意適殊也，故知林泉之助，自是不淺。貞弱冠，便收置藥籠中，京邸奉龍門之馭，使薦散帛，至以國士相與，行年二十三，所造僅如此。曹中更無可効力，惟於馬上席上，了此長日。可恨！可恨！別楮惡詩四，聊見瞻仰。倘不遂麾棄，賜指摘焉，幸甚！其以爲可與進而推教珠玉一焉，亦幸甚！

按：文中的"鴻山先生"爲華察（1497—1574），其字子潛，號鴻山，江蘇無錫人，嘉靖五年進士，選爲庶吉士，後任户部主事，累官至翰林院侍讀學士。"象玄"則爲朱大韶（1517—1577），其字象元，一作象玄，號文石，原居莘莊，後遷至松江府華亭，明代藏書家。《岩居稿》是華察的代表作，共計八卷。王世貞與華察淵源頗深，嘉靖二十二年（1543）秋，王世貞中應天鄉試，華察爲考官之一，是故華察爲王世貞座師，王世貞以"我師"稱之，且華察第三子華叔陽爲王世貞女婿，使兩人關係親上加親。文中所言"岩居稿"，曾經多次刊刻，在嘉靖三十一年、三十五年、四十三年就多達三次④，因此此文當不早於嘉靖三十一年（1552），在王世貞文集中，亦多次提及《岩居稿》，如"不佞嘗讀《岩居稿》，竊意公蟬蜕宇外"⑤"《岩居稿》落落莫莫，故義熙人語也"⑥。王世貞對王維和孟浩然的評價，在《藝苑巵言》中也有體現，且和文中之意完全吻合。

（二）見於《上海圖書館藏明代尺牘》第四册。該書由王世偉、鄭明主編，上海科技文獻出版社 2002 年出版，全書共計八册，有關王世貞的散佚書牘有 3 通：

1. 僕因野次受風，遂爲瘧鬼所侮。近始稍稍能起，已棄家授兒曹，作一有髮頭陀矣。覽裕春丈與府公書，使人神悚。久不接徐使君，遂成宿諾。如及泉丈到，必當爲精言之，然自了此一言後即杜口矣。近來覺得文者道之累，名者身之累也。諸公篇章日新，歌詠仙真事，甚盛且美，然不敢達之仙真，但與相知一晒賞耳。病起，不一一。

眷生王世貞頓首復

按：此文見於該書第 90—91 頁。如文中所言，"僕因野次受風，遂爲瘧鬼所侮"，

① 《弇州山人四部稿》卷四十八《于鱗慰余哭子，有答》，第 16 頁。
② 《弇州山人四部稿》卷一百二十《吴峻伯》，第 9 頁。
③ 《弇州山人四部稿》卷十一《初至登州，就臺小憩》，第 9 頁。
④ 王洪：《華察研究》，上海師範大學碩士學位論文，2012 年，第 2 頁。
⑤ 《弇州山人四部稿》卷七十七《翰林院侍讀學士鴻山華公壽藏記》，第 9 頁。
⑥ 《弇州山人四部稿》卷一百二十六《華鴻山學士先生》，第 5 頁。

從王世貞的生平經歷來看，他中年之後多次受瘧病所擾，其文集中明確提及的有三次，分別爲萬曆元年（1573）六月，萬曆八年（1580）七月，萬曆十一年（1583）六月，而按照每次瘧病發生的具體環境有所不同，可知此次瘧病當爲萬曆八年七月的這次。因爲該年王世貞召集家人宴會，將家產分給兒輩，自己不問世事，以待入觀修行，詩曰："仲兒僅十三，少者乃十二。"①而次子士騆生於隆慶二年（1568）。再者，文中提及裕春丈、眉公、徐使君與及泉丈四人，分別爲袁洪愈（1516—1589）、陳繼儒（1558—1639）、徐中行（1517—1578）和李頤（？—1601），"久不接徐使君，遂成宿諾"，"宿諾"言即無法兑現的諾言，在此暗指徐中行已經去世，且從王世貞爲徐中行寫的墓碑和祭文可知，徐中行卒於萬曆六年十月。另外，王世貞厭文崇仙的心態，集中體現在萬曆八年前後。萬曆八年二月，他在與王錫爵、無心有二人相談後，便決意奉道，如其詩作《二月十三日作》言曰："苦海依稀見宿因，長期抖擻出風塵。從他斑管書王伯，不博黄冠署道民。舉眼便非干己事，到頭須認自家身。似聞寒雨多傔傮，二月梅花始露春。"②並在九月作詩《九月閉關謝筆硯，而千里故人訊問不絶，又多以詩及者，遂成此二律志苦且代答》以表明自己放棄了文求不朽的理念。因此王世貞此時盛贊"諸公篇章日新，歌詠仙真，事甚盛且美"。

　　2. 前次吾弟家人去，有一札奉復，想已達矣。復得手書，知宦況佳適。張滄涯年兄報札，極言吾弟歷練老成，甚爲浣慰，但恒持清、慎、勤三字，異日必自有受用也。滄涯前曾寄示一書，似爲其鄉親在鄆襄間做小官者，三月而叨轉，不及照視之，今乃知其爲假書矣。兩年百姓饑荒之甚，春麥小收，或得免溝壑，尚未知秋事何如。一兄於吾弟家間頗有言，吾弟既在仕途，須善待之，不必與之計也，但將來可憂耳。堯佐姪物故，遂爾絶嗣。提學考校尚未發案，東族五兄、西族無逸告布衣，三弟入考恐不免，爵姪病，不及試，想要補考。一州告衣巾七十一人，亦奇事也。吾之學道，乃親蒙上真及仙師指引，但力倦障深，未敢望有成就耳。寄去仙師全集，可一看，並轉呈滄老諸公覽之。

　　　　　　　　　　　　四月廿五日愚兄世貞再拜 海雲賢弟州幕左右

　　按：此文見於第 92—96 頁。據文中内容和落款，可知此文是王世貞寫給其族弟王海雲的家書，"堯佐"是其兄王世德的兒子，且"堯佐，無子，以一龍之子穀爲子"③，因此他去世後，"遂爾絶嗣"。至於"張滄涯"，其名不見於王世貞文集，在王錫爵《王文肅公文集》卷二十三有"張滄涯巡撫"之稱，但是没有相關事蹟的叙述。萬曆八年正月間，王世貞學道之心堅定，並渴望仙師曇陽子救其脱離苦海，但爲俗世困擾，一切倦怠，如他與吴汝霞説道："庚辰歲首，僕以倦一切稱病弇園。至孟冬朔，復棄弇園，携瓢、笠及佛道書數卷，入白蓮精舍。覺遠公結廬之爲煩，第不能學渠削髮耳。"④是故王世貞隨後召集家人分割家業，謝絶筆硯，且從王世貞詩作《四月二日即事》中可知，

① 《弇州山人續稿》卷六《授產兒輩作》，普林斯頓：美國普林斯頓大學東亞圖書館藏明刻本，第 2 頁。
② 《弇州山人續稿》卷十五《二月十三日作》，第 15 頁。
③ 周穎：《王世貞年譜長編》，上海：上海三聯書店，2016 年，第 34 頁。
④ 《弇州山人續稿》卷一百八十三《吴汝霞》，第 11 頁。

王世貞拜見仙師曇陽子,與其談仙升之事。因此據文中的"吾之學道,乃親蒙上真及仙師指引。但力倦障深,未敢望有成就耳"之語,以及落款"四月廿五日",則知此文應該不早於萬曆八年四月廿五日。

　　3. 承手教及南棗之貺。貞於吳中前輩諸名公共得七十像,像各有贊。謹以先文端公贊稿并像奉納。公如不鄙,命郡中善小楷者書之,用僕印章可也。病瘧初起,氣息惙然,不能多作報,亮之亮之。

仲秋朔日貞生頓首

按:此文見於第 97—98 頁,落款處鈐有"元美"印。《續稿》卷一百四十六至一百五十爲"吳中往喆像贊有序",共記載 116 位吳中名賢。據"貞於吳中前輩諸名公共得七十像"之語可知,當時王世貞已經寫了 70 人,其像贊的寫作並不是一蹴而就,而且因爲身體的原因,"病瘧初起,氣息惙然",自己無法繼續創作,並表達出可以用印章的意願。再者,王世貞曾言,《續稿》所收錄的是"丙子至庚寅"[1]之間的作品,丙子年爲萬曆四年,而庚寅年爲萬曆十八年。另外,據前所述,王世貞"病瘧"三次,但是這次與之前的兩次有所不同,其持續時間更長,且他和趙用賢說道:"僕自殘歲來三改火,病羸惙惙。"[2]因此王世貞寫作此文的時間大約是在萬曆十一年六月。

　　(三)見於《錢鏡塘藏明代名人尺牘》第三冊,第 94—95 頁。該書是錢鏡塘先生嚴審精鑒彙集而成,上海古籍出版社 2002 年出版,全書共六冊。有關王世貞的散佚書牘有 1 通:

　　侍生王世貞頓首拜啓:

　　相國太霞周先生契兄門下,僕茲以遷去,即買舟歸故里矣,與足下竟不能一面,奈何奈何。昨會趙中丞,自悔初有闕於足下也,即倒履晚矣。今將有事,足以姑俟之。不腆將別,並新刻四冊附覽。

世貞頓首拜

按:就本篇書牘而言,所涉及的人物主要有兩個,一爲"太霞周先生",一爲"趙中丞"。其中"太霞周先生"當爲周紹稷,如王世貞其弟王世懋的文集中有《答周明府》一文,言曰:"故人子與使者忽介中州之役來出橐中,稱真陽周明府所與僕兄弟書在焉……承委題太霞洞天,輒不自率爾。"[3]王世貞在《四部稿》中則有《題周令君太霞洞天》一詩,詩曰:"色界雲蒸薄帝關,赤城標起異人間。熒光倒射昆明水,積綺長飛玉案山。激灔乍疑天酒熟,飄颻如睹翠旄還。亦知勾漏非君意,爲有丹砂好駐顏。"[4]另據沈一貫在《寄題周紀善太霞洞天》中所言:"滇人周君紹稷,言永昌有山曰普麻……此太霞洞天乎?"[5]因此,周紹稷也曾向王世貞言及"太霞洞天"之事。至於"趙中丞",當爲趙賢(1532—1606),趙賢與王世貞關係密切,他們不僅同在湖廣地區任職,還經常

---

① (明)王世貞:《弇州山人續稿附》卷四《劉紹興介徵》,杭州:浙江圖書館藏明刻本,第 15 頁。
② 《弇州山人續稿》卷一百九十四《趙汝師》,第 10 頁。
③ (明)王世懋:《王奉常集》卷四十二《答周明府》,上海:上海圖書館藏明刻本,第 5—6 頁。
④ 《弇州山人四部稿》卷三十七《題周令君太霞洞天》,第 16 頁。
⑤ (明)沈一貫:《喙鳴詩文集》卷十三《寄題周紀善太霞洞天》,上海:上海圖書館藏明刻本,第 7 頁。

有詩文往來,如王世貞文集中有《城西書屋歌爲趙中丞良弼》《答武昌趙中丞良弼》《封少師張翁偕元室趙太夫人七十序(代趙中丞)》等文。

　　文中所言"僕兹以遷去,即買舟歸故里矣,與足下竟不能一面"一事,當爲萬曆四年(1576)六月,王世貞擢官南京大理寺卿,但是在十月時,便被刑科都給事中楊節所劾,令回籍聽用。如他説道:"臣於萬曆四年内,以巡撫鄖陽右副都御史轉南京大理寺卿,未任,該南京給事中楊節論劾。臣奉聖旨:王世貞既操守未虧,著回籍聽候别用。"①再加上"昨會趙中丞"之説,王世貞應與趙賢剛相見不久,而兩人的交集多在湖廣任上,如王世貞在給張九一的書信中説道:"間與趙中丞語至足下,輒嘖嘖以爲毋論,足下文雄擧一代。"②另據張培玉《明清鄖陽府志述略》中的記載:"明萬曆《鄖陽府志》,萬曆六年由鄖陽撫治右副都御史徐學謨主修,襄王府紀書周紹稷纂……周紹稷,字象賢,滇人,襄藩紀書,萬曆五年被聘爲鄖陽郡志,遂寓居鄖陽,尋還襄陽。"所以是王世貞要離開鄖陽,適值周紹稷初入湖廣地區,以不能相見爲恨。此札當作於此時。

　　(四)見於清人卞永譽《式古堂書畫彙考》卷二十七和清人倪濤《六藝之一録》卷三百九十九。此文内容爲:

　　　　王鳳洲與白川札(行書、紙本)
　　　　年侍生王世貞頓首拜大台柱白川翁老年兄先生大人鈞座下。弟自東土獲奉顔色,於今十改歲矣。伏惟吾丈以不世之才,膺殊特之簡,撫有東周,入衛三輔,旗常是勤,鼎鉉非遥,甚休!甚休!弟今春匍匐北上,爲先君子白見冤狀,躑躅都門之外半歲,而始獲昭雪。歸葬之後,長奉洒掃,兼理漁樵,於小人之分已足,他非所計也。忠庵兄盛德長者,亦有疆場之累,今聞行勘以吾丈爲之代,當無復他虞矣。兹因舍親俞生行便,聊附起居之敬。俞乃文學仲蔚子,仲蔚名重吴中,與弟契分非常。此生欲畢姻於大同一幕僚,不能自達,欲求吾丈爲給力出關,仍得導騎護至彼地,窮途之感,不在此生,而在弟矣。手記潦草不恭,統惟台亮。祁寒北土猶甚,惟冀爲道自玉,以膺大眷,不宣。季冬朔世貞弟頓首再拜。

　　按:此文應是王世貞寫給劉景韶的書牘。劉景韶字子成,號白川,世人稱白川先生,崇陽人,善詩文,抗倭名將,王世貞曾爲其撰寫《中憲大夫都察院右僉都御史白川劉公墓誌銘》。據文中所言"弟今春匍匐北上,爲先君子白見冤狀,躑躅都門之外半歲,而始獲昭雪""季冬朔"之語,可知此札作於隆慶元年(1567)十二月一日,如王世貞在該年八月與李攀龍説道:"卧都門外招提五閲月,而勘覆之疏始上。當事者幸哀憐先君子,予故官。不佞兄弟亦始得稱人,即以其日歸。"③從中亦可知"弟自東土獲奉顔色,於今十改歲矣"之事,當指嘉靖三十六年(1557)正月,王世貞抵青州,任兵備副使一職,對此職位,王世貞有所不滿,與自己的志趣相背離,他認爲"守尚書郎滿九歲,僅得遷爲按察,治青齊兵。此其意將困余以所不習故於乎"④。雖然在王世貞文集

---

① 《弇州山人續稿》卷一百四十二《爲懇乞天恩辯明考滿事情仍賜罷斥以伸言路疏》,第18頁。
② 《弇州山人四部稿》卷一百二十一《張助甫》,第22頁。
③ 《弇州山人四部稿》卷一百十七《李于鱗》,第11頁。
④ 《弇州山人四部稿》卷七十一《王氏金虎集序》,第4頁。

中,他還曾言及"周恭肅公用字行之,別號白川,吳江人"①,但是據歷史記載,"周恭肅"是周用,字行之,號伯川,且其生卒年爲 1476—1547 年,不符合文中所提及的時間和事情。

二、與俞允文的八通書牘

在王世貞《四部稿》卷一百二十七中,載有王世貞寫給俞允文的 13 通書牘,且按時間順序依次排列。另在清人卞永譽《式古堂書畫彙考》和清人倪濤《六藝之一録》中,皆載有《王元美與仲蔚八札(行書、紙本)》,但是這 8 通書牘與《四部稿》中的有很大出入,《王元美與仲蔚八札(行書、紙本)》的具體內容爲:

廿五日,次河間,友生王世貞頓首,啓仲蔚尊兄足下,春時附一詩及書,知當達也。賊益深,無復下理,貴人悉海內兵攻之,吾恐遂一擲耳。仲蔚佳士,顧肉作青精氣,何可著賊手。吾力不能挽,夢寐仙仙耳。仲蔚知吳明卿謫耶,坐以談文章,故當事者幾一網盡,然謂僕乃其魁焉,所深恨僕,則以左右死者常自厭,恨業障不自割斷,借人了之。明歲夏初,可長得奉仲蔚也。日坐樊籠,訊諜滿案,作生平所無態。苦甚!苦甚!武當笋風格袖領篔簹,昨過焦副使者,雜油及蒜烹之,一見欲嘔,不覺匿笑,此笋亦當遂笑吾也。人去便聊以問仲蔚。(其一)

佳集頗已徵梓人,第急須管仲長公子贊耳,足下不作管贊,殊未解所以,新詩亦便寄來,並刻之。徐子與行部吳中,首當下榻仲蔚也。貞又拜(其二)

昨承示徐子與誄,適有客,不能作答,侵晨讀之,詳婉懇篤,令人神傷,蓋不獨其辭之宏麗也。近舍弟所寄分書已至,後有增定一二條,旬日內亦須遣人入雩,故不復寄音。墓碑成,足下亦不必親行,但仿百衲碑例,量其大小,雙鉤廓填入石可也,冗次不一一。世貞頓首啓仲蔚尊兄大雅足下(其三)

連日苦瘡瘍,爬搔甫畢,呻吟繼之,以故不獲候訊,更辱雅覞先及,慰藉勤拳。感甚!感甚!僕之此補,甚乖夙懷,得遂初服,快不可言,所少恨者,家無聲色之奉,園池酒食皆與客共,而爲人生排作韓熙載,以此不能忘言耳。談及子與,便令人酸鼻,俟襯歸即當有苕上之行,當約足下同往也。舍弟遷江西臬副,想所欲聞者,餘不一。友弟王世貞頓首復仲蔚老兄先生詞伯足下(其四)

《陰符經》信是趙得意筆,雖小有刮損,不妨白璧,已令休承、公瑕作跋,更須兄數法語,前有佳紙,書之可也。外紙三條求以八分書,欲刻之紫檀匣,並希即付去力。《圓覺經》六卷,可揮灑否,勿謂姚麟迫欲坡書換羊也。世貞頓首仲蔚老長兄大雅(其五)

前得教,知苦利未平,昨見王明佐道病狀甚悉。今夏暑濕不時,脾家積食飲之毒,得秋氣輒發,宜絕滋味,時以白粥補之,香連丸類恐太峻,或非高年所宜也。僕比飲啖如昨,體中亦無苦,似得絕欲之力,聊以附聞,不一。世貞頓首仲蔚老長兄大雅左右(其六)

---

① 《弇州山人續稿》卷一百四十八《像贊》,第 11 頁。

得書知子與凶問，詢之使者，得其詳，必不妄矣。嗣息竟絕，二千里旅櫬，人理慘酷，能不痛傷。若僕何足言，縱彼中狂吠不勝，病疏已上，決不出矣。且念子與乃爾中年以後，人何可遠出，歸老弇州園，與足下時相聞。足矣！足矣！餘不次。世貞頓首復仲蔚老長兄大雅足下（其七）

昨復勞神染翰，結法古雅之甚，明當致之，第恐此老見姜沈慣不便識耳。所喻松雪《陰符經》筆甚佳，但跋尾名姓及收藏前印俱爲俗子刮壞，而後少六十九字，又無佳跋，勉以十金酬之，想它人不復爾也。足下以爲何如？將來正須足下大加鑒賞耳。餘不具。世貞頓首復仲蔚尊兄大雅足下（其八）

上述書牘有其開頭稱呼，或者結尾落款，較符合書札來往的原始狀態，而《四部稿》《續稿》中的書牘僅有其正文，但這不是最主要的出入之處。就 8 通書牘而言，其一和其二並不像其他幾通書牘一樣，有明顯的區別，而是收錄在一起，僅在“人去便聊以問仲蔚”和“佳集頗已徵梓人”兩句之間，用一空格間隔開，從其二的結語“貞又拜”方得知書牘之“又”，也因此可知其一的正文內容與《四部稿》中所載俞允文的第一札書牘完全一致，但是不能合併其一和其二去觀照《四部稿》中的書牘，否則《王元美與仲蔚八札（行書）》僅有 7 通。並且在此基礎之上進行對比發現，《王元美與仲蔚八札（行書）》中的《其二》到《其八》均不見於《四部稿》之中，是爲散佚之作。

如此集中出現散佚之作，很可能是王世貞對文章的擇取造成的，如王世貞與張居正素有書牘往來，在張居正的文集中記有與王世貞往來的書牘 15 通，而從兩人當時的社會地位和書牘的內容來看，王世貞寫給張居正的書牘肯定不少於 15 通，但是在王世貞文集中卻只收錄《上江陵張相公》這 1 通，孫衛國認爲：“或許是因爲張居正死後被抄家，爲免牽連，故加以銷毀。”[1]《俞仲蔚先生集》卷二十三爲“書啓”，裏面收錄俞允文寫給王世貞的書牘 6 通，結合王世貞寫給俞允文 13 通書牘的內容來看，並不存在明顯的對答關係，因此兩人書牘往來也不僅僅是文集中所收錄的書牘數量。

從《王元美與仲蔚八札（行書）》來看，《其一》和《其二》的創作時間應在王世貞出察畿輔諸郡之獄時，如“廿五日，次河間”是言王世貞巡察路上途經河間地區，且在此期間他寫《賊深矣，俞生頗有桑梓之戀，胡能北哉？恐一旦之不戒，賦此寄懷，凡十二韻》一詩給俞允文，詩作言及“鰲簪摧碣石，鑿齒啖神州。血改勾吳道，烽炎滄海流”[2]的情形，與書札中“賊益深，無復下理。貴人悉海內兵攻之”相一致。而提及吳國倫被謫之事，則發生在嘉靖三十五年（1556）三月，吳國倫因操辦楊繼盛後事而被嚴嵩懷恨，後被謫豫章，王世貞有《余以使事出至薊門，時事大變，明卿被謫》《寄贈明卿給事謫江西幕》等詩作。並且在同年秋，王世貞曾閱覽俞允文文集，其言曰：“後三歲丙辰而有三輔獄，爲稍梓俞先生詩以行而叙之。”[3]這與《其二》內容相吻合。

而《其三》到《其八》則爲王世貞晚年之作，並且時間集中在萬曆六年（1578）十月

---

① 孫衛國：《王世貞史學研究》，北京：人民文學出版社，2006 年，第 29—35 頁。
② 《弇州山人四部稿》卷三十一《賊深矣，俞生頗有桑梓之戀，胡能北哉，恐一旦之不戒，賦此寄懷，凡十二韻》，第 15 頁。
③ 《弇州山人續稿》卷四十四《俞仲蔚先生集序》，第 20 頁。

十三日到萬曆七年(1579)八月之間。《其三》有"昨承示徐子與誄"之言,當爲徐中行去世之事。徐中行去世,王世貞和王世懋兄弟爲之操勞,在爲徐中行所作的墓碑中言及:"余弟世懋方分部南康,驚而奔,以一日夜至,力爲經紀其道路費,始得歸。……公卒以萬曆戊寅十月十三日。"①《其四》言及"舍弟遷江西臬副"則發生在萬曆六年十二月,如《神宗顯皇帝實錄》記載升"江西左參議王世懋爲江西副使"②。《其三》《其四》《其六》等提及的苦病之事,王世貞曾説道:"萬曆戊寅十月……其月有行役。十一月歸里,尋病。明年己卯之正月,病良已,乃能爲文。"③且萬曆七年元月十五日,得弟王世懋書後才知徐中行因病去世的詳情,並爲之悲痛,符合《其七》所述。俞允文八月卒,王世貞説道:"維萬曆七年己卯秋八月癸酉朔,越三日丙子,俞仲蔚先生卒。其又六日癸未,友人王某始能以酒炙羹飯往奠而哭之。"④則王世貞與俞允文最後的通信時間當不晚於此。另外書牘中提及的《陰符經》乃是王世貞仙師曇陽子所重之物,王世貞曾説道:"此經我曇陽仙師重之,前後爲人書數本,而世貞獨不敢請。"⑤

由上可知,《王元美與仲蔚八札(行書)》中有 7 通書牘當爲散佚之作。

三、文獻價值闡釋

以上 15 通書牘涉及王世貞交遊、生平事蹟和文學觀念等方面的内容,具有重要的文獻價值,具體而言,主要體現在以下幾個方面:

首先,推動王世貞唐詩觀念研究。"詩不能不唐"⑥是王世貞對待唐詩的整體態度,散佚書牘所涉及的内容包括兩個方面,一方面是王世貞不以盛唐而薄今人,詩學盛唐是後七子文學復古的核心理念,王世貞認爲:"盛唐之於詩也,其氣完,其聲鏗以平,其色麗以雅,其力沉而雄,其意融而無蹟,故曰盛唐其則也。"⑦但盛唐只是詩學的最高取法標準,而不是唯一標準,因此王世貞鼓勵他人多讀各朝名家,甚至直言:"詩不必盡盛唐,以錯得之,颯颯乎岑李遺響哉。"⑧這不同於王廷相、李攀龍等人所主張的尺寸盛唐,是故王世貞在書牘中肯定華察詩作"五言冲澹清遠,入陶韋妙景,七言亦不落唐人後",有其可取之處。另一方面是王孟之辨。王維和孟浩然同爲唐朝田園詩派的代表作家,對於二人的評論,王世貞曾認爲:"摩詰才勝孟襄陽,由工入微,不犯痕蹟,所以爲佳。"⑨故王世貞與華察説道:"世貞嘗謂孟浩然才力遠不逮王摩詰,而卒以簡古勝之,其境象意適殊也,故知林泉之助,自是不淺。"則進一步説明王維和孟浩然詩作各有所長,這有助於他人對王維和孟浩然詩作特點的認知。

---

① 《弇州山人續稿》卷一百三十四《中奉大夫江西布政使司左布政使天目徐公墓碑》,第 9 頁。
② 《明實録》,上海:上海書店出版社,2015 年,第 11507 頁。
③ 《弇州山人續稿》卷一百五十四《祭汪司馬母夫人文》,第 10 頁。
④ 《弇州山人續稿》卷一百五十三《祭俞仲蔚》,第 7 頁。
⑤ 《弇州山人續稿》卷一百五十七《紫姑仙書〈陰符經〉》,第 9 頁。
⑥ 《弇州山人四部稿》卷七十《校正詩韻小序》,第 21 頁。
⑦ 《弇州山人四部稿》卷六十五《徐汝思詩集序》,第 6 頁。
⑧ 《弇州山人續稿》卷五十《周叔夜先生集序》,第 20 頁。
⑨ (明)王世貞:《藝苑卮言》,南京:鳳凰出版社,2009 年,第 55 頁。

　　其次,推動王世貞學道原因研究。王世貞學道曇陽子是不争的事實,但在具體原因上,當下研究主要側重於王世貞政治失意、曇陽子神化仙道、王錫爵友情助推,如魏宏遠認爲:"萬曆八年王世貞入曇陽子'恬澹教',由入世、濟世轉爲出世、逸世,表現出一種'即心即佛'、無欲無爲、以恬淡自然爲宗的傾向,與之相應,王世貞晚年文學思想也由昔日尚'復古'轉爲尚'自得'。"①但在這之外,王世貞自身的疾病也是其學道的動力之一。王世貞由於操勞家事、多地赴任、歷經情變等原因,中年後,疾病纏身,如其在《爲新舊疾病大作不能供事曠職負恩乞賜罷斥歸里疏》中"夕不獲一寢,啜粥不盡一器,氣息惙惙,勢不能支緣""臣病不痊,臣職逾曠負恩益深"②之語,且其因爲疾病,幾次都在生死之間徘徊,面對現實苦難,他努力尋求解脱之法,曇陽子正好爲其提供了方便,給王世貞的痛苦心靈帶來慰藉和温暖。對於宗教的意義,馬克思曾言:"宗教的苦難既是現實苦難的表現,又是對這種現實苦難的抗議。宗教是被壓迫生靈的歎息,是無情世界的感情。"③因此王世貞才有了"近來覺得文者道之累,名者身之累也。諸公篇章日新,歌詠仙真,事甚盛且美"的新認知,不再執著於立言不朽,而是推崇歌詠仙事之作,是故他與友人多次提及學道之事,並感謝"仙師指引"。

　　另外,推動王世貞與俞允文交遊研究。除《王元美與仲蔚八札(行書)》之外,《王鳳洲與白川札(行書)》一文中亦提及俞允文,這極大豐富了兩人的交遊材料。俞允文是王世貞的摯友,王世貞曾説道:"吾所與布衣遊者三人,俞允文仲蔚、謝榛茂秦、盧柟次楩。"④他推崇其書法,認爲:"近年吾吴中小楷,當推俞仲蔚,幾與文太史雁行。"⑤並肯定"仲蔚以五言選澹雅,得詩家聲,而時時作綺麗有情語,所謂正平大雅,固當爾耶"⑥。據新材料所示,俞允文將自己的文集和新詩都寄給王世貞,且對於共同的好友徐中行,在其逝世後,是先有俞允文的"徐子與誄",後才有王世貞爲徐中行撰寫的碑文。王世貞還就《陰符經》一事徵詢俞允文的意見,認爲"將來正須足下大加鑒賞耳"。這説明王世貞與俞允文的交遊不局限於詩文往來,而是包括日常生活、書籍欣賞等方面的全面交遊,亦可見兩人之間的情誼至深。再加上"廿五日,次河間""舍弟遷江西臬副"等時間信息,更有助於兩人交遊具體日期的考證。

　　書牘往來是古人信息溝通的重要方式,其以筆爲面、以筆爲口、創作靈活等特點,具有其他文體不具備的優勢,其内容也往往更加貼近作者真實的内心世界。"文獻的厚度決定了理論的根基,有扎實文獻基礎的述論才是及物的"⑦,因此,新書牘的發現,爲深入研究王世貞交遊、生平事蹟、文學觀念等方面内容提供了更加翔實的一手資料,有利於促進王世貞研究。

---

　　①　魏宏遠:《論晚年王世貞對曇陽子思想的接受》,《中國文學研究(輯刊)》(總第 22 輯),上海:復旦大學出版社,2013 年 2 期,第 72 頁。

　　②　《弇州山人續稿》卷一百四十四《爲新舊疾病大作不能供事曠職負恩乞賜罷斥歸里疏》,第 10 頁。

　　③　[德]馬克思、[德]恩格斯著:《馬克思恩格斯全集》(第一卷),北京:人民出版社,1956 年,第 453 頁。

　　④　《弇州山人四部稿》卷六十四《俞仲蔚集序》,第 9 頁。

　　⑤　《弇州山人續稿》一百六十五《俞仲蔚小楷趙皇后昭儀别傳後》,第 2 頁。

　　⑥　《弇州山人續稿》卷一百六十五《俞氏四舞歌》,第 1 頁。

　　⑦　黄勝江:《稀見明清曲家劇目稽考》,《中國文學研究》,2021 年第 3 期,第 77 頁。

新見六篇翁方綱、姚鼐撰《四庫提要》分纂稿考述*

項　旋

摘　要：中國三峽博物館藏翁方綱、姚鼐等纂《四庫提要》稿 1 册,收錄 26 篇提要,其中翁方綱纂《歸田稿》《易學》《春秋左傳屬事》《樊榭山房集》,姚鼐纂《春秋大全》《明鍾惺評左傳》未見於澳門藏翁方綱《四庫提要分纂稿》、國圖藏《惜抱軒四庫館校錄書題》、臺北藏《四庫全書初次進呈存目》等已知著錄。考察可知,新見六篇分纂稿具有一些共性特徵:底稿前一般有"謹案"字樣,文末寫明存目或抄錄處理意見和纂稿者職官和姓名,多篇提要書名下補寫版本來源,鈐有"存目"或"抄錄"木記。這批分纂稿保留了早期提要稿的真實面貌,揭示其内容和價值,對於推進四庫提要研究具有重要意義。

關鍵詞:《四庫提要》;翁方綱;姚鼐;分纂稿

　　乾隆三十八年(1773)二月,乾隆帝詔開四庫全書館,徵求天下書籍,組織儒臣編纂《四庫全書》。同年二月初六日,乾隆帝飭令廷臣"依經、史、子、集四部書目,分類匯列,另編目錄一書,具載部分卷數,撰人姓名"[1],五月初一日,又諭旨"厘其應刊、應抄、應存者,系以提要,輯成總目"[2],要求四庫館臣撰寫各書提要,以俟將來編成總目。《四庫提要》是編修《四庫全書》的重要産物,其形成過程較爲複雜,學界按其類型,一般將其分爲分纂提要、匯總提要、刊本提要、書前提要及總目提要[3],其中分纂提要作爲纂修官最初草擬的提要稿,保留了《四庫提要》的早期原始樣貌,得到了學界的高度關注。近年來,學界在分纂提要稿的發掘上有一系列重要創獲,發現了翁方綱、姚鼐、鄭際唐、程晉芳、勵守謙、張羲年等纂修官所撰分纂稿[4],其中澳門中央圖書館藏翁方綱所撰分纂稿數量達 982 篇[5],中國國家圖書館藏《惜抱軒四庫館校錄書

---

* **作者簡介**:項旋,北京師範大學歷史學院講師,歷史學博士,主要從事清代思想文化史研究。
　　基金項目:北京市社會科學基金青年項目"北京清代行宫文化遺産調查與研究"(20LSC018)。

① 王重民編:《辦理四庫全書檔案》,乾隆三十八年二月六日劉統勳奏摺,國立北平圖書館 1934 年排印本。
② 中國第一歷史檔案館編:《纂修四庫全書與檔案》上册,上海:上海古籍出版社,1997 年,第 108 頁。
③ 江慶柏:《四庫提要文獻的比較與研究》,《湖南大學學報(社會科學版)》2016 年第 6 期。
④ 近些年來新發現的四庫提要分纂稿,具體參見潘繼安:《記翁方綱四庫全書提要(未刊)稿》,《圖書館雜誌》1982 年第 4 期;杜澤遜:《讀新見姚鼐一篇四庫提要擬稿》,《中國典籍與文化》1999 年第 3 期;杜澤遜:《讀新見程晉芳一篇四庫提要分撰稿》,《圖書館建設》1999 年第 5 期;杜澤遜:《讀新見鄭際唐一篇四庫提要分撰稿》,《中國典籍與文化》1998 年第 3 期;張梅秀、常志紅:《新見三篇張羲年〈四庫全書總目提要〉分纂稿》,《晉圖學刊》2011 年第 5 期。
⑤ (清)翁方綱撰,吳格整理:《翁方綱纂四庫提要稿》,上海:上海科學技術文獻出版社,2005 年。

題》收錄姚鼐所撰分纂稿 92 篇[①]，尤爲學界矚目。實際上，散佚各處的《四庫提要》分纂稿仍有進一步發掘的空間。近期，筆者新獲見重慶中國三峽博物館藏《四庫提要》稿 1 册（以下簡稱三峽藏提要稿），經考察爲四庫館臣早期所纂《四庫提要》分纂稿，該稿册收錄翁方綱、姚鼐所撰 26 篇提要，其中翁方綱纂《歸田稿》《易學》《春秋左傳屬事》《樊榭山房集》，姚鼐纂《春秋大全》《明鍾惺評左傳》未見於澳門藏翁方綱《四庫提要分纂稿》、國圖藏《惜抱軒四庫館校錄書題》、臺北藏《四庫全書初次進呈存目》等已知著錄。下文爬梳相關文獻，對這六篇提要稿的內容和價值試作初步考察。

一、新見三峽博物館藏分纂稿的基本情況

三峽博物館所藏四庫提要稿 1 册[②]，册頁裝，乾隆年間朱絲欄稿本，計 29 個半葉，收錄提要共計 26 篇，半葉尺寸 21 厘米×35 厘米，半葉十行，行字不等，有大量行間批注和文末修訂意見。通檢可知，三峽藏提要稿署名爲翁方綱的有 19 篇提要，分別爲：《夢虹奏議》《古史要評》《知白堂稿》《狎鷗子摘語》《隆池山樵詩集》《蟫衣生晉草·楚草·家草》《甜雪齋集》《雲湖堂集》《蓬廬詩》《經義齋集》《恕穀後集》《歲時雜詠》《瑞金楊氏五家文鈔》《天台續集》《歸田稿》《易學》《春秋左傳屬事》《樊榭山房集》。其中，三峽藏提要稿有 15 篇與澳門藏提要稿皆是對同一書籍所撰寫的提要，內容一致。值得注意的是，《歸田稿》《易學》《春秋左傳屬事》《樊榭山房集》未見於澳門藏提要稿。三峽藏提要稿署名爲“纂修姚”的提要有 2 篇，即《群公四六續集》和《春秋大全》，另有兩篇《甜雪齋集》《明鍾惺評大傳》提要沒有落款，但字蹟與《群公四六續集》和《春秋大全》完全一致，應該也是“纂修姚”撰寫的提要稿。姚鼐所撰《惜抱軒書錄》刊本及國圖藏《惜抱軒四庫館校錄書題》都收錄了《群公四六續集》提要，其內容與三峽博物館藏《群公四六續集》提要完全一致，據此可知“纂修姚”即爲姚鼐。姚鼐纂《春秋大全》《明鍾惺評左傳》2 篇提要均未著錄於《惜抱軒書錄》《惜抱軒四庫館校錄書題》，爲新見姚鼐撰分纂稿，可謂彌足珍貴。

筆者發現，新見三峽博物館藏六篇翁方綱、姚鼐纂四庫提要分纂稿具有鮮明的共性特徵。首先，三峽提要稿分爲底稿和修訂稿兩種，分別用不同字蹟書寫。底稿的字蹟清楚、規整，應是纂修官所撰初稿的謄寫稿，以便四庫館臣進一步校閱、修訂。同時，在底稿基礎上又以墨筆方式修訂、删改，多有塗乙潦草之處，在此基礎上形成修訂稿，這些修訂意見亦未見於已知分纂稿，值得重視。其次，翁方綱撰提要稿前均有“謹案”字樣（姚鼐撰提要稿無此字樣），文末一般寫明抄錄或存目處理意見，以及纂稿者職官和姓名“纂修官編修翁方綱”“纂修官編修翁方綱恭校”“纂修姚”，且鈐有“存目”或“抄錄”木記。再次，《春秋大全》《明鍾惺評左傳》提要之末鈐有“臣昀臣錫熊恭閱”朱文長印，可見此稿曾經四庫館總纂官紀昀、陸錫熊審閱，提出修訂意見，酌定最終去

① 高樹偉：《國家圖書館藏〈惜抱軒四庫館校錄書題〉抄本考略》，《中國四庫學》2019 年第 1 期；劉勇：《姚鼐〈惜抱軒四庫館校錄書題〉的文獻價值》，《安徽史學》2019 年第 1 期。
② 該稿册原無題名，三峽博物館著錄爲《四庫書目稿册》。

取。最後,三峽藏提要稿中有數篇提要在底稿基礎上以墨筆添加了採進書目的來源。如《歸田稿》提要下補注"江西巡撫海成採進本",《易學》提要下補注"浙江巡撫三寶採進本",《樊榭山房集》提要下補注"浙江巡撫三寶採進本",《明鍾惺評左傳》提要下補注"廠本"(即琉璃廠採購本)。這些進呈書目的來源信息均爲修訂過程中補寫。乾隆三十九年(1774)七月二十五日,乾隆帝諭令四庫館總裁將藏書人姓名附於各書提要之末:"將其姓名附載於各書提要末;其在百種以下者,亦應將由某省督撫某人採訪所得,附載於後。"①可知採進書目來源補寫時間當在乾隆三十九年七月二十五日乾隆帝諭令附載藏書人姓名之後,補注行爲應是遵照乾隆帝諭旨添加。

二、新見六篇分纂稿底稿内容及修訂方式

　　一般認爲,《四庫提要》的纂修經過初稿、分纂稿和定稿三個階段。翁方綱撰分纂稿的整理者吳格先生認爲:"所謂《四庫提要》分纂稿,即《四庫全書》編纂初期,四庫館各纂修官校閱圖書之整理記錄及所撰提要初稿。《四庫提要》之編纂,先由各纂修官分工撰寫初稿,後經總裁等批閱、纂修官改寫重撰,最後由總纂官紀昀等修訂成稿。現有文獻表明,《四庫提要》由分纂稿至於定稿付刻,前後歷時二十餘年,屢經修改,先後流傳,形成不同版本。"②三峽藏提要稿的珍貴之處在於,它同時保留分纂稿的底稿和修訂稿的原始狀態,從而爲我們探索《四庫提要》的修訂過程提供了重要參考。下文即對新見的六篇三峽藏分纂稿全文(包括底稿和修訂稿)照錄,以便進行考察和比較,並作簡要分析。需要特別説明的是,三峽藏提要稿的部分文字原本缺失或字蹟漫漶,其中無法識別者,以□表示。

　　　　【提要底稿】
　　　　謹案:《歸田稿》八卷,明謝遷著。遷字于喬,余姚人。成化乙未賜進士第一,授修撰。歷官謹身殿大學士,贈太傅,謚文正。其爲文嘗自擬宋歐陽修,修有《歸田錄》,是稿以歸田名。前四卷文,後四卷詩,前附年譜一卷。應存其目。纂修官翁方綱恭校
　　　　【提要修訂稿】
　　　　謹案:《歸田稿》八卷,明謝遷著。遷字于喬、余姚人。成化乙未賜進士第一,授修撰歷官謹身殿大學士,贈太傅,謚文正。其爲文嘗自擬宋歐陽修,修有《歸田錄》,是稿以歸田名。<u>蓋遷裔孫鍾和所刻,而以像贊□編首焉</u>。前四卷文,後四卷詩,前<u>附</u>年譜一卷。應存其目。纂修官翁方綱恭校③

　　案:《歸田稿》目前留存三峽藏翁方綱纂提要底稿、修訂稿及紀昀删定稿、《四庫全書總目》定稿四個不同階段的提要稿。三峽藏翁方綱分纂底稿内容較爲簡略,涉及作

　　①　中國第一歷史檔案館編:《纂修四庫全書與檔案》上册,第 228—229 頁。
　　②　(清)翁方綱等撰,吳格、樂怡標校整理:《四庫提要分纂稿》,吳格《前言》,上海:上海書店出版社,2006年,第 2 頁。
　　③　(清)翁方綱等纂:《四庫書目稿册》,重慶中國三峽博物館藏,第 6 葉。

者籍貫、履歷及著作的大致内容,提要署"纂修官編修翁方綱恭校",列爲"應存其目",末鈐"存目"木記。提要修訂稿對部分底稿文字進行了增補和修正,增加了"蓋遷裔孫鍾和所刻,而以像贊□編首焉"。比較而言,《歸田稿》所存提要中,紀昀删定提要稿和《四庫全書總目》定稿①雖然對三峽藏提要修訂稿進行了大幅度的增補,但基本内容乃源於三峽提要稿。

【提要底稿】

謹案:《易學》五册,明卓爾康著。第一册皆圖,□册皆説,而末二册又自釋説卦、序卦、雜卦三□,且既不分卷數,而又有卷之字,空其下格,其第一册之目,止及諸圖,未及後四册之諸卷。而朱彝尊《經義考》亦□□卓爾康《易學全書》五十卷,注云存此本,既與全書之五十卷不相應,而卷前之目又與後書不相應。殘本不全,毋庸存目。纂修官編修翁方綱

【提要修訂稿】

謹案:《易學》五册,浙江巡撫三寶采進本,明卓爾康著。<u>是書不分卷,爲前一</u>册皆圖,□册皆説,而末二册又自釋説卦、序卦、雜卦三□,且既不分卷數,而又有卷之字,空其下格,其第一册<u>總目</u>,止及諸圖,未及後四册之卷。<u>乃考《明史·藝文志》</u>載卓爾康《易學》五十卷,而朱彝尊《經義考》亦□□卓爾康《易學全書》五十卷,其書現存既與五十卷□<u>不符</u>,而卷前之目又與後書不相應。殘<u>破</u>不全,毋庸存目<u>也</u>。纂修官編修翁方綱②

案:《易學》目前留存三峽藏翁方綱纂提要底稿、修訂稿及紀昀删定稿、《四庫全書總目》定稿四個不同階段的提要稿。三峽藏翁方綱分纂底稿末署"纂修官編修翁方綱"。修訂稿對部分文字進行了較大幅度的增補和修訂。主要修訂之處包括:其一,補注書籍來源"浙江巡撫三寶採進本";其二,删除"且既不分卷數,而又有卷之字,空其下格"一句;其三,增補"是書不分卷""乃考《明史·藝文志》載卓爾康《易學》五十卷";其四,修正部分文字,如將"之目"改爲"總目","不相應"改爲"不符","殘本"改爲"殘破"。三峽藏提要底稿和修訂稿均判定《易學》一書"殘破不全,毋庸存目",而查紀昀删定提要稿和《四庫全書總目》定稿則將其列爲存目之書,可知四庫館臣後續對此書需要存目與否進行了討論,最終決定列爲存目,且評價"爲書如是,其完也不足貴,其闕也亦不足惜矣"③。

【提要底稿】

謹案:《春秋左傳屬事》二十卷,明傅遜輯。遜字士凱,吴人,先是遜之友王執禮,以其師歸有光意欲編次《左傳》事而未成書。至是遜爲成之,蓋仿宋袁樞《通鑒紀事本末》之意也。應存其目。纂修官編修翁方綱恭校

【提要修訂稿】

謹案:《春秋左傳屬事》二十卷,明傅遜輯。遜字士凱,吴人,先是遜之友王執

---

① (清)永瑢等撰:《四庫全書總目》卷一七一,北京:中華書局,1965 年,第 1493 頁。

② (清)翁方綱等纂:《四庫書目稿册》,重慶中國三峽博物館藏,第 7 葉。

③ (清)永瑢等撰:《四庫全書總目》卷八,第 63 頁。

禮，以其師歸有光意欲編次《左傳》事而未成書。遂取其草增益，乃仿宋袁樞《通鑑紀事本末》之意也。應存其目。纂修官編修翁方綱恭校

　　首王室，次盟主，次魯，次列國，而終於吳楚，凡爲條目九十有二。能事之大，皆爲事國之大者，相比而小者附見焉。蓋以便於讀者。

　　案：《春秋左傳屬事》目前留存三峽藏翁方綱纂提要底稿、修訂稿及紀昀删定稿、《四庫全書總目》定稿四個不同階段的提要稿。三峽藏翁方綱分纂底稿末署“纂修官編修翁方綱恭校”，列爲“應存其目”，末鈐“存目”木記。提要修訂稿對部分文字進行了修改，將底稿“至是遂爲成之”改爲“遂取其草增益”。同時，在提要底稿前另起一段墨筆增加：“首王室，次盟主，次魯，次列國，而終於吳楚，凡爲條目九十有二。能事之大，皆爲事國之大者。相比而小者附見焉。蓋以便於讀者。”内容更爲詳實。比較而言，紀昀删定提要稿和《四庫全書總目》定稿[1]部分内容乃源于三峽藏提要稿，存在明顯的承繼關係。

　　【提要底稿】

　　謹案：《樊榭山房集》前續合二十卷，國朝屬鶚著。鶚字太鴻，錢塘人。康熙庚子舉人，薦舉博學宏詞。其居曰樊榭山房者，取唐人皮日休詩也。鶚熟於宋事。嘗撰《宋事紀事》一百卷、《南宋院畫録》八卷，其詩則精深含味藻，不妄□自□□□□。國初新城王士禎，秀水朱彝尊後，風雅道昌，名家輩出，鶚詩頓挫雄放，固視王、朱稍遜，而律切入細，時或過之。詩前續各八卷、詞各二卷。應抄録。纂修官編修翁方綱恭校

　　【提要修訂稿】

　　謹案：《樊榭山房集》十卷續集十卷，浙江巡撫三寶採進本，國朝屬鶚著。鶚字太鴻，錢塘人。康熙庚子舉人，薦舉博學宏詞。其居曰樊榭山房者，取唐人皮日休詩也。鶚熟於宋事。嘗撰《宋詩紀事》一百卷、《南宋院畫録》八卷，其詩則精深含味藻，不妄□自□□□□。國初王士禎，朱彝尊後，風雅道昌，名家輩出，鶚詩頓挫雄放，固視王、朱稍遜，而律切入細，時或過之。是書前集，分甲、乙、丙、丁、戊、己、庚、辛八卷，詞分甲、乙二卷，後集卷數與前集卷同，共二十卷。應抄録。纂修官編修翁方綱恭校[2]

　　案：《樊榭山房集》目前留存三峽藏翁方綱纂提要底稿、修訂稿及《四庫全書總目》定稿三個不同階段的提要稿。三峽藏翁方綱分纂底稿署“纂修官編修翁方綱恭校”，列爲“應抄録”，末鈐“抄録”木記。修訂稿對部分文字進行了增補和修訂：其一，補注書目來源“浙江巡撫三寶採進本”；其二，删除王士禎、朱彝尊籍貫“新城”“秀水”；其三，將底稿“前續合二十卷”改爲“十卷續集十卷”。底稿“詩前續各八卷、詞各二卷”增補爲“是書前集，分甲、乙、丙、丁、戊、己、庚、辛八卷，詞分甲、乙二卷，後集卷數與前集卷同，共二十卷”，卷次更加詳細，這一改動，也爲其後編成的《四庫全書總目》定稿[3]

① （清）永瑢等撰：《四庫全書總目》卷二八，第 232 頁。
② （清）翁方綱等纂：《四庫書目稿册》，重慶中國三峽博物館藏，第 8 葉。
③ （清）永瑢等撰：《四庫全書總目》卷一七三，第 1529 頁。

所採用。

【提要底稿】

《春秋大全》三十卷,明馮夢龍輯。專爲場屋作文之用,坊間俗書也。不必存目。纂修姚。

【提要修訂稿】

《春秋大全》三十卷,明馮夢龍輯。此編乃坊間俗書,專爲場屋作文之用。於解經全無發明,其傳文獨尊胡氏,旁乃偶附左氏之卷,舉業所不用者刪之。又謂自有此書而他書可以無觀。蓋坊間射利俗書,卑陋可笑如此。纂修姚①

案:《春秋大全》目前留存三峽藏翁方綱纂提要底稿、修訂稿及《四庫全書總目》定稿。三峽藏底稿署名“纂修姚”,如前所述當爲姚鼐所撰提要。提要底稿之末鈐有“臣昀臣錫熊印”。底稿内容比較簡略,只有三十餘字,因爲姚鼐認爲其“專爲場屋作文之用,坊間俗書也”,標明“不必存目”。提要修訂稿對部分文字進行了一定幅度的增補,進一步解釋此書不應列爲存目的理由:“於解經全無發明”“其傳文獨尊胡氏,旁乃偶附左氏二卷,舉業所不用者刪之。又謂自有此書而他書可以無觀。蓋坊間射利俗書,卑陋可笑如此”。《四庫全書總目》定稿雖有同名之書(題爲《别本春秋大全》三十卷),但來源已由“坊間射利俗書,卑陋可笑如此”坊刻本撤换爲品質更佳的内府藏本,改列爲存目,且提要内容與三峽提要稿存在諸多不同,可作比較:“《别本春秋大全》,三十卷,内府藏本,明馮夢龍撰。是書雖以《春秋大全》爲名,而非永樂中官修之原本。其體例,惟胡安國《傳》全録,亦間附《左傳》事蹟,以備時文揾撫之用。諸家之説,則僅略存數條。其《凡例》有云:《大全》中諸儒議論,盡有勝胡氏者。然業已宗胡,自難並收以亂耳目。是不亦明知其謬而爲之歟?”②

【提要底稿】

《明鍾惺評左傳》三卷,論陋甚,無可取者,不必存目。

【提要修訂稿】

《明鍾惺評左傳》三卷,廠本,明鍾惺評。蓋此編乃毛晉所刻,□綴在鍾評也,大抵專爲初學作文而設,評語淺陋,如於其樂也融融,其樂也泄泄等句,不知即賦中語而直採之,此其恨人已甚。乃編首有楊鼎熙序,謂特進鍾伯敬以追紀□仍杜預□□。然不圖其推許□□□□於此③

案:《明鍾惺評左傳》目前留存三峽藏翁方綱纂提要底稿、修訂稿及《四庫全書總目》定稿。細檢該提要原無署名,但底稿字蹟與同一稿册中署名“纂修姚”的字蹟一致,可判斷爲姚鼐所撰提要,提要之末亦鈐有“臣昀臣錫熊印”。提要底稿非常簡略,只有十九字,姚鼐認爲“論陋甚,無可取者”,標明“不必存目”。修訂稿補注來源爲“廠本”,即源自坊刻本,同時對部分文字進行了較大幅度的增補和修訂,一方面刪除了

---

①　(清)翁方綱等纂:《四庫書目稿册》,重慶中國三峽博物館藏,第 12 葉。
②　(清)永瑢等撰:《四庫全書總目》卷三〇,第 793 頁。
③　(清)翁方綱等纂:《四庫書目稿册》,重慶中國三峽博物館藏,第 29 葉。

"無可取者"的過激評價,指出"大抵專爲初學作文而設,評語淺陋",將此書存在的問題細化爲"於其樂也融融,其樂也泄泄等句,不知即賦中語而直採之,此其悞人已甚"。且修訂稿提到了楊鼎熙序文對此書的評價,認爲仍有可取之處。至《四庫全書總目》定稿,將《明鍾惺評左傳》列爲存目,提要内容爲:"是編爲毛晉汲古閣所刻。惟録杜預《左傳集解》。較坊本兼刻林堯叟《注》者,特爲近古。然綴以鍾惺評點,改其名爲《鍾評左傳》,殊爲蛇足。惺撰《詩歸》,別開蹊徑,尚能成一家之言。至於詁經,則非其所長也。"①鍾惺所評《左傳》清代影響極大,潘氏家族視爲"吾家之世寶"②。從三峽藏提要底稿徹底否定,到修訂稿褒貶互見的評價,《四庫全書總目》定稿一方面肯定其別開生面、自成一家,另一方面又不客氣地指出詁經"非其所長"的問題所在,顯然吸收了三峽藏修訂稿的意見。

結　語

　　通過上述六篇新見《四庫提要》分纂稿的介紹和考察,我們可以較爲清晰地呈現四庫館臣早期對分纂提要所做的具體工作和修訂過程。首先,纂修官根據採進書目撰成提要初稿,其後修訂稿在初稿的基礎上進行潤飾,或增補内容、補充史實,或增删並存、調換順序,特別是增加了對作者及著作優劣的評論文字,給予明確的褒貶意見,如三峽藏《樊榭山房集》提要稿對該書作者的評價褒貶兼而有之,謂"鶚詩頓挫雄放,固視王、朱稍遜,而律切入細,時或過之",最後纂修官建議此書"擬抄録",四庫館總裁于敏中提出的"擬抄者則褒貶互見"③提要撰寫原則在此得到充分體現。其次,比較三峽藏提要稿與《四庫全書總目》定稿,二者雖然存在很大差異,但三峽藏提要稿的一些意見爲《四庫全書總目》定稿所採納。同時,我們也可以注意到,早期分纂稿原本存在粗疏簡陋、精詳不一的情況,通過後續四庫館總裁、總纂官的一再審閱、修訂,使之更加完善。其中存在一些分纂稿後期被廢棄或者重寫,甚至改"不應存目"爲"存目"的現象,一方面説明分纂稿尚屬初稿,不成熟之處較多,需要四庫館臣集體討論修訂。另一方面也説明四庫館總裁、總纂官在決定書籍去取和提要稿最終面貌中所扮演的重要角色。要之,此次新發現的三峽博物館所藏翁方綱、姚鼐所撰六篇分纂稿爲此前著録所未見,内容頗具價值。這批分纂稿保留了早期提要稿的真實面貌,對於深入認識分纂稿與《四庫全書總目》之間的關係提供了新材料,值得我們加以重視和探討。

---

①　(清)永瑢等撰:《四庫全書總目》卷二八,第 230 頁。
②　《春秋左氏傳》,潘德輿跋,中國國家圖書館藏康熙刻本。
③　《于文襄手劄》第 35 函,北平:國立北平圖書館影印本,1933 年,第 37 頁。

姚鼐集外文四篇輯釋*

吕雙偉　林耀琳

摘　要:作爲清代桐城派的實際創立者與傳法者,姚鼐地位重要。但已出版的各種姚鼐詩文集版本,在詩文輯佚方面還可完善。通過對姚鼐集外文的輯佚與釋論,可以更加深入了解姚鼐的生平交遊、文體特徵和文學思想等,從而爲全面研究姚鼐提供借鑒。

關鍵詞:姚鼐;集外文;輯佚;釋論

作爲乾嘉時代迥異於當時考據潮流,卓然獨立的文學家、教育家和學者,桐城派的實際創立者姚鼐一生著述不輟,勤於育人,對當時及後世影響甚大。研究清代文學和學術,姚鼐的詩文等具有重要參考價值。學術界目前通行的姚鼐文集主要有五:上海商務印書館的《四部叢刊》本、中華書局的《四部備要》本、中國書店《惜抱軒全集》、劉季高校點的《惜抱軒詩文集》、周中明校點的《姚鼐詩文集》。其中,《四部叢刊》本只收録了姚鼐詩文的前集;《四部備要》本號稱《惜抱軒全集》,收録了《惜抱軒文集》《文後集》《惜抱軒詩集》《詩後集》《外集》及《法帖題跋》《筆記》。中國書店版《惜抱軒全集》號稱"集其作品之全豹,全面體現了姚鼐的學術思想、創作理論以及文學傾向"①,其實只是對《四部備要》本《惜抱軒全集》迻録而已,兩書篇目完全一致。劉季高校點的《惜抱軒詩文集》,底本爲光緒三十三年(1907)上海校經山房本(係同治五年省心閣本重印),在篇目上與《四部備要》本完全一致,没有進行輯佚工作。周中明校點的《姚鼐詩文集》後出轉精,對姚鼐的詩文、經説、尺牘、時文、法帖題跋、書録、筆記、日記等作了全面收録,也進行了詩文輯佚,是迄今最全的版本。但在輯佚方面,尚有拓展空間。

姚鼐先後在江南書院講學四十年,其人其文名震東南;又精於書法,故爲門生朋友題詩作序較多。這些詩文,有的就被以上通行本遺漏。學術界已有相關論文進行輯佚,如王思豪輯録《惜抱軒詩文集》未收的《點蒼山人詩序》《秘閣續帖跋》及爲翁廣平文集所作的《聽鶯居文鈔序》3 篇。江曦輯録姚鼐與王文治的 2 篇書劄以及爲朱倫瀚詩集所作的《閑青堂詩集序》、爲周煌文集所作的《海山存稿序》、爲沙琛詩集所作的《點蒼山人詩鈔序》(與王文重復)3 篇序文。温世亮從姚鼐《惜抱使湘魯日記》中輯録

*　**作者簡介:**吕雙偉,湖南師範大學文學院教授,博士生導師,主要從事古代文體研究;林耀琳,湖南師範大學文學院博士生,主要從事古代文體研究。

基金項目:湖南省社會科學基金重點項目"明清之際駢文研究"(17ZDB023)。

① 　(清)姚鼐:《惜抱軒全集》卷首,北京:中國書店,1991 年。

詩52首、詞1首。劉文龍從家集、史料、譜志等中得到姚鼐佚文6篇、詩3首。① 筆者在研究過程中,發現了新佚文4篇。兹轉錄並標點、論述如下。

嶽雲詩鈔序

李太白之詩,詩之仙也。唐時所謂仙人,若施肩吾、吕洞賓之流,其詩亦頗傳於世,然其詞顧平甚。真仙之詩,乃大不逮謫仙詩耶?

江寧羽士朱嶽雲,其人固將學仙者也;而平生好爲詩,仰希太白。夫以真仙之道兼謫仙之詩,此古所無有者,而今乃觀,得之其可乎? 吾謂人之爲仙與詩之爲仙,皆有道。使其胸中蕩蕩乎無纖豪流俗之意存,超然其與天爲徒也,則人之仙與詩之仙可以兼至。雖不敢謂必得其事,而不可謂無其理矣。余嘗以斯言告之嶽雲,嶽雲不謂余言之妄也。將奉是説而日進其學焉,其所就烏可量也哉? 嘉慶庚午,嶽雲鈔其平生詩爲一集,視余。余既善其所已能者,而又美其志之方進,因以此題諸編首。

時端午前二日也,桐城姚鼐書。②

該文末尾鈐有"姬傳印",全序爲姚鼐寫刻本。《嶽雲詩鈔》爲朱福田的詩集,除了姚鼐作序外,孫星衍、吳蒿也分別爲之作序。朱福田,一作瀛田,字樂園,號嶽雲,江寧人,生卒年不詳。他不僅是羽士,還"工山水墨菊,善書"③。曾於南京上河牛首山麓,築別業曰麥浪舫。《嶽雲詩鈔》有幾種不同的版本,即李靈年、楊忠《清人別集總目》著錄的上海圖書館藏嘉慶刻本,四卷;中國科學院圖書館藏道光刻本,七卷;柯愈春《清人詩文集總目提要》除了著錄這兩種版本外,還提到了浙江圖書館藏嘉慶二十年刻本,十卷;中國社會科學院文學研究所藏嘉慶刻本,二卷。

姚鼐先後兩次在南京講學,第一次自1789年到1800年;第二次爲1805年至1815年去世。④ 朱福田是姚鼐晚年在南京鍾山書院講學時的朋友,姚鼐曾爲朱福田的麥浪舫圖題詩,又曾到麥浪舫別業賞玩。該文寫於嘉慶十五年(1810),此時姚鼐八十歲。查閱姚鼐詩文,僅有一組題畫詩(二首)寫到朱福田,即《惜抱軒詩集後集》中的《題朱嶽雲麥浪舫圖》:"柳堂春水源源活,花塢芳條歲歲添。小築天人合作勝,倚闌鍾阜碧當檐。""道人詩思絶氛囂,自作桃源傍近郊。風雨吟龍江振户,霜天棲鶴月當巢。"⑤前一首偏於描繪麥浪舫依山傍水的自然環境之美;後一首偏於突出朱福田的隱逸身份與"思絶氛囂"的詩歌特徵。朱福田《嶽雲詩鈔》中,不僅有詩提及姚鼐,而且很多詩後都附錄了姚鼐的評點。可見,姚鼐與之相交較深。朱福田《九月廿七日奉邀姚太史姬傳孫觀察伯淵方宫保保岩胡太守晚晴賀司馬晉人吳廣文灌蘭集麥浪舫》全詩曰:"竟枉名賢駕,來遊畎畝間。荒村供草具,微服過柴關。秋水通危礿,夕陽無近

---

① 參王思豪:《姚鼐集佚文辨識補遺》,《古籍研究》,2009卷,總55—56期;江曦:《姚鼐集外文考論》,《綏化學院學報》,2010年第3期;温世亮:《姚鼐集外詩歌輯補53首》,《中國韻文學刊》,2014年第3期;劉文龍:《姚鼐集外詩文輯考》,《安慶師範大學學報》,2019年第2期。

② (清)朱福田著,姚鼐序:《嶽雲詩鈔》,《清代詩文集彙編》第401册影印清嘉慶刻本,第407—408頁。

③ (清)李浚之編:《清畫家詩史》壬下,北京:中國書店,1990年。

④ 孟醒仁:《桐城派三祖年譜》,合肥:安徽大學出版社,2002年,第196、227頁。

⑤ 劉季高標校:《惜抱軒詩文集》,上海:上海古籍出版社,1992年,第637頁。

山。忘言久相對，時有鷺飛還。”①此詩是朱福田邀請姚鼐、孫星衍、方維甸等聚集麥浪舫時所寫，忘言相對，鷗鷺飛還，機心盡滅，與天合一，正是道人心迹的真實寫照。姚、孫、方晚年都在南京居住，故朱福田邀請他們光臨其別墅麥浪舫，爲詩記之。

從《嶽雲詩鈔序》還可印證姚鼐的詩學觀念，那就是脱俗求雅，與天合一：“使其胸中蕩蕩乎無纖豪流俗之意存，超然其與天爲徒也，則人之仙與詩之仙可以兼至。”這不僅是根據羽士超越世俗的生活方式而提出，也是姚鼐主張詩歌擺脱流俗，追求雅正的詩學觀念反映。在《敦拙堂詩集序》中，他提出“夫文者，藝也。道與藝合，天與人一，則爲文之至”②。編撰《五七言今體詩鈔》時强調“存古人之正軌，以正雅袪邪”③，《荷塘詩集序》云“而其清氣逸韻，見胸中之高亮，而無世俗脂韋之概，則與古人近而於今人遠矣”④。《晚香堂集序》説永卧岡詩“度越流俗之概，音和而調雅，情深而體正”⑤，都是明證。姚鼐對朱福田的多首詩歌評點。如評《宿隱仙庵巢松閣曉歸》曰“清超”，評《登翠微亭》“高城古木連山起，落日長江作帶圍”一聯爲“雄健”，評《送施雪禪之楚南》“山木懸江雨，吳雲入楚秋”一聯爲“警句”，評《新萍》曰“清新”，評《秋日麥浪舫落成賦五律三首》曰“渾成真樸，此可謂之詩矣”等，都可見其清新雅正的詩學思想。

雙佩齋文集序

言而有益於當世者，言之上也；文章之美，其次也。

婺源通政副使王葑亭先生，以文有名於乾隆間，余昔嘗爲銘墓，紀其生平矣。今其家將以《葑亭集》雕板，復請論訂。余覆讀之，内《正師》《正友》兩篇，最爲卓然名論，大有益於世教。設世有録本朝文，如吕東萊之録宋文者，則此二篇宜亟采入。其餘諸作，大體清幽不俗。余曩志稱其似程魚門者，盡之矣。余本因魚門而知世有通政，卒未與通政見。而今顧得序其集，而魚門集爲其門人謝編修持去，今莫知所在，世尚有收藏爲雕板者否？余感思舊遊，題葑亭之編，又不能不太息於此云。

嘉慶庚午九月廿一日，桐城姚鼐。⑥

《雙佩齋文集》爲王友亮的古文集，有上海圖書館、南京圖書館等藏嘉慶十五年刻本，各家所藏卷數無異，均爲四卷。姚鼐與王友亮只是文字之交，素未謀面。王友亮（1742—1797），字景南，一字東田，號葑亭，亦號葑畦，安徽婺源人。根據姚鼐集失收尺牘《與竹嶼》“尊大人令德名賢，承以銘幽之文付之讞薄，愧報之至。今輒以陋筆粗已搆成，録本寄閲，不知果堪用否？”⑦王竹嶼，原名汝鳳，字振軒，號鳳生，是王友亮之子。在寫此序之前，姚鼐曾應王鳳生之請，撰有《中議大夫通政司副使婺源王君墓誌銘並序》，對王友亮的生平經歷作了叙述。“君十歲能詩，稍長，文名大著，以貢生中乾

①　《嶽雲詩鈔》卷下，第 423 頁。
②　《惜抱軒詩文集》，第 49 頁。
③　（清）姚鼐編：《五七言今體詩鈔·序目》，清同治五年（1866）金陵書局刻本。
④　《惜抱軒詩文集》，第 51 頁。
⑤　《惜抱軒詩文集》，第 56 頁。
⑥　（清）王友亮著，姚鼐序《雙佩齋文集》，《清代詩文集彙編》第 401 册影印清嘉慶刻本，第 605 頁。
⑦　轉自劉文龍《姚鼐集外詩文輯考》，《安慶師範大學學報》，2019 年第 2 期，第 19 頁。

隆三十年順天鄉試舉人。三十四年會試,取爲中書舍人。四十六年成進士,授刑部主事。歷員外郎,擢山東道監察御史,轉禮科、兵科給事中。嘉慶初,累擢通政司參議、太僕寺少卿、通政司副使。嘉慶二年五月十二日卒,年五十六。"①姚鼐大王友亮十一歲,於年齡爲長。兩人多次同處一地,但因機緣不合,竟未謀面,只是文字之交。程晉芳是兩人神交的引路人。姚鼐有云:"余在京師時,君官中書,將與相知,未及而君以事歸江南,使程魚門(晉芳)致意於余,余爲題其《觀雲圖》,及君入而余已歸。余之江寧書院,至君家,而君仕京師,以至没不得見,見君文筆誦嘆而已。"②這裏提到的《觀雲圖》,當即王友亮《書程魚門編修遺文後》中提到的《坐看雲起圖》:"壬辰,余來都供職。次秋,乞假歸,先生置酒餞之,且爲題《坐看雲起圖》,悵惘不忍别。"③"余爲題其《觀雲圖》",當即《惜抱軒詩集》中的《王舍人友亮坐看雲起圖》。而王友亮詩文集中,有涉及袁枚、法式善、吳錫麒、張問陶、楊芳燦、吳嵩梁等乾嘉知名文人的詩文,但無一語提及姚鼐。據此或可推知,姚鼐雖然年長,但他對王友亮的關注,比王對自己的關注要多。而姚鼐之所以對王友亮畫題詩、寫墓誌銘及撰文集序,除了程晉芳的推介和王友亮之子王鳳生的請託外,對王友亮的文學和學術思想上的肯定,乃重要原因。

王友亮籍貫徽州婺源,與朱熹同鄉。他推崇古文,崇尚理學,以南宋古文、駢文成就高却無人選鑒而遺憾,故主張續選南宋文,以補吕祖謙《宋文鑑》之缺。其《與洪壽山(騰蛟)孝廉》云:"唐宋選本,以《文粹》《文鑑》爲宗,而《文鑑》止於北宋。竊謂南渡後百五十年,文人輩出,不獨詩爲然也。古文如朱子(朱熹)、陳同甫(亮)、陸渭南(遊)、羅鄂州(願)、吕東萊(祖謙)、劉後村(克莊);駢文如汪浮溪(藻)、綦北海(崇禮)、孫鴻慶(覿)、程北山(俱)、王格齋(子俊)、李梅亭(劉),皆其卓卓者也。……或抒經濟之光,或掞道學之蘊,或忠義勃發,或博雅旁流,均爲不可磨滅。後人於元明文,皆有專輯。而此獨闕然,殊爲憾事。"④王友亮還在《書程魚門編修遺文後》特意提到程晉芳主張先品行而後文章,一生服膺宋儒:"後七年庚子,余復來都僦居,與先生近。暇輒相尋劇談,或過半夜。先生自言:'吾無他僻,獨嗜經,至老不衰。'又謂余:'君家婺源,爲朱子故里。君又先儒雙溪王氏裔也。夫士先品行而後文章,吾一生服膺宋儒,未敢輕以語人,恐貽訕笑。與君交厚,故一言期勉之。'"⑤王友亮對朱熹理學及宋代古文的肯定;又以詩文名世,不喜考據之學,亦無考據之作傳世;還爲文揭露現實中不良師風、友風,自然能讓姚鼐頗有好感,從而樂意爲之撰銘作序。姚鼐不反對漢儒經學,但反感乾嘉時代將"漢學"等同於考據的風氣:"弟一冬止讀宋儒書,近世大夫侈言漢學,祇是考證一事耳。考證固不可廢,然安得與宋大儒所得者並論?世之君子,欲以該博取名,遂敢於輕蔑閩洛。此當今大患,是亦衣冠中之邪教也。閣下任世道人心之責,故亦不敢不以奉聞。"⑥炫博求名,詆毀閩洛的漢學思潮,竟被姚鼐視爲"邪教",

①　《惜抱軒詩文集》,第 341 頁。
②　《惜抱軒詩文集》,第 341—342 頁。
③　《雙佩齋文集》卷四,第 638 頁。
④　《雙佩齋文集》卷二,第 617 頁。
⑤　《雙佩齋文集》卷四,第 638 頁。
⑥　(清)姚鼐:《與汪稼門(志伊)》,《惜抱先生尺牘》卷一,清咸豐五年(1855)海源閣刊本。

希望有力之人加以糾正，以挽救世道人心。因而，在《雙佩齋文集序》中，他强調言以有益於當世，有益世教爲上，重點指出：“内《正師》《正友》兩篇，最爲卓然名論，大有益於世教。設世有録本朝文，如吕東萊之録宋文者，則此二篇宜亟采入。其餘諸作，大體清幽不俗。余曩志稱其似程魚門者，盡之矣。”王友亮《正師》確實是反撥流俗、宣導儒學的奮發之作，其文有曰：“所謂不可者，何也？有人焉，始亦稍習孔、孟之言，得名與位而遂倍之。奉浮屠貪黠者一人，泥首以聽訶，伏身而受杖；甚至屏冠服，著緇衣，徒步相逐於通衢，厠其侍者之列，且誇於人曰：‘吾師吾師。’噫！無恥甚矣！醫筮樂工之有師，非吾儒比。使之舍其所事而之他，必怫然怒，不能忘本也。若人者，竟甘心忘之，是又出醫筮樂工之下矣！悲夫！”①議論正大，義正詞嚴，與其《因果論》中對天下人無論智愚，對佛教因果報應之説靡然從之的批判，如出一轍。在王友亮墓誌銘中，姚鼐已指出他敢於批判京師士大夫群趨佛寺，奉僧爲師的憂心現象：“當乾隆之季，京師士大夫奉廣慧寺僧爲師，君惡之，作一篇曰《正師》。其後僧與奉之者皆得罪，而君之名益彰。”②這裏再次提出，可見他對王友亮古文針砭流俗，有益當世的深刻認同。

題陶山詩前録

　　詩家以性情爲貴。陶山先生真是詩人性情，故下筆每得古人詩境深處。此二卷乃其中年以前之作，最佳者語意警絶，得未曾有；次者亦各有一種情趣。要不愧爲雅人之詠也。

　　嘉慶辛未冬姚鼐題。③

　　該文爲姚鼐手書題跋，文後蓋有姚鼐鈐印，隨着詩集刊行。唐仲冕（1753—1827），字雲枳，號陶山居士，世稱唐陶山。原籍湖南善化（今長沙），後客居山東肥城。乾隆五十八年進士，歷官江蘇荆溪知縣、海州知州、陝西布政使等。在這篇題跋中，姚鼐明確主張詩人“以性情爲貴”，其次“亦各有一種情趣”，這樣才不愧爲“雅人之詠”。本着這樣的詩學觀念，姚鼐對唐仲冕爲官之前的詩歌，作了大量删減。唐仲冕《陶山詩前録自叙》曰：“余既刻入官以後詩十二卷，檢癸丑以前至戊戌，尚千餘篇。不忍棄，請姚姬傳先生删之，存一百四十首，别爲二卷。十數年中，菽水之養，松楸之營，屐齒舲唇之遊歷，與夫公車往返，山居食貧之梗概，亦略可見矣。人生由少而壯而老，已事如煙，不可追迹，唯借此摅寫性情胸臆之筆，存其崖略。詞雖不工，胡可棄耶？惜乎戊戌以前之草，自謂不足存而悉焚之。吁，今之存者果足存乎？吾不信也。此《陶山詩前録》之所以刻也。”④也指出其詩歌抒寫“性情胸臆”，可見這是兩人的共識。

　　唐仲冕是乾嘉時代較爲知名的詩人、官員，錢大昕對其詩評價很高，曾燠有詩相贈，秦瀛、王芑孫、趙懷玉都爲其詩集作序。鄧顯鶴《沅湘耆舊集》收録唐仲冕古體詩65首、近體詩136首。徐世昌《晚晴簃詩匯》收録其詩12首，所選數量較多。其《詩話》曰：“陶山躬際承平，起家牧令，清詩美政，流播吳中。今閶門滄浪亭有五百名賢石

---

① 《雙佩齋文集》卷四，第 632 頁。
② 《惜抱軒詩文集》，第 341 頁。
③ （清）唐仲冕：《陶山詩前録》卷首，《續修四庫全書》1478 册，第 1 頁。
④ （清）唐仲冕：《陶山詩録》，《續修四庫全書》1478 册，第 6 頁。

刻,首泰伯,以仲冕殿。其見重如此。秦小峴謂其詩通於政,王惕甫稱其不克施諸官者,則寓諸詩。集中如元結《舂陵》《賊退》之篇,藉民事以通諷諭者,多不勝選。陶山自言初宗韓、蘇,後效岑、高,憚於精專,貪多喜雜。顧其筆橫才高,實能鎔鑄衆長,自成機軸,故有轉酪成酥之美。"①通過此文,可以了解唐仲冕早年的詩歌取向與詩歌風貌,從而全面了解其詩歌嬗變過程。

題霜哺遺音

瑰奇詭卓之事,震駭於聽聞者,文士所藉以張其詞章之偉也。人倫之常檢,中和之純德,其發於文也,難爲工矣。禮教既修,風俗隆美,閭巷女子,如古《柏舟》之節,夫死,秉禮守正,撫育遺孤而教之,海內賢女所爲,率相類也,故述爲文而求奇者尤難。雖然,君子爲文,貴益世教,子長愛奇,子長之病也。常德固有尊於奇行,述常德之爲文,豈必有遜於奇文哉?

吳縣奉直大夫袁君森如有側室曰韓孺人,年二十五而寡,守節教子,至於成立,吏請於朝而旌之。其子遍求賢士大夫爲詩文以表其行,合成巨編,曰《霜哺遺音》。其族錢塘簡齋先生持示余,又爲之求言焉。余閱之,凡傳、志、記、贊、詩歌之體備矣。其間若簡齋先生及嘉定錢辛楣學士,又兼爲兩體,甚矣,諸公之樂道人善也。余不識其家人,無由別詢其嘉言懿行之細曲;若章章大節,則諸公之言美矣,余無以復益。聊書此以復於簡齋先生。謂諸公爲文之誼,雖謂賢於子長可也。

桐城姚鼐。②

《霜哺遺音》六卷,袁廷檮輯録,嘉慶間刊刻。袁廷檮(1764—1810),後更名廷壽,字壽階,又作授階、綬階、壽皆、綬皆等,號又愷(又凱),吳縣人。清乾嘉間蘇州著名藏書家,與黃丕烈、顧之逵、周錫瓚並稱"藏書四友""乾嘉四大藏書家"③。其母韓氏,十九歲嫁給袁永涵爲妾。六歲時父親去世,母親守節撫孤十五年後去世。該書是表彰其母事蹟的詩文彙編。姚鼐應袁枚之請,爲袁廷檮母寫下《題〈霜哺遺音〉》,被楷書手寫上板。劉鵬對該書與《竹柏樓居圖》的關係、由來與特徵,袁廷檮的經歷等作了詳細考述,指出該書的文體內容與序跋情況:"曹謙光臥雲題名,姚鼐、江聲序(均手寫上板,江序爲篆書)。卷一有頌、傳、墓誌、序、記、贊、銘、誄、跋、賦等體裁,大約爲較早之作。卷二至六皆爲詩,俱云'隨題隨梓,不叙爵齒'。通計全書,約有作者170人,各類詩文200餘首。作者中,不乏阮元、鐵保、孫士毅、長麟、蔣元益、彭紹升、彭啓豐等官貴,姚鼐、盧文弨、王鳴盛、錢大昕、袁枚、王規、潘奕雋、潘世璜、趙翼、邵晉涵、趙懷玉、段玉裁、江聲、顧千裏、孫星衍、洪亮吉、吳錫麒、錢維喬、李兆洛、梁玉繩、法式善、鈕樹玉、顧蒓、李銳、伊秉綬等學者文人,王文治、梁同書、吳俊、錢載、方薰、范來宗、李福等書畫名流,以及鮑廷博、黃丕烈、瞿中溶、楊復吉等藏書家。"④這些海內名家,絕大部分是應袁廷檮或其他人之請,撰寫詩文題詠其母的節操與事蹟。如此龐大的陣容,撰

① (清)徐世昌著,傅卜棠編校:《晚晴簃詩話》,上海:華東師範大學出版社,2009 年,第 782 頁。
② (清)袁廷檮輯:《霜哺遺音》卷首,清嘉慶臥雪草堂刻本。
③ 劉鵬:《國家圖書館藏袁廷檮題跋考釋》,《文獻》,2013 年第 1 期。
④ 劉鵬:《清藏書家袁廷檮生平發覆——一個蘇州家族的興衰》,《天一閣文叢》第十二輯,2015 年 1 月。

寫同一對象同一主題的詩文,實在難以創新。姚鼐此文,没有具體叙述袁母的言行,而是强調以普通人平常事爲主題,並不遜於司馬遷以奇事爲追求的寫法。可見全文立意不凡,不拘格套。既避免了不實的誇飾,又完成了好友托付的任務。雖是應酬文字,但可見乾嘉時代文士對女子守節育孤的過度推崇,也可見當時母教圖畫與詩文序跋相輔相成的文化現象。

　　姚鼐是桐城派真正的開派宗師,方苞、劉大櫆只能説是桐城派的先驅①,"集桐城派之大成的文學成就"②。他有意滋蘭樹蕙,廣育門徒,宣揚孔孟程朱以來的儒學道統,宣導先秦盛漢及韓歐以來的古文文統,創作了義理與考據兼采,内容與形式兼善的古文,培養了方東樹、劉開、梅曾亮、管同、姚瑩等著名弟子,形成了清代最大的文學流派——桐城派。其在清代文坛、學坛上的地位,當不在袁枚之下。

　　然而,同袁枚詩文集的整理、輯佚相比③,姚鼐詩文集的整理速度和輯佚成果,有些落後。姚鼐一生著述豐富,去世後,其侄孫姚瑩提到其著述有四庫提要部分文稿、《廬州府志》《江寧府志》《六安州志》《九經説》《三傳補注》《老子章義》《莊子章義》《惜抱軒文集》《文後集》《詩集》《書録》《法帖題跋》《筆記》《古文辭類纂》《今體詩鈔》等,由門人鏤刻行世④。同治五年丙寅(1866),有李瀚章題記的省心閣刻本《惜抱軒全集》問世,共收録姚鼐著述十種八十八卷,包括《惜抱軒文集》《文後集》《詩集》《詩後集》《詩外集》《惜抱軒法帖題跋》《左傳補注》《公羊傳補注》《穀梁傳補注》《國語補注》《惜抱軒筆記》《惜抱軒九經説》《五言今體詩鈔》《七言今體詩鈔》等⑤。然而,這裏雖號稱"全集",其實也不全。沈雲龍主編《近代中國史料叢刊》還收録《惜抱先生手札》,陳用光藏寫刻本;《姚惜抱先生家書》,倪道杰藏寫刻本⑥。此外,還有《惜抱軒時文》,清光緒二年(1876)刻本;《惜抱軒遺書三種》,包括《莊子章義》五卷、《附録》一卷;《惜抱軒書録》四卷,《惜抱先生尺牘補編》二卷,清光緒五年(1879)桐城徐宗亮刻本。黄山書社出版的《安徽古籍叢書》中,2021 年推出了周中明先生校點的《姚鼐詩文集》。該書已將姚鼐詩文、尺牘、書録、法帖題跋、筆記、詩文評點、各種經説等編撰爲一集,庶幾可窺姚鼐文學、學術思想之全貌,必將嘉惠學林,推動姚鼐及桐城派研究縱深發展。但該書對姚鼐詩文的輯佚做得還不够,包括已發表在各類雜志上的輯佚詩文都没有完全收入,期待以後再版時能將姚鼐散佚詩文盡可能地囊括其中,以更好地服務學界。

————————

　　① 參考嚴迪昌:《姚鼐立派與"桐城家法"》,《文學遺産》,2006 年第 1 期;王達敏:《姚鼐與乾嘉學派》,北京:學苑出版社,2007 年,第 1 頁。
　　② (清)姚鼐撰,周中明校點:《姚鼐詩文集·前言》,合肥:黄山書社,2021 年,第 4 頁。
　　③ 袁枚全集整理有王英志主編的《袁枚全集》,江蘇古籍出版社,1993 年;此後輯佚不斷,如鄭幸:《袁枚佚劄四通考述》,《蘇州大學學報》,2008 年第 6 期;徐國華:《袁枚佚文補輯》,《文獻》,2010 年第 1 期;冉耀斌:《袁枚集外文一篇——兼談袁枚晚年與吳鎮的一段文字因緣》,《文獻》,2011 年第 1 期等。2015 年,浙江古籍出版社更是推出了王英志主編的《袁枚全集新編》,内容很完善。
　　④ (清)姚瑩:《東溟文集》卷六,《續修四庫全書》第 1512 册,第 430 頁。
　　⑤ (清)姚鼐:《惜抱軒全集》,清同治五年(1866)省心閣刻本。
　　⑥ 沈雲龍主編:《近代中國史料叢刊》第六十輯,第 591—592 册,臺北:文海出版社,1966 年。

章學誠集外文三篇輯考[*]

曹天曉

摘　要：清代史學家章學誠著述多有散佚，目前收錄最全者爲《章學誠遺書》，但該書仍未爲完備。今從清人族譜、別集、方志類文獻中輯得章氏各體文章三篇，皆爲《章學誠遺書》所未收者。這三篇文章均作於嘉慶元年（1796）以後，對於章學誠晚年的教育思想、文章學觀念及生平交游情況有所揭示。

關鍵詞：章學誠；《章學誠遺書》；佚文；輯佚

　　章學誠（1738—1801），字實齋，號少巖，浙江會稽（今紹興）人，清代史學大師，著有《文史通義》《校讎通義》等重要史學理論著作。章氏早年屢試不第，四十一歲方中進士，官至從九品國子監典籍。其一生顛沛，窮困潦倒，晚年雙目失明，著述雖多，但在生前未曾集結刊行，以致多有散佚。民國十一年（1922），嘉業堂主人劉承幹據章氏友人王宗炎所編章學誠遺稿三十卷加以增修，彙刊爲《章氏遺書》五十卷，至此，章學誠文集纔有較爲完整的版本。1973 年，臺北漢聲出版社再版《章氏遺書》，補入佚文 5 篇。1985 年，文物出版社出版《章學誠遺書》，又增加佚文 14 篇，是爲章學誠文集最爲完整的版本[①]。此後陸續有學者發現新的章氏佚文，然自 2005 年以後未見新輯者[②]。筆者近年來從清人族譜、別集、方志等文獻中新發現《章學誠遺書》失收之文三篇，體裁、內容各異，但均作於嘉慶元年以後，屬章學誠晚年作品。現全文輯錄，並略加考釋，以期對章氏生平、交游、學術之研究有所助益。

（一）《春山書塾記》

　　陽川孫君勉齋，鄉之耆德君子也。先世籍富陽，趙宋時遷山陰之陽川，數百年來，世有隱德，鄉里交推。君籍素封，負奇偉，里黨公義，人或觀望，推諉不前，君輒奮身自任，利害得失，不以攖心。陽川濱海，地斥鹵，居人漁鹽爲業。久之，地爲海潮漂没，而課税輸征，不得末减，居人咸苦之。君首率衆反復白於官，卒得豁免，人皆誦君，君無德色。其生平勇義如此。孫族陽川既久，生齒日繁，君念一本之誼，與子璞巖恤喪拯困，解推不倦。洎思族子弟多，遂於宗祠之旁構“春山書

---

　　*　作者簡介：曹天曉，南京大學文學院博士生，主要從事明清文學文獻學研究。

　　①　錢婉約：《〈章氏遺書〉與章實齋年譜》，《武漢大學學報（哲學社會科學版）》1996 年第 5 期，第 92 頁。
　　②　有關章學誠文章的輯佚成果，依次有鮑永軍：《章學誠佚文一篇》，《古籍整理研究學刊》2003 年第 2 期；鮑永軍：《章學誠佚文三則》，《文獻》2003 年第 2 期；周生春、胡倩：《〈章學誠遺書〉佚文補錄》，《浙江社會科學》2005 年第 1 期。

塾",以祖籍富陽爲漢富春,故名春山,不忘本也。鳩材庀工,不惜重資,閱半載而落成。大芘百楹,軒廊曲舍,逶迤相屬,有池臺竹木之勝,書籍器用備具。又置田數百畝,爲薪水資。歲延經、蒙二師,循循課讀,聚族俊秀,肄業其中。所以誘啓後人,而訓迪子弟者,至周且備。族之後進,因君拂濯,率皆因其姿之所近,各有所成,則君可謂知先務矣。夫聚族既繁,任邮能施,富庶必教,不容緩也。語曰:"百工居肆,以成其事。"家塾、黨庠,所以萃處而相觀以善也。然不植其基,不樹之的,不特愚者無由識其趨向,即資稟秀異者,亦域於聞見,而無由激發,以自見其才,此振興鼓舞之所以需其人也。夫古今異宜,三代良法,後世有必不可通者,賢豪者流,往往有以善其鄉族、國家,所以勸敦睦也。惟井田廢,而范氏義莊有以均其養,家塾、黨庠廢,而義塾合族之舉寥寥無甚著者,必其立法未周而難垂久也。且饑有以食,而飽無以教,豈君子善族之心哉? 因嘆孫君父子經畫精詳,善培其族以樹風聲。吾鄉甲姓鉅族不乏素封,倘觀感而群相興起,則蒸蒸俗美,所以仰體敦睦之訓,而躋風俗於時雍,其道豈無自邪? 夫族之大者,非曰生齒之繁已也,必也人才挺生,爲世仰望,然非教育有自,何以能然? 孫氏先世如僅、何之兄弟大魁,文名當代,長孺、立節之祖孫名德,及其子勳、緦之清風亮節,蟬聯以濟家聲,皆前人佳話也。尤願肄斯塾者,仰前人之休光,務期遠大,不以區區科第爲足,盡讀書能事,庶乎慰君殷殷無已之盛心焉。嘉慶建元歲次丙辰秋仲下澣章學誠拜撰。嘉慶四年歲次己未九月茹茱書。

這篇記文載於《陽川孫氏宗譜》道光十年(1830)木活字本卷二十八《家塾録》,該族譜另有民國十六年(1927)鉛印本,亦收有章學誠這篇記文。該文末尾署"嘉慶建元歲次丙辰秋仲下澣",也就是嘉慶元年八月下旬所作。

由於族譜多請名人作序撰文,且該類文獻以前流傳不廣,故其日益成爲詩文輯佚的重要來源①。但早在清代中期,吳騫已經指出,族譜中多有僞作:"歷代名公序跋贊頌等連篇累牘,大抵不經見於他書及本集者,舉未可信,故不敢輕載。"②職是之故,對於《陽川孫氏宗譜》中這篇記文是否是章學誠所撰,還需作一番論證。據胡適、姚名達所編章氏年譜,嘉慶元年二月,章學誠由揚州暫歸會稽家中,九月赴杭州,八月仍在會稽,因此完全具備寫這篇記文的條件。孫氏家族居於山陰,與章學誠誼屬同鄉,章氏名聲在外,孫氏族人找章學誠撰寫記文順理成章。再者,有學者指出,"如果族譜收録了與纂修時間相近的人所作的詩文,則其真實性基本可靠。"③《陽川孫氏宗譜》首修於清乾隆五十六年(1791),增修於道光十年,正與章學誠生活時代相近,且該譜卷二十三收有署名袁枚的《誥授江南督標左營游擊署城守副將加三級孫公墓誌銘》一篇,該墓誌銘亦收於《小倉山房外集》卷六④,袁枚在當時的名聲、地位超過章學誠,既然袁枚之文爲真,則章學誠之文造假的可能性很小。

---

① 張廷銀:《族譜所見詩文中的佚作與僞作》,《文學遺産》2007 年第 3 期,第 148 頁。
② (清)吳騫:《休寧厚田吳氏宗譜·譜源》,《清代民國名人家譜選刊》第 16 册,北京:北京燕山出版社,2006 年,第 30 頁。
③ 《族譜所見詩文中的佚作與僞作》,第 150 頁。
④ (清)袁枚撰,王英志編纂校點:《袁枚全集新編》第 7 册,杭州:浙江古籍出版社,2015 年,第 865 頁。

記文中提到的孫勉齋名毓敏,紹興人,生平不詳,祇知在嘉慶初年已年屆七十,則其生年約在雍正初。記文前半部分主要叙述孫毓敏的"生平勇義",及其創辦春山書塾的經過、書塾規制。後半部開始闡述章學誠的家族教育觀念。章學誠盛贊孫氏創辦家族書塾的做法,認爲這種做法不但可以聚集本族俊秀,肄業其中,"培其族以樹風聲",並且還可能吸引紹興其他甲姓巨族,競相創辦家族書塾,從而達到"蒸蒸俗美"的教化目的。章氏關於創辦家塾的想法源自他在文中提到的"三代良法"。《禮記·學記》云:"古之教者,家有塾,黨有庠,術有序,國有學。"①但在後世,家塾、黨庠並未普及,因此有人創辦義塾來補救,然而這種舉措"寥寥無甚著者",章學誠認爲,這是因爲"立法未周而難垂久也",言下之意,世家大族均應創辦家塾以教育本族子弟,這種舉措應成爲一種制度大規模推行。章氏這一觀點可以歸納爲"立家塾",此提議自然使人聯想到章學誠在《州縣請立志科議》中提出的倡議州縣設立志科、四鄉各設採訪的動議②。這些想法已經超越純粹的學術探討,進入到社會實踐領域,體現出章學誠過人的識見與突出的經世理想。此文所論家族教育思想,未見於章學誠其他任何文章,對於章氏思想研究具有獨特的價值。

(二)《春農先生文集書後》

　　春農先生以古文辭擅譽一時,余耳先生之名也久。乾隆乙卯,來游邘上,始得見先生於沈先生座,典型儼然,符宿望也。嘉慶丙辰之冬再來,則聞先生下世,沈先生屬爲之傳,余又匆匆別去,未及報命。今年夏秋,臥疴沈先生第,先生文孫延菖復請爲之家傳,並以先生文集屬余校定。披讀一過,不特其人如見,即先生所以見推於時者,亦非無具也。語云:"仁義之人,其言藹如。"先生律身行己,具有本末,孝友敦睦之誼,蓋性情焉,而非有循勉。故其見於行事者,既卓卓可傳,而發爲文章,亦莫不淵穆醇茂,與其行事足相表裏,而非徒以文者所能企也。夫刻楮三年,功深力苦,而不能强爲生氣,衣冠劍佩,抵掌談笑,使人疑死者復生,神乎技矣,而終不可以相楚,則摩擬爲文,雖工無所用矣。先生文不屑屑求合於古人,而渾然之氣、湛然之思、溫然之度,無不出於意之所謂誠然,而自與古人如相揖讓。所謂"惟其有之,是以似之",有如知北游之問無爲謂,辨其真是與終不似者,其知之矣。余既撰先生傳,並校訂遺文繕録之訛,及存録之有複沓者,犁爲四卷,以復延菖,因書識其後云。嘉慶丁巳嘉平上浣會稽章學誠。

　　此文載於《蔣春農文集》卷首,該文集僅有國家圖書館藏抄本,與蔣氏《遺研齋集》合爲一種著録,《清代詩文集珍本叢刊》第274—275册據以影印。文集卷首另有翁方綱、沈業富、王芑孫、李保泰等人所撰序跋、傳記。據文末署款,該跋作於嘉慶二年(1797)十二月上旬。

　　春農先生即蔣宗海(1720—1796),字春巖,一字星巖,號春農,晚號歸求老人。江蘇丹徒(今屬鎮江)人。乾隆十七年(1752)進士,官内閣中書,軍機處行走,並奉乾隆

① (元)陳澔注,金曉東校點:《禮記》,上海:上海古籍出版社,2016年,第415頁。
② (清)章學誠著,倉修良編注:《文史通義新編新注》,北京:商務印書館,2017年,第836—840頁。

帝命校録《通鑒紀事本末》。兩年後丁父憂，回鄉守制，就此致仕。蔣氏善古文，富藏書，同時喜好校讎考訂。翁方綱在《蔣春農文集序》中將其與盧文弨並稱，稱譽道：“屈指唐鐫宋槧，某書某牘闕某處，某家藏某帖，如貫珠，如數家珍。”①蔣氏曾應兩淮鹽運使盧見曾之聘修纂金山、焦山、平山堂等志，又先後主講如皋、儀徵、揚州等地書院。乾隆詔修《四庫全書》時，爲揚州大鹽商江春擇定進呈書籍。其著作有《遺研齋制藝》《索居集》《南歸叢稿》《蔣春農文集》《遺研齋集》等②。文中提到的沈先生則是沈業富（1732—1807），字方穀，號既堂，江蘇高郵人。乾隆十九年（1754）進士，曾任太平知府、河東鹽運使等職。沈氏對章學誠有知遇之恩，章視其爲良師益友，兩人交契三十多年，故章學誠至揚州後，“臥痾沈先生第”數月之久。沈業富與蔣宗海有師弟之誼，此集卷首亦有沈業富所撰序。

　　章學誠在此跋中提到，其於乾隆六十年乙卯（1795）、嘉慶元年丙辰、嘉慶二年丁巳，三赴揚州。據姚名達所編《會稽章實齋先生年譜》，章氏在乾隆乙卯“十月，離家，游揚州，有《邗上草》”，次年“二月自揚州暫歸會稽”，嘉慶丁巳“五月以陳奉兹介到揚州，投鹽運使曾燠，入秋得見，歲暮辭歸”③。兩相比照，若合符契，但姚譜未提到嘉慶元年赴揚之事，自嘉慶元年九月到年底這段時間，姚譜未載任何事迹。而在《春農先生文集書後》這篇文章中，章學誠自述嘉慶丙辰之冬再至揚州，並“匆匆別去”，正好接續姚譜嘉慶元年“歲杪抵安慶”。此外，該跋還透露了章學誠嘉慶二年的一些事行，如夏秋間在揚州沈業富家中養病，應蔣宗海之孫蔣延萱之請，爲蔣宗海撰傳，校訂蔣氏遺集，並析爲四卷，是年冬撰寫這篇書後，凡此皆可補充前人所撰章氏年譜之闕漏。

　　蔣宗海“以文章氣誼歸然爲江淮宗主者數十年”④，故章學誠這篇跋主要也是從文章、氣誼兩方面著筆。除開對蔣氏人品事行的襃揚以外，章學誠在跋中也表達了他自己的文章學觀點，即提倡文章與行事相表裏，均爲發自性情、出自誠意，貶斥“徒以文者”與刻意模擬古人者，崇尚“淵穆醇茂”的文章審美，追求真實自然地與古人相接。章學誠先是稱讚蔣宗海“律身行己，具有本末”，但並未由此過渡到“文如其人”的傳統品評模式，而是筆鋒一轉，認爲蔣氏“孝友敦睦之誼，蓋性情焉，而非有循勉”，所謂“循勉”即因循、勉力爲之，是後天習得的行爲，章學誠贊賞的是發自“性情”的自然表現。後文進一步貶斥“刻楮三年”“摩擬爲文”者，贊揚蔣氏文章具有發自誠意的“渾然之氣、湛然之思、温然之度”，並認爲祇要如此實踐，自然與古人殊途同歸。最後又借《莊子·知北游》的典故論述“辨似”的問題。以上文章學觀點在章學誠《文史通義》的《文德》《辨似》《古文十弊》等篇中均有不同程度的闡述，在這篇跋文中則是集中展示。其中“淵穆醇茂”“渾然之氣、湛然之思、温然之度”等概念未見別處提及，屬該跋所特有，

① （清）翁方綱：《復初齋文集》卷四，《清代詩文集彙編》第 382 册，上海：上海古籍出版社，2010 年，第 43 頁。

② 蔣宗海生平事迹詳見（清）李保泰：《蔣春農先生傳》，《蔣春農文集》卷首，國家圖書館藏清抄本；柳詒徵：《蔣春農先生藏書》，《柳詒徵文集》第 5 卷《里乘》，北京：商務印書館，2018 年，第 34 頁。

③ 姚名達：《會稽章實齋先生年譜》，羅艷春、姚果源選編《姚名達文存》，南京：江蘇人民出版社，2012 年，第 138 頁。

④ （清）李保泰：《蔣春農先生傳》，《蔣春農文集》卷首，國家圖書館藏清抄本。

措辭雋永精當,耐人尋味,尤能體現章學誠的文章學審美觀念。此外值得注意的是,據胡適所編《章實齋年譜》,《辨似》《文集》《文理》作於乾隆五十四年(1789),《文德》《古文十弊》作於嘉慶元年①,而《春農先生文集書後》作於嘉慶二年,晚於以上各篇,故這篇文章可代表章學誠最新的文章學觀點,其價值自不待言。

(三)《馬人龍墓誌》

君姓馬,諱人龍,字友夒,松雲其號。先世爲諸城人,明永樂間遷居齊河北鄉,世有隱德。國朝再徙縣城,順治間有以孝旌於朝,雍正間追祀栗主於忠孝祠。諱朝才者,爲君之六世祖。高祖,縣學生,贈承德郎、鳳陽府通判,諱逢泰。曾祖,國子監生,以孫潤貴,贈中憲大夫、户部陝西司員外郎,諱綿祿。祖,增貢生,官鳳陽通判,諱紹文。考,歲貢生,諱淵,積學於文,有大名於時。父、祖兩世皆以君貴,贈中憲大夫、刑部福建司郎中。君天姿英毅,歧嶷早徵,八歲能屬文,弱冠補縣學生。乾隆二十四年,隨舉京師,獲上第。二十六年,上禮部試,賜第,入翰林。散館,改授刑部山西司主事。越四年,遷四川司員外郎。明年,丁考中憲公憂,甫小祥,祖姚張太恭人即世,承父重終喪。服闋,復補刑部,擢福建司郎中。君再官刑部,幾及十年。時諸城劉文正公以大學士行刑部尚書事,威望尊嚴,諸曹白事,莫敢以可否抗議公庭者。君識洞一理,剖判讞牘,獨能察其所可矜,情法稍畸,必立請直,諸尚書往復辨詰,無所疑阻。文正公以是奇君才,且上君名,將以道若府外移。君以太恭人年逾七十,願效職輦轂下,得就迎養。擢福建道監察御史,稽察海運倉。未幾,巡視北城所屬,地廣事繁,司坊官吏稍弛糾察,即獄多繫累。君嚴促所司,隨時案問,無宿留。旋授工科給事中。數月間,屢承簡命,行將大用,乃以不諧於俗,卒從吏議左遷。已而例授禮部主客司郎中,兼則例館提調。四十四年,奉命典湖南鄉試,得士曹承謙等四十五人,多一時才俊。仲弟見龍,時方以華容知縣移劇巴陵縣,稱難治。見龍顧見前縣官覆車接踵,駭愕不知所爲。君授以方略,不懦不奡,治縣數年,而政聲日起,君之教也。官禮部四年,以太恭人年益高,請解組,奉安輿歸養。時叔氏和龍官平陽府同知,季弟猶龍官内閣中書,巴陵君嗣亦擢蒲州同知。數年間,次第請解職事歸省,車服品秩,極一門之盛。然食指日繁,家計日以不足,君悉委家事於諸弟,不以財貨自私。先後里居,事親之餘,惟督課子弟勵學。季弟猶龍及弟子鳳翽皆稟承指畫,獲舉於鄉兩嗣鳳章、鳳綸,亦皆有名學校。家庭間恪循禮法,身先表率,罔不樂循。當時大吏,慕君行誼,皆願交歡,君益自引嫌,不稍與聞外事。親故兼以事求緩頰,君皆謝去,終亦未有以不見援望君,蓋其素行之有以取信於人如此。奉太恭人,尤能先意承志,每食必先嘗而後進。太恭人輔車多脱,烹飪火齊未達,則噬嚙益艱,然羞膳間或失調,太恭人亦必强爲舉箸,意不欲使司事稍爲受譴,是以益加體察,務使一飯未嘗不適。五十二年,中書君殂謝,而又無後,君恐太恭人傷感,立命次子鳳綸承嗣,多方寬解,藉以紓憂。逾年,太恭人疾病,君時已年近六旬,子若婦及諸臧獲

---

① 胡適撰,姚名達訂補:《章實齋年譜》,上海:商務印書館,1934年,第71、121頁。

環列侍側，顧君親視湯藥，晝夜定省，衣不解帶者累月。及太恭人終，哀毁幾不能勝喪，自是精神日憊，平居悄悄，若有所失。五十五年，弟子鳳翻病亡。六十年，長子鳳章病亡。越明年，叔氏平陽君逝世。君暮年屢遭骨肉之故，内傷於心，不數年而一病不可復救，是可哀也。君生於雍正八年四月二十四日，卒於嘉慶三年正月二十五日，春秋六十有九。以嘉慶四年四月十三日，葬君於華甸之西新阡。以王恭人弟貢士森文與余世好，因疏君事實，請王君爲書，不遠數千里而乞銘於余。余目廢不能書，久之未有以報，然重以王君之命，其敢忘諸？故爲之銘曰：

　　根茂實遂，川豐羨源。蓄德弗曜，鍾美後昆。君承先緒，有聞稚齒。角藝名場，超掄多士。庶常肄習，人羨清華。謂能繼志，寵秩榮加。執憲十年，蘭臺趨侍。方承帝眷，遽遭吏議。再起儀曹，衡陽典試。奉親歸養，服初志遂。懷才未竟，貽厥方長。祝阿風古，清水流芳。幽居斯卜，維後之慶。

　　此墓誌銘載於《（民國）齊河縣志》卷三十三，原題爲《授中憲大夫禮部郎中前工科給事中松雲馬公墓誌銘》，標題下注云"乾隆戊戌進士國子監典籍章學誠，浙江會稽人"①。或因限於體例，該墓誌未署撰寫日期，從正文可知作於馬人龍嘉慶四年（1799）四月十三日下葬之後，又據"久之未有以報"可知，至少相隔數月。再者，該文末尾處提到"余目廢不能書"，據嘉慶五年（1800）章學誠所作《邵與桐別傳》云："今目廢不能書，疾病日侵，恐不久居斯世。"②章學誠好友汪輝祖《病榻夢痕録·夢痕録餘》嘉慶六年（1801）條亦云："去春病瘖，猶事論著，倩寫官録草。"③而嘉慶六年十一月章學誠去世。由此可判定，該墓誌銘作於嘉慶五年春至六年冬之間，考慮到墓誌銘的時效性，嘉慶五年的可能性更大。也即該文作於章學誠去世前不久，很可能是章學誠口述而成。

　　該墓誌的傳主是山東一位官員馬人龍，馬氏生平資料很少，章學誠這篇墓誌銘是目前見到的最爲詳細的傳記文獻。根據該墓誌可梳理馬氏小傳如下。馬人龍（1730—1798），字友夔，號松雲，山東齊河縣（今屬德州）人。乾隆二十年（1755）進士及第，散館授刑部山西司主事，後十數年長期擔任刑部、禮部郎官，間任福建道監察御史，乾隆四十四年（1779）典湖南鄉試。馬氏家族世代簪纓，馬人龍兄弟亦多入仕，二弟馬見龍先後任巴陵知縣、蒲州同知，三弟馬和龍官平陽府同知，四弟馬猶龍官内閣中書。馬人龍在歷史上留名的原因並非因其官職或功績，而是因爲一則廣爲人知的歷史掌故。乾隆三十八年（1773），滿臣天保與漢臣馬人龍同上奏摺，因天保名字在前，便統稱"奴才天保、馬人龍"。乾隆見折後大怒，斥責馬人龍冒稱"奴才"，並下諭："嗣後，凡内外滿漢諸臣會奏公事，均著一體稱臣。"④陳垣《釋奴才》一文便以此事爲

　　① 楊豫、郝金章等纂修：《（民國）齊河縣志》卷三十三，民國二十二年（1933）鉛印本，《中國方志叢書·華北地方》第 6 册，臺北：臺灣成文出版社，1968 年，第 1973—1977 頁。
　　② （清）章學誠：《邵與桐別傳》，《章學誠遺書》，北京：文物出版社，1985 年，第 176—177 頁。
　　③ （清）汪輝祖：《病榻夢痕録夢痕録餘》，《續修四庫全書》第 555 册，上海：上海古籍出版社，2002 年，第 717 頁。
　　④ 《清高宗實録》卷九百四十六，北京：中華書局，1986 年，第 813 頁。

重要例證①。

　　章氏所撰墓誌中提到的另一位人物王森文(1758—1823),字吉農,號春林,山東諸城人,精天文、輿地、術數、金石之學。嘉慶十年(1805)成進士,官至陝西安康知縣。曾參與纂修《安康縣志》,著有《石門碑醳》《漢唐都城考》等。《諸城縣續志》有王森文傳②。據章學誠所撰馬氏墓誌,王森文與馬人龍有姻親關係,章學誠與王森文爲世交,故馬氏族人先請王森文寫信作介,然後携帶"介紹信"不遠千里至紹興請章學誠撰寫這篇墓誌。凡此可以增補章學誠年譜及交游信息。

　　除以上三篇文章外,另有章學誠致孫星衍手札一通未收於《章學誠遺書》,亦未有學者將之作爲章氏佚文正式發表。這通手札最早披露於《小莽蒼蒼齋藏清代學者法書選集》,並附有完整釋文③,此後又見載於陳烈所著《田家英與小莽蒼蒼齋》④,以及《小莽蒼蒼齋藏清代學者書札》⑤。該札原件爲田家英所藏,其上鈐有"曾藏丁輔之處"長方印、"翠微廎秘笈"方印,以及田家英名章。據鮑永軍考證,該札作於嘉慶元年三月十八日,札中主要陳述撰修《湖北通志》不爲世人理解的苦衷,並透露當時已刻成《文史通義》四卷本⑥。書札全文見於《小莽蒼蒼齋藏清代學者法書選集》,兹不贅録。

　　以上四篇文章分別作於嘉慶元年三月、嘉慶元年十二月、嘉慶二年八月、嘉慶五年或六年,均爲章學誠生命最後幾年所作,對於研究章學誠晚年的文學、學術思想及生平交游情況具有相當價值,未來重新整理章氏全集時不可不採入。

---

　　① 陳垣著:《陳垣史學論著選》,上海:上海人民出版社,1981 年,第 603—607 頁。

　　② (清)劉光斗、朱學海等修纂:《諸城縣續志》卷十四,道光十四年(1834)刊本,《中國方志叢書·華北地方》第 385 册,臺北:臺灣成文出版社,1968 年,第 348 頁。

　　③ 小莽蒼蒼齋、中國歷史博物館編:《小莽蒼蒼齋藏清代學者法書選集》,北京:文物出版社,1995 年,第 270—271 頁。

　　④ 陳烈:《田家英與小莽蒼蒼齋》,北京:生活·讀書·新知三聯書店,2002 年,第 41 頁。

　　⑤ 陳烈主編,陳慶慶、陳嘯副主編,曾立、曾自顧問,周錚釋文,陳慶慶撰稿:《小莽蒼蒼齋藏清代學者書札(上)》,北京:人民文學出版社,2013 年,第 227—228 頁。

　　⑥ 鮑永軍:《史學大師:章學誠傳》,杭州:浙江人民出版社,2007 年,第 176 頁。

■古文字研究

武成時期殷遺民政策的再考察*
——以新出土材料爲中心

李　靚

摘　要:周克商後對殷遺民的統治向來是諸多學者關注的問題。普遍認爲武王時期實施以安撫爲主的"仁政",成王時期調整爲"恩威並舉"的治理政策。新見義器和清華簡《四告》等出土材料爲我們研究武成時期的相關史事提供了新的證據,本文擬從義器銘文切入考察,推斷義器的具體年代,並結合《尚書》《逸周書》《史記》《左傳》等傳世史料、清華簡《金縢》《繫年》《四告》等新出史料以及周初金文材料的相關內容對武成時期的殷遺民政策進行研究,並分析其變化和成因。

關鍵詞:義器;清華簡;傳世史料;殷遺民

"殷遺民"屬於文化概念。簡單地講就是"周人滅商後,生活在前朝首都、在生活風俗與文化傳統等方面保留殷商特徵的商人成了殷遺民";[①]或稱"殷多士""庶殷""殷獻民""商王士""殷頑民"等,多見於《尚書》等傳世文獻。其類型大致分爲滅商前主動歸順的商民、滅商時的俘虜、滅商後接管商土的原住民三大類[②]。本文討論的"義"乃丙國貴族,屬殷遺民的範疇。

義尊、義方彝爲 2019 年山西省公安機關打擊文物犯罪專項行動的追繳之物,現藏山西青銅器博物館。尊、彝同銘,且義方彝器蓋對銘。二器一經發布即備受關注,韓炳華[③]、張昌平[④]二位先生率先撰文,張懋鎔先生[⑤]、劉源先生[⑥]、黃錦前、闕惠華[⑦]等

---

* **作者簡介:**李靚,安徽大學漢字發展與應用研究中心博士生,主要從事古文字研究。

① 牛世山:《考古視野下的周人滅商——以殷墟從晚商到西周的文化變遷爲例》,《南方文物》,2017 年第 4 期,第 115 頁。

② 參看杜勇《殷遺民的社會身份》(收録在氏著《〈尚書〉周初八誥研究(增訂本)》,北京:中國社會科學出版社,2017 年,第 146—169 頁)、吕觀盛《周初殷遺民管理政策研究——兼論周公在中國文化史上的地位》(廣西師範大學 2006 屆碩士學位論文)、黃樹餘《周初殷遺民去向研究》(鄭州大學 2011 年碩士學位論文)、范學謙《西周殷遺民分布、影響及其同化問題研究》(陝西師範大學 2013 年碩士學位論文)等文章。

③ 韓炳華:《新見義尊與義方彝》,《江漢考古》,2019 年第 4 期,第 78—83 頁。

④ 張昌平:《談新見義尊、義方彝的年代及裝飾風格》,《江漢考古》,2019 年第 4 期,第 84—89 頁。

⑤ 張懋鎔:《新出義方彝、義尊的年代學意義——重温李學勤先生關於西周銅器斷代的論述》,《李學勤先生學術成就與學術思想國際研討會論文集》,2019 年,第 203—212 頁。

⑥ 劉源:《新見義器、韋卣及黽器反映的周承殷制現象》,《青銅器與金文》,2021 年第 1 期,第 49—54 頁。

⑦ 黃錦前、闕惠華:《近刊義諸器及其意義》,《殷都學刊》,2019 年第 4 期,第 48—52 頁。

學者亦有專文研究,其文對義尊、義方彝的形制、紋飾及時代等方面作出了翔實的論證。本文擬從二器銘文入手,進一步推斷事件發生的時代,並結合相關史事作出討論。

一、義器的時代及事件

現列義尊銘文於下:

> 佳(唯)十又三月丁亥,珷王易(錫)義貝卅朋,用乍(作)父乙寶尊彝。丙。

義尊和義方彝的時代,韓炳華、張懋鎔根據銘中的"珷王"認爲二器當作于成王初年;張昌平認爲作器年代爲西周早期;劉源進一步指出是西周早期前段;黃錦前、關惠華則根據《中國先秦史曆表》明確指出義器的時代爲公元前 1044 年,是武王時器;江俊偉[①]則認爲義方彝器型更接近折方彝、令方彝,是昭王時器。諸家均認爲義尊、義方彝當是西周早期器,其所爭論之處在於二器的時代是"武王"還是"成王"。此爭論的根本在於對"謚法"的理解。若西周時有"生稱謚法"現象,根據銘文内容可定義尊、義方彝爲武王時器。若無,則銘中的"珷王"爲謚號,義尊、義方彝的作器時間當在成王。

對於"生稱謚法",杜勇、沈長雲有過很好的討論[②],他們在《金文斷代方法探微》一書中綜述各家說法,認爲周時應無"生稱謚法"現象,銘文中出現該王謚法,應是在該王死後繼作器,而器銘則追記該王生時之事。李學勤先生對此有過補充,李氏以爲"謚法"是美稱,若有"生稱謚法"之事,則該王的謚號應在銘文中廣泛使用,但實際上彝銘中並未大量出現。所以,周時應無"生稱謚法"這一現象[③]。經查,銘文與此類似者,有利簋之"珷"、長囟盉之"穆王"、匡卣之"懿王"等數例,並未在銅器中廣泛使用,其說可從。所以,義尊、義方彝中的"珷王"當爲死謚,作器時代應爲成王,器銘則追記武王在位時事。

據夏商周斷代工程研究表明武王克商之年是公元前 1046 年[④],此即武王元年。武王在位的具體年數,或據《尚書·金縢》:"既克商二年,王有疾,弗豫。……王翌日乃瘳。武王既喪,管叔及群弟乃流言于國曰:'公將不利於孺子!'"[⑤]以及《史記·封禪書》:"武王克殷二年,天下未寧而崩。"[⑥]等記載,判定武王在位三年[⑦]。夏商周斷代

① 江俊偉:《㽙尊"宅兹中國"補議——以出土資料爲中心》,《廣西民族大學學報(哲學社會科學版)》,2021年第 1 期,第 158 頁。

② 杜勇、沈長雲:《金文斷代方法探微》,北京:人民出版社,2002 年,第 11—16 頁。

③ 此觀點爲李學勤先生開設《出土文獻選讀》課上所講,2008 年秋季於清華大學。

④ 夏商周斷代工程專家組編:《夏商周斷代工程 1996—2000 年階段成果報告(簡本)》,北京:世界圖書出版公司北京公司,2000 年,第 48—49 頁。

⑤ 顧頡剛、劉起釪:《尚書校釋譯論》,北京:中華書局,2005 年,第 3 册,第 1223—1235 頁。

⑥ (漢)司馬遷撰,(宋)裴駰集解,(唐)司馬貞索隱,(唐)張守節正義:《史記》卷二十八《封禪書》,北京:中華書局,1982 年,第 1364 頁。

⑦ (漢)司馬遷撰,[日]瀧川資言考證,楊海崢整理:《史記會注考證》,上海:上海古籍出版社,2015 年,第 1 册,第 148—237 頁。

工程專家組綜述諸説,認爲武王在位四年①,據新出清華簡《金縢》:"武王既克殷三年,王不豫有遲。"②可推知武王在位四年之説亦有根據。李學勤先生在《由清華簡〈金縢〉看周初史事》中認爲清華簡與傳世本《金縢》應分屬於不同的傳流系統,相比之下清華簡《金縢》的記載更加符合文獻和史實,所以武王在位四年比較合理③。

銘文中有"十又三月",表明此年有閏月,周時實行"歲末置閏"之制,董作賓、常玉芝、張聞玉、馮時、鄭慧生等先生有詳細考證④,此不贅述。黃錦前根據《中國先秦史曆表》推定在公元前 1046 年至 1043 年之間只有公元前 1044 年是閏年,而本年"十三月"乙酉朔,第三日爲丁亥,所以"武王賜義貝三十朋"之事當發生在武王三年(BC1044),即武王克商後二年的十三月初三。黃説可從,義器銘中所記之事當在武王三年。

義器銘文講述了武王三年的十三月丁亥日,武王賞賜給義三十朋貝,義因此作了祭祀父乙的彝器。劉源認爲"卅朋,數量不菲,可見武王對義之重視",由此可證義的身份甚高,具體可由其族氏"丙"推知。

義的族氏爲"丙",其應爲丙國貴族。李伯謙先生通過對靈石旌介商墓的分析認爲"(以靈石旌介銅器爲代表的青銅文化系統)是商文化在發展過程中在當地形成的一個地欄位型別一個分支,是與商王朝有着較爲穩定的臣屬關係包括居住於靈石一帶的丙族的諸友好方國的遺存。"⑤殷瑋璋先生在考證丙國銅器時指出"丙國在商周時期至少在商王武丁時期已立國,並在周人滅商以後,又歸附於周王朝。它在歷史上至少存在三百餘年。"同時還推斷"位處於太行山西側的丙國,其社會生產水準跟東側的商王國是相當接近的。"⑥何景成先生對"丙族"銅器銘文有系統研究⑦,並且他在分析毓祖丁卣(昗卣)銘文時指出"丙族是和商王室同姓的貴族家族,屬於子姓。"⑧嚴志斌先生據武丁時期有載丙族事蹟的甲骨刻辭認爲"婦丙之稱表明丙族與商王朝有婚姻關係"⑨,由上述引文可知,丙族在商時就已存在,爲子姓貴族,一直延續了三百年之久,義屬丙族,義尊、義方彝所述爲武王克商後二年時事,此時義的身份當爲殷遺貴族(原商屬國)。與義身份類似的還有同屬殷遺貴族的箕子、微子以及微氏家族的烈祖乙公。若將其事蹟與武成時期的史料相聯繫,便可推知武成時期周人對於殷遺民

①　《夏商周斷代工程 1996—2000 年階段成果報告(簡本)》,第 48—49 頁。

②　清華大學出土文獻研究與保護中心編,李學勤主編:《清華大學藏戰國竹簡(壹)》,上海:中西書局,2010年,第 158 頁。

③　李學勤:《初識清華簡》,上海:中西書局,2013 年,第 115—122 頁。

④　參看董作賓:《董作賓先生全集甲編(第一冊)》,臺北:藝文印書館,1977 年;張聞玉:《古代天文曆法論集》,貴州:貴州人民出版社,1995 年;常玉芝:《殷商曆法研究》,長春:吉林文史出版社,1998 年;馮時:《殷曆武丁期閏法初考》,《中國歷史文物》,2004 年第 2 期,第 25—31＋63 頁;鄭慧生:《年中置閏:先秦曆法史上的重要改革》,《史學月刊》,2009 年第 11 期,第 25—30 頁。

⑤　李伯謙:《從靈石族介商墓的發現看晉陝高原青銅文化的歸屬》,《北京大學學報(哲學社會科學版)》,1988 年第 2 期,第 15—29 頁。

⑥　殷瑋璋、曹淑琴:《靈石商墓與丙國銅器》,《考古》,1990 年第 7 期,第 621—631＋637 頁。

⑦　何景成:《商周青銅器族氏銘文研究》,吉林大學博士學位論文,2005 年,第 72—77 頁。

⑧　何景成:《昗卣和閃族族姓》,《殷都學刊》,2008 年第 1 期,第 23—25 頁。

⑨　嚴志斌:《商代青銅器銘文研究》,上海:上海古籍出版社,2013 年,第 269—272 頁。

的態度,由此亦可探求武成時期對殷遺民政策的變遷。

二、武王時期的殷遺民政策及成因

王國維先生在《古史新證》中提出"二重證據法"①,主張"地上材料"與"地下材料"相互印證,補充古史。若前文論斷成立,義器所記之事發生在武王三年,而同屬武王三年(克商後二年)的史事另有《洪範》和《金縢》,此外清華簡《周武王有疾周公所自以代王之志(金縢)》以及《繫年》亦有述及。

《洪範》:"惟十有三祀,王訪於箕子。"②關於此段記載,太史公云:"武王克殷後二年,問箕子殷所以亡。箕子不忍言殷惡,以存亡國宜告。武王亦醜,故問以天道。"③《周本紀》明確指出了王訪於箕子之事在武王三年,"箕子者,紂親戚也。"④所以,箕子可作為殷商王室的代表。義是丙國貴族,可作為殷遺貴族的代表。武王問政箕子、重賞于義皆表明武王在克商之後對殷遺民多加安撫,這與當時的形勢有關。

武王即位伊始,"小邦周"初克"大邑商",即使憑藉"牧野之戰"攻占商都,取而代之,也無法在短時間內獲得原商屬國的臣服歸順,如朱鳳瀚先生所講"西周之初,作為前代統治者的商人貴族,其王朝雖亡,而其宗族勢力猶在,為數甚多,盤根錯節,尤為周人心腹之患,以至周武王為此而夜不能寐。"⑤武王為了緩和矛盾、穩定局勢,便"設三監于殷",留祿子耿"俾守殷祀"⑥。這一系列動作也説明周人此時對外採取懷柔政策。

此外《史牆盤》:"雩(粤)武王既弌殷,散(微)史剌(烈)且(祖)遒(乃)來見武王,武王則(則)令周公舍國(宇),于周卑(俾)處。"⑦以及《癲鐘》:"雩(粤)武王既弌殷,散(微)史剌(烈)且(祖)來見武王,武王則(則)令周公舍寓(宇)以五十頌處。"⑧也可表明武王時期對殷遺民的懷柔。由史牆盤和癲鐘可知,微氏家族在商朝時期就擔任史官之職,秦律以為"非史子不得為史",可見史官是經過特殊培養和訓練的專業人才,因此史牆家族的烈祖乙公可作為殷遺民中的"士",即知識分子代表,而武王"達殷畯民""命周公舍宇,于周俾處",皆是武王對殷遺民中知識分子懷柔的體現。

綜上,武王在克商之後對殷遺民多採取安撫懷柔之策,訪於箕子、設立三監、賞賜義貝、使微氏烈祖居於周皆可為證。武王採取此種政策,除了對於當時局勢的判斷,還有對自身條件的考量。武王克商後三年即病逝,並非暴病而亡,應是沉痾不治,武

① 王國維:《古史新證——王國維最後的講義》,北京:清華大學出版社,1994年,第2頁。
② 《尚書校釋譯論》,第3冊,第1143頁。
③ 《史記》卷四《周本紀》,第131頁。
④ 《史記》卷三十八《宋微子世家》,第1609頁。
⑤ 朱鳳瀚:《商周家族形態研究(增訂本)》,天津:天津古籍出版社,2004年,第259頁。
⑥ 清華大學出土文獻研究與保護中心編,李學勤主編:《清華大學藏戰國竹簡(貳)》,上海:中西書局,2011年,第141頁。
⑦ 中國社會科學院考古研究所編:《殷周金文集成(修訂增補本)》,北京:中華書局,2007年,第7冊,第5484—5485頁。
⑧ 《殷周金文集成(修訂增補本)》,第1冊,第297—298頁。

王患病一事，在《逸周書・度邑》中已現端倪。

《度邑》：“王至於周，自鹿至丘中，具明不寢。……‘予憂兹難近，飽於卹，辰是不室，我未定天保，何寢能欲？’王曰：“旦，予克致天之明命，定天保，依天室，……”王曰：“旦，汝維朕達弟，予有使汝，汝播食不遑暇食，矧其有乃室。今維天使予，維二神授朕靈期，予未至於休，予近懷於朕室。汝維幼子，大有知。……乃今我兄弟相後，我筮龜其何所即？今用建庶建。”叔旦恐，泣涕共手。王曰：“嗚呼，旦！我圖夷兹殷，其惟依天室。……其名兹曰度邑。”①

此外，周人信奉天命，“‘天’無疑是周人宗教觀念中的至上神。”②周革殷命，以“今予發維共行天之罰”來謀求取商代之的政治合法性，“構建出以‘天命王權’和‘天命有德’爲核心的統治正當性。”③武王常以殷爲鑒反躬自省，擔心失去天命而憂心忡忡，夜不能寐，預感到自己可能天不假年，爲長遠計，欲立周公爲嗣，來完成營建洛邑，鞏固統治的重任。此觀念在新見清華簡《四告》中亦有體現。周公告皋陶云：“又（有）殷競戈（蠢）不若，傻（竭）帨（失）天命䚔（昏）敨（擾）天下，沅（離）戔（殘）商民，暴虐（虐）百眚（姓），戌（抵）忘（荒）亓（其）先王天乙之猷力，蒑（顛）遷（覆）𣏟（厥）典，咸替百成；……帝（上帝）弗若，廼命朕文考周王罷（一）戎又（有）殷，達又（有）四方。才（在）珷（武王）弗敢忘天畏（威）命明罰，至戎于殷，咸戎（戡）𣏟（厥）啻（敵）。”④周公之言足可體現“天命”思想的重要性。

“維武王勝殷，撫國綏民。”⑤武王對殷遺民採取懷柔之策當是時局、自身和觀念等多重因素綜合考慮的結果。

三、成王時期的殷遺民政策及成因

武王崩逝，成王年少即位，殷人叛周，周公東征，一系列的事件導致周人對殷遺民的政策有了變化，即由偏懷柔到恩威並舉。

清華簡《四告》中周公有言曰：“於（嗚）虎（呼）忞（哀）才（哉），不畧（淑）昊（昊天），不卒屯（純）允，陟兹武王。乳（孺子）肇嗣，商邑興反，四方𣏜（禍）䚔（亂）未奠（定），多侯邦白（伯）衙（率）迖（去）不朝。”⑥周公之言説明了成王即位之初政局不穩、內憂外患的境況。

《尚書大傳》云：“周公攝政，一年救亂，二年克殷，三年踐奄，四年建侯衛，五年營成周，六年制禮作樂，七年致政成王。”⑦“二年克殷”言誅殺武庚，即阿簋所謂“公夷

---

① 黄懷信、張懋鎔、田旭東撰：《逸周書匯校集注（上）》卷五《度邑解第四十四》，上海：上海古籍出版社，2007 年，第 465—483 頁。

② 路懿菡：《清華簡與西周史研究》，西安：陝西新華出版傳媒集團三秦出版社，2018 年，第 90 頁。

③ 《清華簡與西周史研究》，第 91 頁。

④ 清華大學出土文獻研究與保護中心編，黄德寬主編：《清華大學藏戰國竹簡（拾）》，上海：中西書局，2020 年，第 110 頁。

⑤ 《逸周書匯校集注（上）》卷四《大聚解第三十九》，第 390 頁。

⑥ 《清華大學藏戰國竹簡（拾）》，第 110 頁。

⑦ （清）皮錫瑞撰，吳仰湘點校：《尚書大傳疏證》，北京：中華書局，2022 年，第 262 頁。

殷”之事①;“三年踐奄”言周公征伐商奄、薄姑,即塱方鼎“唯周公于征伐東尸(夷),豐白(伯)尃(薄)古(姑)咸戈”②以及禽簋“王伐蓋(蓋)厌(侯),周公某(謀)”③;“四年建侯衛”即封康侯于衛,濬司徒逨簋“王來伐商邑,征(誕)令康厌(侯)圖(鄙)玨(于)衛”④可爲證;“五年營成周”則見於何尊⑤。此外,關於周公攝政,清華簡亦有記載。

《繫年》第三章“武王陟,商邑興反,殺三監而立彔子耿。成王屎伐商邑,殺彔子耿,飛廉東逃于商盍(蓋)氏,成王伐商盍(蓋),殺飛廉,西遷商盍(蓋)之民於邾虐,以禦奴虘之戎,是秦先人。”⑥此即“二年克殷”“三年踐奄”之事。《繫年》第四章“周成王、周公既遷殷民於洛邑,乃追念夏商之亡由,旁設之宗子,以作周厚屏,乃先建衛叔封于庚(康)丘,以侯殷之餘民。衛人自庚(康)丘遷于淇衛。”⑦此即“四年建侯衛”以及“五年營成周”之事。

傳世史料載周公東征,三年畢定,又將殷餘民一分爲二,“其一封微子啓於宋,以續殷祀;其一封康叔爲衛君,是爲衛康叔。”清華簡《繫年》雖衹提及封衛之事,但從考古發掘情況來看,封微子於宋,是存在的。這是西周初年重要的政治事件,宋國爲殷商後裔,地位甚高,1997年鹿邑太清宫西周大墓⑧的出土即可證明,王恩田先生⑨指出“(宋國墓)規模之大、規格之高,遺物之豐富與精美,都超過了同期的晉侯大墓。”且“(長子口墓)該墓隨葬銅禮器組合所具有的文化屬性仍爲殷遺民之範疇。”⑩武庚作亂,成王、周公毫不猶豫以軍事手段壓制,誅其頭目而不累及殷民,封宋國與衛國分而治之,這是周人“敬德保民”的觀念體現,此時採用恩威並施的治國策略。《尚書·多士》中周公曰:“爾克敬,天惟畀矜爾。爾不克敬,爾不啻不有爾土,予亦致天之罰于爾躬!”⑪亦可證明此點。

綜上,武成時期對於殷遺民的統治政策一直在隨着局勢的變化而進行調整,從安撫懷柔到恩威並舉,這是當時的政治環境、周人的天命觀念、武王自身的條件以及周公的雄才大略等多方面因素綜合謀劃所決定的。

《左傳·定公四年》“昔武王克商,成王定之,選建明德,以蕃屏周。”⑫,武成二王,夙興夜寐,勵精圖治,以靖封疆,爲後來的成康之治奠定基礎,以至於“康王即位,遍告諸侯,宣告亦文武之業以申之,作《康誥》,故成康之際,天下安寧,刑錯四十餘年不用。”⑬

---

① 張光裕:《珂簋銘文與西周史事新證》,《文物》,2009年第2期,第53—57頁。
② 《殷周金文集成(修訂增補本)》,第2册,第1409頁。
③ 《殷周金文集成(修訂增補本)》,第3册,第2216頁。
④ 《殷周金文集成(修訂增補本)》,第3册,第2231頁。
⑤ 《殷周金文集成(修訂增補本)》,第5册,第3703頁。
⑥ 《清華大學藏戰國竹簡(貳)》,第141頁。
⑦ 《清華大學藏戰國竹簡(貳)》,第144頁。
⑧ 河南省文物考古研究所,周口市文化局編:《鹿邑太清宫長子口墓》,鄭州:中州古籍出版社,2000年。
⑨ 王恩田:《鹿邑太清宫西周大墓與微子封宋》,《中原文物》,2002年第4期,第41—45頁。
⑩ 印群:《論鹿邑太清宫長子口墓的隨葬青銅禮器》,《東方考古》(第11集),2014年,第150頁。
⑪ 《尚書校釋譯論》,第3册,第1521頁。
⑫ 楊伯峻編著:《春秋左傳注(修訂本)》,北京:中華書局,2016年,第1712頁。
⑬ 《史記》卷四《周本紀》,第134頁。

古文字中的"戠"字異體及相關問題研究*

葉 磊

摘 要：文章主要討論三個問題。首先，對古文字中的"戠"字異體進行彙釋，厘清"戠"字的諧聲關係。其次，梳理"戠"字異體所反映的見影、見疑相通，並解釋其音理機制。最後，歸納"戠"字異體所反映的鐸部與月元部、職部相通，且闡明了其語音基礎。

關鍵詞："戠"；異體；相關問題

一 有關"戠"字異體、諧聲關係及諸説之檢討

據我们統計，古文字中"戠"字字形大略可分爲以下幾種類型①：

A 戚銘圖 01605	B 鉾銘圖 17053	C 戈 包山楚簡 61②
D 雄曾侯乙墓 簡 3	E 戈 包山楚簡 牘 1	F 旗銘圖 16977
G 鍼銘圖 16621	H 戠 吉墨③ 117	I 戓銘圖 16753

* **作者簡介：**葉磊，西南大學漢語言文獻研究所漢語言文字學專業博士生，主要從事古文字與上古音研究。

基金項目：國家社科基金重大項目"漢字諧聲大系"（17ZDA297）；西南大學 2017 年度中央高校基本科研業務費專項資金項目"晉文化圈列國金文整理與研究"（SWU1709463）。

① 《商周青銅器銘文暨圖像集成》簡稱"銘圖"，《商周青銅器銘文暨圖像集成續編》簡稱"銘續"，下仿此。

② 筆者按：金文中還有一類形體作■，目前主要有"戚""戠""重"三種釋法。近來，周波根據新拍攝的高清照片對該字進行了詳細的字形分析，認爲其當隸作"戓"，釋爲"戠"。周説可從。周波：《説梁十九年鼎銘文及其相關問題》，《戰國銘文分域研究》，上海：上海古籍出版社，2019 年，第 212—217 頁。

③ 劉新、劉小磊主編：《吉金墨影——南陽出土青銅器全形拓》，鄭州：河南美術出版社，2016 年。

續表

J₁ 戟/戟銘續 1229	J₂ 戟/銘圖 17125	K 戣雪齋① 121.30
L 犍銘圖 16847	M₁ 銨銘圖 16884	M₂ 銨銘圖 17363
N 戜陝金② 1797	O 戜銘圖 02476	

字形 A 出現在商代晚期,用作人名,其辭例爲:父癸婦 A 作彝。《古文字譜系疏證》③等工具書將此字釋爲"戟",主要是從字形出發,將 C 直接上推到商代。因爲沒有辭例的支持,此種釋法或有可商之處。但由於 A 形不影響"戟"字諧聲關係的考察,故我們將其暫列於此。

據辭例可知,B、C、D、E、F、G 釋"戟"當無可疑,這些字應分析爲從"丰"得聲④。

H 字形金文首見,《春秋文字字形表》《兩周兵器自名"戟"字彙釋》失載⑤。馬超將其隸定作"戵"形,並接受孟蓬生的意見,視"戵"所從之"束"爲"棘",認爲 H 當從丰、棘雙聲⑥。古文字中從"丰"聲的"戟"字相當常見,如上文所列 B、C、D、E、F、G 等形,故 H 從"丰"聲當無可疑。最早,筆者認爲 H 左上所從當爲"束",且將其視爲"戟"字聲符。但考慮到錫鐸相通在西漢晚期或東漢時期才開始發生的音變事實⑦,故我們認爲還是將"束"理解爲"棘"字之省爲好。

《説文·戈部》:"戟,有枝兵也。從戈、倝。《周禮》:'戟長丈六尺。'讀若棘。"⑧據

---

① 張光裕:《雪齋學術論文二集》,臺北:藝文印書館,2004 年,第 89、121 頁。
② 張天恩主編:《陝西金文集成》,西安:三秦出版社,2016 年。
③ 黃德寬主編:《古文字譜系疏證》,北京:商務印書館,2007 年,第 1376—1377 頁。
④ 張世超、孫凌安、金國泰、馬如森:《金文形義通解》,東京:中文出版社,1996 年,第 2942—2944 頁;何琳儀:《戰國古文字典——戰國文字聲系》,北京:中華書局,1998 年,第 490—491 頁;《古文字譜系疏證》,第 1376—1378 頁;李學勤主編:《字源》,天津、瀋陽:天津古籍出版社、遼寧人民出版社,2012 年,第 1106—1107 頁。
⑤ 吳國昇:《春秋文字字形表》,上海:上海古籍出版社,2017 年;宮肇南:《兩周兵器自名"戟"字彙釋》,《文獻語言學》(第七輯),北京:中華書局,2019 年。
⑥ 馬超:《近出商周金文字詞集注與釋譯》,西南大學 2019 年博士後研究報告,第 570—571 頁。
⑦ 羅常培、周祖謨:《漢魏晉南北朝韻部演變研究》,北京:中華書局,2007 年,第 62 頁;金俊秀:《古文字特殊諧聲研究》,臺灣師範大學國文研究所 2011 年博士學位論文,第 221—222 頁;趙立偉:《秦漢時期"迹"字聲符的歷時演變——兼談錫、鐸兩部通轉及相關問題》,《漢字漢語研究》,2020 年第 3 期,第 46 頁。
⑧ (清)徐灝云:"戟、棘古字通。戟之言棘也,謂棘刺也。"丁福保編纂:《説文解字詁林》,北京:中華書局,1988 年,第 12333 頁。

此讀若,可知"¤"可以作爲"戟"字的聲符,H字形的發現證明了許説不誤。故H當分析爲从戈,¤、丯雙聲。馬、孟二氏之説可從。

關於I類字形,楊樹達指出:"銘文戟字作𢦒,从戈,各聲,爲形聲字,戟之或作也。从各聲者,各與戟古音相同故也。(同鐸部見母)此字《説文》未載,幸得於銘文中見之。"①《古文字譜系疏證》《説文新證》同之②。按:《釋名》云:"戟,格也,旁有枝格也。"以"格"聲訓"戟",故"各"可以作爲"戟"的聲符。

《字源》"戟"字下云:"秦文字从'戈'、从'倝',爲《説文》篆文所本。馬王堆漢簡'戟'字作③,爲戟字所本。"④從目前的古文字材料來看,形最早可以追溯到春秋早期的J_1類形體。關於"𢧢"(J_2)字的構形,姚文田等學者認爲其當从"倝"聲⑤,《戰國古文字典》《古文字譜系疏證》《説文新證》同之⑥。

從讀若、通假來看,"戟"字可讀入元部:

(1)《讀書雜志·戰國策第二·兩虎相搏》引王引之曰:"《太平御覽·兵部》引此'搏'作'據','據'字是也。'據'讀若'戟',謂兩虎相搹持也……'丮'、'撠'、'戟'字異而義同,又通作'據'。"("丮""戟""撠""據"相通)

(2)《逸周書·王會解》:"奇幹善芳。善芳者,頭若雄鷄,佩之令人不昧。"《太平御覽》引作:"奇幹獻茅,其頭若雄雉,佩之不昧。"("獻""善"相通)

(3)《禮記·月令》:"天子乃鮮羔開冰,先薦寢廟。"鄭玄注曰:"'鮮'當爲'獻',聲之誤也。"("獻""鮮"相通)

(4)《山海經·中山經》:"萯山之首曰敖岸之山。"郭璞注曰:"或作獻。"("獻""岸"相通)

論述至此,可知"戟"从"倝"聲之説可從⑦。《説文·倝部》:"倝,日始出,光倝倝也。从旦,㫃聲。凡倝之屬皆从倝。"據此可知,F、K亦从"㫃"聲⑧。

關於L類字形,趙世綱⑨、郭國權⑩、洪颺⑪、曹錦炎⑫、禤健聰⑬皆認爲其从"建"

---

① 楊樹達:《滕侯戟跋》,《積微居金文説》,上海:上海古籍出版社,2013年,第172頁。

② 《古文字譜系疏證》,第1372頁;季旭昇:《説文新證》,臺北:藝文印書館,2014年,第862頁。

③ 筆者按:《字源》形誤作形,當正。

④ 《字源》,第1106—1107頁。

⑤ 《説文解字詁林》,第12332—12337頁。

⑥ 《戰國古文字典——戰國文字聲系》,第490頁;《古文字譜系疏證》,第1376頁;《説文新證》,第862頁。

⑦ 筆者按:J_1類形體可視爲"倝"省聲。

⑧ 《戰國古文字典——戰國文字聲系》,第491頁;石小力:《東周金文與楚簡合證》,上海:上海古籍出版社,2017年,第112—114頁。

⑨ 趙世綱:《淅川下寺春秋楚墓青銅器銘文考索》,《淅川下寺春秋楚墓》,北京:文物出版社,1991年,第376頁。

⑩ 郭國權:《河南淅川縣下寺春秋楚墓青銅器銘文集釋》,吉林大學2008年碩士學位論文,第71頁。

⑪ 洪颺:《𣪘簋銘文釋讀及相關問題》,《社會科學戰綫》,2011年第3期,第243頁。筆者按:洪文認爲類形體从"建"聲,不確,該形當隸作从"丯"聲之"𢦏"字。

⑫ 曹錦炎:《鳥蟲書通考》(增訂版),上海:上海辭書出版社,2014年,第397頁。

⑬ 禤健聰:《戰國楚系簡帛用字習慣研究》,北京:科學出版社,2017年,第154—155頁。

聲;李零認爲:"王子午戈(2 件)和王孫誥戈(2 件)的器名从戈从建,建是見母元部字,和戠字的讀音稍遠(韻尾不同),也可能是表示戰車所建之戈的專用字。"①按:春秋金文"建"字有作▨(楚王昭戠《銘續》1147 春秋晚期)者,其文云:楚王昭之行～。據辭例可知,此處"建"字當讀爲"戠","建""戠"相通,故 L 从"建"聲之説可從。

關於 M₂,曹錦炎、吳鎮烽、馬曉穩、石小力均隸作"戠"②;《新收》、宮肇南隸作"戠"③;董珊隸作"戠"④;王曉美隸作"姟"⑤。 按:M₂ 所从之牟(角)形與古文字"束""牟""建"字具不類⑥,"戠""戠""戠"三説皆可疑。戰國文字中"安"字有作▨、▨、▨、▨、▨之形者⑦,可以與▨(▨)形相聯繫認同,王説可從。故 M₂ 當隸作"姟",从"戈""安"聲。M₁ 由於是摹本,無拓本、照片與之合觀,以之爲立論依據是比較危險的。 從字形結構上看,我們暫將其視爲 M₂ 的異體。

關於 N 形,馬超認爲:"字形右側爲戈較爲明顯,左側偏旁則難以辨識,與一般'戠'所从的聲符牟、戕、建等不同。核對照片和拓本我們認爲應是'芓'旁……'芓'屬疑紐鐸部,'戠'屬見紐鐸部,二字古音相近,因此'▨(▨)'是从戈芓聲的'戠'字異體,可以隸定爲戜。"⑧按:▨、▨、▨、▨、▨、▨⑨等形所从之"芓"與 N 形左側所从相類,馬説可從。

關於 O 形,學界大略有四種考釋意見:第一,釋"戠"之説(从戈从肉),主此説者有吳大澂等;第二,釋"戠"之説(从肉戈聲),主此説者有季旭昇等;第三,釋"戞"之説,主此説者有劉心源、林義光等;第四,釋"戜"之説,主此説者有郭沫若、高田忠周、楊樹達、白川静、李孝定等⑩。按:新見龍伯戠(銘三⑪1397)O 字作▨形,其辭例爲"龍伯作奔一",因處於自名位置,可知釋"戠"之説(从戈从肉)可從。

論述至此,我們可以將"戠"字的諧聲關係圖示如下:

① 李零:《再論淅川下寺楚墓——讀〈淅川下寺楚墓〉》,《文物》,1996 年第 1 期,第 60 頁。
② 曹錦炎:《越王得居戈考釋》,《吳越歷史與考古論叢》,北京:文物出版社,2007 年,第 94 頁;吳鎮烽《商周青銅器銘文暨圖像集成》(第三十二卷),上海:上海古籍出版社,2012 年,第 459 頁;馬曉穩:《吳越文字資料整理及相關問題研究》,吉林大學 2017 年博士學位論文,第 277 頁;《東周金文與楚簡合證》,第 113 頁。
③ 鍾柏生、陳昭容、黃銘崇、袁國華:《新收殷周青銅器銘文暨器影彙編》(第二卷),臺北:藝文印書館,2006 年,第 973 頁;《兩周兵器自名"戠"字彙釋》,第 193 頁。
④ 董珊:《吳越題銘研究》,北京:科學出版社,2014 年,第 66 頁。
⑤ 王曉美:《吳越文化圈列國金文整理與研究》,西南大學 2019 年碩士學位論文,第 361 頁。
⑥ 容庚編著;張振林、馬國權摹補:《金文編》,北京:中華書局,1985 年,第 119、292、488 頁;《新金文編》,第 218、499、917 頁。
⑦ 《戰國文字字形表》,第 1029—1030 頁。
⑧ 《近出商周金文字詞集注與釋譯》,第 560 頁。
⑨ 《戰國文字字形表》,第 967—968 頁;故宮博物院編:《古璽彙編》,北京:文物出版社,1981 年,第 380 頁4133 號璽。
⑩ 周法高主編:《金文詁林》,香港:香港中文大學出版社,1975 年,第 6964—6972 頁;周法高編撰:《金文詁林補》,臺北:"中研院"史語所,1982 年,第 3649—3651 頁;李孝定:《金文詁林讀後記》,臺北:"中研院"史語所,1982 年,第 423 頁;《金文形義通解》,第 2971—2972 頁;《説文新證》,第 862 頁。
⑪ 吳鎮烽:《商周青銅器銘文暨圖像集成三編》,上海:上海古籍出版社,2020 年。

	主諧字	被諧字
戟字異體	丯(見月)	戚鈝䍸雔戈鍼(6)
	丯(見月)、棘(見職)	㦸(1)
	丯(見月)、劜(影元)	旇(1)
	各(見鐸)	茖(1)
	㪅(見元)	䩯/㪅(1)
	劜(影元)	旇(1)
	建(見元)	犍(1)
	安(影元)	垵(1)
	屰(疑鐸)	戟(1)
	咸(見鐸)	

二 "戟"字異體所反映的聲紐通轉及其音理解釋

李方桂的諧聲説認爲:

(一)上古發音部位相同的塞音可以互諧。

(a)舌根塞音可以互諧,也有與喉音(影及曉)互諧的例子,不常與鼻音(疑)諧。

(b)舌尖塞音互諧,不常跟鼻音(泥)諧。也不跟舌尖的塞擦音或擦音相諧。

(c)唇塞音互諧,不常跟鼻音(明)相諧。

(二)上古的舌尖塞擦音或擦音互諧,不跟舌尖塞音相諧。[1]

根據此説,可以將諧聲系統分爲普通諧聲、特殊諧聲、例外諧聲三類。按之古文字,"丯""棘""各""㪅""劜""建""安"聲之"戟"屬於普通諧聲,需要解釋者爲"旇""旇"及"垵"字(見、影紐相通);"屰"聲之"戟"屬於特殊諧聲,需要解釋者爲"戟"字(見、疑紐相通)。

見、影二紐相通文獻常見,舉例如下:

(一)諧聲證據

(1)"翁""瓮""螉""鯛""蓊""篛""滃""暡""勜""膃""塕""㒺"(影紐)從"公"(見紐)聲。

(2)"猗""椅""陭""欹""猗""犄""倚""輢""庌""漪""旖""顗""㰒"(影紐)從"奇"(見紐)聲。

(3)"娃""蛙""洼""哇""欵""恚""窪""淮""桊""婗"(影紐)從"圭"(見紐)聲。

---

① 李方桂:《上古音研究》,北京:商務印書館,2015 年,第 10 頁。

（二）通假證據

（1）《史記·平準書》："欲擅管山海之貨。"《漢書·食貨志》作"榦"。〇《周禮·㡛氏》："㫊蠱謂之榦。"孫詒讓疏引王引之曰："榦之爲言管也。"〇《漢書·劉向傳》："顯榦尚書。"顏師古注："榦，與管同。"（"放""管"相通）

（2）郭店《老子乙》簡5云："人之所畏，亦不可以不畏。"劉釗讀"畏"（見紐）爲"畏"（影紐）。①

（3）上博六《用曰》簡4云："淦則或淦，陽則或陽。"張光裕讀"淦"（見紐）爲"陰"（影紐）。②

現將各家對"戠"（"旘""㫊""㧜"）及其聲符"放""安"的聲母擬音列表於下③：

	高本漢	王力	李方桂	鄭張尚芳	白－沙
戠	k	k	kl	kr	k
放	ʔ	Ø			
安	ʔ	Ø	ʔ	q	ʔˤ

各家皆擬見紐"戠"字爲舌根音k，而從下文可知，"戠"字當改擬爲k.ŋ；而對於影紐"放""安"則有ʔ、Ø、q、ʔˤ四種擬法。將影紐處理爲零聲母與影紐屬全清不合，不可信。潘悟雲④據民族語比較、古代譯音、古文獻及漢語諧聲和假借等材料擬影紐爲q。見紐和影紐關係密切，與喉塞音ʔ相比，小舌塞音q距舌根塞音k的距離更近，更容易解釋漢語的諧聲及通假關係。故對於"放""安"的四種擬音方案，我們認爲小舌塞音的解釋力是最強的，可從。需要指出的是，白－沙的新系統爲影紐構擬了喉塞音、小舌塞音兩個來源：凡是影紐自諧者擬作喉塞音，其餘情況則擬作小舌塞音。據此，影紐之"安"當擬作小舌塞音，白－沙擬咽化的喉塞音不可信。

如此，"旘""㫊""㧜"所反映的見、影相通是以小舌塞音q與舌根塞音k的發音部位相近爲語音基礎的。

關於見、疑二紐相通，我們舉證如下：

（一）諧聲證據

（1）"崖""涯""娃"（疑紐）從"圭"（見紐）聲。

（2）"瘒"（疑紐）從"君"（見紐）聲。

（3）"沂""垠""狺"（疑紐）從"斤"（見紐）聲。

（二）通假證據

---

① 武漢大學簡帛研究中心、荆門市博物館編著：《楚地出土戰國簡册合集·郭店楚墓竹書》，北京：文物出版社，2011年，第13—15頁。

② 馬承源主編：《上海博物館藏戰國楚竹書》（六），上海：上海古籍出版社，2007年，第108、289頁。

③ 筆者按：高本漢的擬音採自《漢文典》，王力的擬音採自《漢字古音手册》，李方桂的擬音採自《漢字字音演變大字典》，鄭張尚芳的擬音採自《上古音系》，白－沙的擬音採自《上古漢語新構擬》。

④ 潘悟雲：《喉音考》，《民族語文》，1997年第5期，第10—15頁。

(1)《列子·力命》:"佹佹成者,俏成也。"盧重玄注本佹作魏。

(2)《易·困》:"劓刖。"《釋文》:"京作劓劊。"

(3)上博八《成王既邦》簡四云:"伯夷、叔齊戋(餓)而死於雕潰。"濮茅左讀"戋"爲"餓"。①

現將各家對"戋""屵"的聲母擬音列表於下:

	高本漢	王力	李方桂	鄭張尚芳	白一沙
戋	k	k	kl	kr	k
屵	ŋ	ŋ		ŋr	ŋ

從上表可以看出,各家皆擬"戋"爲舌根塞音 k,擬"屵"爲舌根鼻音 ŋ,這顯然不能解釋二者的語音關係。爲了解釋見紐與疑紐的相通現象,鄭張尚芳爲與疑紐相通的見紐構擬了 ŋk 複輔音聲母,白一沙則爲其構擬了 k.ŋ 複輔音聲母。同一諧聲系列的字應該具有相同或相近的聲幹,從這一點上看,白一沙的 k.ŋ 顯然要優於鄭張的構擬。故我們認爲"戋"字的上古音當改擬爲 k.ŋ,它與"屵"字的諧聲關係是基於相同的聲幹 ŋ。

三　"戋"字異體所反映的韻部通轉及其音理解釋

"戋"字中古音几劇切,且在《詩經》中與"澤""作"押韻,據此可將"戋"字歸入上古鐸部。從本文第一部分所分析的諧聲關係來看,"戋"字異體反映了三種類型的韻部關係:鐸部與鐸部相通;鐸部與月、元部相通;鐸部與職部相通。以上三種通轉,需要解釋的是後兩者。

上古音魚部(鐸部、陽部)、歌部(月部、元部)關係密切,舉證如下:

(1)《説文》:"狛,如狼,善驅羊。从犬白聲。讀若蘗。甯嚴讀之若淺泊。"○《史記·項羽本記》:"乃封項伯爲射陽侯。"《漢書·高惠高后孝文功臣表》射陽作賈陽。○《戰國策·燕策一》:"猶釋弊蹻。"漢帛書本釋作説。○《文選·上林賦》:"逡巡避廗。"李注:"《孝經》曰:'曾子避席。'廗與席,古字通。"○《禮記·曲禮下》:"素幙。"鄭注:"幙或爲幕。"(鐸部、月部相通)

(2)《左傳·昭公二十五年》:"唯是楄柎所以藉幹者。"《説文·本部》引藉作薦。○《漢書·西域傳》:"幕爲人面。"顔注:"幕即漫耳,無勞借音。"(鐸部、元部相通)

(3)《漢書·溝洫志》:"注填閼之水,溉舄鹵之地。"顔注:"閼讀與淤同。"○《説文》:"豦,鬭相抧不解也。从豕虍。豕虍之鬭不解也。讀若蘮蒘草之蘮。司馬相如説:'豦,封豕之屬。'一曰,虎兩足舉。"○《莊子·庚桑楚》:"終日號而嗌不嗄。"《釋文》:"嗄,崔本作喝。"(魚部、月部相通)

---

① 馬承源主編:《上海博物館藏戰國楚竹書》(八),上海:上海古籍出版社,2011年,第42、175頁。

（4）《禮記・内則》："麋膚。"鄭注："膚或爲胖。"○《詩・魏風・葛屨》："宛然左辟。"《説文・人部》引然作如。○《左傳・成公十八年》："晉弑其君州蒲。"《史記・晉世家》州蒲作壽曼。（魚部、元部相通）

（5）《説文》："駕，馬在軛中。从馬加聲。𩢲，籀文駕。"○《儀禮・士喪禮》："夏葛屨，冬白屨。"《通典・禮四十四》引白作皮。○《莊子・應帝王》："汝又何帛以治天下感予之心爲。"《釋文》："帛，崔本作爲。"（鐸部、歌部相通）

由上舉音例可知，魚部（鐸部、陽部）、歌部（月部、元部）之間可以發生通轉關係。落實到"戠"字，我們將相關擬音列表如下：

	王力	李方桂	鄭張尚芳	白一沙
戠	iăk	iak	ag	rak
丯	eāt	iadh	eeds	rets[①]
奿	ĭan	janx	an?	ar?
臤	an	anh	aans	ar-s
建	ĭan	janh	ans	an-s
安	an	an	aan	an

以上諸字，王力、李方桂擬有相同的主元音 a；鄭張尚芳、白一沙將"丯"字的主元音擬爲 e，其他字的主元音都擬爲 a。根據"前元音假説""圓脣元音假説"，歌、月、元部除主元音 a 外，還當分出 e、o。因爲從"丯"聲的"契""挈""楔"等字屬中古四等，所以"丯"字的主元音當爲 e。"戠"字有從"丯""奿""臤""建""安"聲的異體，從王、李二氏的擬音來看，其語音基礎是有共同的主元音 a；從鄭張、白一沙的擬音來看，反映了 a、e 這對鄰位元音之間的通變[②]。

上古音之部（職部、蒸部）、魚部（鐸部、陽部）關係密切，舉證如下：

（1）《漢書・張騫傳》："西擊塞王。"顔注："塞釋聲相近，本一姓耳。"○《漢書・西域傳》："塞種分散。"顔注："（塞種）即所謂釋種者也，亦語有輕重耳。"○《説文》："匿，亡也。从匸，若聲。讀如羊騶箬。"（職部、鐸部相通）

（2）楊雄《青州箴》："茫茫青州，海岱是極。鹽鐵之地，鉛松怪石。"○楊雄《解嘲》："昔三仁去而殷墟，二老歸而周熾。子胥死而吳亡，種蠡存而越霸。"（職部、鐸部合韻）

（3）《易・繫辭上》："可與酬酢。"《説文》引作"可以醻醋"。○《禮記・檀弓上》："何居我未之前聞也。"鄭注："居讀爲姬姓之姬。"（之部、魚部相通）

（4）《詩經・鄘風・蝃蝀》："朝隮于西，崇朝其雨。女子有行，遠兄弟父母。"○師𫍰簋：宰玴生入右師𫍰，王呼尹氏册命師𫍰。王若曰："師𫍰，在昔先王小學，

---

① 筆者按：此爲白一沙舊擬音，參見古音小鏡網站。
② 關於六元音的異部通變，參見鄭張尚芳：《上古音系》（第二版），上海：上海教育出版社，2013年，第194—195頁。

汝敏可使，既命汝更乃祖考司小輔。"（之部、魚部合韻）

（5）《左傳·昭公二十五年》："章爲五聲。"《左傳·昭公元年》作"徵爲五聲。"○《禮記·檀弓下》："杜蕢洗而揚觶。"鄭注："《禮》揚作騰。"○《説文》："夢，灌渝。从艸，夢聲。讀若萌。"（蒸部、陽部相通）

上古音研究中，魚部（鐸部、陽部）的主元音擬 a 當爲定論；争議的焦點是偏央元音之部（職部、蒸部）的構擬。高本漢、王力、李方桂擬 ə，鄭張尚芳擬 ɯ，白－沙擬 ɨ。ə、ɯ、ɨ 皆屬於偏央元音，它的通變範圍要大於其他元音，這便是"戟"從"棘"聲的語音基礎。

四　結　語

本文主要討論了三個問題：第一，對目前古文字工具書所載的"戟"字進行了彙釋，對諸説進行了辨正，在此基礎上分析了 15 種"戟"字異體的諧聲關係。第二，根據分析所得的諧聲關係，以"李方桂諧聲説"爲考量標準，論述了見影、見疑相通的真實性及可能性。第三，根據分析所得的諧聲關係，闡明了鐸部與月元部、鐸部與職部相通，無論從音例還是音理上來説都是可信的。

李方桂指出："古韻學的出路在於古文字。"①李新魁也曾談到："必須充分利用古文字學研究的成果，把對古文字的研究與古音的研究結合起來，把古文字（如甲骨文、金文、戰國文字、秦漢文字）所提供的材料和所展示的問題，運用到古音的研究上來，特别是諧聲系統和假借字系列必須進行新的、更深入的研究，找出確切的、較爲完整的體系，爲古音的研究提供更加强有力的佐證。"②在出土文獻大量湧現的今天，我們必須將古音研究與古文字研究結合起來，充分利用古文字材料所提供的更爲真實、更爲豐富的諧聲及通假資料，進一步强化我們的古音研究。

致謝：本文的寫作得到了孟蓬生師的指導，謹此致謝。然文責當由筆者自負。

---

①　曾憲通：《從"蚩"符之音讀再論古韻部東冬的分合》，《古文字與出土文獻叢考》，廣州：中山大學出版社，2005 年，第 105 頁。

②　李新魁：《漢語音韻學研究概況及展望》，《李新魁語言學論集》，北京：中華書局，1994 年，第 473 頁。

談"牝""牡"諸字的競爭與替代 *

周 翔

摘 要:動物性別專字在發展過程中走向了不同結局,最終"牝""牡"二字取代其他字成爲抽象記錄動物性別乃至對立概念的通行字,其他字則漸次廢棄。由此可見專字的競爭與替代不可避免,其決定性因素一是專字所記錄概念的社會職能與地位,二是字詞關係的調整。

關鍵詞:牝;牡;專字;競爭;替代

"牡""牝"二字常見於傳世文獻,用以記錄雄性、雌性的動物及各種具體或抽象的對立概念,如鎖簧與鎖孔、左右軍陣、丘陵與溪谷、金星與木星位置、陽性與陰性等。從相應字詞關係的發展史來看,這類詞所對應的字形頗豐,它們之間也經歷了比較複雜的競爭與替代過程,最終形成了後世所見的面貌。本文通過梳理出土古文字材料中的情況①,探討諸字的發展,兼談相關問題及思考。

一、動物性別字在出土古文字材料中的歷時演變

"牡""牝"等記錄動物性別之字歷史悠久,貫穿古文字發展的主要階段並在後世有所傳承。細觀之,相關諸字在各時期文字材料中呈現的情況如下:

(一) 商代文字

1. 雄性

(1) 牡:子熹徝畜 ![字形] 三(合集3140·典賓);丙午酓奉生于匕(妣)丙 ![字形] 三、犺一(合集34080·歷二);毓且(祖)乙歲 ;毓且(祖)乙歲重 ;歲且(祖)乙牢,重 。

(2) 犺:屮大乙母匕(妣)丙一 ![字形] 不(合集19817·師小);…… 母 …… 匚于丁 …… ;其又于羌甲 ;公歲重 ![字形],〔王〕受又(佑)重 ![字形],王受又(佑)(合集30743·無);歲匕(妣)庚 。

---

* 作者簡介:周翔,安徽大學漢字發展與應用研究中心、"古文字與中華文明傳承發展工程"協同攻關創新平臺講師,主要從事漢語言文字學、出土文獻研究。

基金項目:安徽省哲學社會科學規劃青年項目"甲骨文專字整理與研究"(AHSKQ2020D189)。

① 限於篇幅,所引各階段文字材料中字例、辭例僅爲代表性列舉,不窮盡。

（3）牡：A. 于翌戊子彰三▨且（祖）乙（合集1526·師賓）；其……▨九盟用白▨九（合集34103·歷二）；歲且（祖）乙▨一（花東63）[①]。

　　B. 叀▨（合集2303·師小/賓）；歲……▨（合集15480·賓出）；今日小帝于巫▨一、犬一（合集34155·歷二）；余至▨羊（合集22073·午）；龏、▨（合集22363·師小）；歲且（祖）乙小宰、▨（花東291）[②]。

（4）馶：其買，叀又▨（花東98）。

（5）䮻：中叀▨用叀▨（花東198）。

（6）䴦：翌丁酉……宜于▨（合集8233·典賓）。

（7）牡：歲且（祖）乙小▨（花東354）。

其構形爲牛、羊、豕、馬、鷹、鹿、宰等動物形象，附加雄性生殖器之形，有的本爲象形或會意之表意字[③]，記録雄性的各種動物。後象生殖器之部件割裂、声化为聲符"土"，成爲形聲字。各種動物類意符與各字所記録對象呈現比較嚴格的對應關係，即何種雄性動物便以何種動物形象意符表示[④]，較少例外。

2. 雌性

（1）牝：……〔大〕甲母匕（妣）辛……▨（合集19897·師小）；貞二牛、十▨（合集14834·賓三）；〔奉〕生于〔高〕匕（妣）□牡、▨（合集34079·歷二）；翌乙亥〔歲〕人于且（祖）乙，又卯▨（合集22945·出二），叀▨（合集27583·無）；二▨人乙三▨人乙（合集22065·午）；宜▨罙崟牡宜▨罙崟牡用牢又▨（花東226）。

（2）羘：……▨（合集24564·出二）；叀▨（合集27627·歷無）；歲父丁、戊▨（合集22073·午）；宜▨且（祖）乙（花東495）。

（3）犯：a. 叀▨于匕（妣）己（花東39）；歲匕（妣）庚▨一、▨一，子祝（花東215）[⑤]。

　　b. □子咸一▨（合集20053·師小）；叀小▨（合集23707·出二）；叀▨用（屯南2291·無）[⑥]；歲匕（妣）庚

---

① A類爲"豕"下腹部畫一雄性生殖器以象公豬之象形字，唐蘭釋爲"夋""豭"，參唐蘭：《天壤閣甲骨文存並考釋》，宋鎮豪、段志洪主編《甲骨文獻集成》，第 2 冊，成都：四川大學出版社，2001 年，第 482 頁。季旭昇認爲"豭"與"牡"應是一字，不過也有不同意見，參季旭昇：《説牝牡》，《古文字研究（第二十四輯）》，北京：中華書局，2002 年，第 100—103 頁；單育辰：《甲骨文所見動物研究》，上海：上海古籍出版社，2020 年，第 79—80 頁。
② B類在 A類基礎上象公豬之生殖器形部件聲化訛變爲"土"，變爲从豕土聲之形聲字。
③ 以往諸多學者認爲甲骨文中這些表動物雄性之字所从"土"非《説文》所謂"土"聲，然對"土"之認識諸家亦有分歧。段玉裁、羅振玉、王國維、林義光、葉玉森、馬叙倫、高鴻縉、李孝定等認爲是古"土"字，既表意也表音；朱芳圃認爲是"牡"之異文；商承祚、郭沫若、屈翼鵬、徐中舒等認爲是雄性生殖器之象，後說逐漸爲學界接受，詳參季、單論著。
④ 上舉學者對這類字意符與所表動物性別之對應關係多有論述，兹不贅舉。
⑤ a類爲"豕"下腹部畫一雌性生殖器以象母豬之象形字，楊樹達釋爲"豝"，參楊樹達：《釋羴牡牝牝豝豾》，《積微居甲文説·耐林廎甲文説·卜辭瑣記·卜辭求義》，上海：上海古籍出版社，2007 年，第 9—10 頁。
⑥ 《合集》20053、《合集》23707、《屯南》2291 一類字形或釋爲"牝"，參夏大兆：《商代文字字形表》，上海：上海古籍出版社，2017 年，第 35 頁；或釋爲"到"，參曹錦炎、沈建華：《甲骨文校釋總集》，上海：上海辭書出版社，2006 年，第 2310、2702、6245 頁。

(花東162);齡商(賞)貝十朋,丐(戍鈴方彝·集成9894)①。

(4) 駔:小子白(合集3411·師賓);重又(花東98)。

(5) 羝:⋯⋯(合集11050·典賓);王其(合集17224·典賓);⋯⋯卸⋯⋯父⋯⋯宰⋯⋯⋯⋯(合集2307·典賓)。

(6) 麚:其卸 不其卸(合集795正·典賓)。

其構形同樣有在動物形象上畫出雌性生殖器的象形字和從牛、羊、豕、馬、兒、鷹匕聲的形聲字兩類。記録的對象爲雌性的牛、羊、豬、馬、鹿等動物。就實際用例來看,意符與整個字所記録的詞亦對應比較嚴格。

據此可知,商代文字階段動物性別之字呈現如下現象和特點:其一,種類十分豐富,常見動物幾乎都專門造了相應的性別字記録②。其二,構造方式有象形、會意和形聲,即以相應動物形象加性徵器官或表該字讀音之聲符表示雄性、雌性的該類動物。因此,該階段文字材料中記録動物性別概念存在表意和半表意半表音兩類造字方式並用的情況,可見二者的競争正當其時③。其三,就目前所見字形來看,不同動物性別字構形方式的演變環節呈現不平衡性,有些字明顯可以看出"象形—會意—形聲"的演變過程,有些字則僅見形聲構形。究竟是各字實際演變情況就如此④,還是有些演變環節尚未見到,有待證明。其四,字詞間基本保持了較爲嚴格的一對一關系,看到相應字形便可知道是何種性別之何種動物。一言以蔽之,它們都遵循了嚴格的專字專用原則,都是相應動物的性別專字⑤。

(二) 西周、春秋文字⑥

1. 雄性

(1) 牡:用于大室(剌鼎·集成2776·西周中期)。

(2) 駐:王易(賜)子犯輅車、四(子犯編鐘·近出13·春秋中期·晉);王易(賜)子犯輅車、四(子犯編鐘·近出21·春秋中期·晉);虩方綾朕(滕)相乘,釗不□其王

---

① b 類在 a 類基礎上象母豬之生殖器形部件聲化訛變爲"匕",變爲從豕匕聲之形聲字。

② 張秉權、于省吾、姚孝遂等學者認爲這些字是合文演化的結果,參于省吾主編:《甲骨文字詁林》,北京:中華書局,1996 年,第 1517—1525 頁。

③ 過去釋"犯"與"夋""竣"之字亦可看作"犰""牪"之異體,不過"犰"與所謂"犯"、"牪"與所謂"夋""竣"之字形在辭例中確有並用情況,説明它們的關係比較複雜。參周翔:《從甲骨文中的動物專字看商代的農牧漁獵》,《安徽農業大學學報(社會科學版)》,2021 年第 3 期,第 103—109 頁。

④ 季旭昇認爲"牪、犰由象形變形聲的原因之一,可能是因爲受了牡牝、牪犰的影響。豕字在甲骨文中畫全體象形,所以可以在其生殖器部位表達牡牝器的象形。但牛、羊等祇表現頭部,無從著牡牝器,於是比照犰字分離犰器的辦法,在牛、羊旁著一'丄'形,造出牡、牪等字。由於'丄'形和甲骨文簡寫的'土'字一模一樣,所以後來的文字都以爲雄獸所寫的是'土'字。牝牝則採用犰字的形聲結構,在牛羊旁該從'匕'聲。"參季文。不過也有這樣一種可能,即其他動物性別專字受到"牝""牡"形聲化的影響,跳過了表意階段而直接以形聲同取方式構造。

⑤ 陳年福:《甲骨文詞義論稿》,上海:上海古籍出版社,2007 年,第 145—152 頁。

⑥ 西周、春秋文字由於文字風格差異相對較小,且材料比較一致,多爲青銅器銘文,故合而論之。

乘 [圖] (庚壺·集成9733·春秋中期·齊)。

2. 雌性,暫未發現。

相較於商代文字紛繁多樣的動物性別專字,西周、春秋文字材料中所見相關字可謂少之又少。表雄性之字僅見"牡""馯"兩種,表雌性之字則尚未見到。但如果就此斷言,該階段時間範圍內表動物性別在文字上的區別僅有牛、馬兩種,雌性動物在文字上存在缺位,未免失之武斷。

合理的解釋是,目前掌握的該階段文字材料相對不足,銅器銘文的文本又制約了這些文字出現的概率。其既不像甲骨卜辭那樣經常涉及祭祀用牲和田獵對象,也不如後來戰國時代的竹書文字内容豐富多彩。由於語言文字現象的常態往往是"説有易,説無難",所以西周春秋階段材料該類文字的匱乏對於我們的梳理是頗爲不利的。但有一點可以推定,即商代多樣的動物性別專字在這一階段已經大量淘汰廢棄,退出文字流通領域。當時人記録動物性別所用之字即便不止牛、馬兩類,估計也不會太多。另一方面,商代文字中表示雄性的部件在該階段已經徹底聲化爲"土","匕"作聲符雖未見,但據此推之當亦然。換言之,這類字已經完成了構形方式從象形、會意到形聲的轉變。也由於用例較少,從牛、馬意符之字與所記録之詞的字詞對應關係規律性不明顯。

(三) 戰國文字(除秦系)

1. 雄性

(1) 牡:【楚系】一羊(騂)[圖](新甲—7);一熊[圖](新甲—7);一熊[圖](零71,137);奉寺₌(之寺)屠₌(晨,晨)[圖]孔碩(碩)(安大一·騶驖44);馴[圖]孔犀(夷)(安大一·小戎47)。

(2) 牫:【楚系】魷[圖]魷(雌)魷(雄)(清華九·成人7)。

這兩字結構分别爲從牛土聲與從牛戊聲,"土"(透紐魚部)、"戊"(明紐幽部)上古音近,屬於替換聲符之異體。記録的是泛指性的雄性動物或抽象的雄性概念,並不專指牛。

(3) 馯

【楚系】一黄[圖]左鯆(曾乙197);一醫[圖]爲右鯆(曾乙197);一騧[圖](曾乙199);一黄[圖](曾乙199);右鯆[圖](曾乙203);馴[圖]既柬(閑)(安大一·騶驖44)。

【晉系】四[圖]汸₌(滂滂)(舒蛮壺·集成9734)。

(4) 馱:【楚系】四[圖]孔犀(夷)(安大一·騶驖43)。

這兩字結構分别爲從馬土聲與從馬戊聲,記録的毫無疑問都是公馬,目前尚未發現例外。

2. 雌性

(1) 牝:【楚系】朕□,澰[圖],義条,汰□(左家漆楄);屯(純)[圖],乃鄉(饗)(清華四·筮法2);未智(知)[圖]戉(牡)之會(合)鷹(膺)惹(怒)(郭店·老甲34)。

該字從牛匕聲,不僅記録各種雌性動物,還能表示"牝日"這樣的抽象概念。

（2）駣：【楚系】坪夜君之兩駣（曾乙160）；坪夜君之兩駣（曾乙161）。

該字從馬匕聲，辭例有限，記錄的都是母馬，目前尚未發現例外。

（3）鴄：【楚系】牝鴄（雌）䲹（雄）（清華九·成人7）。

該字從鳥比聲，目前僅見孤例，記錄泛指的雌性，並不專指鳥類。

綜合上述梳理和分析可以看出，楚系、晉系等戰國文字材料中，記錄動物性別主要有從牛、馬、鳥三類字，常見的還是從牛、馬兩類字。當然也不排除還有從其他動物意符之字尚未見到。目前所見字基本呈現這樣一種態勢：從牛之"牡""牝"記錄各種雄性和雌性動物，乃至一些抽象的對立關係概念，反倒不常表示公牛、母牛。從鳥之"鴄"亦同理。從馬之"駐""駣"基本都是專表公馬、母馬，幾無例外。表雄性動物時聲符除了原有的"土"，還出現了"戊"。

總體來說，該階段上述若干字的字詞對應關係開始變得自由起來。不過這種自由也是不平衡的，即從牛之"牡""牰""牝"不一定表示公牛、母牛，如"牡麀""牡豕""駣牡""鴄牰""羊牝""牝豚"；從鳥之"鴄"不一定表示雌性鳥類。但從馬之"駐""䮾""駣"卻尚未見到表示馬以外動物性別之例，反之馬的性別也較少以其他動物意符之字記錄。也就是說從牛之專字專用性喪失比較明顯，從馬之專字則能堅守造字本義的專用屬性，至於從鳥之字用例太少，尚不足以判斷。另一方面，馬、牛、鳥之外的其他動物性別基本不再以相應意符的專字去記錄，而常以從牛者代之。更有甚者，表示雄性動物還出現了以本爲天干之字"戊"通假記錄的做法[①]。相應的，雌性動物或許也會有類似的通假。這些比較豐富的動物性別專字集中出現在楚系文字中。至於戰國階段秦系文字的情況，因與秦統一後的文字比較一致，詳下文。

（四）秦文字（含戰國秦系）

1. 雄性

（1）牡：子、寅、卯、巳、酉、戌爲日（雲夢·日甲11反）；十二月、正月、七月、八月爲月（雲夢·日甲12反）；牝月日取妻（雲夢·日甲12反）；腹毋辟（避）男女牝者（關沮368）；麀一，豕四（里耶8—2491）；正月、二月、六月、七月、八月、十二月爲月（天水·日乙84）；……戌、子、寅爲日（天水·日乙86）；……日，取妻皆吉（天水·日乙88）；日死必以牝日葬，牝日死必以日葬（天水·日乙89）；牝相求（天水·日乙262）。

表示雄性動物僅見從牛土聲的"牡"一種，所記錄的對象涵蓋各種雄性動物性別乃至非動物的抽象概念。

2. 雌性

（1）牝：丑、辰、申、午、未、亥爲，日以葬（雲夢·日甲11反）；三月、四月、九月、十月爲=月=（牝月，牝月）牡日取妻（雲夢·日甲12反）；牛大十，其六毋（無）子（雲夢·雜抄31）；羊

---

① 如楚系文字所見如下幾例：未智（知）牝（牡）之會（合）膚（腹）悊（怒）（郭店·老甲34）；月夕屯（純）（牡）（清華四·筮法3）；九，（牡）祟（祟）（清華四·筮法47）。它們記錄的都不是具體動物性別，而是抽象的對立概念。

□十，其四毋(無)子(雲夢·雜抄31)；腹毋辟(避)男女□牡者(關沮368)；□豚一(里耶8-561)；□馬一匹予子小男子産(里耶8-1455正)；三月、四月、五月、九月爲□月(天水·日乙85)；……午、未、申、亥爲□日(天水·日乙87)；牡日死必以□日葬，□日死必以牡日葬(天水·日乙89)；□牡相求(天水·日乙262)。

　　表示雌性動物亦唯見從牛匕聲的"牝"一種，所記録的對象與"牡"類似。

　　由此可以看出，秦文字階段動物性別字進一步減少，僅存"牡""牝"兩種。前者記録一切雄性動物，後者則記録一切雌性動物，有時還可以用來記録一些抽象的對立概念。故可以認爲，至此階段對應各種具體動物的性別專字實際已經消失，記録動物性別時僅用"牡""牝"作爲通行字泛稱。再其後的時段用字情況也大體如此①，前面提到的個別動物性別專字雖見收於一些字書、韵書等工具書，但已鮮有文獻典籍中的具體用例，可以認定爲淡出了實際文字流通領域。

二、相關諸字的發展脈絡

　　綜上所述，"牝""牡"諸字的大體發展脈絡和關鍵性節點如下：

　　(一)商代文字階段是動物性別字最爲豐富的時期，主要以表示動物類別的意符與表示性別的意符組合構成象形字、會意字，以及在此基礎上演變出的表示動物類別的意符與記録相應概念讀音的聲符"土""匕"組合而成的形聲字。這些構造方式處於並行不悖的狀態。當時文字材料中能見到的動物大多有相應的"牝""牡"類性別字記録。它們的字詞對應關係比較嚴格地遵循一種或一類動物之性別對應相應的意符，換言之就是專字專用、一一對應。因此，我們可以認爲這些字都是記録相應動物性別的專字。

　　(二)西周、春秋文字階段所見實際用例較少，目前所見主要有從牛、馬兩類，不易看出明顯的特點和發展趨勢。不過還是可以判斷，上一階段由象形、會意兩類構形方式創造的動物性別字在這一階段已難覓踪影。因此，我們可以認爲該階段已經完成了相關諸字的形聲化轉型，或曰該階段是相關諸字的形聲化定型階段。就用法而言，它們的專用性似乎還有一定程度的保留。

　　(三)戰國文字階段繼承前一階段的構形方式，繼續用形聲結構造出從牛、馬、鳥等意符的若干字，其中最主要的仍然是牛、馬兩類。但呈現出以下四個富有時代性的新特點：

　　1. 表雄性之字的聲符除了原有的"土"還出現了"戊"。就文字功能來看，該階段動物性別字的專用屬性已經大爲衰減，尤其是從牛之"牝"和"牡""牭"已經基本喪失專用性而成爲記録一般動物性別的及引申概念通行字。此外，用"戊"通假記録雄性動物之例也不在少數，更反映了此類專字專用作風的進一步削弱。

　　2. 從馬之"駐""馱""駓"的專用性則始終如一。據後來的文字發展事實可以知

――――――――――
　　① 漢代文字材料及其後時代文獻中相關字字形、使用情況沿襲秦文字，不再贅述。

道,這一類動物性別字在戰國文字階段之後就消失不存。故从馬之字由商代傳承至戰國,自始至終保持了比較嚴格的專字專用的字詞關係。換言之,从馬之字始終是記錄公馬、母馬的性別專字。這與从牛之字專用性的發展是不平衡的。

3.區系的不平衡性也比較明顯,最突出的是秦系文字僅有从牛之"牝""牡",且專用性已經完全消失。楚系文字除从牛之外,還有从馬、鳥之屬,上所論聲符替換之新見異體、文字專用性的不平衡及通假記錄的情況就集中體現在楚系文字中。他系文字中或許還有其他情況,但就目前所見材料而言尚未發現。

(四)統一後的秦文字階段延續戰國秦系文字的情況,字形上僅見从牛之"牝""牡",所記錄的也是各種動物的性別乃至抽象意義的相對性概念。這一字詞關係伴隨秦人統一漢字而爲後世所繼承。

三、對相關諸字發展問題的認識與思考

基於上文對文字發展事實的梳理及發展脈絡的總結,我們可以發現其中一組明顯對立的情況,即从牛之字在專用性上的變動不居和从馬之字在專用性上的始終如一。因此我們有必要討論和思考如下一些問題:从牛之字爲何會喪失專用性如此嚴重、徹底,喪失專用性後爲什麼又偏偏是它成爲了兼容各種相關概念的通行字,其他各種動物性別專字爲何都逐漸消失,从馬之字爲何始終能保持專用性而不動搖。在進行了充分的定量描寫之後,對這些問題的定性分析是不可回避的。

(一) 从牛之字專用性喪失的合理性

首先,讓我們看看从牛之字喪失專用性的情況。必須承認,專字專用是對文字與所記錄之詞嚴格對應的一種理想化追求。我們有理由相信,多數字在造字之初也都應該是有明確、相對固定的記錄對象的。但就漢語字詞發展的辯證關係來看,專字專用與一字兼表多詞、分化與合併都是矛盾運動的統一體[①]。通過上述梳理,明顯可以看出从牛之"牝""牡"專用性喪失最爲明顯、徹底,這一對專字實際上从其他動物性別專字中勝出,兼容記錄所有動物性別乃至各種引申的對立概念。究其原因,可從社會歷史和語言文字兩個方面考慮:

1.從中國古代的農牧業歷史背景看,各種動物的地位和飼養、使用頻率是不同的,其中牛的地位和出現頻率明顯高於其他動物。總體來看,在先秦時期的農業生產和社會生活中,牛作爲飼養家畜兼有祭祀、食用和作爲耕種、運輸工具等常見功能。與之相比,其他動物很難同時具備這些功能,況且牛體現這些功能時也具有非其他動物可比的價值。具體表現在:

(1)作爲祭牲,牛牲的地位和使用頻率高於其他犧牲。古之祭祀用牲,以"太牢"(牛、羊、豬三牲)爲尊隆。《禮記·王制》:"天子社稷皆大牢,諸侯社稷皆少牢。大夫

---

① 黄德寬:《從出土文獻看漢語字詞關係的複雜性》,《歷史語言學研究(第七輯)》,北京:商務印書館,2014年,第84—90頁;《漢語史研究運用出土文獻資料的幾個問題》,《語言科學》,2018年第3期,第235—243頁。

士宗廟之祭,有田則祭,無田則薦。"鄭玄注:"士薦牲用特豚,大夫以上用羔。"同篇又云:"諸侯無故不殺牛,大夫無故不殺羊,士無故不殺犬豕,庶人無故不食珍。"①三牲以牛爲最尊明矣。亦可以牛獨稱"太牢"。《大戴禮記·曾子天圓》:"諸侯之祭,牛,曰太牢。"②至於從商代至戰國時代的出土材料中關於祭祀用牲的記載來看,牛類祭牲也明顯較其他動物祭牲更多見、更有代表性,且時代越早,這種傾向就越明顯。

(2) 牛作爲食用肉來源,地位也高於其他肉類,這往往與饗食祭牲有關。《周禮·地官司徒第二·牧人》:"凡賓客之事,共其牢禮積膳之牛。"鄭玄注:"牢禮,飧饗也。積,所以給賓客之用,若《司儀職》曰'主國五積'者也。膳,所以間禮賓客,若《掌客》云'殷膳太牢'。"同篇又云:"饗食、賓射,共其膳羞之牛。"鄭注:"羞,進也,所進賓之膳。《燕禮》,小臣請執冪者與羞膳者,至獻賓而膳宰設折俎。王之膳羞亦猶此。"賈公彦疏:"饗者,亨大牢以飲賓,獻依命數。食者,亦亨大牢以食,食禮九舉、七舉、五舉,亦依命數,無酒獻酬耳。皆在於廟以速賓。射者,謂大射,及與賓客射于朝。天子諸侯射,先行燕禮,皆有殺俎,故有牛也。云'共其膳羞之牛'者,謂獻賓時宰夫所進俎是也。"此外,牛還可以作爲犒勞軍隊將士鼓舞其士氣的賞賜。《周禮》同篇亦云:"軍事,共其犒牛。"鄭注:"鄭司農云:'犒師之牛。'"賈疏:"謂將帥在軍枯犒之賜牛,謂之犒牛也。"③

(3) 由於龐大的身軀和力量,牛也常被用來駕轅,這是除馬之外的其他動物很難比擬的。《周禮·地官司徒第二·牧人》:"凡會同、軍旅、行役,共其兵車之牛,與其牽徬,以載公任器。"鄭注:"牽徬,在轅外輓牛也。人御之,居其前曰牽,居其旁曰徬。任猶用也。"賈疏:"云'共其兵車之牛'者,但兵車駕四馬之外,別有兩轅駕牛以載任器者,亦謂之爲兵車,故云兵車之牛也。"④

(4) 作爲耕種的動力,牛在農業生產和農業社會中長期扮演不可或缺的角色。關於中國使用牛耕的起始時代,以往衆說紛紜。目前比較普遍的觀點認爲應不晚於春秋戰國之間⑤。1923 年山西省渾源縣李峪村發掘的戰國墓中出土一件牛鼻有環的青銅牛尊⑥,亦爲牛耕之證據。這種在農業時代不可或缺的功能,直到現代社會伴隨農業機械的逐漸普及才被最終淘汰,從而使得牛在長期的社會發展過程中始終成爲生產力的代表,保持了不可替代的地位。

2. 從語言文字反映現實的角度出發,牛在古代社會生活中的常見性和重要地位決定了其在語言文字符號體系中的地位。最直接的表現就是在比較追求字詞嚴格對應記錄的時代如商代,其時文字中從牛之字頗爲豐富。與其他動物性別專字一樣,記錄牛之性別造了"牝""牡",最初應與其他從各種動物意符之性別專字無二致。但如

---

① (漢)鄭玄注、(唐)孔穎達正義:《禮記正義》,上海:上海古籍出版社,2008 年,第 529—530 頁。

② (清)王聘珍:《大戴禮記解詁》,北京:中華書局,1983 年,第 101 頁。

③ (漢)鄭玄注、(唐)賈公彦疏:《周禮注疏》,上海:上海古籍出版社,2010 年,第 455—456 頁。

④ 《周禮注疏》,第 457 頁。

⑤ 中國農業博物館農史研究室編:《中國古代農業科技史圖說》,北京:中國農業出版社,1989 年,第 110—111 頁。

⑥ 尹紹亭:《我國犁耕、牛耕的起源和演變》,《中國農史》,2018 年第 4 期,第 14—23 頁。

上文所論牛的特殊地位使之在實際語用中具有更高的使用頻率和更豐富的語境,這就意味着當時人在用字時一想到動物性別,如果不帶有明顯指向,首先想到的就是原本表示母牛的“牝”和表示公牛的“牡”,也就是説“牝”“牡”在人們的認知裏逐漸具有了抽象表示動物性別的概括功能。這就導致“牝”“牡”在與其他動物性別專字的競争中勝出,褪去表示母牛、公牛的專用色彩而泛化爲表示一切動物性別的通行字①。實際上,該趨勢在商代文字中就已有苗頭。

另一方面不可忽視的現實因素是,秦系文字中目前僅見“牝”“牡”這一組動物性別字而没有從其他動物意符之寫法。伴隨秦統一天下,以秦文字爲基準的小篆、隸書最終取代其他文字成爲唯一合法、主流的文字系統。其他各種表示動物性別之字自然也就在“罷其不與秦文合者”②的文字統一浪潮中銷聲匿迹了。

(二) 從馬之字專用性穩定的現實性

通過梳理亦可知,從馬之專字既不像其他動物性別字那樣曇花一現,而是自商代沿用至戰國時代,比較持久。也不像從牛之字那樣逐漸喪失專用性變爲通行字,而是自始至終保持了比較穩定、嚴格的專字專用屬性。這同樣可以從社會歷史和語言文字兩方面因素考慮:

1. 馬在古代社會同樣具有比較重要的地位,與牛一樣是日常生産生活中不可替代的畜力。其廣泛運用於交通運輸、狩獵、戰争等活動,滿足所需之駕車、騎乘、馱載等職能。因此在漫長的歷史進程中,馬與牛一樣獲得了人們的重視和强調,故從馬之字在出土材料和傳世典籍中種類亦十分豐富,起到了對馬相關概念的細分作用。這大概是從馬之性別專字沿用較長時間的原因。

2. 與其他動物相比,尤其是與牛相比,馬的功能比較固定、單一,較少用於祭祀、食用和耕地③。這就導致其在古人的認知和語言環境中始終保持一定的獨立性、專門性,不易與其他動物的功用兼容、混淆。這應是造成從馬之動物性別字專用性穩定且持久的原因,但正是因爲這種比較固定、專門的屬性也導致該類專字無法像從牛之“牝”“牡”那樣在競争中具有兼容性,最終仍無法避免被淘汰廢棄的命運。

(三) 其他動物性別專字消亡的必然性

在弄清楚從牛、從馬兩類專字發展流變的動因之後,其他諸如從豕、鳥、鹿、兕、宰等意符之動物性別專字在漢字發展史中被淘汰廢棄的原因也就好理解了。這些動物概念在古代或地位、代表性不够,或習見程度不够,或用途有限,或過於具體、專門。

---

① 該現象可以用經濟學上的“一般等價物”概念類比解釋。一般等價物最初也是跟其他物品一樣用於交換,並無特殊。但在長期交換過程中,某種物品最爲交换者所接受,於是就逐漸成爲可以用來换取其他物品的中介而具備了代表、衡量各種物品價值的功能。同理,“牝”“牡”之所以能在衆多動物性別專字中脱穎而出,成爲抽象代表各種動物性別乃至各種對立概念的“一般等價物”,是因其在先秦語言文字材料中較高的使用頻率和豐富的辭例所致,而這又是上文所論牛的特殊地位決定的。參周翔:《楚文字專字研究》,合肥:安徽大學博士學位論文,2017 年,第 136—137 頁。

② (漢)許慎:《説文解字》,北京:中華書局,1985 年,第 501 頁。

③ 陳桂權:《中西農業文明下的牛耕與馬耕》,《史志學刊》,2017 年第 1 期,第 61—64 頁。

既没有必要一詞一字全部保留以致損害文字符號的經濟性,也不能推而廣之抽象概括其他概念。因而最好的歸宿衹能是在完成歷史使命後,逐漸消亡,退出文字流通領域,成爲某些階段的遺迹。

結　語

通過對以"牝""牡"爲代表的動物性别字的發展過程及影響因素的分析可以看出,爲一個語義場内的若干具體、專門的概念所造的各有所指的專字,在發展過程中免不了出現競争與替代的現象。這種内部競争的結果往往是以其中一個或少數幾個專字喪失專用性爲代價,替代掉其他專字從而轉型成爲記録整個語義場乃至相關語義場的通行字。進而還可以看出這一過程所反映的文字兼容性與專用性同傳承度之間相應的正、負相關關係。決定這種競争與替代結果的關鍵性因素一是專字所記録概念的社會職能與地位,二是由此所帶來的字詞使用頻率及字詞關係的重新配置與整合。如果遵循這一思路對更多專字群組做定性和定量分析,相信會對漢字漢語發展史研究有諸多裨益。

根據"亙"與"亟"的訛混校讀《尚書》一例[*]

薛培武

摘　要：《尚書·洛誥》"和恒四方民"中的"恒"舊無善解，根據與《洛誥》有密切關係的《康誥》對應語句作"四方民大和會"，本文論定"恒"字實乃"亟"之傳抄誤字。根據出土文獻"亙""亟"相混的實際情況，本句中的"亟"，先是被誤認爲"亙"，後又被寫作"恒"。

關鍵詞：《尚書》；訛誤；恒；極

《尚書·洛誥》：

> 王若曰："公！明保予沖子，公稱丕顯德，以予小子揚文武烈，奉答天命，<u>和恒四方民</u>，居師，惇宗將禮，稱秩元祀，咸秩無文。"

"和恒四方民"，僞孔《傳》解釋爲"和常四方民"，孔《疏》："和協民心，使常行善也。"[1]"恒"固然在文獻中常訓爲"常"，但是放在這裏却無法講通文意，以致於孔《疏》不得已用"常行善也"這種增字解經的形式疏解。後來的學者，多數都放棄了這種看法。影響較大的有"和順"一説，此説由吳汝綸首倡，吳氏説：

> 王引之説《周禮》"和布"爲"宣布"。《詩》傳："恒，遍也"，"旬，遍也"。是此經"和恒"，猶《詩》之言"旬宣"，《爾雅》之言"宣徇"也。《莊子·盗跖》篇"恒民畜我"，"恒民"即用此經字。《莊子》《釋文》"恒"作"順"，是恒、順通訓也。[2]

從之者如屈萬里《尚書集釋》[3]、楊筠如《尚書覈詁》[4]。吳氏的邏輯是"恒"和"旬"具訓爲"遍"，所以"恒"就兼有"徇"的"順"義，并舉了《莊子》"恒""順"異文的例子。這種邏輯顯然無法成立。"恒"和"旬"只是在"遍"這個意義上是同義詞，"恒"並不具備"徇"所擁有的"順"的詞義。吳氏所引《莊子》之異文，並不能用來説明"恒"有"順"一訓。由《莊子·盗跖》"夫可規以利而可諫以言者，愚陋恒民之謂耳"一句可知，"恒民"是定中結構的名詞詞組，"恒"與前面的"愚陋"一樣，修飾後面的"民"，與《洛誥》此處的"恒民"爲動賓結構者迥異，不能以彼律此。此外，在文獻中找不到任何"恒"訓爲"順"的用例。

---

　*　作者簡介：薛培武，山東大學文學院語言科學實驗中心博士生，主要從事出土文獻與古文字研究。

　①　(漢)孔安國傳，(唐)孔穎達正義，黃懷信整理：《尚書正義》，上海：上海古籍出版社，2017 年，第 602—603 頁。

　②　(清)吳汝綸：《尚書故》，上海：中西書局，2014 年，第 219 頁。

　③　屈萬里：《尚書集釋》，上海：中西書局，2014 年，第 189 頁。

　④　楊筠如：《尚書覈詁》，西安：陝西人民出版社，1959 年，第 218—219 頁。

又有"和遍"一説,孫星衍《尚書今古文注疏》云:"恒者,《詩傳》云:'遍。'和恒,猶'恒和'也。"①章太炎贊同此説,云:"和遍四方民居師,言四方之民來京師者遍和之也。"②由於他們要把"恒"講成"遍",以便於修飾"和",所以不得不改換"和恒"兩字的位置爲"恒和",此説缺乏文本證據支撐,顯然只能是臆測。

少數學者將"恒"訓爲"久",如江聲《尚書集注音疏》:"恒,久也。和則可久,故曰和恒。"③王先謙《尚書孔傳參正》:"《易·象傳》'恒,久也',言上以奉配天命,下以和恒萬邦四方之民。"④訓"恒"爲"久"與前面所述訓"恒"爲"常"的問題一樣,放在這裏也無法講通文意。

上述幾個説法,皆未能解決問題,所以又有學者另闢蹊徑,主要有"連綿詞説"及較近的"桓字説",前一種説法信從者衆,曾運乾《尚書正讀》:"和恒,雙聲連綿詞,猶旬宣也。"⑤江灝、錢宗武《今古文尚書全譯》:"和恒,雙聲連綿詞,等於説和悦。"⑥若此説可信的話,則"和恒"作雙聲連語的例子只此一見,不免讓人產生懷疑。

最新的討論就是蔡哲茂先生的"桓"字説,由於此説較新,且結合了相關的出土材料,所以有必要對此説進行平議。蔡先生在這篇名爲"論《尚書·洛誥》'和恒四方民'之'恒'爲'桓'之誤"的文章中認爲今本的"恒"本爲"桓","和桓"是雙聲連語⑦。他所立論的依據主要有三個:第一,他認爲今本《逸周書·祭公解》"畢桓於黎民般"與"和恒四方民"高度一致,而"桓""恒"字形易混,所以這裏的"恒"本應該作"桓";第二,清人已經指出"和""桓"相通,而《祭公解》中的"桓"根據文意應該訓爲"和";第三,上博簡《容成氏》中的"四向阹禾",他認爲應該讀爲"四向桓和"。蔡氏的三條證據是緊密聯繫的,第三條證據的成立有賴於第二條證據中清人説的"桓""和"相通能够成立,第一條證據中兩者是否可以論定爲"高度一致",則就要看第二條證據中所説的《祭公解》"畢桓於黎民般"中的"桓"的詞義與"和"是否相同或相近。

其實,在此之前清人于鬯已經對《祭公解》這一句話的斷句提出了一些的看法。于氏指出《逸周書·祭公解》"祭公拜手稽首曰:允乃詔,畢桓于黎民般"中的"允"作一句讀,"畢桓"應該是一人名,"疑畢公高之後"⑧。于氏此説似未得到蔡先生的重視。2010 年《清華大學藏戰國竹簡(壹)》出版發布,裏面收有《祭公》一篇,與今本《逸周書·祭公解》內容大致相當,應屬同一篇文獻。其中對應今本《祭公解》的這一句話,簡本作"懋拜手稽首曰:允哉!乃召畢桓井利毛班",整理小組已經指出"井利毛班見於《穆天子傳》"⑨。對於簡本與今本的文字差異,劉洪濤先生指出傳本"于黎"乃"井

①　(清)孫星衍:《尚書今古文注疏》,北京:中華書局,1986 年,第 411 頁。
②　章太炎:《古文尚書拾遺定本》,《制言》半月刊 25 期"章太炎紀念專號",1936 年,第 47 頁。
③　(清)江聲:《尚書集注音疏》,《皇清經解》卷三百九十六。
④　(清)王先謙:《尚書孔傳參正》,北京:中華書局,2011 年,第 733 頁。
⑤　曾運乾:《尚書正讀》,北京:中華書局,1964 年,第 207 頁。
⑥　江灝、錢宗武:《今古文尚書全譯》,貴陽:貴州人民出版社,1990 年,第 321 頁。
⑦　蔡哲茂:《論〈尚書·洛誥〉"和恒四方民"之"恒"爲"桓"字之誤》,東華人文學報,2009 年 7 月(總第十五期),第 25—38 頁。
⑧　黃懷信、張懋鎔、田旭東:《逸周書彙校集注(修訂本)》,上海:上海古籍出版社,2007 年,第 931 頁。
⑨　李學勤主編:《清華大學藏戰國竹簡(壹)》,上海:中西書局,第 177 頁。

利”之訛，“毛般”爲“毛班”之訛[①]。“井”與“于”的文本差異到底是由於什麽原因導致的，還有待進一步的研究，不過劉先生此説之大概，已經切中要害。今本“畢桓於黎民般”一句，根據文意及簡本的對照，解釋爲三個人名最爲合理。可見前引于鬯的意見認爲“畢桓”應爲人名，頗具卓識。清華簡《祭公》的整理者已然指出“《穆傳》又有畢矩”，蔡哲茂先生後來在一篇文章中認爲“畢矩”爲“畢桓”之誤，同時在這篇文章中也承認了他在前面那篇文章中將此“畢桓于黎民般”作爲證據來解讀“和桓四方民”是不成立的[②]。

可見，“畢桓于黎民般”與“和恒四方民”兩者不僅不一致，蔡先生所謂的“《祭公解》的‘桓’根據文意應該訓爲‘和’”也無法成立。上博簡《容成氏》簡7（寬式釋文）：“於是乎方圓千里，於是乎峕板正位，四向际禾，懷以來天下之民。”“峕板正位”中的“峕”，陳劍先生讀爲“偫”[③]，正確可從。在這句話的讀法上，蔡哲茂先生同意顏世鉉先生將“际禾”讀爲“桓和”的意見。顏世鉉先生解釋簡文大意爲“使四方和合安定，進而懷柔天下之民，使之來歸”。按，郭店楚簡《緇衣》簡31兩見“际”字，用爲今本的“危/詭”，它處亦未有證據表明“际”可以用爲“桓”或與之音近之字。陳劍先生據此指出“际禾，就應該讀爲‘委禾’，‘四向际禾’指在（堯所居之邑、亦可説即國都之外）多個方向、各個方向的道路上委積禾粟”，他還指出“簡文所謂‘四向际（委）禾’，則係爲遠方之民之來至預先提供沿途的便利條件，此與‘峕（偫）板正立（位）’一起，皆所以‘懷柔天下之民，使之來歸’的手段”[④]。所論可從。因此《容成氏》“四向际禾”讀爲“四向桓和”不能成立。

由以上討論可以看出，蔡先生認爲“和恒四方民”當讀爲“和桓四方民”，由此而提出的三個關鍵性論據皆不能成立。《洛誥》中的“和恒四方民”一句，并没有得到真正的解決，需要進一步的探討。

筆者認爲，這句話中的“恒”字應該是“亟”字之誤，原句當讀爲“和極四方民”。今本《尚書·康誥》篇首有如下一句話：

> 惟三月哉生魄，周公初基作新大邑於東國洛，四方民大和會，侯、甸、男、邦、采衛，百工播民，和見士於周。

這一段關於周公營洛邑的文字，從漢至唐的注疏家都説是“將誥衛侯，先序營洛之文”，以爲原是《康誥》之首，至蘇軾始以爲是《洛誥》篇首的錯簡，蘇説得到一些學者的贊同[⑤]。

簡朝亮《尚書集注述疏》指出：

---

① 季旭昇主編：《〈清華大學藏戰國竹簡（壹）〉讀本》，臺北：藝文印書館，2013年，第258頁。

② 蔡哲茂：《讀清華簡〈祭公之顧命〉札記五則》，《簡帛》第十三輯，上海：上海古籍出版社，2016年，第58—59頁。

③ 陳劍：《〈容成氏〉補釋三則》，《出土文獻與古文字研究》第六輯，上海：上海古籍出版社，2015年，第365—368頁。

④ 《〈容成氏〉補釋三則》，第367頁。

⑤ 顧頡剛、劉起釪著：《尚書校釋譯論》，北京：中華書局，第1298—1299頁。

　　　　三月在周公攝政之七年,據洛誥篇終七年而繫之也。洛誥之史紀年,倒叙於篇中。此篇首三月,蓋從七年十二月而追叙其初也。[①]

　　屈萬里先生《尚書集釋》申述此論:

　　　　按,召誥:召公先周公至洛相宅,於三月初得卜,遂營洛;與本章首三句所言合。召誥又言:"周公乃朝用書命庶殷——侯、甸、男邦伯。"亦與本章後段諸語合。洛誥之末章爲總結,本章蓋洛誥引首之文而錯簡於此也。[②]

此説頗近情理。雖然一時無法坐實《康誥》篇首這句話乃《洛誥》篇首的錯簡,但是其所述内容與《洛誥》有莫大的關係則是可以肯定的。爲了便於比較,將"和極四方民"所在的整段話引出於下:

　　　　王若曰:公! 明保予冲子,公稱丕顯德,以予小子揚文武烈,奉答天命,和恒四方民,居師,惇宗將禮,稱秩元祀,咸秩無文。惟公明德光於上下,勤施於四方,旁作穆穆,迓衡不迷文武勤教。予冲子夙夜毖祀。

文句中"以"訓爲"携""率","以予"所在文句是成王自述在周公的帶領、輔佐下遷居洛邑並行祭祀之禮的情況。將其與上引《康誥》篇首比較可知,成王所述周公輔佐他的事業"和恒四方民,居師"正對應"周公初基作新大邑於東國洛,四方民大和會,侯、甸、男、邦、采、衛,百工播民,和見士於周"這一段内容。"四方民"即下文所述"侯、甸、男、邦、采、衛"。關於"見士",學者多將其與金文的"見事"聯繫。屔侯旨鼎(《集成》[③]2628)"屔侯旨初見事於宗周",楊樹達指出銘文中的"見事"即《尚書·康誥》"見士於周"之"見士","士"應該讀爲"事","見事"猶言述職[④]。裘錫圭先生對此做了進一步討論[⑤]。很明顯"見士於周"也是"四方民大和會"的目的之一。

　　《尚書大傳》上説周公"營洛以觀天下之心,於是四方諸侯率其群黨各攻位於其庭。周公曰:'示之以力役且猶至,況導之以禮樂乎'然後敢作禮樂。《書》曰:'作大邑於東周洛,四方民大和會。'此之謂也"[⑥]。營建東都洛邑之後,天下諸侯曾會合於此,一來宣表擁護新生的周政權的態度,二來對周天子進行述職。

　　因此,"四方民大和會"與"和恒四方民"在内容上是對應的。若將"恒"看成"亟"的誤字並讀爲"極","和極四方民"與"四方民大和會"則可謂若合符節。沇兒鎛(《集成》00203)有"和會百姓"一語,雖然"百姓"與"四方民"的内涵不同,但是"和會"與"和極"意思一律。

　　"極"在文獻中常訓爲"至"。《詩·齊風·南山》:"既曰得止,曷又極止。"毛《傳》:"極,至也。"鄭《箋》:"女既以媒得之矣,何不禁制,而恣極其邪意,令至齊乎。"《詩·大

　　① (清)簡朝亮:《尚書集注述疏》,《續修四庫全書》0052,上海:上海古籍出版社,2002年,第368頁。
　　② 屈萬里:《尚書集釋》,上海:中西書局,2015年,第147頁。
　　③ "《集成》"指中國社科院考古編《殷周金文集成(修訂增補本)》,北京:中華書局,2007年。下同。
　　④ 楊樹達:《積微居金文説》(增訂本),北京:中華書局,1997年,第153—154頁。
　　⑤ 裘錫圭:《甲骨文中的見和視》,載《裘錫圭學術文集·甲骨文卷》,上海:復旦大學出版社,2012年,第448頁。
　　⑥ 《尚書校釋譯論》,第1294—1295頁。

雅·崧高》:"崧高維嶽,駿極于天。"毛《傳》:"極,至也。"其例甚多①,不勝枚舉。"和極四方民"中"和極"之"極"也是這種動詞用法,"和極"爲義近並列的複詞,"四方民"爲其賓語。"和極四方民"意即"使四方民來至""使四方民會和"。

在出土文獻中尤其是楚文字中,越來越多的"亙"字與"亟"字混用的情況被揭示,這是研究者所熟知的②。馬王堆帛書《老子》乙本卷前古佚書《道原》的"恒先之初"實爲"極先之初"。楚帛書中既有寫作"亟"的"極",又有寫作"亙"的"極"。上博簡《亙先》中,簡1"極先無有"、簡2"極莫生氣""極氣之生"、簡9"極氣之生"的"極"寫作"亙"③。傳世文獻中也存在"恒"與"亟"相混的例子,如《莊子·天地》:"方且與物化,而未始有恒。"蔡偉先生指出"'未始有恒',應該是'未始有極','未始有極'乃古之成語",并引《莊子·大宗師》"若人之形者,萬化,而未始有極也"、《莊子·田子方》"且萬化,而未始有極也"等爲證④,這是"恒"與"極"相混的例子。

從古文字字形材料來看,這種訛混出現的時代應該不會很早。張峰先生在上引書中通過歸納大量材料,認爲"亙"與"亟"的混用在楚文字中是單向的,即"'亟'都是訛混爲'亙'的,相反則不存在,二者乃單向訛書"⑤。這是符合古文字形體實際的,但是也存在例外。上引蔡偉先生文就認爲《文子·精誠》篇"極自然"應該是"恒自然"之誤⑥。不過大多數情況下,則是"亟"訛爲"亙"。《洛誥》這句話的"亟",被混用或者誤認爲"亙",而後轉讀爲"恒",亦屬於此種情況。

---

① 宗福邦主編:《故訓匯纂》,北京:商務印書館,2003年,第1124—1125頁。

② 張峰:《楚文字訛書研究》,上海:上海古籍出版社,2016年,第301—320頁。張先生在此文中例舉了六種楚文字中"亙"與"亟"的關係的看法,他自己認同"形近訛書說"。"恒"與"亟"在早期怎麼發生的訛混,由於材料所限,一時還不好說,不過僅就楚文字來說,在字形層面上發生混用的途徑,則是比較明確的,可參看張書相關部分內容。

③ 鄔可晶:《馬王堆漢墓帛書〈十大經〉補釋二則》,《簡帛》第五輯,上海:上海古籍出版社,2010年,第432—433頁。

④ 蔡偉:《誤字、衍文與用字習慣——出土簡帛古書與傳世古書校勘的幾個專題研究》,《古典文獻研究集刊·二八編》第四冊,新北:花木蘭出版社,2019年,第115—117頁。

⑤ 《楚文字訛書研究》,第318頁。

⑥ 《誤字、衍文與用字習慣——出土簡帛古書與傳世古書校勘的幾個專題研究》,第116頁。

西漢竹書文字校釋二則[*]

劉建民　　張學城

摘　要: 銀雀山漢簡《曹氏陰陽》"佮年"的"佮"，舊讀爲"胡"或"老"。亦有認爲此字或是"咎"的異體，應讀爲"高"。此字還是應分析爲從"人""各"聲，或應讀爲"退"。退年是指高齡長壽。北大竹書《反淫》幾個與"佮"有關的字，後被改釋爲與"隨"相關之字。從字形、文意以及與傳世文獻對照來看，這三個字還是應看作"佮"和"舊"的異體。

關鍵詞: 佮年；反淫；菟佮

一、銀雀山漢簡《曹氏陰陽》的"佮年"

銀雀山漢簡中整理者題爲《曹氏陰陽》的文獻，出版時歸在"陰陽時令、占候之類"的竹書中。銀雀山漢墓竹簡整理小組指出:"第三輯所收篇題木牘殘片有《漕氏》一題，當是此篇篇名……《漢書·藝文志》著録陰陽家書二十一種，又五行家下著録有《泰一陰陽》《黃帝陰陽》《黃帝諸子論陰陽》《諸王子論陰陽》等書，均不見《曹氏陰陽》之名。今暫將内容與陰陽有關、字體又與此標題簡相同各簡收入本篇。原文段落次序無法確知，釋文中各段的順序是編者以意排定的。"①

編入《曹氏陰陽》中的第 1646 號簡，有如下文字:

以四時官人。春宜少年，夏宜偖（耆）年，秋宜佮年，冬宜□……

其中的"佮"字，整理者注釋云:"佮，疑當讀爲'胡'。《詩·載芟》'胡考之寧'，毛傳:'胡，壽也。'《周書·謚法》'彌年壽考曰胡'。"②連劭名先生在解釋竹簡這句文字時說:"'耆年'當指壯年，《廣雅·釋詁》一云:'耆，強也。'《左傳·昭公二十三年》云:'不懦不耆。'杜注:'耆，強也。'佮應讀爲老。"③

鄔可晶先生同意連劭名先生對"耆年"的解釋，並補充了豐富的例證。對於以上所列的兩種關於"佮年"的解釋，鄔可晶先生則提出了正確的批評意見。鄔先生認爲將"佮年"讀爲"胡年"或"老年"，文意雖然合適，但在文字學或音韻學上却有可商之

＊ **作者簡介:** 劉建民，南通大學文學院副教授，主要從事出土秦漢文獻的整理研究；張學城，南通大學文學院教授，主要從事出土文獻與傳抄古文研究。

基金項目: 國家社科基金一般項目"出土西漢簡帛疑難字詞整理與研究"(20BYY181)。

① 銀雀山漢墓竹簡整理小組編:《銀雀山漢墓竹簡[貳]》，北京:文物出版社，2010 年，第 206 頁注釋[一]。
② 《銀雀山漢墓竹簡[貳]》，第 207 頁注釋[一一]。
③ 連劭名:《銀雀山漢簡〈曹氏陰陽〉研究》，《中原文物》2007 年第 2 期，第 69 頁。

處，"佫""老"並無相通之理。鄔可晶先生還進一步認爲簡文"佫"究竟是不是從"人""各"聲之字，也是有疑問的。

戰國時代三晉兵器、璽印中，"咎"常寫作"佫"；新蔡葛陵楚墓竹簡的"咎"，也有寫作"佫"的。而銀雀山漢簡文字中，在字形寫法和用字習慣上，都有受六國古文影響的痕迹。根據以上情況，鄔可晶先生認爲竹簡《曹氏陰陽》的"佫"字也很可能跟六國文字一樣，是"咎"的異體。這裏的"佫"，既可視爲六國古文的遺迹，也有可能當分析爲從"人""咎"省聲，是"咎年"之"咎"的專字。鄔可晶先生最後列舉了充分的音近相通例證，認爲竹簡的"佫（咎）年"可能應讀爲"高年"，同時指出文獻中多有"高年"的講法①。鄔可晶先生的這個意見，從文意方面講是非常合適的。但是我們以爲對此字字形的分析似乎還可以有其他解釋。下面提出一個意見，供大家參考。我們懷疑"佫"字還是應分析爲從"人""各"聲，或應讀爲"遐"。"各"聲之字多屬見母鐸部，而"遐"爲匣母魚部字。二字聲母相近，韻母爲陰入對轉，讀音相近。《周易·萃》："王假有廟，利見大人，亨。"其中的"假"，馬王堆漢墓出土的帛書本《周易》中相應的字作"叚"，而上海博物館藏戰國竹簡《周易》則作從"各"得聲的"客"。《尚書·堯典》："允恭克讓，光被四表，格于上下。"《說文解字》"假"字條下引《虞書》作"假于上下"②。所以從"各"聲的"佫"讀爲從"叚"聲的"遐"，從讀音方面考慮，似乎也比較合理。

鄔可晶先生已經指出竹簡的"佫"字，跟《集韻·陌韻》的"佫"字訛體"佫"、《玉篇·人部》訓爲人姓的"佫"字没有關係。竹簡此處的"佫"，或許可以看作是"假"字替換爲不同聲符的異體。文獻中"假"用爲"遐"的例子很常見。《史記·司馬相如列傳》："乘虛無而上假兮，超無友而獨存。"《漢書》相應的文字作："乘虛亡而上遐兮，超無友而獨存。"③

佫年即遐年。"遐"與"高"均可訓爲遠。《說文解字》："遐，遠也。"《廣雅·釋詁》："高，遠也。"遐年與高年同義，均指高齡長壽。《列女傳·柳下惠妻》："愷悌君子，永能屬兮，嗟乎惜哉，乃下世兮，庶幾遐年，今遂逝兮，嗚呼哀哉，魂神洩兮，夫子之謚，宜爲惠兮。"所以如果將"佫年"讀爲"遐年"，文意方面也很通順。

二、北大竹書《反淫》幾個被改釋的與"脩"有關之字

北大竹書《反淫》有如下幾處文字：

夫子何不游於逍遥，處於大廓？以萬物爲一，脩死生同宅？（簡36—37）

葉菀蕿（脩），榦枯槁，乃使史蘇灼龜卜兆，琴摯齋戒，受而裁之。（簡4）

高堂邃宇，連除相注；脩鐔（錟）曲校，蘋壇總霝；鬪鷄游庭，駿馬盈廐。（簡39）

① 鄔可晶：《銀雀山漢簡"陰陽時令、占候之類"叢札》，《戰國秦漢文字與文獻論稿》，上海：上海古籍出版社，2020年，第323—325頁。

② 文獻中"格"與"假（徦）"通用的例子多見。張儒、劉毓慶：《漢字通用聲素研究》，太原：山西古籍出版社，2002年，第429頁。

③ 《古字通假會典》舉有更多的"遐"與"假"通用的例子。高亨：《古字通假會典》，濟南：齊魯書社，1989年，第867頁。

上引竹書文字中的"脩"字以及"蓨"的"脩"旁，與秦漢文字中一般常見的"脩"字寫法有別。原整理者將其隸定作從辵從脩之字，並認爲是"脩"字或體。這三個字作如下之形：

圖 1　　　　　　　圖 2　　　　　　　圖 3

對於整理者對此種寫法"脩"的釋讀，先後有不同學者提出過疑問。"黔之蔡"先生最早將簡 37（圖 1）之字改釋爲"隨"①。緊接着"老學生"先生將簡 39（圖 3）之字也改釋爲"隨"②。後鄔可晶先生認爲簡 4（圖 2）整理者釋爲"蓨"的字艸旁之下也是"隨"，整個字或是"蓨"的異體③。

實際上我們要討論的形體，左側是"辵"旁，右側是"肴"形，夾在中間的是中部斷開的竪畫。這種寫法，其實可以看作是在秦漢文字中常見的"脩"字寫法（圖 4，見北京大學藏西漢竹書《趙正書》簡 11）"彳"旁下添加"止"旁而成，應是"彳"旁與"辵"旁經常可以替換造成的異體。整理者雖然在字形隸定上稍有不確，但將其看作是"脩"字或體却没有問題。這種寫法，既與一般的"脩"不同，也與"隨"字有所不同。常見的"隨"字（圖 5，見北京大學藏西漢竹書《妄稽》簡 47），雖然左側也是"辵"旁，右側也多已訛作"肴"形，但夾在中間却是"阜"旁。也就是要説從"隨"變作竹書中的這種寫法，不僅右側要訛變，中間的"阜"旁也要訛變。而普通的"脩"要變成這種寫法，則只需添加一"止"旁即可。我們認爲中間筆畫寫法的不同，是"脩""隨"二字的本質區别。竹書《反淫》的這幾個字，處於"辵"旁與"肴"形中間的均不是"阜"旁，而應該看作是中部斷開的竪畫，所以它們都不能改釋爲"隨"或是從"隨"之字。

圖 4　　　　　　　圖 5

竹書《反淫》簡 4 的"葉菀蓨（脩），榦枯槁"，整理者認爲"菀"是萎死貌，"蓨（脩）"是"乾也"。《詩經·王風·中谷有蓷》："中谷有蓷，暵其脩矣。"毛傳："脩，且乾也。"陸德明《經典釋文》："脩，本或作'蓨'。"整理者引此文獻爲證，是正確的④。

---

① 黔之蔡：《北大漢簡〈反淫〉篇校字一則》，2016 年 6 月 3 日，http://www.gwz.fudan.edu.cn/Web/Show/2813。下引黔之蔡的相關觀點，均見此文。
② 此意見見前注所引黔之蔡論文文後的跟帖。
③ 鄔可晶：《關於〈北京大學藏西漢竹書〉叁、肆、伍册釋文注釋的一些意見》，《戰國秦漢文字與文獻論稿》，上海：上海古籍出版社，2020 年，第 357 頁。
④ 北京大學出土文獻研究所編：《北京大學藏西漢竹書（肆）》，上海：上海古籍出版社，2015 年，第 122 頁注釋[十]。

　　《反淫》簡 39“脩鐔(㨄)曲校”，整理者已引《淮南子·本經》的“脩㨄曲枝”與之對讀。高誘注云：“脩㨄、曲枝，皆屋飾也。”雖然我們目前還不清楚“脩鐔(㨄)”和“曲校”到底是何種屋飾，但既然竹書可與《淮南子》密合，在没有堅强證據的支持下，我們還是不能輕易否定並校改傳世文獻。

　　從以上二例可以看出，將相關字形釋爲“脩”或從“脩”之字的異體，從文意和文獻對照方面考慮都是合適的。

　　“黔之蔡”先生曾列舉了豐富的傳世文獻中“隨”“隋”與“修(脩)”形近而訛混的例證，認爲竹書《反淫》簡 37“以萬物爲一，脩死生同宅”的“脩”即使不能改釋爲“隨”，也應視爲“隨”的訛誤。但對於這個“隨”應該如何訓釋，却没有很明確地交待。按照我們上文的意見，簡 37 此字也應是“脩”的異體。至於文意改如何理解，目前還没有十分肯定的意見。下面我們試對此字的訓解提出一個意見，供大家參考。

　　我們認爲《反淫》簡 37 此句或應斷讀爲“以萬物爲一脩，死生同宅”。將“脩”屬上讀之後，“死生同宅”文從字順。同宅與同域義近。《淮南子·覽冥》：“夫死生同域，不可胁陵，勇武一人，为三军雄。”賈誼《鵬鳥賦》：“禍兮福所倚，福兮福所伏；憂喜聚門兮，吉凶同域。”“死生同域”“吉凶同域”，都與“死生同宅”表述類似。

　　《莊子·德充符》：“胡不直使彼以死生爲一條，以可不可爲一貫者，解其桎梏，其可乎？”《淮南子·精神》：“以死生爲一化，以萬物爲一方，同精於太清之本，而游於忽區之旁。”“黔之蔡”先生在文中曾引述了這兩種文獻。從這兩處文字我們可以看出“以 A 爲一 B”這種句式中，在“一”字之後常常都還會再跟一個字，這也支持我們將竹書簡 37 的“脩”屬上讀的合理性。

　　我們認爲竹書《反淫》的“以萬物爲一脩”的“脩”字，就應讀爲“黔之蔡”先生引用《莊子·德充符》“以死生爲一條”的“條”。“脩”“條”二字俱從“攸”得聲，讀音相近，應可互通。北京大學藏西漢竹書《妄稽》簡 27 有“齒若鰭骨，口類鑽條”①，其中的“條”大家一般都讀作“脩”。今本《老子》：“滌除懸覽，能無疵乎？”馬王堆漢墓帛書本《老子》甲乙本與“滌”相應的文字均作“脩”。在傳世文獻中，二字通用的情況更加多見②。

　　“一條”有互相連通的意思，又可引申出相同之義，與“一貫”“一統”義近。上引《莊子·德充符》的文字，即“一條”與“一貫”對文③。《管子·五行》：“以天爲父，以地爲母，以開乎萬物，以總一統。”尹知章注：“總持其本，以統萬物也。”《管子》說的“萬物”“以總一統”，與竹書的“以萬物爲一脩”也可對照。《鹽鐵論·憂邊》：“今九州同域，天下一統。”其中“同域”與“一統”對言，與竹書“一條”與“同宅”對言也表述相近，可互相參照。

---

① 此“條”字原字形左側亦從“彳”，不從“人”。

② 《古字通假會典》，第 740 頁。

③ 《玉篇》：“條，貫也。”《廣韻》：“貫，條也。”

■皖籍文獻專題

方苞著述提要四十種*

任雪山

摘　要:本文對方苞著作四十種主要內容、版本、類型和特點等依次鉤沉提要,以備相關研究之用。概而言之,方苞著作分爲六類:詩文類;時文類;經史類;評點類;編纂整理類;散佚類。

關鍵詞:方苞;著作;提要

據前人所錄,結合當代所存,對方苞著述予以鉤沉提要。概而言之,方苞著作分爲六類:詩文類;時文類;經史類;評點類;編纂整理類;散佚類。

一、詩文類著作

1. 望溪先生文偶抄(初刊本)

是編現藏南京圖書館,6 册,爲方苞弟子王兆符、程崟所輯,乾隆十一年(1746)刊刻,側邊有"望溪集"字樣,首頁有小玲瓏山館印章,爲方苞親手所定文集初刊本。該本由序文、編次條例、目錄、進呈文、正文、圈點、批語等構成。序文有三篇,分別是雍正元年(1723)、雍正五年(1727)、乾隆十一年(1746)由王兆符、顧琮、程崟所作。正文有圈有點無抹,無眉批、夾批、旁批等形式,文末彙集了當世 147 位評點者的 350 餘條近 2 萬字批語,評點者中不乏李光地、錢澄之、杜蒼略、黃九煙、韓菼、姜宸英、萬斯同、張伯行、李塨、李紱、梅文鼎、徐元夢、楊名時、蔡世遠、陳世倌、王豐川、何焯瞻、查德尹、王懋竑、陶子師、張朴村、趙國麟、戴名世、程廷祚、雷鋐、陳大受、官獻瑤、沈廷芳等清初名家,批語內容涉及方苞和清代文學一些獨家史料,有重要的文獻價值。該本依類編次,收文 260 篇,具體包括:進呈文 10 篇、讀經 24 篇、讀子史 23 篇、書後 12 篇、雜著 26 篇、書 22 篇、論 6 篇、序 30 篇(壽序 5 篇)、記 15 篇、傳 7 篇、墓誌銘 29 篇、墓表 24 篇、哀辭 9 篇、祭文 7 篇、家志銘狀 15 篇、騷賦 1 篇。

此外,還有節選版的評點本,是上述本的選錄,內容與今天通行《方苞集》(上海古籍版)前一、二兩卷和部分三、四卷內容一致,是方苞讀經、子史的部分,總量爲 58 篇,

* 作者簡介:任雪山,合肥學院語言文化與傳媒學院副教授,文學博士,主要從事清代文學與文獻研究。
基金項目:國家社科基金一般項目"方苞與清代學術研究"(20BZW118);教育部人文社科研究規劃項目"方苞年譜長編及數據庫建設"(19YJA751032);安徽高校協同創新項目"桐城派名家家風家訓資料整理與研究"(GXXT‐2021‐043)。

評論者 99 位,評論 170 餘條。因爲該本有利於科舉考試,當年被從《望溪集》中抽出,單獨刊行,傳布稍廣,目前國内主要有三個版本樣式:一是陝西省圖書館藏,2 册,乾隆十三年方苞弟子官獻瑶所刊;二是國家圖書館所藏,1 册,乾隆十四年刊,爲前者的翻刻本;三是南京圖書館藏《望溪讀經》,與上述兩個版本内容一致,篇章順序略有差别。

2. 望溪先生文偶抄(抗希堂本)

是編爲方苞弟子王兆符、程崟所輯,方苞手定,有少量評點乾隆十年刊刻,側邊有"望溪集"字樣。該本由序文、編次條例、目録、進呈文、正文等構成。序文有三篇,分别是雍正元年、雍正五年、乾隆十一年由王兆符、顧琮、程崟所作。是編後收入方苞家刻《抗希堂十六種》,是後世方苞文集的基礎。是書全國各大圖書館分布較廣,但文集内所收篇目數量和篇章順序,不盡相同。

3. 望溪集(文淵閣四庫全書本)

是編成於乾隆四十五年(1780),由江蘇巡撫進呈四庫館,八卷本,第一卷讀經 26 篇,第二卷讀子史 27 篇,第三卷論文 12 篇雜著 9 篇,第四卷雜著 20 篇,第五卷書 15 篇論 7 篇,第六卷序 19 篇,第七卷序 21 篇,第八卷記 16 篇傳 10 篇,合計 182 篇。《四庫全書總目提要》評曰:"其所論古人矩度與爲文之道,頗能沉潛反復,而得其用意之所以然。雖蹊徑未除,而源流極正,近時爲八家之文者,以苞爲不失舊軌焉。"

4. 望溪先生全集(戴鈞衡本)

是編成于咸豐元年(1851),爲桐城人戴鈞衡(1814—1855)所刊,正集十八卷,集外文十卷,兩年後,又刊行增補集外文補遺二卷,同時附録蘇惇元所編《方望溪先生年譜》。該書輯佚廣泛,編次精良,問世之後,取代之前諸本,成爲最流通版本,《四部備要》《四部叢刊》《萬有文庫》《續修四庫全書》《清代詩文集彙編》等,皆選用該本。誠如蕭穆所言:"蓋望溪先生文程刻之外,非戴君搜輯之力,則至今已不能傳。"

5. 方苞集(上海古籍出版社)

是編劉季高校點,上海古籍出版社 1983 年初刊,以上海涵芬樓影印咸豐元年、二年戴鈞衡所刊《方望溪先生全集》爲底本,包括《方苞集》十八卷、《集外文》十卷、《集外文補遺》二卷,附録《方苞年譜》《文目編年》《諸家評論》《各家序跋》等。校點者對原作明顯誤植予以更正,没有出校勘記。至於原作舛誤處,則文下加案語,以備參考。該書面世後,多次翻印再版,爲當代流行的方苞詩文集版本之一。

6. 方望溪遺集(黄山書社)

該書由徐天祥、陳蕾點校、吳孟復作序,黄山書社 1990 年初版,以孫葆田所輯《望溪文集補遺》和劉聲木所輯《望溪文集再續補遺》與《三續補遺》爲基礎,除去與戴鈞衡本重復者,共得文 106 篇,詩 20 首,斷句 2 則,並按照姚鼐《古文辭類篹》分類之法厘爲序跋、奏議、書牘、贈序、碑傳、雜記、詩賦七類。書後有附録二,其一爲方苞《評點柳文》,其二爲全祖望的《前侍郎桐城方公(苞)神道碑銘》、孫葆田《望溪文集補遺序》《望溪文集補遺附記》、劉聲木《望溪文集再續補遺序》《望溪文集三續補遺序》《萇楚齋六筆卷二一則》、傅增湘《望溪文稿跋》等。

二、時文類著作

7. 方靈皋全稿

方苞是清代時文大家，《清史稿》評曰："開國之初，若熊伯龍、劉子壯、張玉書爲文雄渾博大，起衰式靡。康熙後益軌于正，李光地、韓菼爲之餘，桐城方苞，以古文爲時文，允稱極則。"康熙三十八年，方苞江南鄉試第一名，刊印第一部時文稿。康熙四十五年，方苞禮部會試第四名，刊印第二部時文稿。方苞時文稿名爲《方靈皋全稿》，又名《重訂方望溪全稿》《重訂方望溪先生全稿》《抗希堂全稿》《抗希堂自訂全稿》等，目前國内分布較廣，國家圖書館、上海圖書館、蘇州大學圖書館、武漢大學圖書館、安徽省圖書館、貴州省圖書館、福建省圖書館等皆有藏。

據不同版本統計，方苞時文有 150 篇左右，其好友及弟子戴名世、張自超、劉古塘、翁止園、程崟、王兆符、張曰倫、劉師向、吳華國等參與編次，姜橚、張廷樞、戴田有、龔孝水、季咸若、陳至言等爲之序，李光地、韓菼、劉大山、汪武曹、左未生、張彝歎、朱書、徐詒孫、劉言潔、張曰倫、何焯、謝雲墅、胡錫參、吳東岩、王若霖、喬介夫、張大受、徐亮直、武商平、伍芝軒、季弘紓、韓祖語、朱師晦、朱東禦、儲禮執、錢名世、朱履安、魏方甸、劉紫涵、唐建中、程若韓、白楚唯、吳思立、方拱樞、秦雒生等爲之評點。

8. 方百川稿一卷方椒塗稿一卷方望溪稿一卷

是編爲方苞與兄方舟（百川）、弟方林（椒塗）三人時文合集，各人一卷，共 6 册，光緒二十年（1894）善成堂刻本，藏保定市圖書館。此外，寧波市圖書館還有《方靈皋全稿不分卷方百川時文不分卷》，6 册，清刻本；貴州省圖書館與新鄉市圖書館藏有方百川與方椒塗二人時文合集，後者時文附録方苞、戴田有、韓菼、劉大山、劉月三、劉古塘、王昆繩、張闇成、武商平、王溉亭、季弘紓、朱師晦、劉言潔、伍芝軒、白楚唯、張彝歎、左未生、汪武曹、劉北固、謝雲墅、吳荆山、王雲衢、徐詒孫、何焯、朱書、吳淳發、韓祖語、韓祖昭、顧生、龔孝水、顧亭、秦雒生、鮑季昭等人的評點。

9. 三方合稿

是編爲方苞與兄方百川、友方榘如三人合集，星江胡輥川選評，三友山房版，藏廣西壯族自治區圖書館。收録方苞時文 23 篇，方舟 9 篇，方榘如 18 篇，每篇附有時賢評點，評論者有胡襲參、汪家倬、王際且、韓菼、李光地、朱東御、周粹存、方若名、吳喜丙、嚴在昌、吳景、方若芳、劉素川、儲禮執、劉北固、張日容、汪武曹、王予中、劉古塘、方粹然、劉大山、張岩翠、李子固、徐文虎、劉言潔、吳思立、儲六雅、李鹿友、徐笠山、徐詒孫、方越年、方百川、龔孝水、方承奎、方超然、鮑季昭、韓祖語、韓祖昭、王蒟林、朱書、張彝歎等。

方榘如，字文輈，號樸山，淳安賦溪人，方苞同年，康熙四十五年（1706）進士，官豐潤知縣，著有《集虛齋學古文十二卷》《離騷經解略一卷》《集虛齋四書口義十卷》等。《方苞集》卷七有《贈淳安方文輈序》。胡光琦，字步韓，號輥川，婺源玉坦人，讀書以朱子正學爲宗，乾隆三十七年（1772）進士，乾隆四十九年任鹽亭縣知縣，著有《日知筆記二卷》等。

三、經史類著作

10. 周官辨一卷

是編成於康熙五十二年(1713)，分《辨僞》《辨惑》二門，凡十章，《辨僞》兩章，《辨惑》八章，卷首有龔纓序、顧琮序及作者自序。正文有圈點。文末附有時賢評點，評點者有方苞友人李光地、蔡世遠、李雨蒼、楊賓實、李塨、汪武曹、朱軾、吳佑咸、陳鵬年、塗鑾庵等，弟子黃世成、雷鋐、吳以誠等。目前存世有雍正三年刻本、雍正十年刻本、乾隆七年刻本、貴州彭昭文刻本等。《四庫全書總目提要》稱其："就《周禮》中可疑者摘出數條，斷以己見。"是書國家圖書館、上海圖書館、南京圖書館、遼寧省圖書館、湖南圖書館、重慶圖書館、貴州省圖書館、天津師範大學圖書館、蘇州大學圖書館等皆有藏。

11. 周官集注十二卷

是編成於康熙五十九年(1720)，仿朱子之例，采合衆説，凡十二卷，分爲天官、地官、春官、夏官、秋官、冬官。卷首有《自序》《總説》《條例》，正文有圈點，高安朱可亭、湘潭陳滄洲參訂。是編意旨，方苞於序中曰："余嘗析其疑義，以示生徒，猶恐舊説難自別擇，乃並纂録合爲一編，大指在發其端緒，使學者易求，故凡名物之纖悉，推説之衍蔓者，槩無取焉。"《四庫全書總目提要》稱其："訓詁簡明，持論醇正，於初學頗爲有裨。"是書國家圖書館、上海圖書館、南京圖書館、天津圖書館、福建省圖書館、遼寧省圖書館、蘇州圖書館、南開大學圖書館、蘇州大學圖書館等皆有藏。

12. 周官析疑三十六卷考工記析疑四卷

是編成於康熙六十年(1721)，包括《周官析疑》與《考工記析疑》，各分篇第，卷一至卷三十六爲《天官》《地官》《春官》《夏官》《秋官》，另卷一至卷四爲《冬官考工記》，亦存兩本別行。卷首有乾隆八年顧琮、雍正十年朱軾、陳世倌序，正文有圈點。方苞諸友海寧陳秉之、高安朱可亭、臨桂陳榕門、漳浦蔡聞之、新建周力堂、高淳張彝歎、懷甯劉古塘、安州陳廷彦、青陽徐詒孫等參訂《周官析疑》，受業弟子程崟、王兆符、黃世成等參訂《考工記析疑》。《續四庫全書總目提要》稱："其旨基於宋學，就《周官》所立職官之義、屬官之職掌等加以考辨，揚宋而抑漢，力詰鄭注。"是書國家圖書館、首都圖書館、上海圖書館、南京圖書館、陜西省圖書館、安徽省圖書館、天津圖書館、河南大學圖書館、西北師範大學圖書館等皆有藏。

13. 禮記析疑四十八卷

是編康熙五十一年(1712)，在《南山集》案獄中完成，爲方苞就元代陳澔《陳氏禮記集説》所作的辨析。卷首有方苞自序，文中有圈點，同里劉古塘、高淳張彝歎、上元翁蘭友同訂。《四庫全書總目提要》稱其"皆具有所見，足備禮家一解"，亦"未免武斷，然無傷於宏旨"。《鄭堂讀書記》則稱其："融會諸家舊説，而以己意斷之，其持義多允，頗足以補正陳氏之失。"是書國家圖書館、首都圖書館、上海圖書館、南京圖書館、陜西省圖書館、山西省圖書館、貴州省圖書館、重慶圖書館、河南大學圖書館等皆有藏。

14. 儀禮析疑十七卷

是編成於乾隆十四年(1749)，爲方苞晚年著作。方苞自謂嘗十治《儀禮》，用力甚勤。是書大旨在舉《儀禮》之可疑者詳加辨析，其無可疑者並《經》文不録。《四庫全書總目提要》稱其：“皆細心體認，合乎《經》義。其他稱是者尚多。檢其全書，要爲瑜多於瑕也。”《鄭堂讀書記》稱其“用功既深，往往發明前人所未發。棄所短而取所長，亦足爲説《禮》之津梁矣”。是書國家圖書館、上海圖書館、南京圖書館、天津圖書館、福建省圖書館、陝西省圖書館、山西省圖書館、貴州省圖書館、湖南圖書館等皆有藏。

15. 喪禮或問二卷

是編成於康熙五十一年（1712），方苞在《南山集》案獄中完成。全書顧琮參訂，包含兩卷：《儀禮或問二十七章》《戴記或問五十五章》。卷首録劉古塘雍正四年序，文末附兄子道希康熙五十五年跋，正文有圈點。是編由方苞之父方仲舒喪引發，方苞感歎：“時人於喪禮，百不一行；非惟不行，亦竟不知。老夫痛之，故爲《或問》一書。”全祖望初入京，《奉望溪先生論喪禮或問劄子》曰：“議論之精醇，文筆之雅健，直駕西漢石渠諸公之上。”《續修四庫全書總目提要》稱其：“重在保存古禮，雖難盡行，自系守經之論。”是書國家圖書館、上海圖書館、南京圖書館、天津圖書館、南開大學圖書館、江蘇師範大學圖書館、陝西省圖書館等皆有藏。

16. 春秋通論四卷

是編成於康熙五十五年（1716），由顧用方、朱可亭、魏慎齋參訂，門人王兆符、程崟校録。卷首有雍正十年朱軾序、乾隆九年顧琮和魏定國序。正文有圈點。全書本《孟子》之意，貫穿全經，按所屬之辭，合其所比之事。辨其孰爲舊文，孰爲筆削，分類排比，爲四十篇。每篇之内又各以類從，凡九十九章。《四庫全書總目提要》對其部分觀點頗有微詞，但也指出優點在“惟其掃《公》、《穀》穿鑿之談，滌孫、胡鍥薄之見，息心静氣，以《經》求《經》，多有協於情理之平，則實非俗儒所可及”。是書國家圖書館、上海圖書館、南京圖書館、陝西省圖書館、貴州省圖書館、湖南圖書館、南開大學圖書館等皆有藏。

17. 春秋直解十二卷

是編成康熙五十六年（1717），由方苞次男道興編録，門人程崟、余兊、劉敦校讎。卷首有方苞後序、程崟後序、佚名序、缺頁、方苞自序。正文有圈點。全書以春秋時期魯國十二公來劃分，每公一卷，合計十二卷。是編本意，方苞在《春秋直解後序》曰：“余之爲此，非將以文辭耀明於世也，大懼聖人之意終不可見焉耳。”《續修四庫全書總目提要》評方苞《春秋》之學：“頗有宋學風氣，又時雜考據其間，亦可爲學風之占也。”是書國家圖書館、上海圖書館、南京圖書館、湖南圖書館、陝西省圖書館、新疆大學圖書館等皆有藏。

18. 春秋比事目録四卷

是編成於《春秋通論》之後，由顧用方、朱可亭、魏慎齋參訂，門人王兆符、程崟編録。卷首有乾隆九年顧琮序。《四庫全書總目提要》列入經部三十一，稱方苞此書之意：“苞既作《春秋通論》，恐學者三《傳》未熟，不能驟尋其端緒。乃取其事同而書法互異者，分類彙録，凡八十有五類。”是書國家圖書館、上海圖書館、南京圖書館、南開大學圖書館、湖南圖書館、安徽省圖書館、貴州省圖書館、哈爾濱市圖書館、暨南大學圖書館等皆有藏。

19. 春秋發疑一卷

此稿刊載在虞萬里主編的 2007 年《傳統中國研究集刊》上,整理者爲虞先生好友嚴壽澄。據嚴先生自述,此稿乃其業師封庸庵舊藏,後歸於其父。另據文後曹元忠(君直)所題"跋"語可知,曹先生 1914 年曾親見封庸庵先生關於方苞《〈春秋〉發疑》的家藏稿,並確定此稿爲方苞手稿。經統計,《春秋發疑》共 137 條,除總論 9 條之外。此稿後收入 2017 年底復旦大學出版社出版、彭林和嚴佐之主編的《方苞全集》第六册,整理者高瑞傑認爲:"其所論雖不脫於《春秋通論》《春秋直解》申發大義之範圍,而所論精賅,又頗有提綱挈領之效。"

20. 朱子詩義補正八卷

是編是對朱熹《詩集傳》的補正之作,由門人高密單作哲編次,無序跋。全書共八卷,解讀《詩經》220 余首,行文時不列《詩經》原文,依照詩篇次序解說,題後即爲論說文字。書名爲"補正",確有"補朱子之説,正朱子之誤"的特點。洪湛侯在《詩經學史》中稱此書"可取者尚多",李學勤、吕文郁主編的《四庫大辭典》也稱:"是書尊從朱説,然亦有己見,並非盲從。"此書常見有乾隆三十二年(1767)刻本、道光二十年(1840)刻本、光緒三年(1877)南海馮氏刻本。是書國家圖書館、上海圖書館、陝西省圖書館、湖南圖書館、吉林省圖書館、遼寧省圖書館、復旦大學圖書館、陝西師大圖書館等皆有藏。

21. 離騷正義一卷

是編取《離騷》之文,逐段解釋,間或結合諸家之説,以爲佐證。全書重在解釋離騷大義,強調"人臣之義"的思想表達,貫穿方苞的義法理念,姜亮夫評價其"既異於明以來以時文義例説《騷》之弊;亦少桐城批點之惡氣。望溪學有根柢,非泛泛以文章爲宗主之桐城他家可比"。《續修四庫全書總目提要》稱其雖缺少考證,難免臆測,但是"詞義淺近,頗稱簡要。其於舊注,亦能汰其冗蕪,循文詮釋,往往深得騷人之旨"。常見的有乾隆刻本、光緒二十四年嫏嬛閣刻本。是書國家圖書館、上海圖書館、吉林省圖書館、内蒙古自治區圖書館、河南大學圖書館、江蘇師範大學圖書館等皆有藏。

22. 史記注補正一卷

是編由門人王兆符、程崟編録,方苞講授。方氏以《史記》有句法不甚可解,而三家注均未發明,或發明失當,故撮其文,重加注釋。凡補正者三百四十餘條,"足備讀《史》者之一助"(《鄭堂讀書記》卷十五)。《續修四庫全書總目提要》稱其:"誠後世人君之高抬貴手,不止爲史公之功人也。"常見的是抗希堂十六種本、光緒二十年(1894)廣雅書局刻本。國家圖書館、天津圖書館、上海圖書館、陝西省圖書館、湖南圖書館、貴州省圖書館、遼寧省圖書館、吉林省圖書館等有藏。

四、評點類著作

23. 左傳義法舉要一卷

是編爲方苞口授,門人王兆符、程崟整理而成,爲方苞評點《左傳》代表作品,體現了方苞的義法思想。全書包括《齊連稱管至父弑襄公》《韓之戰》《城濮之戰》《泌之戰》

《鄢陵之戰》《宋之盟》六篇,卷首有程崟雍正六年所作的序,正文有圈點、夾批、回評等形式。該書有康熙、嘉慶桐城方氏抗希堂刻、雍正六年(1728)貴陽彭昭文堂刻本、光緒十九年(1893)金匱廉氏刻本等,國家圖書館、上海圖書館、南京圖書館、天津圖書館、湖南圖書館、福建省圖書館、吉林省圖書館、山西圖書館、遼寧省圖書館、重慶圖書館等皆有藏。

24. 方氏左傳評點二卷

是編爲光緒十九年(1893)金匱廉泉刻本。全書以春秋時期魯國十二公來劃分,爲上下兩卷,上卷包括隱公、桓公、莊公、閔公、僖公、文公、宣公、成公,下卷包括襄公、昭公、定公、哀公,用五色筆對左傳文本進行剪裁取舍,"大抵辭意精深處用丹筆,叙事奇變處用綠筆,脈絡相灌輸處用藍筆"(廉泉序)。因是編稀見,廉泉在榮成孫保田處見之,遂予以刊行,"俾當世治古文者覽觀焉"。由廉泉題記可知,該評點内容輯録自果親王允禮所刊的《春秋左傳》(現藏哈佛燕京圖書館)。《續修四庫全書總目提要》稱其評點"亦足以闡明左氏之義法"。是書國家圖書館、北京大學圖書館、上海圖書館、天津圖書館、福建省圖書館、吉林省圖書館、内蒙古大學圖書館、蘇州大學圖書館等皆有藏。

25. 方望溪評點史記四卷

是編多與歸有光評點史記一起刊行,常見的有同治五年(1866)王拯編纂廣州刻本,光緒二年(1876)武昌張裕釗校刊本。前者是合刊,後者是歸震川評點在前,方苞評點附後,有圈點,用丹筆、藍筆。該書北京師大圖書館、天津圖書館、遼寧省圖書館、湖南圖書館、上海圖書館、南京大學圖書館等皆有藏。

26. 評點柳文

方苞評點柳文,常見者或有三種:雍正時果親王允禮編刻《古文約選·柳文約選》所附,其中有十八篇附方氏評點;李紱《穆堂别稿》卷三十六《與方靈皋論所評柳文書》所附,其中涉及柳文四十九篇;據舊抄本整理之《評點柳文》,收入黄山書社印行之《方望溪遺集》,其中涉及柳文七十七篇。此外,上海師範大學和山東大學圖書館藏方苞親筆評點明刻本《柳文》,采用圈點、尾批、眉批等形式,並輔以校勘、訓詁,全書約一百七篇有朱筆評點及旁批,書法流暢,總計一百九十餘處。其中約有三分之一不見於上舉三種。此書曾經清末桐城派名家馬其昶收藏,馬氏定其評點爲方苞親筆,並廣邀勞乃宣、劉廷琛、趙熙、林紓、陳寶琛等友朋題跋,至可寶貴。

27. 方苞評點《世説新語》

明清時期,《世説新語》有衆多評點,方苞評點是其中之一,該本現藏安徽省博物館。評點共有 50 條,其中《德行》篇 11 條,主要是對人物性格、個性之褒貶,對瞭解方苞評點藝術以及明清小説評點皆有文獻價值。

28. 著録方苞評點的《古文辭類纂》

《古文辭類纂》是姚鼐編纂的文章選本,被桐城派奉爲圭臬,影響有清一代直至民國,後世出現不少續編及評點本,其中徐樹錚編纂的彙評本《古文辭類纂》,收録大量方苞對古文辭的評價和圈點,尤其是對唐宋八大家的評點,對研究方苞以及桐城派的文章理論和評點藝術都是難得的文獻資料。

29. 方苞評點《劉海峰稿》

《劉海峰稿》爲劉大櫆時文集,由方苞、吳荆山共同鑒定,光緒元年邢邱刻本,收録時文 101 篇,爲桐城派稀見文獻,學界罕有研究。方苞評點共有 21 條,涉及文法、文意、文類等不同層面,對於瞭解方苞時文評點以及時文義法,皆有啓發,而且可與《欽定四書文》的評點相對照,以發現方苞時文評點的特徵,同時也是研究明清評點學的一手文獻。是書現藏清華大學圖書館、武漢大學圖書館、吉林省圖書館、洛陽市文物考古研究院等。

30. 方苞評點《杜工部集》

是編底本爲鄭沄玉勾草堂本《杜工部集》,並經姚永概過録的方苞、姚范、張裕釗三人彙評本,其中方苞評點使用黑筆,姚範使用紅筆,張裕釗則用緑筆。方苞除了大量圈點之外,尚有批語 18 條,所論杜詩推重醇正雅潔,"其眉批之作,要言不煩,多有精闢之語",是研究方苞詩學、評點學以及桐城派理論傳承關係的珍稀文獻。是書現藏安徽省圖書館。

31. 方苞評點《唐大家韓文公文鈔》

是編爲明代茅坤輯評的韓愈《唐大家韓文公文鈔》十六卷,方苞評點,王圃過録,現藏於安徽省圖書館。

五、編纂整理類著作

32. 古文約選

《古文約選》是方苞奉和碩果親王允禮之命,在雍正十一年編選的一部古文集,其教習對象是國子監的八旗子弟,具有官修教材性質。該書與之前古文選本的區別在於,僅收録兩漢及唐宋八家古文,而没有選先秦及六朝文。之所以如此,是因爲該書對象爲初學者,選文不宜過深,應易於學習。全書共 363 篇,兩漢文 49 篇,唐、宋八家文 314 篇,其中韓文 72 篇、柳文 46 篇、歐陽文 58 篇,幾乎占全書一半。作爲官修的古文經典選本,該書不僅爲科舉士子所重,且對後世文集編選產生影響,尤其對姚鼐編纂《古文辭類纂》影響頗深。該書常見有雍正十一年果親王府刻本、同治八年吳氏望三益齋刻本,在國家圖書館、黑龍江省圖書館、山西省圖書館、貴州省圖書館、湖南圖書館等有藏。

33. 欽定四書文

《欽定四書文》是乾隆元年(1736)方苞奉詔編選的一部時文集,主要目的是爲科舉主管部門提供衡文之準繩,爲士子揭示作文之矩矱。乾隆四年書成,隨後頒布京師、各省督撫及各地學館。該書選録明清《四書》時文 783 篇,明代 486 篇,清代 297 篇,並按照時間分爲化治、正嘉、隆萬、啓禎及國朝五個時期。每篇正文之後,皆抉其精要評論,體現了方苞的時文理念及評點學思想。作爲唯一一部入選《四庫全書》的八股文選本,該書對瞭解明清八股文的發展有重要意義。該書有乾隆七年武英殿刻本、《四庫全書》本、光緒二年湖北崇文書局刻本等,國家圖書館、天津圖書館、福建省圖書館、山西省圖書館、湖南圖書館、復旦大學圖書館、遼寧省圖書館、寧波天一閣圖書館等有藏。

34. 欽定周官義疏

乾隆元年詔修《三禮義疏》,十三年修成《欽定周官義疏》四十八卷、《欽定儀禮義疏》四十八卷、《欽定禮記義疏》八十二卷,堪稱清代《三禮》學集成之作。方苞爲纂修《三禮義疏》副總裁,負責擬定纂修條例、征稽文獻、組織人員等工作,並領纂《周官義疏》,且率先完成。《欽定周官義疏》對漢至清之《周禮》研究進行廣泛挖掘,並作了概括性總結,卷首冠以《御制日知劄》,對該書予以説明。此書采掇群言,例分爲七:一曰正義;二曰辨正;三曰通論;四曰餘論;五曰存疑;六曰存異;七曰總論。《四庫全書總目提要》評價其:“粗精並貫,本末兼賅,博徵約取,持論至平,於《考工記》注奥澀不可解者,不强爲之詞,實爲集漢學宋學之成。”該書有乾隆十三年内府刊本、同治七年合肥李瀚章刻本、光緒十四年江南書局刻本等,國家圖書館、天津圖書館、山西省圖書館、遼寧省圖書館、陝西省圖書館、湖南圖書館、内蒙古自治區圖書館等有藏。

35. 删定荀子管子

是編成于乾隆元年,有乾隆寫刻本、抗希堂十六種本等,爲方苞删定,顧琮參校。卷首有方苞乾隆元年的序,交代删定是編原委始末,方苞認爲:“荀氏之書,略述先王之禮教;管氏之書,掇拾近古之政法,雖不遍不該,以視諸子之背而馳者,則有間矣。而其義之駁,辭之蔓,學者病焉。”故對二書進行删定。其中《荀子》一書的《成相》《致仕》《强國》《賦篇》四篇全部删除,《管子》一書則删除了《幼官圖》《五輔》《地圖》《正世》《封禪》等二十篇,其他保留篇目也有不同程度的删除,同時部分語句下面附按語以簡注或評點。是書國家圖書館、北京師大圖書館、復旦大學圖書館、重慶圖書館、天津圖書館、福建省圖書館、江蘇師大圖書館、寧波天一閣圖書館等皆有藏。

六、散佚類著作

36. 删定通志堂經解

《通志堂經解》是清初一部闡釋儒家經典的大型叢書,收録了先秦、唐、宋、元、明各個朝代的經解 138 種,署名納蘭成德校訂,實由徐乾學主持編纂。是書在康熙十二年至三十一年之間刊刻,孟森稱其“欲集宋學之大成”。方苞認爲是書卷帙浩繁、群言參差、價格昂貴,不利於傳播和學習,遂花費三十餘年時間,完成删節《通志堂經解》,達九十余萬言,張廷玉曾爲方苞《宋元經解删要》作序。是書幾乎耗費方苞一生精力,後世多有高評,今惜不見。

37. 書義補正八卷

是編本名《尚書述》,其目有八,曰:正義、考證、考定、辨正、通論、餘論、存異、存疑,卷帙頗繁,馬其昶録其語别出之,並題以今名。

38. 讀《尚書》偶筆

據蘇惇元《方苞年譜》記載,此書成於康熙二十六年(1687)以前。方苞自稱平生用力最勤者惟在先儒經義,於《詩》《書》《禮》《春秋》《易》皆有研究,是書或爲其學《書》成果。

39. 讀《易》偶筆

據蘇惇元《方苞年譜》記載,是書成於康熙二十六年(1687)以前。方苞自稱平生用力最勤者惟在先儒經義,於《詩》《書》《禮》《春秋》《易》皆有研究,而自成童即治《周易》,"學之幾二十年",是書或爲其學《易》成果。

40. 周官餘論

是編十篇,雍正二年方苞以其中三篇示朱軾,朱氏特別推崇,欲上奏皇帝,被方苞阻止。蔡世遠亦曾手録其中五六篇,欲上達被拒。後弟子尹會一欲刊刻全書仍被拒,僅言卒後可刊。

當然,還有一些方苞審定的年譜,如《徵君孫先生年譜》《湯文正公年譜》《尹健余先生年譜》等,不能歸入他的著作;方苞爲別人編選的詩文集,如顧琮的《静廉堂詩鈔》,也不能歸入他的著作;方苞參與校訂修纂的文獻,如《日講春秋解義》《日講禮記解義》等,也不能歸入他的著作。

方苞一生,筆耕不輟,著述浩繁,或未及整理出版,或出版之後散佚,或塵封在世上某個角落無人知曉,或堆在圖書館庫房世人難覓,或附録在其他典籍和著述中尚未析出。希冀通過學界對傳統文獻的不斷挖掘整理,會有更多的方苞著述文獻面世。

清代皖籍文人楊陳復行實稽考[*]

黃勝江

摘　要:關於清代皖籍文人楊陳復的生平行實,學界關注較少。本文通過細讀楊陳復《自携集》,結合相關史志文獻,對其生卒時代、名諱字號、世系親屬、科舉功名、交接遊歷、著述名録等生平行實進行稽考,以資安徽地域文化及相關文史研究參考。

關鍵詞:皖籍文人;楊陳復;行實

關於清代皖籍文人楊陳復的生平行實,學界關注較少。僅有少數幾部辭書提及,其中《中國曲學大辭典》介紹稍詳:“楊陳復,原名鳴玉,字鈞贊,休寧(今屬安徽)人。增廣生員。清咸豐元年(1851)舉孝廉方正。散曲現存小令四首,均爲題畫之作,見所著《楊徽君自携前後集》,有抄本、《全清散曲》本。”[①]然就學界少數關注成果而言,關於楊陳復生平的信息却較爲模糊,甚至存齟齬之處。如關於其生卒年,《中國近代文學辭典》云“咸同間在世”[②]。《清人别集總目》亦只云“楊陳復,休寧人”[③]。其他多不提及其生卒年代。關於其名號問題,除前引辭典提及其名與字外,《清人室名别稱字號索引》與《徽州刻書史長編》均介紹了楊陳復字春粲,號贊叟,不知何據[④]。關於其著作,學界已有的成果多僅提及《自携集》,而《自携集》之版本表述亦多有出入。其實,考察楊陳復的作品集,結合相關書志,我們可以勾勒其人較爲具體的生平行實。

關於楊陳復的翔實生平信息,《楊徽君自携前集》卷首收録了題署爲“光緒十年歲在甲申夏四月受業弟子汪汝綸百拜敬述”的《誥封通奉大夫孝廉方正楊徽君行實》(下文簡稱《行實》),其文較長,節引相關者如下:

> 先生姓楊氏,諱陳復,原諱鳴玉,字鈞贊,號生府,一號春粲,又號贊生,晚年號贊叟,行三又行四。世居休寧縣西鄉板橋村,宋建隆同州刺史受公二十七世孫,自高曾以來,世有陰德。考通奉公諱邦模,號霞洲,好讀書,善鼓琴,遇由豐而

＊ **作者簡介:**黃勝江,安徽省社會科學院研究員,文學博士,主要從事元明清文學與文獻研究。

基金項目:國家社科基金青年項目“乾嘉文人曲家劇作文獻與史實研究”(17CZW031);國家社科基金重大項目“全清戲曲整理編纂及文獻研究”(11&ZD107);國家社科基金重大項目“徽人别集整理、研究與數據庫建設”(20&ZD274);安徽省社會科學院區域現代化研究院資助項目。

① 齊森華、陳多、葉長海主編:《中國曲學大辭典》,杭州:浙江教育出版社,1997年,第184頁。

② 魏紹昌、管林、劉濟獻等編:《中國近代文學辭典》,鄭州:河南教育出版社,1993年,第197頁。

③ 李靈年、楊忠主編:《清人别集總目》,合肥:安徽教育出版社,2000年,第717頁。

④ 楊廷福、楊同甫編:《清人室名别稱字號索引:增補本》,上海:上海古籍出版社,2001年,第322、729頁;徐學林編:《徽州刻書史長編 第5卷》,合肥:安徽教育出版社,2014年,第1864頁。

之衋,貧無悴容,常損己以濟人,而耻與物競。妣陳太夫人。乾隆甲寅十一月廿七日,先生生於板橋故里。……弱冠受知於白小山學使鎔,補博士弟子員,逾年科試列高等,充增廣生員。道光甲午、甲辰兩膺房薦。咸豐初元,詔舉孝廉方正,吳厚存邑侯錫麟采輿論,以先生名應,固辭不就。李藹如方伯本仁忽牒下所司,訪得增生楊某品學純潔,足膺斯選而無愧。因情怡泉石,辭不赴徵,免考驗,著以六品頂戴榮身。……師事吳者庵、金柳湖、汪小西諸先生,學日進。友族孫惺予教授大容、孫春叔鴻臚日萱、金菊仙太仆雲門、金璞山廣文上珍先後皆成忠義,葉仲衡茂才國銓不可一世,獨與先生交無間也。胡熙蘭進士暉吉主講海陽書院,終年皆取先生冠軍,收入門下不受束脩。……生平篤於倫理,念生祖母唐太夫人六十年苦節,雖已蒙朝廷旌表,列入總坊,而猶恐埋没,嘗欲別搆一室,顏曰瑞節堂,祠唐太夫人及叔母查宜人於其中,而有志未逮,命工繪《寒宵憶紡圖》,並作行狀以志唐太夫人之賢,蓋仰體贈公意也。遇祖母及父母忌日,愀然不樂。……五服内親屬之孤寒者,以養以教任責,殁而無主者葬之,世絶者爲之立後。嘗言分人以財,此亦事之至易,彼富而吝者,果何心哉? 貧窮不暇置田宅,遇親友乞假,必隨力應之,不責償。……而取諸人,則一介必嚴。……家居教授數十年,著錄弟子二百餘人……生平自奉甚約……甲寅乙卯間寇氛方熾……知時局終不可爲,移家鄉居,卒超然免於物議。庚申寇踞徽境,避亂西旌城山中,四面皆賊,先生自爲計,毋污賊手,賊忽開一面,舉家間道赴祁門,轉徙鄱陽,依余君松山者六年。……先生酷嗜書,力所能必購之,而於泰西人翻刻諸書則屏不寓目。身無當軸之責,而未嘗一日忘君國之離;家無一畝之宮、數頃之田不以爲憂,而常憂斯世斯民之不得其所。晚年見本邑貧瘠日甚,習儒術者漸稀,嘗言先王之政,必先富而後教,邑南接秀橋直射縣治學宫,梗塞明堂,斷財源,昔人屢議毁之而不果,當今急務必毁接秀橋,復匯源橋,而邑乃可望殷富。因致書曹安周邑侯光洛,力請毁之,同志贊其事,議以克協。適門人夏雪湄文菀以百金爲冢君言後嗣膏火資,先生作書固辭,往返數四而夏君殁,因移捐拆橋,仍書夏孝廉名。邑侯饋先生別敬四十金,亦捐助焉。……先生學宗陸清獻,於濂洛關閩之書,常不釋手。……不矜纂述,而凡所涉筆,皆有關於世教,著有《塵世難逢集》文稿、《自携集》詩稿待刊。……配王夫人,孝恭淑慎,終身不見有喜愠之色,壽七十三歲,卒附葬唐太夫人墓側,虛其左穴,先生殁及合葬焉。子男三人,長言,優行廩生,己酉科舉人,由内閣中書借選貴州大定府黔西州知州,軍功賞戴藍翎,署正安州知州,以應得廉捐升鹽運使司運同加四級,請封三代二品。戊辰丁内艱,歸主講紫陽、城南兩書院六年,主海陽講席一年。前先生八年卒,年五十八。政績載《安徽通志·名宦傳》,著有《左山遺草》。次立,監生,守禦所千總加都司衙。次亶,優行廩生,乙丑恩貢,試用教諭,前署廬州府教授。女一,適庠生趙文琳。孫十一人,遊泮者三人。孫女十一人。曾孫七人。曾孫女三人。長子言之主講紫陽也,知親心樂此不疲,明告梅掬海郡伯錦源,生監卷呈老父評定,郡伯欣然許之。殆冢君殁而曹邑侯捐廉作束脩,敦請先生主海陽講席。始以非科甲辭,汪比部廷樞、夏孝廉文菀、朱進士銘瓚、汪解元昌黼僉謂經師人師,士林矜式,且制科科也,胡不可就?

先生感其意,因謂大兒遠宦六載,奔喪來歸,身後不名一錢,俟與諸君思以束脩周急,竊附於周之可受之義,我不忍辭。詳慎評閱,孜孜不倦者八年。癸未十月,課生監題"毅任重而道遠"、童生題"不亦重乎?"先生命題,殆自道生平,即以教弟子、訓子孫,而又前知其將終也。……病時猶終日端坐。光緒九年十一月十九日酉時,命舉扶安卧,遂終,壽九十歲。①

以上《行實》,對楊陳復之生平基本做了詳細交代,結合相關資料稽考如下:

一、生　卒

《行實》云"乾隆甲寅十一月廿七日,先生生於板橋故里",則楊陳復生年爲乾隆五十九年甲寅十一月廿七日,即公元 1794 年 12 月 19 日。《行實》又云其"光緒九年十一月十九日酉時,命舉扶安卧,遂終,壽九十歲",則楊陳復卒年爲光緒九年癸未十一月十九日,即公元 1883 年 12 月 18 日,享年 90 歲。其一生經歷乾隆至光緒六朝,年及鮐背,可謂"六朝老人"。在《自携集》中,楊陳復有多處自道行年,其《自携前集》所收《先大人九十生日有作示兒亶》云"予今五十四"。查《自携集》收錄詩歌,基本按照時間先後相系,此詩位於《哭妻弟王君棟友筠丁未》與《同次兒三兒常州開船至杭城過塘换蘆烏船入嚴河徽河 戊申》之間,則其作年爲道光二十七年丁未(1847),楊陳復自謂此年 54 歲,則可推其生年爲乾隆五十九年甲寅(1794)。其《秋日遣懷》云"生當甲寅冬,老逢甲寅秋",則明確自道其生年干支。另《自携後集》所收《自題喜容》落款署"同治十有一年太歲壬申仲春十有六日休寧西鄉板橋楊氏受公二十七世孫陳復贅叟自題自書,時年七十九歲",則可明確推知其生年爲乾隆五十九年。另其《自携續集》所收《贅叟》詩系年在"丙子",即光緒二年(1876),有云"贅叟行年八十三",亦能推知其生年。關於其卒年,《自携續集》最後一詩爲《九十生日》,作於光緒九年癸未(1883),亦是《自携集》中系年最後者,可爲其卒年參定。

二、名　號

《行實》開首即云:"先生姓楊氏,諱陳復,原諱鳴玉,字鈞贊,號生府,一號春粲,又號贅生,晚年號贅叟。"此種介紹,解決了前文所提及的《中國曲學大辭典》《清人室名別稱字號索引》與《徽州刻書史長編》等書關於其字號衆多之問題。由《行實》可知其母姓陳,楊陳復其名其實是暗含了父母兩人之姓。另《自携集》對其字號亦有交代,如《自携前集》所收楊陳復弟子余本愚《自禾至杭同生府師旋里篷窗晤語極蕭瑟歡娛之意因憶己酉仲冬北行入都師贈七律四章依韻補和》一詩,明確提及其號。《自携後集》所收《黟程芍庭學博绶僑居金塍枉顧贈詩依韻奉和》有云:"歸來愈老愈無用,自稱贅

---

①　(清)楊陳複:《楊徵君自携前集 1 卷後集 1 卷續集 1 卷》,清光緒年間通奉第藏版,後文總稱時簡作《自携集》,分指時各簡作《自携前集》《自携後集》《自携續集》,後文凡引《自携集》各集者不俱注版本,只錄其所在集名、篇名。

叟雕刻鏤。"《自携續集》所收《哭夏世侄雪湄二十二韻》詩尾注云："雪湄命子今臘送五十洋,明臘送五十洋,共洋百元。予心受之不安,於今年十二月十九日書院交匣時,先寄城中交岐臣、靄庭、静中三位,捐助拆橋之用。其詞曰:'夏雪湄洋錢一百元,楊鈞贊手交付'"。

<h1 style="text-align:center">三、家　世</h1>

《行實》中交代了楊陳復爲宋建隆同州刺史受公二十七世孫。父名楊邦模,號霞洲。母陳姓。關於其父母的生卒行實,《自携集》有多處提及,諸如《感述一首答戴君仲文洪謨　甲申》《大人小照》《先大人九十生日有作示兒亶》《題夏君雪湄〈雪窗悲慕圖〉庚申》《除日冒雪携大兒訪雪湄即步雪湄用東坡步星堂雪韻》等,最明確者莫如《自携續集》所收《二月二十三日早起白髮脱落一莖長六寸余留與秃齒剪爪入柩以殉庚辰》,詩後尾注云:"道光己丑,大人見背,時年七十二歲。先七年,母氏陳太夫人見背,時六十五歲。"依此,道光九年己丑(1828)楊父逝世,享年72歲,則其生年爲乾隆二十二年丙子(1757)。道光二年壬午(1822)楊母逝世,享年65歲,則其生年爲乾隆二十三年戊寅(1758)。在《除日冒雪携大兒訪雪湄即步雪湄用東坡步星堂雪韻》一詩小注中甚至對其父母的忌日有詳細介紹,其云:"壬午十一月二十七日,母太夫人殁。己丑正月初七日,慈父見背。"關於楊父,《自携後集》所收《自題喜容》交代了其大致人生經歷云:"十六歲一應院試,旋往松江輔大伯治質庫事,蓋不得已也。七旬時猶以未作秀才爲憾。"

對於楊陳復其他親屬的情況,其《自携後集》所收《自題喜容》及《自携續集》所收《終身之憾無可彌久悔於心筆之於詩以自惕》介紹較詳。對於其長輩,《自題喜容》云"顯祖秋潭公,嚴氣正性,才識過人,諄屬子孫讀書。大伯父潤泉公入縣學,嫡祖母陳太夫人出。顯祖秋潭公卒年四十八歲,其時顯考十二歲,四叔父八歲,五叔父生未逾歲。"由上可知楊陳復祖父爲秋潭公,父輩有兄弟五人。在楊父十二歲即乾隆三十三年(1768)時,祖父秋潭公以四十八歲辭世,則其生年爲康熙六十年(1721)。《終身之憾無可彌久悔於心筆之於詩以自惕》對其長輩情況做了進一步述説:"我祖秋潭公,克家有五子。大伯父遊庠,始儒而後賈。……四叔父多能,技藝孰爲伍。……何哉三叔父,無子尤薄祜。……我父我母心,亦嘗欲善處。二兄擬承桃名榮光,字佩箴,無端勢忽阻。……伯父祀無主。桃以紹憲承我二兄次孫,禮門侄次子,原名紹憲,庠名金銘,一語得端緒。道光甲午前,大兄香斷烓。大兄一子廣文,字德容,小字阿龍,客殁溧陽。嗚呼長男心,兒言,字子顧,如出予肺腑。請以恩繼龍,次子紹恩,時十歲。龍,廣文侄小字……紹孫不愧孫,予爲更名紹孫,入縣學,食餼,爲廩貢生,庶慰我兄繡大兄諱鳴坡,字繡成。大兄官內閣協辦侍讀,覃恩馳贈奉政大夫。聽松五叔父,事事取諸身。……《葬經》舉其要,精抄祛俗塵著《地理精抄》四卷。……公殁今卅載,公孫年廿春名郁文,予字之曰監堂。……鬼伯何不仁,孫死公脈斷。……擬以紹念嗣,致襘祀嘗烝大兒言第四子紹念,現年六歲,俟稍長,嗣公爲曾孫。"由上可知楊陳復幾位叔父的情形,另外可以獲悉其兩位兄長的名號及子嗣情況。由上也可見出陳復家族其他支系子嗣艱難,存在立嗣承桃情形,這也呼應了前文《行實》所云其"生平笃於倫理""五服内親屬之孤寒者,以養以教任責,殁而無主者葬之,世絶者爲之立後"等情形。

關於楊陳復之妻王氏,除前文《行實》所云"配王夫人,孝恭淑慎,終身不見有喜愠之色,壽七十三歲,卒附葬唐太夫人墓側",《自携集》各集亦有交代。如《自携前集》所收《婚夕次迪齋莘畬韻　丙子》《十月初五日寅時内子王夫人没題〈百歲同辛圖〉》《將葬王夫人書此告之再叠前韻》,《自携續集》所收《嘉慶甲戌潞河白小山先生鎔歲試徽屬予補人縣學乙亥科試予一等第三今值同治甲戌歲試之年回憶前塵頓增新感並識舊恨拉雜書之 甲戌》其六更是明確交代云:"内子封王夫人同治丁卯十月殁,年七十三歲,附葬南鄉高塘山貤贈太夫人生曾祖母唐太夫人墓右。"綜上,王夫人於嘉慶二十一年丙子(1816)十月十六于歸楊陳復,同治六年丁卯(1867)十月初五日寅時卒,享年73 歲,則其生年爲乾隆六十年(1795)。

關於楊陳復的後嗣,前引《行實》做了詳細介紹,其中關於其長子楊言與三子楊亶,《自携集》中提及較多,這兩人給陳復家族帶來的榮耀最大,尤其是長子,而次子楊立較少述及。兹對楊言、楊亶稍作考述。關於楊言,上引《行實》介紹較爲清晰,由"前先生八年卒,年五十八"可知其生卒,應證《自携前集》所收《將葬王夫人書此告之再叠前韻》云"予婚期丙子十月十六日,大兒戊寅十月十六日生",可知楊言生年爲嘉慶二十三年戊寅(1818),卒年爲光緒元年(1875)。《光緒重修安徽通志》卷一百八十七《人物志·宦績》載録其小傳,並内附楊陳復行迹,兹予節引:"楊言,字子顧,休寧舉人。同治二年由内閣中書選貴州黔西知州,三年委署正安,時寇氛正熾,練首猜忌攻殺,積弊已久……四年正月賊忽逼城……城已陷,坐是革職。嗣以攻克州城,開復原官。七年丁内艱回籍。言幼慧,工書能文,咸以翰苑目之。父孝廉方正陳復,品學純粹,生平宗法陸稼書,言承家學,性倜儻而能確守禮法。"[1]楊言一字左山,其著作即名《左山遺草》,另外夏雪湄在和楊陳復《六月朔日重遊泮水》詩句"色養佳兒日掩關"注云"左山大兄不赴補者六七年矣"。楊陳復在《自携後集》所收《自題喜容》中對楊言高度贊揚:"吾兒上慰祖心,助我承先有禮。"關於楊亶,《光緒續修廬州府志》卷二十五《職官表·國朝教授》中收録同治朝職員云:"楊亶,休寧人,恩貢,十年任。"其後任爲查善徵,同治十二年任[2]。關於其生年,《自携後集》所收《家書寄廬陽學署附長句四首示亶兒兼示估孫》詩其三夾注云:"同治辛未十二月估孫隨父之官所,因憶道光丙午十二月予携三兒至常西蜀弋硚,時三兒亦十六歲。"由此可推知道光二十六年十二月(1847 年 1月)楊亶十六歲,則其生年爲道光十二年(1832)。楊亶字紫簀,一作子允,夏雪湄在和楊陳復《六月朔日重遊泮水》詩句"季方自是難爲弟,更爲槐黄走九寰"注云"謂紫簀學博"。夏雪湄另有詩《吴静中慧生落解詩以慰之兼寄楊子允亶》[3]。

①　(清)沈葆楨、吴坤修等修:《光緒重修安徽通志》,清光緒四年(1878)刻本。
②　(清)黄雲修、林之望、汪宗沂、李經世等纂:《光緒續修廬州府志》,清光緒十一年(1885)刻本。
③　(清)夏文荇:《味秋館詩鈔 ·少休集》,清光緒間排印本。

四、科　名

　　封建時代，家族發展固然是要有策略的，教育、經濟、婚姻、人際關係和蔭補是發展的重要基礎，但能否維持家聲，科舉仍是最關鍵的因素①。楊陳復家族自其祖父以來，力倡讀書科舉，代有人接續。《自携後集》所收《自題喜容》詩夾注對此做了交代："自五叔父聽松公入學後，孫則陳復、鳴良、一鵬，曾則泰、初、言、文、寘，元孫則紹孫、金銘、家劼皆入學。言以優廩充恩貢即補江南祝椿年榜，文己未中江南余鑑榜，寘以優廩充恩貢即補教瑜，署廬州府學教授。是皆我顯祖秋潭公之遺澤。"關於楊陳復本人的科舉情形，上引《行實》做了介紹，云"弱冠受知於白小山學使鎔，補博士弟子員，逾年科試列高等，充增廣生員。道光甲午、甲辰兩膺房薦。咸豐初元，詔舉孝廉方正。……著以六品頂戴榮身。"在《自携集》各集中，楊陳復亦自道了其科舉情形。《自携前集》所收《自慰》其一尾注云："予乙亥科試第三未補。"此乙亥爲嘉慶二十年（1815）。《自携續集》所收《嘉慶甲戌潞河白小山先生鎔歲試徽屬予補入縣學乙亥科試予一等第三今值同治甲戌歲試之年回憶前塵頓增新感並識舊恨拉雜書之 甲戌》其五夾注對其道光甲午（十四年，1834）、甲辰（二十四年，1844）兩膺房薦做了詳細說明："甲午房師黃公耀明，官邳州知州，評予卷'提戰色句作主，足見讀書得間'云云，多至數十字，極口贊揚。主司以偏鋒棄之。""甲辰房師萬公兆霖，爲甯郡太平縣令，房批不記何語。主司評：'詞未老當'。家莘畬云：'單行非圍中所尚，顧有是嫌。若以予觀之，正自過於老當'"。《自携續集》所收《八月初四日》詩尾徑自注云："咸豐元年辛亥，予舉制科。"自雍正朝始，嗣後乾隆、嘉慶、道光、咸豐、同治、光緒、宣統諸帝即位之初，均頒恩詔，令每府州縣衛，各舉孝廉方正，並賜以六品頂戴，以備召用②。楊陳復最終沒有赴任徵召，但其科名的獲得，與李本仁（安徽布政使）出於某種原因的青睞提攜分不開，關於此種因由，《行實》中尚有交代，其云："先生於方伯素昧平生，茫然莫測其由。先是，方伯以《長江籌遠圖》原唱徵詩，各學先生和七古一章，或以詩受知，因訪得其品學欤？"關於徵詩情形，《自携前集》收有《李藩台以長江籌遠圖七古飭通省教官令無論已達未達皆和之且索各處已刻未刻詩稿彙齊一並解省因成七律二章應正齋劉松士老師懋榮教 咸豐辛亥》可爲應證。

　　對於這種非正途的科名，楊陳復在内心是不滿與不甘的。在被徵召授予孝廉方正次年的咸豐二年，楊陳復所寫《前感》中即云："趨士親頒一紙書，豈云光賁野人居。免教奔走原抬舉，只是扪心百不如。"畢竟《行實》云其"年十一二作家書，洋洋數千言具有條理，舉止安重若成人，長老咸器重之"。弱冠後得名流提攜指點，自認爲科名應是唾手之物，在早年的《反遊仙》其二中即云"畢竟浮雲與逝波，縱教得意又如何？月宮幻作元都觀，再許劉郎一度過。"頗有狂傲之意，然該詩尾注却云："此後足迹不止十踏省門，殊悔予言之妄也！"《自携續集》所收《嘉慶甲戌潞河白小山先生鎔歲試徽屬予

---

①　黃寬重：《宋代的家族與社會》，北京：國家圖書館出版社，2009年，第427頁。

②　李世愉、胡平：《中國科舉制度通史》（清代卷）下，上海：上海人民出版社，2017年，第630頁。

補入縣學乙亥科試予一等第三今值同治甲戌歲試之年回憶前塵頓增新感並識舊恨拉雜書之 甲戌》其一更是自陳肺腑,其云:"可笑襴衫六十年,白頭仍舊戀青氈。"其後夾注云"父大人所望於陳復而不獲者,大兒三兒先後皆得之"。兒輩的中舉入仕,對於其科舉坎壈是一種補憾與慰藉。

五、交　遊

楊陳復行年九十,久歷世事,接交廣泛,行蹤及東南數省。縱觀其遊歷情形,大致可分爲數階段來梳理。

一是讀書應考期。其道光四年甲申(1824)所寫的《感述一首答戴君仲文洪谟》對此有交代:"弱齡不好弄,八始終讀書。十年畢《學》《庸》,繼讀孟子輿。五經漸成誦,讵敢云學欤? 十六應童試,逐隊聊相與。二十遊泮水,懷抱轉難搉。"

二是處館謀生期。由於母親去世,加之經濟壓力等因素,楊陳復在二十幾歲便外出授徒謀生,當然期間亦不斷參加科考,然未能如願。《行實》即云楊陳復"二十外即收徒館穀"。《自携續集》所收《贅叟》詩注云"時予家館事繁,不暇造就兒。"表示了對其因處館而忽略其長子早期教育的追悔。此期陳復遊歷所及,曾至豐溪吳筠庭家坐館,其《吳儀五世講以其祖筠庭先生山居讀書圖遺照索題》注云:"予下榻豐溪,年二十一歲。"道光五年參加省試,其後數年,遊歷了秣陵、鎮江、蘇州、杭州等地。有詩《省試瀕行別架上書》《金陵喜晤仲衡時仲衡自漢上來江漲正可畏也》等等。至道光二十六年,期間作詩甚少。其後數年在常州、丹陽、宜興等地遊歷,道光二十六年丙午有詩《自六月出門至秣陵八月至滬城九月歸里十二月又往蘭陵釣臺凡三過云》,其《家書至常西志喜示程生榕築之》詩序云"客臘赴常西應巢君翰子墨之招"。這次赴常西應該就是《行實》中所云"嘗客毗陵巢姓質庫……明歲遂辭去"之經歷。至道光二十八年回里,有詩《同次兒三兒常州開船杭城過塘換蘆烏船入嚴河到徽河 戊申》記之。

三是避亂徙居期。清咸豐元年到同治三年,太平天國運動轟轟烈烈興起,"是十九世紀中葉災難深重的中國人民用槍杆子批判舊世界,改造舊世界的一次大演習"[①]。作爲基層文人的楊陳復也開始了長達十餘年的流徙避亂生活,其諸多詩作對此一段歷程予以了記錄。開始是咸豐四年移家溪源,有《移家溪源暫居王生宣小筠之屋乃予居甫定而小筠沾疾旬餘溘然長逝不勝痛悼時四月廿五日也作此紓吾哀》。咸豐五年太平軍與清軍在休寧拉鋸攻,陳復二月初六日寫的《志痛》詩中云"予同二兄及兒侄侄孫女婿等避居觀音石二親墓側程姓人家。"咸豐六年二月送諸弟子赴考杭州,寓居兩月,以宜郡失陷,新安戒嚴遂歸。《哭禮門侄》載咸豐六年八月避居月潭。其後的咸豐十年八月二十八夜開始離家遷徙至祁門、饒城、樂亭、強山等十余處,開始了在江西六年的避亂生涯。咸豐十一年寫《舊秋八月二十八夜蒼黃避亂遷徙十餘處祁南旸坑度歲今年正月十二附余松山兄伴十八至饒城廿四至鄱西樂亭賃王國興翁屋居甫一月而饒城又告警二月廿五買舟至強山計閱時半載離家五百里仍不免於遷避感

---

① 羅爾綱:《羅爾綱全集第一卷》,北京:社會科學文獻出版社,2011 年,第 27 頁。

極有作呈楊元勳茂才》記之。至同治六年春，楊陳復携家自江西饒城返回休寧家中，同治六年有詩《題程葦漁弟讓慶詩賦卷端》，夾注即云"予今春自饒返徽"。

四是鄉居授徒期。自避亂歸鄉後，陳復多爲鄉居，其八十三歲所作《贅叟》詩注云："予足迹不出郡邑。"由於自身對授徒教讀的巨大熱情，加之長子因丁母憂回鄉，而於同治八年被地方聘請掌教屬地書院時的舉薦，地方官長士紳的關照及長子去世後巨大的家庭經濟壓力等等因素，促使楊陳復晚年居家十餘載授徒不止。此等情形，前引《行實》言之詳明："長子言之主講紫陽也，知親心樂此不疲，明告梅掬海郡伯錦源，生監卷呈老父評定，郡伯欣然許之。殆冢君歿而曹邑侯捐廉作束脩，敦請先生主海陽講席。"

縱觀楊陳復的交遊情況，筆者粗略統計，其文集中出現二百五十餘人之多，與之有密切交遊者，大致可分爲師長、名流、友人、門生等幾類。

關於師長教誨，前引《行實》提及的有"師事吳者庵、金柳湖、汪小西諸先生。""胡熙蘭進士晖吉主講海陽書院，終年皆取先生冠軍，收入門下不受束脩。"除受教之外，亦有唱和，如陳復有《業師吳者庵夫子藹曾之邗江命和留別原韻》等。在師長逝後，更是顧念師恩，均有痛悼之作，如《自携續集》所收《嘉慶甲戌潞河白小山先生鎔歲試徽屬予補入縣學乙亥科試予一等第三今值同治甲戌歲試之年回憶前塵頓增新感並識舊恨拉雜書之　甲戌》其二注云"道光壬辰熙蘭夫子卒於家，金柳湖夫子卒於漢上，一年之內兩遭心喪，不勝感悼"。

關於名流提携，前引《行實》中重點提及學政白鎔、休寧知縣吳厚存、安徽布政使李本仁等："弱冠受知於白小山學使鎔……咸豐初元，詔舉孝廉方正，吳厚存邑侯錫麟采輿論，以先生名應……李藹如方伯本仁忽牒下所司，訪得增生楊某品學純潔，足膺斯選而無愧。……免考驗，著以六品頂戴榮身。"此外在《自携集》中尚有詩作或提及或唱和，提及建德知縣陳純甫、祁門知縣唐治、萬年知縣汪葦塘、黟縣知縣屈承蔭、貴州學政黎簡庭等，如《贅叟》詩注中提及"其能知予父子迹相殊、心相合者，一爲未曾謀面之黎簡庭先生，兒丁母憂，簡庭先生親到慰言，問尊公近狀，手中筆仍未放下否？"

關於友人相知，《行實》云："友族孫悍予教授大容、孫春叔鴻臚日萱、金菊仙太仆雲門、金璞山廣文上珍先後皆成忠義，葉仲衡茂才國銓不可一世，獨與先生交無間也。"《自携集》中重點提及的是葉國銓。葉國銓與楊陳復乃同門兼同鄉、同案、同道者，《光緒重修安徽通志》卷二百五十一《人物志　•義行》載："葉國銓、王嘉城、洪賓惠、汪湘……並以義行聞休寧縣志。"[①]早在道光六年，楊陳復作《新秋隨筆和執友葉國銓仲衡》追憶了前一年"乙酉偕仲衡赴秣陵，舟過七里灘，買魚煮酒對坐高談"之雅事。此後道光十一年有《金陵喜晤仲衡時仲衡自漢上來江漲正可畏也》表達了老友久別重逢的喜悦。道光二十三年作《金菊仙刺史雲門五十誕辰書寄崇陽》，其二專門述及同案葉國銓及其家族的科舉情形。咸豐四年作《憶執友葉仲衡妻弟王友筠各一首》，其一追憶仲衡云："執友不多得，幽明隔九年。"可知葉國銓已逝世九年，則其卒年爲道光二十六年（1846）。在摯友逝世二十九年後，楊陳復仍然追憶動情，並爲其作傳留念，

---

① （清）沈葆楨、吳坤修等修：《光緒重修安徽通志》，清光緒四年（1878）刊本。

此在同治十三年所作的《嘉慶甲戌潞河白小山先生鎔歲試徽屬予補入縣學乙亥科試予一等第三今值同治甲戌歲試之年回憶前塵頓增新感並識舊恨拉雜書之 甲戌》其四有詳細交代,其云:"執友誰能及葉公城北朱紫巷葉二仲衡,庠名國銓,相規相勸古人風。布來奇陣誇詩膽,衝出愁城仗酒功。半醉互争爲怪物予目仲爲怪物,仲曰:'人於我見怪不怪矣,君乃不怪而怪也!',一時都是可憐蟲。佳兒請我修佳傳,老淚縱橫楮墨中。同治癸酉仲衡子雋生客隨州,馳書請予爲父傳,予大喜從之,不暇計文之工拙矣。"

關於門生受業,《行實》云楊陳復"家居教授數十年,著録弟子二百余人"。《自携後集》所收《黟程芍庭學博綬僑居金塍枉顧贈詩依韻奉和》詩注亦云:"避亂居鄱陽六年,士從遊者八人,入泮五人,食餼一人。"在其衆多弟子中,陳復較爲看中余本愚(字古香)、夏文莼(字雪湄)、汪汝綸(字念甫)三人,其《自携後集》所收《和雪湄韻寄雪湄》其三即云:"余子古香最能詩,汪生念甫曾負笈。夏君學古人,浴德勇去疾。同門亦多賢,契者端所習。夫惟三子心,與俗不相及。"從三人在楊陳復詩集中出現的順序推知受業先後:余本愚最早,夏文莼次之,汪汝綸最晚。之所以較爲看重上述三人,其重要原因:一是爲世交;二是同鄉;三是三人均得科名入仕,某種程度上給楊陳復帶來榮耀。先看余本愚。余本愚(1816—1883),字古香,一作國香,休寧人,同治間以軍勞歷金華知縣、杭州知府,官至杭嘉湖道,卒於官。有《十花(華)小築詩鈔》4 卷,存清光緒間刻本[1]。《光緒重修安徽通志》卷一百七十四、《安徽通志藝文考稿 ·集部廿八 ·別集類廿七》、《晚晴簃詩滙》卷一百六十八、袁行雲《清人詩集叙録》第三册等有記載。二人爲世交,道光二十年即相識,陳復《懷人》云:"君家兩世予三世,暢叙歡悰茂苑秋。"詩注云:"古香父子、聽松五叔父、和軒弟、大兒時皆在蘇。"陳復還專門爲余本愚父作《瑞蘭圖爲余心耘姻丈題》[2]。陳復其後道光二十九年爲余本愚送考作詩壯行、咸豐五年更是親自送考至杭州,有詩《四月偕古香自杭州買棹回里感觸時事用東坡清虛堂韻同古香作》,余本愚有和作二題,云"萍蹤猶記客金陵,今日從遊喜恰能"。同治二年兩人在避亂途中偶見,陳復有《河口晤余古香弟悲喜交集幾於言不能盡乃甫聚旋別不覺黯然》記之,久别重逢,悲欣交集,情緒飽滿。在余本愚六十歲生日時,楊陳復爲弟子作《古香弟六十生日詩以代束》,飽含深情地回顧了自己家族與余本愚的交集往事,對其從軍得官、家庭美滿進行贊美,"環顧吾門中,後先科甲乙。惟子與予同,科名草不苗"。基於相同的經歷,勉勵其"從來有用才,都爲蒼生出。慰予沉瀣心,祝子休嘉集"。光緒元年冬楊陳復長子逝世,第二年余本愚自杭州奉差查徽屬鹽數,於閏五月初三日專門去慰問老師,楊陳復贊其"情深以後,於大兒之殁一字不提,而使予聽之無一語非安慰我心者,聰明人吐屬故自不同,然亦真氣充足。"臨别時還請陳復評點其本人及孫之詩作。關於此事,余本愚在其《十花小築詩抄》卷四有《謁楊生府先生陳復於南源溪口時先生長子左山初殁》,有句云"乍見成嗚咽,無辭但有聲"[3]。陳復在

　　① 牛繼清主纂;趙敏、張晚霞副主纂:《安徽文獻總目》(第五册),合肥:黃山書社,2020 年,第 2057—2058 頁。

　　② 全椒薛時雨《藤花館詩鈔》卷三有《贈余心耘丈禮華》,有句"有子聲華匹鳳毛,文章氣誼重吾曹謂古香司馬"。見《清代詩文集彙編 671 册》,上海:上海古籍出版社,2010 年,第 611 頁。

　　③ (清)余本愚:《十花小築詩抄》卷四,清光緒十一年(1885)刻本。

本年稍後所作的《贅叟》中徑自稱余本愚爲"知心者"。本年十一月余本愚來信請老師
點定詩集,陳復有詩《十一月余生古香書來以十花小築紀行詩卷屬爲點定分貽同志其
視予贈三兒汪叟諸作皆依原韻和之却寄》,云:"死生敦古誼,師弟有真情。"對弟子慰
問長子之逝深爲感念。光緒三年,余本愚新得曾孫,自杭州寫信給陳復報喜,陳復有
《得余生古香杭信新抱曾孫家書報後二十八字依韻和之却寄》詩祝賀,並回憶了三十
年前應余本愚之父心耘大兄之請,吟詠其所植佳蕙之舊日因緣。巧合的是,最後余本
愚和楊陳復同在光緒九年逝世,共盡師生一世之緣。再看夏文莼。夏文莼(1819—
1879),原名文純,字錫眉,號雪湄,又號味秋,休寧人,同治六年舉人,終生課童子業,
工詩,著有《味秋館詩鈔》五卷、《孤兒鑒》《古今家誠》等,《夏雪湄府君事狀》、《光緒重
修安徽通志》卷一百六十五《選舉志》、《安徽通志藝文考稿·集部廿八·別集類廿
七》、《皖詩玉屑》等有記載。《自携集》最早提及夏文莼是在咸豐十年,陳復作《題夏君
雪湄雪窗悲慕圖》,引起其對雙親遠逝之悲痛哀思的共鳴①。從同治五年至光緒元
年,是楊陳復與夏文莼的交往密切期,每年均有詩作往還。先是因表彰夏文莼二女之
節烈,楊陳復在同治五年、六年先後作《夏二烈女冰梅並潔圖》《書夏雪湄學博繼室金
藕香孺人題其冰梅並潔圖遺詩後》。同治六年夏文莼正式拜入楊陳復門下,這在同治
八年陳復《雪湄三侄見仆二品秀才私印郵詩貽予依韻和之》所附夏文莼原作即注云:
"久以父執奉公,前二歲丁卯(筆者注:同治六年,1867)更請受業爲弟子。"在夏文莼參
加科考的過程中,楊陳復不斷予以鼓勵和慰問,同治七年有《聞夏君雪湄禮闈額溢見
遺挑取謄録咨送國史館於其歸慰之以詩》云:"畢竟文章原不俗。"在此期間,二人書信
往還不斷,"府君前後寄徵君師書信積百予函,或談古,或論今,或稱述家常"②。同治
九年楊陳復移居石潭,第二年夏文莼亦移居到此相伴,楊陳復時有《予舊夏自月潭移
居石潭雪湄曾貽古詩四章今秋雪湄亦移家石潭仍疊前韻予再和之》記之,有云:"君才
一敵十……才美復潛修,立志誰能及。"夏文莼原詩題名《生府師移居有日呈詩四首即
以述懷》,云"兩世師弟子,意若骨肉親"③。夏文莼爲楊陳復及其家人做了不少生活
實際上的照拂,如同治十二年因陳復四孫曾佶早逝而作《楊氏子哀辭》稱"一門三世
交";請人作畫記録老師的風雅,陳復有《雪湄屬汪牧雲世侄繪余園茗話圖郵詩呈余園
主人予亦茗話中人也即用雪湄原韻》記之;約請同門刊刻老師的詩集,陳復《八十生
日》對此注云:"雪湄欲因予生日約同門諸君刻予詩愛我良多實非所願致書悉言之不
可之故以謝之。"夏文莼還曾呼籲請陳復掌教海陽書院,陳復《嘉慶甲戌潞河白小山先
生鎔歲試徵屬予補入縣學乙亥科試予一等第三今值同治甲戌歲試之年回憶前塵頓增
新感並識舊恨拉雜書之 甲戌》其八對此注云:"同治丁卯夏雪湄孝廉撰啓邀同人請予
主講海陽,予寄居月潭,即入城與諸孝廉面談,力辭謝之。"光緒元年,夏文莼和楊陳復
《六月朔日重遊泮水領新同年余君銘恭謁聖廟敬賦七言絶句十首呈當事諸公及入郡

---

① 關於《雪窗悲慕圖》,余本愚在《十花小築詩抄》卷一有《題雪窗悲慕圖並序》,序云:"夏君雪湄文莼幼失
怙,母金太孺人撫之成立,今食饩,有美才。粵逆之亂,移家藤溪,奉母授徒,泊如也。戊午冬,太孺人棄養,雪湄
悲甚,友人爲寫《雪窗悲慕圖》以寄哀思,雪湄出示屬題,敬賦。"

② (清)夏慎大等:《夏雪湄府君事狀》,清光緒間屯溪茹古堂寫刊本。

③ (清)夏文莼:《味秋館詩鈔·少休集》,清光緒間排印本。

邑學五十一位新同年》凡十首,深情回顧了投入師門的點滴,其三提及"師詩卷名《自携集》",其六云"得托門牆亦有光,十年教澤耿難忘",其十云"難得師門久印心"。光緒五年,夏文莛六十周甲,年初楊陳復有《夏君雪湄今年六十慨早衰悔卞急告予曰多觀好書多聞好事多見好人皆非壽不可意者當戒惱怒乎願爲莛書之加箴言焉予弗能却作三言二十二韻以寄》。文莛於是年秋初生病,至十月二十八日逝世,得年六十,作爲老師的楊陳復於悲痛中寫下《哭夏世侄雪湄二十二韻》,痛陳"卅載最相親,如何人忽杳。八十六齡人,一恸知心少"。在其逝世後,陳復將夏文莛贈予的一百圓膏火資洋錢悉數轉捐作拆除風水橋公益之用,以成人之美。對此舉,在本年十二月十五日夜,陳復遇文莛神入其夢,專門作《十二月十五夜夢眼前忽放光明煙雲中現出字迹如酒盞大諦視之得豈不成人美能存利物心二語異之意者雪湄神入我室謂我所爲不謬乎續成五律二首以示仲勤》,二人師生之誼,以略顯神異的方式作結。最後看汪汝綸。汪汝綸,字念甫,號練浦,休寧人,同治六年舉人,光緒九年進士,官刑部廣西司主事,著有《尚友齋稿》[1]。某種意義上説,爲楊陳復蓋棺定論的是受業弟子汪汝綸,前引《誥封通奉大夫孝廉方正楊徵君行實》即其在光緒十年夏四月應陳復次子、三子之請而寫,《行實》結尾云:"綸不敏,年十五歲及先生之門,侍几席者五年,離群而問業者廿餘年。先生郵書每以學行相勖,所屬望於綸者,固不僅在區區一第也。……從遊最久,受恩最深。"師生兩家原爲世交,同治十三年汪汝綸父逝世,楊陳復深感悲痛,作詩慰問並憶念往事,其題爲《哭汪豫哉四兄其長男念甫嘗及予門自幼性情温醇長尤好學決其爲遠到之才甲寅江南遭洪逆之亂予勸豫翁爲念甫捐商籍監生丁卯浙江獲雋豫翁體素強健乃七十外兩足力弱三年以來漸增無減醫訖不效而念甫之能盡子道實爲近今所罕覯故作挽句慰豫翁於地下云爾》。師生之間常有唱和,如同治八年汪汝綸即和陳復作有《讀和雪湄作敬步原韻》云:"公無他好獨憐才。"楊陳復對汪汝綸多"以學行相勖",光緒五年即有《汪生念甫詩文性情力返古初近猶索予贈言俾朝夕觀省作此貽之予亦良用自勉》。在行將離世之時,陳復尚有詩作爲汪汝綸送考壯行,其題爲《汪生念甫赴禮部試賦長句贈行》,稱讚弟子"及門入室尋吾契,真讀書人第一人"。汪汝綸果然不負老師期望,於當年進士及第,並在老師離世後爲其作傳,以較爲完滿的方式綰結師生之誼。

縱觀楊陳復之交遊,雖有其子請封,然科名不顯,經歷動亂,久居鄉邑,其遊歷範圍有限,所交接之人多爲中下層士紳及本邑人士,致力於授徒教讀,弟子衆多。

六、著　述

楊陳復享年九十,可謂高壽,且其一生堅持筆耕硯田,在其人生謝幕之時留下《九十生日》組詩,其一即云:"境喧境寂都難耐,無箋無硯總不宜。没齒一枝筆在手,彼蒼佑我複奚疑。"可謂其力行不輟之寫照。通覽《自携集》各集,相關詩注、記事、紀年、史實等頗爲留心交代,可謂"文獻意識"較強,由此楊陳復也留下了相應的著述文字。

---

[1]　徐雁平編著:《清代家集叙録 中》,合肥:安徽教育出版社,2017年,第1596頁。

檢視學界已有成果，對楊陳復的著述情況幾僅提及《杨徵君自携集》，介紹過簡，且有可商榷之處。如關於其散曲作品，《中國曲學大辭典》云其"散曲現存小令四首，均爲題畫之作"①。其實，其散曲收録在《杨徵君自携前集 ·附録》中，總題爲"詩餘"，細繹只有兩首爲曲作，分別是《折桂令 黃君二癡恩榮屬題其所藏李香君小像 嘉慶庚辰》《前調 程君琴軒寶書屬題蘭竹小照 道光甲申》，第三首《沁園春 徐畫江先生大綸屬題梅修圖 道光甲辰》實爲詞作。《全清散曲》亦録前二題，而爲其加〔北雙調〕宮調名②。

目前學界收録皖人文獻書目的最新成果是《安徽文獻總目》，其對楊陳復著述的著録情況是：

> 楊陳復，生卒年不詳，原名鳴玉，字鈞贊，清休寧人。增生，咸豐元年（一八五一）舉孝廉方正。
>
> 夏二烈女傳一卷
> 清光緒二十八年休寧 夏氏刊冰梅詞本附（日本 東京大學東洋文化研究所藏）
>
> 杨徵君自携前集一卷後集一卷續集一卷 安徽文獻書目
> 清光緒十一年至二十年屯溪 茹古堂刊本③

且不論其對楊陳復的生卒名號等著録的不確，就其著録的楊陳復著述《夏二烈女傳一卷》亦是不確的。查清光緒夏慎大輯《冰梅詞》一卷，其中收録有《夏二烈女傳》一篇④，署名"同邑楊陳復，時年八十有一"，則此篇作於同治十三年（1874）。因此篇未見於《自携集》各集，故全文迻録如下：

> 夏二烈女寶姝、秀姝，休寧舉人夏文菀女。咸豐庚申八月，粵逆犯休，十一月溪口營總兵衛衛楊某不戰遁。烈女避山中，天大雪，姊妹絶粒死。姊年十九，廩生吳發瑞聘妻；妹年十五，監生金陪元聘妻。乙丑兩江總督曾奏請得旌。
>
> 論曰：烈女父師予，故知二女與常女異。長尤敏，通《孝經》《女誡》，戊午侍大母金疾，月余不懈，歿，哀毁骨立。先是，中秋夕，父舉"月中桂"命兒女屬對，長女對以"冰裏梅"云，噫！孝而慧，以烈死，是可傳矣！遂爲之傳。

另外，《冰梅詞 ·題詞》部分收録有署名"同邑楊陳復"的《夏二烈女冰梅並潔圖》詩作，該詩亦見於《自携前集》，通過前後詩作系年，可確定其作在同治五年丙寅（1866），即在上引《夏二烈女傳》所云"乙丑兩江總督曾奏請得旌"之次年。

楊陳復生平篤於倫理，又學宗清初理學家陸隴其（清獻），於濂洛關閩之書，常不釋手，推崇程朱理學，對於婦女節列行爲大爲倡揚贊發，除了上述《夏二烈女傳》，同類的尚有對於休寧率溪程氏六烈婦的專文記傳。在題署共和十有九年歲在庚午（1930）

---

① 《中國曲學大辭典》，第 184 頁。
② 謝伯陽、凌景埏編：《全清散曲 增補版》，濟南：齊魯書社，2006 年，第 1686 頁。
③ 《安徽文獻總目》（第五册），第 3064 頁。
④ （清）夏慎大輯：《冰梅詞》，清光緒二十九年（1903）刻本。

夏正孟冬之月常熟孫雄撰表的《休寧率溪程氏六烈婦墓表》中,提及"咸豐癸丑迄於庚申,江左被兵,徽屬郡邑幾無完宇。程氏前後六烈婦死難尤慘,今日追記懿行……程氏子姓,惟韻琴先生子龍標陷賊得脱,龍標字雲生,能繼父業。雲生子錫祥字雄甫,追懷先烈,廣求題詠,哀然成集。余既爲弁言,雄甫又乞余爲韻琴、華封兩先生暨六烈婦各撰墓表一篇。余何敢辭,因詮次朱子雋、楊鈞贊兩先生所爲前後兩傳,及馮夢華前輩所爲六烈婦合傳以著於篇。"①惜今不知此傳記之篇目及詳情。

關於楊陳復的著述,上引《行實》有重要的交代,其云:"不矜纂述,而凡所涉筆,皆有關於世教,著有《塵世難逢集》文稿、《自携集》詩稿待刊。"這裏補充了楊陳復《塵世難逢集》文稿的重要信息,未見其他著録介紹,應收至《安徽文獻總目》。

關於《楊徵君自携集》,《清人別集總目》對其版本及藏處做了較爲全面的介紹,分別有《楊徵君自携前集不分卷》(光緒刻本,安徽師大)《楊徵君自携前集1卷後集1卷續集1卷》(光緒刻本,皖圖)《自携集1卷續集1卷》(光緒十一年刻本,上圖)②。關於其具名因由,在題署爲"咸豐甲寅(筆者注:四年,1854)中秋海陽芳溪生府自識"的序中做了交代:"生獲餘年,時艱孰濟? 索居無侶,陳迹難忘。暇取壬申以來所作古近體詩,删而録之,卷不盈半寸,猥名之曰《自携集》。非一卷冰雪文,避俗常自携之謂,自携以求避俗,不令人知云爾。"此"壬申"爲嘉慶十七年(1812)。在楊陳復的相關詩歌中亦有數處提及《自携集》,如《自携前集》所收楊陳復弟子余本愚所和《自禾至杭同生府師旋里篷窗晤語極蕭瑟歡娛之意因憶己酉仲冬北行入都師贈七律四章依韻補和》其三尾注云"時讀《自携集》吟卷,他人多未見也。"該詩作於咸豐五年乙卯(1855)。《自携續集》收楊陳復弟子夏文莼和《六月朔日重遊泮水領新同年余君銘等恭谒聖廟敬賦七言絶句十首呈當事諸公及入郡邑學五十一位新同年》其三夾注云"師詩卷名《自携集》"。縱觀《自携集》各集,其詩作大致按照時間先後形式編排,《前集》從嘉慶十七年至同治六年,《後集》從同治七年至十一年,《續集》從同治十二年至光緒九年,時度跨越七十餘年。《自携集》各集較爲完整地記録了楊陳復由少及壯及衰的人生圖景,題材各樣,内容豐富,舉凡記事、記人、題畫、唱和、詠物、贈別、賀祝、悼亡、感懷等等均有涉及。對一些重要時事有反映,如對持續十餘年的太平天國運動等,有《追挽零陵治理溥博泉司馬咸豐癸丑東莞縣銕崗殉難詩》《感憤用古香弟和友遊嘉祥古寺韻却寄》《中秋日所聞》《志喜寄黔示大兒》等記之,然多持保守立場,不是十分出色,倒是在此類詩歌中提及的民生艱難、世風凋敝有一定積極意義,如作於咸豐十年的《讀李君樸臣作感觸時事率成長句》一詩有句"亂後凶荒百感生,客懷憂憤籍詩鳴。"相比較而言,《自携集》中的感懷與悼亡詩讀來情真意切,令人動容,較爲出色。如《自携前集》所收《秋日遣懷》一詩有句"覓我好親長,訪我好交遊。轉勝人間世,默然傷寡侣。"面對戰亂叢生,時事日艱,年華老去,同志喪淪,詩人自感身世,甚至不欲存續人世,情感悲傷,決絶愴然。再如《自携前集》所收《十月初五日寅時内子王夫人没題〈百歲同辛圖〉》詩云:"五十二年裏,同辛空自知。匆悲今死別,別亦不多時。"相濡以沫五十二

① 沈雲龍主編,孫雄著:《近代中國史料叢刊第55輯舊京詩文存》,臺北:文海出版社,1973年,第192頁。
② 《清人別集總目》,第717頁。

年的漫長時光裏，妻子與自己更多的是共苦，少有同甘，而今遽然長逝，甚至來不及道別，來不及叮囑，一朝分別，從此陰陽兩隔。回顧自己，已是垂老衰頹，去日無多，天涯路遠，他時只能黃泉再聚。雖然是絶大的悲情，然整首詩讀來情緒却控制的很好，哀而不傷。人生就是一場修行，生命或是一次輪回，真悲無聲，何須我執。全詩讀來雋永，發人心志。

　　縮而言之，清代安徽休寧籍文人楊陳復（1794—1883），原名鳴玉，字鈞贊，號生府，一號春粲，又號贅生，晚年號贅叟。增廣生員，清咸豐元年（1851）舉孝廉方正。爲宋建隆同州刺史受公二十七世孫。父楊邦模，因家累而輟學治質庫事，母陳姓。子男三人，長子楊言，優行廩生，道光己酉科舉人，由内閣中書借選貴州大定府黔西州知州，軍功賞戴藍翎，署正安州知州，以應得廉捐升鹽運使司運同加四級，請封三代二品。政績載《安徽通志·名宦傳》，著有《左山遺草》；次子楊立，監生，守禦所千總加都司銜；三子宣，優行廩生，同治乙丑恩貢，試用教諭，前署廬州府教授。女一，適庠生趙文琳。孫十一人，遊泮者三人。孫女十一人。曾孫七人。曾孫女三人。楊陳復的漫長遊歷，可分爲讀書應考期、處館謀生期、避亂徙居期、鄉居授徒期。雖有其子請封，然科名不顯，經歷動亂，久居鄉邑，楊陳復遊歷範圍有限，所交接之人多爲中下層士紳及本邑人士，致力於授徒教讀，弟子衆多。著有《塵世難逢集》文稿、《自攜集》詩稿，另有《夏二烈女傳》等單篇零作。《自攜集》各集以時代先後相系，從嘉慶十七年至光緒九年跨越七十余年，較爲完整地記録了楊陳復由少及壯及衰的人生圖景，題材各樣，内容豐富，對一些重要時事有反映，如持續十余年的太平天國運動等，其中的感懷與悼亡詩讀來情真意切，令人動容，較爲出色。

■學術叢劄

《尚書·堯典》"格姦"解詁*

徐到穩

摘　要:對《尚書·堯典》"克諧以孝烝烝乂不格姦"中"格姦"的訓詁,是《尚書》訓詁史上最具爭論性的問題之一。歷來學者主要有十一種觀點,其中最具影響力的觀點是:訓格爲至,訓姦爲邪惡,格姦即"至於姦惡"。從訓詁的客觀性與融貫性來看,此觀點實際上不如何秋濤等人的觀點:格姦爲聯綿詞,"猶扞格",意爲障塞。格姦一詞長期得不到確詁,與"克諧以孝烝烝乂不格姦"句讀(標點)困難、格的詞義紛繁複雜、學術界對聯綿詞的誤識與誤詁非常普遍、舜在經典中的記載"衝突"、經學在近百年沒有學科地位等都有密切關係。

關鍵詞:《尚書·堯典》;格姦;聯綿詞;舜;何秋濤

壹　引言:問題的由來

《尚書》是儒家五經之一,也是歷來學者研究先秦史的最基本參考書之一①。《堯典》是《尚書》首篇,其中有一段叙述堯提拔舜的經過:

> 帝曰:"咨!四岳!朕在位七十載。汝能庸命巽朕位?"岳曰:"否德忝帝位。"曰:"明明揚側陋!"師錫帝曰:"有鰥在下,曰虞舜。"帝曰:"俞!予聞。如何?"岳曰:"瞽子,父頑,母嚚,象傲;克諧,以孝烝烝,乂不格姦。"帝曰:"我其試哉!女于時,觀厥刑于二女。"厘降二女于嬀汭,嬪于虞。帝曰:"欽哉!"②

"克諧以孝烝烝乂不格姦","托名孔安國"注③:"諧,和。烝,進也。言能以至孝

---

* **作者簡介:**徐到穩,中國社會科學院古代史研究所助理研究員,歷史學博士,主要從事儒家經學、歷史文獻學和清史研究。

基金項目:國家社科基金重大項目"中國經典詮釋學基本文獻整理與基本問題研究"(21&ZD055)。

① 現代學者認爲:"無論是否同意儒家學說,凡欲研究我國古代歷史、哲學、文學乃至教育和政法者,均需深入研究《尚書》。"見丁縣孫:《談談〈尚書〉的訓詁》,《歷史教學(下半月刊)》,1986 年第 3 期,第 5 頁。

② 這是筆者認同的標點。

③ 《古文尚書》東漢時已亡佚。至東晉元帝時,梅賾(或作"梅頤""枚頤")獻孔安國作傳的《古文尚書》五十九篇。唐孔穎達作《尚書注疏》即以此爲底本。吳棫、朱熹、閻若璩、惠棟等多位學者力辨其僞,大致成爲學界共識。後即稱此僞造的孔安國《尚書傳》爲"僞孔傳",以明非真出於孔安國之手。亦省稱"僞孔"或"僞傳"。本文將"僞孔傳"的作者稱爲"托名孔安國",以便與其他學者並列。因兩漢學者所做注解早已散失,所以"托名孔安國"注是南北朝以後能夠見到的時代最早的完整《尚書》注,因而仍受學者重視,常見引用。

和諧頑嚚昏傲,使進進以善自治,不至於姦惡。""克諧以孝烝烝乂不格姦"十字看似被"托名孔安國"解釋得很清楚,實際上自古疑義遍存,如十字如何句讀(標點)、"烝烝"一詞如何訓詁等,至今没有定論。"格姦"如何訓詁直接影响堯舜事迹,因此是一個古代學術界關注很多的問題①,具有重要的經學、史學、語言文字學價值。本文將先考鏡歷來學者對"格姦"的十一種觀點,再從訓詁學的角度批評影響力最大的"至於姦惡"説,繼而重申"猶扞格"説,最末略論格姦長期得不到確詁的原因。

貳 十一説源流考鏡

對《尚書·堯典》中"格姦"的訓詁,歷來衆説紛紜。據筆者多方查閲、仔細梳理,主要有十一種觀點:

一、訓格爲至,訓姦爲惡,格姦即"至於姦惡"。持此説者除了"托名孔安國",還有衆多學者:司馬遷(前 145 或前 135—?)②、劉向(前 77—前 6)③、孔穎達(574—648)④、曾鞏(1019—1083)⑤、司馬光(1019—1086)⑥、程頤(1033—1107)⑦、林之奇(1112—1176)⑧、朱熹(1130—1200)⑨、吕祖謙(1137—1181)⑩、黄度(1138—1213)⑪、蔡沈(1167—1230)⑫、蔡模(1188—1246)⑬、金履祥(1232—1303)⑭、吳澄(1249—1333)⑮、胡廣(1370—1418)⑯、湛若水(1466—1560)⑰、張居正(1525—1582)⑱、閻若

---

① 現代學術界對此關注很少。筆者目前尚未見到現代學者專門探討"格姦"問題的文章。
② 司馬遷《史記·五帝本紀》:"能和以孝,烝烝治,不至姦。"裴駰《史記集解》:"孔安國曰:'不至於姦惡。'"張守節《史記正義》:"烝之升反進也,言父頑、母嚚、弟傲,舜皆和以孝,進之於善,不至於姦惡也。"因此司馬遷可以算作持"至於姦惡"説者。
③ 劉向《列女傳·有虞二妃》云:"母憎舜而愛象,舜猶内治,靡有姦意。""靡有姦意"常被持"至於姦惡"説者作爲證據之一。
④ (漢)孔穎達:《尚書正義》卷二,上海古籍出版社編:《十三經注疏》,上海:上海古籍出版社,1997 年,第123 頁。
⑤ (宋)曾鞏:《書經説》,轉引自(宋)林之奇:《尚書全解》卷一,清康熙通志堂刻本。
⑥ (宋)司馬光:《稽古録》卷一,四部叢刊景明翻宋本;司馬光:《家範》卷一,明天啓六年刻本。
⑦ (宋)程顥、程頤:《二程遺書》卷一八,清康熙二十八年刻本。
⑧ (宋)林之奇:《尚書全解》卷一,清康熙通志堂刻本。
⑨ (宋)朱熹著,徐德明、王鐵校點:《晦庵先生朱文公文集》卷六十五《尚書》,朱杰人等主編:《朱子全書》,上海:上海古籍出版社,合肥:安徽教育出版社,2010 年,第 23 册,第 3159 頁。
⑩ (宋)吕祖謙撰,(宋)時瀾修定:《增修東萊書説》卷一,清康熙十九年刻本。
⑪ (宋)黄度:《尚書説》卷一,清康熙通志堂刻本。
⑫ (宋)蔡沈著,王豐先點校:《書集傳》卷一,北京:中華書局,2017 年,第 6 頁。
⑬ (宋)蔡模:《孟子集疏》卷九,清康熙通志堂刻本。
⑭ (元)金履祥:《七十載舉舜登庸》,《通鑒前編》卷一,明吳勉學刻本;(元)金履祥:《堯典》,《書經注》卷一虞書,清十萬卷樓叢書本。
⑮ (元)吳澄:《虞書》,《書纂言》卷一,清康熙通志堂刻本。
⑯ (明)胡廣:《書傳大全》卷一,明永樂北京司禮監刻本;胡廣:《四書大全》孟子集注大全卷七,明永樂北京司禮監刻本。
⑰ (明)湛若水:《聖學格物通》卷三十四,明嘉靖七年刻本。
⑱ (明)張居正:《尚書直解》卷一,王嵐、英巍整理,北京:九州出版社,2010 年,第 6 頁。

璩(1636—1704)①、庫勒納(? —1708)②、臧琳(1650—1713)③、江聲(1721—1799)④、王鳴盛(1722—1798)⑤、崔述(1739—1816)⑥、邵晉涵(1743—1796)⑦、王念孫(1744—1832)⑧、孫星衍(1753—1818)⑨、牟庭(1759—1832)⑩、焦循(1763—1820)⑪、王引之(1766—1834)⑫、劉逢禄(1776—1829)⑬、黄式三(1789—1862)⑭、理雅各(James Legge,1815—1897)⑮、王先謙(1842—1917)⑯、皮錫瑞(1850—1908)⑰、簡朝亮(1851—1933)⑱、馬其昶(1855—1930)⑲、姚永樸(1861—1939)⑳、曹元弼(1867—1953)㉑、曾運乾(1884—1945)㉒、顧頡剛(1893—1980)㉓、楊寬(1914—2005)㉔、周秉鈞(1916—1993)㉕、劉起釪(1917—2012)㉖、李民(1934—)㉗、王世舜(1935—)㉘、張祥

---

① (清)閻若璩:《瞽瞍底豫》,《四書釋地》四書釋地又續三,清皇清經解本。
② (清)庫勒納等撰,平之標點注譯:《日講書經解義》卷一,海口:海南出版社,2012 年,第 20 頁。
③ (清)臧琳撰、(清)臧鏞堂編:《五帝本紀書說》,《經義雜記》卷二十三,清嘉慶四年拜經堂刻本。
④ (清)江聲:《尚書集注音疏》卷一,清乾隆刻本。
⑤ (清)王鳴盛:《尚書後案》卷一,清乾隆四十五年禮堂刻本。
⑥ (清)崔述:《堯求舜》,《唐虞考信錄》卷一,崔述著,顧頡剛編訂:《崔東壁遺書》,上海:上海古籍出版社,2013 年,第 63 頁。
⑦ (清)邵晉涵:《爾雅正義》卷一,清乾隆刻本。
⑧ (清)王念孫:《廣雅疏證》卷六上,清嘉慶元年刻本。
⑨ (清)孫星衍:《尚書今古文注疏》卷一,清嘉慶二十年刻本。
⑩ (清)牟庭:《同文尚書》卷一,濟南:齊魯書社,1980 年,第 59—60 頁。
⑪ (清)焦循:《孟子正義》卷十五,清焦氏叢書本。
⑫ (清)王引之撰,虞思徵、馬濤、徐煒君校點:《以孝烝烝》,《經義述聞》卷三,上海:上海古籍出版社,2018 年,第 153—155 頁。
⑬ (清)劉逢禄:《尚書今古文集解》卷一,清光緒十四年皇清經解續編本。
⑭ (清)黄式三:《尚書啓幪》卷一,清光緒刻本。
⑮ [英]理雅各譯釋:《尚書·唐書夏書商書譯釋》,上海:三聯書店,2014 年,第 16 頁。
⑯ (清)王先謙:《尚書孔傳參正》卷一,北京:中華書局,2011 年,第 60—62 頁。
⑰ (清)皮錫瑞:《今文尚書考證》卷一,清光緒刻師伏堂叢書本。
⑱ 簡朝亮:《尚書集注述疏》卷一,清光緒讀書堂刻本。
⑲ 馬其昶:《尚書誼詁》卷一,林慶彰主編:《民國時期經學叢書》第五輯,台中:文聽閣圖書公司,2009 年,第 19 册,第 9 頁。
⑳ 姚永樸:《尚書誼略》卷一,清光緒刻集虛草堂叢書本。
㉑ 曹元弼:《古文尚書鄭氏注箋釋》,林慶彰主編:《民國時期經學叢書》第六輯,台中:文聽閣圖書公司,2009 年,第 13 册,第 199—202 頁。
㉒ 曾運乾:《尚書正讀》,北京:中華書局,2015 年,第 15—16 頁。
㉓㉖ 顧頡剛、劉起釪:《尚書校釋譯論》,北京:中華書局,2005 年,第 93 頁。
㉔ 楊寬:《堯與顓頊》,《中國上古史導論》,上海:上海人民出版社,2016,第 126 頁。
㉕ 周秉鈞:《尚書易解》,上海:華東師範大學出版社,2010 年,第 12 頁。
㉗ 李民、王健譯注:《尚書譯注》,上海:上海古籍出版社,2016 年,第 10—11 頁。
㉘ 王世舜譯注:《尚書譯注》,濟南:山東師範學院聊城分院中文系古典文學教研室,1979 年,第 33 頁;王世舜、王翠葉譯注:《尚書》,北京:中華書局,2012 年,第 14—15 頁。

龍(1949—2022)①、黃懷信(1951—)②、錢宗武(1952—)③、王健(1959—)等④,其中大多數人缺乏論證,少數人試圖調和《尚書》與《孟子》對舜記載的"衝突"。"托名孔安國"影響最大,皮錫瑞論證較多,二人堪稱持此説的代表人物。值得注意的是,這種觀點又可以分爲兩派觀點:一則認爲舜"治人",讓父親等人不至於陷入壞的地步;一則認爲舜"自治",不用壞心眼來對付父親等人。

二、訓格爲及,訓姦爲亂,格姦即"及於亂"。持此説者有蘇軾(1037—1101)⑤、章太炎(1869—1936)等⑥。蘇軾、章太炎缺乏論證。

三、訓格爲陷,訓姦爲刑戮,格姦即"陷於刑戮"。持此説者有林之奇等⑦。林之奇缺乏論證。

四、訓格爲糾正,訓姦爲姦惡,格姦即"正他姦惡"(相當于"責善")。持此説者有王陽明(1472—1529)⑧、袁仁(1479—1546)⑨、季本(1485—1563)⑩、李光地(1642—1718)⑪、蔡世遠(1682—1733)⑫、劉沅(1767—1855)⑬、劉咸炘(1896—1932)⑭、李秉真(1898—?)等⑮。他們都缺乏論證。

五、訓格爲扞禦(通扞),訓姦爲邪惡,格姦即抵抗邪惡。持此説者有郝敬(1558—1639)等⑯。郝敬缺乏論證。

六、訓格爲至,訓姦爲私,格姦即"至有私"。持此説者有周用錫(乾隆道光時人)等⑰。周用錫缺乏論證。

七、訓格爲至(通假),訓姦爲奻(nuán,意爲爭吵),格姦即"至爭訟"。持此説者

---

① 張祥龍:《〈尚書·堯典〉解説:以時、孝爲源的正治》,北京:讀書·生活·新知三聯書店,2015 年,第77 頁。

② 黃懷信注訓:《尚書注訓》,濟南:齊魯書社,2009 年,第 14—15 頁。

③ 江灝、錢宗武譯注:《今古文尚書全譯》,貴陽:貴州人民出版社,2009 年,第 5 頁。

④ 李民、王健譯注:《尚書譯注》,上海:上海古籍出版社,2016 年,第 10—11 頁。

⑤ (宋)蘇軾:《東坡書傳》卷一,明刻本。

⑥ 章太炎講,諸祖耿整理:《太炎先生尚書説》,北京:中華書局,2013 年,第 58—59 頁。

⑦ 朱熹《孟子或問》引林之奇語:"不格姦者,但能使之不限於刑戮。"見(宋)朱熹著,徐德明、王鐵校點:《孟子或問》卷九,朱杰人等主編:《朱子全書》,上海:上海古籍出版社,合肥:安徽教育出版社,2010 年,第 6 册,第971 頁。

⑧ (明)王陽明撰,鄧艾民注疏:《傳習録注疏》,上海:上海古籍出版社,2015 年,第 244 頁。

⑨ (明)袁仁:《尚書砭蔡編》,清道光學海類編本。

⑩ (明)季本:《二帝唐堯虞舜(附伏羲神農黃帝)》,《説理會編》卷九,明刻本。

⑪ (清)李光地:《堯典》,《榕村集》卷二三,(清)李光地著,陳祖武點校:《榕村全書》,福州:福建人民出版社,2013 年,第 9 册,第 59 頁。

⑫ (清)蔡世遠:《書陳靜恪先生傳後》,《二希堂文集》卷十一,清雍正刻本。

⑬ (清)劉沅:《書經恒解》,劉沅著,譚繼和、祁和暉箋解:《十三經恒解》(箋解本)卷四,成都:巴蜀書社,2016 年,第 27 頁。

⑭ 劉咸炘:《讀書小箋》,林慶彰主編:《民國時期經學叢書》第五輯,台中:文聽閣圖書公司,2009 年,第 20 册,第 6 頁。

⑮ 李秉真:《尚書音訓》,林慶彰主編:《民國時期經學叢書》第五輯,台中:文聽閣圖書公司,2009 年,第 21 册,第 5 頁。

⑯ (明)郝敬:《尚書辨解》卷一,明郝氏九經解本。

⑰ (清)周用錫:《尚書證義》卷一,清嘉慶友伏齋刻本。

有朱駿聲（1788—1858）等①。朱駿聲缺乏論證。

八、將格姦解釋爲聯綿詞，"猶扞格"，意爲障塞②。持此説者有何秋濤（1824—1862）③、劉師培（1884—1919）④、張世禄（1902—1992）⑤、楊筠如（1903—1946）⑥、吴國泰（民國時人）⑦、蔣禮鴻（1916—1995）⑧、李成蹊（1921—）⑨、宋子然（1943—）等⑩。其中何秋濤論證最早，劉師培的論證幾乎全來自何秋濤⑪，張世禄、李成蹊、宋子然引用了劉師培的論證而闡發不多，蔣禮鴻闡發較多，因此何秋濤與蔣禮鴻堪稱代表人物。

九、訓格爲至，訓姦爲間的借字，格姦即"至有間"（感情、關係出現隔閡）。持此説者有吴汝綸（1840—1903）等⑫。吴汝綸論證薄弱。

十、訓格爲感，訓姦爲惡（指舜的父母及弟），格姦即感化那些邪惡的人。持此説者有屈萬里（1907—1979）等⑬。屈萬里缺乏論證。

十一、訓格爲克，訓姦爲争鬥，格姦即"相鬥"。持此説者有何新（1949—）等⑭。何新缺乏論證。

由此可見，至少有七十多位著名學者對"格姦"的訓詁發表了看法，形成了十一種主要觀點。從參與學者人數之多、觀點分歧之大來看，"格姦"可謂《尚書》訓詁史上最

---

① （清）朱駿聲：《尚書古注便讀》卷一，民國華西國學叢書活字本。
② "不格姦"意爲没有隔閡。
③ （清）何秋濤：《象敖克諧以孝烝烝乂不格姦解》，《一鐙精舍甲部稿》卷四，清光緒五年淮南書局刻本。
④ 劉師培：《古書疑義舉例補》，劉師培：《劉師培清儒得失論》，長春：吉林人民出版社 2013 年，第 6—7 頁。
⑤ 張世禄：《中國音韻學史》，上海：上海書店，1984 年，第 157 頁。
⑥ 楊筠如：《尚書覈詁》卷一，西安：陝西人民出版社，2005 年，第 17 頁。
⑦ 吴國泰：《尚書鈎沉》卷一，林慶彰主編《民國時期經學叢書》第四輯，台中：文聽閣圖書公司，2009 年，第 19 册，第 18—19 頁。
⑧ 蔣禮鴻：《義府續貂·耿介間介》，北京：中華書局，1981 年，第 17—18 頁。
⑨ 李成蹊：《古代作品注釋問題研究》，徐州：中國礦業大學出版社，1993 年，第 69 頁。
⑩ 宋子然：《中國古書校讀法》，成都：巴蜀書社，2004 年，第 269 頁。
⑪ 劉師培《古書疑義舉例補·雙聲之字後人誤讀之例》："《書經·虞書·益稷》篇云：'克諧以孝，烝烝乂，不格姦。'格，《史記·五帝本紀》作至，此雖古訓，然未得經文本旨。案：格姦二字爲雙聲，即扞格二字之倒文也。《禮記·學記》云：'則扞格而不勝。'注公：'扞格，堅不可入之貌。'《釋文》曰：'扞格，不入也。'扞格二字，倒文則爲格姦。扞從干聲，干格亦一聲之轉。不格姦者，猶言不扞格，言舜處家庭之間，無所障塞。即《論語》所謂在家必達也。若解爲'不至於姦'，則失古語形容之旨矣。《孟子·盡心》篇云：'山徑之蹊間介，然用之而成路。'趙注以介然爲句，孫奭《音義》云'間，張如字'。案：間介亦雙聲字，然字當屬下讀。間介者即扞格之轉音，亦即格姦之倒文也間介二字，形容山徑障塞之形，故下文云'然用之而成路'。漢馬融《長笛賦》云：'間介無蹊。'李善注引《孟子》此文解之。此蓋漢儒相傳之舊説。自趙氏不達古訓，妄以介然爲句，非也；朱子又以介然屬下句，而間介之古訓益泯。惟明於間介之義與扞格同，則格姦之義同於扞格益可知矣。古籍雙聲之字並用，均系表像之詞，後儒不知而誤解之，其失古人之意者多矣。"見劉師培《古書疑義舉例補》，劉師培：《劉師培清儒得失論》，長春：吉林人民出版社，2013 年，第 6—7 頁。讀者可以將劉師培文字與本文後面引用的何秋濤文字對比。
⑫ 吴汝綸：《尚書故》，清光緒三十年王恩綏等刻桐城吴先生全書本。
⑬ 屈萬里：《尚書今注今譯》，上海：上海辭書出版社，2015 年，第 11 頁；屈萬里《尚書集釋》，上海：中西書局，2014 年，第 14 頁。
⑭ 何新：《野無遺賢萬邦寧——何新品〈尚書〉》，北京：中國文聯出版社，2016 年，第 18、22 頁。

具爭論性的問題之一①。

在上列十一種主要觀點中，第一種觀點（以下稱爲"'至於姦惡'説"）流行兩千多年，被絶大多數學者接受並沿用，堪稱最具影響力的觀點；第八種觀點（以下稱爲"'猶扞格'説"）是清後期才提出的，追隨者不多，影響力很有限；其他觀點既缺乏提出者提供的論證，又缺乏追隨者的支持，因此影響力非常有限。今天一些權威工具書（如《漢語大詞典》）解釋格姦首列解釋"至於姦惡"，又列一説"猶扞格"②。可見"至於姦惡"説與"猶扞格"説之爭勝負未分。筆者認爲："猶扞格"説與"至於姦惡"説相比具有更强的解釋力，應當是確詁。

叁　"至於姦惡"説的缺短

不少學者認爲"至於姦惡"説仍有强大解釋力。因此，有必要探討一個問題③：如果格姦不是聯綿詞，那麼"至於姦惡"説有什麼缺點短處？筆者認爲：假設格姦不是聯綿詞，"至於姦惡"説也有重大缺短，即缺乏相對直接的例證來證明它的客觀性與融貫性。

在《今文尚書》28篇中④，格字出現27次，但是格姦只在《堯典》出現1次（與烝烝相同）⑤；也沒有類似"格善"或"格忠"詞語可與"格姦"對比。因此，試圖爲"至於姦惡"説論證的學者們需要從《尚書》之外的先秦兩漢典籍中找旁證。

皮錫瑞是"至於姦惡"説的代表人物，其《今文尚書考證》對"克諧以孝烝烝乂不格姦"有詮釋：

> 《史記》曰："能和以孝，烝烝治，不至姦。"以故訓代經。王引之説：當讀"克諧"爲句，"以孝烝烝"爲句，"乂不格姦"爲句。《列女傳》曰："舜父頑，母嚚。父號瞽叟。弟曰象傲，遊於嫚。舜能諧柔之。承事瞽叟以孝。"蔡邕《九疑山碑》曰："逮于虞舜，聖德克明。克諧頑傲，以孝蒸蒸。"是讀"克諧"爲句，以"孝蒸蒸"爲句也。《列女傳》又曰："母憎舜而愛象。舜猶内治，靡有姦意。"是讀"乂不格姦"爲

① 胡適曾表彰清儒在"光被四表"問題上的貢獻，但是在訓詁學上"格姦"問題應該比"光被四表"問題更重要。

② 見羅竹風主編：《漢語大詞典》，上海：上海辭書出版社，2008年，第6063頁。

③ 郭在貽説："在古漢語中，由於詞義的變遷，字、詞的通假以及其他一些原因，某些字、詞除其常義外，往往還具有某種古義、僻義、假借義、特殊義，等等。如果我們不加甄別地一律按其常意去理解，則使用這些字、詞的那段文章便講不通，或者雖然勉强可通却並不正確。這種現象，我們叫它做'望文生訓'。'望文生訓'是古書訓詁中最常見的一種弊病，在古注中常會遇到這種弊病，在今人的一些注釋書中，這種弊病也並不少見。"見郭在貽：《訓詁中常見的幾種弊病》，郭在貽著，張涌泉、郭昊編：《新編訓詁叢稿》，杭州：浙江大學出版社，2010年，第47頁。在訓詁學者看來，誤解聯綿詞必然導致望文生訓。如果持"猶扞格"説者將其他十種觀點打上"望文生訓"的標籤，那麼是很容易理解的。問題在於，爲什麼"猶扞格"説提出之後，還有那麼多學者持"至於姦惡"説？

④ 傳世的《尚書》共計58篇，其中屬於《今文尚書》的有28篇，它們的真實性與權威性不受懷疑；另30篇一般被稱爲"僞《古文尚書》"，因爲它們的真實性與權威性備受懷疑。《古文尚書》的真僞問題是尚書學史的一樁公案，至今尚未了結，但這個問題對本文影響不大。此處説"《今文尚書》28篇"，是依從皮錫瑞等人的説法。

⑤ 可參考臧克和：《尚書文字校詁》，上海：上海教育出版社，1999年，第685—689頁。

句也。經言“以孝烝烝”，烝烝卽是孝德之形容。故漢魏人多以烝烝爲孝者。《新語•道基》篇曰：“虞舜蒸蒸於父母。”《論衡•恢國》篇曰：“舜之烝烝。”《後漢紀•靈帝紀》曰：“崇有虞之孝，昭蒸蒸之仁。”《後漢書•章帝紀》曰：“陛下至孝烝烝。”又曰：“仰惟先帝烝烝之情。”《和熹鄧后紀》曰：“以崇陛下烝烝之孝。”《宋意傳》曰：“陛下至孝烝烝。”《張禹傳》曰：“陛下體烝烝之至孝。”《馬融傳》曰：“陛下履有虞烝烝之孝。”《袁紹傳》曰：“伏惟將軍至孝蒸蒸。”張衡《東京賦》曰：“蒸蒸之心，感物曾思。”《巴郡太守張納碑》曰：“脩烝烝之孝友。”《高陽令楊著碑》曰：“孝烝內發。”又曰：“烝烝其孝。”蔡邕《胡公碑》曰：“夫蒸蒸至孝，德本也。”《朱公叔墳前石碑》曰：“孝于二親，蒸蒸雕雕。”《續漢書•祭祀志》注引蔡邕議曰：“孝章皇帝至孝烝烝。”《魏志•文昭甄后傳》注引三公奏曰：“陛下至孝烝烝。”魏卞蘭《贊述太子表》曰：“昔舜以烝烝顯其德。”曹植《鼙舞歌》曰：“盡孝於田隴，烝烝不違仁。”《家語•六本》篇曰：“而舜不失烝烝之孝。”《廣雅》曰：“蒸蒸，孝也。”則知兩漢經師皆訓烝烝爲孝。

錫瑞謹案：王氏引證之外，更有《史記》《漢書》酷吏列傳皆曰：“吏治烝烝，（《史》作“烝”，《漢》作“蒸”。）不至於姦，黎民艾安。”雖所指之事不同，實皆用經“烝烝艾不格姦”之義。《東觀漢記》丁鴻上奏曰：“陛下尊履蒸蒸。”黃香和《帝冠頌》曰：“躬烝烝之至孝。”《後漢書》謝弼論青蛇封事曰：“願陛下仰慕有虞蒸蒸之化！”蔡邕《陳留太守胡公碑》曰：“孝于二親，養色寧意，蒸蒸雍雍。”《魏志•陳留王紀》曰：“俯順聖敬烝烝之心。”陶潛《孝傳》曰：“以孝蒸蒸。”皆今文家説也。《後漢紀》東平王蒼上疏曰：“昔虞氏克諧，君象有鼻，不及以政。”亦專以克諧屬象，説與《列女傳》相合。惟《楊孟文石門頌》曰“烝烝艾寧”，則漢人亦有以“烝烝艾”斷句者。今文《尚書》“乂”皆作“艾”，《石經》可證。惠棟云：“古文《尚書》作‘艾’，‘乂’乃今文。”非也。①

皮錫瑞對“克諧以孝烝烝艾不格姦”的詮釋大致可以分爲兩部分：引用王引之對“以孝烝烝”的詮釋並爲之補充例證；引用《史記》説明格姦卽“至姦”“至於姦”。值得注意的是，爲證明“烝烝爲孝”説，王引之搜羅了近 20 條例證，皮錫瑞又補充了 8 條。這些例證基本上採自先秦兩漢的其他典籍(少數是魏晉典籍)，可謂竭澤而漁、例證豐富，爲證明“烝烝爲孝”説的客觀性與融貫性奠定了堅實的基礎。值得注意的是，精通經學、訓詁學的王念孫、王引之父子對“烝烝”詮釋非常重視，如王念孫《廣雅疏證》、王引之《經義述聞》都有探討②，且王引之在《經籍纂詁序》中將“烝烝”視爲清代訓詁學的典範成果之一③。但王氏父子對緊接“烝烝”之後的“格姦”很不重視，幾乎不提，耐人尋味。以王氏父子對先秦兩漢典籍的熟稔，幾乎可以肯定他們沒有在先秦兩漢典籍中搜羅到與“格姦”相近或相反的詞(如“格善”或“格忠”)。皮錫瑞的《今文尚書考

---

① (清)皮錫瑞：《今文尚書考證》卷一，清光緒刻師伏堂叢書本。此處引文參考了中華書局 2004 年版的整理，分段、標點間有不同。

② 文字幾乎相同。

③ (清)王引之：《經籍纂詁序》，《王文簡公文集》卷三，民國十四年羅氏高郵王氏遺書本。

證》是部傑作。但也没有提供"格善"或"格忠"之類與"格姦"相近或相反的詞,是否因爲他對"格姦"同樣不重視? 以皮錫瑞對先秦兩漢典籍的熟稔,幾乎可以肯定他也没有在先秦兩漢典籍中搜羅到與"格姦"相近或相反的詞(如"格善"或"格忠")。

在皮錫瑞之後,似乎也没有持"至於姦惡"説的學者提供先秦兩漢典籍中與"格姦"相近或相反的詞(如"格善"或"格忠")作爲例證。筆者通過現代檢索手段,也没有在先秦兩漢典籍中有所發現。因此,假設"格姦"不是聯綿詞,它就是訓詁學上的一個很特别的"孤例";"至於姦惡"説雖然兩千多年來被廣泛接受,但它從訓詁的客觀性與融貫性來説其實是不充分的。

肆　"猶扞格"説的優長

"猶扞格"説的提出者當爲何秋濤,他的這一貢獻似乎早就被歷史的塵埃埋没。同持此説的劉師培在討論"格姦"時没有提到何秋濤,而他提供的幾條例證何秋濤提供過,可以説劉師培涉嫌剽竊何秋濤的成果[1]。張世禄、蔣禮鴻、李成蹊、宋子然在討論"格姦"時都引用劉師培的成果,都没有提到何秋濤,這明顯是將劉師培當作"猶扞格"説的提出者。

《象敖克諧以孝烝烝乂不格姦解》是何秋濤的一篇重要文章。按照該文的詮釋,"象敖克諧以孝烝烝乂不格姦"應當標點爲"象敖克諧。以孝烝烝,乂不格姦",大意爲:象敖好勝於舜而媚惑父母[2];舜以善事父母化象敖,使同進於孝;舜能使象敖進於治而不扞格。該文涉及"乂不格姦"的部分有:

> 乂,治也。格姦,雙聲字。今轉爲扞格,聲近而變,又顛倒,其文實一義也。言舜能使象敖進於治而不扞格也。孔子曰:"質直而好義,察言而觀色,慮以下人。在邦必達,在家必達。"《説文》曰:"達,行不相遇也。"遇則扞格,(今俗呼相遇曰碰,相扞格亦曰碰,俱音蒲送切。此古之遺言。)遠則不扞格[3]。爲天下者莫患乎不能化惡人而有扞格之憂。今舜處倫理難處之地而能化之,不憂扞格,其於治天下裕如矣! 此四岳所以舉也。帝曰"我其試哉"者,試其果能不扞格否也。案:格、姦二字皆在戴氏《古轉語》第一章[4]。扞,《説文》大徐《注》"侯旰切",在戴氏《轉語》第四章。第四章與第一章爲同類互轉。《禮記・學記》:"則扞格而不勝。"《釋文》曰:"扞格,不入也。"《注》曰:"扞格,堅不可入之貌。"[5]案:扞,《説文》云"忮也,从手干聲"。是扞當從干讀。干,在戴《轉語》第一章,是扞格本亦雙聲字

---

① 章太炎、顧頡剛、胡樸安等人早就懷疑劉師培抄襲其祖父之舊稿。可參考易水寒:《劉師培抄襲》,《老人世界》,2012年第5期,第26頁。近有學者指出劉師培的《文説・耀采篇第四》中近半篇文字剪裁自孫梅的《四六叢話》。見葛雲波:《金粉丹青屬阿誰?——揭露劉師培"抄襲"〈四六叢話〉》,《中華讀書報》2010年3月24日第7版。

② 何秋濤對"象敖克諧"的詮釋非常特别,恐怕是大部分人(包括筆者)難以接受的。

③ "遠",似乎爲"達"字之訛。

④ 當指戴震《轉語》。

⑤ 今鄭玄《禮記注》作"扞堅不可入之貌",無"格"字。

也。干从入一。《春秋傳》曰："入者，内弗受也。"从入一者，言不宜入也。故干有不相入之義。格之本義爲木長貌，引申爲堅强。《學記》疏解扞格如此，再引申爲强扞。《史記索隱》解"嚴家無格虜"字如此，它格字解爲拒者尤多。（"格，謂相拒捍者"，見《荀子·議兵》篇《注》。"相拒而殺曰格"①，見《後漢書·劉盆子傳》注。又《公羊傳》何《注》"諸侯交格而戰者"疏、《素問》"是謂内格"注並云：格，拒也。）《後漢書·梁冀傳》注引鮑宏《篹經》：篹至五則格，不得行謂之格五。"不得行"與"不相入"同意也。故曰扞格聲轉。

又爲閒介。《孟子》："山徑之蹊閒介，然用之而成路。"趙《注》以"介然"爲句。孫奭《音義》云："閒，張如字。"案：閒介，雙聲字也。然字當屬下讀。閒介，亦即扞格之轉言。山徑之塞而不得行者也，故下云"然用之而成路"。馬融《長笛賦》："閒介無蹊。"李善《注》引《孟子》證之。此蓋漢經師相承舊讀，邠卿始以"介然"爲句。善《注》從之，非也。朱子始以"介然"屬下句，人遂無知閒介之出《孟子》者矣！（錢竹汀曰："王伯厚謂閒介出《長笛賦》，是數典而忘其祖也。"）

扞格與閒介之轉易知，扞格與格姦之轉難知。故《史記·五帝本紀》亦以"至"字換"格"字。夫舜之所以稱孝者，爲能與頑嚚克諧者處而化無弗行也。若第曰"不至於姦"，則語意反不明了矣！②

上引這三段文字爲"猶扞格"說論證，表述雖不够清晰（甚至有些錯誤），却包含着重要的綫索與論證，有助於我們了解何秋濤是如何得出結論的。第一段提到戴震（1724—1777）的《轉語》。乾隆十二年（1747），戴震寫成《轉語二十章》。此書今佚，其《序》尚存。學術界有三種推測：一，認爲這部書根本没有寫成；二，認爲這部書已經寫成，只是現在失傳了；三，認爲就是《聲類表》。李運益認爲："我們明確了《轉語》雖然没有成書，但關於'轉語'的學說，却在戴氏的許多著作有所體現，特別是在他的《聲類表》中體現得更加系統完整。"③戴震的轉語學說具有非常重要的語言學意義。趙思達指出："右文說作爲聯繫聲音研究意義的理論到了清代被戴震發揚光大，他的轉語理論以及'因聲求義'的訓詁方法論成爲打開'右文說'局限的鑰匙，使語源學從零散的原子式研究中走出來，並帶動清代訓詁學進入一個嶄新的研究階段。"④何秋濤就是從戴震的轉語學說得到啓發，意識到扞格是雙聲聯綿詞。引文的第二段提到錢大昕（1728—1804）。查錢大昕著作，發現錢大昕《閒介》原文爲："閒介，雙聲字，出《孟子》'山徑之蹊閒介'。馬融《長笛賦》：'閒介無蹊。'李善《注》引《孟子》證之。朱文公《章句》始以'山徑之蹊閒'爲句，'介'字屬下句。王伯厚謂閒介出《長笛賦》，是數典而忘祖也。"⑤可見第二段基本上是對錢大昕觀點的引用與補充。何秋濤緊接着說："扞

① "相拒而殺曰格"，《後漢書》李賢等注作"相拒而殺之曰格"。
② （清）何秋濤：《象敘克諧以孝烝烝乂不格姦解》，《一鐙精舍甲部稿》卷四，清光緒五年淮南書局刻本。
③ 李運益：《關於戴震的〈轉語二十章〉》，《西南師範大學學報（人文社會科學版）》，1979 年第 4 期，第83 頁。
④ 趙思達：《戴震轉語理論對右文說的發展和對清代訓詁學的影響》，《焦作大學學報》，2010 年第 2 期，第19 頁。
⑤ （清）錢大昕：《閒介》，《十駕齋養新錄附餘錄》卷十九，清嘉慶刻本。

格與閒介之轉易知,扞格與格姦之轉難知。"這句話非常重要。何秋濤的"猶扞格"説雖然受戴震、錢大昕影響,但他應當是第一位指出格姦爲雙聲聯綿詞的學者。他論證了格姦與扞格、閒介同族(且爲其倒言),具有重要的價值。

徐振邦在《聯綿詞概論》中把聯綿詞詞族定義爲"漢語中由某一根詞所衍生的同族内的每一個聯綿詞,或指衍生詞與衍生詞所構成的一組聯綿詞,是具有同一來源、聲音相近、意義相關的聯綿詞。"[①]尋找同族詞對確定聯綿詞來説非常重要,而聯綿詞的同族關係是靠上下字兩個音節來維繫的,聲式是關鍵[②]。在何秋濤之後格姦的更多同族詞被發現。如蔣禮鴻在詮釋《敦煌變文集·燕子賦變文》"雀兒被嚇,更害氣咽"中的"更害"時,引用了劉師培的《古書疑義舉例補》,並指出:"'更害'二字,'更'與'閒'是見紐雙聲;'害'和'介'古韻同屬泰部,'害'屬喉音匣紐,'介'屬牙音見紐,喉、牙發音部位相近,割字見紐,而從害得聲,'害'、'介'也是古雙聲;所以'更害'就是就是'閒介'、'扞格'、'格姦'的聲轉,不過不見於經傳而已。大凡表示間隔的字,發聲常在喉牙之間,如梗、骾、隔、閡、礙、哽、阨、餲等,不可勝舉。"[③]此説很有解釋力。郭在貽指出:《晉書》卷 84《殷仲堪傳》中的"間强"蓋即聯綿詞"扞格"之聲轉[④]。更害、間强這些同族詞及其例證能較好證明"猶扞格"説的客觀性與融貫性。

伍　結語:確詁的難產

至少有七十多位著名學者對《尚書·堯典》"克諧以孝烝烝乂不格姦"中"格姦"的訓詁發表了看法,形成了十一種主要觀點。因此,"格姦"可與"六宗""九江""三江"等問題並列爲《尚書》訓詁中最重要、最複雜的問題之一[⑤]。

從上面的分析可以看出,"猶扞格"説的客觀性與融貫性遠較"至於姦惡"説爲强,但它在提出之後影響力不如"至於姦惡"説,原因何在? 筆者認爲:格姦一詞長期得不到確詁,與"克諧以孝烝烝乂不格姦"句讀(標點)困難、"格"的詞義紛繁複雜、學術界對聯綿詞的誤識與誤詁非常普遍、舜在經典中的記載"衝突"、經學在近百年没有學科地位等都有密切關係。讀者想必對前二者已有充分感受,故筆者不再贅言,姑且略論後三者。

學術界對聯綿詞的誤識與誤詁非常普遍。現代語言學家普遍認爲:字詞不分這一錯誤觀念根深蒂固,阻礙了我國語言科學的發展。徐振邦由此指出:"聯綿詞由音表義以及兩個音節是一個詞素的特點人們尚不知或不明確,用字義就是詞義的觀點

---

① 徐振邦:《聯綿詞概論》,北京:大衆文藝出版社,1998 年,第 212—213 頁。

② 蘭佳麗:《聯綿詞族叢考》,北京:學林出版社,2012 年,第 25 頁。

③ 蔣禮鴻:《敦煌變文字義通譯》(第四次增訂本),上海:上海古籍出版社,1981 年,第 354—355 頁。

④ 見郭在貽:《魏晉南北朝史書語詞瑣記》,《古漢語研究》,1990 年第 3 期,第 20—21 頁。不過王彦坤以爲此説"恐非"。見王彦坤:《〈晉書〉所見辭書未收語詞續釋》,《中山大學學報(社會科學版)》,2010 年第 5 期,第 71 頁。

⑤ 王引之在《經籍纂詁序》中將"烝烝"視爲清代訓詁學的典範成果之一,但"格姦"比"烝烝"更重要、更複雜。何秋濤在清代訓詁學史上的地位仍值得學術界反思。

解釋聯綿詞,誤識現象就不可避免了。"①付建榮指出:"聯綿詞變化莫測,時而形變,時而音轉,時而義變,形音義處於一種互相影響、互相促成的綜合變化狀態,讓人望而生畏。"②"明朱謀㙔《駢雅》是第一部大量收釋聯綿詞的著作"③,但此書没有涉及"格姦"。"清人研究聯綿詞成就突出者當數王念孫"④,但王念孫持"至於姦惡"説,並不認爲格姦是聯綿詞。現代學者不認爲格姦是聯綿詞者比比皆是⑤,但他們並没有予以論證。

　　舜在《尚書》與《孟子》中的記載"衝突"讓很多經學家(尤其是宋明經學家)耿耿於懷,他們試圖化解這種"衝突"。⑥ 他們的努力是有一定經學意義的,但是對"格姦"一詞的確詁帶來不少干擾。

　　經學在近百年没有學科地位也是格姦一詞長期得不到確詁的重要原因。郭在貽説:我國傳統訓詁學的主要目的是爲經學服務的⑦。這基本符合事實。近百年來,現代訓詁學參與了對經學的"畔弑",投入現代語言學(尤其是詞彙學、語義學)的懷抱。可是它在中國語言學中的地位並没有提高,反而瀕臨不斷下降的危境⑧。現代《尚書》研究者普遍視《尚書》爲一種"形迹可疑"的歷史文獻,对考察各篇的真僞與斷代很是熱衷,對像"格姦"這樣富有爭論性的經學、訓詁學問題反而有些東閃西挪。如果經學在現代中國學科體系中有一席之地,那麼訓詁學與經學會相得益彰。

　　① 徐振邦:《聯綿詞概論》,北京:大衆文藝出版社,1998 年,第 26 頁。

　　② 付建榮:《聯綿詞研究的回顧與展望》,王雲路主編:《漢語史學報》(第十九輯),上海:上海教育出版社,2018 年,第 234 頁。

　　③④ 付建榮:《聯綿詞研究的回顧與展望》,王雲路主編:《漢語史學報》(第十九輯),上海:上海教育出版社,2018 年,第 227 頁。

　　⑤ 如嚴璐認爲:"今文聯綿詞 18 個,古文聯綿詞 4 個。"見嚴璐:《今古文〈尚書〉複音單純詞研究》,揚州大學碩士論文,2013 年,第 66 頁。該文未視格姦爲聯綿詞,亦未説明原因。

　　⑥ 可參考王啓瑋:《想象聖人的諸種方法——宋人考辨〈孟子〉所載舜事的歷程及其特徵》,全國高等院校古籍整理研究工作委員會、《中國典籍與文化》編輯部編:《中國典籍與文化論叢》(第十八輯),南京:鳳凰出版社,2017 年,第 98—123 頁。

　　⑦ 見郭在貽:《讀新版〈敦煌變文字義通釋〉》,《郭在貽文集(第一卷)》,北京:中華書局,2002 年,第 132 頁。

　　⑧ 楊琳指出:"進入現代,西方的語言學體系傳入我國,它將語言學分爲語音、辭彙、語法三大塊,取代了我國傳統的文字、音韻、訓詁三分的體系,這使得訓詁學在現代學科領域中失去了自己的獨立地位,從而被大大地邊緣化了。"見楊琳:《析疑解惑　求真務實——評〈古詩文詞義訓釋十四講〉》,《文化學刊》,2009 年第 6 期,第 175 頁。

如何"雅言"

——《論語》"子所雅言詩書執禮皆雅言也"句讀平議*

王思豪　金　耀

　　摘　要:海内外學術界對《論語·述而》篇"子所雅言詩書執禮皆雅言也"章的句讀與標點存在諸多歧見。"雅言"即"正言",意在"正音",從而"正義",《詩》《書》是"正其所不正之證";"執禮"即"執文行事","文"在於《詩》《書》,"事"在於循"禮"行事,"禮"是既指《禮》書,兼指禮事。據此,我們認爲當以"詩書"斷句,"執禮"二字自爲句,屬下讀,故傾向於將這句話標點爲:"子所雅言:《詩》《書》。執禮,皆雅言也。"

　　關鍵詞:論語;雅言;執禮;正音;正義

一、問題的提出

　　《論語·述而》篇有云"子所雅言詩書執禮皆雅言也",這一句話如何句讀? 在目前通行的數種《論語》版本中,標點歧見甚多,如楊伯峻先生譯注本《論語》標點作:"子所雅言,《詩》、《書》、執禮,皆雅言也。"①黃懷信等先生撰《論語彙校集釋》標點爲:"子所雅言,《詩》、《書》;執禮,皆雅言也。"②劉兆偉先生譯注《論語》(中國教育名著叢書)標點爲:"子所雅言,《詩》、《書》,執禮,皆雅言也。"③楊逢彬先生《論語新注新譯》標點爲:"子所雅言:《詩》《書》、執禮,皆雅言也。"④

　　在中國港澳臺地區出版的幾種《論語》中,此章也存在不同的句讀方式。梁正廷先生《廣解語釋論語今話》標點作:"子所雅言,詩、書、執禮,皆雅言也。"⑤謝東閔先生《新譯論語讀本》標點作:"子所雅言:詩、書、執禮,皆雅言也。"⑥許仁圖先生《子曰論

　　*　作者簡介:王思豪,安徽桐城人,澳門大學人文學院,副教授,博士生導師,文學博士,主要從事辭賦學與經學文獻研究;金耀,杭州師範大學醫學部,講師,博士生,主要從事中華醫學文獻研究。
　　基金項目:國家社科基金重大項目"辭賦藝術文獻整理與研究"(17ZDA249);澳門大學 Start-up Research Grant(SRG2020 - 00005 - FAH)。

　　①　楊伯峻譯注:《論語譯注》,北京:中華書局,1980 年第 2 版,第 71 頁。
　　②　黃懷信主撰,周海生、孔德立參撰:《論語彙校集釋》,上海:上海古籍出版社,2008 年,第 611 頁。
　　③　劉兆偉譯注:《論語》,北京:人民教育出版社,2015 年,第 140 頁。
　　④　楊逢彬著,陳雲豪校:《論語新注新譯》,北京:北京大學出版社,2016 年,第 138 頁。
　　⑤　梁正廷注譯:《廣解語釋論語今話》,香港:上海印書館,1983 年第 3 版,第 101 頁。
　　⑥　謝東閔:《新譯論語讀本》,香港:新亞洲出版社,1993 年,第 117 頁。

語》標點作："子所雅言，詩、書、執、禮，皆雅言也。"①又因爲句讀的不同，直接影響到對這句話的翻譯，如辜鴻銘先生英譯這句話爲：The subjects up on which Confucius loved to talk were：*Poetry*，*history*，and the rules of courtesy and good manners. He frequently talked on these subjects. 臺灣版中英文對照本《論語》對應標點爲："子所雅言：詩、書、執禮，皆雅言也。"②而著名漢學家理雅各(JAMES LEGGE)將這句話翻譯爲：The Master's frequent themes of discourse were—*the Odes*，*the History*，and the maintenance of the Rules of Propriety. On all these he frequently discoursed. 理雅各注釋道："詩 also，and much more 禮，must not be under. Stood of the now existing *Shih－ching* and *Li Chi*."③很明顯，他的理解與辜鴻銘先生存有分歧。

　　爲什麽會有這麽多不同的句讀方式？ 關鍵在於對"雅言"和"執禮"二詞語的理解上，學界出現了争議④。

二、"雅言"是何言

　　在平議句讀之前，有必要先來梳理下這段話的古今異文。概而言之，異文主要有三處：一是定州漢墓竹簡《論語》第 158 簡釋作"[□所雅言]，《詩》、《書》、執禮疾，皆雅言也"⑤。這比今本"禮"下多一"疾"字。二是敦煌吐魯番出土有唐寫本《論語鄭氏注》，陳金木先生綜合研究後，釋讀爲："子所雅言，詩、書、執禮，皆雅言。"⑥比今本末字少一"也"字。三是韓愈、李翱《論語筆解》載："韓曰：'音作言，字之誤也。傳寫因注云雅言正言，遂誤爾。'李曰：'孔、鄭注皆分明，但誤一音字，後人惑之。蓋一時門弟之所記録。云：子所雅言，即下云："《詩》《書》執禮，皆雅言也"云爾。其義焕然無惑。'"⑦關於第一處異文，定州漢墓竹簡《論語》整理者校注謂"疾，爲執禮激揚之聲"，但學界一般不認可這種解釋，認爲："'疾'，今本無，其他各本俱無'疾'字，且於義不通……書寫者誤衍的機會很大。"⑧黃懷信先生更是直言："簡本'疾'字衍。"⑨第二處異文，少一"也"字，不會影響文意的判斷。至於第三處"言"作"音"，學界認爲這是韓、

　　① 許仁圖：《子曰論語》，高雄：河洛圖書出版社，2011 年，第 356 頁。
　　② (清)辜鴻銘：《論語》(中英文對照本)，臺灣"僑務委員會"1982 年印行，第 149 頁。
　　③ JAMES LEGGE translated. *THE CONFUCIAN ANALECTS*，Oxford：Clarendon Press，1893：p. 200.
　　④ 按：關於這一問題，筆者在拙文《〈詩經〉經解用漢賦章句考論》(《文學遺産》2019 年第 4 期)中曾有簡要討論，這裏再做詳盡申述。
　　⑤ 河北省文物研究所、定州漢墓竹簡整理小組：《定州漢墓竹簡論語》，北京：文物出版社，1997 年，第 33 頁。
　　⑥ 陳金木：《唐寫本論語鄭氏注研究》，臺北：文津出版社，1996 年，第 858 頁。
　　⑦ (唐)韓愈、(唐)李翱：《論語筆解》卷一，文淵閣《四庫全書》本，臺北：臺灣"商務印書館"，1986 年。
　　⑧ 劉萍萍：《定州漢墓竹簡〈論語〉文本研究》，北京師範大學 2006 級碩士論文，第 60 頁。
　　⑨ 黃懷信主撰，周海生、孔德立參撰：《論語彙校集釋》，第 612 頁。

李爲了恢復儒家的權威,"對《論語》的文字、經文次序等進行了大膽改動"的結果①,黄懷信先生即判斷爲:"韓、李非,'言'當不誤。"②據此,我們認爲今本《論語·述而》"子所雅言詩書執禮皆雅言也"在文字上無誤。

下面要解釋什麽是"雅言"?《論語·述而》篇的這段記載是目前所知"雅言"一詞的最早出處。對這一詞的理解,自古以來爭論紛紜,要有三端:

一是漢孔安國云:"雅言,正言也。"鄭玄曰:"讀先王典法,必正言其音,然後義全,故不可有所諱也。禮不誦,故言執也。"③南北朝皇侃疏云:"'子所雅言'者,子,孔子也;雅,正也。謂孔子平生讀書,皆正言之,不爲私所避諱也。云:'《詩》、《書》、執《禮》,皆雅言也'者,此是所不諱之書也,《詩》及《書》《禮》,皆正言之也。"④此皆釋"雅言"爲"正言"。在此基礎之上,毛奇齡《論語稽求篇》進一步解釋道:"正言者,謂端其音聲,審其句讀,莊重而出之,與恒俗迥别,謂之莊語,亦謂之'雅語'。"⑤將"雅言"釋爲與"俗語"相對的"雅語"。

二是宋朱熹《論語集注》謂:"雅,常也。……《詩》以理情性,《書》以道政事,禮以謹節文,皆切於日用之實,故常言之。"⑥這種觀點在南宋似乎很盛行,程顥也認爲:"雅,雅素之雅;禮,當時所執行而非書也。《詩》《書》、執禮,皆孔子素所常言也。"⑦高斯得在《玉堂直日答問 子所雅言詩書執禮皆雅言也》中亦説:"雅者,雅素之雅,謂平日之所以常言也。《詩》以吟詠情性,使人有所感發,而温厚和平。《書》以道達政事,使人明於治亂,而效法監戒。《禮》者,天理之節文,使人制心檢身,止邪防欲者也。三者皆至近至切,如日用飲食之不可闕,故常常言之也。"⑧這與朱子學説相近。因爲《四書集注》的權威地位,這種觀點直接影響到明清士子的八股文寫作,如明嘉靖間薛應旂會墨《子所雅言 一節》謂:"觀聖人之所常言者,斯道之大經也!夫經以載道,而《詩》《書》執禮,其大焉者也。舍是不言,將何以爲世訓哉?此夫子所以常言之也。"⑨清康熙間徐用錫《子所雅言 一節》:"苟於其常言者繹而有得,則知吾黨之誦讀而服習者,無一非夫子之言之深切而著明者矣。……夫夫子有所雅言者矣。言非有一定之時也,而其隨時而咨述者習聽焉,而可指其複而不厭之端;言非有一定之事也,而其隨事而敷陳者耳熟焉,而乃得其淡而彌旨之義。"⑩皆訓"雅言"爲"常言"。

三是釋"雅"爲"夏"。戴望《戴氏注論語》謂:"孔子誦《詩》讀《書》必用中夏正言,

①　具體參見唐明貴先生《論韓愈、李翱之〈論語筆解〉》(《孔子研究》2005 年第 6 期)、康宇先生《論中晚唐時期儒家解經思想之變新》(《人文雜誌》2014 年第 2 期)的相關論述。

②　黄懷信主撰,周海生、孔德立參撰:《論語彙校集釋》,第 612 頁。

③　(三國)何晏集解,(北宋)邢昺疏:《論語注疏》,阮元校刻《十三經注疏》,北京:中華書局 1980 年影印本,第 2482—2483 頁。

④　(南朝梁)皇侃:《論語義疏》卷四,清《知不足齋叢書》本。

⑤　(清)毛奇齡:《論語稽求篇》卷四《子所雅言》節,文淵閣《四庫全書》本,臺灣:商務印書館,1986 年。

⑥　(南宋)朱熹:《四書集注》,北京:中華書局,1983 年,第 97 頁。

⑦　李敖主編:《二程集》,天津:天津古籍出版社,2016 年,第 236 頁。

⑧　(南宋)高斯得:《恥堂存稿》,北京:商務印書館,1935 年,第 43 頁。

⑨　田啓霖、劉秀英編譯:《明清會元狀元科舉文墨今譯》,哈爾濱:黑龍江大學出版社,2017 年,第 540 頁。

⑩　龔篤清主編:《八股文彙編》,長沙:嶽麓書社,2014 年,第 976 頁。

以正其音。"①《論語駢枝》也指出"王都之音最正,故以《雅》名。列國之音不盡正,故以《風》名。……王之所以撫邦國諸侯者,七歲屬象胥,諭言語,協辭命,九歲屬瞽史,諭書名,聽聲音。正於王朝,達於諸侯之國,是爲雅言。雅之爲言夏也",然後又引用荀子《榮辱篇》"越人安越,楚人安楚,君子安雅,非知能材性然也"、《儒效篇》"居楚而楚,居越而越,居夏而夏,是非天性也",指出"雅、夏古字通"②。這種觀點是建立在"雅言"爲"正言"的基礎之上,是正言之"正音"義項的依據。

　　以上三種爭論,要在"雅"字的理解上有所不同。首先,"雅"字,當作"正"解,不應作"素、常"解。將"雅"訓爲"素"者,《史記》"今呂氏雅故本推轂高帝就天下"句,最早是唐司馬貞《索隱》:"雅,訓素也。"③但清儒胡玉縉不贊同將"雅言"之"雅"訓爲"素",謂:

> "子所雅言",《集解》引鄭注云:"讀先王典法,必正言其音。"是訓"雅"爲"正"。(僞孔注:雅言,正言也。即竊鄭誼)一本《史記・外戚世家》及《孟子列傳》,一則粹然爲經師緒言。……以"雅"爲"常",則本程子"雅""素"之訓,義與鄭違。……雅果雅素,則詩、書、禮不應轉紬於言仁之數,鄭説近之,而亦未盡合也。……雅之言正,經注中不可殫述,以《詩序》"雅者,正也"一語爲最古。《白虎通・禮樂篇》"雅者,古正也",此謂古雅樂爲正樂。《襄廿九年》左傳疏曰:"天子以政教齊正天下,故民述天子之政,還以齊正而爲名,故謂之雅。"是"雅"有正其不正之義。《管子・法法篇》曰:"正者,所以止過而不及也。"《説文》"政字,從攴從正。"鄭注《周禮・夏官・序官》曰:"政,正也,所以正不正者也。"《釋名・釋言語》曰:"政,正也,下所取正也。"凡此皆正言爲正其所不正之證。④

胡玉縉的觀點是很有見地的,他不僅不認同訓"雅"爲"素",而且指出訓"雅"爲"正"者,古以有之,並進一步指出"正言"是"正其所不正之證"。確實,小"雅"、大"雅"、爾"雅",都訓爲"正"。劉熙《釋名》謂:"爾雅,爾昵也。昵,近也。雅,義也。義,正也。五方之言不同,皆以近正爲主也。《論語》紀孔子與諸弟子所語之言也。"⑤《詩經》中的"大雅""小雅"也是如此,劉臺拱即謂:"王都之音最正,故以雅名。"⑥劉寶楠《論語正義》説:"周室西都,當以西都音爲正。平王東遷……而西都之雅音,固未盡廢也。夫子凡讀《易》及《詩》、《書》、執禮,皆用雅言,然後辭義明達,故鄭以爲義全也。後世人作詩用官韻,又居官臨民,必説官話,即雅言矣。"⑦"雅言"意在"正音",從而"正義"。

---

① (清)戴望:《戴氏注論語》"述而第七",清同治刻本。
② (清)劉臺拱:《論語駢枝》卷一,清《劉端臨先生遺書》本。
③ (西漢)司馬遷著,(南朝宋)裴駰集解,(唐)司馬貞索隱,(唐)張守節正義:《史記》卷五十一《荆燕世家》,北京:中華書局,1982 年,第 1996 頁。
④ (清)胡玉縉撰,王欣夫輯:《許廎學林》,北京:中華書局,1958 年,第 110—111 頁。
⑤ (東漢)劉熙:《釋名》卷六《釋典藝》第十二,《四部叢刊》景明翻宋書棚本。
⑥ (清)劉臺拱:《論語駢枝》卷一,清《劉端臨先生遺書》本。
⑦ (清)劉寶楠:《論語正義》,北京:中華書局,1990 年,第 270 頁。

三、"執禮"何解

接下來的問題是："子所雅言"的對象是"詩""書",還是"詩""書""執禮"? 爲何"禮"前獨言"執"字? 這主要指向對"執"與"禮"的理解。

首先,"執"字何義? 朱熹《論語集注》謂："執,守也。……禮獨言執者,以人所執守而言,非徒誦説而已也。"[1]這一解説影響深廣,但也有提出別解者,明人陸深《傳疑録》指出："執,本埶字。埶、藝古字通。執禮之文無再見,況子不語怪力亂神,與此章互相發,各是四字。古稱六經謂之六藝,此之雅言,或是《詩》《書》《禮》《樂》,蓋《樂》亦一藝也。"[2]又方以智也認爲："執禮,乃蓺禮也。……古稱六經,亦謂之六藝,此之雅言,或是《詩》《書》《禮》《樂》耳。"[3]如果這種理解能夠成立的話,這句話就可以點校爲："子所雅言,《詩》《書》《執》《禮》,皆雅言也。"臺灣學者許仁圖先生即本此。但這種觀點很早就遭到清儒翟灝之的反駁,他針對陸深"執禮之文無再見"之論指出《禮·文王世子》'秋學禮,執禮者詔之',此'執禮'之文再見者也",並認爲："陸深謂執、藝古通,雖本自徐氏《新修字義》,而古文執作'埶',藝作'埶',或省作'秇',兩形頗不同。"所以程樹德先生據此判定:"陸氏之説非也。"[4]

其次,這句話中的"禮"指什麽? 是指《禮》書,還是禮事?"執"作動詞"執守"解,正如鄭玄注曰："禮不誦,故言執也。"皇侃《義疏》認爲"詩書執禮皆雅言"者,此是所不諱之書也,《詩》及《書》《禮》皆正言之也。六籍皆正言,獨云《詩》《書》《禮》者,舉一隅餘三隅可及也。"[5]邢昺《注疏》也説:"子所正言者,《詩》《書》《禮》也。"[6]以上諸説似乎都指向《禮》經書。又《困學紀聞》謂:"古者謂持《禮》書以治人者,皆曰'執'。"[7]"執禮"即"持《禮》書以治人",即執"禮事",劉臺拱進一步解釋爲:"執,猶掌也。執禮,謂詔相禮事。……夫子生長於魯,不能不魯語,惟誦《詩》、讀《書》、執禮三者,必正言其音。"[8]因此,"執禮"既指《禮》書,也指禮事,而關鍵在於其所言的"文"。清戴望《戴氏注論語》云:"執禮,謂持《禮》書詔相,禮事也。《周官·大史·大祭祀》,戒宿之日,讀《禮》書,祭之日,執書以次位常,大會同朝覲,以書協禮事,將幣之日,執書以詔王,於此不正其言,恐事亦失正,故必皆雅言也。《詩》《書》或誦讀,或教授弟子,禮則執文行事而已,故別言之。"[9]執禮之"文"在於《詩》《書》與《禮》,而執禮之"事"在於循禮行事。

---

① (南宋)朱熹:《四書集注》,北京:中華書局,1983年,第97頁。

②④ 程樹德:《論語集釋》,北京:中華書局,1990年,第477頁。

③ (明)方以智:《通雅》卷三《釋詁》,文淵閣《四庫全書》本,臺灣:商務印書館,1986年。

⑤ (南朝梁)皇侃:《論語義疏》卷四,清《知不足齋叢書》本。

⑥ (三國)何晏集解,(北宋)邢昺疏:《論語注疏》,阮元校刻《十三經注疏》,北京:中華書局1980年影印本,第2483頁。

⑦ (南宋)王應麟著,(清)閻若璩等注,樂保群、田松青校點:《困學紀聞》,上海:上海古籍出版社,2015年,第245頁。

⑧ (清)劉臺拱:《論語駢枝》卷一,清《劉端臨先生遺書》本。

⑨ (清)戴望:《戴氏注論語》"述而第七",清同治刻本。

　　爲何孔子説“雅言”僅提到《詩》《書》和《禮》,而不言及其他三經呢? 宋人陳祥道解釋説:“不言《詩》《書》,則無以教人,不言《禮》,則無以明分。故子所雅言者,《詩》《書》也。執而不敢議者,《禮》也。言《詩》《書》而不及《樂》與《春秋》《易》者,蓋德不全者,不可道之以《樂》;志不定者,不可發之以《春秋》;不知命者,不可申之以《易》也。子罕言利與命與仁,亦猶是也。孔子之於言,有所雅言,有所不言,有所罕言,其趣雖不同,亦各適其理而已。”①宋儒從義理角度加以闡發,有一定的道理,但從適用性角度來説,還是因爲“言”。《漢書·藝文志》載:“古之王者世有史官,君舉必書,所以慎言行、昭法式也。左史記言,右史記事,事爲《春秋》,言爲《尚書》,帝王靡不同之。”②《尚書》的作用就在於立言而“號令於衆”。孔子云:“不學《詩》,無以言。”其原因正如錢大昕所謂“惟《三百篇》之音爲最善”③。就禮的執掌情況而言,也是如此,《周禮·秋官·大行人》有云“七歲,屬象胥,諭言語、協辭命;九歲,屬瞽史,諭書名,聽聲音”,行人是周王朝掌管諸侯朝會和出使邦國傳達王命的官員,他們的使命是上京師學習言語,到民間搜集方言、民歌,使之“雅正”,成爲標準音、共同語。又《周禮·春官·大師》載其職掌:“教六詩,曰風,曰賦,曰比,曰興,曰雅,曰頌。以六德爲之本,以六律爲之音。”鄭玄注云:“風,言賢聖治道之遺化也;賦之言鋪,直鋪陳今之政教善惡;比,見今之失,不敢斥言,取比類以言之;興,見今之美,嫌於媚諛,取善事以喻勸之;雅,正也,言今之正者以爲後世法;頌之言誦也,容也,誦今之德,廣以美之。”④《詩》之“六義”,皆明其“言”的功用,而其執掌者,皆從事“雅言”教化。所以清人宋翔鳳認爲:“《詩》《書》爲古人之言與事,固必以雅言。若禮,則行於當時,宜可通乎流俗者,而孔子皆以雅言陳之,故曰‘執禮,皆雅言也’。是三者,爲夫子之文章,弟子所共聞,故必以雅言明之。若《易》《春秋》,則性與天道不可得聞,故《爾雅》亦不釋也。”⑤《詩》《書》和執禮,皆是以雅音辨言,從而正義。

四、結　論

　　綜上所述,“雅言”即“正言”,不僅“正音”,而且“正義”,《詩》《書》是“正其所不正之證”;“執”釋爲“執掌”較妥當,所執之“禮”可作寬泛之理解,可指《禮》書,又包含禮事,“執禮”即“執文行事”,包括誦《詩》讀《書》之文,誠如宋儒高斯得所謂“於‘禮’獨曰

---

①　(北宋)陳祥道:《論語全解》卷四,文淵閣《四庫全書》本,臺北:臺灣“商務印書館”,1986 年。

②　唐人劉知幾云:“蓋《書》之所主,本於號令,所以宣王道之正義,發話言於臣下。故其所載,皆典、謨、訓、誥、誓、命之文。”至於雜入言地理的《禹貢》、述災祥的《洪範》以及記人事的《堯典》《舜典》,在劉氏看來,“茲亦爲例不純者也”。(浦起龍:《史通通釋》卷一《六家》,上海:上海古籍出版社,1978 年,第 2—5 頁)當代學者陳平原先生也指出:“後世文章的多用雅言及書面語,正可從《尚書》的流傳與接受窺見端倪。”(《從言辭到文章 從直書到叙事——秦漢散文論稿之一》,《文學遺産》1996 年第 4 期)

③　(清)錢大昕:《詩經韻譜序》,《嘉定錢大昕全集·潛研堂文集》,南京:江蘇古籍出版社,1997 年,第 370 頁。

④　(東漢)鄭玄注,(唐)賈公彦疏:《周禮注疏》,阮元校刻《十三經注疏》,北京:中華書局 1980 年影印本,第 796 頁。

⑤　(清)宋翔鳳:《論語説義》卷四,清《皇清經解續編》本。

'執'者,蓋《詩》《書》言其理而已,'禮'則起居動静,所執守據依者,非但空言而已也,故曰禮不執則不行"①,《詩》《書》亦是"執禮"的依據。因此,在"詩書"與"執禮"之間當斷開。俞樾《論語平議》指出:"《論語》文法簡質,此章既云'子所雅言',又云'皆雅言也',於文似復,蓋由經師失其讀矣。此當以'詩書'斷句,言孔子誦《詩》讀《書》無不正言其音也。'執禮'二字自爲句,屬下讀。"②據此,我們傾向於將這句話標點爲"子所雅言:《詩》《書》。執禮,皆雅言也。"英文可相應翻譯爲:Confucius used the pronunciation and sense of authoritative standard by means of reciting *the Book of Odes*［*Shijing*］ and *the Annals*［*Shujing*］. When conducting ritual, Confucius talked about these classical works including *the Book of Odes*, *the Annals*, *the Book of Ceremonies* and *Rituals*［*Liji*］.

---

① （南宋）高斯得:《恥堂存稿》,北京:商務印書館,1935 年,第 43 頁。
② （清）俞樾:《論語平議》,《群經平議》,清同治五年(1866)刻本。

基於核心義磁場的毛傳考辨兩則*

霍生玉

摘　要： 核心義磁場理論對排除古書中誤釋的義項和糾正語文辭書引用古代訓詁材料的失誤有着非凡的理論意義和重要的應用價值。本文以核心義磁場理論爲指導，就《詩·邶風》毛傳中"簡，大也"和"茹，度也"兩則訓條進行了考辨，是核心義理論用於訓詁研究的一種嘗試。

關鍵詞： 核心義磁場；毛傳；鄭箋

核心義磁場理論由王雲路首次系統、全面地提出。該理論以詞的核心義探究爲中心，提出核心義是貫穿於詞的所有相關義項的核心部分，是多義詞義項統系的關鍵和樞紐，由核心義統攝的範圍即爲核心義磁場。王雲路説："核心義研究有助於排除誤釋的義項，因爲核心義像一個無形的磁場，能把相關的含義吸附到一起，不在這個語義磁場範圍之內的，就應當屬於語音磁場範疇。如果這兩個範疇都不能統括，就很可能是隨文釋義造成的誤釋，或屬於臨時的語用現象。"① 該理論爲訓詁、詞彙研究提供了新的思路和範式，在排除古書中誤釋的義項方面有着非凡的理論意義和重要的應用價值。我們在讀《毛詩》傳箋時對此深有體悟，有時總感覺其中有些訓條于義欠安但却無法證明，有些觀點衆説紛紜又令人無所適從，今驗之於核心義磁場理論，竟發現庶幾可證。下面僅以《詩·邶風》毛傳中的兩例述之：

一、簡，大也。

《詩·邶風·簡兮》：簡兮簡兮，方將《萬》舞。（190 頁②）

毛傳：簡，大也。

鄭箋：簡，擇。擇兮擇兮者，爲且祭祀當萬舞也。

按：對於句中"簡"字的解釋，毛傳和鄭箋所釋迥異，後世學人亦多有分歧。馬瑞辰《毛詩傳箋通釋》云："當從毛傳訓簡爲大，下文'萬'爲大舞，'碩人俁俁'亦爲容貌大，故先略言大以形容之耳。"③ 但也有學人認同鄭箋，如宋代《毛詩李黄集解》："'簡'

---

* 作者簡介：霍生玉，江蘇師範大學文學院教授，文學博士，主要從事漢語史和古籍整理研究。

　基金項目：國家社會科學一般項目"《毛詩》古注中語詞替換與漢語詞彙演變的研究"（18BYY145）。

① 王雲路、王誠：《漢語詞彙核心義研究》，北京：北京大學出版社，2014 年，第 161 頁。

② 本文所引《毛詩》傳箋的例句，都出自十三經注疏整理委員會整理的十三經注疏繁體本《毛詩正義》，北京大學出版社，2000 年，頁碼標注在正文中引文後的圓括號內。下同。

③ （清）馬瑞辰：《毛詩傳箋通釋》，北京：中華書局，1989 年，第 144 頁。

之一字,説者不一。毛氏曰:'簡,大也,言其爲大德也。'張横渠云:'簡,略也,衛之君雖不用賢而賢者不免有太簡之譏。'二説不通,皆不如鄭氏之説。此言衛君簡擇以充萬舞,徒知盡心於此,而不知有他使其能。以是心擇賢,有將才者使之爲將,有相才者使之爲相,則衛興有日矣。"①清代陳啓源《毛詩稽古編》:"簡兮簡兮,毛訓大,鄭訓擇,而擇義較優。'簡兮簡分,方將萬舞'言簡擇衆工充萬舞之數,語本明順。"②我們也認爲,鄭箋較爲可取。《毛詩稽古編》《毛詩李黄集解》等是從《詩》意出發而作出的判斷,其實,我們也可以從核心義研究的角度加以辨析。

《説文解字》門部:"間,隙也。"段注:"間,隙也。引申之,凡有兩邊有中者皆謂之隙。隙謂之間。間者,門開則中爲際。凡罅縫皆曰間,其爲有兩有中,一也。"故"間"是"罅縫;間隙"的意思。王雲路指出"間"之核心義爲"間隔"③,是也。以"間"爲聲符的同源字一般都含有"間隙;間隔"這一核義素,如:澗,《説文解字》水部:"澗,山夾水也。"《釋名》:"山夾水曰澗。澗,間也。言在兩山之間也。"襇,《類篇》:"裙幅相襇也。"襇,指裙幅或布帛上打的褶子,這種褶子起到將衣服不同部位相間隔以裝飾的作用。鐗,《釋名》:"鐗,間也。間釭軸之間,使不相摩也。"橺,《説文解字》木部:"橺,大木貌。"樹大則必然與周圍樹木有間隙。

關於單個詞的核心義和同源詞核義素的關係,王雲路指出:"核心義和核義素在來源上具有一致性,在意義内涵上常相叠合。"同時,"在抽象和概括的程度上,同源詞的核義素一般要高於單個詞的核心義",並舉同源詞"違""圍""回"爲例:"違"的核心義爲"相背離","圍"的核心義是"環繞","回"的核心義是"旋轉",三者共同的核義素則是"回轉"④。對於"簡"而言,"簡"以"間"爲聲符,它包含"間隔"的核義素特徵,有間隔則可分開並加以區分。"簡"的本義是用以寫字的薄竹片,《説文解字》竹部:"簡,牒也。從竹間聲。"段注:"厚者爲牘,薄者爲牒。牒之言枼也。"薄竹片編連成册時竹片之間有間隔而將文字區分開來,故"分開;區分"是"簡"之核心義,核義素"間隔"在抽象和概括程度上高於"簡"的核心義"分開;區分"。

"簡"之"分開;區分"這一核心義可統括以下諸義項:區分事情虛實,爲"核實",如《書·吕刑》:"五辭簡孚,正於五刑。"蔡沈《集傳》:"簡,核其實也。"區分人、事是否合格,是"檢閲;檢查",如《公羊傳·桓公六年》:"大閲者何? 簡車徒也。"區分高下,就是"考核",如《孔叢子·問軍禮》:"有司簡功行賞,不稽於時。"區分人、事則能"分别;辨别",如《北史·宋遊道傳》:"忠臣奉國,事在其心,亦復何簡貴賤?"區分優劣之後,找出優者,是"尋撿",如《世説新語·文學》:"陸文若排沙簡金,往往見寶。"將劣者排除,是"剔除",如《明史·陳九川傳》:"會天方國貢玉石,九川簡去其不堪者。"作出選擇,

---

① (宋)《毛詩李黄集解》,文淵閣四庫全書71册—卷5/125b。爲節省篇幅,本文標注出自文淵閣四庫全書或四部叢刊引文的體例是:書名,四庫或四部,册數—卷次/頁碼,頁碼後若加注 a、b,則 a 指右欄,b 指左欄。如此處"《毛詩李黄集解》,四庫71册—卷5/125b",指引文出自《毛詩李黄集解》,該書是文淵閣四庫全書第71册,引文位於該書第五卷第125頁左欄。以下與此同,不再出注。

② (清)陳啓源:《毛詩稽古編》,四庫85册—卷3/373a。

③ 《漢語詞彙核心義研究》,第135頁。

④ 《漢語詞彙核心義研究》,第215、208、212頁。

是"選擇;選用",如《南齊書·蕭景先傳》:"私馬有二十余匹,牛數頭,可簡好者十匹、牛二頭上臺。"可知,《詩》箋所釋"簡,擇"在"簡"之核心義磁場的統攝之下,而"大"義是不在其内的。而且,"簡"釋爲"大",既不見於其他文獻①,在"簡"與别的語素構詞時也未見有用作"大"義的。"簡"訓爲"選擇"在古注中則很常見,此義也多作爲語素義與其他語素組合成詞,如"簡材""簡選""簡擇""簡取""簡拔""簡用""簡任""簡派""簡賢任能"等等。並且,"簡"訓"選擇"和詩意也相符合,故從核心義角度來看,"簡兮簡兮"之"簡"當從鄭箋,訓爲"擇"。

二、茹,度也。

　　《詩·邶風·柏舟》:我心匪鑒,不可以茹。(135 頁)
　　毛傳:鑒所以察形也。茹,度也。
　　鄭箋:鑒之察形,但知方圓白黑,不能度其真僞。我心非如是鑒,我於衆之善惡外内,心度知之。

按:毛傳釋"茹,度也",鄭箋亦從之。然而,我們發現,"茹"釋爲"度",只見於《詩》傳箋及後世解《詩》的一些著述中,却不見於其他任何文獻②,這不禁讓我們對"茹"的這個解釋產生了懷疑。

其實,這個問題,同樣可以用核心義磁場理論來加以驗證。我們先來看"茹"的詞義系統。《漢語大詞典》"茹"詞目下共列 12 個義項:(1) 蔬菜名。(2) 茅根。泛指植物的根。(3) 吃,吞咽。(4) 引申爲忍受。(5) 納入;容納。(6) 柔弱;柔軟。(7) 覆蓋;包裹。(8) 度,猜度。(9) 腐臭。參見"茹魚"。(10) 雜揉。(11) 塞。(12) 姓。南朝齊有茹法亮。

"茹"作姓氏名,屬專名,這裏不作討論。那麼,其餘義項是如何統括於"茹"之詞義系統的呢? 試作梳理:

《説文解字》艸部:"茹,飲馬也。從艸如聲。"但"飲馬"應該不是"茹"的本義,從字形看,"茹"之本義應爲一種草本植物。古文獻中多"菜茹"並稱。例如,

　　《詩·豳風·七月》:"九月築場圃。"鄭箋云:"場圃同地耳,物生之時,耕治之以種菜茹。"(《毛詩正義》,590 頁)
　　《漢書·食貨志上》:"還廬樹桑,菜茹有畦,瓜瓠果蓏,殖于疆易。"顔師古注:"茹,所食之菜也。"(《漢書》,1120 頁)③

可見,"茹"之本義爲一種可食用的菜蔬。那麼,"茹"之核心義是什麼呢? 菜蔬柔嫩方可食用,故"茹"有"柔"的意義特徵。對此,歷代文獻中多有注釋:

　　《廣雅·釋詁》:"茹,柔也。"(清 王念孫《廣雅疏證》,502 頁)

---

① 《漢語大詞典》"簡"字第 17 個義項直釋"17.大",後未引任何書證,也説明了這一點。
② 《漢語大詞典》引《詩》傳箋爲證,釋"茹"爲"猜度",除《詩》傳箋例外,亦無其他書證。
③ (漢)班固:《漢書》,北京:中華書局,1962 年。

《離騷》："攬茹蕙以掩涕兮。"王逸注："茹，柔耎（軟）也。"（漢 王逸《楚辭章句》，四部初編 577 冊一卷 1/26a）

《玉篇》："茹，柔也。菜茹也。"（唐 顧野王《玉篇》，四部初編 80 冊一卷 13/6a）

《爾雅義證·釋草》："茹藘，茅蒐。……茹，飲馬也。飲馬者必柔芻，故可引申爲柔弱。《詩》'柔則茹之'是也。"（民國 尹桐陽《爾雅義證》，567 頁）

"茹"，從艸如聲。《說文解字》女部："如，從隨也。從女從口。"段注："從隨，即隨從也……引申之，凡相似曰如，凡有所往曰如，皆從隨之引申也。"《左傳·宣公十二年》："有律以如己也。"杜預注："如，從也。"可知，以"如"爲聲符的字，多有"從隨；一致"的特徵[1]。如"恕"，《賈子·道術》："以己量人謂之恕。"言以己推人則能從隨他人心意。"挐"，《說文解字》手部："牽引也。從手如聲。"對被牽引者來說，"牽引"也是一種從隨。絮，《說文解字》系部："敝緜也。"段注："敝者，敗衣也，因以爲熟之偁。敝緜，熟緜也。"熟緜穿着時易貼服身體，貼身也是一種"從隨"。

因此，結合歷代對"茹"的注釋和"茹"之聲符義可知，"茹"的核心義爲"柔"，柔則易從，故"茹"有柔從的意義特徵，柔從又意味着受納，因此"茹"在"柔"這一核心義之下從"柔從"與"受納"兩個方向分別發展出了若干相關聯的義項：

（1）"柔從"方向："柔從"往往意味着"柔弱"。《韓非子·亡徵》："緩心而無成，柔茹而寡斷，好惡無決而無所定立者，可亡也。"[2]此爲柔弱義。柔軟、柔從則可包裹他物，如《齊民要術·養羊》："以氈絮之屬，茹瓶令煖。"清代黄生《義府·茹甕》："茹者，以物擁覆取煖之名。"又，魚腐臭則肉綿軟，故有"茹魚"之稱。"茹魚"指腐臭的魚，《呂氏春秋·功名》："以茹魚去蠅，蠅愈至，不可禁。"高誘注："茹，臭也。"

（2）"受納"方向：柔嫩的菜蔬可食用，吃、吞咽就是一種受納。《大雅·烝民》："柔則茹之。"孔疏曰："茹者，嚼食之名，故取菜之入口，名爲茹。"《漢書·董仲舒傳》："食於舍而茹葵。"顏師古注："食菜曰茹。"由對菜蔬的吞咽引申爲對其他東西的吞下，如"茹毛飲血"。歷代文獻中"茹藥""茹荼""茹素""茹葷"多見，如宋代司馬光《玉城縣君楊氏墓誌銘》："年三十九而喪韓公，三年不茹葷。"對食物的受納是吞下，對具體事物的受納則是納入、容納。北魏賈思勰《齊民要術·炙法》："小開腹，去五臟，又淨洗。以茅茹腹令滿，柞木穿，緩火遥炙。"說的就是炙豬時將茅草放進小豬的肚腹。對痛苦、屈辱等的受納則爲忍受，如《周書·文帝紀上》："銜冤茹慼，志雪讐恥。"今仍有"含辛茹苦"一詞。"茹"還可以是對抽象事物的受納，如"茹古涵今"。而如果是對於施事方來說，使受體受納則等於塞入。《唐律疏議·雜律·行船茹船不如法》："茹船，謂茹塞船縫。"

可見，以上義項都在"茹"之核心義"柔"的統括之下。但"（2）茅根。泛指植物的

---

① 王雲路《漢語詞彙核心義研究》（第 236 頁）認爲，"如"的核心義是"兩個事物相似性的比較（關係）"，與"從隨；一致"近似，亦可取。

② 《韓非子》，四部初編 350 冊一卷 5/1a。四部叢刊此句作"緩心無而成"，但王先慎《韓非子集解》（新編諸子集成本，北京：中華書局，1998 年，第 110 頁）作"緩心而無成"，結合下句"柔茹而寡斷"來看，當從集解本。

根"和"(8)度,猜度"兩個義項①却與其他諸義都格格不入,無法統入"茹"之詞義系統,這是值得懷疑的。下面試作辨説。

首先,"(2)茅根"屬誤釋古籍原文而立義。先引《漢語大詞典》該義項原文如下:

> 2. 茅根。泛指植物的根。《易·泰》:"拔茅茹以其彙。"李鼎祚集解引虞翻曰:"茹,茅根。"一説,相牽引貌。王弼注:"茹,相牽引之貌也。"北魏賈思勰《齊民要術·種榆白楊》:"抒心則科茹不長。"石聲漢注:"科是根近旁的莖基部,茹是和莖連著的根。"清蔣士銓《臨川夢·拒弋》:"他既賣新鄭,將來必賣江陵。若此輩連茹魚貫而起,只恐廟堂之上,端人絶迹矣。"

《漢語大詞典》將"茹"釋爲"茅根",其依據來自《易·泰》:"初九,拔茅茹以其彙,徵吉。"李鼎祚集解引虞翻的"茹,茅根"説,《大詞典》同時又引王弼的"相牽引之貌"爲"一説"。其實王弼的"相牽引之貌"才是更爲合理的解釋。"茅茹"謂茅之根相牽連者,王弼注:"茅之爲物,拔其根而相牽引者也。茹,相牽引之貌也。"②姜亮夫《楚辭通故》就"攬茹蕙以掩涕兮,沾余襟之浪浪"句,注云:"茹,根之相連者。茹蕙謂以連之蕙而拭涕。連根則茹蕙多,乃以之拭涕,而涕尤多,故復沾衣襟而浪浪止。'"③因此,《易》中"茹"並非指茅根,而是形容茅根相牽連之貌,故將"茹"直接釋爲"茅根"並不準確。相牽引也是一種從隨,也是可以統攝於"茹"之核心義之下的。此外,除《易》這條書證外,《漢語大詞典》該義項所引其他書證中的"茹"字,如果釋爲"相牽引、相連接"也較之"茅根"訓更加文從字順:《齊民要術》中"抒心則科茹不長。""科茹"可以是相連的近旁的莖;《臨川夢》中"若此輩連茹魚貫而起",則是説這樣的人像魚兒一樣一個接一個地出現。

那麽,最後就剩下《詩》傳箋所釋"茹,度也"這一義項無所屬了。"茹"釋爲猜度,後世學者也多不認同而別有見解。有學人將《柏舟》詩中"茹"解爲容納,《毛詩注疏》卷三《考證》云:"《邶風·柏舟》章'不可以茹',茹,度也。蘇轍曰:'入也。'歐陽修曰:'納也。'"嚴粲《詩緝》:"鑒雖明,而不擇妍醜,皆納其影。我心有知善惡,善則從之,惡則拒之,不能混雜而容納之。"李光地《詩所》亦云:"茹,納也。鑒之於物,無妍媸皆納焉,我則不能如是。言其善惡分明,不能忍爲容受也。"④意謂"我的心不是鏡子,不能美醜都容納。"今有《"我心匪茹,不可以茹"解》和《〈詩經〉訓詁三則》兩篇文章⑤也從詩意的角度論證了句中"茹"應解爲"容納"。本文則從詞的核心義角度進一步驗證了這個觀點:猜度義不能統括於"茹"之詞義系統,而容納義却在"茹"之詞義範圍之内。故無論是從文意還是從詞義的角度看,"茹"釋爲容納,都更爲合理,當從之。

---

① 《漢語大詞典》還立有"(10)雜揉"義,但未引任何書證。我們檢索語料庫,也未找到相關用例。不過,從詞義關聯看,"容納"他物之後則與之"雜揉"在一起,這個意義雖説不能由"茹"之核心義完全直接統攝,但似乎仍有一定聯繫,但因未有書證,故暫存疑,以俟後者。

② 《周易注疏》,四部初編 7 册一卷 3/24a。

③ 姜亮夫:《楚辭通故》,出自《姜亮夫全集》(第三輯),昆明:雲南人民出版社,2002 年,第 425 頁。

④ (清)李光地:《詩所》,四庫 86 册一卷 1/14a。

⑤ 劉勛寧:《"我心匪茹,不可以茹"解》,《紀念王力先生百年誕辰學術論文集》,北京:商務印書館,2002 年,第 253—254 頁;向力、楊合鳴:《〈詩經〉訓詁三則》,《法制與社會》,2008 年第 5 期,第 236 頁。

　　除《邶風・柏舟》外,《小雅・六月》:"玁狁匪茹,整居焦穫。侵鎬及方,至於涇陽。"鄭箋亦訓"茹,度也。"而《毛詩傳箋通釋》却說:"柔,弱也。'匪茹'言非柔弱,即上章'玁狁孔熾'也。"[①]竊以爲此"茹"解爲柔弱更恰當。如上所述,柔弱義在"茹"詞義系統之内,且將"茹"釋爲柔弱,於詩意亦合,故馬瑞辰《通釋》釋"茹"爲"弱也"的柔弱義較之鄭箋"度也"的猜度義,亦更爲可取。

　　由此可見,通過對語詞核心義的探究,可以幫助排除古注中誤釋的義項和糾正語文辭書引用古代訓詁材料的失誤。要之,一個詞的各個義項相互關聯而成爲體系,核心義就是多義詞義項統系的關鍵和樞紐。辨別古注正誤,不能僅求原文通順,還要考慮釋義是否在該詞的詞義系統之内。傳統訓詁學歷史悠久,成果豐碩,然時至今日,古書中仍有不少詞句或乖刺難解、或歧義紛紜。爲此,我們應積極借鑒語言學研究領域的新理論、新方法來幫助我們解決這些疑難問題,使訓詁研究這一傳統學問在新時代與時俱進、與日俱新,愈益焕發出鮮活强勁的生命力! 同時,語文辭書引古注爲證爲某詞立目釋義也是如此,古人作注往往隨文釋義,其中某些注釋作爲串講和理解原文也許看似可通,但作爲工具書的辭書徑直引用過來爲之專設義項則可能會有不妥[②]。因而後人在編纂辭書的時候,如果不加辨別而直引前人古注爲證,很可能造成義項誤釋,或導致詞目義項繁冗雜多、脈絡不明[③]。所以,核心義磁場理論在語文辭書編修方面也有着重要的指導意義和應用價值。王雲路說:"核心義研究的主要應用領域在辭書編纂,書中雖有涉及,但實際的施行和具體的操作還有待於將來。"[④]本文暫以上述兩例作膚淺嘗試,且作引玉之磚,希望引起學人更多重視,齊襄共舉,將核心義磁場理論在訓詁和辭書編修方面的應用研究推向深入。

---

　　①　(清)馬瑞辰:《毛詩傳箋通釋》,北京:中華書局,1989年,第542頁。

　　②　本文所論兩例在《漢語大詞典》中就是如此:《大詞典》"簡"字"17. 大"義項後面未引任何書證,"茹"字"8. 度,猜度"義項後也僅引《詩・邶風・柏舟》傳箋爲孤證。

　　③　郭錫良《古代漢語》(修訂本)(北京:商務印書館,2020年,第94—95頁):"無論是《康熙字典》還是舊版《辭源》《辭海》,都没有把一個詞或字的多種意義之間的關係條分縷析清楚,它們往往是羅列了一大堆意義,而不得要領。"辭書出現這個問題的一個重要原因就在於編纂辭書的時候對古注往往不加辨別而直接引用過來爲之立目釋義,以致詞目義項繁冗且脈絡不明。

　　④　《漢語詞彙核心義研究》,前言第3頁。

近代漢語詞語考辨二則*

龔元華

　　摘　要：近代漢語語料極爲豐富，涉及敦煌文獻、禪宗語録、戲曲小説、史料筆記等等。文章是對禪録及明清小説中"瞌眵""骨樋"的詞義來源展開了討論，指出"搭癡""瞌眵"同，"瞌"指眼皮耷拉，"眵"指眼屎蔽垢，可引申爲迷蒙糊塗、不智慧等義；"骨樋"與"骨朵"同出一源，核心義即突出鼓起。

　　關鍵詞：近代漢語；瞌眵；骨樋

一、皲瞳

　　《中華藏》七十八册《禪宗頌古聯珠通集》卷十九"法眼文益禪師"："頌曰：古佛堂前到者稀，相見難逢掣電機；死水有龍終不聖，驚起依前眼皲瞳。"（829/c）①"皲瞳"，《卍續藏經》一一五册《禪宗頌古聯珠通集》卷三十六"法眼文益禪師"作"皲瞳"（462/a），《卍續藏經》一一六册《宗鑒法林》卷五十四"法眼文益禪師"作"瞌眵"（682/b）。"皲瞳""皲瞳""瞌眵"皆同，部件"目"俗寫習作"耳"②，或又作"瞌眵"，《卍續藏經》一三六册《聯燈會要》卷十"保壽沼禪師"："鼓山永云：保壽雖具打破虚空底鉗錘，未免犯鋒傷手，胡公末後悟去，誰知眼尚瞌睡。"（599/b）"瞌睡"，《中華藏》七十七册《宗門統要續集》卷九"保壽沼禪師"引作"瞌眵"（497/b）。

　　"皲瞳""皲瞳"實則"皲瞳"之俗寫，"皲瞳"即"瞌眵"。"瞌"與"皲"，"眵"與"蟲"，皆音同，故"瞌眵"稍變改換聲符即成"皲瞳"。

　　＊ **作者簡介：**龔元華，廣西大學文學院副教授，文學博士，主要從事漢語史訓詁學、敦煌文獻、近代漢字研究。

　　基金項目：國家社科基金一般項目"宋元以來民間説唱文獻字形合流及其音義匹配研究"（22BYY117）；國家社科基金重大項目"宋元明清文獻字用研究"（19ZDA315）；國家社科基金重大項目"東漢至唐朝出土文獻漢語用字研究"（21&ZD295）。

　　① 文中所引佛典書籍用例，a/b/c 表示欄，前面的數字表示引文所在頁碼。其中《大正藏》爲臺北新文豐出版公司 1983 年版，《卍續藏經》爲臺北新文豐出版公司 1993 年版，《嘉興藏》爲臺北新文豐出版公司 1987 年版。《中華藏》爲 1984 年中華書局出版的《中華大藏經》本。

　　② 古籍文獻中部件"目"俗書最後一筆往往上操作"耳"，稍變即成"耳"，這是比較常見的寫法。敦煌寫卷 P.3408《開蒙要訓》："眼瞳。""瞳"即"睡"，與耳垂之"睡"形體偶合。明世德堂刊本《伍倫全備忠孝記》卷二"第十五出兄弟赴任"："［前腔］……閣不住眼裏淚，便是鐵打心腸，交我寸寸碎。""眼"即"眼"。汲古閣本《四賢記》上"第十二出"："［前腔］……你青年出家，終招睥睨。""睥睨"即"睥睨"。皆此類。

　　“瞌睡”，禪録多見，《禪籍方俗詞研究》載有“搭睡漢”釋爲“懵懂的人”①，惜未釋其源，我們補充如下。實際上“瞌睡”之“瞌”指眼皮耷拉，“睡”指眼屎蔽垢，文獻多引申寓指迷蒙糊塗之人。《集韻·合韻》：“瞌，犬垂耳兒。”《五音集韻·合韻》：“瞌，大垂目貌。”垂耳作“瞌”，垂目作“睡”，“瞌”“睡”同，皆下垂義。或俗寫會意大耳垂作“耷”，或表皮膚鬆弛下垂作“皱”，《玉篇·皮部》：“皱，寬皮兒。”《字詁》“彈”下：“焦澹園《俗書刊誤》云‘耳垂曰耷，皮寬曰皱’，並音荅，吾鄉今有此語，但呼如荅，平聲。按：此聲即彈之轉。”②如黄生所論，則其語源即“彈”，“彈”乃《説文》“鼗”之後起形體。“睡”即今所謂眼屎，《説文·目部》：“睡，目傷眥也……一曰蔡兜。”徐鍇系傳：“蔡兜，目汁凝也。”《新方言·釋形體第四》：“睡……今人謂眼中凝汁爲眼睡，讀如矢。”③《玄應音義》卷十八“法勝阿毗曇論音義”第六卷音義“眼睡”條：“今江南呼睡爲睡兜也……論文作胅，非也。”④“胅”即“睡”聲符改換俗寫。

　　還能轉作“瞌癡”“苔癡”“搭癡”，有文章⑤認爲禪籍“搭癡”之“搭”是懸挂，“癡”是癡呆，恐非。《卍續藏經》一二一册《北澗居簡禪師語録》卷一“方丈”：“上堂：惡星臨照命宮時，雪重山寒眼瞌癡。”(137/b)又《嘉興藏》二十九册《鄂州龍光達夫禪師鷄肋集》卷一“頌古”：“百萬人天眼苔癡，無風匝匝波千道。”(162/c)又《卍續藏經》一二六册《慈受懷深禪師廣録》卷一：“慧林長老眼搭癡，誰敢按牛頭吃草。”(556/a)“瞌癡”“苔癡”“搭癡”同，皆迷蒙糊塗義。

　　“皱”“皴”形近，或訛作“皴瞜”。《大正藏》四十七册《大慧普覺禪師語録》卷六：“遂拈起拄杖云：這個是拄杖子，那個是抽底枝。擲下云：直下來也休眼皴瞜。”(835/b)

　　“皱”或俗省作“耺”而成“耺瞜”。《嘉興藏》二十八册《法璽印禪師語録》卷五“茶話”：“者俗漢只會吞酒艷飾，則才放下腳跟，被者老漢一捏，直得眼耺瞜。”(797/b)

　　或重文作“瞌瞌”。《大正藏》四十七册《圓悟佛果禪師語録》卷五“上堂五”：“入院詣方丈，坐云：摩竭陀國三七日内口呀呀，毗耶城中八萬人衆眼瞌瞌，雖然一期拈掇，未免犯手傷鋒。”(733/b)

　　或重文作“睡睡”“瞜瞜”。《嘉興藏》第十册《古尊宿語録》卷四十五“雲門關㮣子”：“雲門關㮣子，消息少人知；有時一撥動，大地眼瞜瞜。”(332/a)“瞜瞜”，《卍續藏經》一一八册《古尊宿語録》卷四十五“雲門關㮣子”作“睡睡”(750/a)。

　　明清小説多作“搭癡”。清刊本《野叟曝言》二十六回：“公子要大奶奶喜歡，越發妝憨搭癡，幫着春紅替大奶奶穿團襖、披霞帔、繫湘裙、圍角帶、戴鳳冠、插寶簪，鞋頭上也去摸摸，膝袴上也去扯扯，引得小蓮都笑起來。”⑥“妝憨”“搭癡”近義連用。又清刊本《結水滸傳》卷三第七十三回：“衙内道：那雌兒的臉，好像撒過霜的，裝呆搭癡，恐

①　雷漢卿：《禪籍方俗詞研究》，成都：巴蜀書社，2010年，第463頁。
②　(清)黄生撰，黄承吉合按：《字詁義府合按》，北京：中華書局，1984年，第68頁。
③　章太炎：《章太炎全集·新方言》，上海：上海人民出版社，2014年，第100頁。
④　(唐)釋玄應：《一切經音義》，《叢書集成初編》本，上海：上海商務印書館，1936年，第851頁。
⑤　李家傲：《金元禪籍字詞劄記》，《語言歷史論叢》第15輯，成都：巴蜀書社，2020年，第135頁。
⑥　(清)夏敬渠：《野叟曝言》，《古本小説集成》第4輯，上海：上海古籍出版社，1994年，第773頁。

他不省得風流,取來却不淘氣。"①"裝呆""搭癡"近義偶麗。以上"搭癡"實即禪録"瞎眵"之轉寫引伸。《卍續藏經》一一八册《古尊宿語録》卷二十二"黄梅東山演和尚語録":"當晚小參,云:一則三,三則七,牧羊堤畔女貞花,拒馬河邊望夫石;石擊尺,赤土畫簸箕,從教眼搭癡。"(439/b)"搭癡",《卍續藏經》一一二册《列祖提綱録》卷十二"解制提綱"引演和尚語作"瞎眵"(351/a)。此正"瞎眵""搭癡"互爲異文。

明清小説習見的"搭癡",實則禪籍之"瞎眵","瞎"指眼皮奄拉,"眵"指眼屎蔽垢,可引申爲迷蒙糊塗、不智慧等義;或轉寫爲"皶眵""瞎癡""荅癡""鼓眵""跛眵""瞎瞎""眵眵""眵眵"等等。總之,"搭癡"之"搭"絶非懸挂,"癡"亦非取義於癡呆之"癡"。

二、骨 檛

《卍續藏經》一三七册《嘉泰普燈録》卷二十九"贊達磨":"萬福西來老骨檛,不遵行止渡流沙;被人打落當門齒,啞子依前吃苦瓜。"(422/a)"骨檛",《卍續藏經》一一六册《宗鑒法林》卷六"初祖菩提達磨大師"引作"骨柤"(93/a),《卍續藏經》一一四册《禪宗雜毒海》卷一"初祖"引作"骨楂"(112/b)。"骨檛""骨柤""骨楂"同,"楂"即"柤"之俗,"柤""檛"聲近,都是麻韻字,"骨檛"之作"骨楂",猶"骨檛臉"之作"骨查臉"。《西游記》六十七回有"骨撾臉"("撾"同"檛",俗書木、扌不分),《水滸傳》三十五回作"骨查臉",《漢語大詞典》皆有收録,釋瘦削之臉,不贅。近代漢語時期,"檛""錐"聲近,《中原音韻》皆歸到知照母,或有轉寫作"古錐""骨錐"。上舉"西來老骨檛"指初祖達摩禪師,有據此化用而作"老古錐",如《卍續藏經》一一五册《禪宗頌古聯珠通集》卷七"祖師機緣・東土諸祖":"立雪齊腰成底事,以刀斷臂亦奚爲;從門入者非家寶,休殢西來老古錐。"(71/a)此頌二祖立雪斷臂侍奉初祖事,"西來老古錐"即上揭"西來老骨檛",寓指達摩祖師。又《大正藏》四十七册《虚堂和尚語録》卷六"石窗和尚":"芝峰老骨錐,不在明白裏。"(1032/b)此"骨錐"與"古錐"同。

有學者認爲禪籍"古錐"是"錐元鋒利而古錐則尖退鋒禿,無複穎脱之能,以比老來無聰敏之機智也"②,也有學者認爲"骨撾"即"骨朵",並指出"骨撾"是形容僧頭之狀③。我們認爲指出"骨撾"即"骨朵",極是,但認爲與錐鋒利禿退有關或者形容僧頭之狀,則又失之。要解决此問題,得考察其得義之由。

禪籍多見"骨檛""老骨檛"表示禪師,實際上"骨檛"與"骨朵"皆同出一源。"骨朵"中心詞義爲凸起、鼓起,學者已有論説④,不贅。《説文・竹部》"箠"字段注:"箠、檛,古今字。""箠""檛"即同一詞語不同書寫形式,如武器金瓜頂端圓鼓凸起古籍多作"骨朵""骨箠",又作"骨檛","箠""檛"音陟瓜切。"箠"從"朵"得聲,又有徒果切一讀,

① (清)俞萬春:《結水滸傳》,《古本小説集成》第 4 輯,上海:上海古籍出版社,1994 年,第 122 頁。

② [日]無著道忠:《葛藤語箋》,日本禪文化研究所,1992 年,第 117 頁。

③ 雷漢卿、王長林:《禪宗文獻語言論考》,上海:上海教育出版社,2018 年,第 243 頁。

④ 曾良:《敦煌文獻字義通釋》,厦門:厦門大學出版社,2001 年,第 1—2 頁;張小艷:《敦煌社會經濟文獻詞語論考》,上海:上海人民出版社,2013 年,第 241—242 頁;龔元華:《釋"骨堆"》,《辭書研究》2014 年第 6 期,第 80—82 頁。

與陟瓜切聲母雖分知、定兩紐,但古無舌上音,知母讀音乃其後來分化。並且"檛"除了陟瓜切,文獻中還保留有舌頭音的讀法,如《文選‧笙賦》"修檛内辟",五臣注:"檛,都瓜反。"《文選‧射雉賦》"鶯綺翼而輕摾",李善注:"摾,都瓜反。"①"檛""摾"同。古人也注意到舌頭音的情況,《演繁露》卷十二:"《宋景文公筆錄》謂俗以摾爲骨朵者,古無稽據……予按:字書簻、摾皆音竹瓜反,通作簻,簻又音徒果反……然則謂摾爲骨朵,雖不雅馴,其來久也。"②程氏所謂簻、摾、簻音竹瓜反,簻又音徒果反,骨朵可轉作"簻""摾"。又敦煌文獻 S. 2009:"鴨觜阿朵三柄,鈿鍮石阿朵一柄,竹柄大阿朵一柄,小阿朵三柄……銀葉骨卓一個,胡桃根阿卓一個,□鍮石大骨卓一個,小鍮石骨卓一個,又胡桃根小骨卓一個。"③曾良指出此"阿朵""骨卓""阿卓"表示如金瓜一類的武器,與"骨朵"乃一聲之轉,此亦舌頭舌上聲轉之例④。"骨朵"之轉作"骨檛",猶"骨朵"之轉作"骨卓"。故"骨檛"實際上就是"骨朵"的衍化,舌上音出現後"骨檛"聲轉又作"骨楂""古錐",形雖萬變,核心詞義實則一致,即凸起、鼓起。故而人臉削瘦,臉上骨頭突起,稱之爲"骨查臉""骨檛臉",即今皮包骨。《西游記》《水滸傳》"骨摾臉""骨查臉"就是指面上無肉臉骨突出瘦削貌,《漢語大詞典》釋爲瘦削臉問題不大,但岳國鈞⑤釋"骨查臉"爲"顴骨凸突的面孔",却要精確的多;不管如何,恐非指人頭或僧頭。僧人苦修,其形瘦弱,自然面上肌瘦,臉骨突出,相傳佛祖苦修六年只剩皮包骨,僧人苦修亦恐如此,故禪籍頻用"古錐"來指禪師,又用"老"修飾作"老古錐",亦能表明"古錐"的程度。甚至還有作舌頭音者,如《嘉興藏》二十五册《天界覺浪盛禪師語錄》卷六:"云:者僧雖是青州人,不知地頭事,却被雪庭老古董捉敗,發配在趙州去。"(711/b)"雪庭老古董"是指雪庭禪師,"古董"即"骨朵"聲轉,"老古董"與"老古錐"同。

　　另外,"檛"有音"查",《元曲選‧救孝子賢母不認屍》第一折:"[混江龍]……一個學吟詩寫字,一個學舞劍輪檛。"末尾"音釋":"檛,音查。"⑥"查""叉"可以音同,因此"骨檛"還能轉成送氣音作"骨叉",明容與堂刻本《水滸傳》卷二十七第二十七回:"武松跳將起來,把左脚踏住婦人,提着雙拳,看那人時……生得三拳骨乂臉兒,微有幾根髭髯,年近三十五六。"⑦"骨乂"即"骨叉","乂"是"叉"的俗寫,貫華堂本卷三十一第二十六回正作"骨叉"⑧,"骨叉臉"是指張青臉上顴骨凸出。

　　由上可見,"骨檛""骨查""古錐"與"骨朵"實則同出一源,敦煌文獻轉作"骨卓",或單用作"阿卓""阿朵""檛""摾"等,核心義即突出鼓起,可用以狀臉骨突出瘦削之貌,非指僧頭,亦非錐尖。

---

①　(南朝梁)蕭統編,(唐)六臣注:《文選》,北京:中華書局,1987 年,第 240、140 頁。

②　(南宋)程大昌:《演繁露》,《文淵閣四庫全書》852 册,臺北:臺灣商務印書館,1986 年,第 172 頁。

③　據国际敦煌项目 IDP 网站提供的高清原卷照片释录,"□"为原卷残缺之字,网址:http://idp. nlc. cn/

④　《敦煌文獻字義通釋》,第 1—2 頁。

⑤　岳國鈞:《元明清文學方言俗語辭典》,貴州:貴州人民出版社,1998 年,第 1075 頁。

⑥　(明)臧晉叔編:《元曲選》,北京:中華書局,1958 年,第 761 頁。

⑦　(明)施耐庵:《水滸傳》,《古本小説集成》第 2 輯,上海:上海古籍出版社,1990 年,第 874 頁。

⑧　《水滸傳》,第 1497 頁。

"烤(鴨)"字源流考*

丁啟陣

摘　要："烤鴨"的"烤"是個較爲晚起的字形，目前所知最早出現文獻是《紅樓夢》。其本字一般認爲是《廣韻》中的"燺"或《説文解字》中的"熇"。但"烤"字跟"燺""熇"二字音義上缺少嚴絲合縫的對應關係。考證方言本字不能滿足於找出一個《廣韻》或《説文解字》中只有簡單音義對應關係的字形，在有條件的情況下，還須對音義演變、詞彙擴散過程作出細緻而全面的描寫。

關鍵詞：烤；本字；音義對應；詞彙擴散；漢語方言

北京烤鴨如今舉世聞名，但是，"烤鴨"中"烤"字的來歷仍然缺乏一個明確、公認的説法。其中有些問題，或語焉不詳，或言人人殊，有必要加以進一步的探討。

一、烤鴨的源流

關於北京烤鴨的起源，有一種流行的説法：起源於南北朝時期。依據是南朝宋虞悰的《食珍録》。但顯然，這是一種人云亦云的説法，並未經過認真的考證。虞悰著《食珍録》，今天能看到的各種版本①，都只有二百餘字，其中有"消靈炙""光明蝦炙""卷生龍鬚炙"，並無"炙鴨"字樣。

其實，若是按照這種溯源方法，北京烤鴨甚至可以溯源至上古乃至原始部落時期。《韓非子·五蠹》："有聖人作，鑽燧取火，以化腥臊，而民説（悦）之，使王天下，號之曰燧人氏。""鴨"字，《説文解字》鳥部："鴨，鶩也，俗謂之鴨。"《禮記·曲禮下》"庶人之摯匹"疏引李巡："鳧，家鴨名；鶩，野鴨名。"有鴨子，又會用火燒烤食物。架火燒烤，這種烹飪法，雖然不一定能上溯至距今二十至七十萬年前的北京猿人時期，但説距今兩萬四五千年前生活在今天北京地區的人類已經掌握了，也合乎情理。1996 年，在今王府井東方廣場施工現場發現的古人類文化遺址，有確鑿的人類用火遺迹。

唐朝文獻記載了一種殘忍的"烤鴨"烹飪方法。唐人張鷟《朝野僉載》卷二：

> 周張易之爲控鶴監，弟昌宗爲秘書監，昌儀爲洛陽令，競爲豪侈。易之爲大鐵籠，置鵝鴨於其内，當中取起炭火，銅盆貯五味汁；鵝鴨繞火走，渴即飲汁，火炙

---

* 作者簡介：丁啟陣，北京外國語大學副教授，主要從事漢語方言、音韻和中國古代文學研究。
　基金項目：貴州省哲學社會科學規劃項目《舊五代史》詞彙研究"（21GZHQ02）。
① 源出元陶宗儀編纂《説郛》。《説郛》系選録秦漢至宋元名家作品包括諸子百家、各種筆記、詩話、文論而成之叢書。

痛即迴；表裏皆熟，毛落盡，肉赤烘烘乃死[①]。

這是活烤鵝鴨，跟今天的挂爐、燜爐烤鴨不同，但也屬"火烤使熟"的烹飪法。

這種火烤鵝鴨的烹飪法，後代也不斷有人用過。

到宋代，燒烤方法烹制的鷄鴨，已經成爲沿街叫賣的重要市食。記載北宋汴京時事的宋人孟元老《東京夢華録》卷第二"飲食果子"條有"炙鷄""爊鴨"[②]；記載南宋臨安時事的宋周密《武林舊事》卷六"市食"條有"八糟鵝鴨""炙鷄鴨"[③]，宋吳自牧《夢粱録》卷十六"葷素從食店"條有"炙鴨"[④]。

元忽思惠撰《飲膳正要》（成書於 1330 年）有"燒鴨子方"。該書卷一"燒雁"條："燒雁（燒鷥鵒、燒鴨子等同）：雁一個，去毛、腸、肚，净；羊肚一個，退洗净，包雁；蔥二兩；芫荽末一兩"[⑤]。該烹制方法比唐朝張易之兄弟那方法要文明得多，但跟今天的烤鴨大不一樣。

元鄭廷玉雜劇《看錢奴買冤家債主》第三折："我那一日想燒鴨兒吃。我走到街上，那一個店裏正燒鴨子，油渌渌的。我推買那鴨子，著實的摑了一把。恰好五個指頭摑的全全的。我來到家，我説盛飯來我吃。一碗飯，我呷一個指頭。四碗飯，呷了四個指頭。我一會渴睡上來，就在這板凳上不想睡着了，被個狗餂了我這一個指頭。我著了一口氣，就成了這病。"[⑥]

明宋詡《宋氏養生部》："炙鴨，用肥者，全體熬汁中烹熟，將熟油沃，架而炙之。"[⑦]

明謝肇淛《五雜俎》稱當時大官"進饌飲食""以燔炙釀厚爲勝"，燔炙的對象，自然包括鵝鴨[⑧]。

明代小説《金瓶梅》中有"炙鴨""燒鴨（子）"。例如，第四十五回："四大碗下飯：一碗大燎羊頭，一碗鹵燉的炙鴨。"第三十四回："第二道，又是四碗嗄飯：一甌兒濾蒸的燒鴨，一甌兒水晶膀蹄。"第五十二回："桌上擺［設許多肴］饌：兩大盤燒豬肉，兩盤燒鴨子。"[⑨]

北京烤鴨的直接前身，一般認爲來自南京。説是明朝初年，老百姓愛吃南京板鴨，皇帝也愛吃——據説明太祖朱元璋就"日食烤鴨一隻"。明成祖（即朱棣）即位後遷都北京，帶了不少南京宮裏烤鴨的高手北上，專門爲皇家服務。明代永樂十四年（1418），老北京第一家民間烤鴨（那時還叫燒鴨）店"便宜坊"在菜市口米市胡同挂牌

---

① 由《説郛》本派生的一卷本《朝野僉載》中没有這一節文字。這裏摘引自據《太平廣記》輯録的六卷本《朝野僉載》，張鷟著，北京：中華書局，1979 年，第 31—32 頁。

② （宋）孟元老撰，伊永文箋注：《東京夢華録》，北京：中華書局，2006 年，第 189 頁。

③ （宋）周密撰，李小龍、趙鋭平注：《武林舊事》，北京：中華書局，2007 年，第 167 頁。

④ （宋）吳自牧，符均、張社國校注：《夢粱録》，西安：三秦出版社，2004 年，第 244 頁。

⑤ （元）忽思慧著，張工彧校注：《飲膳正要》，北京：中國中醫藥出版社，2009 年，第 27 頁。

⑥ （元）鄭廷玉：《看錢奴買冤家債主》，《元人百種曲》（第八册），吳興臧氏據《元曲選·癸集上》，明末重印本，第 31—32 頁。

⑦ （明）宋詡：《宋氏養生部》，張宇光主編《中華飲食文獻彙編》，北京：中國國際廣出版社，2009 年，第 266 頁。

⑧ （明）謝肇淛：《五雜俎》，韓梅、韓錫鐸點校，北京：中華書局，2021 年，第 359 頁。

⑨ （明）蘭陵笑笑生：《金瓶梅詞話》，香港：太平書局據原藏北京圖書館、現藏美國明萬曆年間刊本影印，1982 年，第 1171、879、1388—1389 頁。

開業,這是北京第一家烤鴨店①。據此可知北京烤鴨店實際上已經有六百年的歷史。可見,無論是作爲一種烹飪方法,還是筵席上的一道佳餚,烤鴨的歷史都十分悠久。

不過,南京燒鴨傳到北京後,也有了不小的變化。徐珂《清稗類鈔·飲食類》"京師食品"條:"填鴨之法,南中不傳。其制法有湯鴨、爬鴨之別,而尤以燒鴨爲最,以利刃割其皮,小如錢,而絶不黏肉。"②填鴨,是北京烤鴨創新的做法。

古代烤鴨大概没有今天北京烤鴨這麽廣受歡迎,廣爲人知。《紅樓夢》作爲一部百科全書式的文學巨著,跟北京有千絲萬縷的聯繫,其中描寫過的美食無數,但没有一處寫到烤鴨。《紅樓夢》描寫的鴨子的烹制方法,有清蒸,燉煮,就是没有燒烤。第五十四回:"鳳姐兒忙回説:'有預備的鴨子肉粥。'"③(第 590 頁)第六十二回:"小燕接着,揭開裏面是一碗蝦丸鷄皮湯,又是一碗酒釀清蒸鴨子,一碟醃的胭脂鵝脯,還有一碟四個奶油松瓤卷酥。"(第 681 頁)

二、"烤鴨"中"烤"字的出處

一些談"烤鴨"中的"烤"字的文章,都採取了這樣的説法:源自現代著名畫家齊白石的一次給店鋪題寫匾額。馬南邨(鄧拓)《燕山夜話》(五集)中一篇題爲《"烤"字考》的文章,其中有一節讀者寫給馬南邨的信中文字,如下:

> 烤肉宛有齊白石所寫的一個招牌,寫在一張宣紙上,嵌在鏡框子裏。文曰:"清真烤肉宛。"在正文與題名之間,夾注了一行小字……曰:"諸書無烤字,應人所請,自我作古。"……看了,叫人覺得:這老人實在很有意思! 因在寫信時問了朱德熙,諸書是否真無烤字……前已得德熙回信,云:"烤字《説文》所無。《廣韻》《集韻》並有燺字,苦浩切,音考,注云:火乾。《集韻》或省作熇,當即烤字。燺又見《龍龕手鑒》,苦老反,火乾也。"烤字連《康熙字典》也没有,確如白石所説,諸書所無。④

這節文字中,有三點值得稍作討論。其一是,齊白石題名夾注"諸書無烤字""應人所請,自我作古"是否實情;其二是,朱德熙的查考有無問題;其三是,齊白石題字中的"烤"字實際上指烤牛肉、烤羊肉(據説,烤肉宛以烤牛肉最爲著名,烤羊肉最有名的是烤肉季),並不包括烤鴨。

齊白石夾注所言,有兩種可能:一種是,齊白石的確不曾在文獻中見過"烤"字;另一種是,齊白石在文獻中偶爾見過,只是他給"烤肉宛"題名時想不起來了,因而誤以爲是自己發明的。

關於朱德熙先生的考證,有兩點需要説明:其一是,把"烤"字聯繫到"燺"字,並非

① 朱伟:《考吃》,北京:中国人民大學出版社,2005 年,第 218 頁。
② (清)徐珂:《清稗類鈔》,北京:中華書局,2010 年,第 13 册第 6245 頁。
③ (清)曹雪芹、高鶚著,俞平伯校,啓功注:《紅樓夢》,北京:人民文學出版社,2000 年。文中所引《紅樓夢》例句均出自此書,其出處直接標注在正文中的引文後。此書以程乙本作底本。檢庚辰本、脂評本,亦均用"烤"字。
④ 馬南邨:《燕山夜話》(合集),北京:北京出版社,1979 年,第 458 頁。

朱德熙先生首創。朱先生給鄧拓的讀者寫信解答"烤"字來歷是 1962 年。但是,在這之前,已經有語言學家這麼做了。丁聲樹編録、李榮參訂的《古今字音對照手册》初版於 1958 年,已經把"烤""燺"當作同一個字了,"考攷烤(燺)＊拷——苦浩切"①。其二是,朱德熙先生當時不瞭解,《紅樓夢》中其實已經出現過"烤"字了。請看:

1. 第三十九回:賈母道:"必定是過路的客人們,冷了,見現成的柴,抽些烤火去,也是有的。"(第 416 頁)

2. 第四十二回:寶釵笑道:"你那裏知道。那粗色碟子保不住不上火烤。不拿薑汁子和醬先抹在底子上烤過,一經了火是要炸的。"(第 454 頁)

3. 第五十二回:(麝月)便去找了一塊紅緞子角兒,鉸了兩塊指頂大的圓式,將那藥烤和了,用簪挺攤上。(第 557 頁)

4. 第五十四回:且説寶玉一徑來至園中,衆婆子見他回房,便不跟去,只坐在園門裏茶房裏烤火,和管茶的女人偷空兒飲酒鬥牌。(第 580 頁)

《紅樓夢》中的"烤"字有兩個意思,一是烤火取暖(例 1、4),二是把東西放在火上烤(例 2、3),没有表示用火燒烤鷄鴨等食材的烹飪方法的。表示"燒烤"意思的,《紅樓夢》用"燒"字。請看:

5. 第九回:金榮笑道:"我現拿住了是真的!"説着,又拍着手笑嚷道:"貼的好燒餅! 你們都不買一個吃去?"(第 100 頁)

6. 第四十九回:三個人圍着火,平兒便要先燒三塊吃。(第 530 頁)

7. 第七十五回:果然賈珍煮了一口豬,燒了一腔羊,餘者桌菜及果品之類不可勝記。(第 836 頁)

例 5 是"燒餅",不是"烤餅";例 6 是指烤鹿肉;例 7 是指烤羊。單就《紅樓夢》語言而論,"燒"字適用於餅、鹿肉、羊肉,不包括鷄、鴨。

三、"烤肉"與"烤鴨"出現的時間先後

"烤肉"與"烤鴨"兩個詞語的出現時間是不一樣的。

《紅樓夢》之前,"烤"字文獻中未見。今天的烤鴨,一般都稱"燒鴨"。請看:

元忽思慧《飲膳正要》卷一:燒鴨子②。

清潘榮陛《帝京歲時紀勝》(1758 年刊印)"八月・時品"篇:"中秋桂餅之外,則滷餡芽韭稍麥,南爐鴨,燒小豬,挂爐肉,配食糟發麵團,桂花東酒。"③

清楊米人《竹枝詞》:"兩紹三燒要滿壺,挂爐鴨子與燒豬。"④

北京出生長大的現代散文作家梁實秋(1903—1987),其《雅舍談吃》收了兩篇文章,一篇叫《烤羊肉》,一篇叫《燒鴨》。其中《烤羊肉》中説:"北平中秋以後,螃蟹正肥,烤羊肉亦一同上市……説起烤肉就是烤羊肉。"吃法有較爲斯文的和較爲粗放的兩

---

① 丁聲樹編録,李榮參訂:《古今字音對照手册》,北京:中華書局,1981 年,第 108 頁。

② 《飲膳正要》,第 27 頁。

③ (清)潘榮陛:《帝京歲時紀勝》,北京:北京古籍出版社,2015 年,第 30 頁。

④ (清)楊米人等:《清代北京竹枝詞(十三種)》,北京:北京古籍出版社,1962 年,第 22 頁。

種："正陽樓的烤肉支子，比烤肉宛烤肉季的要小得多，直徑不過一尺，放在四張八仙桌子上，都是擺在小院裏，四圍是四把條凳。三五個一夥圍着一個桌子，抬起一條腿踩在條凳上，邊烤邊飲邊吃邊説笑，這是標準的吃烤肉的架勢。不像烤肉宛那樣的大支子，十幾條大漢在熊熊烈火周圍，一面烤肉一面烤人。"①《燒鴨》一開篇就説："北平烤鴨，名聞中外。在北平不叫烤鴨，叫燒鴨，或燒鴨子，口語中加一子字。"②可知當時北平，烤羊肉已經用"烤"字，而烤鴨仍用"燒"字。

但是，《燒鴨》一文中的如下幾句話，又透露出當時人們開始稱"烤鴨"的信息："填鴨費工費料，後來一般餐館幾乎都賣燒鴨，叫做叉燒烤鴨，連悶爐的設備也省了，就地一堆炭火一根鐵叉就能應市。"

可見，梁實秋是親歷北京人從稱"燒鴨"到"烤鴨"變化的一代人。

比梁實秋年長四歲、同是北京出生的作家老舍（1899—1966），他的長篇小説《四世同堂》中，情况跟梁實秋散文差不多。"烤肉""烤鴨（子）""燒鴨"並存。請看：

第 26 節：吃安兒胡同的烤肉怎樣？/瑞豐聽到安兒胡同與烤肉，口中馬上有一大團饞涎往喉中流去，噎得他没能説出話來，而只極懇切的點頭。/烤肉是最實際的東西，他們暫時忘了其他的一切。

第 2 節：一來客，他總是派人到便宜坊去叫挂爐燒鴨，到老寶豐去叫遠年竹葉青。

第 19 節：今天，有人送來了一隻烤鴨子！我決不能跟你鬧客氣！③

老舍的《駱駝祥子》裏，共出現了三回"烤"字，都是烤火的意思。如下：祥子蹲在爐旁，烤着手；手並不冷，因爲没地方安放，只好烤一烤。/祥子一氣跑回了家。抱着火，烤了一陣，他哆嗦得像風雨中的樹葉。/有的屋頂漏得像個噴壺，把東西全淋濕，忙着往出搬運，放在爐旁去烤，或擱在窗臺上去曬④。

四、"烤"與"燺""熇"

丁聲樹、朱德熙等把"烤"字溯源至"燺"，還有人進而溯源至"熇"。《辭源》《漢語方音字彙》《漢語大詞典》便是如此。

《辭源》："熇，用火烘焙。同'烤'。《集韻》：'熇，烘焙也，或從告。'《集韻》上聲皓韻苦浩切。"⑤

《漢語方音字彙》（第二版）"烤"字下中古音説明是"效開一上皓溪"（效攝開口一等皓韻溪聲），注釋云："又口到切，效開一號溪。"⑥

① 梁實秋：《雅舍談吃》（修訂本），南京：江蘇人民出版社，2020 年，第 40 頁。
② 《雅舍談吃》（修訂本），第 34 頁。
③ 老舍：《四世同堂》，北京：人民文學出版社，2012 年，第 267、17、173 頁。
④ 老舍：《駱駝祥子 二馬》，北京：人民文學出版社，2016 年，第 119、146 頁。
⑤ 商務印書館編輯部編：《辭源》（修訂本重排版），北京：商務印書館，1988 年。
⑥ 北京大學中國語言文學系語言學教研室編：《漢語方音字彙》（第二版），北京：文字改革出版社，1989 年。

《漢語大詞典》:"熇,《集韻》苦浩切,上皓,溪。① 烘烤。後作'烤'。② 一種烹飪方法。用微火煮,使食物的湯減少變濃。北魏賈思勰《齊民要術·八和虀》:'熟搗芥子……微火上攪之,少熇,覆甌瓦上,以灰圍甌邊,一宿則成。'繆啟愉校釋:'熇,音考,指火乾;少熇,待稍稍乾燥。'"[①]第二個義項就是現在所説的收汁,一般做法是大火收汁。

溯源至"熇",歷史就悠久了。《説文解字》火部:"熇,火熱也。從火高聲。《詩》曰:'多將熇熇。'"《詩·大雅·板》:"多將熇熇,不可救藥。"兩句詩的意思是,多行不義之事,事態如同熾盛的火勢,沒法收拾,國家將亡,不可救藥了。

從考本字的一般要求看,從"烤"到"燶",再到"熇",推論都不盡如人意。"烤鴨"的"烤"是烘烤的意思,"燶"《廣韻》釋義是"火乾",《集韻》的釋義是"燥也"。意思上的對應,不是很合榫。只有讀音上可以對應。"熇"字,徐鉉認爲應該是從火、嗃省聲,火屋切,折合成現代讀音,應該是[xu],語音上完全不合;語義上"火熱"跟"烘烤""火乾""燥也"雖然可算同義關係,但説它們是同源關係却不免武斷。還有,文獻上也幾乎沒有什麼可靠的佐證。總之,所有聯繫都只能説"有點像",最多可以稱之爲近義詞,難以得出幾個字是同一個字(詞)的結論。

五、"烤"與"燔""炙""燒"

從詞義的接近度和詞彙搭配、使用情況看,"烤"字跟"燒""炙""燔"更接近些。

《説文》火部:"燒,蓺也。"作爲烹飪方法之一,"燒"指先用油煤,再以湯汁炒或燉;或先煮熟再用油煤。《禮記·内則》:"魚鱠炒(蒸);雛燒;雉;鷃無蓼。"鄭玄注:"燒煙於火中也。"[②]蘇軾《新城道中》詩之一:"西崦人家應最樂,煮芹燒筍餉春耕。"[③]《宋史·趙普傳》:"已而太宗至,設重裀地坐堂中,熾炭燒肉。"[④]劉鶚《老殘遊記》第四回:"那後邊的兩個人抬着一個三屜的長方抬盒……第三屜是一個燒小豬、一隻鴨子,還有兩碟點心。"[⑤]

"燒"字組成的詞語有燒羊、燒豬、燒餅、燒臘、燒鴨等。

燒羊。蘇軾《與孫叔静書》之一:"燒羊蒙珍惠,下逮童孺矣。"[⑥]

燒豬。蘇軾《戲答佛印》詩:"遠公沽酒飲陶潛,佛印燒豬待子瞻。"[⑦]宋周紫芝《竹坡詩話》:"東坡喜食燒豬,佛印住金山時,每燒豬以待其來。一日爲人竊食,東坡戲作小詩云:遠公沽酒飲陶潛,佛印燒豬待子瞻。採得百花成蜜後,不知辛苦爲誰甜。"[⑧]

---

① 羅竹風等:《漢語大詞典》(縮印本),上海:上海辭書出版社,2007 年。

② (東漢)鄭玄注,(唐)孔穎達疏:《禮記正義》,《十三經注疏》,北京:中華書局,1980 年,下册第 1466 頁。

③ (清)馮應榴輯注,黃仁軻、朱懷春校點:《蘇軾詩集合注》,上海:上海古籍出版社,2001 年,第 1 册第 411 頁。

④ (元)脱脱等:《宋史》,北京:中華書局,1977 年,第 8932 頁。

⑤ (清)劉鶚:《老殘遊記》,北京:人民文學出版社,1982 年,第 34 頁。

⑥ (宋)蘇軾:《蘇軾文集》,北京:中華書局,1986 年,第 1 册第 1776 頁。

⑦ 《蘇軾詩集合注》,第 6 册第 2490 頁。

⑧ (宋)周紫芝:《竹坡詩話》,《觀林詩話(及其他三種)》,北京:中華書局,1985 年,第 28 頁。

燒餅。北魏賈思勰《齊民要術》卷九《餅法》："作燒餅法：面一斗，羊肉二斤，蔥白一合，豉汁及鹽，熬令熟，炙之，面當令起。"①清李斗《揚州畫舫錄》卷一《草河錄上》"茶肆"條："雙虹樓燒餅，開風氣之先，有糖餡、肉餡、乾菜餡、莧菜餡之分。"②

燒臕。章炳麟《新方言·釋器》："《説文》：臕，肉羹也。字亦作膲。《釋名》：膈，蒿也。香氣蒿蒿也。今人乃稱燔豚爲燒臕，膈音如靠。"③

燒鴨。李伯元（字寶嘉）《官場現形記》第二十九回："此時糖葫蘆嘴裏正銜着一塊荷葉卷子，一片燒鴨，嘴唇皮上油晃晃的。"④

《説文》火部："燔，蓺也。"《詩·小雅·瓠葉》："炮之燔之。"這是指燒烤的動作。《左傳·襄公二十二年》："與執燔焉。"這是指用於祭祀的烤肉。

炙，《詩·小雅·瓠葉》："有兔斯首，燔之炙之。"傳：炕火曰炙。這裏的"炙"是燒烤的意思。《詩·小雅·楚茨》："爲俎孔碩，或燔或炙。"毛傳："炙，炙肉也。"《禮記·曲禮上》："膾炙處處，醢醬處内。"這裏的"炙"指燒烤的肉。

"炙"字組成的詞語有炙肉、炙羊、炙魚、炙鼠、炙膾、炙鷄絮酒等。

炙肉。《東觀漢記》卷十二《竇固傳》："炙肉未熟，人人長跪前割之，血流指間，進之於固。"⑤宋孟元老《東京夢華錄》卷之八"是月巷陌雜賣"："是月時物，巷陌路口，橋門市井，皆賣大小米飯、炙肉、乾脯。"⑥

炙羊。《晉書》卷四十九《王尼傳》："輔之等入，遂坐馬廄下，與尼炙羊飲酒，醉飽而去，竟不見護軍。"⑦

古代漢語有"炙鷄絮酒"一詞，范曄《後漢書·徐稺傳》："稺嘗爲太尉黄瓊所辟，不就。及瓊卒歸葬，稺乃負糧徒步到江夏赴之，設鷄酒薄祭，哭畢而去，不告姓名。"李賢注引謝承《後漢書》曰："稺諸公所辟雖不就，有死喪負笈赴弔。常於家豫炙鷄一隻，以一兩綿絮漬酒中，暴乾以裹鷄，徑到所起冢隧外，以水漬綿使有酒氣，斗米飯，白茅爲藉，以鷄置前，酹酒畢，留謁則去，不見喪主。"⑧意思是用棉絮將烤熟的鷄包好去弔祭朋友。後用來指以菲薄的祭品祭祀亡友。

六、從漢語方言看"炙""燒""烤"關係

即使按照明代由宫廷禦厨把烤鴨由南京帶到北京的説法，一開始的時候，也未必叫"烤鴨"。因爲在相當長的時間裏，今天的烤鴨在當時都仍被叫做燒鴨。

京城老便宜坊 1934 年曾在報紙上刊登"首創燜爐燒鴨"的廣告云："本坊自金陵移平三百餘年，首創燜爐燒鴨燒鷄，精制各種菜譜，屢承中外士媛交相贊許，認本坊所

① （北魏）賈思勰等著，劉銘點校：《齊民要農書茶經》，濟南：山東人民出版社，2020 年，第 322 頁。
② （清）李斗撰，潘愛平評注：《揚州畫舫錄》，北京：中國畫報出版社，2014 年，第 20 頁。
③ 章炳麟著，蔣禮鴻校點：《新方言》，《章太炎全集》，上海：上海人民出版社，2014 年，第 119 頁。
④ （清）李寶嘉：《官場現形記》，北京：中華書局，2013 年，第 304 頁。
⑤ （東漢）劉珍等：《東觀漢記》，北京：中華書局，2008 年。
⑥ 《東京夢華錄》，第 771 頁。
⑦ （唐）房玄齡等：《晉書》，北京：中華書局，1974 年，第 5 册第 1381 頁。
⑧ （南朝宋）范曄：《後漢書》，北京：中華書局，第 1747—1748 頁。

燒雞鴨爲中國第一美味，深合衛生美旨，是以歐美雜誌，均有記載。”①

從現代漢語方言的情況看，有如下現象：烤、炙、燒三個詞，用得最多的是“燒”，“炙”來源較爲古老，但在某些南方方言中也是常用詞，“烤”字今天已經在全國各地方言中普遍使用，但不難看出，它是一個相當晚起的詞。

“炙”字使用較多的是廣東、江西、四川一帶。例如：

炙衫褲：廣東梅縣。　　　　　　　　　炙酒：廣東梅縣。

炙豬肉：江西雩都。

炙鍋：四川成都（用油先熱鍋，以便炒菜時不粘鍋、受熱均勻等）。

炙火：湖南長沙、江西南昌、萍鄉、黎川、雩都，廣東梅縣，福建建甌。②

“燒”字在現代漢語方言中的使用的普遍程度和組詞能力，都在“烤”字之上。請看：

燒餅：閩語指春捲。　　　　　　　　　燒鴨：閩語指烤鴨。

燒豬：粵語，舊俗表示女子婚前貞潔的菜肴。

燒臘：西南官話，醃肉、鹵肉統稱。　　燒饃：晉語，烙餅。

燒糜：閩語，熱稀飯。　　　　　　　　燒乾腸：中原官話，燒豬大腸。

燒牙祭：西南官話，指改善伙食，會餐加菜。

燒豆腐：西南官話，雲南建水指一種臭豆腐。

燒乳豬：粵語。　　　　　　　　　　　燒魚子：客家話，油炸魚。

燒餅子：東北官話，燒餅。　　　　　　燒粑粑：西南官話。③

以下是“烤”的情況：

烤地瓜：山東牟平、濟南。　　　　　　烤紅薯：山西萬榮、湖南長沙。

烤番薯：浙江杭州。　　　　　　　　　烤饃：陝西西安、山西萬榮。

烤麥餅：浙江金華，餡兒餅。　　　　　烤子魚：上海、鳳尾魚。

烤肉：新疆烏魯木齊。　　　　　　　　烤全羊：新疆烏魯木齊。

烤菌菇：廣西柳州。　　　　　　　　　烤菸：山東濟南、貴州貴陽。

烤餅：湖南長沙，烙成的餅。　　　　　烤麵包：浙江杭州。

烤麩：江蘇揚州，浙江杭州、寧波，一種用麵糊發酵製成的食品。

烤糕：山西太原，倒少量油把蒸熟的黍子面放在鏊子上烤得焦黃。

烤雞：浙江杭州，熟食品，肚子中加上蔥、味精等作料，挂在特制的爐子裏烤熟的雞。

烤爐：廣西南寧平話。　　　　　　　　烤鴨：南京、洛陽。④

如果説北京烤鴨源自明朝南京禦厨入京帶來的南京名菜“加作料後挂在烤爐中烤熟的鴨子”，而這之前北京話中又未見使用“烤”字，那麼，“烤”也有可能源自明朝的

①　《考吃》，第219頁。

②　李榮等：《現代漢語方言大詞典》，南京：江蘇教育出版社，2002年，第2333頁。

③　許寶華、宮田一郎等：《漢語方言大詞典》，北京：中華書局，1999年，第5056—5066頁。

④　《現代漢語方言大詞典》，第3398—3399頁。

南京話。但是,從現代方言情況看,南京話中的"烤"字似乎也是晚起的用法。烤火,南京老派説"烘火"。還有一個情況,粤方言區現在是"烤乳豬""燒乳豬"或"烤豬""燒豬"並用,但是,"烤乳豬"和"烤豬"是後起的説法,從前只有"燒乳豬""燒豬"的説法。當然,比"燒乳豬"更早的説法是"燒腤"。

七、由"燒"轉"烤"的原因

根據上述種種情況,大致可以判斷,"北京烤鴨"是從"北京燒鴨"演變而來的。演變的原因,有如下幾種可能:

1. 當時北京方言中已經開始有人把"烤"字用在指稱烹飪方法上。《紅樓夢》的幾個用例,就是證明。

2. "燒"字使用過於廣泛,組詞能力過强,其中有許多貶義色彩和表示不吉利意思的詞語(燒包、燒子、燒心、燒牛屎堆、燒兒媳婦、燒貨、燒埋、燒七、燒書之類①),容易産生歧義,率先以"烤肉""烤鴨"命名店鋪者對此心有不滿。

3. 率先以"烤肉""烤鴨"命名店鋪者認爲自己的烹調方法有創新、獨特之處,需要改換字眼加以表示,於是用"烤"字替換"燒"字。

至於"烤肉""烤鴨"中的"烤"字最初出現時間,或者説"烤"字替換"燒"的轉捩點,是不是 1946 年齊白石題寫"清真烤肉宛",需要作進一步的調查研究。北京的"烤肉宛"傳説創始於康熙二十五年(1686),以烹制烤牛肉著稱,所烤牛肉號稱"賽豆腐",十分鮮嫩。有人説齊白石先生一生數次光臨烤肉宛,第一次吃完後乘興寫了個"烤"字,1946 年題寫匾額,是第二次。第二次還畫了《梅花圖》贈送烤肉宛,題詩有兩句云"步寒松柏同精健,知是無生熱血多"②。

衆所周知,今天的"便宜坊"是烤鴨店,以燜爐烤鴨著稱。但是,明永乐年间,烤鴨從南京传到北京之初,应该是叫"烧鸭"的。有人说烤鸭进京之初,名称是"金陵片皮烤鸭"③,恐怕不确。從"燒鴨"改稱"烤鴨"的具體時間,難以考知。

晚清人所著的《都門彙纂》卷一"食品"中,寫到北京有擅做燒鴨攢盤的東便宜坊④;1935 年馬芷庠編著、張恨水審定的《北平旅行指南》中還説,創辦于明成祖時的老便宜坊,拿手菜爲"燒鴨"和"西法鴨肝"。到 1935 年已"開設百餘年"的全聚德,拿手菜有"蘑菇鷄、砂鍋鷄、炸鴨肝、三不沾、金錢冬筍、烤鴨"。民國二十四年(1935)新張的華英全,拿手菜是"挂爐烤鴨"和"應時小菜"。春明樓的拿手菜是"烤大蝦"和"烤

---

① 燒包,北京、東北、天津、山東一帶的説法,有點錢總想花出去。燒子,蘭銀官話,傻子。燒心,北京話,心急如焚。燒牛屎堆,舊時指抽大煙時一種不高明的燒煙泡的方法。燒兒媳婦,晉語,强姦兒媳婦。燒貨,北京話,燒冥器給逝者。燒埋,辦理喪事,安葬死者。燒七,膠遼官話、江淮官話、西南官話、閩語等,燒紙祭祀。燒書,晉語,一種祭祀形式。

② 《燕山夜話》(合集),第 459 頁。

③ 《考吃》,第 218 頁。

④ (清)楊靜亭編都志群點校:《都門彙纂(外二種)》,北京:北京出版社,2017 年,第 43 頁。

鱥魚"①。也就是説,到上世紀 30 年代中期,最古老的便宜坊仍稱"燒鴨",全聚德、華英全等始稱"烤鴨"。從春明樓的"烤大蝦""烤鱥魚"看,用於菜名的"烤"開始流行。

1957 年北京出版社出版的《北京遊覽手册》②中,再提到便宜坊和全聚德,都注明爲烤鴨店。可見烤字出現應當在 1935 年到 1959 年這 24 年間③。

可以肯定,北京烤鴨有一段時間是"燒鴨""烤鴨"並用混用的。

八、餘 論

綜上,我們可以獲知如下兩個演變系列:

1. 烹調方法用詞演變系列:燔→炙→燒→烤(火)→烤(牛羊肉)→烤(鴨);
2. 音義演變系列:熇……→燺(簡省→熇)……→烤。

説實話,兩個系列的勾畫,都不盡如人意,中間的銜接情況幾無所知。

考證方言本字,即"考求未見著録的某個音義結合體"④,一般做法是,找出與代表中古語音的《切韻》系統韻書(《廣韻》《集韻》等)中音義吻合且有文獻佐證的一個字形,即告完成。但是,"烤鴨"的"烤"字有幾點特殊情況:一是從"烤"到"燺"再到"熇",音義上的對應情況並不理想;二是作爲烹調方法,"烤"的前身是"燒""炙""燔",不是"燺"或"熇"。可見,"熇—燺—烤"並不是一脈相承的關係,而可能有偶然因素的作用,半路殺出個程咬金,原因可能是方言詞彙的突然進入,也可能是某個人(比如烤肉宛東家或某個烤鴨店創始人)出於某種心理的突發奇想。總之,"烤"字突然取代了烹調界廣泛使用的"燒"字——準確説法是侵占了"燒"字的部分使用場合。

可以説,"烤"字給方言本字考證工作提出了新的課題,新的挑戰。

---

① 馬芷庠編,張恨水審定:《老北京旅行指南》,北京:燕山出版社據 1935 年出版《北平旅行指南》重排,1997 年,第 256—257 頁。
② 北京出版社編:《北京遊覽手册》,北京:北京出版社,1957 年,第 132—133 頁。
③ 辛酉生:《烤鴨之"烤"》,《北京文摘》,2018 年 9 月 6 日第 16 版。
④ 李榮:《考本字甘苦》,《方言》1997 年第 1 期。又見其《方言存稿》,北京:商務印書館,2012 年,第 242 頁。

晚明日用類書"諸夷門"所見"山海異物"考略[*]

王 强

摘 要：晚明日用類書"諸夷門"所見"山海異物"，分爲神類、禽類、獸類、魚蟲類，凡一百四十六種。其版式大體上分爲上中下三部分：上爲題名，中爲圖像，下爲釋文。此類圖像當是建陽畫工以宋代舒雅《山海經圖》爲底本繪刻，綫條粗放樸實，古趣盎然，具有建安版畫的鮮明特徵。"山海異物"所録圖文一定程度上保留了宋代《山海經圖》的風貌，是明代圖注《山海經》風氣下的産物，具有鮮明的時代特徵與重要的藝術價值。

關鍵詞：日用類書；諸夷門；山海異物；舒雅；《山海經圖》

　　類書作爲資料彙編性質的書籍，在中國有悠久的歷史。按照編纂時提供的用途，有一類專門滿足百姓日常生活所需，酒井忠夫將其稱爲"日用類書"[①]，並將《新鍥全補天下四民利用便觀五車拔錦》（以下簡稱《五車拔錦》）、《新刻天下四民便覽三台萬用正宗》（以下簡稱《三台正宗》）、《新鍥燕臺校正天下通行文林聚寶萬卷星羅》（以下簡稱《萬卷星羅》）、《新鍥萬軸樓選删補天下捷用諸書博覽》、《新刻翰苑廣記補訂四民捷用學海群玉》（以下簡稱《學海群玉》）、《錦繡萬花谷全文林廣記》、《鼎鍥崇文閣彙纂士民萬用正宗不求人全編》（以下簡稱《萬用正宗》）、《新刻全補士民備覽便用文林彙錦萬書淵海》（以下簡稱《萬書淵海》）、《新刻搜羅五車合併萬寶全書》（以下簡稱《五車合併》）、《新刻眉公陳先生編輯諸書備採萬卷搜奇全書》（以下簡稱《搜奇全書》）、《新刻艾先生天禄閣彙編採精便覽萬寶全書》（以下簡稱《萬寶全書》）、《鼎鐫李先生增補四民便用積玉全書》（以下簡稱《積玉全書》）、《新刻人瑞堂訂補全書備考》（以下簡稱《全書備考》）、《新刻四民便用不求人博覽全書》、《新板全補天下便用文林妙錦萬寶全書》（以下簡稱《文林妙錦》）等歸在明代日用類書目下[②]。

　　此外，此類書籍尚有《鼎鍥崇文閣彙纂士民捷用分類學府全編》（以下簡稱《分類學府》）、《鼎鍥龍頭一覽學海不求人》（以下簡稱《龍頭一覽》）、《新刻增補士民備覽萬珠聚囊不求人》（以下簡稱《萬珠聚囊》）、《新刻鄴架新裁萬寶全書》（以下簡稱《鄴架新裁》）、《新刻四民便覽萬書萃錦》（以下簡稱《萬書萃錦》）、《新刻群書摘要士民便用一

　　*　作者簡介：王强，許昌學院文史與傳媒學院副教授，主要從事先秦兩漢文學研究。
　　基金項目：教育部人文社會科學研究青年基金項目"明清山海經圖版本傳承與流變研究"（17YJC751040）；河南省哲學社會科學規劃項目《山海經》版本研究"（2020BWX022）。

　　①　〔日〕酒井忠夫：《明代の日用類書と庶民教育》，載林友春編《近世中國教育史研究》，東京：東京都國土社，1958 年，第 62—74 頁。
　　②　〔日〕酒井忠夫：《中國日用類書史の研究》，東京：國書刊行會，2011 年，第 103—144 頁。

事不求人》(以下簡稱《群書摘要》)、《新刊天下民家便用萬錦全書》(以下簡稱《萬錦全書》)等。

明萬曆至崇禎,日用類書大量湧現,形成一時之景觀,而刊刻者,以福建建陽書坊爲主。日用類書內容凡天文、地輿、人紀、諸夷、官職、律例、文翰、婚娶、喪祭、棋譜、書法、相法、詩對等,"凡人世所有,日用所需,靡不搜羅而包括之"①。而"諸夷門"所載"山海異物",圖文並茂,內容豐富,對研究古代《山海經圖》的發展演變具有重要的研究價值。

一、晚明日用類書基本情況

明代自成化、弘治以來,印書業逐漸發達,"至嘉靖、萬曆而極盛"②。而作爲明代重要的刻書之地,建陽的印書業極爲隆盛。景泰《建陽縣誌續集》載:"天下書籍備於建陽之書坊,書目具在,可考也。"③崇化里之書市,"比屋皆鬻書籍,天下客商販者如織,每月以一、六日集"④。明代建陽有姓名可考的刻書家多達一百三十一人,有名稱可查之書肆有六十四家,各種已知刻本六百五十五種⑤。而這其中,"以余、劉、熊三家族居主導地位,鄭、葉、楊、陳諸氏緊隨其後,肖、詹、黃、張諸姓先後躋身期間,出現了書家蜂起,刻家輩出,書鋪林立、百肆爭刻的繁榮景象。建陽的坊刻業在明代達到極盛,成爲全國刻書最多的一個地方"⑥。余氏雙峰堂(余孟和、余象斗)、余氏萃慶堂(余彰德、余泗泉)、余氏自新齋、余氏怡慶堂(余良史、余憲初)、劉氏安正堂(劉宗器、劉仕中、劉求茂)、劉氏慎獨齋(劉洪)、劉氏喬山堂(劉福榮、劉大易)、熊氏種德堂(熊宗立、熊成冶)、熊氏博雅堂、熊氏一峰堂、熊氏誠德堂(熊清波)、葉氏翠軒、葉氏作德堂、鄭氏宗文堂(鄭希善、鄭世豪)、鄭氏聯輝堂(鄭純鎬)、鄭氏人瑞堂(鄭尚玄)、陳氏積善堂(陳孫安、陳賢)、黃氏興正堂(黃秀宇)、張氏新賢堂(張閩岳)、朱氏與耕堂、王氏普敬堂(王興泉)、楊氏清江書堂、楊氏歸仁齋(楊員壽)、蕭氏師儉堂(蕭鳴盛、蕭少衢、蕭騰鴻)、詹氏進德書堂便是其中佼佼者⑦。各書坊刻印書目涉及科舉應試之書、醫書、民間日用類書、通俗文學之書等。而民間日用類書中,多收錄"山海異物"一類,不完全統計如下:

①　(明)余象斗:《新刻天下四民便覽三台萬用正宗·類聚三台萬用正宗引》,萬曆二十七年(1599)余氏雙峰堂刊本。

②　張秀民:《中國印刷史》,上海:上海人民出版社,1989年,第338頁。

③　(明)趙文、黃璿纂修,袁銛續修:(景泰)《建陽縣誌》,《四庫全書存目叢書》史部第176冊,濟南:齊魯書社,1996年,第87頁下。

④　(明)馮繼科:(嘉靖)《建陽縣誌》卷三,《天一閣藏明代方志選刊》41,上海:上海古籍書店1982年影印本。

⑤　謝水順、李珽:《福建古代刻書》,福州:福建人民出版社,1997年,第333頁。

⑥　《福建古代刻書》,第14頁。

⑦　李瑞良主編,福建省地方誌編纂委員會編:《福建省志·出版志》,福州:福建人民出版社,2008年,第30—32頁。

表 1　相關類書的基本情況

書　名	卷　數	刊　年	撰者	刊者	堂號	藏　處
新鍥全補天下四民利用便觀五車拔錦	十册三十三卷	萬曆二十五年(1597)	徐三友	鄭雲齋	寶善堂	日本東京大學東洋文化研究所
新刻天下四民便覽三台萬用正宗	十册四十三卷	萬曆二十七年(1599)	余象斗	余象斗	雙峰堂	日本東京大學東洋文化研究所
新鍥燕臺校正天下通行文林聚寶萬卷星羅	三十九卷	萬曆二十八年(1600)序	徐會瀛	詹聖謨	静觀室	日本京都大學人文科學研究所東方文化研究所
新刻翰苑廣記補訂四民捷用學海群玉	四册二十三卷(缺卷十五至卷二十)	萬曆三十五年(1607)序	武緯子	熊冲宇	種德堂	日本東京大學東洋文化研究所
鼎鍥崇文閣彙纂士民萬用正宗不求人全編	十二册三十五卷	萬曆三十五年(1607)	龍陽子	余象斗		日本東京大學東洋文化研究所
鼎鍥崇文閣彙纂士民捷用分類學府全編	七册三十五卷	萬曆三十五年(1607)	龍陽子	劉太華		美國國立國會圖書館
新刻全補士民備覽便用文林彙錦萬書淵海	六册三十七卷	萬曆三十八年(1610)	徐企龍	楊欽齋	清白堂	日本前田育德會尊經閣文庫
新板全補天下便用文林妙錦萬寶全書	三十八卷	萬曆四十年(1612)	劉雙松	劉雙松	安正堂	美國哈佛大學燕京圖書館(七册)、日本東京大學綜合圖書館(十册)
鼎鍥龍頭一覽學海不求人	五册二十二卷(缺卷九至卷十三)	萬曆年間(1573—1620)				日本東京大學東洋文化研究所
新刻搜羅五車合併萬寶全書	八册三十四卷	萬曆四十二年(1614)序	徐企龍		樹德堂	日本宫内廳書陵部
新刻鄴架新裁萬寶全書卷	存二十四卷	萬曆四十二年(1614)序	冲懷			日本東京大學東洋文化研究所
新刻增補士民備覽萬珠聚囊不求人	四册二十六卷	萬曆年間(1573—1620)	葆和子	朱仁齋	與耕堂	日本市立米澤圖書館
新刻四民便覽萬書萃錦	六册三十六卷	萬曆年間(1573—1620)	趙植吾	詹林我	進賢堂	日本山口大學圖書館
新刻群書摘要士民便用一事不求人	四册二十二卷	萬曆年間(1573—1620)	陳允中	熊冲宇	種德堂	日本京都大學人文科學研究所東方文化研究所

書　名	卷　數	刊　年	撰　者	刊　者	堂　號	藏　處
新刊天下民家便用萬錦全書	二册十卷	萬曆年間(1573—1620)				日本東京大學東洋文化研究所
新刻艾先生天禄閣彙編採精便覽萬寶全書	六册三十五卷		艾南英	王泰源	三槐堂	日本國立公文書館
新刻眉公陳先生編輯諸書備採萬卷搜奇全書	三十七卷	崇禎元年(1628)	陳繼儒	陳懷軒	存仁堂	美國哈佛大學燕京圖書館（六册）、日本東京大學東洋文化研究所（五册）
新刻人瑞堂訂補全書備考	三十四卷	崇禎十四年(1641)序	鄭尚玄	鄭幼白	人瑞堂	美國國會圖書館（六册）、日本京都大學人文科學研究所東方文化研究所（五册）、日本蓬左文庫（五册）
鼎鑴李先生增補四民便用積玉全書	三十二卷	崇禎年間(1628—1644)	李光裕		忠賢世家	中國國家圖書館（五册）、日本宮內廳書陵部（十册）

二、"山海異物"版式、體例及其内容

　　鄭振鐸認爲余象斗刻書的一個特點，"就是繼承了宋、元以來的建安版書籍的型式，特別着意於'插圖'，就像現在印行的'連環圖畫'似的，上層是插圖，下層是文字。圖、文並茂，使讀者們閱之，興趣倍增"[①]。這其實是晚明日用類書普徧採用的體例。以"諸夷門"爲例，諸書上欄多題爲"山海異物"，而《三台正宗》題爲"山海經異像"、《群書摘要》題爲"八荒異産"、《萬錦全書》題爲"山海異類"、《全書備考》（美國國會圖書館藏本，下同）題爲"山海一覽"；所録圖像大體按照神類、獸類、禽類、魚蟲類依次分列，其中《三台正宗》、《萬書淵海》、《萬書萃錦》、《搜奇全書》（哈佛大學燕京圖書館藏本，下同）、《全書備考》諸書不分類；版式多分爲上中下三部分，依次爲題名、圖像與釋文（圖 1）。下欄圖録四方諸夷之像，多題爲"諸夷雜誌"，而《三台正宗》題爲"北京校正贏蟲録"、《學海群玉》題爲"外夷雜誌贏蟲録"、《文林妙錦》（哈佛大學燕京圖書館藏本，下同）題爲"外夷雜誌"、《萬珠聚囊》題爲"外夷雜誌"、《群書摘要》題爲"外夷形象"、《全書備考》題爲"外夷土産人民圖"，圖文結構與排列方式與上欄相似（圖 2）。

　　諸書"山海異物"載録圖像數量不一：《五車拔錦》一百二十七、《三台正宗》一百一

①　鄭振鐸：《西諦書話・列國志傳》，北京：生活・讀書・新知三聯書店，2005 年，第 508 頁。

十七、《萬卷星羅》一百二十七、《學海群玉》一百四十六、《萬用正宗》一百二十八、《分類學府》一百二十八、《萬書淵海》九十三、《文林妙錦》一百四十六、《龍頭一覽》六十九、《五車合併》六十七、《鄴架新裁》七十三、《萬珠聚囊》五十三、《萬書萃錦》九十三、《群書摘要》四十八、《萬錦全書》五十九、《萬寶全書》四十八、《搜奇全書》四十八、《全書備考》四十八、《積玉全書》(中國國家圖書館藏本,下同)八十六。圖序亦不完全相同,但主體圖像大體一致(《萬用正宗》改動較大;《龍頭一覽》《五車合併》《鄴架新裁》配圖幾同,後兩者明係襲用《龍頭一覽》;《全書備考》部分插圖新添背景);刻印品質也良莠不齊。書坊主爲了在激烈的市場競爭中生存下去,採取各種措施降低刻印環節的成本,疏於校對(如《萬卷星羅》《萬用正宗》《文林妙錦》將"馬腹"題爲"馬腸";《龍頭一覽》《五車合併》《鄴架新裁》將"比肩獸"刻爲"此有獸"),掐頭去尾(《群書摘要》《萬寶全書》《搜奇全書》《全書備考》諸書收錄不足五十圖),抄襲陳因,互借板片之類(如《五車合併》卷二題爲"學海"、卷三題爲"新刻搜羅萬卷合併萬錦不求人"、卷四題爲"鼎鋟龍頭一覽學海不求人"、卷八題爲"龍頭一覽萬寶全書"、卷十六題爲"萬海叢珠學萬寶全書"、卷三十三題爲"新刻採輯天下通用便民養命全書"等;《五車合併》《鄴架新裁》與《龍頭一覽》"山海異物"圖文幾同)。

諸書所錄,刪重去複,共得神類十五種,禽類三十一種,獸類七十七種,魚蟲類二十三種:

表 2　"山海異物"各類

神類	天吳、相柳氏、燭陰、蓐收、奢尸、䮝、帝江、驕蟲、强良、禜泰、神陸、鵲神、蟹蠏、神魃、俞兒
禽類	比翼鳥、畢方鳥、玄鶴、鳥鼠同穴、竦斯、鳽鶒、鳧溪、痩斯(數斯)、蛩鼠、瞿如、鸞、鵸鵌、鷀、絜鉤、精衛、鴉、鶌鴎、蠱茞、竊鳥(竊脂)、鶡、當扈、鶹鳥、青耕、鴢鳥、鴲、樂鳥、長尾鷄、駝鷄、馬鷄、白雉、鷿鷈
獸類	天犬、渥洼、旄馬、貘、兕、夔、騶虞、辣、狡犬、狒狒(如人)、白猿、猩猩、諸犍、赤豹、㿝羊、黑狐(赤狐)、山獋、獶(獼猴)、鴞、鹿蜀、酋耳、蠱蛭、土螻(螻)、九尾狐、梁渠、朧疎、猛豹、葱聾、旄牛(尾牛)、猙、天狗、當庚、類、朱獳、馬腸(馬腹)、羬、猛(孟)槐、駮、飛鼠、鼨、蠱雕、天馬、黑人、耳鼠、羷、厭火獸、乘黃、猾裏、窮奇、玃(玃)、蠻、驒、幽頾(幽鴳、幽頗)、其人、毫彘、長彘、玄豹、龍馬、白澤、獏、獬豸、比肩獸、玄豹、三角獸、角獸、青熊、赤貍、羚羊、豹犬、大尾羊、福禄、靈羊、吼、猴、角端、白鹿、泉下馬
魚蟲類	鯥、應龍、鱄魚、鰡鰡魚、巴蛇、鮯魚、玄黿、阿羅魚、鯈魚、長蛇、人魚、螭黿、蚌魚、飛魚、鰌魚、鰼魚、珠鱉魚、比目魚、玭瑁、建同魚、牛魚、納魚、浮胡魚

總體上看,"山海異物"所錄版畫分爲兩類:

第一類,與《五車拔錦》相仿者,如《萬卷星羅》《學海群玉》《萬用正宗》《分類學府》《萬書淵海》《文林妙錦》《龍頭一覽》《五車合併》《鄴架新裁》《萬書萃錦》《群書摘要》《萬寶全書》《搜奇全書》《全書備考》《積玉全書》等。《五車拔錦》卷一書名左下端有"錦城紹錦徐三友校正""閩建雲齋鄭世魁梓行"兩行題字。卷末刻有"萬曆丁酉歲孟春月書林鄭氏雲齋繡梓",蓮牌形牌記(圖 3)。

第二類,在前一類基礎上修訂而來者,有《三台正宗》《萬珠聚囊》《萬錦全書》。建陽書肆刻印此類日用類書數目繁多,爲吸引讀者注意,刻書者以多種方式宣傳,如在書名前加"新刻""三刻""新鋟"之類冠詞以示其異;再如在卷內特附刊記;又如《三台正宗》之類,可能是刻書者想在激烈的市場競爭中勝出,故而版畫刻意同中求異。三者之間,版畫亦互異,其中尤以刻印較爲精良的余象斗所刻《三台正宗》爲代表。

《三台正宗》卷一書名左下端有"三台館人仰止余象斗纂""書林雙峰堂文台餘氏刊"兩行題字。卷末刻有"萬曆己亥孟秋書林余文台梓",童子報牌形牌記(圖4)。書内卷端刊記云(圖5):"坊間諸書雜刻,然多沿襲舊套,採其一去其十,棄其精得其粗,四方士子惑之。本堂近錄此書,名爲《萬用正宗》者,分門定類,俱載全備,展卷閱之,諸用了然,更不待他求矣。買者請認三台爲記。"

三、"山海異物"之史源

綜考"山海異物"題名原始,有三種來源。

第一類,源出《山海經》者,共一百一十種:

表3　"山海異物"出自《山海經》者

神類	天吳(《海外東經》)、相柳氏(《海外北經》)、燭陰(《海外北經》)、蓐收(《西次三經》)、奢尸(《海外東經》)、鼓(《西次三經》)、帝江(《西次三經》)、驕蟲(《中次六經》)、强良(《大荒北經》)、鵝泰(《中次三經》)、神陸(《西次三經》)、鵲神(《南山經》)、蟹蠦(《西山經》)、神魖(《西次四經》)
禽類	比翼鳥(《海外南經》)、畢方鳥(《西次三經》)、玄鶴(《山海經》佚文)、鳥鼠同穴(《西次四經》)、竦斯(《北山經》)、鳲鴒(《中次十一經》)、鳧溪(《西次二經》)、瘦斯(鷫斯,《西山經》)、蚩鼠(《東山經》)、瞿如(《南次二經》)、鸞(《西次二經》)、鶺蚩(《西次三經》)、鶘(《西次三經》)、絜鉤(《東次二經》)、精衛(《北次三經》)、鴸(《南次二經》)、鶹鵂(《南山經》)、蠱蛮(《西山經》)、竊鳥(竊脂,《中次九經》)、鵰(《南次三經》)、當扈(《西次四經》)、鸓鳥(《西山經》)、青耕(《中次十一經》)、鴢鳥(《中次三經》)、鴒(白鶴,《北山經》)
獸類	天犬(《大荒西經》)、渥洼(《北山經》)、旄馬(《海内南經》)、獂(《西次三經》)、鴸(《南次二經》)、夔(《大荒東經》)、騶虞(《海内北經》)、辣(《北次三經》)、狡犬(《西次三經》)、狒狒(如人,《海内南經》)、白猿(《南山經》)、猩猩(《南山經》)、諸犍(《北山經》)、赤豹(《西山經》)、臧羊(《西山經》)、山㺄(《北山經》)、獟(獤獤,《東次二經》)、鴉(《西山經》)、鹿蜀(《南山經》)、蠱蛭(《東次二經》)、土螻(螻,《西次三經》)、九尾狐(《南山經》)、梁渠(《中次十一經》)、膿疎(《北山經》)、猛豹(猛狗,《西山經》)、蔥聾(《西山經》)、旄牛(尾牛,《北山經》)、諍(《西次三經》)、天狗(《西次三經》)、當庚(當康,《東次四經》)、類(《南山經》)、朱獳(《東次二經》)、馬腸(馬腹,《中次二經》)、羲(聞獜《中次十一經》)、猛(孟)槐(《北山經》)、駁(《西次四經》)、飛鼠(《北次三經》)、嚻(《西山經》)、蠱雕(《南次二經》)、天馬(《北次三經》)、黑人(《海内經》)、耳鼠(《北山經》)、鵝(《南次二經》)、厭火獸(《海外南經》)、乘黄(《海外西經》)、猾裹(《南次二經》)、窮奇(《西次四經》)、玃(玃,《西山經》)、蠻(《西次四經》)、驒(《北次三經》)、幽頞(幽鴳、幽頗,《北山經》)、其人(雨師妾,《海外東經》)、毫彘(《西山經》)、長鱠(《南次二經》)
魚蟲類	鰧(《南山經》)、應龍(《大荒東經》)、鱧魚(冉遺,《西次四經》)、鰼鰼魚(《北山經》)、巴蛇(《海内南經》)、鮐魚(《東次三經》)、玄龜(《南山經》)、阿羅魚(何羅魚,《北山經》)、鯈魚(《北山經》)、長蛇(《北山經》)、人魚(《北次三經》)、蠏龜(《東次三經》)、蚌魚(《西山經》)、飛魚(《中次三經》)、鰼魚(《東次四經》)、鰩魚(《西次三經》)、珠鱉魚(《東次二經》)

以上除玄鶴僅見於《山海經》佚文外,餘皆見於今本《山海經》。如天吳,《學海群

玉》卷十釋文曰:"朝陽谷,有神,曰天吳,是爲水伯。虎身人面,八首、八足、八尾,青黃。"①《山海經・海外東經》:"朝陽之谷,神曰天吳,是爲水伯。在蚕蚕北兩水間。其爲獸也,八首人面,八足八尾,皆青黃。"②

　　第二類,見於明前典籍者,共有三十三種:

表 4　"山海異物"見於明前典籍者

神類	俞兒(《管子》)
禽類	樂鳥(《臨海異物志》)、長尾雞(《三國志》)、駝雞(《冀越集記》)、白雉(《天問》)、鷰鷰(《國語》)
獸類	酋耳(《逸周書・王會解》)、玄貘(《穆天子傳》)、龍馬(《尚書中候》)、白澤(《瑞應圖》)、獏(《逸周書・王會解》)、獬豸(《田俅子》)、比肩獸(《爾雅》)、玄豹(《逸周書・王會解》)、三角獸(《瑞應圖》)、角獸(《史記》)、黑狐(《萬卷星羅》題爲赤狐,《逸周書・王會解》)、青熊(《逸周書・王會解》)、赤貍(《帝王世紀》)、韥犬(鼠犬)(《逸周書・王會解》)、吼(《漢書》)、猴(《諸蕃志》)、角端(《漢書》)、白鹿(《逸周書・王會解》)、泉下馬(《漢官舊儀》)、羚羊(《舊唐書》)、大尾羊(《涼州異物志》)
魚蟲類	比目魚(《爾雅》)、玳瑁(《新語》)、建同魚(《隋書》)、牛魚(《博物志》)、納魚(《史記》)、浮胡魚(《隋書》)

　　第三類,明代府州所産及四夷朝貢之物,共三種,即馬雞、福禄(斑馬)、靈羊。如馬雞(圖 6),其釋文曰:"嘉谷山有鳥,狀如雞,嘴脚皆紅,羽毛青綠,名曰馬雞。"③元朝泰定三年(1326)喃答太子所立《有元重修文殊寺碑銘》:"且肅州西南三十里嘉谷山者,乃一切賢聖棲神化遠之歸心。"則"'嘉'是'好'的意思,'谷'同'峪','嘉谷'即'嘉峪',意指美麗的山谷,嘉谷山就是嘉峪山。"④《明一統志》卷三十七載洮州衛土産有有馬雞⑤;卷三十七陝西行都指揮使司土産有馬雞,嘴脚紅,羽毛青綠⑥。境内有嘉峪山,在肅州衛城西,一名玉石山⑦;卷七十三迭溪守禦軍民千户所土産亦有馬雞⑧。《見物》卷一:"馬雞色緑。"⑨劉遵憲《來鶴樓集》卷四《馬雞》兩首:其一:"自是青山碧水身,却來陌上逐遊塵。主人愛爾能嬌舞,欲出樊籠未有因。"其二:"垂頭顧影自傷神,天外冥鴻安可親。還爾雙翰須遠遁,前村處處有虞人。"⑩詩集中尚有《赴涼州督兵》詩。劉遵憲曾任陝西兵備副使、陝西按察司副使,廣歷陝、甘之地,對於其地所産

　　① (明)武緯子:《新刻翰苑廣記補訂四民捷用學海群玉》卷十,萬曆三十五年(1607)潭陽熊冲宇種德堂刊本。

　　② (晉)郭璞:《山海經傳》卷九,宋淳熙七年(1180)池陽郡齋刻本。

　　③ (明)徐三友:《新鍥全補天下四民利用便觀五車拔錦》卷四,萬曆二十五年(1597)書林閩建雲齋刊本。若非特別注明,釋文皆出此書。

　　④ 張曉東、張秋霞:《〈有元重修文殊寺碑銘〉考釋》,《檔案》2012 第 3 期,第 47 頁。

　　⑤ (明)李賢等:《明一統志》,景印文淵閣《四庫全書》第 472 册,臺北:臺灣"商務印書館",1986 年,第 933 頁下。

　　⑥ 《明一統志》,第 941 頁下。

　　⑦ 《明一統志》,第 940 頁上。

　　⑧ (明)李賢等:《明一統志》,景印文淵閣《四庫全書》第 473 册,第 555 頁上。

　　⑨ (明)李蘇:《見物》,《叢書集成新編》第 44 册,臺北:新文豐出版公司,1986 年,第 136 頁上。

　　⑩ (明)劉遵憲:《來鶴樓集》,《四庫禁毁書叢刊》集部第 108 册,北京:北京出版社,第 696 頁下。

當較爲熟悉,則嘉谷山産馬鷄。

另,第二類中數種題名雖首見於明前典籍,但考其釋文,實亦屬於州府所産及四夷所貢之類,如羚羊、大尾羊、駝鷄之類。如駝鷄(圖7),其釋文曰:"西山有鳥,頭高七尺餘,名曰駝鷄,狀亦如鷄。"元熊太古《冀越集記》卷下:"西土有駝鷄犬十餘斤,兩足似駝,曰名駝鷄。教翅而行,日行三百餘里,此又世俗未之知也。"①《明史·鄭和傳》:"永樂三年六月,命和及其儕王景弘等通使西洋。……以次徧歷諸番國,宣天子詔,因給賜其君長,不服則以武懾之。……和經事三朝,先後七奉使,所歷占城、爪哇、真臘……忽魯謨斯、比剌、溜山……那孤兒,凡三十餘國。"②夏原吉《聖德瑞應詩(並序)》:"永樂己亥(1419)秋,海外忽魯謨斯等國遣使來進麒麟、獅子、天馬、文豹、紫象、駝鷄(原注:昂首高七尺)、福鹿(原注:似駝而花文可愛)、靈羊(原注:尾大者重二十餘斤,行則以車載其尾)、長角馬哈獸(原注:角長過身)、五色鸚鵡等鳥。……駝鷄同鸑鷟,文豹似騶虞。福鹿身紆錦,靈羊尾載車。"③金幼孜《馳鷄賦》:"永樂己亥秋八月吉旦,西南之國有以異禽來獻者,稽往牒而莫徵,考載籍而難辨,皇帝御奉天門,特以頒示群臣,莫不引領快覩,頓足駭愕,以爲希世之罕聞,中國所未見。其爲狀也,馳首鳳喙,鶴頸凫臆,蒼距矯攫,修尾凿峷,雄姿逸態,鷙武且力,衡不逾咫,高可八尺,名曰馳鷄,生彼蕃國。"④1425年秋,夏氏至内苑,觀鄭和下西洋所獲珍禽異獸,作《洪熙乙巳秋仲賜觀内苑珍禽奇獸應制賦詩》:"駝鷄聳立誰其侣,駢趾青瞳高丈許。或時振翼將何如,志在冲霄學鵬舉。"⑤又《天妃碑》爲鄭和、王景弘等於宣德六年(1431)第七次出使時所立:"永樂十五年(1417),統領舟師往西域,其忽魯謨斯國,進獅子、金錢豹、大西馬。阿丹國進麒麟,番名祖剌法,並長角馬哈獸。木骨都束國進花福禄,並獅子。卜剌哇國進千里駱駝,並駝鷄。"⑥《西洋番國志》記祖法兒國"山中亦出駝鷄,土人捕賣之。駝鷄身匾頸長,足有二指,其毛如駱駝,行亦如駝狀,故以駝鷄名,食米豆等物。……王亦遣人齎乳香駝鷄等物表進中國"⑦。又"宣德五年,欽奉朝命開詔,徧諭西海諸番,太監洪保分綜到古里國,適默伽國有使人來,因擇通事等七人同往,去回一年。買到各色奇貨異寶及麒麟、獅子、駝鷄等物,並畫天堂圖回京奏之。其國王亦採方物,遣使隨七人者進貢中國"⑧。《瀛涯勝覽·祖法兒國》:"山中亦出駝鷄,土人捕捉來賣。其身匾,頸長如鶴,脚高三、四尺,每脚祇有二指,毛如駱駝,吃緑豆等物,行似駱駝,以此名爲駝鷄。"⑨《明一統志》卷九十記忽魯謨斯國"永樂中國主遣其臣馬刺足等來朝並貢方物",其土産獅子、駝鷄(原注:昂首高可七尺)、福禄(原注:似驢而花文可愛)、靈羊(原注:尾大者重二十餘斤,行則以車載尾)、長角馬哈獸(原注:角長過

① (元)熊太古:《冀越集記》,《續修四庫全書》第1166册,上海:上海古籍出版社,2002年,第528頁。
② (清)張廷玉等:《明史》卷三百四,北京:中華書局,1974年,第7766—7768頁。
③ (明)夏原吉:《夏忠靖公集》卷二,明弘治十三年(1500)袁經刻本。
④ (明)金幼孜:《金文靖公集》卷六,景印文淵閣《四庫全書》第1240册,第688頁上。
⑤ 《夏忠靖公集》卷三。
⑥ 鄭鶴聲、鄭一鈞編:《鄭和下西洋資料彙編》上册,濟南:齊魯書社,1980年,第43—44頁。
⑦ (明)鞏珍著,向達校注:《西洋番國志》,北京:中華書局,1982年,第34—35頁。
⑧ 《西洋番國志》,第46頁。
⑨ (明)馬歡原著,萬明校注:《明鈔本〈瀛涯勝覽〉校注》,北京:海洋出版社,2005年,第79頁。

身）等；又祖法兒國“永樂中國王亞里遣其臣來朝並貢方物”，土産有鶴頂、駝鷄、福禄、片腦、沉香、乳香等物①。《名山藏》：“忽魯謨斯又曰忽魯毋思，海中國也。永樂七年遣鄭和往其國，酋長感悦來朝，十八年進麒麟、獅子、天馬、文豹、紫象、駝鷄、福鹿、靈羊、長角馬哈獸、五色鸚鵡等物。駝鷄昂首高七尺，福鹿似駝而花文可愛，靈羊尾大者重三十餘斤，雨則以車載其尾，長角馬哈獸角長過身。上喜，命侍臣爲賦。其國石城石屋，民富饒，喜作佛事，常歌舞，惡殺，産大馬。”②則駝鷄爲鄭和下西洋後，外夷所貢。

據上，“山海異物”出自《山海經》者，占比超過七成，可見二者關係之密切，其母本當是一種《山海經圖》。

與《五車拔錦》《三台正宗》《萬卷星羅》《學海群玉》《萬用正宗》《萬書淵海》等日用類書同期或前後，尚有數種與《山海經圖》相關的文獻：《永樂大典》、胡文煥《山海經圖》《三才圖會》等。

《永樂大典》殘卷所見《山海經圖》共有十八幅：卷九百十有據北之尸、奢北之尸，有貳負尸、窫窳尸等有目無圖；卷三千七有氐人、一臂人、一目人、反膝人、三身人、長臂人、長脚人、無䏿人、無腹人、三首人、毛民人、穿胸人、黑人、君子人、不死人等十五圖，羽民人、聶耳人、交脛人等有目而無圖。此類大抵屬於日用類書“諸夷雜誌”或吳任臣《山海經廣注》“異域”；卷二萬二千一百八十有貘，見於日用類書“山海異物”、胡文煥《山海經圖》及《三才圖會》。

胡文煥《山海經圖》上卷六十六圖，下卷六十七圖，不分類，有二十三圖不見於今本《山海經》。按其目録，其圖全見於《三才圖會》。另，《三才圖會》與《山海經》相關圖按次分爲人物、鳥類、獸類、鱗介類，胡文煥《山海經圖》雖不分類，但其圖實亦分爲神、獸、鳥、魚諸類。胡文煥《山海經圖》一百三十三圖，其主體與《三才圖會》人物卷、鳥獸卷相關圖大抵相同者有一百二十三種，二者相似度極高；僅就獸類而言，除騶虞、龍馬、水馬、比肩獸之外，二者構圖主體基本一致，則至少證明二者有相同的素材來源。

《三才圖會》與《山海經》有關的插圖多集中在人物十三卷、十四卷，鳥獸一卷至六卷。其圖與胡文煥《山海經圖》重合較多。該書鳥獸卷和人物卷共録與《山海經》有關插圖凡一百五十二幅，同名或異名同實者一百一十二幅，大部分插圖是在胡文煥《山海經圖》基礎上加背景改造而成，如如人（圖 8）；有些獸已不見於今本《山海經》而二者共有，如貘；有些圖實非出《山海經》而二者共有，如俞兒、青熊、鷳犬、世樂鳥等。《三才圖會》萬曆三十七年（1609）前後刊於金陵，胡圖本萬曆二十一年（1593）刊於武林，二者刊刻時間相近，刊刻地域相鄰（金陵與武林是當時的版刻重鎮）。故此，《三才圖會》、胡文煥《山海經圖》其源相同。

整體上看，《永樂大典》、胡文煥《山海經圖》、《三才圖會》中相關圖，尤其是後兩者所共有的“山海異物”類圖，從版式、釋文、造型等方面看，大同而小異，風貌大體一致。而諸種日用類書中“山海異物”圖在整體風格、具體內容等方面富有特色。如《學海群玉》“山海異物”共録一百四十六圖，禽類白雉、馬鷄、駝鷄、長尾鷄四種，獸類泉下馬、

①　（明）李賢等：《明一統志》，景印文淵閣《四庫全書》第 473 册，第 901—902 頁。
②　（明）何喬遠：《名山藏》卷一百七，《續修四庫全書》第 427 册，第 639 頁上。

大尾羊、靈羊、羚羊、角端、福禄、白鹿、吼八種,魚蟲類建同魚、牛魚、納魚、浮胡魚四種,不見於稍後刊刻的《三才圖會》。在二者共有圖中,相異者有九十四種。日用類書大多刻印質量欠佳,爲節省成本,將每頁分爲上下兩欄,而兩欄之中亦是密集排印,版面狹窄擁擠,自然展現不出胡文焕《山海經圖》、《三才圖會》單頁單圖的效果。但從釋文、分類、體例諸方面考察,日用類書"山海異物"與胡文焕《山海經圖》、《三才圖會》等同屬於前代一種《山海經圖》。

宋代以前《山海經圖》多湮滅不聞,今日所見各種《山海經圖》,其真正源頭在宋代,其時有數種《山海經圖》:

第一種爲歐陽修所見《山海經圖》,其《讀山海經圖》曰:

> 夏鼎象九州,山經有遺載。空濛大荒中,杳靄群山會。炎海積歊蒸,陰幽異明晦。奔趨各異種,倏忽俄萬態。群倫固殊稟,至理寧一概。駭者自云驚,生今孰知怪。未能識造化,但兒披圖繪。不有萬物殊,豈知方輿大。①

詩中"大荒""群山""炎海"圖山川之形,"異種""群倫"寫異獸之狀。張祝平《〈山海經〉圖、圖贊、圖詩》:"從這首詩可以看歐陽修所讀之《山海經》似乎不是一幅幅奇獸異物的圖畫,而是一幅山川地貌圖,上以奇獸異物爲標誌。"②

第二種是南宋薛季宣所見《道藏》本《山海經圖》。《艮齋先生薛常州浪語集》卷三十《序山海經》:"是書流傳既少,今獨《道藏》有之。又《圖》十卷,文多闕略。世有模板張生縣畫《山海經圖》,詳於《道藏》圖本。然《道藏》所畫,不出十三篇中。模本畫圖有《經》未嘗見者。"③

第三種乃無名氏作品。《中興書目》:"《山海經圖》十卷,首載郭璞序,節録經文而圖其物如張僧繇本,不著姓氏。"④《玉海》:"《書目》又有圖十卷,首載郭璞序,節録經文而圖其物,如張僧繇本,不著姓名。"⑤《宋史・藝文志》:"《山海圖經》十卷,郭璞序,不著姓名。"⑥此作與舒雅《山海經圖》均見録於《中興書目》,明系兩種書。"圖其物如張僧繇本",當是其圖像亦爲單幅單圖,上有題名釋文;"節録經文"當是其所畫不出《山海經》。宋代坊刻遍布天下,此書當是舒雅《山海經圖》面世後之仿作。

以上第一種乃山川地理圖;第二、第三種圖文不出《山海經》,屬於所謂狹義上的《山海經圖》,而日用類書"山海異物"之圖常有逸出《山海經》者,顯然與之不屬一類。

第四種乃是舒雅之作。《崇文總目》卷四地理類:"《山海經圖》十卷,原釋舒雅修。"⑦《通志》卷六十六:"《山海經圖》十卷宋朝舒雅等撰。"⑧《郡齋讀書志》載《山海

① (宋)歐陽修:《歐陽文忠公集・外集》卷三,宋慶元二年(1196)周必大刻本。
② 王善才主編,中國山海經學會籌委會編:《〈山海經〉與中華文化》,武漢:湖北人民出版社,1999年,第78頁。
③ 四川大學古籍所編:《宋集珍本叢刊》第61册,北京:綫裝書局,2004年,第433頁上。
④ 許逸民、常振國編:《中國歷代書目叢刊》(第一輯),北京:現代出版社,1987年,第410頁。
⑤ (宋)王應麟:《玉海》卷十五,元至元六年(1269)慶元路儒學刻本。
⑥ (元)脱脱等:《宋史》,北京:中华书局,1977年版,第5257頁。
⑦ (宋)王堯臣等:《崇文總目》,載許逸民、常振國編《中國歷代書目叢刊》(第一輯),第58頁。
⑧ (宋)鄭樵:《通志》,景印文淵閣《四庫全書》第374册,第365頁。

經》十卷爲舒雅等撰,"雅,仕江南,韓熙載之門人也,後入朝數預修書之選。閩中刊行本或題曰'張僧繇畫',妄也"①。《中興館閣書目》:"《山海經圖》十卷,本梁張僧繇畫,咸平二年校理舒雅銓次館閣圖書,見僧繇舊蹤尚有存者,重繪爲十卷,又載工侍朱昂《進僧繇畫圖表》於首。僧繇在梁以善畫著。每卷中先類所畫名,凡二百四十七種,其經文不全見。"②總結起來,舒雅《山海經圖》的特點是:

首先,"每卷中先類所畫名",其圖分類而繪。據吳任臣《山海經廣注》康熙間刻本(國家圖書館藏,地 701.1 /824,四册)題名,當有《山海經圖》五卷,不知何故闕失。柴紹炳在序中言書中插圖"取舒繪本次第,增訂爲圖像五卷,都爲一部"③。另一部康熙間刻本(地 701.1 /824 /部三,三册)有靈祇、異域、獸族、羽禽、鱗介五卷圖,按目録有一百四十四圖(實有一百四十三)。每卷圖前有目録,單頁單圖,每頁右上側爲題名及釋文。而吳任臣《山海經廣注》清刻本(地 701.1/824.2,六册)十八卷末,則有吳氏撰於康熙六年之跋文:

> 右《山海經圖》五卷,凡一百四十四圖:爲靈祇者二十,爲異域者二十有一,爲獸族者五十有一,爲羽禽者二十有二,爲鱗介者三十。奇形怪物,靡不悉陳;異獸珍禽,燦然畢具……舊舒雅咸平圖十卷,計二百四十二種,今登其詭異,以類相次,而見聞所及者,都爲闕加云。④

《山海經廣注》據舒雅《山海經圖》而成,其五卷圖分爲靈祇、異域、獸族、羽禽、鱗介等類,則舒雅《山海經圖》當亦有類似分類。晚明日用類書"山海異物"多分爲神類、禽類、獸類、魚蟲類,分別對應靈祇、羽禽、獸族、鱗介。這無疑顯示了"山海異物"與舒雅之作的親近關係。

《山海經廣注》異域一類,與晚明日用類書"諸夷雜誌"對應。舒雅《山海經圖》當涵蓋靈祇、異域、獸族、羽禽、鱗介數類。可能在舒雅《山海經圖》後,出現了將所謂"異域"與其它類分列的情況。如《事林廣記》中,獸畜類"山海靈怪"與方國類"方國雜誌"分列(僅題名與釋文,並無配圖)⑤;萬曆二十一年(1593)胡文焕刻《山海經圖》,上卷六十六圖,下卷六十七圖,凡一百三十三圖。全書雖無分類,但實際亦囊括神類、禽類、獸類、魚蟲類等。胡氏又刻有《新刻贏蟲録》三卷,雜記海外諸國,繪刻圖像,共一百二十圖,實乃異域一類;明代日用類書諸夷門多有"諸夷雜誌",各書删並,共一百三十九幅諸夷圖像,其體式與"山海異物"相似;《三才圖會》鳥獸卷與人物卷分録,凡一百五十二幅圖與《山海經》相關;

其次,其圖有逸出《山海經》文本者。古代《山海經圖》的流播系統有所謂廣義與狹義之分。前者指羅天地靈獸瑞禽神怪異人,多有逸出《山海經》文本者,以舒雅《山海經圖》十卷爲代表;後者指所畫不出古今《山海經》文本者,薛季宣所見《山海經

① (宋)晁公武撰,孫猛校證:《郡齋讀書志校證》(下),上海:上海古籍出版社,1990 年,第 339 頁。

② (宋)陳騤撰,趙士煒輯考:《中興館閣書目輯考》,載許逸民、常振國編《中國歷代書目叢刊》(第一輯),第 410 頁。

③ (清)吳任臣:《山海經廣注》,康熙刻本。

④ (清)吳任臣:《山海經廣注》,清刻本。

⑤ (宋)陳元靚:《纂圖增新群書類要事林廣記》,元至元六年(1269)鄭氏積城堂刻本。

圖》十卷、《山海經釋義》萬曆刻本、蔣應鎬繪《山海經》等爲此類。如前述,一百四十六種"山海異物"中,至少有三十六種來源別處,這也從側面證明"山海異物"與舒雅《山海經圖》屬同一系統,極有可能是流與源的關係。

第五種乃是郭思《山海經圖》。夏文彥《圖繪寶鑒》:"郭思,熙之子,亦善雜畫。崇觀中應制畫《山海經圖》。其中瑞馬頗得曹韓遺法。"①則郭思亦曾作《山海經圖》。卞永譽《式古堂書畫彙考》:"郭思,《靈秀本草圖》十,《傳國璽圖》五,《山海經圖》四十,《藝術圖》十三,《瑞應圖》二十二。"②此處卞氏直録茅維《書畫銘心表》之文。張丑之《張氏四種》並未著録。茅、張二人分別爲明朝大收藏家韓世能録其家藏名録。《書畫銘心表》亦有傳爲二人合作或爲張氏所作。要之,若卞氏所記當爲真,則宋徽宗時郭思所作《山海經圖》明代尚存。郭思《山海經圖》可能是以當時所見各種《山海經圖》校繪而成,或是舒雅《山海經圖》之摹本。

"山海異物"圖文來源於舒雅《山海經圖》,直接的證據見於"山海異物"内部。貘之釋文曰:"貘者,南方山谷之中有獸,象鼻犀目,牛尾虎足,身黄黑色,名曰貘。人寢其皮辟瘟,圖其形可辟邪。舐食銅鐵,不食他物。"《爾雅·釋獸》:"貘,白豹。"郭璞注:"似熊,小頭,庳脚,黑白駁,能舐食銅鐵及竹,骨節强直,中實少髓,皮辟濕。或曰:'豹白色者別名貘。'"③邢昺疏曰:"貘,一名白豹。《字林》云:'似熊而白黄,出蜀郡。'一曰白豹。郭云:'熊,小頭庳脚,黑白駁,能舐食銅鐵及竹骨。骨節强直。中實少髓,皮辟濕,或曰豹白色者別名貘。'"④《一切經音義》卷十六"貘豹":"《山海經》云:'南山多貘豹。'郭璞曰:'貘似羆而小,黄黑色,毛有光澤,能食銅鐵,出蜀中。'《爾雅》:'貘,白豹也。'《説文》從豸。經文多脱此貘字,今勘梵本有,故加之。"⑤又白居易《貘屏贊》(並序)曰:"貘者,象鼻、犀目,牛尾、虎足,生南方山谷中。寢其皮,辟瘟;圖其形,辟邪。予舊病頭風,每寢息,常以小屏衛其首。適遇畫工,偶令寫之。按《山海經》,此獸食鐵與銅,不食他物。因有所感,遂爲贊曰:邈哉奇獸,生於南國。其名曰貘,非鐵不食。昔在上古,人心忠質。征伐教令,自天子出。劍戟省用,銅鐵羨溢。貘當是時,飽食終日。三代以降,王法不一。鑠鐵爲兵,範銅爲佛。佛像日益,兵刃日滋。何山不刻,何谷不隳?鉄銅寸鐵,罔有孑遺。悲哉彼貘,無乃餒而。嗚呼!匪貘之悲,惟時之悲!"⑥黄伯思《跋滕子京濟所藏貘圖後》:"按《山海經圖》:'南方山谷中有獸曰貘,象鼻犀目,牛尾虎足,人寢其皮辟瘟,圖其形辟邪。嗜銅鐵,弗食他物。'昔白樂天嘗作小屏衛首,據此像圖而贊之,載於集中。今觀此畫,夷考其形,與《山海圖》樂天集所載同,豈非白屏畫蹟之遺範乎?"⑦可知白居易所見《山海經圖》中貘與北宋黄伯思所睹圖文幾同。黄伯思所見《山海經圖》當爲舒雅之作,或是以其作爲素材的版本。又《永

① (元)夏文彥:《圖繪寶鑒》卷三,元至正二十六年(1366)刻本。
② (清)卞永譽:《式古堂書畫彙考》卷三十二,景印文淵閣《四庫全書》第0828册,第407頁下。
③ (晉)郭璞:《爾雅》卷下,《四部叢刊初編》初印本。
④ (晉)郭璞注,(宋)邢昺疏:《爾雅注疏》,《四部備要》第6册,北京:中華書局,1989年,第122頁下。
⑤ (唐)釋慧琳:《一切經音義》,《續修四庫全書》第196册,第461頁下。
⑥ (唐)白居易:《白氏長慶集》卷二十一,《四部叢刊初編》初印本。
⑦ (宋)黄伯思撰,(宋)黄訥編:《東觀餘論》卷下,景印文淵閣《四庫全書》第850册,第375頁下。

樂大典》卷二萬二千一百八十貘釋文曰：

> 《山海經》："南方山谷中有獸，名曰貘，象鼻犀目，牛尾虎足。人寢其皮辟瘟，
> 圖其形辟邪。舐食銅鐵，不食他物。"①

胡文焕《山海經圖》卷上貘釋文："南方山谷中有獸，名曰貘（音陌），象鼻犀目，牛尾虎
足，身黃色。人寢其皮辟瘟，圖其形可辟邪。舐食銅鐵，不食他物。"②《三才圖會》鳥
獸四卷："南方山谷中有獸，名貘，象鼻犀目，牛尾虎足，身黃黑色。人寢其皮辟瘟，圖
其形可辟邪。舐食銅鐵，不食他物。"③《永樂大典》、胡文焕《山海經圖》、《五車拔錦》、
《三才圖會》中貘之釋文大同小異，圖像雖略有差異，但明係據同一素材描繪而來（圖
9）。則"山海異物"中貘之圖文源於舒雅之作不假。

　　又應龍釋文："恭丘山有應龍者，翼龍也。黃（昔）蚩尤禦黃帝，帝令應龍攻於冀之
野。女媧之時，乘畜（雷）車服應龍。禹治水，有應龍以尾畫地，即水通。"《山海經·大
荒東經》："大荒東北隅中，有山名曰凶犁土丘。應龍處南極（郭璞注：應龍，龍有翼者
也），殺蚩尤與夸父，不得複上，故下數旱。旱而爲應龍之狀，乃得大雨。"④《大荒北
經》："應龍已殺蚩尤又殺夸父。"郭璞注："上云夸父不量力，與日競而死，今此複云爲
應龍所殺，死無定名，觸事而寄，明其變化無方，不可揆測也。"又云："蚩尤作兵伐黃
帝，黃帝乃令應龍攻之冀州之野。應龍畜水，蚩尤請風伯雨師，縱大風雨。黃帝乃下
天女曰魃，雨止，遂殺蚩尤。"⑤《天問》："河海應龍，何盡何歷？"王逸注："有鱗曰蛟龍，
有翼曰應龍。歷，過也。言河海所出至遠，應龍過歷游之，而無所不窮也。或曰：禹治
洪水時，有神龍以尾畫地，導水所注當決者，因而治之也。一云：應龍何畫，河海何
歷。"洪興祖引《山海經圖》："犁丘山有應龍者，龍之有翼也。昔蚩尤禦黃帝，令應龍攻
於冀州之野。女媧之時，乘雷車服駕應龍。夏禹治水，有應龍以尾畫地，即水泉流
通。"⑥洪興祖與黃伯思爲同時代人，其訓應龍徵引《山海經圖》當爲舒雅之作。南宋
廖瑩中注《河東先生集·天對》"奮鏄究勤，而欺畫厥尾"時亦曰："《山海經圖》：'犁丘
山有應龍者，龍之有翼者也。夏禹治水，有應龍以尾畫地，即水泉流通。'"⑦胡文焕
《山海經圖》卷上應龍釋文曰："恭丘山有應龍者，有翼龍也。昔蚩尤禦黃帝，帝令應龍攻
於冀州之野。女媧之時，乘畜車服應龍。禹治水，有應龍以尾畫地，即水衛。"《三才圖
會》鳥獸五卷："恭丘山有應龍者，有翼龍也。昔蚩尤禦黃帝，帝令應龍攻於翼（冀州）之
野。女媧之時，乘畜車服應龍。禹治水，有應龍以尾畫地，即水衛。"可見明代數種繪本
應龍之釋文與宋代相差無幾，其源當同出。明代數種應龍繪像，相似度較高，亦當是同
源（圖 10），與據舒雅《山海經圖》而來的吳任臣《山海經廣注》鱗介之應龍相差無幾（圖
11）。故"山海異物"之應龍圖文，其直接的來源，極有可能是宋代舒雅《山海經圖》；

---

① （明）解縉等：《永樂大典》第八册，北京：中華書局，1986 年，第 7852 頁。
② （明）胡文焕：《山海經圖》，格致叢書本，明萬曆二十一年（1593）刻本。
③ （明）王圻、王思義：《三才圖會》，明萬曆三十七年（1609）原刊本。
④ 《山海經传》卷十四。
⑤ 《山海經传》卷十七。
⑥ （漢）王逸章句，（宋）洪興祖補注：《楚辭》卷三，《四部叢刊初編》初印本。
⑦ （唐）柳宗元撰，（宋）廖瑩中注：《河東先生集》卷十四，明嘉靖郭雲鵬濟美堂翻刻宋廖氏世綵堂本。

又《山海經·海外東經》曰："奢比之尸在其北(亦神名也),獸身、人面、大耳,珥兩青蛇(珥,以蛇貫耳也,音釣餌之餌)。一曰肝楡之尸在大人北。"①《大荒東經》:"有神,人面、大耳、獸身,珥兩青蛇,名曰奢比尸。"②《永樂大典》卷九百一十:"奢北之尸(神名),在大人國北,獸身、人面、大耳,珥(音餌)兩青蛇(似蛇貫耳)。云肝俞之尸。"③胡文煥《山海經圖》卷下奢尸釋文:"奢北之尸(神名),在大人國北,獸身、人面、大耳,珥(音餌)兩青蛇(以蛇貫耳)。云肝俞之尸。"《五車拔錦》奢尸釋文:"奢比之尸,神名,在大人國北,獸身而人首也。"《三台正宗》卷五奢尸釋文:"奢北尸,神,出大人國,獸身人面,兩青蛇以此貫耳。"《三才圖會》人物十四卷:"奢北之尸(神名),在大人國北,獸身、人面、大耳,珥兩青蛇(以蛇貫耳)。云肝俞之尸。"奢比之尸釋文從明初至萬曆基本保持一致(圖12),日用類書中釋文的節略突顯其刻印的粗劣。與吳任臣《山海經廣注》靈祇類之奢比圖像比,雖其圖像雖前後稍有差異,但其動態、神情却保持了高度一致,明係出於同源(圖13)。

綜合看起來,明代所存《山海經圖》類文獻,如胡文煥《山海經圖》、《三才圖會》,日用類書"山海異物"之類,其主要特徵均與舒雅《山海經圖》同。而舒雅之書萬曆時尚存。《國史經籍志》卷三:"《山海經》十卷,宋舒雅。"④至清康熙時吳任臣尚能目睹。萬曆至康熙時期多種《山海經圖》當是以其爲底本。由此,"山海異物"所見禽類、獸類、魚蟲類圖文,其來源有二,即宋代舒雅《山海經圖》與明代人所補繪之圖本。整體所呈現的風格,體現了建安畫派"以古樸稚拙爲特徵,人物造型簡略,綫條粗實圓滿,丰姿肥碩"⑤的特徵。

四、結　語

萬曆時代的木刻版畫,"可以説是登峰造極,光芒萬丈,其創作的成就,既甚高雅,又甚通俗。不僅是文士們案頭之物,且也深入人民大衆之中,爲他們所喜愛"⑥。此一時期,亦是各種《山海經》圖繪本發展的黃金期。如胡文煥《山海經圖》與《新刻嬴蟲録》、晚明日用類書中"諸夷門"所録"山海異物"與"諸夷雜誌"、《三才圖會》鳥獸人物卷、王崇慶《山海經釋義》、無名氏《山海百靈圖卷》(題作《蕃獸圖》),而蔣應鎬繪《山海經》當爲崇禎年間作品,可看作萬曆年間圖注《山海經圖》的遺響。

晚明日用類書"諸夷門"中"山海異物"所載録版畫,因其載體與受體的特殊性(謀利、通俗),呈現出樸拙特徵,具有獨特的藝術魅力,一定程度上保留了舒雅《山海經圖》的風貌,是古代廣義山海經圖的代表作品。同時,新補繪之明代州府所産與鄭和下西洋後外夷所貢瑞獸,無疑是對舒雅《山海經圖》的豐富與發展。

---

① 《山海經传》卷九。
② 《山海經传》卷十四。
③ (明)解縉等:《永樂大典》,京都大學藏本。
④ (明)焦竑:《國史經籍志》(一),《叢書集成初編》本,第106頁。
⑤ 周蕪:《中國版畫史圖録·前言》,上海:上海人民美術出版社,1988年,第6頁。
⑥ 鄭振鐸:《中國古代木刻畫史略》,上海:上海書店,2006年,第49頁。

圖 1　強良(《學海
群玉》)

圖 2　虵魯國
(《全書備考》)

圖 3　卷末牌記
(《五車拔錦》)

圖 4　卷末牌記(《三
台正宗》)

圖 5　《新刻天下四民便
覽三台萬用正宗》　明萬
曆二十七年(1599)余氏雙
峰堂刊本

圖 6　馬鷄(《五車拔錦》)

圖 7　駝鷄(《五車拔錦》)

圖 8　如人(左起:胡文焕《山海經圖》、《三才圖會》)

圖9　貘(左起:《永樂大典》、胡文煥《山海經圖》、《五車拔錦》、《三才圖會》)

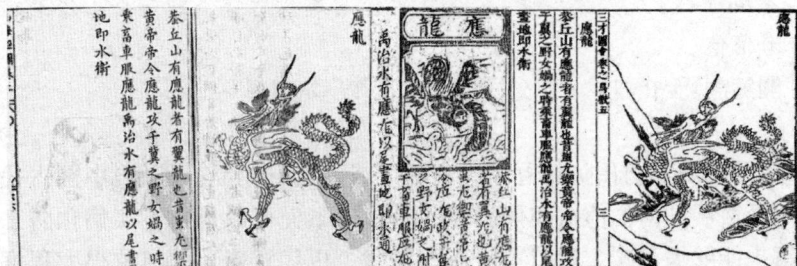

圖10　應龍(左起:胡文煥《山海經圖》、《五車拔錦》、《三才圖會》)

圖11　應龍(《增補繪像山海經廣注》,乾隆　　　　圖13　奢比(《增補繪像山海經廣注》,乾隆
五十一年(1786)金閶書業堂刻本)　　　　　　　五十一年(1786)金閶書業堂刻本)

圖12　奢比之尸(左起:《永樂大典》、胡文煥《山海經圖》、《三台正宗》、《三才圖會》)

中國"古代口罩"考略[*]

劉洪强

摘　要：中國古代并没有現代意義上的口罩，但是古代的"面衣""冪羅""眼衣""眼紗""眼罩"等都可視爲現代口罩之雛形。中國豐富的"古代口罩"，不但證明了先人之智慧，而且其蘊含的思想對當下的防疫工作有很大的參考價值。

關鍵詞：古代口罩；面衣；冪羅；眼衣；眼紗；眼罩

當下口罩成爲人們預防新冠等疾病不可或缺的日用品。那麽，中國古代口罩的形狀、功用及發展如何？值得我們研究一番。這不僅可以爲當下疾病預防工作提供一定參考，也能夠揭示國人對口罩所作的貢獻。現代意義上的口罩很大程度上是適應現代環境的産物，而在青山綠水、空氣清新的古代，人們無須用今天這種口罩。在目前大數據、E 考據的條件下，《中國基本古籍庫》《鼎秀古籍全文檢索平臺》等檢索不到"口罩"這個詞，大體可以得出：在民國以前，中國没有"口罩"一詞。不過，没有"口罩"，是指没有現代意義上的口罩，并不等於没有"準口罩"。事實上，類似口罩的眼罩、眼紗等早已存在，我們把類似現代口罩的眼罩、眼紗等稱爲"古代口罩"。

申士垚、傅美琳《中國風俗大辭典》記載了"眼紗"[①]。傅維康《口罩史話》很簡略，提到《馬可·波羅游記》中的面紗遮鼻等[②]。韓曉《釋"眼紗"話金瓶》講到《金瓶梅》中的眼紗[③]。徐文軍《"聊齋"衣飾文化論》對"障紗""眼衣"等有很精闢的考證[④]。倪方六《没有口罩，古人如何防風沙霧霾》勾勒了古人防風沙的歷史[⑤]。吳曉龍《〈醒世姻緣傳〉與明代世俗生活》對"眼紗"進行了勾稽[⑥]。劉紫雲《浮浪子弟的行頭：眼紗——從〈水滸傳〉到〈金瓶梅〉中的西門慶（下）》梳理并考證了以眼紗爲中心的器物[⑦]。出土文獻中也出現了"面罩"，如《河北隆化鴿子洞元代窖藏》就詳細介紹了兩件"面罩"

* **作者簡介**：劉洪强，山東師範大學文學院副教授，文學博士，主要從事元明清文學研究。
　　基金項目：國家社科基金一般項目"中國古代方志稀見小説文獻整理與研究"（19BZW092）。

① 申士垚、傅美琳編：《中國風俗大辭典》，北京：中國和平出版社，1991 年，第 665—666 頁。
② 傅維康編撰：《傅維康醫史生涯記略》，上海：上海文化出版社，2018 年，第 640—641 頁。
③ 韓曉：《釋"眼紗"話金瓶》，《中國典籍與文化》2017 年第 1 期。
④ 徐文軍：《聊齋風俗文化論》，濟南：齊魯書社，2008 年，第 19—25 頁。
⑤ 倪方六：《没有口罩，古人如何防風沙霧霾》，《百科知識》2017 年第 3 期。
⑥ 吳曉龍：《〈醒世姻緣傳〉與明代世俗生活》，北京：商務印書館，2017 年，第 285—294 頁。
⑦ 劉紫雲：《浮浪子弟的行頭：眼紗——從〈水滸傳〉到〈金瓶梅〉中的西門慶（下）》，《中華文化畫報》2018年第 9 期。

的形狀、尺寸等,并配有醒目的圖片,以實物展示了面罩①。以上諸位學者的努力,基本上挖掘出了重要的防風沙工具,對研究"古代口罩"發展史有重要作用。不過以上學者并未從"古代口罩"角度來論證,而且"口罩"也不是其論述的重點,因此還有許多知識未能談到。本文在前賢的基礎上,按照時間順序,梳理中國"古代口罩"的發展脉絡。

一、面　衣

在遠古時代,我們的先人已經會想到用柔軟的樹葉、布之類的東西遮擋在面部來禦寒、擋風沙、避疫氣。清曹庭棟《老老恒言》卷二"防疾":

> 時疫流行,乃天地不正之氣,其感人也,大抵由口鼻入。吴又可論曰:呼吸之間,外邪因而乘之,入於膜原是也。彼此傳染,皆氣感召。原其始,莫不因風而來。《内經》所謂"風者,善行而數變"。居常出入,少覺有風,即以衣袖掩口鼻,亦堪避疫。②

乾隆《保縣志》卷八:

> 至日午則滿山風起,勁若排墻,利如刀劍,務袖掩口鼻,俯身迅趨,否則風入鼻竅,閉氣立斃。③

"以衣袖掩口鼻"正是口罩功能的原理與核心。"古代口罩"就是在這一原理指導下緩慢又穩健地發展起來。只是古代的"口罩"是偶然出現的,可能是衣袖,也可能是樹葉。

面衣作爲古人服飾的一種,用以遮蔽臉面、抵禦寒冷。據《西京雜記》卷一"飛燕昭儀贈遺之侈"條:"今日嘉辰,貴姊懋膺洪册,謹上襚三十五條,以陳踊躍之心:金華紫輪帽、金華紫羅面衣。"④如果所記屬實,則在西漢時已有"面衣"。向新陽、劉克任解釋:"面衣,遠行乘馬時用於遮擋風寒的蒙面帽狀套,新疆阿斯塔那三二二號墓曾出土三件,均附有眼罩。"⑤面衣主要用來禦寒。《晋書·惠帝紀》:"行次新安,寒甚,帝墮馬傷足,尚書高光進面衣,帝嘉之。"⑥活人、死人都可用面衣⑦。宋高承《事物紀原·冠冕首飾·帷帽》提到了"面衣":

> 又有面衣,前後全用紫羅爲幅下垂,雜他色爲四帶,垂於背,爲女子遠行、乘馬之用,亦曰面帽。⑧

① 田淑華等:《河北隆化鴿子洞元代窖藏》,《文物》2004年第5期。
② (清)曹庭棟:《老老恒言》,北京:人民衛生出版社,2006年,第29頁。
③ (清)陳克繩纂修:《(乾隆)保縣志》,《故宫珍本叢刊》本,海口:海南出版社,2001年,第430頁。
④ (漢)劉歆撰,(晋)葛洪集:《西京雜記校注》,上海:上海古籍出版社,1991年,第62頁。
⑤ 《西京雜記校注》,第63頁。
⑥ (唐)房玄齡等:《晋書》,北京:中華書局,1974年,第103—104頁。
⑦ 黄永年:《釋敦煌寫本〈雜抄〉中的"面衣"》,《敦煌學輯刊》1982年。
⑧ (宋)高承撰,明李果訂:《事物紀原》,北京:中華書局,1989年,第139頁。

可知面衣也叫面帽。面帽與後來的席帽類似。後唐馬縞《中華古今注》中記載：
"席帽，本古之圍帽也，男女通服之。以韋之四周，垂絲網之，施以朱翠。"①高承《事物
紀原》卷三"席帽"："女人戴者，四緣垂下網子，以之蔽。"②面帽與席帽都有遮面、擋風
沙的功能，而且講究美觀。《三才圖會》對"面衣"的描述全抄錄《事物紀原》，但是給出
了圖形③。

二、冪　䍠

晉代時出現了"冪䍠"，開始是胡人男子的服飾，《晉書·四夷傳》"其男子通服長
裙，帽或戴冪䍠"④。《舊唐書·輿服志》：

> 武德、貞觀之時，宮人騎馬者，依齊、隋舊制，多著冪䍠。雖發自戎夷，而全身
> 障蔽，不欲途路窺之。王公之家，亦同此制。永徽之後，皆用帷帽，拖裙到頸，漸
> 爲淺露。尋下敕禁斷，初雖暫息，旋又仍舊。咸亨二年又下敕曰："百官家口，咸
> 預士流，至於衢路之間，豈可全無障蔽。比來多著帷帽，遂棄冪䍠，曾不乘車，別
> 坐檐子，遞相仿效，浸成風俗，過爲輕率，深失禮容。"……則天之後，帷帽大行，冪
> 䍠漸息。中宗即位，宮禁寬弛，公私婦人，無復冪䍠之制。開元初，從駕宮人騎馬
> 者，皆著胡帽，靚妝露面，無復障蔽。士庶之家，又相仿效，帷帽之制，絶不
> 行用。⑤

唐代時"冪䍠"多爲女子服飾。《舊唐書·丘和傳》："諒使兵士服婦人服，戴冪
䍠。"⑥《新唐書·李密傳》："乃簡驍勇數十人，衣婦人服，戴冪䍠，藏刀裙下，詐爲家婢
妾者，入桃林傳舍。"⑦"冪䍠"雖然遮面，但把身體也遮住了，離口罩也較遠。但也有
學者認爲"冪䍠"僅僅遮擋面部。如方以智《通雅》卷三十六"衣服"：

> 冪䍠，障面也。《新唐志》婦人施冪䍠以蔽身，永徽中始用帷冒施裙及頸。武
> 后時，帷冒益盛，中宗後無復冪䍠矣。山簡倒著白接䍠，䍠似幅巾，冪則似罩耳，
> 今人眼罩是也。⑧

《日本國志》卷三十五"禮俗志二"却認爲方以智看法不正確：

> 今按，冪䍠即幪之類，障蔽全身。方密之以爲眼罩，誤矣。眼罩乃面衣之類
> 耳。崔豹《古今注》曰："唐武德貞觀年中，宮人騎馬多著冪䍠，而全身障蔽。至永

①　（晉）崔豹、（後唐）馬縞、（唐）蘇鶚：《古今注、中華古今注、蘇氏演義》，北京：商務印書館，1956 年，第
34 頁。
②　《事物紀原》，第 139 頁。
③　（明）王圻，王思義編集：《三才圖會》（中），影印明萬曆王思義校正本，上海：上海古籍出版社，1988 年，
第 1502 頁。
④　《晉書》，第 8 册，第 2538 頁。
⑤　（後晉）劉昫等：《舊唐書》，北京：中華書局，1975 年，第 1957 頁。
⑥　《舊唐書》，第 2325 頁。
⑦　（宋）歐陽修、宋祁：《新唐書》，第 12 册，北京：中華書局，1975 年，第 3686 頁。
⑧　（明）方以智：《通雅》，影印清康熙姚文燮浮山此藏軒刻本，北京：中國書店，1990 年，第 435 頁。

徽年中後，皆用帷帽，施裙到頸，漸爲淺露。至明慶年中，百官家口若不乘車，便坐擔子。至神龍末，羃䍦殆絕。"其羃䍦之象，類今之方巾，全身障蔽，繒帛爲之。①

不過，學界也有許多人認同方以智的看法。《香祖筆記》卷十一：

　　葉少蘊言：唐及國初京師皆不禁打傘，五代始命御史服裁帽，淳化初又命公卿皆服之。既有傘，又有帽，故謂之重戴。祥符後惟親王、宗室得用傘，其後通及宰相、參政。今裁帽席帽分爲兩等，中丞至御史、六曹郎中於席帽前加全幅皂紗，僅圍其半爲裁帽，員外郎以下則無之，爲席帽。按此制似古婦人羃䍦，今眼紗之類，而名爲裁帽，不可解。又按張洎《題右丞畫孟襄陽吟詩圖》云："襄陽之狀峭而瘦，衣白袍，靴帽重戴，乘款段馬。一童總角，負琴而從。"觀其圖，乃帽上加皂色幅巾，垂於肩後，但不似羃䍦掩面耳，殊近裁帽之制。而謂傘與帽爲重戴，豈唐宋所謂重戴，又有殊異耶？②

盧翰明編輯《中國古代衣冠詞典》有"羃䍦，面幕。古時婦女障面之巾"③。《漢語大字典》解釋爲頭巾，古代的一種面罩。馬豫鄂《羃䍦長短考》經過考證說："羃䍦并非如我們所見文獻資料記載的那樣是長可障蔽全身的飾物，其長度是逐漸變短的，剛開始從少數民族傳入時，是長可蔽身的，後被納入禮教的軌道，失去其原來的實用意義，變成婦女的障面用具，其長度也隨之而變短。"④可見"羃䍦"的形式是發展變化的，把它作爲"面罩"符合事實。"羃䍦"將全身都遮蔽起來，顯然對女性來說，行動舉止并不方便，於是爲"帷帽"所代替。據宋高承《事物紀原·冠冕首飾·帷帽》，"帷帽"有如下表述：

　　《唐車服志》曰：帷帽創於隋代，永徽中始用之，施裙及頸。今世士人，往往用皂紗若青，全幅連綴於油帽或氈笠之前，以障風塵，爲遠行之服，蓋本此。⑤

從《三才圖會》所作的"帷帽"插圖來看，這是一種四周都遮面的帽子，能夠遮擋灰塵⑥。

三、眼　罩

在宋代，"古代口罩"有了較大發展。宋周煇《清波雜志》卷五"朔庭苦寒"：

　　煇出疆時，以二月旦過淮，雖辦綿裘之屬，俱置不用，亦嘗用紗爲眼衣障塵，

①　(清)黃遵憲：《日本國志》，影印羊城富文齋改刻本，上海：上海古籍出版社，2001年，第363頁。
②　(清)王士禛：《香祖筆記》，上海：上海古籍出版社，1982年，第209—210頁。
③　盧翰明編輯：《中國古代衣冠詞典》，臺北：臺北常春樹書坊，1980年，第370頁。
④　馬豫鄂：《羃䍦長短考》，周國林主編，中國歷史文獻研究會編：《歷史文獻研究》，第24輯，上海：華中師範大學出版社，2005年，第384—385頁。
⑤　《事物紀原》，第139頁。
⑥　《三才圖會》(中)，第1502頁。

反致閉悶,亦除去。①

　　這裏的眼衣雖然没有説把口擋住,但邊疆苦寒,把口擋住是題中應有之義。但"眼衣"一詞不甚流行。清吴振棫《養吉齋餘録》卷十:"'耳衣'詩中多用之。《清波雜志》有'眼衣',用紗障塵也。二字未見有用者。"②確實如此,"眼衣"不多見,但眼紗、眼罩等却常見,三種名稱均指同一物。明代《漁樵閑話》第一折有一番對話:

> 净云:我昨日去城裏去,只見那馬上的老爹每,怎麼個個臉上穿着小裙兒?
> 樵云:呸,那個是眼罩兒。
> 净云:帶着做甚麼?
> 樵云:他每怕灰塵。
> 净云:既怕灰塵呵,一發把氈衫遮了頭,却不好。③

　　這裏可以看出,眼罩不蒙頭,其主要功能是防風沙塵土。明馮夢龍《平妖傳》"五百名長槍手,都帶眼罩在身邊,以防備風沙"④。明代利瑪竇、金尼閣《利瑪竇中國札記》第四卷第三章:

> 北京很少有街道是用磚或石鋪路的,也很難説一年之中哪個季節走起路來最令人討厭,冬季的泥和夏季的灰塵同樣使人厭煩和疲倦。由於這個地區很少下雨,地面上分離出一層灰塵,只要起一點微風,就會颳入室内,覆蓋和弄髒幾乎每樣東西。爲了克服這種討厭的灰塵,他們就有了一種習慣,那或許是任何其他地方都不知道的。這裏在多灰塵的季節,任何階層的人想要外出時,不管是步行或乘交通工具,都要戴一條長紗,從帽子前面垂下來,從而遮蔽起面部。面紗的質料非常精細,可以看見外面,但不透灰塵,它還有其他的好處,即一個人只有在他願意被認出時才能被人認出。他避免了無數的招呼和問候,并可以根據他喜歡的方式和任何價錢出行。⑤

　　上面的記載包含了許多值得注意的信息。"任何階層的人"都可使用"面紗",可見其普及性;"面紗的質料非常精細",可見其品質好;"任何其他地方都不知道",可見除中國之外,這種"口罩"不多見。這表明當時"中國口罩"領先世界。

　　雖然名爲"眼罩",但也會把嘴遮住的。《型世言》第十三回"擊豪强徒報師恩","終日好帶眼罩兒,遮着這臉嘴"⑥。元鄭光祖《鍾離春智勇定齊》寫秦國虎白長出使齊國,被齊國無鹽女在臉上"刺了一臉字",净虎白長云:

> 臉上刺上字,我又不曾做賊,可是苦也!戴上眼罩子回本國,看秦將軍怎的

　　① (宋)周煇:《清波雜志》,上海:上海古籍出版社,2012 年,第 89 頁。
　　② (清)吴振棫:《養吉齋餘録》,北京:北京古籍出版社,1983 年,第 372 頁。
　　③ 佚名:《漁樵閑話》,《孤本元明雜劇》(四),北京:中國戲劇出版社,1958 年。
　　④ (明)馮夢龍:《平妖傳》,上海:上海古籍出版社,1981 年,第 216 頁。
　　⑤ [意]利瑪竇,(比)金尼閣著;何高濟,王遵仲,李申譯:《利瑪竇中國札記(下)》,北京:商務印書館、中國旅游出版社,2017 年,第 16—17 頁。
　　⑥ (明)陸人龍編著:《型世言》,濟南:齊魯書社,1995 年,第 115 頁。

說。臉上刺字也不妨,穿州經縣過村坊。鬧市叢中人看見,則是小的每嘈的我慌。①

眼罩與口罩有一個很大的區別,就是眼罩能遮住眼睛與嘴巴,而口罩僅僅遮住嘴巴。如小説《兩交婚》第十八回:

> 不期這日晦氣,正在棋盤街東行過,若是戴着眼罩,倒也混過去了,因要看些婦人,將眼罩揭起,恰恰遇着御史王蔭馬來。②

因爲有"將眼罩揭起",可見是遮住眼睛的。眼罩多由絹製成。明人王世貞《弇州山人四部稿》卷四十五《戲爲眼罩作一絶》:"短短一尺絹,占斷長安色。如何眼底人,對面不相識。"③清中葉山東詩人郝允秀《戲爲眼罩二絶效王弇州》:

> 八寸陵州絹,製自何人手。見説左遷時,著之曾出走。
> 紛紛輕薄兒,不如不相見。惟恐知識多,倩汝來障面。④

明代張一中認爲"襨襶"是"眼罩"。《尺牘爭奇》卷二選王世茂《與張不偏》提到"襨襶",張一中作注釋:

> 程曉《伏日行》云:"今世襨襶子,觸熱到人家。搖扇髀中疼,流汗正滂沱。"注:襨襶,笠子也。以布絹爲襜,戴之以遮日色,即今之眼罩。⑤

關於"襨襶",明周祈《名義考》卷十一"物部":"蓋襨襶,凉笠也。以竹爲蒙,以帛若絲緻簷,戴之以遮日。"⑥文廷式《純常子枝語》卷三十一引《尺牘天葩》曰:"襨襶子即今之眼罩。眼罩竹爲胎,令蒙帛。暑時所戴凉笠。"⑦

"襨襶"與眼罩有相似性,但兩者并不是一回事。此外眼罩還有棉的。《醒世姻緣傳》第八十八回:"靴底厚的臉皮,還要帶上個棉眼罩。"⑧這裏的眼罩肯定是把口罩住,有保暖的功能。爲了保持透明性,有的眼罩還用一種特别的魚骨製成。《析津志輯佚》中"風俗篇"中載:

> 幽燕沙漠之地,風起,則沙塵漲天。顯宦有鬼眼睛者,以魷爲之,嵌於眼上。仍以青皂帛繫於頭。⑨

需要指出的是,雖然有人稱此爲"眼紗",主要用來護眼,但稱之爲"眼鏡"似乎更

---

① (元)鄭光祖:《鄭光祖集》,太原:山西人民出版社,1992年,第455頁。
② (清)天花藏主人:《兩交婚》,瀋陽:春風文藝出版社,1985年,第201頁。
③ (明)王世貞:《弇州山人四部稿》,《明人别集叢刊》第3輯,第33册,影印明萬曆五年世經堂刻本,合肥:黃山書社,2013年,第576頁。
④ (清)郝允秀:《水村詩集》,清道光十三年刻《郝氏四子詩鈔》,《山東文獻集成》第2輯,第41册,濟南:山東大學出版社,2011年,第309頁。
⑤ (明)張一中輯:《尺牘爭奇》,《四庫未收書輯刊》第10輯,第30册,北京:北京出版社,2000年,第212頁。
⑥ (明)周祈:《名義考》,《叢書集成續編》,第17册,臺北:新文豐出版公司,1988年,第737頁。
⑦ (清)文廷式:《純常子枝語》,《續修四庫全書》,第1165册,上海:上海古籍出版社,2002年,第453頁。
⑧ (清)西周生:《醒世姻緣傳》,上海:上海古籍出版社,1981年,第1249頁。
⑨ (元)熊夢祥著,北京圖書館善本組輯:《析津志輯佚》,北京:北京古籍出版社,1983年,第202頁。

合適些。徐珂《清稗類鈔》"服飾類"有"鬼眼睛"：

> 平光眼鏡，大抵以避塵沙之侵入目中爲用者也。京師則有以魷爲之者。略
> 如普通之眼鏡，曰鬼眼睛。①

"以青皂帛繫於頭"這一佩戴方法給我們啓示，估計眼紗等同此。現代口罩除了
挂在耳朵上，有的也綁在頭上，與"鬼眼睛"的佩戴方法相似。"鬼眼睛"離口罩甚遠，
但可以用來防沙，這一點對我們的口罩有啓發作用。梁錫珩《非水舟遺集》卷下《眼
罩》："碧紗籠亦是何因，青白看來未得真。聞説西風常舉扇，元規塵起最污人。"②在
清代，"眼罩"還很暢銷。《水曹清暇録》卷一"輕紗眼罩"：

> 正陽門前多買眼罩，輕紗爲之。蓋以蔽烈日風沙。勝國舊例，遷客辭闕時，
> 以眼紗蒙面，今則無所忌也。③

這裏同時提到"眼罩"與"眼紗"，從中可見，兩者是同一個物品，或者説兩者差別
甚微。李開先《四川按察司副使前吏部文選司郎中函山劉先生墓誌銘》：

> 凡京職外謫者，失志惶慚，出門多以眼紗自蔽……先生擲眼紗於地曰："吾無
> 愧於衙門，此物何用！"縉紳憐其去。④

從這裏可以看出，眼紗與眼罩差別不大。《馬首農言》之《方言》"婦人蒙面謂之眼
紗"⑤，這裏眼紗的概念比較寬泛，只要蒙面物品就可以稱之爲"眼紗"。屈大均《翁山
詩外》卷十七詞《酒泉子》：

> 猶記踏青，烟暖三原春正艷，喜涇陽。人盡至，又頻陽。
> 二城南北花相向，總是姑蘇樣。眼紗不戴香轤上。任端相。⑥

《聊齋志異》之《張鴻漸》等篇出現了"障紗"，徐文軍解釋：

> 障紗，或稱"幛紗""紗障"，或簡稱"紗"，是古代婦女騎馬或騎驢出門遠行時
> 用以蒙面的紗巾。⑦

《四續掖縣志》卷二記載："彩筆書春名士字，青紗遮面美人風。婦女紗障，見於
《聊齋志異》，而行之者獨有掖俗，婦女騎驢戴此。其形似簾，以兩叉插鬢上，亦曰眼
罩，多以黑紗爲之，可以看人而人不睹其貌。禮云：'女子出門必擁蔽其面。'是紗障猶

---

①　徐珂編撰：《清稗類鈔》，北京：中華書局，1984 年，第 6220 頁。

②　（清）梁錫珩：《非水舟遺集》，《清代詩文集彙編》，第 255 册，上海：上海古籍出版社，2010 年，第 34 頁。

③　（清）汪啓淑：《水曹清暇録》，北京：北京古籍出版社，1998 年，第 10—11 頁。

④　（明）李開先：《李開先全集（上）》，上海：上海古籍出版社，2014 年，第 653 頁。

⑤　（清）祁寯藻著，高恩廣、胡輔華注釋：《馬首農言注釋》，北京：中國農業出版社，1991 年第 2 版，第
79 頁。

⑥　（清）屈大均：《翁山詩外》，清康熙刻凌鳳翔補修本，《清代詩文集彙編》，第 118 册，上海：上海古籍出版
社，2010 年，第 819 頁。

⑦　《聊齋風俗文化論》，第 21 頁。

有古制,今則多年無用者。"①在這裏,"紗障"的繫法是"兩叉插鬢上",非常接近於挂在兩隻耳朵上。《小匏庵詩存》卷六《洋涇竹枝詞》:"番婦春游面障紗,當街走馬看鶯花。笑他蘇小生南土,愛坐錢唐油壁車。"②但"障紗"有時也用作新嫁娘的紅蓋頭,如《野語》卷一"語逸"有《痖惡》:"備禮娶婦,障紗既啓,初與新婦交語。"③

四、面　罩

元代《馬可波羅游記》有:

> 在皇帝陛下左右伺候和辦理飲食的許多人,都必須用美麗的面紗或綢巾,遮住鼻子和嘴,防止他們呼出的氣息觸及他的食物。④

這通常被看成中國最早的"準口罩"。不過,這種"準口罩"在一般人家不用,通常富貴之家也不用。《紅樓夢》第 58 回:

> 因見芳官在側,便遞與芳官,笑道:"你也學著些伏侍,別一味呆憨呆睡。口勁輕著,別吹上唾沫星兒。"芳官依言果吹了幾口,甚妥。⑤

可見,"鐘鳴鼎食"之家的賈府也沒有這種裝備。不過,"面罩"在元代已經有了。1999 年 1 月河北隆化縣鴿子洞元代窖藏出土了兩件面罩。據《河北隆化縣鴿子洞元代窖藏》:

> 圖四六:"棕色馬尾環編菱格紋面罩",據描述:面罩爲棕色馬尾環編而成。斜網紋地,菱格紋樣。左右兩側包鑲織金錦,右側寬 5.5、左側寬 5 厘米。上邊包鑲 2.3 厘米的紙邊。編織精細,花紋清晰。橫 25、縱 11 厘米,重量 10.6 克。
> 圖四七:"白色馬尾環編鶯鳳戲蓮紋面罩",據描述:質地爲白色馬尾。環編菱格紋地,紋樣爲鶯鳳戲蓮。面罩中心爲一朵怒放的蓮花,花朵兩側有飛翔的鶯鳳,花朵下兩側各有一垂蓮。面罩上邊鑲 5.5 厘米寬素絹,左右兩側包鑲織金錦,右側寬 4.5、左側寬 4.3 厘米,織金部分多脱落。面罩編織精細,紋樣清晰。保存完整。橫 27、縱 13 厘米,重量 13.5 克。

從圖像與描述來看,面罩主體(無挂帶)與今天的口罩無甚差別。一般口罩的尺寸規格:18 厘米×9 厘米(成人)、15 厘米×9 厘米(兒童),出土的面罩都大於或優於今天的標準。劉紫雲認爲:"將其定名爲'面罩',固然得當,不過,若説這是兩件珍貴

① (民國)劉國斌修,劉錦堂纂:《四續掖縣志》,《中國地方志集成·山東府縣志輯 46》,南京:鳳凰出版社,2004 年,第 421 頁。
② (清)吳仰賢:《小匏庵詩存》,清光緒四年刻本,《清代詩文集彙編》,第 683 册,上海:上海古籍出版社,2010 年,第 702 頁。
③ (清)印南峰:《野語》,上海:上海五洲書局,1914 年,第 85 頁。
④ [意]馬可波羅口述,露絲梯謙筆錄,陳開俊等譯:《馬可波羅游記》,福州:福建科學技術出版社,1981 年,第 100 頁。有的本子並無此條記錄。本文馬可波羅的寫法不統一,是因爲引文如此。
⑤ (清)曹雪芹著,無名氏續,程偉元、高鶚整理:《紅樓夢》,北京:人民文學出版社,2008 年第 3 版,第 805 頁。

的‘眼紗’實物,應該更爲精確."這個論斷是合理的。

兩件面罩上面都繡有漂亮的圖案,實用性與美觀性并存,這是古代口罩的一大進步,也是現代口罩發展的一個方向。這預示着以後的口罩不但樣式更加科學,圖案也會更加豐富。

杜濬《竹枝辭》:"去驢來馬日紛紜,面罩飄揚看不分。莫怪女郎單著袴,男兒臉上占伊裙。"[1]聯繫《漁樵閑話》説的"臉上穿小裙"爲"眼罩",可知面罩與面紗、眼罩也差不多。至此,現代意義上的口罩已經呼之欲出了。

由上所述,中國古代雖然没有"口罩"一詞,但是製作"口罩"的思想與方法早就有了。把"眼罩""眼紗"之類看作"古代口罩"也無不可。可以説,中國式口罩至晚萌芽於漢代,宋元已經有較爲成熟的口罩,明清兩代口罩替代物大行於世。先人們雖然没有製造出現代意義上的口罩,但他們創造出了古代口罩,他們這種善於創造的思維,對當下口罩的加工與應用具有指導意義。

① (清)杜濬:《變雅堂遺集》,清光緒二十年黄岡沈氏刻本,《清代詩文集彙編》,第 37 册,上海:上海古籍出版社,2010 年,第 329 頁。

■文獻學評論

我與《增訂注釋全唐詩》*

湯華泉

摘　要：《增訂注釋全唐詩》是新千年之初出版的一部全唐詩歌全注本，近年又作了修訂即將由黃山書社出版。筆者曾任本書副主編，參加了本書前後兩次編撰、修訂工作。本文簡述了這部大書成書過程及參與其事始末、體會，於文獻整理、古籍編撰或有參考價值。

關鍵詞：《全唐詩》；《增訂注釋全唐詩》；注釋；整理

《增訂注釋全唐詩》是上個世紀九十年代全國唐詩學界 180 餘位學者參加編撰的一部大書，陳貽焮先生任主編，陳鐵民先生、彭慶生先生任常務副主編，2001 年由文化藝術出版社出版。這是規模空前的一部唐詩總集，增補了佚詩，全書約 1500 萬字，文字超過《全唐詩》一倍；又是第一部唐詩全注本、全面整理本，填補了唐詩典籍系列的空白。陳鐵民先生在《注釋考據非易事，文史互證見真功》的訪談中是這樣評述此書的：

> 《增訂注釋全唐詩》在注釋、調整編次、輯補佚詩、刪汰重複、提示互見、校訂文字、重寫作者小傳、編制索引等方面做了大量工作。第一，我們首次對清編《全唐詩》做了系統、全面的注釋。詩中涉及的人名、地名、職官、典章、節儀、史實以及典故和脫意前人的語句、難解字詞、作年可考者等，全部逐一進行注釋。第二，調整原來《全唐詩》的不合理編次……第三，輯補很多佚詩，清理重出互見詩和誤收詩。增補了佚詩 1811 首，句 291 則……重出互見詩都一一注明，並對其歸屬進行甄辨……第四，校訂文字。我們用清康熙間揚州詩局刻本做底本，參校了各種別集善本、精校注本、總集、類書，各種史籍、筆記及中華書局校點本，做了大量補訂、校正的工作。第五，重寫作者小傳。我們參考了當時學界新成果及新發現的史料……糾正原來小傳中的謬誤，補充其缺漏。第六，編製索引。①

本書最大的成就是對全部唐詩進行注釋。在此之前，古今有注的唐詩別集不過四十餘家，有注的唐詩不超過一萬首，這對唐詩的普及、利用，這與當代民眾對唐詩日益高漲的閱讀需求很不適應，也不利於唐詩多方面的文學、史料價值的開發。因此，對唐詩進行全注是順應社會文化發展的一大創舉，也是本書出版的主要價值和意義

---

*　作者簡介：湯華泉，安徽大學文學院教授，主要從事中國唐宋文學及文獻研究。

①　王明輝：《注釋考據非易事，文史互證見真功——陳鐵民研究員訪談錄》，《文藝研究》2019 年第 1 期。

所在。當然,爲全部唐詩作注,困難很多,要求很高。之前絶大多數唐詩從未有注,無從參考,而需注釋的内容又很繁雜,這就要求注釋者有較好的文史知識基礎和精熟的文獻檢索能力,操作方式又須嚴謹規範。編委會對與事人員進行了較嚴格遴選,並詳列了十條注釋凡例,這就爲注釋的順利開展提供了準則。上面陳先生列舉的二、三、四、五點,談的是《全唐詩》這部書本身的問題及對它的整理。這些問題是《全唐詩》"與生俱來"的,也是近百年許多學人議論甚多而未能全面着手解決的。本書對這些問題作了較全面的初步整理,意義同樣重大,如校訂,如輯補,如小傳重撰,如重出互見清理。整理的每一項工作都是不容易的,須廣泛求索,斟酌再三,如 2800 餘作者小傳要一一加以查核、訂補,還要區別異代混入和僞託者,新補者還要創寫小傳。在整理上也取得了值得贊許的成果,校出了揚州詩局底本爲數不少的舛誤,同時也校出了中華書局校點本一些次生舛誤,重出互見詩得到了全面清理。最後附録的《篇名(筆劃)索引》也是全唐詩歌第一個完整的篇名索引。關於輯補《增訂注釋全唐詩》原計劃使用《全唐詩補編》,由於與有關方面協商未果,最終放棄,未免遺憾,但也收入《全唐詩補編》獨家發現之外的許多佚詩,如王籍集、張祜集得成完璧,王梵志詩、延壽詩整體輯入,崔致遠入唐詩也悉數收編,還算差強人意。未能使用《全唐詩補編》可能還是協商不够所致,就在本書出版之前不久,也是在文化藝術出版社出版了《增訂注釋全宋詞》,該書就收入了中華書局所出《全宋詞補輯》。當然《全唐詩》還要繼續進行整理,這次初步整理可以説也爲以後的繼續整理、《全唐五代詩》的編纂做了某種程度的鋪墊。

　　本書出版後學界普遍反映質量較好,之所以能達致較好的質量,除全體參編人員的努力外,更得力於編委會嚴格而有效的質量管制,實行書稿二審制是個關鍵措施。本書裝幀爲十六開五大分册,每册確定有主編、副主編,全書有主編、常務副主編、副主編。《約稿要求》第五條規定:"注稿完成後,必須經過兩次審閲通過,方可發稿:第一次由各册負責人審閲,第二次由主編、常務副主編審閲。審稿人有權根據注稿的質量情況,作出退改或請他人重作的決定。"這是兩級質量把關,一關是各分册負責人,一關是全書主編、常務副主編。責任明確,貫徹到位,兩審中各册都有退改、換作者的情況,甚至全册換人審改,這樣就有力地保證了書稿的質量。如第三册主編劉學鍇先生、余恕誠先生爲了加強質量把關,徵得編委會同意,聘請陶敏先生也任該册主編,三個分册主編嚴格把關,多件稿件被退改或改人重作,這一册在全書中質量較高。本書工程上馬不久,主編陳貽焮先生罹疾,陳鐵民先生主持編務,成了實際主編,他除了抽查全書品質外,還逐篇審閲、修改了全書一半以上的稿件,常務副主編彭慶生先生、副主編白維國、陶敏、湯華泉也分任了部分審改任務。特別是陳鐵民先生文史知識淵博,文獻整理經驗豐富,審稿極爲細心,對全書質量的保證和提高發揮了特別重要的作用。

　　《增訂注釋全唐詩》爲社會廣大的讀者提供了一部詳備的《全唐詩》讀本,成了許多唐詩愛好者、教學者、研究者案頭必備之書,成了大學中文系(文學院)本科生特別是研究生常用的參考書,檢索知網,發現作爲論文參考書的《增訂注釋全唐詩》有近 1400 條引録,不少應是研究生碩博論文所引。

　　當然此書的初創也並非完美，出版後從編注者的自查及使用和讀者回饋中也發現一些缺點，如注釋過簡，也有疏漏，還有其它一些需要改進的地方。此書初版印行3000套早已售罄，爲滿足社會需求，2013年編委會聯繫了黃山書社決定對全書進行修訂再版。十多年後的修訂比當初具有了一些更好的條件，唐代文史和《全唐詩》研究出現了許多新成果，如出現了幾十家新的別集校注本和已有校注的修訂本，出版了《唐五代文學編年史》《全唐詩人名彙考》《全唐詩作者小傳補正》《唐刺史考全編》《登科記考補正》等大型資料工具書，以及學術刊物上許多有關唐詩、《全唐詩》的考訂文章，這些都可以爲本書的修訂提供便利。特別是新千年後古籍資料電子化產生了許多成果，更給文獻查詢提供了前所未有的便捷，參加修訂的先生多數也具備電子查詢的技術，這就大大提高了工作效率。修訂本由陳鐵民、彭慶生先生任主編，由陳鐵民、彭慶生、陳冠明、劉學鍇、吳在慶、湯華泉依次任各分冊修訂者。修訂稿最後由兩位主編審訂，2016年進入黃山書社編輯流程。

　　這次修訂的重點是注釋，兩位主編在擬定的《修訂說明》中指出，注釋的修訂主要針對三個方面：一、正訛誤，二、補缺漏，三、修改不夠準確的注釋。盡力做到該注盡注，注則明白、準確無誤。經過這樣的修訂，顯著提高了注釋的密度和精確度。原書注釋在僻典特別是佛道二藏上多有疏失，這次有很大彌補。對釋文中的書證、引文也作了複查，並且注意到知識資訊更新，如古今地名對照，充分查詢了幾十年來行政區劃和地名變化的資訊。《修訂說明》還指出補充或修改詩歌繫年，補充或修改作者小傳也在這次修訂範圍，還增補了若干佚詩。修訂中也特別關注體例的統一。黃山書社抽調了精幹的編輯力量，協同處理，連同附錄的作者索引、篇名索引，都一一核查，付出了數年艱辛的勞動。《增訂注釋全唐詩》修訂本較原書增加了300萬字，這是修訂成就一個量化反映。

　　本書經過這次修訂應當說品質會得到很大提升。我們這幾位修訂者都是竭盡智慮、全力以赴，最年長的劉學鍇先生也一絲不苟，朱筆點勘，卷卷不懈。兩位主編共同完成第一冊修訂，又通審全書，特別辛苦。彭慶生先生就是在第二冊審稿時發現絕症，不久病故，可謂爲學術獻身，爲本書盡瘁，令人崇敬。書稿交付出版社後，出版社又聘請幾位文獻功底較深的合肥專家審閱，喬東黎先生、彭君華先生審閱較多，我也受出版社聘請審讀了二、三、四冊部分校樣。經過層層把關，這部書稿的質量應是可以有保障的。

　　《增訂注釋全唐詩》編撰開始至今三十年，其中修訂已八年，兩個階段、全過程我都參與了。參加此項工作開始是業師劉學鍇先生、余恕誠先生的提攜汲引。二位老師是第三冊的主編，1992年年底老師命我爲此冊注釋幾家，徵求我的意向，我說希望能注釋元白若干卷，那時我對這兩家比較關注。他們說這兩家已經約出，只有一些小家了。於是分給我白居易下十一卷，都是小家，多達105家，覺得太繁雜了。小家作品再少，也一樣要寫小傳，不少費工夫，且幾乎前人沒有整理過，資料也不太好查考。可能是注釋者不願認領這些稿子，老師只得讓弟子拾遺補闕了。雖然如此，也要做好。我在規定的時間交了稿，得到老師的肯定。1994年6月，劉老師又交給我五卷34家，這是一位先生的退稿，讓我重作。年底又交來兩卷7家，還是退稿。這又是別一種意義上的拾遺補闕了，我也愉快地黽勉從事。注釋這十八卷我利用考校所得，寫了五篇文章：《〈全唐詩〉整理例談》《中唐詩人小傳訂補——新出兩部唐代詩人辭典匡失舉例》《中唐詩校考叢札》《劉軻生平事蹟考辨》《香山七老年歲考異》。勞有所得，算是注釋的副産品。這是開始參加《增訂注釋全唐詩》的情況。

　　1997 年 3 月《增訂注釋全唐詩》進入二審付印階段，接到正在北京參加全國政協會議的余恕誠老師來信，説見到陳鐵民先生，談到此書在二審時發現第 x 册問題很多，不合要求，決定另請專家審改，已請了陶敏先生，再請一位。余老師推薦了我，希望我承擔。老師之命，當然服從。陳鐵民先生隨後給我分配了第 x 册後半部分七十餘卷的審改任務，看了一下，是僧道仙怪、歌謠語諺及其它雜類，是《全唐詩》内容最龐雜、可能也是問題最多的部分。一月後陳先生寄來了原稿，並提出了十多條審改意見，感到稿件問題不少，及至翻閲全部稿件，看到問題的嚴重超出我的想像：稿件多很草率，行文多不合體例，注釋的錯漏比比皆是，作品的重出、辨僞、小傳的訂補、有關文字的校勘、資料出處的查考基本未做，補遺除編委會交付的内容外，基本没有增加，連中華書局校點本《全唐詩》附録的《全唐詩逸》三卷都没有使用。這樣的稿子居然都通過了初審。經過初審的校樣上面很少看到審閲人改動的文字，初審把關嚴重失職。看來大部分稿件需要我“起死回生”了。我把這些情況報告陳先生，陳先生原先要求我五個月完成審改，知道這些情況後，説時間可以延長，以保證質量爲準。最後用了一年多時間，完成了審改。

　　這幾十卷稿子我是連帶《全唐詩》原文一個字一個字看下去，改動面占一半以上。注釋方面錯漏的一一加以補注、改正，徵引的典故、文獻資料一一查核了原始出處。原有的作者小傳進行了重寫和訂正，缺傳及新輯作者補寫了小傳，重出互見詩進行了全面清理和甄別。仙怪以下近千條詩、句，查考了出處、本事，考出率占百分之九十以上，並據之校正《全唐詩》所録詩句及引文。又廣泛搜求《全唐詩補編》之前發表的輯佚著作、文章，進行補遺，新補詩 7 卷。對稿件中所有不合體例要求的内容和文字表述作了更正。七十多卷中撤換原稿 1 卷，大改 27 卷，我本人獨自撰寫 7 卷，幾占一半。這樣的工作量和工作内容已遠遠超過編輯審改的範圍。我的工作得到常務副主編陳鐵民先生、彭慶生先生的認可。我又利用這個階段審改所積累的資料撰寫了五篇文章：《〈全唐詩〉貫休齊己詩校讀零札》《〈全唐詩〉仙神鬼怪諧謔諸卷校考新札》《〈全唐詩〉歌謠讖諺彙考》《再議趙志集》《〈全唐詩〉校理二題》。《〈全唐詩〉歌謠讖諺彙考》三萬字，發表于《文史》第五十三輯。《趙志集》是佚存於日本的一部唐集，日本天理圖書館收藏，1980 年編入《天理圖書館善本叢書》出版，國内幾位學者曾著文介紹、輯録。但關於此集十首詩作者歸屬及文字轉録甚有紛歧。我利用原集影本，重新作了輯録，確認了各詩作者，並校正了文字。《〈全唐詩〉校理二題》一題是《蒙求》。關於《蒙求》的作者、《蒙求》的性質、歸類在唐詩學界長期是個盲區。《全唐詩》署《蒙求》作者爲李瀚，謂爲“唐末五代人”，誤，實是中唐李翰。《蒙求》其實是類書，是以四言詩句類事的類書，李翰《蒙求》詩句、類事注文是個整體，今存日本和敦煌卷子中。《蒙求》不屬於詩歌，《全唐詩》誤收。

　　我參加《增訂注釋全唐詩》的修訂也是余恕誠老師推薦的，余老師還推薦了陳冠明、吳在慶先生,他自己也是這部書的編委。對余老師的推薦我一如既往勤勉從事,可就是在此工程啓動的第二年他遽然仙逝,給我們留下了無盡的遺憾和懷念。關於我參加此書的修訂前面已略作介紹,我除了修訂第五册之外,還審閱了二、三、四册各一半以上校樣,也就是説這部書一半以上有我審閱、修訂的記録,這既是勞動的付出,也是學習的收穫。我感謝業師劉學鍇先生、余恕誠先生的提携,感謝主編陳鐵民先生的信任。在審稿特別緊張的 2016 年 8 月中旬我寫了一組詩,從中可以看出當時工作的狀態並涉及編撰始末一斑,特附録於此以爲紀念。

審稿炎天一月忙

參與《增訂注釋全唐詩》修訂本的工作已經三年了,我已於前年完成了第五册修訂,主編陳鐵民先生進行了複審。今年上半年我受黄山書社聘請,對第三册、第四册部分内容進行審讀,這一個月審讀的是第四册近 800 頁校樣,交稿程限已到,工作量很大,別的文字也就不能做了。經過一個月專心致志地緊張奮戰,終於完成了任務。這裏成詩十五首以紀此役並及參與編撰始末,他日庶可作爲《增訂注釋全唐詩》一段佳話。

審稿炎天一月忙,咬文嚼字細平章。汗牛充棟渾閒事,腹笥而今借電光。

(電光謂電子資料庫。)

五萬唐詩一半過,平生事業未蹉跎。老來細嚼更知味,假我天年頭緒多。

(頭緒多謂課題多也。)

二十年前書局開,師門設帳應召來。拾遺補闕跑龍套,袖短也能登戲臺。

(劉學鍇、余恕誠二位老師任第三册主編,約我爲白居易下 140 多小家作注。這部分内容零碎、冷僻,很少有人涉筆,難度相當大,但在我義不容辭,勉力爲之,在不太長的時間内完成了任務。)

小鮮有味在烹調,跋涉書山不惜勞。又出論文數萬字,功夫不負辨秋毫。

(我將注釋與有关问题研究相結合,注稿成,論文數篇亦發表。)

衆手著書良莠參,莫言塞北雜江南。功虧一簣費籌畫,師薦吾肩力敢擔。

(第 x 册爲某地教授主編,參與編事者多爲其同事、門弟子及周遍地區高校教師,交上稿件質量多不合格,後經陶敏先生和我分別修改定稿。命我承當此役是編委、已故業師余恕誠先生的推薦。)

僧道鬼神琴亂彈,歌謠語諺淆篇翰。盤活一堆勞什子,諸公也道不虛餐。

(我所修改的部分是僧道詩,託名神仙鬼怪詩,以及記夢、諧謔、歌謠語諺之什,極爲雜亂,原稿舛誤累累,幾不成文。面對這一堆未成品,始則畏懼,繼則知難而進,理出頭緒,終而正本清源,查明出處,訂正訛誤。整理這部分稿件,也成文數篇,一篇《全唐詩歌謠語諺彙考》三萬字,獲刊中華書局《文史》叢刊。)

各有封疆各自珍,同行不許借通津。而今增補書名正,月照中天一樣新。

(《增訂注釋全唐詩》書名"增訂"原打算增補《全唐詩補編》内容,但與有關方面没有協商好,只得放棄。如果那樣,書名就有名實不副之嫌。我避開《全唐詩補編》,從公開發行的書刊和有關專著裏又輯得佚詩七卷,使全書之末的補遺增至十七卷,於此缺憾有所彌補,彭慶生先生贊爲“立了大功”。)

　　　　揀金日日細披沙,再版重修千百家。體例整齊糾錯漏,更於錦上再添花。

(再版修訂工作量很大,經我之手已有千家之多。修訂的目標主要在兩個方面,一是統一體例,二是訂誤補漏。原書有些編注者水準不高,錯漏自然較多,即使是唐詩學界的老宿名家,由於二十年前文獻條件的限制,誤漏也多所不免,更由於書成衆手,體例問題更多。)

　　　　佛道玄言典實多,恒河沙數拙搜羅。借來電子顯微鏡,照見西天到達磨。

(佛道典實是注釋中一大難點。佛道二藏卷帙浩繁,社會流通量也小,翻書檢閱,極爲不易,利用已有的工具書也遠難滿足,因而錯漏更是常見。現在利用電子資料庫,許多問題就很容易解決了。)

　　　　獺祭書囊聚寶盆,鄭箋可敬費精神。舊鈔輾轉書三寫,一一尋源問古津。

(中唐之後的唐詩用典量大增,不少是佛道、子雜僻典。大家、名家多有舊注本,有些舊注本質量也很高,但普遍的問題是文獻徵引不太規範,或簡稱出處,或意節原文。這部《增訂注釋全唐詩》不少大家、名家的注釋即來源於舊注,由於未能一一複查,其問題也被承襲。這次修改都盡可能作了複查。)

　　　　地名對照古今歧,滄海桑田神鬼迷。近歲封疆隨意改,河東彈指變河西。

(按照注釋要求,作品中出現的地名和詩人籍貫地都要注出今地名,此事看似簡單,卻極爲複雜。古代幾千年行政區劃和地名經常出現變化,特別是近百年、近幾十年變化更大,給本書相關注釋增添了難度,二十年前的古今對照很多需要檢查修正。)

　　　　登高一瞰衆山低,轉益多師是我師。三代共裏不朽業,江河不廢是唐詩。

(改稿、審稿獲益良多。能與老一輩學者和年輕學子共同從事不朽之盛事,幸甚至哉!)

　　　　發凡起例幾經營,推舉師尊志竟成。點竄斑斕滿篇簡,主編如此不虛名。

(贊陳鐵民先生。本書從創始設計到組織編輯隊伍、製定編寫條例多由陳先生主持定奪,他除任常務副主編外,還兼任第一冊主編,參與了全書大部分稿件的定稿。他的老師、北京大學陳貽焮先生領銜任主編,他是實際主編。再版修訂他與彭慶生先生並任主編,承擔了大部分編務、大部分稿件的定稿工作。我拜讀了他的許多修改校樣,精審、詳盡爲我嘆服。)

　　　　鴻編未葳墨猶新,臨楮含悲思哲人。不忘昔年相許可,彭師亦是大功臣!

(懷念彭慶生先生。彭慶生先生也是本書初版常務副主編和修訂本主編,承擔了很多編注和審稿工作。今年五月去世。我近日審讀的修訂稿校樣,就是去年經他之手修改過的,是他最後的遺墨。誦讀中時發哀思,也想到與他唯一一次京中相會,那次他當面表彰我對此書的貢獻,感到更應盡責完成他未了的遺願。)

　　　　無常迅速歎輪迴,薪火相傳日月催。手把陳編萬金重,不嫌綿薄效微才。

(本書主編陳貽焮先生未及本書出版,即歸道山,副主編中過半也已作古,編注者大多都已退休,誠如佛書所言“生死事大,無常迅速”,我在日夜兼程的改稿中常常自惕自勵:光陰荏苒,時不我待。老成凋謝,責任是在! 陳編,非謂舊編,乃二陳先生主編之茲書也。)

一部具有學術示範意義的明別集整理力作[*]
——評《李夢陽集校箋》

周喜存

摘　要:李夢陽是明代文壇的旗幟性人物之一,郝潤華教授《李夢陽集校箋》是首部對其詩文進行系統整理的著作,具有填補空白和學術示範的意義。其特色如下:一是捃采衆籍,箋釋精縝;二是鉤沉發覆,細考行事;三是掇拾補苴,證誤糾謬。

關鍵詞:《李夢陽集校箋》;特色;評議

《李夢陽集校箋》是郝潤華教授集二十年之功,潛心李夢陽文學文獻研究的又一力作,也是學界首部聚焦李夢陽詩文系統整理的大手筆,其填補空白的意義灼然可見。《李夢陽集校箋》(以下簡稱"郝《箋》")共五册,包括李夢陽生平及其作品述評、李夢陽詩文校箋、李夢陽詩文補遺、李夢陽相關資料彙編四個部分。全書在箋釋精縝、細考行事、證誤糾謬諸方面尤能體現整理者博稽嚴訂、識見精微之功力,是一部富於特色且極具學術示範意義的古籍整理著作。

一、捃采衆籍,箋釋精縝

郝《箋》的核心是六十六卷詩文校箋部分,内容涉及作品創作時間、作家行迹、人物、歷史事件、樂府古體、典故熟語、地名、水域、宫殿樓台、名勝古迹(主要在河南、江西、湖北三地)等。整理者博采群籍,在充分占有文獻資料的基礎上汰蕪就簡、擷取菁華,箋釋纖悉具體,論斷縝密,語言精煉。

在《凡例》中整理者自述:"對於李夢陽交遊人物及作品創作時間之箋注,是本書用力最勤之處。"①誠哉是言! 考訂作品創作時間,是察識作品產生的時代背景、摸清作家生平行迹、抽繹作品思想主旨的重要基礎。郝《箋》注重通過細讀文本尋繹字裏行間的蛛絲馬迹,進而對作品創作的具體時間加以推斷。這種依據文本的考釋方法在全書中多有運用,比如卷二十七《再至洞院》一詩,大致創作於李夢陽任江西提學副使期間,具體時間則有待詳察。整理者首先指出李夢陽有三次赴白鹿洞書院的明確記載,分别是正德六年八月、正德八年六月和正德八年冬,然後引證李夢陽正德八年

---

* 作者簡介:周喜存,西北大學文學院講師,文學博士,主要從事明清文學文獻整理與研究。
　基金項目:陝西省社科基金一般項目《雒于仁集》點校(2019GJ003)。
① (明)李夢陽著,郝潤華校箋:《李夢陽集校箋》,北京:中華書局,2020 年,第 3 頁。

夏六月所作《遊廬山記》的相關内容,通過詩文互證推斷出此詩當作於正德八年六月。這種以文本記述中的綫索求證作品創作時間的方法,得出的結論是最爲準確的。同樣的方法也見於卷六十三《奉邃庵先生書》撰寫時間的考訂,整理者細緻地將書信内容與李夢陽相關文章、史傳記載以及明朱安泥《李空同先生年表》所述相互對證,逐一推斷書的寫作時間,可謂纖悉不苟。對文本的細讀與對讀,彰顯出箋釋者熟稔李夢陽詩文的深厚儲備,因而在具體時間的確定上,往往能撮録細節以明關捩,不是籠統的作品繫年,而是常能將創作時間精確到季節或月份,此其考訂細緻的突出表現之一。

對李夢陽詩文中所涉人物的箋釋是此書的又一亮點。李夢陽作品涉及人物衆多,舉凡歷史人物、當朝友人、家族親友、老師、弟子等,整理者皆一一具注,考述人物的字、號、籍貫、生平經歷及德業才幹。據筆者統計,不算歷史人物在内,全書箋釋李夢陽同時期的人物就多達二百五十餘人。通過條目浩博的箋釋,匯成了以李夢陽爲核心的明人小傳集。箋釋内容不僅重點梳理了李夢陽與"前七子"其他成員何景明、徐禎卿、邊貢、康海、王九思、王廷相的交往細節,尤其對李夢陽、何景明、康海諸子在正德之初瑾權威熾的政治波瀾中遭受折辱的歷史事實記録詳備,並且在更爲宏闊的歷史視界中展現了李夢陽與楊一清、李源、張含、程誥、陸深、林俊、錢榮、駱用卿、陶諧、鄭作、鮑演、丘琥等士人交遊而形成的龐大文學圈,還對李夢陽父親李正、母親高氏、兄李孟和、弟李孟章、子李枝、侄李竹以及其妻左氏、岳丈左夢麟、内弟左國玉、左國璣等家庭成員給予了充分關注,全面呈現出明代中葉以"前七子"爲核心的彬彬可觀的文學陣營面貌。這不僅使讀者對李夢陽"天下學士大夫莫不趨風而宗之"的文學地位有了更加直觀的把握,而且爲學人進一步考索李夢陽之生平行實及交遊情況提供了方便稽檢、犁然可考的詳實資料。如此廣博之箋釋内容,非有積日積月披覽群籍之功夫是絶難完成的。

在創作時間和人物箋釋之外,郝《箋》對於地名與職官的注解也體現了謹嚴篤實的箋釋風格。書中多處征引方志、地理志、史志記載以明一地、一職之歷史變遷,使讀者知其前世今生。譬如卷一《宣歸賦》"夢澤"條云:"漢魏之前所指雲夢範圍不大,晉以後經學家將雲夢澤範圍越説越廣,將洞庭湖亦包括在内。"卷二十七《白沙驛》一詩,指出"湖北長楊與福建閩侯均有稱'白沙驛'之地名",根據《讀史方輿紀要》關於吉安府吉水縣縣情的記載以及李夢陽生平履迹,推斷此白沙驛"當在江西"。卷十二《贈姚員外》詩注云:"員外,魏晉始設員外之官,後世員外官常可用錢捐買,故民間常稱有錢有勢的豪紳爲員外,古小説、戲曲中常見。此處所謂員外,指員外郎,爲六部曹司之次官,産生於隋唐,歷代相沿。"諸如此類之例,不勝枚舉。

衆所周知,李夢陽乃"前七子"復古派代表人物,他的詩文宗法漢唐的痕迹頗爲濃重。郝《箋》在箋釋部分對李夢陽詩文承襲化用前賢之處多有提示,將其詩文化用《詩經》、屈賦、漢魏古詩、唐詩之句一一臚列,尤其着力揭橥李夢陽詩歌語言對李白、杜甫詩歌的模習,舉出詩中模擬之句及其所本。且看卷二十七《詣別業》"感時侵歲晚,白髮暗心驚"與杜甫《春望》"感時花濺淚,恨別鳥驚心",《中湖寺》"雲卧欲沾衣"與杜甫《遊龍門奉先寺》"雲卧衣裳冷",卷二十九《西壇候駕即事》"虚壇草色净琴張"與杜甫《夜宴左氏莊》"衣露净琴張",《春晴憶湖上》"林鶯恰恰稀逢侣"與杜甫《江畔獨步尋

花》"自在嬌鶯恰恰啼",《聞傍郡雷雨》"對面斑鳩空好音"與杜甫《蜀相》"隔葉黃鸝空
好音",《晚晴郊望》"早時鳴雨晚細微"與杜甫《雨不絕》"鳴雨既過漸細微",卷二十《潯
陽寄毛君湖口》"削出萬朵青芙蓉"與李白《望廬山五老峰》"青天削出金芙蓉",卷二十
九《赴郊觀宿》"霓旌夜發清溪繞"與李白《峨眉山月歌》"夜發清溪向三峽"等,筆者遍
檢全書,所舉李夢陽模擬杜甫詩句共219句,模擬李白詩句共17句,於茲可見整理者
對唐詩之熟讀涵泳以及閱讀比對之精細周密,更深層次的用意則在於提示讀者沿着
這些綫索進一步掘發李夢陽詩歌對李白、杜甫詩歌詞語、意象乃至句法的模習,從語
言層面對"前七子"復古派代表人物的宗唐傾向進行更加細微的觀照,爲治學者指出
向上一路。

二、鈎沉發覆,細考行事

郝《箋》能夠在辨析繁冗資料的基礎上進一步鈎沉發覆,體現了箋釋者文史互證
的學術視野和彌補罅隙、斷疑釋惑的文獻爬梳功力,這也是全書最爲出色之處。

卷一《鈍賦》乃李夢陽贈寄何景明之作,整理者於時間考訂之後附叙了李夢陽與
何景明因遭劉瑾專權而失意官場、相憐相惜之交往史事:"先是,李夢陽因參與彈劾劉
瑾專權遭下獄,後放歸開封。何景明亦因不滿劉瑾專權,又逢長兄何景韶卒,即告病
辭歸。何景明侄何士恰赴大梁,何令其'求大梁李子書',夢陽則以所作《鈍賦》相贈,
何故作《寒賦》以和之。"經此盤根窮底,可使讀者對這首作品內容以及李夢陽相關生
平行迹有了更爲客觀的理解。同卷《宣歸賦》作於正德九年離江西襄陽北歸之時,至
於具體創作時間,整理者引李夢陽詩歌中相關記述,勾勒出李夢陽北歸時間與路綫,
認爲夢陽"六月中旬自南昌出發,於九江乘船沿長江至漢口,七月渡漢水至襄陽,在襄
陽過中秋,本欲定居,但因秋雨成災不得不北歸開封,抵家時已九月中旬。"據此推斷
李夢陽自襄陽出發時間當爲八月,因而此賦當作於正德九年八月末。不止於此,賦中
有"瞥九江余吻儵兮,超大別而逾迅。介夢澤以洋淫兮,風沔郢以遵順"句,整理者不
僅釋明"九江"之行政區劃,而且對夢陽此番行程詳加辨析,實爲一篇小型考證文章:

> 夢陽自南昌出發,經九江乘船沿長江至武昌,本再北上可直至大梁。然其早
> 有隱鹿門山之意。夢陽《與何子書二首》(卷六十三)其二:"家人尚頓九江,蓋俟
> 僕同歸居鹿門耳。"《答左使王公書》(卷六十三):"今諸謗幸頗洗雪白矣,即日揚
> 孤帆,泝江漢,入鹿門,偃仰丹壑,顧觀諸大君子太平德業之盛,而霑其餘休,斯志
> 望畢矣。"即由漢口乘船往西北行,經雲夢,至襄陽。後因襄陽大水,故未成行,
> "至襄陽,愛峴山、習池之勝,欲作鹿門之隱,會江水泛漲,洶洶没堤,乃歸大梁"
> (《李空同先生年表》)。夢陽《封宜人亡妻左氏墓誌銘》(卷四十五)亦云:"甲
> 戌,……左氏自徙於潯陽。是年,李子官復罷,道潯陽就左氏。泝江入漢,至於襄
> 陽,將居焉。會秋積雨,大水,堤幾潰。左氏曰:'子不心大梁,非患水邪? 夫襄、
> 汴奚殊矣,且蘇門、箕潁之間,可盡謂非丘壑地哉!'李子悟,於是挈左氏歸。"①

---

① 《李夢陽集校箋》,第17頁。

這段文字將李夢陽滯留襄陽、欲隱未果之行實及心迹給予了清晰揭示,諸如此類細節資料,對於研究正德五年之後李夢陽心態變化具有重要的提示意義。對詩歌創作背景、本事以及文人交遊細節進行鈎沉索隱,充分體現出從繁雜的文獻資料中透視史事人情的研究意識,也引導讀者走向詩歌背後的歷史語境,更爲宏觀地把握文學的價值和魅力。再如卷八《内教場歌》,箋釋者先説明内教場即明代之教軍場,乃明代内廷操練之所,又從《國榷》《明武宗實録》《明詩紀事》等文獻中征引豐富資料以補充明武宗命兵士於禁中習武操練之史實,説明李夢陽《内教場歌》之紀事背景。卷九《發京師》《離憤》諸詩創作時間及背景的箋注,呈現了李夢陽奏劾劉瑾而遭陷害入獄的史事細節。卷十一《寄康修撰海》箋注中對李夢陽遭劉瑾陷害入獄、康海往説劉瑾而遭謗議之史事,征引康、李詩文酬唱之篇章予以澄清,證明二人並未交惡。如上所舉,皆能對李夢陽詩文所涉之事詳考其顛末,使讀者能夠望表知里,在在體現出整理者思索之精深細微。

三、掇拾補苴,證誤糾謬

郝《箋》廣采群籍,資料搜羅賅備,爲校箋奠定了厚實的基礎。整理者全面搜集了李夢陽《空同集》的七種重要版本並逐一加以甄別考辨。對黄省曾所刻六十三卷本《空同集》已散佚的説法提出質疑,考證出不僅國内仍有兩部典藏存世,海外還存有一部,進而指出"黄刻本已亡佚之説不確"。郝《箋》充分利用李夢陽集稀見刻本、明代史料、明別集、地方志以及出土墓誌等文獻資料,對李夢陽詩文詳加校勘,是正文字。書中對四庫本脱衍錯訛之處多有厘正裨補,比如卷六十六《異道篇第八》補出四庫本缺漏文字共 124 字。整理者通過披覽群籍,補輯"詩六十七首、文九篇"。此種輯佚能夠使讀者窺見李夢陽詩文創作之繁富,有利於推動李夢陽研究邁進更深更細的維度。

正是基於扎實綿密的校箋功夫,郝《箋》對前賢今人之説多有證誤糾謬,尤對作品創作時間及人物之箋釋訛誤,辨證甚爲精詳,力求理清來龍去脈。在作品創作時間方面,郝《箋》傾注了大量心力,對明朱安泚《李空同先生年表》系年之誤予以補正。例如卷一《述征賦》之創作時間,《李空同先生年表》認爲作於正德六年,而此賦小序則注爲正德四年,郝《箋》認爲二説皆不妥,並據李夢陽《述征集後記》及明人爲李夢陽所作傳記中的相關記載,指出"該賦當作於正德三年五月"。至於詩注"正德四年"之説,郝《箋》亦作了合理的推斷,認爲"應是作者抄寫時筆誤,或黄省曾初刻《崆峒先生集》時誤,其餘諸本則以訛傳訛。"卷一《寄兒賦》之作年,朱安泚《李空同先生年表》系於正德六年,郝《箋》據此賦小序"正德七年秋,兒枝以《離思賦》來獻,余則作此寄焉,亦教之焉",認爲此賦"當爲正德七年秋作",理據清晰合理,令人信服。

對於李夢陽詩文中出現的人物,郝《箋》多能辨明是非,別其甲乙。卷六十一雜文三《郁郅子解》一文,郝《箋》認爲郁郅子是虚構人物,並給出合理解釋:"郁郅,本春秋時義渠戎地,戰國秦邑,西漢置爲郁郅縣,即今甘肅慶城縣,乃夢陽故鄉。故其自號郁郅子。"卷十一五言古詩《送蔡帥備真州》"蔡帥"或以爲明人蔡天祐,郝《箋》作了細緻辨正云:

按,詩題,隆慶《儀真縣志》卷十五作《送蔡帥霖備儀真》,此蔡帥當爲蔡霖。據《明實錄》及相關資料:蔡霖,英宗天順四年(一四六〇)進士,選庶吉士,繼任大理寺評事。又據雍正《浙江通志》卷一百三十一《選舉九》:蔡霖,鄞人,中天順四年庚辰科王一夔榜進士。然其爲成化間人,非此蔡霖。夢陽作於正德十五年(一五二〇)之《壽兄序》文(卷五十七),曹本、李本有小注"蔡霖、鞏臣、王春、郭岊、趙澤、李環、黄彬、仝正"諸姓名,即此蔡霖,爲軍人,時正任河南都指揮同知。①

卷十九《古白楊行》一詩有"岡頭石路莎草長,孫邵李許同一堂"句,"孫邵李許"究竟爲何人,郝《箋》糾正今人注解之誤云:

有學者注此詩以爲夢陽同行者。按,此注大謬。孫,即西晉時隱士孫登。邵,即宋代理學家邵雍。李,即宋代教育家李之才。許,即元代理學家許衡。四人均到過蘇門山。又,夢陽《遊輝縣雜記》(卷四十八)曰:"蘇門山,古士率棲焉,著者魏阮籍,晉孫登,宋李之才、邵雍,元許衡、姚樞耳。然諸皆有祠祠之,獨籍不祠也。"可證。②

卷三十一《熊監察至自河西喜而有贈》一詩"熊監察"乃何人,郝《箋》亦證云:

熊監察,或以爲熊卓,誤。按,據史載,熊卓於正德初年任監察御史,出使北方塞外,有《出居庸》《居庸館中》等詩,可證,但其並未出使河西。另,熊卓卒於正德四年(一五〇九),夢陽任官江西視察豐城時寫有《熊御史卓墓感述》(卷十二)、《熊士選祭文》(卷六十四),亦可證。此處之熊監察,當指熊爵,祥符(今河南開封)人,正德十六年進士,嘉靖間先後出任巡按甘肅監察御史、巡按陝西監察御史、巡按四川監察御史等。夢陽有《熊子河西使回三首》(卷二十四),小注曰"是時甘軍殺都御史許銘",《明史·世宗本紀》載:"嘉靖元年春正月,……己巳,甘州兵亂,殺巡撫都御史許銘。"即爲此熊爵。③

張舜徽曾感慨:"蓋著述之業,談何容易,必須刊落聲華,沉潛書卷,先之以十年廿載伏案之功,再益以旁推廣攬披檢之學,反諸己而有得,然後敢著紙筆。"④郝潤華教授積廿年之功,沉酣李夢陽詩文整理研究,取得了一系列豐碩成果。正是在長期扎實厚重的研究積累之上,始得肆其力於是書撰著,正如王充所謂"有根株於下,有榮葉於上"⑤,其澤惠學界之功德,誠不可量也。

① 《李夢陽集校箋》,第 272—273 頁。
② 《李夢陽集校箋》,第 494 頁。
③ 《李夢陽集校箋》,第 1130 頁。
④ 張舜徽:《清人文集別録》,北京:中華書局,1963 年,第 549 頁。
⑤ (東漢)王充:《論衡》,上海:上海人民出版社,1974 年,第 213 頁。

CONTENTS